**Governance 4.0
para Covid-19 no Brasil**

Governance 4.0 para Covid-19 no Brasil

PROPOSTAS PARA GESTÃO PÚBLICA
E PARA POLÍTICAS SOCIAIS E ECONÔMICAS

2020

Coordenadores
Gilmar Ferreira Mendes
Hadassah Laís S. Santana
José Roberto Afonso

GOVERNANCE 4.0 PARA COVID-19 NO BRASIL

PROPOSTAS PARA GESTÃO PÚBLICA E PARA POLÍTICAS SOCIAIS E ECONÔMICAS
© Almedina, 2020
COORDENADORES: Gilmar Ferreira Mendes, Hadassah Laís S. Santana, José Roberto Afonso
DIAGRAMAÇÃO: Almedina
DESIGN DE CAPA: Roberta Bassanetto
ISBN: 9786556270753

Dados Internacionais de Catalogação na Publicação (CIP)
(Câmara Brasileira do Livro, SP, Brasil)

Governance 4.0 para Covid-19 no Brasil : propostas para gestão pública e para políticas sociais e econômicas / coordenadores Gilmar Ferreira Mendes, Hadassah Laís S. Santana, José Roberto Afonso. – São Paulo : Almedina, 2020.

Vários autores.
ISBN 978-65-5627-075-3

1. Administração pública 2. Coronavírus (COVID-19) – Pandemia 3. Direito constitucional - Brasil 4. Política econômica 5. Política social 6. Proteção social 7. Responsabilidade fiscal 8. Saúde pública I. Santana, Hadassah Laís S. II. Mendes, Gilmar Ferreira. III. Afonso, José Roberto.

20-39990   CDD-354.81

Índices para catálogo sistemático:
1. Brasil : Governance 4.0 : Gestão pública 354.81
Cibele Maria Dias – Bibliotecária – CRB-8/9427

Conselho Científico Instituto de Direito Público - IDP
Presidente: Gilmar Ferreira Mendes
Secretário-Geral: Jairo Gilberto Schäfer
Coordenador-Geral: João Paulo Bachur
Coordenador Executivo: Atalá Correia
Alberto Oehling de Los Reyes | Alexandre Zavaglia Pereira Coelho | Antônio Francisco de Sousa | Arnoldo Wald | Sergio Antônio Ferreira Victor | Carlos Blanco de Morais | Everardo Maciel | Fabio Lima Quintas | Felix Fischer | Fernando Rezende | Francisco Balaguer Callejón | Francisco Fernandez Segado | Ingo Wolfgang Sarlet | Jorge Miranda | José Levi Mello do Amaral Júnior | José Roberto Afonso | Elival da Silva Ramos | Katrin Möltgen | Lenio Luiz Streck | Ludger Schrapper | Maria Alícia Lima Peralta | Michael Bertrams | Miguel Carbonell Sánchez | Paulo Gustavo Gonet Branco | Pier Domenico Logoscino | Rainer Frey | Rodrigo de Bittencourt Mudrovitsch | Laura Schertel Mendes | Rui Stoco | Ruy Rosado de Aguiar | Sergio Bermudes | Sérgio Prado | Walter Costa Porto

Este livro segue as regras do novo Acordo Ortográfico da Língua Portuguesa (1990).

Todos os direitos reservados. Nenhuma parte deste livro, protegido por copyright, pode ser reproduzida, armazenada ou transmitida de alguma forma ou por algum meio, seja eletrônico ou mecânico, inclusive fotocópia, gravação ou qualquer sistema de armazenagem de informações, sem a permissão expressa e por escrito da editora.

Setembro, 2020

EDITORA: Almedina Brasil
Rua José Maria Lisboa, 860, Conj.131 e 132, Jardim Paulista | 01423-001 São Paulo | Brasil
editora@almedina.com.br
www.almedina.com.br

Dedicamos este livro a Deus, por sua graça, que nos basta; e às nossas famílias, pela compreensão na ausência e por alegrar nossas vidas com amor em todo o tempo.

AGRADECIMENTOS

A elaboração de um livro é sempre um grande desafio, mas escrever um compêndio com quase seiscentas páginas em tão pouco tempo só foi possível pelo trabalho simultâneo de um grupo excepcional de autores que, além de compartilhar seu tempo e seu vasto conhecimento, também tiveram a generosidade de se comprometerem com um prazo extremamente exíguo para que o livro pudesse sair em um momento oportuno e, quem sabe, contribuir para que as políticas públicas relacionadas à pandemia da Covid-19 pudessem se beneficiar dos resultados deste trabalho. Nesta medida agradecemos enormemente ao esforço dos autores que colaboraram de forma preciosa para a conclusão do projeto.

Gostaríamos de agradecer, de forma especial, à Deborah d'Arcanchy, por sua participação na estruturação do projeto como um todo. Faz-se necessário também um agradecimento à Bernardo Motta Monteiro pela pesquisa que deu suporte a alguns dos artigos aqui apresentados. Deixamos nosso efusivo agradecimento também à Clara Meneses, ao Felipe Salto e ao Vinicius Scheffel, pelas discussões tão relevantes e enriquecedoras, que colaboraram, direta e indiretamente, com este trabalho.

Agradecemos também aos Senadores e Deputados que se disponibilizaram a compartilhar importantes *insights* sobre vários projetos em tramitação no Congresso Nacional, bem como por terem tido a iniciativa de propor alterações relevantes ao marco fiscal brasileiro.

Brasília, 2 de julho de 2020

Os coordenadores

GILMAR FERREIRA MENDES
HADASSAH LAÍS S. SANTANA
JOSÉ ROBERTO AFONSO

APRESENTAÇÃO

A pandemia internacional da Covid-19 está a exigir dos governos em todo o mundo respostas sem precedentes, que precisam ser rápidas, eficientes e inovadoras. Como nunca antes, o coronavírus (SARS-CoV-2) parou sociedades e economias em todo o mundo. Não só para enfrentar a emergência na saúde, como para pessoas e empresas sobreviverem e viverem se faz preciso formular e adotar novas instituições e sobretudo políticas públicas, das sociais às econômicas. Muito ainda será preciso mudar na governança e se fazer nos governos para conseguir lidar e superar desafios tão grandes.

Neste contexto, mais do que traçar diagnósticos, o objetivo deste livro é motivar o debate e contribuir com propostas para a gestão pública e das políticas públicas no Brasil, sabidamente dos países mais atingidos no mundo.

Este livro **Governance 4.0 para Covid-19 no Brasil** foi organizado em seis eixos temáticos que compreendem 24 capítulos tratando de diferentes questões e aspectos relativos ao enfrentamento e superação desse desafio. O livro é propositivo. Todos os capítulos se preocupam em apresentar propostas para lidar com os temas que tratam, inclusive, muitas vezes foram anexadas propostas legislativas, algumas já apresentadas no Congresso Nacional.

A primeira parte do livro, *Governança da Crise,* traz consigo quatro capítulos que envolvem aspectos ligados à governabilidade, coordenação e a responsabilidade do gestor diante da pandemia. A segunda parte, *Orçamento de Guerra*, trata da medida legislativa extraordinária, que certamente será um divisor na mentalidade econômica, por ter sido uma emenda constitucional aprovada em ritmo de teletrabalho, em tão somente cinco semanas. A terceira parte do livro, *Federação à Prova*, apresenta os desafios do federalismo fiscal brasileiro, no âmbito administrativo e financeiro, tecendo inclusive a preocupação quanto aos desdobramentos judiciais. Na quarta parte do livro, **Saúde e Proteção Social**, são expostos os desafios da política de saúde, no momento de enfrentamento à calamidade. A quinta parte, **Fisco Extraordinário**, demonstra as medidas fiscais necessárias para o enfrentamento e para o momento posterior. E, por último, o livro traz o eixo temático **A Economia da Depressão**, e desvenda por meio de propostas quais serão as medidas para a reconstrução, perpassando pelo crédito de proteção das empresas, sugestões de investimentos e novas parcerias, bem como a utilização do esporte como medida de impulso para o momento pós-Covid-19.

Este livro é um ponto de inflexão nos trabalhos do projeto **Governance 4.0**, que IDP lidera, com participação ativa de muitos especialistas e outras universidades brasileiras e portuguesas, em particular a Fundação Getúlio Vargas e a Faculdade de Direito da Universidade de Lisboa. Além das publicações anteriores, como **Tributação 4.0** e **Trabalho 4.0**, desta mesma série IDP da Editora Almedina, esta obra **Governance 4.0 para Covid-19 no Brasil** traz contribuição ínsita da gestão pública, com vistas à formulação de respostas eficazes da tão desafiadora pandemia.

Como aqui se apresenta muito brevemente, são duas dúzias de capítulos e quase três dezenas de autores a refletirem sobre os efeitos da pandemia e, sobretudo, a apresentarem propostas, por vezes na forma de projetos legislativos, para se enfrentar e superar os desafios. Muitos temas foram debatidos em mais de duas centenas de eventos organizados pelo IDP em apenas três meses.

O livro **Governance 4.0 para Covid-19 no Brasil** é uma contribuição propositiva para se tentar melhorar a gestão pública e a formulação e execução de políticas públicas, em particular as fiscais, sociais e econômicas, tão desafiados pela pandemia internacional.

Brasília, 2 de julho de 2020

Os coordenadores

GILMAR FERREIRA MENDES
HADASSAH LAÍS S. SANTANA
JOSÉ ROBERTO AFONSO

PREFÁCIO

O 'Orçamento de Guerra' reacende a esperança

Por Rodrigo Maia (*)

Em meados do mês de março de 2020 uma avalanche de informações em torno da pandemia do Coronavírus, a infecção viral pelo Covid-19 que poderia desencadear a Síndrome Respiratória Aguda Grave em percentual relevante dos infectados pelo vírus, turvou o horizonte em diversas Nações do mundo. Não foi diferente no Brasil.

Subitamente, a nossa geração assistiu à imposição de uma agenda de urgências administrativas que desconstruíam todas as prioridades elencadas até aquele momento. Novos protocolos sanitários e comportamentais se fizeram imediatamente necessários para pactuar e mediar a vida em sociedade. No caso brasileiro em especial, os gestores públicos se viram impelidos a compreender a nova realidade, a administrar as emergências sem deixar de observar os rigores necessários da Lei e a atuar de forma diligente no sentido de conferir à população segurança de atendimento médico-hospitalar compatível com a complexidade da crise sanitária. Era o que podíamos vislumbrar.

Na esteira da exposição da fragilidade da rede de atendimento em saúde, podia-se inferir – e apenas inferir mesmo, teoricamente, pois faltavam-nos ferramentas para mensurar a dimensão daquilo que iríamos conhecer – uma emergente tragédia econômica. Isolar a população para preservar vidas, promover quarentenas rígidas, foi estratégia bem-sucedida em diversos países que logo retomaram as atividades econômicas, traçando planos de médio e longo prazos para voltarem a crescer. O isolamento social salvou vidas. O que derrubou a economia foi a pandemia. Agora, somos chamados a assumir a responsabilidade de construir um novo ciclo de crescimento para o Brasil que resgate a esperança e a fé dos brasileiros. Neste livro há indicações de caminhos que irão auxiliar essa reconstrução.

Regimes de quarentena, em alguns casos convertidos em *lockdowns*, precisaram ser decretados a fim de salvar vidas e conter a disseminação do vírus. O impacto sobre o cotidiano da economia dessa realidade integralmente desconhecida prenunciava-se devastador. Nações inteiras pediam aos cidadãos para ficarem reclusos em suas casas, protegendo as famílias e reinventando-se profissionalmente. Como preparar as máquinas públicas, os Tesouros, os caixas dos Estados para o que seguiria àquele desconhecido "novo normal"?

Eis, então, que surgiu dentro do Parlamento brasileiro, mais precisamente a partir de uma proposta de emenda constitucional nascida na Câmara dos Deputados, um caminho original e eficaz destinado a dar segurança jurídica aos gestores públicos dos estados, dos municípios e da União: a Proposta de Emenda Constitucional n° 10/2020 convertida em Emenda Constitucional n°106/20 ou Emenda do Orçamento de Guerra. Ela é uma construção do Legislativo, com sensíveis e relevantes contribuições das cabeças de nosso Poder Judiciário, e nos trouxe a sensação de fazer História escrevendo pelas linhas certas e com as canetas corretas da política.

O arquiteto original da Emenda Constitucional 106/20 é o economista José Roberto Afonso, um dos coorganizadores desse brilhante compêndio de ensaios que iluminarão os caminhos de quem precisar compreender o que fizemos, e ainda temos feito, para assegurar o melhor ambiente jurídico enquanto perdura a pandemia do Coronavírus. Ao dar abrigo e incentivo à ideia, contribuindo onde foi possível e naquilo que estava ao meu alcance, acolhi na primeira hora sugestões e advertências do ministro Gilmar Mendes. A experiência de Procurador da República, de Advocacia Geral da União e, por fim, os exemplos que já viu passarem pela sua ampla janela nesses anos de Supremo Tribunal Federal foram conselheiros notáveis. Também o ministro Bruno Dantas, do Tribunal de Contas da União, surgiu como um entusiasta ativo na construção desse edifício legal que terminou recebendo o nome popular de Orçamento de Guerra.

É Orçamento de Guerra, sim. Não exagero ao chamá-lo assim. Os dispositivos contidos na EC 106/20 têm por objetivo oferecer instrumentos ao Estado para atuar de maneira ágil e eficiente contra a tragédia sanitária e humanitária disseminada pelo vírus Covid-19.

PREFÁCIO

Criamos a segregação orçamentária: gastos públicos relacionados ao enfrentamento da pandemia serão apartados em um orçamento específico e avaliados também de forma separada na prestação de contas do Presidente da República ao Congresso Nacional.

Ao contrário do que foi feito em momentos pretéritos, em meio a outras crises graves que atingiram e abalaram o Governo central, evitamos a criação de despesas permanente. Elas podem criar um alívio passageiro no presente, mas trazem sempre contratados problemas futuros para os administradores do Estado. Permanecer vigilante a esse gigantesco detalhe vai nos permitir, em breve, desmontar armadilhas fiscais que podem ser letais para um país onde a carga tributária gira em torno de sufocantes 36% do produto interno bruto (PIB). Além disso, convivemos com deficits públicos tão grandes que, a todo o tempo, lembram-nos de ser esse um vício arriscado – semelhante com flertes com o abismo.

O sólido conjunto de ensaios contidos nessa obra nos ajudarão a mergulhar na nova e desafiadora fase da gestão dessa crise singular: preparar o Brasil para sair da retaguarda, quando tivermos sob controle o contágio e a disseminação do Covid-19. É necessário religar esse território imenso, essa população fabulosa e sofrida, com o destino alvissareiro que sempre foi o farol no nosso Norte imaginário de Nação.

O Orçamento de Guerra dá segurança jurídica aos administradores públicos – e isso não é pouco. A partir daí, cabe-nos fazer a calibragem da agenda de Reformas do Estado adequando-a à nova realidade pós-pandemia. É preciso dar tranquilidade aos investidores privados que virão, é urgente ajustar a máquina pública para assegurar eficácia aos investimentos realizados com o dinheiro público. Quando o setor público melhora a qualidade de sua gestão, tornando mais objetivos e pragmáticos seus gastos, estimula a retomada da economia. Somos chamados a enfrentar esses desafios ao mesmo tempo em que lidamos com uma desconfiança internacional aguda em torno da capacidade que temos de preservar nosso patrimônio ambiental e perseverar no time das Nações democráticas.

As reflexões aqui contidas iluminam esses debates. Quanto mais rápido a economia religar, mais velozmente reencontraremos o caminho do crescimento e da geração de emprego e renda para as famílias. É esse o ciclo virtuoso que perseguimos, e que precisamos trazer de volta para o Brasil. Só ele será capaz de nos fazer reacender a esperança.

SUMÁRIO

PARTE 1 – GOVERNANÇA DA CRISE

1. Combate à pandemia e suas consequências econômicas e sociais: coordenação, cooperação e consórcio 27
   Gilmar Ferreira Mendes. José Roberto Afonso. Diego Viegas Veras

   ANEXO A – Anteprojeto de Lei Complementar da Gestão Pública Responsável da Calamidade 55

2. Governança Decisória Legislativa: o Desafio em conciliar Urgência, Governabilidade e Democracia 83
   Rafael Silveira e Silva

3. Gestão Pública e Risco Jurídico no Âmbito da Pandemia 115
   Hadassah Laís Santana. William Baghdassarian.

   ANEXO B – Projetos já apresentados 135

4. A Responsabilidade Fiscal e a Função Promocional do Direito: o Incentivo ao Bom Gestor Público na Atividade de Controle Externo ... 137
   Leonardo Romano Soares

PARTE 2 – ORÇAMENTO DE GUERRA

5. Orçamento de Guerra: Conceituação Fiscal 153
   José Roberto Afonso

6. Orçamento de Guerra como Solução de Adaptação do Arcabouço Institucional para o Combate à Pandemia 163
   Bruno Dantas. Frederico Carvalho Dias

7. Pandemia e Constituição: da Proposição à Promulgação da Emenda
   Constitucional nº 106, de 2020 181
   Cristiane de Oliveira Coelho Galvão

8. Estado de Emergência e a Emenda Constitucional 106/2020:
   o Orçamento de Guerra 215
   Fernando Facury Scaff. Luma Cavaleiro de Macêdo Scaff

PARTE 3 – FEDERAÇÃO À PROVA

9. A COVID-19 e os Desafios do Federalismo Fiscal no Brasil 233
   Hadassah Laís Santana. Lúcio Fábio Araújo Guerra. William Baghdassarian

10. Os Desafios Administrativos e Financeiros da Federação Brasileira
    em Tempos de Covid-19 263
    Lais Khaled Porto. José Roberto Afonso

11. Desdobramentos dos Limites Constitucionais da Lei Complementar
    nº 173 de 2020 291
    Eduardo Luz. Israel Marcos de Sousa Santana. Hadassah Laís Santana

PARTE 4 – SAÚDE E PROTEÇÃO SOCIAL

12. Política Pública da Saúde e Dever de Enfrentamento da Calamidade:
    Financiamento e Responsabilização 313
    Élida Graziane Pinto. José Roberto Afonso. Leonardo Cezar Ribeiro

    ANEXO C – ICP nº 1.16.000.001338/2020-15 343

13. Desvendamento do "Estado de Coisas Inconstitucional" no Custeio
    do SUS em meio à Pandemia da COVID-19 351
    Élida Graziane Pinto

14. Desafios do Distanciamento: Propostas de Seguro-Destrabalho
    e Inovação Social 407
    José Roberto Afonso

SOBRE OS AUTORES

PARTE 5 – FISCO EXTRAORDINÁRIO

15. Tributos e COVID-19: Análise das Políticas e Decisões
    Tributarias em 2020... 437
    Ariane Costa Guimarães. Hadassah Laís De Sousa Santana.
    Liziane Angelotti Meira.

16. A Redenção da Extrafiscalidade como Instrumento de Política Setorial   473
    Tácio Lacerda Gama

17. Medidas Tributárias Necessárias ao Enfrentamento da Pandemia
    da COVID-19 493
    Gustavo Brigagão

18. Renúncia de Receita Tributária para Combate à Pandemia............. 505
    Celso de Barros Correia Neto. José Roberto Afonso

19. Endividamento Público – o que vem depois da Pandemia 523
    Luis Felipe Vital Nunes Pereira. William Baghdassarian

20. Os Desafios pós COVID-19, Governança Fiscal e Crescimento Inclusivo:
    um Ensaio em Economia Política...................................... 545
    Paulo Paiva

PARTE 6 – ECONOMIA DA DEPRESSÃO

21. As Políticas Econômicas para Múltiplos Choques..................... 563
    José Roberto Afonso. Geraldo Biasoto Jr. Murilo Ferreira Viana

22. A Guerra Contra a Depressão: Proposta de Crédito para Proteção
    das Empresas 593
    José Roberto Afonso. Geraldo Biasoto Jr. Murilo Ferreira Viana. Paulo Vales

    ANEXO D – Projeto de Lei 604

23. A Guerra para a Reconstrução da Economia Brasileira:
    Investimentos, Estados e Novas Parcerias........................... 615
    José Roberto Afonso. Murilo Ferreira Viana. Geraldo Biasoto Jr.

24. Futebol e Pandemia: do Diagnóstico à Cura......................... 653
    Pedro Trengrouse. José Roberto Afonso. Lais Khaled Porto

SOBRE OS COORDENADORES

Gilmar Ferreira Mendes
Jurista. Magistrado. Ministro do Supremo Tribunal Federal – STF. Sócio fundador do Instituto Brasiliense de Direito Público. Docente permanente nos cursos de Graduação, Pós-Graduação Lato Sensu, Mestrado e Doutorado em Direito do Instituto Brasiliense de Direito Público – IDP. Mestre em Direito pela Universidade de Brasília. Mestre e Doutor em Direito pela University of Münster, na Alemanha.

Hadassah Laís S. Santana
Advogada. Assessora Legislativa em matéria tributária em Liderança na Câmara dos Deputados. Professora no Instituto Brasiliense de Direito Público – IDP. Professora convidada na Escola de Políticas Públicas e Governo da FGV – FGV EPPG. Consultora em matéria tributária no Escritório Franco Jr. Advogados Associados e no escritório Sousa e Diniz Advocacia. Doutora em Educação e Mestre em Direito Tributário pela Universidade Católica de Brasília – UCB. Especialista em Direito Tributário e Finanças Públicas pela Escola de Administração Fazendária – ESAF.

José Roberto Afonso
Economista e Contabilista. Professor da pós-graduação stricto sensu do Instituto Brasiliense de Direito Público – IDP. Investigador do Centro de Administração e Políticas Públicas – CAPP da Universidade de Lisboa. Consultor independente. Pós-doutorando em Administração Pública do Instituto Superior de Ciências Sociais e Políticas – ISCSP, da Universidade de Lisboa. Doutor em Desenvolvimento Econômico pela Universidade de Campinas – UNICAMP. Mestre em economia industrial pela Universidade Federal do Rio de Janeiro – UFRJ. Especialista em Economia do Setor Público, Federalismo e Política Fiscal.

SOBRE OS AUTORES

Ariane Costa Guimarães
Doutora em Direito pelo UniCEUB. Advogada no escritório Mattos Filho Advogados. Professora no UniCEUB.

Bruno Dantas
Ministro do TCU. Pós-Doutor – UERJ. Doutor e Mestre – PUC-SP em Direito. Visiting Researcher Fellow na Benjamin N. Cardozo School of Law (Nova York, EUA), no Max Planck Institute for Regulatory Procedural Law (Luxemburgo) e na Université Paris 1 Panthéon-Sorbonne. Professor da UERJ e do Mestrado em Direito da UNINOVE e da FGV Direito-Rio.

Celso de Barros Correia Neto
Doutor em Direito pela Universidade de São Paulo. Consultor Legislativo da Câmara dos Deputados. Professor do Instituto Brasiliense de Direito Público (IDP). Advogado.

Cristiane de Oliveira Coelho Galvão
Doutora em Direito Econômico e Financeiro pela Universidade de São Paulo – USP em sanduíche com a Yale Law School. Mestre em Direito Econômico pela Universidade de Brasília (UnB). Mestre em Direito Tributário pela New York University Law School. Professora do Instituto Brasiliense de Direito Público – IDP. Advogada.

Diego Viegas Veras
Juiz Federal Substituto do Tribunal Regional Federal da 4ª Região. Juiz auxiliar no Supremo Tribunal Federal. Foi juiz de Direito do Tribunal de Justiça de Alagoas e advogado.

Eduardo Luz
Mestre em Direito Tributário pela UCB. Professor. Advogado.

Élida Graziane Pinto
Pós-Doutora em Administração pela EBAPE-FGV. Doutora em Direito Administrativo pela UFMG. Professora do Curso de Administração Pública da EAESP-FGV. Procuradora do Ministério Público de Contas do Estado de São Paulo.

Fernando Facury Scaff
Doutor em Direito pela USP. Livre Docente da USP. Professor Titular de Direito Financeiro da USP. Advogado.

Frederico Carvalho Dias
Bacharel em Direito pelo IDP. Engenheiro Civil pela UFMG. Auditor Federal de Controle Externo do Tribunal de Contas da União.

Geraldo Biasoto Jr.
Consultor econômico da MacroSector. Professor Aposentado do IE/UNICAMP. Doutor em Economia pelo IE/UNICAMP.

Gilmar Ferreira Mendes
Ministro do Supremo Tribunal Federal. Doutor e Mestre em Direito pela University of Münster (Alemanha). Docente permanente nos cursos de Graduação, Pós-Graduação Lato Sensu, Mestrado e Doutorado em Direito do Instituto Brasiliense de Direito Público – IDP.

Gustavo Brigagão
Presidente da Associação Brasileira de Direito Financeiro – ABDF. Vice-Presidente do Fórum Permanente de Direito Tributário da Escola da Magistratura do Rio de Janeiro. Professor de Direito Tributário na Fundação Getúlio Vargas – FGV. Advogado.

Hadassah Laís S. Santana
Doutora em Educação e Mestre em Direito Tributário pela Universidade Católica de Brasília – UCB. Especialista em Direito Tributário e Finanças Públicas pela Escola de Administração Fazendária – ESAF.

Israel Marcos de Sousa Santana
Especialista em Direito Empresarial. Especialista em Direito Penal e Processo Penal. Professor. Sócio no escritório Sousa e Diniz Advocacia.

José Roberto Afonso
Professor da pós-graduação stricto sensu do IDP. Investigador do Centro de Administração e Políticas Públicas – CAPP da Univ.Lisboa. Consultor independente. Pós-doutorando em Administração Pública pelo ISCSP – Universidade de Lisboa. Doutor em Desenvolvimento Econômico pela UNICAMP. Mestre em Economia pela UFRJ. Economista e Contabilista.

Lais Khaled Porto
Doutoranda em Direito Constitucional pelo IDP. Mestre em Direito Constitucional pelo IDP. Pós-graduada em Direito Tributário e Finanças públicas pelo IDP. Professora do IDP. Advogada.

Leonardo Cezar Ribeiro
Mestrando em Economia pelo IDP. Ex-pesquisador da Victoria University/Melbourne. Analista Legislativo do Senado Federal.

Leonardo Romano Soares
Doutorando em Direito pela Faculdade de Direito da USP. Mestre em Direito pela Faculdade de Direito da USP. Promotor de Justiça em São Paulo.

Liziane Angelotti Meira
Doutora e Mestre em Direito tributário pela PUC/SP. Mestre em direito do Comércio Internacional. Especialista em Direito Tributário Internacional pela Universidade de Harvard.

Lúcio Fábio Araújo Guerra
Especialista em Orçamento Público. Coordenador da Assessoria de Tributação, Orçamento e Finanças da Liderança partidária na Câmara dos Deputados.

Luis Felipe Vital Nunes Pereira
Doutor em Economia pela Universidade Católica de Brasília. Professor do IBMEC Brasília.
Coordenador-Geral de Operações da Dívida Pública do Tesouro Nacional.

Luma Cavaleiro de Macêdo Scaff
Doutora em Direito Financeiro pela USP. Professora da Universidade Federal do Pará. Advogada.

Murilo Ferreira Viana
Economista. Consultor econômico. Mestre em Economia pelo IE/UNICAMP.

Paulo Paiva
Professor Associado da Fundação Dom Cabral. Professor aposentado do CEDEPLAR/UFMG, ex-presidente do Banco de Desenvolvimento de Minas Gerais (BDMG), ex vice-presidente do Banco Inter Americano de Desenvolvimento (BID), ex-ministro do Planejamento e Orçamento e Ex-ministro do Trabalho. Mestre em Demografia pela University of Pennsylvania.

Paulo Vales
Consultor econômico. Foi presidente do Fundo de Pensão do BNDES (Fapes). Foi presidente do conselho deliberativo da Associação Brasileira das Entidades Fechadas de Previdência Complementar – Abrapp.

Pedro Trengrouse
Mestre em Humanities, Management and Law of Sports – FIFA Master – De Monfort University, SDA Bocconi, Université de Neuchatel. Coordenador Acadêmico do Programa FGV/FIFA/CIES em Gestão de Esporte. Advogado.

Rafael Silveira e Silva
Doutor e Mestre em Ciência Política pela UnB. Professor nos cursos de Graduação, Pós-Graduação Lato Sensu, Mestrado e Doutorado em Direito do Instituto Brasiliense de Direito Público – IDP. Consultor Legislativo do Senado Federal.

Tácio Lacerda Gama
Professor de direito tributário e teoria do direito nos cursos de graduação, mestrado e doutorado da PUC-SP. Presidente do Instituto de Aplicação do Tributo – IAT. Advogado.

William Baghdassarian
PhD em Finanças pelo ICMACentre – The University of Reading. Mestre em Economia pela UNB. Professor do IBMEC Brasília. Assessor Econômico da Liderança do PSD na Câmara dos Deputados.

PARTE 1

Governança da crise

São quatro capítulos que envolvem aspectos ligados à governabilidade, coordenação e à responsabilidade do gestor diante da pandemia. O primeiro deles, de Gilmar Mendes, José Roberto Afonso e Diego Viegas Veras, demonstra a necessidade de medidas coordenadas e convergentes para os gastos públicos no enfrentamento à pandemia do novo coronavírus. Rafael Silveira e Silva, no segundo capítulo, trata do desafio do Poder Legislativo na conciliação da urgência e da governabilidade democrática em ambiente de crise. A seguir, Hadassah Laís S. Santana e William Baghdassarian apresentam algumas propostas relativas à segurança jurídica dos administradores públicos, a partir das medidas tomadas com urgência, referentes aos aspectos de execução orçamentária e financeira para conter os efeitos da crise. No último capítulo, dedicado especificamente a se governar na crise, Leonardo Ramos Soares analisa em profundidade a Lei de Responsabilidade Fiscal e apresenta o momento atual como oportunidade de reavaliar a missão de controle, em sua missão pedagógica, construtiva, flexibilizadora e conciliadora.

1. **Combate à pandemia e suas consequências econômicas e sociais: coordenação, cooperação e consórcio**
   Gilmar Ferreira Mendes, José Roberto Afonso e Diego Viegas Veras

2. **Governança decisória legislativa: o desafio em conciliar urgência, governabilidade e democracia**
   Rafael Silveira e Silva

3. **Gestão pública e risco jurídico no âmbito da pandemia**
   Hadassah Laís S. Santana e William Baghdassarian

4. **A responsabilidade fiscal e a função promocional do direito: o incentivo ao bom gestor público na atividade de controle externo**
   Leonardo Romano Soares

1. Combate à pandemia e suas consequências econômicas e sociais: coordenação, cooperação e consórcio

GILMAR FERREIRA MENDES
JOSÉ ROBERTO AFONSO
DIEGO VIEGAS VERAS

Introdução
Vivemos um dos maiores desafios da história moderna (certamente o maior das últimas quatro gerações[1]), em se tratando de crise e medidas sanitárias, epidemiológicas, econômicas e sociais. Muitas consequências já são conhecidas – milhares de mortes, desemprego de milhões de pessoas, fechamento de milhares de empresas, diminuição da remuneração de praticamente todo o Segundo e Terceiro setores, estagnação econômica, entre outras. Outras são marcadas pela grande incerteza – extensão da pandemia, tamanho da recessão, momento da retomada do crescimento econômico, retorno dos empregos e do padrão remuneratório perdidos, etc. As expectativas foram abaladas e isso torna inevitável e premente uma resposta estatal à altura do enorme desafio que se enfrenta.

É consenso que os governos brasileiros tomaram medidas contraditórias, descoordenadas e suas ações e gastos públicos se revelaram ineficazes no combate à pandemia (vide a espiral de casos confirmados e a escalada de dezenas de milhares de mortes lastimáveis). Tem-se criticado, entre outros problemas, que atos oficiais foram dúbios e que se constatou encarecimento e gritante disparidade de preços dos mesmos produtos, por vezes nas mesmas unidades federativas.

---

[1] Uma nova geração, normalmente, é contada a cada vinte e cinco anos, todavia, hodiernamente, pelo avanço tecnológico, há certo consenso em se considerar uma nova geração a cada dez anos.

Enquanto governos enfrentaram essas dificuldades, é induvidoso que o Congresso Nacional tem atuado de maneira célere, aprovando, desde a descoberta da circulação do vírus em nosso território, a cada mês, uma importante medida legislativa: a Lei nº 13.979, de 6 de fevereiro de 2020 (que instituiu medidas sanitárias para enfrentamento da emergência de saúde pública), o Decreto Legislativo nº 6, de 20 de março de 2020 (declaração do estado de calamidade pública, para os fins do art. 65 da Lei de Responsabilidade Fiscal), a Lei nº 13.982, de 2 de abril de 2020 (auxílio financeiro de R$ 600 a pessoas que preencham os requisitos legais), a Emenda Constitucional nº 106, de 7 de maio de 2020 (instituição de regime extraordinário fiscal, financeiro e de contratações) e a Lei Complementar nº 173, de 27 de maio de 2020 (Programa Federativo de Enfrentamento ao Coronavírus).

Como se faz mister melhorar a eficiência na gestão da crise e, sobretudo, melhor coordenar e harmonizar a atuação dos Entes Federativos, é aqui construída uma proposta a se apresentar ao debate nacional, visando a explorar a boa disposição já demonstrada pelo Congresso Nacional para nortear e para instrumentalizar as autoridades públicas com saídas viáveis para enfrentar a pandemia em suas diversas facetas.

Objetiva-se, neste espaço, apresentar uma proposta legislativa que crie estratégia federativa e republicana para enfrentamento, em atendimento à necessidade, cada vez mais imperiosa e inadiável, de uma coordenação unificada, de alcance nacional, com execução descentralizada e de média duração, para fazer frente à esse cenário de guerra à Covid-19 (Sars-CoV-2).

1. Federalismo cooperativo, Emenda Constitucional nº 106/2020 e julgamentos recentes do Supremo Tribunal Federal

Passados mais de trinta e um anos desde a promulgação da Constituição Federal, de 5 de outubro de 1988 (alcunhada de "Constituição Cidadã"), persistem algumas lacunas normativas, cuja ação legislativa poderia ser o caminho para o processo de reconstrução da unificação nacional, com o fortalecimento do federalismo cooperativo.

Entre elas, em especial, está a cooperação entre os Entes Federativos naquelas matérias de competência comum, insculpidas no parágrafo único do art. 23 e no art. 241 da Constituição Federal, a saber, respectivamente:

> Art. 23. É competência comum da União, dos Estados, do Distrito Federal e dos Municípios:
> [...]
> II – cuidar da saúde e assistência pública, da proteção e garantia das pessoas portadoras de deficiência;
> [...]
> Parágrafo único. **Lei complementar fixará normas para a cooperação entre a União e os Estados, o Distrito Federal e os Municípios, tendo em vista o equilíbrio do desenvolvimento e do bem-estar em âmbito nacional**". (negrito nosso)
> Art. 241. A União, os Estados, o Distrito Federal e os Municípios disciplinarão por meio de lei os **consórcios públicos e os convênios de cooperação entre os entes federados**, autorizando a gestão associada de serviços públicos, bem como a transferência total ou parcial de encargos, serviços, pessoal e bens essenciais à continuidade dos serviços transferidos. (grifo nosso)

O art. 241, acima citado, foi acrescido pela Emenda Constitucional nº 19, de 4 de junho de 1998 e regulamentado pela Lei nº 11.107, de 6 de abril de 2005. Todavia, a norma disposta no parágrafo único do art. 23 da Constituição (lei complementar), não obstante se trate de redação originária, até hoje, pende de colmatação.

Nesse enredo, é importante mencionar dois julgamentos históricos do Supremo Tribunal Federal (STF), os quais conferiram urgência à edição de uma lei complementar que preveja cooperação entre todos as pessoas jurídicas de direito público formadoras da República Federativa do Brasil.

O primeiro foi a Ação Direta Inconstitucionalidade (ADI) 6.341 MC Ref. Rel. Min. Marco Aurélio, Pleno, redator para o acórdão Min. Edson Fachin, j. 15/4/2020[2], na qual os Ministros apontaram para a competência material comum entre a União, os estados, o Distrito Federal e os muni-

---

[2] Acórdão pendente de publicação até o fechamento da edição.

cípios para a adoção de medidas de saúde pública (art. 23, II, da CF), cuja ata de julgamento bem sintetiza a discussão:

> Decisão: O Tribunal, por maioria, referendou a medida cautelar deferida pelo Ministro Marco Aurélio (Relator), acrescida de interpretação conforme à Constituição ao § 9º do art. 3º da Lei nº 13.979, a fim de explicitar que, **preservada a atribuição de cada esfera de governo**, nos termos do inciso I do art. 198 da Constituição, o Presidente da República poderá dispor, mediante decreto, sobre os serviços públicos e atividades essenciais, vencidos, neste ponto, o Ministro Relator e o Ministro Dias Toffoli (Presidente), e, em parte, quanto à interpretação conforme à letra b do inciso VI do art. 3º, os Ministros Alexandre de Moraes e Luiz Fux. Redigirá o acórdão o Ministro Edson Fachin. Falaram: pelo requerente, o Dr. Lucas de Castro Rivas; pelo *amicus curiae* Federação Brasileira de Telecomunicações – FEBRATEL, o Dr. Felipe Monnerat Solon de Pontes Rodrigues; pelo interessado, o Ministro André Luiz de Almeida Mendonça, Advogado-Geral da União; e, pela Procuradoria-Geral da República, o Dr. Antônio Augusto Brandão de Aras, Procurador-Geral da República. Afirmou suspeição o Ministro Roberto Barroso. Ausente, justificadamente, o Ministro Celso de Mello. Plenário, 15.04.2020 (Sessão realizada inteiramente por videoconferência – Resolução 672/2020/STF). (grifo nosso)

Em outras palavras, todos os Entes Federativos possuem a incumbência de zelar pela saúde pública, o que pressupõe a atribuição de todos no combate à pandemia, sem qualquer exclusividade ou proeminência.

O segundo, foi a ADI 6.357, Rel. Min. Alexandre de Moraes, j. 13/5/2020[3], cuja decisão final, apesar de referendar a medida cautelar deferida pelo relator, acabou extinguindo a ação por perda de objeto, ao argumento de que a Emenda Constitucional nº 106/2020 teria também abrangido os Estados, o Distrito Federal e os Municípios.

Na decisão concessiva da medida cautelar, o relator bem pontuou:

---

[3] Acórdão pendente de publicação até o fechamento da edição.

[...] O surgimento da pandemia de COVID-19 representa uma condição superveniente absolutamente imprevisível e de consequências gravíssimas, que, afetará, drasticamente, a execução orçamentária anteriormente planejada, **exigindo atuação urgente, duradoura e coordenada de todos as autoridades federais, estaduais e municipais em defesa da vida, da saúde e da própria subsistência econômica de grande parcela da sociedade brasileira,** tornando, por óbvio, logica e juridicamente impossível o cumprimento de determinados requisitos legais compatíveis com momentos de normalidade.

O excepcional afastamento da incidência dos artigos 14, 16, 17 e 24 da LRF e 114, *caput, in fine,* e § 14, da LDO/2020, durante o estado de calamidade pública e para fins exclusivos de combate integral da pandemia de COVID-19, não conflita com a prudência fiscal e o equilíbrio orçamentário intertemporal consagrados pela LRF, pois não serão realizados gastos orçamentários baseados em propostas legislativas indefinidas, caracterizadas pelo oportunismo político, inconsequência, desaviso ou improviso nas Finanças Públicas; mas sim, gastos orçamentários destinados à proteção da vida, saúde e da própria subsistência dos brasileiros afetados por essa gravíssima situação; direitos fundamentais consagrados constitucionalmente e merecedores de efetiva e concreta proteção.

A Constituição Federal, em diversos dispositivos, prevê princípios informadores e regras de competência no tocante à proteção da vida e da saúde pública, destacando, desde logo, no próprio preâmbulo a necessidade de o Estado Democrático assegurar o bem-estar da sociedade. Logicamente, dentro da ideia de bem-estar, deve ser destacada como uma das principais finalidades do Estado a efetividade de políticas públicas destinadas à saúde.

O direito à vida e à saúde aparecem como consequência imediata da consagração da dignidade da pessoa humana como fundamento da República Federativa do Brasil. Nesse sentido, a Constituição Federal consagrou, nos artigos 196 e 197, a saúde como direito de todos e dever do Estado, garantindo sua universalidade e igualdade no acesso às ações e serviços de saúde.

A gravidade da emergência causada pela pandemia do COVID-19 (Coronavírus) exige das autoridades brasileiras, **em todos os níveis de governo**, a efetivação concreta da proteção à saúde pública, com a adoção de todas as medidas possíveis para o apoio e manutenção das atividades do Sistema Único de Saúde.

O desafio que a situação atual coloca à sociedade brasileira e às autoridades públicas é da mais elevada gravidade, e não pode ser minimizado.

A pandemia de COVID-19 (Coronavírus) é uma ameaça real e iminente, que irá extenuar a capacidade operacional do sistema público de saúde, com consequências desastrosas para a população, caso não sejam adotadas medidas de efeito imediato, inclusive no tocante a garantia de subsistência, empregabilidade e manutenção sustentável das empresas.

A temporariedade da não incidência dos artigos 14, 16, 17 e 24 da LRF e 114, *caput*, in fine, e § 14, da LDO/2020 durante a manutenção do estado de calamidade pública; **a proporcionalidade da medida que se aplicará, exclusivamente, para o combate aos efeitos da pandemia do COVID-19 e a finalidade maior de proteção à vida, à saúde e a subsistência de todos os brasileiros, com medidas sócio econômicas protetivas aos empregados e empregadores estão em absoluta consonância com o princípio da razoabilidade**, pois, observadas as necessárias justiça e adequação entre o pedido e o interesse público.

Presentes, portanto, os requisitos do *fumus boni iuris* e do *periculum in mora*, para a concessão da medida cautelar pleiteada, pois comprovado o perigo de lesão irreparável, bem como a plausibilidade inequívoca e os evidentes riscos sociais e individuais, de várias ordens, caso haja a manutenção de incidência dos referidos artigos durante o estado de calamidade pública, em relação as medidas para a prevenção e combate aos efeitos da pandemia de COVID-19". (ADI 6.357 MC, Rel. Min. Alexandre de Moraes, DJe 30.3.2020, grifo nosso)

Nos debates, durante o julgamento do referendo da medida cautelar, percebe-se que o Tribunal resolveu acolher o argumento de que houve perda de objeto pela superveniência da Emenda Constitucional nº 106/2020. A Min. Rosa Weber sintetizou as discussões:

Senhor Presidente, cumprimento Vossa Excelência, os demais Colegas, o Procurador-Geral da República. Cumprimento também especialmente o Advogado-Geral da União, Doutor José Levi, e o Doutor Ricardo Almeida. Sinto a mesma dificuldade já explicitada tanto pelo Ministro Edson Fachin quanto pelo Ministro Luís Roberto Barroso, no que diz com assentar o prejuízo desta ação direta de inconstitucionalidade pelo advento da Emenda Constitucional nº 106. **Não há dúvida de que o art. 3º, quando dispensa** a observância dos limites legais à realização de despesas não permanentes, com o propósito exclusivo de enfrentar a pandemia, contempla o objeto desta ação direta, mas apenas, como já se destacou, quanto à União.

Vejo que o art. 2º da Emenda Constitucional é expresso ao referir-se ao Poder Executivo Federal. Com todas as letras, ali se diz:

Art. 2º. Com o propósito exclusivo de enfrentamento do contexto da calamidade e de seus efeitos sociais e econômicos, no seu período de duração, o Poder Executivo federal, no âmbito de suas competências, poderá adotar [...]

E aí segue com o regramento.

Mas, por outro lado, como acaba de ponderar o Ministro Luís Roberto, se o Tribunal assentar que e, ao fazê-lo, essa decisão terá efeito vinculante esta compreensão consagrada na liminar do Ministro Alexandre de Moraes contempla também os demais entes federativos, não tenho razão alguma para me afastar, com todo o respeito ao Ministro Fachin, do voto do eminente Relator, considerando ainda, em especial, os ditames dos arts. 10 e 11 da Emenda Constitucional nº 106.

O primeiro, como já bem enfatizado, convalida os atos de gestão praticados a partir de 20 de março deste ano, desde que, por óbvio, compatíveis com o teor da Emenda. O segundo, o art. 11, consagra que a emenda entra em vigor na data da publicação e que ficará automaticamente revogada na data do encerramento do estado de calamidade pública reconhecido e provocado pela pandemia da COVID-19.

Especificamente quanto ao art. 42, trazido pelo Doutor Ricardo Almeida, em nome de *amicus curiae*, não há dúvida de que uma ação de controle concentrado tem causa de pedir aberta, mas o pedido há de ser, sim, determinado. E confesso que não tenho bem presentes os termos do precedente evocado pelo procurador.

Com essas ponderações e manifestando dificuldade quanto aos demais entes federativos, acompanho na íntegra o eminente Relator, assentando o prejuízo e extinguindo a ação sem resolução do mérito. É o voto, Presidente"[4]. (grifo nosso)

---

[4] ADI 6.357 MC Ref, Rel. Min. Alexandre de Moraes, Pleno, j. 13.5.2020 (acórdão pendente de publicação até o fechamento da edição).

Ainda que a Emenda Constitucional nº 106, de 2020, textualmente, apenas se referir à União e especificamente ao seu Poder Executivo, em decorrência do entendimento fixado pelo Plenário do Supremo Tribunal Federal no citado julgamento da ADI 6.357, é necessário conferir segurança jurídica aos Estados, ao Distrito Federal e aos Municípios, bem como normatizar tais situações aos Entes subnacionais, facilitando assim a publicidade que propicia *accountability*.

As discussões legislativas, durante a tramitação da Proposta de Emenda à Constituição (PEC) 10/2020 – que originou a Emenda Constitucional nº 106/2020 – demonstram que o Parlamento almejava aprovar as regras ali dispostas no âmbito da União, não lhes aplicando aos Estados, ao Distrito Federal e aos Municípios.

Dito isso e conjugado com os recentes posicionamentos do STF, será necessário esperar uma miríade de atuação disforme em mais de 5.500 Casas Legislativas ou deveremos tratar a matéria de forma nacional e unificada?

2. Regime de cooperação, por meio do consórcio público, como instrumento de combate à pandemia e às suas consequências sociais e econômicas

O contexto atual exige grandeza, altivez e espírito público de todos aqueles que representam a União, os Estados, o Distrito Federal e os Municípios em todas as suas esferas de poder.

Após as recentes decisões da Suprema Corte – mais notadamente na citada ADI 6.357 – e no intuito de evitar infindáveis discussões jurídicas futuras, é necessário que seja editada lei complementar, de caráter nacional (geral), que estipule regras econômico-fiscais para o enfrentamento da pandemia nos Estados, no Distrito Federal e nos Municípios, em regime de cooperação nacional.

A pergunta que nos inquieta: por que não aproveitamos o instituto jurídico do consórcio público, como um viés cooperativo entre todos os Entes Federativos, disciplinando, através de lei complementar, uma coordenação centralizada, participativa e heterogênea para o enfrentamento da pandemia, nos termos do parágrafo único do art. 23 da CF?

É chegada a hora de as diferenças político-partidárias serem deixadas de lado em prol do povo brasileiro, unindo-se os Entes Federativos nacional e subnacionais – estes, evidentemente, que quiserem aderir ao consórcio nacional de combate à pandemia –, em um regime de cooperação, no qual teríamos a tomada de decisões, de forma central, plural e democrática, atentando para os reclames e as necessidades representativos das regiões da Federação, sem distinção de origem, filiação partidária ou viés político, além da descentralização da execução das ações necessárias ao enfrentamento da pandemia, que poderiam contar com ajuda de especialistas da sociedade civil.

Nesse sentido, passamos a discorrer sobre as principais medidas gestadas em um anteprojeto de lei complementar, com o desígnio de oferecer à sociedade medidas adequadas, necessárias e proporcionais para enfrentamento à pandemia e suas consequências que, segundo especialistas, perdurarão, pelo menos, até o próximo ano.

2.1. Anteprojeto de Lei complementar que institua gestão responsável, pública e privada, de resposta estatal à altura da atual calamidade

Na linha das decisões da Suprema Corte supracitada, estipularíamos, por meio de lei complementar (parágrafo único do art. 23 da CF), um regime extraordinário, tendo como pressuposto ação planejada e transparente que se limitaria à regulação da atuação estatal estritamente necessária ao enfrentamento sanitário da pandemia, ao restabelecimento da normalidade social, econômica, fiscal e financeira, além de disciplinar aquilo que fosse urgente e incompatível com os regimes regulares, os quais permaneceriam aplicados subsidiariamente.

Exatamente por tal razão, a lei complementar seria de natureza temporária, ou seja, teria aplicabilidade durante a execução do regime extraordinário e **apenas para os fins de combate ao Covid-19**, razão pela qual, após o fim da pandemia e de suas consequências econômicas e sociais, retornar-se-ia à efetividade das leis anteriores. Se faz mister destacar que, em casos que houvesse conflito, de sorte, lei anterior suspenderia sua eficácia.

Lamentavelmente, temos assistido inúmeras notícias de batalhas judiciais entre os Entes nacional e estaduais sobre a suposta predominância (inexistente) entre as requisições federal e estaduais, ou mesmo requisição federal de bens ou serviços contratados e pagos pelos entes subnacionais. Houve caso, inclusive, de planejamento tático exercido por governador de Estado do Nordeste, no qual foi utilizada a intermediação de empresa situada na África, para tentar burlar o controle do Governo Federal e de outros países, em uma corrida para saber "quem é o mais esperto"[5]. Em plena pandemia, os governantes de diferentes níveis federativos estão usando táticas de inteligência e contrainteligência uns contra os outros, em nítido erro de alvo, que deveria ser o combate ao vírus.

Para tentar solucionar pacificamente tais conflitos, poder-se-ia prever a possibilidade autocomposição, na forma da Lei nº 13.140, de 26 de junho de 2015[6], a ser dirimido pelo próprio consórcio nacional, sem prejuízo da apreciação pelo Poder Judiciário Federal.

Em complemento à possibilidade prevista no art. 9º da Emenda Constitucional nº 106, de 7 de maio de 2020[7], o Congresso Nacional, também por decreto legislativo, poderia ter o poder de suspender estratégia, diretriz ou decisão adotada em razão do regime extraordinário, em caso de ofensa ao interesse público ou de uso desproporcional dos poderes conferidos por este regime.

Pensando em um órgão de natureza política e destituído de qualquer função executiva, poderia ser criado um Conselho Nacional composto pelo Presidente e Vice-Presidente da República; Presidentes do Senado e da Câmara dos Deputados; líderes da maioria e da minoria do Congresso Nacional; dois Governadores; e dois Prefeitos, cujas atribuições contemplariam, resumidamente: recomendar diretrizes nacionais e aconselhar estrategicamente no enfrentamento à pandemia; orientar a formulação das políticas públicas, inclusive requisição e aquisição de bens e serviços de maneira nacional e unificada, segundo critérios técnicos; convidar

---

[5] CARNEIRO, Mariana; SETO, Guilherme. Maranhão comprou da China, mandou para Etiópia e driblou governo federal para ter respiradores. Folha de São Paulo, São Paulo, 16, abril, 2020. Disponível em: https://www1.folha.uol.com.br/colunas/painel/2020/04/maranhao-comprou-da-china-mandou-para-etiopia-e-driblou-governo-federal-para-ter-respiradores.shtml. Acesso em 11 de jun. 2020.

[6] Esta lei possibilitou autocomposição de conflitos no âmbito da administração pública, em seus arts. 35 e 37.

[7] "Art. 9º Em caso de irregularidade ou de descumprimento dos limites desta Emenda Constitucional, o Congresso Nacional poderá sustar, por decreto legislativo, qualquer decisão de órgão ou entidade do Poder Executivo relacionada às medidas autorizadas por esta Emenda Constitucional".

autoridades públicas e profissionais da sociedade civil para participar das reuniões, sem direito a voto; e instituir e indicar membros da comissão da sociedade civil, composta de representantes por todos os segmentos do segundo e do terceiro setores, incluindo da classe de trabalhadores, que opinaria sobre os temas que lhe forem consultados, sem caráter vinculante.

Para facilitar o intercâmbio de informações que, diuturnamente, já ocorrerem entre os Poderes, o Presidente do Supremo Tribunal Federal e o Procurador-Geral da República poderiam participar das reuniões do órgão político (se quiserem estar presentes), sem direito a voto.

Vinculado administrativamente ao Conselho político teríamos, em um arquétipo nacional, o consórcio público com personalidade jurídica própria (associação pública), visando ao estabelecimento de relações de cooperação federativa e a realização de objetivos de interesse comum relacionados ao regime extraordinário, entre a União, os Estados, o Distrito Federal e os Municípios que aderirem àquele.

A própria lei complementar operaria como protocolo de intenções do consórcio nacional a ser ratificado, para fins de adesão, mediante lei estadual ou municipal do respectivo ente federativo, que poderia convalidar atos anteriores, em prazo razoável (30 dias após a sua instalação).

Suas atribuições contemplariam:

- a coordenação e a execução das ações previstas no regime extraordinário;
- a regulação das diretrizes nacionais de enfrentamento à pandemia e suas repercussões econômicas e sociais;
- a disposição sobre o regime e formas de aquisição de serviços, compras e requisições, de maneira nacional e unificada, com fixação de preços máximos;
- a orientação aos Entes Federados, estrategicamente, sobre medidas a serem tomadas;
- o estabelecimento de normas específicas em matéria de saúde e assistência social que abrangeriam os entes públicos consorciados;
- a possibilidade de realizar determinações pontuais de intervenção extraordinária na economia, na forma a ser disposta na própria lei complementar;

- a orientação de políticas públicas relacionadas à epidemia e a seus efeitos socioeconômicos, podendo recomendar alterações nas ações futuras ou adaptações para aquelas em curso;
- a plena liberdade para criar, regular e praticar demais atos necessários para funcionamento de subcomitês estaduais;
- o poder de solicitar informações sobre quaisquer atos e contratos celebrados ou em via de celebração pela União ou por Estados, Distrito Federal e Municípios que vierem a se consorciarem e que envolverem recursos disponibilizados submetidos ao regime extraordinário, bem como de suas autarquias, empresas públicas e fundações públicas, com poder para anulá-los ou ratificá-los;
- a fixação de regras de execução orçamentária simplificada, alcançando inclusive os Entes Federados que aderirem ao regime desta Lei, que se comportariam, para os fins desta Lei Complementar, como unidades orçamentárias federais;
- a definição da forma, o montante e o cronograma de distribuição dos recursos para fundos dos demais Entes Federados; e
- o exercício de outras ações e competências a ele recomendadas e delegadas pelo Conselho Nacional, além de demais atividades pertinentes à gestão associada de serviço público, inclusive planejamento, regulação, fiscalização e prestação de serviços públicos, acompanhadas ou não de transferência de encargos, serviços, pessoal ou bens, entre outros.

A duração do Consórcio Nacional seria temporária, como sói acontecer com os demais consórcios públicos[8], e estaria vinculada à persistência das consequências da calamidade pública, incluindo suas repercussões socioeconômicas, todavia sua extinção não poderia prejudicar as obrigações constituídas anteriormente. Para esse fim, o Congresso Nacional disciplinaria, por decreto legislativo, as relações jurídicas delas decorrentes, incluindo a responsabilidade entre os Entes consorciados.

Para trazer mais mobilidade administrativa optar-se-ia em não estratificar, na lei complementar, as normas de convocação e de funcionamento da assembleia geral, inclusive para a elaboração, aprovação e modificação

---

[8] "Art. 4º São cláusulas necessárias do protocolo de intenções as que estabeleçam:
I – a denominação, a finalidade, o prazo de duração e a sede do consórcio".

dos estatutos do consórcio público, repassando tal incumbência ao Congresso Nacional para dispor sobre tais matérias, em futuras deliberações, mais notadamente a forma de eleição e a duração do mandato do seu representante legal, sem olvidar outras atribuições e as especificidades do funcionamento daquele consórcio.

Naquilo que não conflitasse com as especificidades da própria lei complementar, aplicar-se-iam as disposições da lei geral de consórcios públicos, qual seja a Lei nº 11.107, de 6 de abril de 2005, além daquelas normas que regem as associações civis.

Como exemplo de excepcionalidade a ser regulada diferentemente da lei geral de consórcios públicos[9], por se tratar de cooperação de abrangência nacional e de natureza temporária, o município poderia participar do consórcio nacional, independentemente da participação do estado em cujo território esteja situado.

A gestão dos recursos públicos nacionais compreendidos no âmbito do regime extraordinário seria feita por meio de fundo nacional que, somados aqueles dispostos na Lei Complementar nº 173, de 27 de maio de 2020, "Programa Federativo de Enfrentamento ao Coronavírus", poderia ser formado por recursos da União e dos Estados, do Distrito Federal e dos Municípios, sem necessidade de desembolso pelos Entes subnacionais, tais como contribuições para a seguridade social, de que tratam os arts. 195 e 239 da Constituição Federal[10], recolhidas pelo res-

---

[9] "Art. 1º. omissis.
[...]
§ 2º. A União somente participará de consórcios públicos em que também façam parte todos os Estados em cujos territórios estejam situados os Municípios consorciados".

[10] "Art. 195. A seguridade social será financiada por toda a sociedade, de forma direta e indireta, nos termos da lei, mediante recursos provenientes dos orçamentos da União, dos Estados, do Distrito Federal e dos Municípios, e das seguintes contribuições sociais:
I – do empregador, da empresa e da entidade a ela equiparada na forma da lei, incidentes sobre:
a) a folha de salários e demais rendimentos do trabalho pagos ou creditados, a qualquer título, à pessoa física que lhe preste serviço, mesmo sem vínculo empregatício".
"Art. 239. A arrecadação decorrente das contribuições para o Programa de Integração Social, criado pela Lei Complementar nº 7, de 7 de setembro de 1970, e para o Programa de Formação do Patrimônio do Servidor Público, criado pela Lei Complementar nº 8, de 3 de dezembro de 1970, passa, a partir da promulgação desta Constituição, a financiar, nos

pectivo Ente Federado; e demais recursos ordinários ou diretamente arrecadados pelos respectivos Entes Federados que atuarem no âmbito do regime extraordinário, inclusive fruto de auxílios e doações, sem prejuízo de outros.

A destinação do fundo poderia abarcar todos os programas públicos de enfrentamento da pandemia, com propósito de viabilizar ações de enfrentamento da emergência de saúde pública decorrente da pandemia, além de contemplar: transferências de recursos para grupos vulneráveis e afetados pela pandemia; subvenções econômicas e sociais para pessoas e empresas afetadas pela epidemia, inclusive por meio da criação de linha de crédito subsidiada para microempreendedores individuais e microempresas; proteção do mercado de trabalho; financiamento de pesquisa e produção de vacinas e medicamentos; e outras iniciativas aprovadas pela consórcio nacional.

Com a intenção de se evitar uma disputa fraticida entre os Entes subnacionais, os recursos que decorressem de obrigações apuradas pela própria unidade federativa, seriam aplicados exclusivamente no âmbito do território de sua atribuição.

Os recursos do fundo poderiam ser movimentados em subconta do caixa do Tesouro Nacional, segundo cronograma aprovado e destinado a atender aos saques previstos em programações específicas que atendam os objetivos previstos na própria legislação.

Atrelado ao fundo nacional, teríamos o "Programa Nacional de Proteção e Reconstrução Econômica, Social e Federativa", cuja execução caberia ao consórcio nacional, no afã de promover a proteção da sociedade, da Federação e da economia, bem ainda as suas reconstruções em condições mais saudáveis e sustentáveis.

O referido programa compreenderia planos e anexos ao contrato de programa do consórcio nacional, prevendo ações nacionais e regionais que teriam o intuito de avaliar e subsidiar autoridades estaduais e municipais no processo de decisório de flexibilização e de suspensão de quarentenas e de isolamento social, bem como priorizar investimentos em sistemas de saúde, no saneamento básico, em urbanização e habitação

termos que a lei dispuser, o programa do seguro-desemprego, outras ações da previdência social e o abono de que trata o § 3º deste artigo".

popular, no ensino básico, em formação de trabalhadores, bem assim em infraestrutura econômica básica.

Seria estimulada a participação da iniciativa privada nos investimentos do referido programa e nas ações deles decorrentes, mormente para fins de financiamento e, sempre que possível, privilegiar-se-ia a assunção da gestão de projetos e serviços, inclusive por intermédio da formação de parcerias público-privadas.

De forma surpreendentemente repulsiva, há inúmeros relatos de superfaturamento, desvios e usurpação dos recursos públicos destinados ao combate à pandemia. Sendo assim, a lei complementar que regulasse temporariamente o consórcio público nacional poderia contemplar medidas de estipulação de preços máximos em nível nacional[11], realização de compras nacionais e/ou unificadas, estímulo à reconversão produtiva, entre outras que resguardem a moralidade e a impessoalidade, possibilitando a clareza e a isonomia no gasto público.

Para fiscalizar, *pari passu*, a administração do fundo e deliberar sobre a prestação de contas e os relatórios de execução orçamentária e financeira daquele, poderíamos pensar em um conselho deliberativo que funcionaria junto ao consórcio nacional, o qual poderia ter acesso aos sistemas contábeis e a outros sistemas que tenham impacto na informação contábil, orçamentária e na geração de demonstrativos fiscais de todos Entes da Federação que aderissem ao regime, sem prejuízo das demais atribuições dos órgãos de controle internos e externo.

O Tribunal de Contas da União (TCU) também exerceria a fiscalização sobre a gestão do fundo nacional, inclusive dos repasses efetuados aos Entes Federados que viessem a aderir ao regime extraordinário, até o montante de recursos estaduais, distritais e municipais que fossem aplicados para os fins da lei complementar, situação que resolveria um dos impasses surgidos com o julgamento da ADI 6.357 (acima citada) pelo STF.

---

[11] Tal como ocorre com a fixação de preços máximos da Anvisa para medicamentos a serem comprados pelo Poder Público. AGÊNCIA NACIONAL DE VIGILÂNCIA SANITÁRIA [ANVISA]. **Lista de preços de medicamento**. 2020. Disponível em: http://portal.anvisa.gov.br/listas-de-precos. Acesso em 11 de jun. 2020.

Do mesmo modo, o conselho deliberativo do consórcio nacional poderia regulamentar sobre a contratação temporária de pessoal, tal como aquisição de obras, serviços e compras, com finalidade exclusiva de enfrentamento da calamidade e seus efeitos sociais e econômicos, mediante a implementação de processo simplificado que assegurasse, sempre que possível, competição e igualdade de condições a todos os concorrentes.

É bem verdade que a possibilidade de dispensa de licitação estava contemplada na redação original da Lei nº 13.979/2020[12], todavia não se aproveitou, naquele momento, para reforçar nenhuma medida de proteção ao erário, em contrariedade aos mais basilares postulados constitucionais da moralidade, legalidade, impessoalidade, publicidade e eficiência, além da economicidade, dispostos nos arts. 37 e 70, *caput*, da Constituição Federal.

Abrir uma perigosa exceção à necessidade de promover a competição entre os interessados, sem balizas seguras, é relegar ao administrador uma liberdade que não condiz com o regime republicano, além de enfraquecer as medidas de controle social, favorecendo que pessoas mal intencionadas aproveitem esse momento para dar vazão à sua ganância e corrupção moral.

Somente com as Medidas Provisórias nº 926, de 20 de março de 2020[13], e 951, de 15 de abril de 2020[14], é que se normatizaram algumas

---

[12] **Redação original:** "Art. 4º. Fica dispensada a licitação para aquisição de bens, serviços e insumos de saúde destinados ao enfrentamento da emergência de saúde pública de importância internacional decorrente do coronavírus de que trata esta Lei.

§ 1º. A dispensa de licitação a que se refere o caput deste artigo é temporária e aplica-se apenas enquanto perdurar a emergência de saúde pública de importância internacional decorrente do coronavírus".

§ 2º. Todas as contratações ou aquisições realizadas com fulcro nesta Lei serão imediatamente disponibilizadas em sítio oficial específico na rede mundial de computadores (internet), contendo, no que couber, além das informações previstas no § 3º do art. 8º da Lei nº 12.527, de 18 de novembro de 2011, o nome do contratado, o número de sua inscrição na Receita Federal do Brasil, o prazo contratual, o valor e o respectivo processo de contratação ou aquisição".

[13] "Art. 4º-B. Nas dispensas de licitação decorrentes do disposto nesta Lei, presumem-se atendidas as condições de:
I – ocorrência de situação de emergência;

salvaguardas de combate à corrupção ou malversação dos recursos públicos focados no combate à pandemia, todavia ainda incipientes.

II – necessidade de pronto atendimento da situação de emergência;
III – existência de risco a segurança de pessoas, obras, prestação de serviços, equipamentos e outros bens, públicos ou particulares; e
IV – limitação da contratação à parcela necessária ao atendimento da situação de emergência.
Art. 4º-C. Para as contratações de bens, serviços e insumos necessários ao enfrentamento da emergência de que trata esta Lei, não será exigida a elaboração de estudos preliminares quando se tratar de bens e serviços comuns.
Art. 4º-D. O Gerenciamento de Riscos da contratação somente será exigível durante a gestão do contrato.
Art. 4º-E. Nas contratações para aquisição de bens, serviços e insumos necessários ao enfrentamento da emergência que trata esta Lei, será admitida a apresentação de termo de referência simplificado ou de projeto básico simplificado.
§ 1º. O termo de referência simplificado ou o projeto básico simplificado a que se refere o *caput* conterá:
I – declaração do objeto;
II – fundamentação simplificada da contratação;
III – descrição resumida da solução apresentada;
IV – requisitos da contratação;
V – critérios de medição e pagamento;
VI – estimativas dos preços obtidos por meio de, no mínimo, um dos seguintes parâmetros:
a) Portal de Compras do Governo Federal;
b) pesquisa publicada em mídia especializada;
c) sítios eletrônicos especializados ou de domínio amplo;
d) contratações similares de outros entes públicos; ou
e) pesquisa realizada com os potenciais fornecedores; e
VII – adequação orçamentária.
§ 2º. Excepcionalmente, mediante justificativa da autoridade competente, será dispensada a estimativa de preços de que trata o inciso VI do *caput*.
§ 3º. Os preços obtidos a partir da estimativa de que trata o inciso VI do *caput* não impedem a contratação pelo Poder Público por valores superiores decorrentes de oscilações ocasionadas pela variação de preços, hipótese em que deverá haver justificativa nos autos.
Art. 4º-F. Na hipótese de haver restrição de fornecedores ou prestadores de serviço, a autoridade competente, excepcionalmente e mediante justificativa, poderá dispensar a apresentação de documentação relativa à regularidade fiscal e trabalhista ou, ainda, o cumprimento de um ou mais requisitos de habilitação, ressalvados a exigência de apresentação de prova de regularidade relativa à Seguridade Social e o cumprimento do disposto no inciso XXXIII do *caput* do art. 7º da Constituição.

Quanto ao ponto, aprofundaríamos as medidas de controle e estipularíamos algumas excepcionalidades dos regimes da Administração e das Finanças Públicas durante o prazo em que vigorasse a cooperação entre Entes Federados, tais como a permissão de acesso a informações e sistemas contábeis, orçamentários e financeiros dos Entes consorciados, pela Controladoria-Geral da União (CGU) e pelo TCU, apenas quanto à destinação dos recursos previstos na própria lei complementar.

Art. 4º-G. Nos casos de licitação na modalidade pregão, eletrônico ou presencial, cujo objeto seja a aquisição de bens, serviços e insumos necessários ao enfrentamento da emergência de que trata esta Lei, os prazos dos procedimentos licitatórios serão reduzidos pela metade.
§ 1º. Quando o prazo original de que trata o *caput* for número ímpar, este será arredondado para o número inteiro antecedente.
§ 2º. Os recursos dos procedimentos licitatórios somente terão efeito devolutivo.
§ 3º. Fica dispensada a realização de audiência pública a que se refere o art. 39 da Lei nº 8.666, de 21 de junho de 1993, para as licitações de que trata o *caput*.
"Art. 4º-H. Os contratos regidos por esta Lei terão prazo de duração de até seis meses e poderão ser prorrogados por períodos sucessivos, enquanto perdurar a necessidade de enfrentamento dos efeitos da situação de emergência de saúde pública.
Art. 4º-I. Para os contratos decorrentes dos procedimentos previstos nesta Lei, a administração pública poderá prever que os contratados fiquem obrigados a aceitar, nas mesmas condições contratuais, acréscimos ou supressões ao objeto contratado, em até cinquenta por cento do valor inicial atualizado do contrato.
[...]
Art. 6º-A. Ficam estabelecidos os seguintes limites para a concessão de suprimento de fundos e por item de despesa, para as aquisições e contratações a que se refere o caput do art. 4º, quando a movimentação for realizada por meio de Cartão de Pagamento do Governo:
I – na execução de serviços de engenharia, o valor estabelecido na alínea 'a' do inciso I do *caput* do art. 23 da Lei nº 8.666, de 21 de junho de 1993; e
II – nas compras em geral e outros serviços, o valor estabelecido na alínea 'a' do inciso II do *caput* do art. 23 da Lei nº 8.666, de 1993".
[14] "Art. 4º. omissis
[...]
§ 4º. Na hipótese de dispensa de licitação de que trata o *caput*, quando se tratar de compra ou contratação por mais de um órgão ou entidade, o sistema de registro de preços, de que trata o inciso II do caput do art. 15 da Lei nº 8.666, de 21 de junho de 1993, poderá ser utilizado.
§ 5º. Na hipótese de inexistência de regulamento específico, o ente federativo poderá aplicar o regulamento federal sobre registro de preços.

E mais: permitiríamos a abertura de créditos extraordinários para serem destinados a financiar as despesas da União amparadas pelo regime extraordinário, dentre outras fontes, mediante a utilização de recursos vinculados legalmente a outras finalidades, inclusive do respectivo *superavit* financeiro e os decorrentes da realização de operações de crédito, além daqueles referentes à desvinculação de que trata o art. 76 deste Ato das Disposições Constitucionais Transitórias.

Como norma protetivo-fiscal, proibiríamos que os Estados, o Distrito Federal e os Munícipios realizassem operação de crédito que resultasse em aumento de sua dívida consolidada durante a vigência do regime de que trata a lei complementar, excluído eventual refinanciamento das dívidas dos referidos entes.

De outro lado, seria de bom alvitre permitir que os Estados, o Distrito Federal e os Municípios (que aderissem ao regime consorciado) pudessem deduzir do saldo devedor de refinanciamentos contratados junto à União, os pagamentos efetivamente comprovados das despesas realizadas durante a vigência do regime extraordinário (disposto na lei complementar) que: i) excedessem as aplicações constitucionais mínimas em ações e serviços públicos de saúde e em manutenção e desenvolvimento do ensino; e/ou ii) constituíssem investimentos fixos no desenvolvimento urbano, inclusive habitação popular, saneamento básico e transportes coletivos urbanos, de regiões menos desenvolvidas e de comunidades carentes.

Tais medidas incentivariam o direcionamento de parcelas de financiamentos devidas, pelos Entes subnacionais, à União para desenvolvimento urbano (habitação popular, saneamento, transporte coletivo), em regiões

---

§ 6º. O órgão ou entidade gerenciador da compra estabelecerá prazo, contado da data de divulgação da intenção de registro de preço, entre dois e quatro dias úteis, para que outros órgãos e entidades manifestem interesse em participar do sistema de registro de preços nos termos do disposto no § 4º e no § 5º.
[...]
Art. 4º-G. omissis.
[...]
§ 4º. As licitações de que trata o *caput* realizadas por meio de sistema de registro de preços serão consideradas compras nacionais, nos termos do disposto no regulamento federal, observado o prazo estabelecido no § 6º do art. 4º".

mais desassistidas do ponto de vista socioeconômico, em implementação da norma programática do art. 6º da Constituição Federal[15].

Outrossim, normatizar-se-ia que os sistemas produtivo e financeiro estariam submetidos à interferência estatal extraordinária, com a intenção de contribuir para recuperação social e econômica da população. Entre essas medidas, além da reconversão produtiva dos setores industrial e de serviços, pensaríamos em formas de investimento, direta ou indiretamente, de recurso público, inclusive na forma de crédito, financiamento ou auxílio financeiro, a pessoas físicas e jurídicas de direito privado[16].

Como condicionante desse repasse, objetar-se-iam algumas condutas, tais como: i) pagamento de juros sobre o capital próprio e dividendos acima de determinado patamar mínimo obrigatório; ii) recompra de ações próprias, ressalvado casos estabelecidos pelo Conselho Monetário Nacional e for prévia e especificamente autorizado pelo Banco Central do Brasil; iii) redução do capital social, quando legalmente possível; iv) aumento da remuneração, fixa ou variável, de diretores e membros do conselho de administração, no caso das sociedades anônimas, e dos administradores, no caso de sociedades limitadas, inclusive na forma de bônus, participação nos lucros e quaisquer parcelas de remuneração diferidas e outros incentivos remuneratórios associados ao desempenho; v) antecipação de pagamento de quaisquer dos itens anteriores; vi) demissão de empregados, sem justa causa, que percebam salário de até 3 (três) salários-mínimos, ressalvadas hipóteses de substituição por novos empregados que resultem em manutenção do mesmo montante da parcela da folha salarial; vii) abstenção de recolhimento de impostos, taxas e

---

[15] "Art. 6º. São direitos sociais a educação, a saúde, a alimentação, o trabalho, a moradia, o transporte, o lazer, a segurança, a previdência social, a proteção à maternidade e à infância, a assistência aos desamparados, na forma desta Constituição".

[16] Segundo notícias da imprensa, os Estados Unidos já divulgaram investimentos da ordem de quase U$S 3 trilhões de dólares para soerguer a sua economia. A União Europeia anunciou a emissão de títulos, em seu nome, no montante de € 500 bilhões de euros, para distribuir os recursos arrecadados aos países daquele bloco econômico mais afetados, visando a combater as consequências econômicas e sociais da pandemia.

contribuições devidas na data de seu vencimento; e viii) transferência do controle do capital social, direta ou indiretamente, para pessoas jurídicas ou físicas domiciliadas e residentes no exterior.

No âmbito de ações da seguridade social, reforçaríamos que os serviços públicos essenciais ao enfrentamento pandemia integrariam uma rede regionalizada e hierarquizada que constituem o sistema único de saúde, organizado em conformidade com as diretrizes e normas previstas nos arts. 198 e 200 da Constituição Federal, em especial a descentralização com direção única em cada esfera de governo. Cabe mencionar que a criança e o idoso seriam os destinatários preferenciais das ações assistenciais de caráter emergencial, além de que se resguardaria a ampliação da execução orçamentário-financeira das transferências de renda aos cidadãos em situação de pobreza e extrema pobreza.

Para tanto, estipularíamos que seria integralmente atendida a demanda reprimida de cidadãos elegíveis e ainda não contemplados nos programas focalizados de transferência de renda já existentes. Da mesma forma, seria promovida a extensão de transferências de renda aos indivíduos que se encontram registrados no correspondente cadastro único nacional no período emergencial decorrente da pandemia reconhecida internacionalmente, mediante a flexibilização das regras cadastrais, no que couber, para novos entrantes.

Criaríamos uma central nacional de regulação unificada de leitos públicos e privados em unidades de tratamento intensivo, sob responsabilidade do consórcio nacional, no intuito de saber quais são as disposições materiais de combate à pandemia que existem no território nacional, possibilitando que, diante de uma atuação planejada, nacional e coordenada, possa, em caso de necessidade, ocorrer a transferência momentânea de produtos ou de serviços para as localidades mais necessitadas, em juízo de isonomia material e proporcionalidade.

Sempre que possível, as medidas de proteção social a serem adotadas, deveriam buscar a especial proteção a idosos, profissionais de saúde, mulher provedora de família monoparental e demais grupos com maior vulnerabilidade à pandemia e as suas consequências sociais e econômicas.

Traríamos para o debate e auxílio ao consórcio nacional, a Comissão Intergestores Tripartite (CIT, disposta no art. 14-A da Lei nº 8.080, de 19 de setembro de 1990)[17], a qual seria responsável pela coordenação nacional do levantamento transparente das demandas sanitárias, em termos de riscos epidemiológicos e necessidades de saúde da população, podendo propor respostas tempestivas para resguardar a rápida execução orçamentário-financeira, tal como encaminhando relatório quinzenal ao consórcio.

Com a finalidade de fiscalização, acompanhamento e, principalmente, para fins de formação de cadastro e controle centralizado de preço máximo, além de ganho de escala e padronização de custos e preços nas contratações de insumos e serviços, registraríamos que os órgãos de administração fazendária deveriam disponibilizar, publicamente, todas as informações constantes do banco de dados das notas fiscais eletrônicas.

Dispor-se-ia que todas as ações de enfrentamento deveriam ser publicadas em sítios eletrônicos dos governos federal, estaduais e municipais, incluindo o registro dos atos de execução orçamentária e de transações bancárias destinadas ao enfrentamento da pandemia, com a indicação detalhada em cada empenho da sua finalidade extraordinária; e a motivação circunstanciada de cada contratação com o nome do contratado, o número de sua inscrição na Secretaria da Receita Federal do Brasil, o prazo e a finalidade contratuais, o valor e o respectivo processo de contratação ou aquisição, entre outras medidas.

Por essa razão, a Transparência Internacional – Brasil e o TCU elaboraram "recomendações para transparência de contratações emergenciais em resposta à covid-19", apontando elementos mínimos para redução de riscos de corrupção, os quais, entre eles, destacamos:

> A realização de contratações com características excepcionais destinadas a lidar com o cenário emergencial que enfrenta o Brasil depende da existência de um marco normativo seguro e claro. À semelhança da Lei nº 13.979 de 2020, estados e municípios devem estabelecer as regras que guiarão os processos licitatórios e de contratação a serem realizados por seus órgãos.
> [...]

---

[17] "Art. 14-A. As Comissões Intergestores Bipartite e Tripartite são reconhecidas como foros de negociação e pactuação entre gestores, quanto aos aspectos operacionais do Sistema Único de Saúde (SUS)".

Esta legislação deve prever que sejam fornecidas informações suficientes sobre cada contratação emergencial de modo a permitir (i) o eficaz controle social sobre os gastos públicos com objetivo de prevenir desperdícios, conflitos de interesse e outros desvios, (ii) o acompanhamento dos esforços de combate à COVID-19, (iii) a comparabilidade entre os preços cobrados da administração pública em diferentes níveis e localidade.
[...]
A legislação sobre contratações emergenciais deve também atribuir aos órgãos de controle, explicitamente, a competência para acompanhar todas as fases dos processos administrativos relacionados às contratações com vistas a permitir a sua realização de forma célere e eficiente, garantir a sua transparência, prevenir a corrupção e oferecer maior segurança aos gestores públicos.
[...]
Considerar formas de cooperação, como intercâmbio de boas práticas e formação de consórcios de compra, com outros entes federativos e com os órgãos de controle para tornar o processo de contratações emergenciais mais céleres, econômicos e eficientes.
[...]
Considerar a criação de uma comissão de transparência e controle social, composta por representantes do poder público, da sociedade civil e da academia, para monitorar e avaliar ações relacionadas ao enfrentamento da COVID-19, além de propor novas linhas de atuação. Nas instâncias e entes onde comissões e conselhos de transparência já existem, podem eles assumir diretamente esta atribuição.[18]

No mesmo sentido, seriam diariamente disponibilizadas em sítio eletrônico oficial específico as estratégias de atuação coordenada adotadas pelo Conselho e pelo Consórcio Nacionais.

---

[18] TRANSPARÊNCIA INTERNACIONAL-BRASIL. **Recomendações para transparência de contratações emergenciais em resposta à Covid-19**. São Paulo: Associação Transparência e Integridade, 2020. Disponível em: https://comunidade.transparenciainternacional.org.br/asset/86:tibr-recomendacoes-de-contratacoes-emergenciais--Covid19?stream=1. Acesso em 11 de jun. 2020.

Ademais, trataríamos como obrigatória a emissão mensal de "Relatório de Gestão Responsável da Calamidade", a ser publicado por todos os Entes Federativos, para informar sobre as respectivas ações públicas realizadas de combate à pandemia no seu território.

Exatamente nessa linha, todos atos, atas, decisões e documentos examinados e adotados pelo conselho e pelo consórcio nacionais seriam amplamente divulgados, detalhada e regionalmente, nos portais de transparência dos Poderes Executivo e Legislativo, incluindo Tribunais de Contas, sendo vedado o seu sigilo sob qualquer argumento.

De forma republicana, registrar-se-ia que a participação nos colegiados e órgãos citados na própria lei não será remunerada, sendo considerada como serviço de relevante interesse público.

Para evitar qualquer dúvida, os recursos que a União vier a mobilizar, direta ou indiretamente, para atender ao enfrentamento da calamidade pública reconhecida pelo Decreto Legislativo nº 6, de 20 de março de 2020, e decorrente da atual pandemia (Covid-19), deveriam integrar o orçamento do fundo nacional previsto, bem assim sua respectiva prestação de contas, observando ainda as seguintes disposições: i) os créditos extraordinários já abertos no orçamento da União para atender a calamidade seriam remanejados para o fundo, mantidas as responsabilidades e a previsão das unidades orçamentárias e de gestão; ii) a alocação de quaisquer recursos da União para concessão de crédito e subvenções a instituições financeiras e demais entidades privadas também deveriam constar no orçamento do fundo; e iii) o montante do saldo da dívida pública da União que financiar, direta ou indiretamente, o regime de que trata esta Lei Complementar seria atualizado e divulgado ao público diariamente.

Como tal característica, a concessão de recurso público a qualquer pessoa física e pessoa jurídica de direito público, inclusive na forma de auxílio financeiro, subvenção econômica ou social, renúncia de receita, crédito, financiamento, garantia ou auxílio financeiro, deveria ser divulgado, em meio eletrônico de acesso público, até uma semana depois da data de seu efetivo desembolso, identificando o beneficiário, a natureza da transação, objetivo e, no caso de empréstimo, também o prazo, as taxas de juros e as demais condições financeiras.

Instituir-se-ia como infração administrativa o ato de deixar de divulgar ou de enviar ao Poder Legislativo e ao Tribunal de Contas, relatório, informe ou informação, nos termos exigidos na lei complementar, o qual seria punível na forma dos §§1º e 2º do art. 5º da Lei nº 10.028, de 19 de outubro de 2000[19].

São essas as principais diretrizes do nosso anteprojeto, o qual é dotado de soluções jurídicas, fiscais, econômicas e sociais para gestão responsável, pública e privada, de combate à atual calamidade pública e as suas consequências que assolam o nosso país, o qual sofre uma espiral de casos confirmados e de mortes, em linha ascendente e diversa do restante do planeta, cujos números têm decaído.

Para elaboração do anteprojeto anexado, antes de finalizarmos, é imperioso registrar o trabalho e agradecer o valioso labor de outros colaboradores: Clara Menezes, Cristiane de Oliveira Coelho Galvão, Élida Graziane Pinto, Felipe Salto e Leonardo Ribeiro.

Busca-se conferir à sociedade uma proposta de legislação nacional que proporcione o exercício da cooperação entre os Entes Federados, com medidas razoáveis, necessárias e proporcionais de enfrentamento à pandemia, dispondo de inúmeros instrumentos para o Estado brasileiro fazer frente às consequências econômicas e sociais do coronavírus (Sars-CoV-2).

Eis a nossa contribuição.

Conclusões

Urge que tenhamos um plano nacional, unificado e centralizado de tomada de decisões que seja formado por todos os Entes Federativos, ao mesmo tempo que seja plural, democrático e participativo, possibilitando a descentralização de sua execução e atingindo os rincões do nosso país.

O instrumento jurídico adequado, para tanto, é o consórcio público que materializaria o Federalismo cooperativo em matérias de competên-

---

[19] "Art. 5º. Constitui infração administrativa contra as leis de finanças públicas:
[...]
§ 1º. A infração prevista neste artigo é punida com multa de trinta por cento dos vencimentos anuais do agente que lhe der causa, sendo o pagamento da multa de sua responsabilidade pessoal.
§ 2º. A infração a que se refere este artigo será processada e julgada pelo Tribunal de Contas a que competir a fiscalização contábil, financeira e orçamentária da pessoa jurídica de direito público envolvida".

cia comum, pendente de regulamentação, até hoje, por lei complementar, tal como insculpido no parágrafo único do art. 23, além do art. 241, ambos da Constituição Federal.

O Congresso Nacional poderia instituir um regime excepcional de ordenação das finanças públicas e privadas, em cenário que demanda profunda cooperação federativa de esforços para enfrentamento de calamidade pública nacional, reconhecida pelo Congresso Nacional, e decorrente de pandemia de importância internacional.

A lei complementar contemplaria três eixos principiológicos principais: (1) escala nacional; (2) transparência ampla e instantânea; e (3) respeito ao pacto federativo, o qual orientam a construção dos pilares administrativo, financeiro e econômico que ora se está a propor: consórcio nacional e respectivo fundo nacional.

A finalidade de ambos os institutos seria assegurar a gestão nacional coordenada com os demais Entes Federativos, através custeio primordialmente federal para que haja respostas céleres e absolutamente aderentes às demandas diagnosticadas nas realidades municipal e estadual, sem descurar de resguardar à execução descentralizada dos serviços públicos de saúde, fortalecendo os órgãos já existentes.

É chegada a hora de, deixando as divergências de lado, promovermos uma verdadeira união nacional – e paritária – entre todos as unidades federativas, em torno do tema comum: o combate à pandemia, construindo-se consensos mínimos em medidas administrativas, financeiras e operacionais necessárias para fazer frente à calamidade sanitária, fiscal, orçamentária e econômica decorrente daquela.

Enfrentar a pandemia é um desafio nacional que requer, por óbvio, resposta de mesma envergadura.

Referências

AGÊNCIA NACIONAL DE VIGILÂNCIA SANITÁRIA [ANVISA]. *Listas de preços de medicamentos*. 2020. Disponível em: http://portal.anvisa.gov.br/listas-de-precos. Acesso em 11 de jun. de 2020.

BRASIL. *Constituição Federal, de 5 de outubro de 1988*. Disponível em: http://www.planalto.gov.br/ccivil_03/constituicao/constituicao.htm. Acesso em 11 de jun. de 2020.

BRASIL. *Decreto Legislativo nº 6, de 20 de março de 2020.* Disponível em: http://www.planalto.gov.br/ccivil_03/portaria/DLG6-2020.htm. Acesso em 11 de jun. de 2020.

BRASIL. *Emenda Constitucional nº 106, de 7 de maio de 2020.* Disponível em: http://www.planalto.gov.br/ccivil_03/constituicao/emendas/emc/emc106.htm. Acesso em 11 de jun. 2020.

BRASIL. *Lei Complementar nº 173, de 27 de maio de 2020.* Disponível em: http://www.planalto.gov.br/ccivil_03/leis/lcp/Lcp173.htm. Acesso em 11 de jun. 2020.

BRASIL. *Lei nº 8.080, de 19 de setembro de 1990.* Disponível em: http://www.planalto.gov.br/ccivil_03/leis/l8080.htm. Acesso em 11 de jun. 2020.

BRASIL. *Lei nº 10.028, de 19 de outubro de 2000.* Disponível em: http://www.planalto.gov.br/ccivil_03/leis/l10028.htm. Acesso em 11 de jun. 2020.

BRASIL. *Lei nº 11.107, de 6 de abril de 2005.* Disponível em: http://www.planalto.gov.br/ccivil_03/_Ato2004-2006/2005/Lei/L11107.htm. Acesso em 11 de jun. 2020.

BRASIL. *Lei nº 13.140, de 26 de junho de 2015.* Disponível em: http://www.planalto.gov.br/ccivil_03/_Ato2015-2018/2015/Lei/L13140.htm. Acesso em 11 de jun. 2020.

BRASIL. *Lei nº 13.979, de 6 de fevereiro de 2020.* Disponível em: http://www.planalto.gov.br/ccivil_03/_ato2019-2022/2020/lei/L13979.htm. Acesso em 11 de jun. 2020.

BRASIL. *Lei nº 13.982, de 2 de abril de 2020.* Disponível em: http://www.planalto.gov.br/ccivil_03/_ato2019-2022/2020/lei/l13982.htm. Acesso em 11 de jun. 2020.

BRASIL. *Medida Provisória nº 926, de 20 de março de 2020.* Disponível em: http://www.planalto.gov.br/ccivil_03/_ato2019-2022/2020/Mpv/mpv926.htm. Acesso em 11 de jun. 2020.

BRASIL. *Medida Provisória nº 951, de 15 de abril de 2020.* Disponível em: http://www.planalto.gov.br/ccivil_03/_ato2019-2022/2020/Mpv/mpv951.htm. Acesso em 11 de jun. 2020.

BRASIL. *Supremo Tribunal Federal, ADI 6.357 MC*, Rel. Min. Alexandre de Moraes, DJe 30.3.2020. Disponível em: http://www.stf.jus.br/arquivo/cms/noticiaNoticiaStf/anexo/ADI6357MC.pdf. Acesso em 11 de jun. 2020.

BRASIL. *Supremo Tribunal Federal, ADI 6.341 MC Ref*, Rel. Min. Marco Aurélio, Pleno, redator p/ acórdão Min. Edson Fachin, j. 15/4/2020, acórdão pendente de publicação. Disponível em: https://www.youtube.com/watch?v=ioFBEmG5o3s. Acesso em 11 de jun. 2020.

BRASIL. *Supremo Tribunal Federal, ADI 6.357, Rel. Min. Alexandre de Moraes*, j. 13/5/2020, acórdão pendente de publicação. Disponível em: https://www.youtube.com/watch?v=hzRxMAGUGKk. Acesso em 11 de jun. 2020.

CARNEIRO, Mariana; SETO, Guilherme. Maranhão comprou da China, mandou para Etiópia e driblou governo federal para ter respiradores. *Folha de São Paulo*, São Paulo, 16, abril, 2020. Disponível em: https://www1.folha.uol.com.br/colunas/painel/2020/04/maranhao-comprou-da-china-mandou-para-etiopia-e-driblou-governo-federal-para-ter-respiradores.shtml. Acesso em 11 de jun. 2020.

TRANSPARÊNCIA INTERNACIONAL – BRASIL. *Recomendações para Transparência de Contratações Emergenciais em Resposta à Covid-19*. São Paulo: Associação Transparência e Integridade, 2020. Disponível em: https://comunidade.transparenciainternacional.org.br/asset/86:tibr-recomendacoes-de-contratacoes-emergenciais-covid19?stream=1. Acesso em 11 de jun. 2020.

ANEXO A
Anteprojeto de Lei Complementar da Gestão Pública Responsável da Calamidade

ANTEPROJETO DE LEI COMPLEMENTAR DA GESTÃO PÚBLICA RESPONSÁVEL DA CALAMIDADE

Institui regime extraordinário voltado à responsabilidade na gestão das finanças públicas e privadas e da intervenção do Estado na economia e de medidas de seguridade social, nos termos dos arts. 23, parágrafo único, 30, VII, 37, 163, 164, 165, § 9º, 174, 192, 194, parágrafo único, 195, 198, 204, 239 e 241, da Constituição, em resposta à calamidade pública nacional decorrente de pandemia de importância internacional; e dá outras providências.

O PRESIDENTE DA REPÚBLICA, faço saber que o Congresso Nacional decreta e eu sanciono a seguinte Lei Complementar:

Capítulo I
Das Disposições Gerais

Art. 1º. Em regulamentação e em complemento ao estabelecido pela Emenda Constitucional nº 106, de 7 de maio de 2020, durante a vigência de calamidade pública em todo o território do País e decorrente de pandemia de saúde pública de importância internacional, reconhecida pelo Congresso Nacional, será adotado, em caráter nacional, regime extraordinário de organização administrativo-federativa voltado para a responsabilidade na gestão das finanças públicas e de intervenção nas ordens econômica e social, inclusive para fins de contratações de bens e serviços, sempre para atender as necessidades dela decorrentes e somente naquilo em que a urgência for motivada e objetivamente incompatível com o regime regular, especialmente no tocante a:

I – cooperação entre a União e os Estados, o Distrito Federal e os Municípios, nos termos dos arts. 23, parágrafo único, 30, VII e 241, da Constituição Federal;

II – administração pública, nos termos do art. 37 da Constituição Federal;

III – finanças públicas, especialmente sobre dívida pública, moeda e orçamentos, nos termos dos arts. 163, 164 e 165, § 9º, da Constituição Federal;

IV – intervenção do Estado na economia, inclusive no sistema financeiro nacional, nos termos dos arts. 174 e 192 da Constituição Federal; e

V– seguridade social, especialmente sobre saúde e assistência social, nos termos do parágrafo único do art. 194 e dos arts. 195, 198, 204 e 239 da Constituição Federal.

§ 1º. As disposições desta Lei Complementar obrigam a União e também aos Estados, ao Distrito Federal e aos Municípios que, por suas leis, venham aderir ao regime de cooperação mediante consórcio público a que se refere o art. 241 da Constituição Federal.

§ 2º. Os governos enquadrados no regime de que trata o parágrafo anterior serão denominados Entes da Federação para os fins desta Lei Complementar, que, em cada caso, obriga ao respectivo Poder Executivo, Poder Legislativo, incluídos Tribunais de Contas, Poder Judiciário, Defensoria Pública e Ministério Público, bem assim seus fundos, autarquias, fundações e empresas estatais dependentes.

§ 3º. O regime extraordinário de que trata esta Lei Complementar pressupõe ação planejada e transparente, que se limita à regulação da atuação estatal estritamente necessária ao enfrentamento sanitário da pandemia, ao restabelecimento da normalidade social, econômica, fiscal e financeira e a disciplinar aquilo que for urgente e incompatível com os regimes regulares, que continuarão a ser aplicados subsidiariamente.

Art. 2º. Durante a aplicação do regime de que trata esta Lei Complementar, fica suspensa a eficácia de lei anterior, apenas no que lhe for contrária e tão somente durante a vigência prevista no art. 1º.

Parágrafo Único. Os conflitos federativos ou de competências decorrentes da aplicação desta Lei Complementar serão dirimidos, preferencialmente, pela Coordenação do Consórcio Nacional, através de autocomposição, na forma da Lei 13.140, de 26 de junho de 2015, e, se persistir, pelo Conselho Nacional, sem prejuízo da apreciação pelo Poder Judiciário Federal.

Art. 3º. O Congresso Nacional, por decreto legislativo, poderá suspender estratégia, diretriz ou decisão adotada no regime extraordinário de que trata esta Lei Complementar, em caso de ofensa ao interesse público ou de uso desproporcional dos poderes conferidos por este regime extraordinário, além das situações previstas no art. 9º da Emenda Constitucional nº 106, de 7 de maio de 2020.

Capítulo II
Da Coordenação política

Art. 4º. As estratégias e diretrizes de atuação e as normas gerais do regime extraordinário de que trata esta Lei Complementar serão estabelecidas por Conselho Nacional, órgão de natureza política e destituído de qualquer função executiva, composto por:
I – Presidente da República;
II – Vice-Presidente da República;
III – Presidente da Câmara dos Deputados;
IV – Presidente do Senado Federal;
V – líderes da maioria e da minoria do Congresso Nacional;
VI – dois Governadores; e
VII – dois Prefeitos.

§ 1º. Os Governadores serão indicados pela maioria dos seus pares, um que seja da região Norte, Nordeste ou Centro-Oeste, e outro da região Sul ou Sudeste.

§ 2º. Os Prefeitos serão os presidentes da Confederação Nacional dos Municípios e da Frente Nacional dos Prefeitos.

§ 3º. O Presidente do Supremo Tribunal Federal e o Procurador-Geral da República poderão participar das reuniões, a critério dos próprios, sem direito a voto.

§ 4º. Competirá ao Conselho Nacional:
I – recomendar diretrizes nacionais e aconselhar estrategicamente no enfrentamento à pandemia e de suas repercussões econômicas e sociais;
II – orientar a formulação das políticas públicas e se manifestar sobre intervenção extraordinária na economia e na seguridade social, inclusive requisição e aquisição de bens e serviços de maneira nacional e unificada, segundo critérios técnicos;
III – convidar autoridades públicas e profissionais da sociedade civil para participar das reuniões, sem direito a voto; e
IV – instituir e indicar membros da comissão da sociedade civil, composta de representantes por todos os segmentos do segundo e do terceiro setores, incluindo da classe de trabalhadores, que opinará sobre os temas que lhe forem consultados, sem caráter vinculante.

Capítulo III
Do Consórcio e do Fundo Nacionais

Art. 5º. A União celebrará consórcio público com Estados, Distrito Federal e Municípios que aderirem àquele, para estabelecer relações de cooperação federativa e a realização de objetivos de interesse comum relacionados ao regime extraordinário desta Lei Complementar.

§ 1º. Esta Lei Complementar opera como protocolo de intenções a ser ratificado, para fins de adesão ao consórcio público, mediante lei estadual ou municipal do respectivo ente federativo, que poderá convalidar atos anteriores.

§ 2º. O Consórcio Nacional será constituído como associação pública, com personalidade jurídica de direito público e natureza autárquica, com gestão administrativa e financeira descentralizada, inclusive prestação de serviços públicos.

§ 3º. O Município poderá participar do consórcio de que trata esta Lei Complementar, independentemente da participação do Estado em cujo território esteja situado, por se tratar de cooperação de abrangência nacional e de natureza temporária.

§ 4º. O Consórcio Nacional, com personalidade jurídica e receita próprias, será vinculado ao Conselho Nacional e, ressalvado o poder decisório deste previsto no artigo anterior, poderá:

I – coordenar e executar as ações previstas no regime extraordinário desta Lei Complementar;

II – disciplinar as diretrizes nacionais de enfrentamento à pandemia e sua repercussão econômico-social;

III – dispor sobre o regime e formas de aquisição de serviços, compras e requisições, de maneira nacional e unificada, com fixação de preços máximos;

IV – orientar os Entes Federados, estrategicamente, sobre medidas a serem tomadas;

V – estabelecer normas específicas em matéria de saúde e assistência social que abrangerão todos os entes públicos consorciados;

VI – exercer, extraordinariamente, as atribuições do Conselho Monetário Nacional dispostas nos arts. 3º e 4º da Lei n. 4.595, de 31 de dezembro de 1964, sem prejuízo da atuação do referido Conselho;

VII – determinar intervenção extraordinária na economia, na forma disposta nos Capítulos III, IV e V desta Lei Complementar;

VIII – orientar políticas públicas relacionadas à epidemia e a seus efeitos socioeconômicos, podendo recomendar alterações nas ações futuras ou adaptações para aquelas em curso;

IX – criar, eleger, destituir e fiscalizar subcomitês estaduais e a gestão de seus membros, podendo fixar-lhes atribuições;

X – solicitar informações sobre quaisquer atos e contratos celebrados ou em via de celebração pela União ou por Estados, Distrito Federal e Municípios que se consorciarem e que envolvam recursos disponibilizados submetidos ao regime desta Lei Complementar, bem como de suas autarquias, empresas públicas e fundações públicas, com poder para anulá-los ou ratificá-los;

XI – fixar regras de execução orçamentária simplificada, alcançando inclusive os Entes Federados que aderirem ao regime desta Lei, que se comportarão, para os fins desta Lei Complementar, como unidades orçamentárias federais nos termos do art. 14 da Lei nº 4.320, de 17 de março de 1964;

XII – definir a forma, o montante e o cronograma de distribuição dos recursos para fundos dos demais Entes Federados;

XIII – ações e competências a ele recomendadas e delegadas pelo Conselho Nacional; e

XIV– demais atividades pertinentes à gestão associada de serviço público, inclusive planejamento, regulação, fiscalização e prestação de serviços públicos, acompanhadas ou não de transferência de encargos, serviços, pessoal ou bens.

§ 5º. O Consórcio Nacional, no que se referem às áreas de saúde de assistência social, deverá obedecer aos princípios, diretrizes e normas que regulam o Sistema Único de Saúde – SUS e o Sistema Único de Assistência Social – SUAS, no que lhe for aplicável.

§ 6º. O Congresso Nacional disciplinará outras atribuições e o funcionamento do Consórcio Nacional durante o regime extraordinário de que trata esta Lei Complementar.

§ 7º. Aplicam-se subsidiariamente ao Consórcio Nacional as disposições da Lei nº 11.107, de 6 de abril de 2005, e aquelas que regem as associações civis, naquilo que não for incompatível com o previsto nesta Lei Complementar.

§ 8º. O Consórcio Nacional terá a vigência da calamidade a que ele se refere, incluindo suas repercussões socioeconômicas, e sua extinção não prejudica as obrigações constituídas anteriormente, devendo o Congresso Nacional disciplinar, por decreto legislativo, as relações jurídicas delas decorrentes, incluindo a responsabilidade entre os Entes consorciados.

Art. 6º. Fica dispensada a formalização do contrato de rateio do consórcio público, sendo que a gestão dos recursos públicos nacionais compreendidos no âmbito do regime extraordinário de que trata esta Lei Complementar será feita por meio de fundo nacional.

§ 1º. Constituem-se como fontes do fundo de que trata este artigo, com validade e fins de contrato de rateio:

I – no âmbito da União:

a) recursos repassados nos termos da Lei Complementar nº 173, de 27 de maio de 2020;

b) operações de crédito, interna ou externa, contratada especificamente para tal finalidade, inclusive mediante emissão de títulos de série especial;

c) resultado cambial semestral do Banco Central do Brasil, apurado desde início do exercício financeiro de 2020 e enquanto vigorar o regime extraordinário;

d) remuneração das disponibilidades financeiras do Tesouro Nacional;

e) desvinculação das receitas da União nos termos do art. 76 do Ato das Disposições Constitucionais Transitórias;

f) recursos legalmente vinculados a outras finalidades não utilizados nos exercícios anteriores;

g) saldos provenientes de remanejamento de despesas não prioritárias;

h) recursos provenientes da alienação de bens;

i) demais recursos ordinários ou diretamente arrecadados por órgãos públicos que atuarem no âmbito do regime extraordinário, inclusive fruto de auxílios e doações; e

j) doações de organismos ou entidades nacionais, internacionais ou estrangeiras, bem como de pessoas físicas ou jurídicas nacionais ou estrangeiras.

II – no âmbito dos demais Entes Federados que aderirem ao regime:

a) retorno para a União de empréstimos e financiamentos contratados pelo respectivo Ente Federado, ainda que estejam com exigibilidade suspensa pelo Poder Judiciário;

b) contribuições para a seguridade social, de que tratam os arts. 195 e 239 da Constituição Federal, recolhidas pelo respectivo Ente Federado; e

c) demais recursos ordinários ou diretamente arrecadados pelos respectivos Entes Federados que atuarem no âmbito do regime extraordinário, inclusive fruto de auxílios e doações.

§ 2º. Os recursos do Fundo serão destinados aos programas de enfrentamento da pandemia, com vistas a viabilizar:

I – ações de enfrentamento da emergência de saúde pública decorrente da pandemia;

II – transferências de recursos para grupos vulneráveis e afetados pela pandemia;

III – subvenções econômicas e sociais para pessoas e empresas afetadas pela epidemia, inclusive por meio da criação de linha de crédito subsidiada para microempreendedores individuais e microempresas;

IV – proteção do mercado de trabalho brasileiro;

V – financiamento de pesquisa e produção de vacinas e medicamentos; e

VI – outras iniciativas aprovadas pela Coordenação do Consórcio Nacional, inclusive a partir de recomendações do Conselho Nacional.

§ 3º. Competirá ao Conselho Deliberativo do Consórcio Nacional:

I – deliberar sobre a prestação de contas e os relatórios de execução orçamentária e financeira do fundo;

II – elaborar a proposta orçamentária do fundo, bem como suas alterações;

III – fiscalizar a administração do fundo, podendo solicitar informações sobre contratos celebrados ou em vias de celebração e quaisquer outros atos; e

IV – deliberar sobre outros assuntos de interesses do fundo.

§ 4º. O Conselho Deliberativo do Consórcio Nacional apresentará suas deliberações por meio de resoluções, publicadas no Diário Oficial da União, sendo as reuniões iniciadas com a presença da maioria absoluta de seus membros, além de ser exigida, para deliberação, a maioria relativa dos votos, permitida a abstenção.

§ 5º. As reuniões do Conselho Deliberativo serão amplamente divulgadas, transmitidas em sua totalidade e sem restrições, e ficarão disponibilizadas para acesso público em sítio eletrônico, com interface de fácil visualização.

Art. 7º. Denomina-se Consórcio Nacional a pessoa jurídica de direito público, na modalidade associação pública, criada por esta Lei Complementar, com a finalidade de combate à pandemia e as suas consequências econômico-sociais, com sede em Brasília, no Distrito Federal, e área de atuação em todo o território nacional.

§ 1º. Após sua instalação, os entes da Federação que tiverem interesse em aderir ao consórcio, deverão fazê-lo no prazo máximo de 30 (trinta) dias.

§ 2º. As normas de convocação e funcionamento da assembleia geral, inclusive para a elaboração, aprovação e modificação dos estatutos do consórcio público de que trata o *caput* serão disciplinados pelo Congresso Nacional, inclusive dispondo sobre a forma de eleição e a duração do mandato do seu representante legal que, obrigatoriamente, deverá ser Chefe do Poder Executivo de ente da Federação consorciado.

§ 3º. A assembleia geral será a instância máxima do Consórcio Nacional, convocada e constituída na forma determinada pelo Congresso Nacional.

§ 4º. Por possuir duração temporária, os servidores públicos serão cedidos pelos Entes consorciados, independentemente de ocuparem cargo em comissão ou de função de confiança no cessionário, por requisição do Consórcio Nacional, admitindo-se, contratação tão somente por tempo determinado, para atender à necessidade temporária de excepcional interesse público.

§ 5º. Os ônus e quaisquer passivos dos servidores cedidos ficarão a cargo do Ente consorciado cedente, integrando, para todos os fins e apenas esses, o limite de despesa de pessoal de que trata os arts. 18 a 20 da Lei Complementar nº 101, de 4 de maio de 2000.

§ 6º. Os recursos de um Ente Federado, objeto do rateio, que decorram de obrigações apuradas pelo próprio, serão aplicados exclusivamente no âmbito do território de sua atribuição.

§ 7º. As disponibilidades financeiras do fundo e os processos de compras, alienação de ativos, prestação de serviços relacionados à sua execução orçamentária e financeira, sujeitam-se às normas financeiras da Administração Pública, sem prejuízo de outras que se façam necessárias para garantir transparência, controle e efetividade na gestão do fundo.

§ 8º. O saldo financeiro apurado em balanço do fundo poderá ser utilizado em exercício subsequente, sendo devolvido para o Tesouro Nacional quando de sua extinção, ao ser encerrado o período de calamidade.

§ 9º. Os recursos do fundo serão movimentados em subconta do caixa do Tesouro Nacional, segundo cronograma aprovado e destinado a atender aos saques previstos em programações específicas que atendam os objetivos previstos no *caput* deste artigo.

§ 10. O Conselho Deliberativo do Consórcio Nacional terá acesso aos sistemas contábeis e a outros sistemas que tenham impacto na informação contábil, orçamentária e na geração de demonstrativos fiscais de todos Entes da Federação que aderirem ao regime, com vistas a permitir a fiscalização do cumprimento das metas e compromissos estabelecidos em programa e planos de enfrentamento à pandemia.

§ 11. O Tribunal de Contas da União exercerá a fiscalização sobre a gestão do fundo nacional de que trata este artigo, inclusive dos repasses efetuados aos Entes Federados que venham a aderir ao regime extraordinário, aí incluídos aqueles previstos no inciso II do art. 6º, até o montante de recursos estaduais, distritais e municipais que forem aplicados para os fins desta Lei Complementar.

Art. 8º. Fica instituído o Programa Nacional de Proteção e Reconstrução Econômica, Social e Federativa, cuja execução orçamentária e financeira se realizará por meio do fundo nacional e a gestão caberá ao Consórcio Nacional.

§ 1º. O Programa compreenderá planos e anexos ao contrato de programa do Consórcio Nacional, compreendendo um conjunto de metas e de compromissos pactuados pelos Entes Federados, com objetivo de promover a proteção da sociedade, da Federação e da economia, diante da pandemia internacional na saúde e dos efeitos dela decorrentes, bem assim as suas reconstruções em condições mais saudáveis e sustentáveis.

§ 2º. Ficam os Entes Federados obrigados:

I – ao aderirem ao regime extraordinário de consórcio público de que trata esta Lei Complementar, a firmar o compromisso de obedecer aos termos deste Programa; e

II – ao receberem qualquer auxílio financeiro da União, a promover uma ação planejada, coordenada e transparente detalhada em Planos de Enfretamento à Calamidade Pública.

§ 3º. Os planos compreenderão, ao menos, ações nacionais e regionais, no intuito de:

I – avaliar e subsidiar autoridades estaduais e municipais no processo de decisório de flexibilização e de suspensão de quarentenas e de isolamento social; e

II – priorizar investimentos em sistemas de saúde, no saneamento básico, em urbanização e habitação popular, no ensino básico, em formação de trabalhadores, bem assim em infraestrutura econômica básica.

§ 4º. Será estimulada a participação da iniciativa privada nos investimentos do programa e nas ações deles decorrentes, especialmente para fins de financiamento e, sempre que possível, privilegiada a assunção da gestão de projetos e serviços, inclusive mediante a formação de consórcio e parcerias público-privadas.

Capítulo III
Das Extraordinariedades da Administração e das Finanças Públicas e da Cooperação entre Entes Federados

Art. 9º. Os Estados, o Distrito Federal e os Municípios poderão aderir, em caráter irrevogável e irretratável, ao regime extraordinário de consórcio público que trata esta Lei Complementar, por meio de prévia e específica aprovação pelo Poder Legislativo local, mediante lei ordinária que simultaneamente:

I – autorize a participação do Ente Federativo no regime de que trata esta Lei Complementar; e

II – permita à Controladoria-Geral da União e ao Tribunal de Contas da União, apenas quanto à destinação dos recursos de que trata esta Lei Complementar, o acesso a informações e sistemas contábeis, orçamentários e financeiros necessários à elaboração e execução de suas leis orçamentárias e aos seus demonstrativos fiscais.

Art. 10. O Conselho Deliberativo do Consórcio Nacional poderá regulamentar sobre a contratação temporária de pessoal, bem assim aquisição de obras, serviços e compras, com propósito exclusivo de enfrentamento da calamidade e seus efeitos sociais e econômicos, com vigência restrita ao período de duração desta, que observará processo simplificado que assegure, sempre que possível, competição e igualdade de condições a todos os concorrentes.

Parágrafo único. A contratação de que trata o inciso IX do art. 37 desta Constituição fica dispensada da observância do § 1º do art. 169 desta Constituição.

Art. 11. Os créditos extraordinários destinados a financiar as despesas da União amparadas pelo regime extraordinário poderão ser abertos, dentre outras fontes, mediante a utilização de recursos vinculados legalmente a outras finalidades, inclusive do respectivo *superávit* financeiro e os decorrentes da realização de operações de crédito, além dos referentes à desvinculação de que trata o art. 76 deste Ato das Disposições Constitucionais Transitórias.

Art. 12. É vedado a Estados, ao Distrito Federal e a Municípios realizarem operação de crédito que resulte em aumento de sua dívida consolidada durante a vigência do regime de que trata esta Lei Complementar.

§ 1º. O disposto no *caput* não impede eventual refinanciamento das dívidas estaduais, distrital ou municipais.

§ 2º. Os Estados, o Distrito Federal e os Municípios, que aderirem ao regime extraordinário de consórcio público de que trata o art. 9º, poderão deduzir do saldo devedor de refinanciamentos contratados junto à União os pagamentos efetivamente comprovados das despesas realizadas durante a vigência do regime de que trata esta Lei Complementar que:

I – excedam as aplicações constitucionais mínimas em ações e serviços públicos de saúde e em manutenção e desenvolvimento do ensino; e

II – constituam investimentos fixos no desenvolvimento urbano, inclusive habitação popular, saneamento básico e transportes coletivos urbanos, de regiões menos desenvolvidas e de comunidades carentes.

Art. 13. Para o atendimento do disposto no art. 65 da Lei Complementar 101, de 4 de maio de 2000, e desde que a frustração da arrecadação e a expansão da despesa decorram de ações abrangidas pelo regime extraordinário de que trata esta Lei Complementar, será também observado o seguinte:

I – a suspensão das restrições decorrentes de eventual descumprimento aos limites de despesa com pessoal e de dívida consolidada a que se referem os arts. 23, 25, 31 e 32, § 3º da Lei Complementar n. 101, de 2000, em período anterior ao surgimento da pandemia, que operam como condicionantes de entrega de recursos a título de transferência voluntária, contratação de operações de crédito e de concessão de garantia;

II – a dispensa do atingimento dos resultados fiscais e da limitação de empenho prevista no art. 9º da Lei Complementar nº 101, de 4 de maio de 2000; e

III – a suspensão da limitação a que se refere o art. 4º da Lei Complementar nº 156, de 28 de dezembro de 2016.

§ 1º. São suspensas as restrições previstas no parágrafo único do art. 21 e no art. 42 da Lei Complementar nº 101, de 4 de maio de 2000, e as sanções previstas na Lei nº 10.028, de 19 de outubro de 2000, em relação aos gastos que estiverem direta e imediatamente destinados ao enfrentamento da pandemia e enquanto perdurar a vigência da calamidade decorrente da pandemia, na forma desta Lei Complementar.

§ 2º. Fica vedado o uso de margem discricionária de execução orçamentária aberta, na forma deste artigo, pela suspensão provisória das regras fiscais para geração ou ampliação de quaisquer despesas que não sejam relacionadas imediata e diretamente ao enfrentamento da pandemia.

§ 3º. É vedada a geração ou a ampliação de despesa obrigatória de caráter continuado, a que se refere o art. 17 da Lei Complementar nº 101, de 4 de maio de 2000, que imponha obrigação de execução por prazo superior à vigência desta Lei Complementar.

§ 4º. Sem prejuízo do disposto no art. 14 da Lei Complementar nº 101, de 4 de maio de 2000, somente será concedida renúncia de receita com o intuito de mitigar os efeitos econômicos da pandemia do Covid-19, mediante demonstração da necessidade de concessão ou ampliação do benefício e correspondente divulgação no portal da transparência do impacto fiscal dos motivos utilizados e nome de cada um dos beneficiários, no prazo máximo de 60 (sessenta) dias após sua instituição.

§ 5º. O descumprimento dos §§ 2º a 4º deste artigo extinguirá a suspensão prevista no *caput* deste artigo e implicará o acionamento automático dos dispositivos de controle e responsabilização ali arrolados, inclusive os dispostos no §1º deste artigo.

Capítulo IV
Das Extraordinariedades da Ordem Econômica

Art. 14. Os sistemas produtivo e financeiro, estruturados de forma a promover o desenvolvimento equilibrado do País e a servir aos interesses da coletividade, além de assegurar a todos existência digna, conforme os ditames da justiça social, estarão submetidos à interferência estatal extraordinária prevista nesta Lei Complementar, visando contribuir para recuperação social e econômica da população.

Art. 15. Os entes da Federação fomentarão a reconversão da capacidade instalada da indústria e do setor de serviços para o atendimento da calamidade decorrente da pandemia do Covid-19 por meio da demanda de produção, para fins de compra ou requisição de testes, equipamentos de proteção individual, aparelhos e insumos mínimos necessários para a criação de unidades semi-intensivas de urgência (respiradores, monitores multi parametrizados e bombas de infusão, entre outros) e de outros tipos de unidades de atendimento de saúde de diferentes tipos de complexidade.

Art. 16. Às pessoas físicas e jurídicas, de direito privado, que receberem, direta ou indiretamente, qualquer recurso público, inclusive na forma de crédito, financiamento ou auxílio financeiro, ao amparo do regime extraordinário de que trata esta Lei Complementar, ficam vedadas as seguintes condutas:

I – pagar juros sobre o capital próprio e dividendos acima do mínimo obrigatório estabelecido no estatuto social, conforme vigente na data da decretação do estado de calamidade pública, ou estabelecido em lei, quando aplicável;

II – recomprar ações próprias, ressalvado quando atender limites e condições estabelecidos pelo Conselho Monetário Nacional e for prévia e especificamente autorizado pelo Banco Central do Brasil;

III – reduzir o capital social, quando legalmente possível;

IV – aumentar a remuneração, fixa ou variável, de diretores e membros do conselho de administração, no caso das sociedades anônimas, e dos administradores, no caso de sociedades limitadas, inclusive na forma de bônus, participação nos lucros e quaisquer parcelas de remuneração diferidas e outros incentivos remuneratórios associados ao desempenho;

V – antecipar o pagamento de quaisquer dos itens anteriores;

VI – demitir empregados, sem justa causa, que percebam salário de até 3 (três) salários-mínimos, ressalvadas hipóteses de substituição por novos empregados que resultem em manutenção do mesmo montante da parcela da folha salarial;

VII – deixar de recolher impostos, taxas e contribuições devidas na data de seu vencimento; e

VIII – transferir o controle do capital social, direta ou indiretamente, para pessoas jurídicas ou físicas domiciliadas e residentes no exterior.

Parágrafo único. Ficam condicionadas as operações de securitização estatal de débitos privados à transferência de ações das instituições financeiras beneficiárias para o erário federal, até o montante correspondente ao seu valor de face na data do reconhecimento da calamidade, em 20 de março de 2020.

Capítulo V
Das Extraordinariedades da Ordem Social

Art. 17. As ações e serviços públicos de saúde, essenciais ao enfrentamento da emergência de saúde pública de importância internacional decorrente da pandemia internacional, integram uma rede regionalizada e hierarquizada que constituem o sistema único de saúde organizado de acordo com as diretrizes e normas previstas nos arts. 198 e 200 da Constituição Federal, notadamente a descentralização com direção única em cada esfera de governo.

Art. 18. Fica criada uma central nacional de regulação unificada de leitos públicos e privados em unidades de tratamento intensivo, sob responsabilidade do Consórcio Nacional, durante a vigência de calamidade pública em todo o território do País e decorrente de pandemia de saúde pública de importância internacional, reconhecida pelo Congresso Nacional.

Art. 19. Para fins de ações assistenciais de caráter emergencial durante a vigência desta Lei Complementar, a criança e o idoso são os destinatários preferenciais da seguridade social.

§ 1º. Para resguardar o efetivo cumprimento da Lei nº 13.979, de 6 de fevereiro de 2020, deve ser resguardada a ampliação da execução orçamentário-financeira das transferências de renda aos cidadãos em situação de pobreza e extrema pobreza.

§ 2º. Em consonância com o § 1º deste artigo, deverá ser integralmente atendida a demanda reprimida de cidadãos elegíveis e ainda não contemplados nos programas focalizados de transferência de renda já existentes, bem como será promovida a extensão de transferências de renda aos indivíduos que se encontram registrados no correspondente cadastro único nacional no período emergencial decorrente da pandemia reconhecida internacionalmente, mediante a flexibilização das regras cadastrais, no que couber, para novos entrantes.

Art. 20. Sempre que possível, as medidas de proteção social a serem adotadas buscarão especial proteção a idosos, profissionais de saúde, mulher provedora de família monoparental e demais grupos com maior vulnerabilidade à pandemia e às suas consequências sociais e econômicas.

§ 1º. A elaboração de estratégias de resposta às consequências socioeconômicas nos níveis nacional, regional e local levará em consideração o impacto de gênero da pandemia.

§ 2º. Os dados serão desagregados por sexo, inclusive sobre taxas diferentes de infecção, impactos econômicos diferenciais e incidência de violência doméstica.

Art. 21. A Comissão Intergestores Tripartite (CIT), a que se refere o art. 14-A da Lei nº 8.080, de 19 de setembro de 1990, será responsável pela coordenação nacional do levantamento transparente das demandas sanitárias, em termos de riscos epidemiológicos e necessidades de saúde da população, bem como pela proposição de respectivas respostas tempestivas para resguardar sua célere execução orçamentário-financeira, encaminhando relatório quinzenal ao Consórcio Nacional.

Parágrafo único. A Comissão apresentará planejamento de atendimento e custeio da demanda reprimida por ações e serviços públicos de saúde que for liberada após o período crítico de contenção da pandemia em esforço planejado e suficiente de retorno ao cotidiano operacional do SUS.

Art. 22. Ficam obrigados os órgãos de administração fazendária a disponibilizar publicamente todas as informações constantes do banco de dados das notas fiscais eletrônicas, para fins de formação de cadastro e controle centralizado de preços referenciais e condições de oferta dos bens, serviços e obras contratados para o enfrentamento da pandemia, inclusive para fins de fixação de preço máximo permitido pelo Consórcio Nacional.

Parágrafo único. O Consórcio Nacional, em diálogo com a Comissão Intergestores Tripartite, promoverá, mediante sistema de registro de preços máximos, de caráter nacional, o ganho de escala e a padronização de custos e preços nas contratações de insumos e serviços para o enfrentamento da pandemia.

Art. 23. Considera-se tempestiva a execução da despesa que ocorrer conforme o tempo máximo de resposta definido pelo Conselho Nacional ou pelo Consórcio, com obrigatoriedade de a União repassar os recursos financeiros suficientes aos Estados, ao Distrito Federal e aos Municípios, na forma dos arts. 17 a 20 da Lei Complementar nº 141, de 13 de janeiro de 2012, e dos arts. 33 a 35 da Lei nº 8.080, de 19 de setembro de 1990.

Art. 24. Para os fins desta lei complementar, os Entes da Federação disponibilizarão em sítio eletrônico oficial específico:

I – as informações previstas no § 3º do art. 8º da Lei nº 12.527, de 18 de novembro de 2011; no art. 48-A da Lei Complementar nº 101, de 4 de maio de 2000; e no §2º do art. 4º da Lei 13.979, de 6 de fevereiro de 2020;

II – o registro dos atos de execução orçamentária e transações bancárias destinadas ao enfrentamento da pandemia, com a indicação detalhada em cada empenho da sua finalidade extraordinária; e

III – a motivação circunstanciada de cada contratação com o nome do contratado, o número de sua inscrição na Secretaria da Receita Federal do Brasil, o prazo e a finalidade contratuais, o valor e o respectivo processo de contratação ou aquisição.

Parágrafo único. Em consonância com o art. 6º da Lei 13.979, de 6 de fevereiro de 2020, serão diariamente disponibilizadas em sítio eletrônico oficial específico, as estratégias de atuação coordenada adotadas pelo Conselho e pelo Consórcio Nacionais.

Art. 25. Os Entes Federados devem resguardar custeio suficiente para as entidades vinculadas ao Sistema Único de Saúde, que tenham por missão institucional produzir, disseminar e compartilhar conhecimentos científicos e tecnologias voltados para o fortalecimento e a consolidação das ações e serviços públicos de saúde.

§ 1º. É vedada a imposição de limite de empenho ou de pagamento para as ações e serviços públicos de saúde que forem pactuados no âmbito da Comissão Intergestores Tripartite, as quais, durante a vigência desta Lei Complementar, passam a ter natureza de despesa obrigatória, não sujeitas à programação financeira.

§ 2º. Ficam suspensas as restrições de que trata o art. 25 da Lei Complementar 101, de 4 de maio de 2000, em relação às transferências voluntárias de recursos adicionais em caráter extraordinário e proporcional ao aumento de necessidades dos entes para contenção da pandemia, na forma do parágrafo único do art. 18 da Lei Complementar nº 141, de 13 de janeiro de 2012.

§ 3º. Para fins do controle a que se refere o art. 48-A da Lei Complementar nº 101, de 4 de maio de 2000, será feita publicação concomitante das respectivas despesas com manutenção da rede assistencial em saúde no portal da transparência de todos os entes federativos.

Capítulo VI
Da Transparência no Combate à Calamidade

Art. 26. O regime extraordinário de que trata esta Lei Complementar será orientado pelos princípios da transparência das contas públicas, da confiança nas demonstrações financeiras, da celeridade das decisões e da solidariedade entre os Poderes e os órgãos da administração pública.

Art. 27. Será emitido Relatório de Gestão Responsável da Calamidade, durante a sua vigência, nacional ou no respectivo território, o qual deve ser publicado por todos os Entes Federativos, mensalmente, para informar sobre as respectivas ações públicas realizadas no seu enfrentamento.

§ 1º. O relatório será:

I – assinado pelo Chefe do Poder Executivo da União, de cada Estado, do Distrito Federal e de cada Município, bem assim pelas autoridades responsáveis pela administração financeira e pelo controle interno;

II – composto ao menos de quadro consolidado das despesas autorizadas e pagas para fins do atendimento da calamidade e de suas fontes de recursos; e

III – elaborado de forma padronizada, na forma do Anexo desta Lei Complementar, que poderá ser alterado pelo Congresso Nacional.

§ 2º. O relatório será publicado até o encerramento do mês seguinte ao que corresponder, com amplo acesso ao público, inclusive por meio eletrônico, e, no mesmo prazo, enviado ao respectivo Poder Legislativo e Tribunal de Contas e, para fins de consolidação, também ao Ministério da Economia.

Art. 28. A transparência do regime extraordinário de que trata esta lei será assegurada mediante liberação ao pleno conhecimento e acompanhamento da sociedade, em tempo real, de informações pormenorizadas sobre a execução orçamentária e financeira das despesas públicas realizadas para o enfrentamento da calamidade, em meios eletrônicos de acesso público.

§ 1º. A União, os Estados, o Distrito Federal e os Municípios disponibilizarão suas informações e dados contábeis, orçamentários e fiscais realizadas nos termos do *caput*, atendidas a periodicidade, o formato e o sistema estabelecidos pelo órgão central de contabilidade da União, os quais deverão ser divulgados em meio eletrônico de amplo acesso público.

§ 2º. Os Estados, o Distrito Federal e os Municípios encaminharão ao Ministério da Economia, nos termos e na periodicidade a serem definidos em instrução específica deste órgão, as informações necessárias para a constituição do registro eletrônico centralizado e atualizado das despesas realizadas no enfrentamento da calamidade.

Art. 29. Todos atos, atas, decisões e documentos examinados e adotados pelo Conselho e pelo Consórcio Nacionais serão amplamente divulgados, detalhada e regionalmente, nos portais de transparência dos Poderes Executivo e Legislativo, incluindo tribunais de contas, sendo vedado o seu sigilo sob qualquer argumento, observado ainda o seguinte:

I – aplica-se o disposto no *caput* também às contas do fundo nacional, inclusive os repasses aos Entes Federados aderentes ao regime, os atos de subcomitês que venham a ser instituídos, assim como todas as impugnações e as respectivas decisões;

II – a participação nos colegiados e órgãos citados nesta Lei Complementar não será remunerada, sendo considerada como serviço de relevante interesse público; e

III – na forma do §1º do art. 59 da Lei Complementar nº 101, de 4 de maio de 2000, fica instituído o alerta sobre o descumprimento do dever de transparência a que se refere este artigo.

Art. 30. Na formulação, execução e prestação de contas da lei orçamentária, bem assim nos demonstrativos, relatórios e demais balanços ou atos exigidos pela Lei nº 4.320, de 17 de março de 1964, e pela Lei Complementar nº 101, de 4 de maio de 2000, da União, de todos os Estados, do Distrito Federal e de todos os Municípios, deverão ser apresentadas, em separado e com destaque, as despesas públicas e todas as transações realizadas para atender qualquer calamidade pública decretada no respectivo território e reconhecida pelo respectivo Poder Legislativo, em especial para demonstrar os efeitos sobre resultados fiscais, montante da dívida pública, mobiliária e consolidada, e patrimônio público, bem assim os riscos fiscais decorrentes.

Art. 31. Todos os recursos que a União mobilizar, direta ou indiretamente, para atender ao enfrentamento da calamidade pública reconhecida pelo Decreto Legislativo nº 6, de 20 de março de 2020, e da emergência de saúde pública de importância internacional decorrente da atual pandemia (Covid-19), deverão integrar o orçamento do fundo nacional previsto nesta Lei Complementar, bem assim sua respectiva prestação de contas, observado ainda o seguinte:

I – os créditos extraordinários já abertos no orçamento da União para atender a calamidade serão remanejados para o fundo, mantidas as responsabilidades e a previsão das unidades orçamentárias e de gestão;

II – a alocação de quaisquer recursos da União para concessão de crédito e subvenções a instituições financeiras e demais entidades privadas também deverão constar no orçamento do fundo; e

III – o montante do saldo da dívida pública da União que financiar, direta ou indiretamente, o regime de que trata esta Lei Complementar será atualizado e divulgado ao público diariamente.

Art. 32. Durante a vigência do regime de que trata esta Lei Complementar, a União divulgará mensalmente os recursos que efetivamente transferir para cada Estado, para o Distrito Federal e para cada Município, com vistas a direta ou indiretamente, enfrentar a calamidade e suas consequências.

Parágrafo único. A União divulgará para cada um dos entes citados no *caput*:

I – o valor da receita que deixar de auferir com o retorno de financiamentos a eles concedidos e das garantias a cada um deles concedida e que eventualmente tiver que honrar, discriminados, em ambos casos, aqueles decorrentes de decisões judiciais e os de autorizações legislativas; e

II – com base nos relatórios resumidos de execução orçamentária por eles entregues ao Ministério da Economia, por força da Lei Complementar nº 101, de 4 de maio de 2000, o valor da variação apurada na receita corrente líquida, em cada mês posterior à decretação da calamidade e igual mês anterior a tal episódio, tendo dele sido destacada a receita de transferências de que trata o *caput* deste artigo, a ser comparada contra a variação constatada daquela receita.

Art. 33. Para fins de enfrentamento da calamidade pública ou de suas consequências, a concessão de recurso público a qualquer pessoa física e pessoa jurídica de direito público, inclusive na forma de auxílio financeiro, subvenção econômica ou social, renúncia de receita, crédito, financiamento, garantia ou auxílio financeiro, ao amparo do regime extraordinário de que trata esta Lei Complementar, deverá ser divulgado, em meio eletrônico de acesso público, até uma semana depois da data de seu efetivo desembolso, de modo a identificar o beneficiário, a natureza da transação, objetivo e, no caso de empréstimo, constando também o prazo, as taxas de juros e as demais condições financeiras.

Art. 34. Constitui infração administrativa deixar de divulgar ou de enviar ao Poder Legislativo e ao Tribunal de Contas relatório, informe ou informação, nos termos exigidos nesta Lei Complementar, punível na forma dos §§1º e 2º do art. 5º da Lei nº 10.028, de 19 de outubro de 2000.

Capítulo VII
Das Disposições Gerais e Finais

Art. 35. Em atendimento ao disposto no inciso XIV do art. 48 da Constituição Federal e no art. 30 da Lei Complementar nº 101, de 4 de maio de 2000, fica fixado como limite para o montante da dívida mobiliária federal o resultante da sua razão em relação à receita corrente líquida, observada ao final do exercício financeiro imediatamente anterior aquele em que foi decretada a calamidade pública, estabelecida pela União e reconhecido pelo Decreto Legislativo nº 6, de 20 de março de 2020.

§ 1º. **O limite previsto no** *caput* deverá ser atendido até o final do décimo quinto exercício financeiro contado daquele exercício em que terminar a vigência do estado de calamidade pública nacional, devendo o eventual excesso apurado no início de sua aplicação ser reduzido, no mínimo, à proporção de 1/15 (um quinze avos) a cada exercício financeiro.

§ 2º. O limite estabelecido na forma deste artigo, inclusive durante o fixado durante o período de transição de que trata o parágrafo anterior, poderá ser excedido desde que decorra de operações de crédito cuja realização tenha sido aprovada pelo Congresso Nacional nos termos do inciso III do art. 167 da Constituição Federal.

§ 3º. O Relatório de Gestão Fiscal do Poder Executivo Federal, exigido na forma da Lei Complementar nº 101, de 4 de maio de 2000, deverá sempre informar a razão entre o montante da dívida mobiliária federal e a receita corrente líquida da União e a diferença para os limites previsto neste artigo, bem assim projetar quanto deveria ser a redução no respectivo exercício financeiro na eventual hipótese de já estar em vigor a redução prevista no § 1º.

§ 4º. Os títulos do Tesouro Nacional, na carteira do Banco Central do Brasil, serão computados como dívida mobiliária federal, sujeito ao limite previsto neste artigo, e também como dívida consolidada da União e como sua respectiva operação de crédito, ambas limitada por resolução do Senado Federal, sem prejuízo de serem informados em separados dos demais títulos do Tesouro colocados em mercado.

Art. 36. No prazo de até trinta dias após a publicação desta Lei Complementar, o Presidente da República enviará ao:

I – Senado Federal, proposta para fixar o limite global para o montante da dívida consolidada da União, cumprindo o que estabelece o inciso VI do art. 52 da Constituição, bem assim proposta de manutenção ou alteração dos demais limites e condições estabelecidos para atender ao disposto no *caput* do art. 30 da Lei Complementar nº 101, de 2000;

II – Congresso Nacional, projeto de lei para dispor sobre a composição e a forma de funcionamento do conselho de gestão fiscal, de que trata o art. 67 da Lei Complementar nº 101, de 2000.

Art. 37. Ressalvada disposição em contrário determinada pelo Congresso Nacional, em decreto legislativo, continuarão a produzir efeitos em data posterior, para concluir ações e projetos decorrentes do enfrentamento da calamidade pública nacional de que trata o art. 1º desta Lei Complementar, o Conselho, o Consórcio e o Fundo nacionais, bem ainda o Programa Nacional de Proteção e Reconstrução Econômica, Social e Federativa, além da transação por Ente Federado para reduzir a dívida refinanciada junto à União com aumento de investimentos públicos na área social e de infraestrutura, poderão continuar a produzir efeitos em data posterior à vigência do estado da respectiva calamidade pública.

Art. 38. Esta Lei Complementar entra em vigor na data de sua publicação.

ANEXO ÚNICO

RELATÓRIO RESUMIDO DA EXECUÇÃO ORÇAMENTÁRIA

DEMONSTRATIVO DAS RECEITAS E DESPESAS COM AÇÕES DE ENFRENTAMENTO DO COVID-19

ORÇAMENTOS DA SEGURIDADE SOCIAL

PERÍODO DE REFERÊNCIA:

UF:
CNPJ:
BIMESTRE/ANO:
RREO – ANEXO   Em reais

CAMPO	RECEITAS ARRECADAS PARA O COVID-19	RECEITAS REALIZADAS No bimestre	RECEITAS REALIZADAS Até o bimestre
1	TOTAL DE RECURSOS NÃO VINCULADOS (I)		
2	Receitas Correntes		
3	Arrecadação do ente – Doações para Covid-19		
4	Transferências Fundo a Fundo		
5	Receitas Ordinárias destinadas ao Covid-19		
6	TOTAL DE RECURSOS VINCULADOS (II)		
7	Receitas Correntes		
8	Arrecadação do ente – Doações para Covid-19		
9	Transferências Fundo a Fundo		
10	Receitas Ordinárias destinadas ao Covid-19		
11	TOTAL DAS RECEITAS ARRECADADAS (III) = (I + II)		

CAMPO	DESPESAS EXECUTADAS	DESPESAS EMPENHADAS	DESPESAS LIQUIDADAS	INSCRITAS EM RESTOS A PAGAR NÃO PROCESSADO
12	TOTAL DE RECURSOS NÃO VINCULADOS COM AÇÕES DE SAÚDE (IV)			
13	Despesas Correntes			
14	Pessoal e Encargos			
15	Despesas com custeio			
16	Despesas de Capital			
17	Investimentos			
18	TOTAL DE RECURSOS VINCULADOS COM AÇÕES DE SAÚDE (V)			
19	Despesas Correntes			
20	Pessoal e Encargos			
21	Despesas com custeio			
22	Despesas de Capital			
23	Investimentos			
24	TOTAL DAS DESPESAS REALIZADAS COM AÇÕES DE SAÚDE (VI) = (IV + V)			
25	TOTAL DE RECURSOS NÃO VINCULADOS COM AÇÕES DE ASSISTÊNCIA SOCIAL (VII)			
26	Despesas Correntes			
27	Pessoal e Encargos			
28	Despesas com custeio			
29	Despesas de Capital			
30	Investimentos			

31	TOTAL DE RECURSOS VINCULADOS COM AÇÕES DE ASSISTÊNCIA SOCIAL (VIII)			
32	Despesas Correntes			
33	Pessoal e Encargos			
34	Despesas com custeio			
35	Despesas de Capital			
36	Investimentos			
37	TOTAL DAS DESPESAS REALIZADAS COM AÇÕES DE ASSISTÊNCIA SOCIAL (IX) = (VII + VIII)			
38	TOTAL DAS DESPESAS REALIZADAS COM AÇÕES DA COVID-19 (X) = (VI + IX)			
39	RESULTADO DAS AÇÕES REALIZADAS COM RECURSOS NÃO VINCULADOS PARA O COVI-19 (XI) = (I – IV)			
39	RESULTADO DAS AÇÕES REALIZADAS COM RECURSOS VINCULADOS PARA O COVI-19 (XII) = (II – V)			
39	RESULTADO DAS AÇÕES REALIZADAS COM RECURSOS TOTAIS PARA O COVI-19 (XIII) = (III – X)			
FONTE Nota :				

JUSTIFICAÇÃO

A lei complementar ora proposta **regulamenta e complementa a emenda do chamado "orçamento de guerra"** – a recém-promulgada Emenda Constitucional n. 106, de 7 de maio de 2020. Apesar de textualmente apenas se referir à União e especificamente ao seu Poder Executivo, em decorrência do entendimento fixado pelo Plenário do Supremo Tribunal Federal, no referendo da medida cautelar na ADI 6.357, Rel. Min. Alexandre de Moraes, j. 13.5.2020, é necessário estender, do ponto de vista legal, o mesmo princípio de regime extraordinário aos outros níveis de governo, visando conferir segurança jurídica.

As discussões legislativas, durante a tramitação da PEC 10/2020 (que originou a EC 106/2020), demonstram que o Parlamento almejava aprovar as regras ali dispostas no âmbito da União. Ocorre que, após a decisão do STF, na citada ADI 6.357, e no intuito de evitar infindáveis discussões jurídicas futuras, o presente projeto intenta regulamentar a matéria de forma nacional, aliada à colmatação constitucional, de forma temporária, de algumas normas que ainda não haviam sido regulamentadas após 1988 (consórcio público nacional – arts. 23, parágrafo único, 30, VII, e 241, da Constituição Federal).

Os Estados Unidos já divulgaram investimentos da ordem de quase U$S 3 trilhões de dólares para soerguer a economia nacional. A União Europeia anunciou a emissão de títulos, em seu nome, no montante de € 750 bilhões de euros, para distribuir os recursos arrecadados aos países daquele bloco econômico mais afetados, visando ao enfrentamento das consequências econômicas e sociais da pandemia.

A presente proposta é centrada no objetivo de estabelecer **regime responsável de gestão extraordinária das políticas e ações públicas** de enfrentamento da calamidade decorrente da pandemia internacional da Covid-19.

Para tanto, foram reforçadas e, ao mesmo tempo, particularizadas algumas regras da lei de responsabilidade fiscal, ao se lançar o embrião para a responsabilidade social, aliado ao fortalecimento das ações emergenciais de saúde no combate a pandemia, dispondo-se sobre instrumentos para reconstrução econômica e social que priorizem investimentos em saneamento e no desenvolvimento urbano.

O projeto cria um regime excepcional de ordenação das finanças públicas e privadas, em cenário que demanda profunda cooperação federativa de esforços para enfrentamento de calamidade pública nacional, reconhecida pelo Congresso Nacional, e decorrente de pandemia de importância internacional.

São três os eixos principiológicos que lhe orientam: (1) escala nacional; (2) transparência ampla e instantânea; e (3) respeito à pactuação federativa. Tais eixos orientam a construção dos pilares administrativo e financeiro que ora se está a propor: Consórcio Nacional e respectivo fundo nacional.

A finalidade de ambos os institutos é assegurar a gestão nacional coordenada com os demais Entes Federativos, através custeio primordialmente federal para que haja respostas céleres e absolutamente aderentes às demandas diagnosticadas na realidade municipal e estadual, sem descurar de resguardar à execução descentralizada dos serviços públicos de saúde, fortalecendo os órgãos já existentes.

O procedimento de constituição foi simplificado para atender à urgência que o caso requer, contudo em essência trata-se de articulação institucional há muito conhecida no Direito Administrativo, que é a cooperação de entes federados a fim de que os recursos públicos possam ser maximizados através de esforço coordenado para consecução de objetivos comuns consentâneos com o interesse nacional, regional e local.

O projeto traz regras excepcionais, de vigência transitória e extraordinária, nas dimensões fiscal, econômica e social, sem prejuízo do exercício regular do controle, configurando resposta estatal adequada à crise e desaguando, necessariamente, em ação tempestiva e suficiente em múltiplas dimensões, sem amarras fiscais de curto prazo. Por tal razão, propôs-se suspender a eficácia de leis anteriores, apenas no que lhe for contrária e tão somente durante a vigência da própria lei complementar.

De forma inédita, estabeleceu-se que os conflitos federativos ou de competências decorrentes da aplicação da própria Lei Complementar serão dirimidos, preferencialmente, pela Coordenação do Consórcio Nacional, através de autocomposição, na forma da Lei 13.140, de 26 de junho de 2015, e, se persistir, pelo Conselho Nacional, sem prejuízo da apreciação pelo Poder Judiciário Federal.

Além disso, possibilitou-se que o Congresso Nacional, por decreto legislativo, possa suspender estratégia, diretriz ou decisão adotada no regime extraordinário, em caso de ofensa ao interesse público ou de uso desproporcional dos poderes conferidos, além das situações previstas no art. 9º da Emenda Constitucional nº 106, de 7 de maio de 2020.

Em seguida, criou-se o Conselho Nacional como órgão de natureza política e destituído de qualquer função executiva, no intuito de exercer a coordenação nacional, bem ainda estabelecer estratégias e diretrizes de atuação e as normas gerais do regime extraordinário, o qual é composto pelo Presidente da República; Vice-Presidente da República; Presidentes da Câmara dos Deputados e do Senado Federal; líderes da maioria e da minoria do Congresso Nacional; dois Governadores; e dois Prefeitos.

Os capítulos iniciais da lei têm por foco central a agenda da coordenação nacional em ambiente de diálogo federativo que prioriza a celeridade e a efetividade na "entrega de bens e serviços à sociedade", tal como pugna o §10 do art. 165 da Constituição de 1988.

Uma inovação importante para federação e administração pública passa pela criação de um consórcio nacional, conforme permite o art. 241 da Constituição Federal, em regime especial e temporário, para resguardar a agilidade e a suficiência na gestão dos recursos públicos necessários ao enfrentamento dos até agora incalculáveis efeitos sanitários, econômicos e sociais da pandemia. O Consórcio Nacional terá personalidade jurídica de direito público, na modalidade associação pública, que terá sede em Brasília-DF e área de atuação em todo o território nacional.

Dispensou-se a formalização do contrato de rateio do consórcio público, considerando que a gestão dos recursos públicos nacionais, compreendidos no âmbito do regime extraordinário, será feita por meio de fundo nacional, composto de parcelas devidas pela União e pelos Entes Federativos que aderirem ao Consórcio Nacional, no prazo máximo de até 30 dias, após a implementação deste.

Instituiu-se o Programa Nacional de Proteção e Reconstrução Econômica, Social e Federativa, cuja execução orçamentária e financeira se realizará por meio do fundo nacional e a gestão caberá ao Consórcio Nacional, o qual é formado por um conjunto de metas e de compromissos pactuados pelos Entes Federados, com objetivo a promover a proteção da sociedade, da Federação e da economia, diante da pandemia internacional na saúde e dos efeitos dela decorrentes, bem assim a sua reconstrução em condições mais saudáveis e sustentáveis.

O Tribunal de Contas da União deverá exercer a fiscalização sobre a gestão do fundo nacional, inclusive dos repasses efetuados aos Entes Federados que venham a aderir ao regime extraordinário, aí incluídos montante de recursos estaduais, distritais e municipais que forem aplicados de acordo com o regramento aqui contido, assim como a Controladoria-Geral da União.

Outros capítulos do projeto seguem a estrutura da Constituição para contemplar previsões extraordinárias para a gestão administrativa e financeira, na seara econômica (notadamente no regramento do apoio ao mercado pelo Banco Central e pelo Tesouro Nacional) e na seguridade social, sobretudo, nas políticas públicas de saúde e assistência.

As ações assistenciais de caráter emergencial terão como norte ampliar a execução orçamentário-financeira das transferências de renda aos cidadãos em situação de pobreza e extrema pobreza e promover especial proteção aos grupos com maior vulnerabilidade.

Cria-se central nacional de regulação unificada de leitos públicos e privados em unidades de tratamento intensivo, sob responsabilidade do Consórcio Nacional, além de disciplinar estratégias de resposta às consequências socioeconômicas nos níveis nacional, regional e loca, considerando o impacto de gênero da pandemia.

É dada atenção especial para fortalecer a transparência e o controle. Dentre elas, é criado um relatório de gestão fiscal responsável, a ser emitido mensalmente por todos os Executivos do País, com vistas a facilitar o controle e ao mesmo tempo possibilitar uma atuação célere e integrada, destaca-se que todos os recursos que a União mobilizar para atender ao enfrentamento da emergência de saúde pública em tela deverão integrar o orçamento do fundo previsto nesta Lei Complementar, bem assim sua respectiva prestação de contas.

Dentre as disposições gerais, é proposta a fixação de um teto para dívida mobiliária federal, tendo como base o montante que representava da receita corrente ao final de 2019, e dado um prazo de quinze anos para seu ajuste.

Assim como a realidade tem sido extremamente desafiadora para o ordenamento brasileiro, as presentes regras postas para debate podem não ser suficientes. De todo modo, elas trazem consigo uma leitura ampliada de arranjos jurídicos já vigentes para resguardar tanto a pactuação federativa das políticas públicas quanto o custeio estatal rápido e adequado de todas as medidas que se provarem necessárias ao bem-estar da população.

Eis a razão pela qual o desenho normativo proposto reforça tanto os pilares do diálogo federativo democrático, da transparência ampla e instantânea e da máxima aderência possível aos arranjos já existentes das políticas públicas setoriais, a exemplo da Comissão Intergestores Tripartite no âmbito do Sistema Único de Saúde.

A maturidade democrática da resposta à crise por meio da cooperação federativa é um anseio da sociedade brasileira, o que não pode ser obstado ou limitado por quaisquer restrições fiscais ou político-administrativas de ocasião. Enfrentar a pandemia é um desafio nacional que requer, por óbvio, resposta de mesma envergadura.

Resguardar meios para que todos os entes da federação ajam rápido em proteção sistêmica aos cidadãos e empresas, com foco e custeio suficiente, é o que se almeja neste projeto de lei complementar, o qual se submete à elevada apreciação dos parlamentares.

2. Governança Decisória Legislativa: o Desafio em Conciliar Urgência, Governabilidade e Democracia

RAFAEL SILVEIRA E SILVA

Introdução
A necessidade de apuração cuidadosa acerca do que acontece no processo legislativo e os diferentes resultados conquistados pelo Executivo relativamente ao tipo de agenda que é defendida pela Presidência da República, oferecem espaço para possibilidades adicionais de explicação que associem **a dominância da agenda também ao conteúdo substantivo e à urgência das propostas.** Assim, infere-se que também importa a maneira pela qual o Executivo elabora suas agendas de políticas, implicando não apenas ter poderes a sua disposição, mas, sobretudo saber usar as ferramentas nesse sentido para alcançar seus objetivos, sem olvidar as iniciativas legislativas dos parlamentares no seu esforço em torná-las não apenas um esforço coletivo do Congresso, mas, principalmente, convergente com as necessidades nacionais.

Nessa perspectiva, tanto o desempenho do Presidente, quanto do Parlamento, decorre de um jogo estratégico, no qual o resultado legislativo final seria estruturado por mecanismos de interação e de tomada de decisão decorrentes e organizados ao longo do processo legislativo. Gerenciar e compreender esses processo é o que denominaremos neste trabalho de "governança decisória legislativa".

Nosso objetivo é analisar o ambiente institucional e estratégico das relações entre Executivo e Legislativo e, a partir dele, avaliar as recentes alterações do processo legislativo decorrentes da pandemia do vírus Covid-19, reconhecida internacionalmente pela Organização Mundial de Saúde e que já causou tantos prejuízos sociais, sanitários e econômicos. É justamente em cenários extremos como esses que passamos que se torna premente a construção de soluções que resguardem o funcionamento das instituições para continuar atendendo suas funções perante a sociedade. A grande questão que pretendemos analisar é justamente até que ponto as soluções propostas, com os fins de atender às urgências do momento, incentivam ou colocam em xeque a governabilidade e a democracia?

1. Colocação dos partidos políticos no jogo estratégico legislativo

Os políticos procuram o Congresso Nacional com uma grande variedade de propósitos, que são derivados da conexão eleitoral, de noções particulares do significado de boas propostas legislativas, em parte por ambição de caráter institucional, entre outras. Tal heterogeneidade de preocupações quanto aos objetivos e ao uso da autoridade legislativa é um aspecto deve ser enfrentado por qualquer processo decisório (SHEPSLE; WEINGAST, 1995).

Desse modo, visualizamos alguns momentos em que os partidos procuram encaixar-se para o campo de concretização de suas possibilidades, quais sejam: (i) coordenação do funcionamento das casas legislativas; e (ii) participação no governo como eixo do apoio partidário.

1.1. Coordenação do funcionamento das casas legislativas

Para lidar com a heterogeneidade de objetivos políticos, Shepsle e Weingast (1981) propuseram a linha teórica do equilíbrio induzido pelas estruturas (*structure-induced equilibrium*), ou seja, como as instituições são capazes de promover estabilidade, ao influenciarem a possibilidade e a sequência de alternativas na agenda ou ao produzir mecanismos que reduzem a incerteza no tocante ao comportamento dos outros. Tal conceito remete à importância da institucionalização de regras como elemento de coordenação das ações legislativas, permitindo a realização de acordos mais críveis e longevos, e evitando repetitivas e custosas negociações a cada entrada de novo ator no processo[20].

---

[20] O artigo de Shepsle e Weingast (1981) foi publicado em resposta a Tullock (1981 apud Shepsle e Weingast, 1981) cujo artigo prevê que o problema da "regra da maioria pura" (pure majority rule) poderia ser resolvido pela troca informal de favores (logrolling) e pelo mercado de votos (vote-trading). Os autores apressam-se em defender a ideia de que essas formas, ao contrário do que sugere Tullock, não melhoram, mas destroem qualquer possibilidade de equilíbrio. Assim, sugerem argumento totalmente diferente: o de que

O argumento de que a centralização da agenda é a reação natural a um arranjo eleitoral que tende a exacerbar o individualismo político é também frequente na literatura sobre o Legislativo brasileiro. Desse modo, para o governo e para os próprios partidos, a centralização funciona como contraponto racional aos incentivos presentes na arena eleitoral. Haveria necessidade de garantir eficácia ao processo legislativo, sobretudo quando as dinâmicas eleitorais empurram para uma exacerbação da ação individualista dos deputados. No caso brasileiro, há pesquisadores que reforçam essa ideia (AVELINO, 1994; SAMUELS, 2000; MAINWARING, 2001; AMES, 2003), atribuindo aos incentivos eleitorais gerados pelo sistema proporcional de lista aberta a possibilidade de que se reduza a cooperação de deputados frente às lideranças partidárias e induzindo uma negociação direta entre deputados e Presidente. O individualismo fortalece a noção do mandato como propriedade do parlamentar e não do partido.

Pereira e Mueller (2000) foram incisivos ao argumentarem, por exemplo, que o baixo poder institucional das comissões no Legislativo brasileiro praticamente inviabiliza a aplicação das teorias de Shepsle e Weingast (1987) e Weingast e Marshall (1988). Na verdade, a ideia principal de Pereira e Mueller é que os parcos poderes detidos pelas comissões ainda serviriam aos interesses do Poder Executivo. Nessa linha, eles dialogam com Figueiredo e Limongi (1995, 1997, 1999, 2006) no aspecto de que a noção teórica trazida pelo *structure-induced equilibrium* seria totalmente moldada por meio da restrição das atividades dos parlamentares e pelas atribuições institucionais do Executivo e do controle do processo legislativo nas mãos dos líderes partidários.

Santos (1997, p. 471) também salienta essas razões no estudo que realizou comparando a realidade pré-64 e após a redemocratização. Para esse autor, a centralização acaba sendo necessária, nas condições atuais, pois:

> [...] quanto maior a pauta de direitos parlamentares do deputado médio e menor o poder de agenda das lideranças e do presidente, menor é o grau

restringir o campo e o conteúdo das trocas legislativas é o caminho para se atingir um equilíbrio das decisões. E isso seria realizado por meio das instituições.

de colaboração do primeiro com relação às proposições legislativas enviadas pelo Executivo. (SANTOS, 1997, p. 471).

Não se pode olvidar que a força dos partidos dentro do Legislativo depende do tamanho de suas bancadas, alimentadas pelo sucesso eleitoral dos parlamentares[21]. Esse ponto é salientado por Rhode (1991), para o qual o conceito de conexão eleitoral proposto por Mayhew (1974) foi construído com base na ideia de que os congressistas estão vinculados aos partidos ou aos incentivos eleitorais, sem, contudo, que se deixe de reconhecer que sua ligação com eleitorado se realize por meio dos partidos. Desse modo, cabe às lideranças partidárias administrarem as coligações, de tal maneira que fique assegurado o vigor do partido nos sucessivos pleitos eleitorais.

O papel dos partidos majoritários e suas lideranças é um tema muito explorado por Cox e McCubbins (1993,1995). Ao buscarem explicações sobre a organização legislativa da Câmara dos Deputados norte-americana, esses autores procuraram detalhar o papel dos partidos, introduzindo a noção de que tais eles funcionariam como cartéis legislativos. O autores defendem que o poder de agenda nas legislaturas é quase sempre cartelizado, ou seja, desigual entre os pares, a despeito do fato de o voto ter um peso igual para todos os parlamentares. Na dinâmica partidária intracongressual, torna-se mais evidente a interação entre a estrutura institucional da Casa legislativa e os atores que ocupam os postos-chave.

Cox e McCubbins (1993, 2005), destacam que os objetivos dos congressistas são alcançados por meio da aprovação de bons projetos de lei, uma melhor colocação dentro da estrutura decisória do Legislativo, bem como da condição de participante de um partido/coalizão majoritária da Casa. Para isso, a reputação dos partidos depende significativamente dos registros de suas realizações no processo de formação e discussão de leis, partindo do pressuposto que o ato de legislar requer um esforço coletivo,

---

[21] Deve-se ponderar a observação de Santos (1997), na qual o autor afirma que a natureza das coalizões realizadas no interior do Legislativo, e que dão sustentação ao governo, pode gerar situações em que o poder eleitoral de um partido não necessariamente seja proporcional à sua influência legislativa, sendo deslocado das esferas decisórias relevantes no que tange à agenda legislativa.

tal como em uma equipe de produção, o que implica superar problemas de coordenação e cooperação.

O controle da agenda é a chave para a influência do partido majoritário sobre o processo legislativo. A teoria do cartel legislativo de Cox e McCubbins prescreve que a agenda seria cartelizada a partir das regras e e procedimentos, sejam eles formais (regimentos das Casas legislativa) ou informais (por critérios estabelecidos dentro do próprio partido), e da ocupação de cargos no legislativo procurando estabelecer um monopólio coletivo sobre um recurso específico, no caso, o poder de agenda.

Dessa forma, tais carteis atuariam na definição das políticas a serem priorizadas e debatidas e na minimização das deserções, partindo do pressuposto de que o sacrifício dos objetivos individuais de cada membro seria compensado pelos benefícios indiretos conseguidos por meio do partido. Dessa maneira, quando a disciplina partidária apresenta um custo elevado, a agenda cartelizada facilita o intercâmbio entre lideranças e demais membros do partido, diminuindo os custos políticos.

A delegação para lideranças seria uma resposta a esse problema da ação coletiva, de tal sorte que o partido majoritário, no Congresso, procura estruturar os processos legislativos, assegurando seu domínio no controle da agenda. Assim, seriam privilegiados os projetos apresentados pelos membros da maioria e, no sentido contrário, procuraria impor poder de veto sobre as propostas emanadas de partidos minoritários. No primeiro caso, o cartel estaria se valendo do seu poder de agenda "positivo", pelo qual se observa a habilidade de levar projetos de lei até a aprovação. No segundo caso, relativamente às oposições, o cartel estaria utilizando seu poder de agenda "negativo".

Ao buscarem o controle da agenda, os partidos procuram antecipar as preferências, realizando também um "controle negativo" sobre seus membros. Significa dizer que, ao estabelecer claramente os limites do que é ou não passível de acomodação, proposições estranhas ao conjunto do partido seriam bloqueadas, diminuindo-se a pressão sobre como seus membros votam (COX; MCCUBBINS, 2005).

Segundo Rennó (2006), no caso brasileiro, fora do Poder Legislativo, quando da competição em eleições, os partidos não funcionam claramente como mecanismos de orientação do voto e não afetariam determinantemente a sorte eleitoral de seus membros. Essa afirmação enfraqueceria os argumentos de Cox e McCubbins quando aplicados a nosso país, na medida em que estes defendem seu sucesso como eixos fundamentais de orientação aos votos dos eleitores.

As dimensões contraditórias de descentralização e centralização do poder existentes no sistema político brasileiro, incentivaram Pereira e Mueller (2003) a argumentarem que os partidos políticos brasileiros são fortes na arena legislativa e simultaneamente fracos na arena eleitoral. Assim, no caso brasileiro, a relevância das instituições congressuais é dividida com a possibilidade de compor o governo, em suas diversas expressões (PEREIRA; MUELLER, 2002, 2003; ALSTON; MUELLER, 2006). A partir dessa perspectiva, dentro do Legislativo, os partidos políticos, por meio de suas lideranças[22], passam a ser vistos como atores-chaves no processo legislativo que tem como ator principal o Executivo. Eles coordenariam a negociação pelo apoio às propostas do Executivo e influenciam o conteúdo programático dessas decisões (RENNÓ, 2006).

É justamente neste aspecto que está a grande diferença entre a realidade interpretada por Cox e McCubbins e os pesquisadores brasileiros: aqui, o eixo condutor do comportamento "cartelizado" é o comportamento mais ou menos alinhado ao Poder Executivo.

Sem ignorar a necessidade de fortalecimento partidário dentro do Congresso, o poder do cartel é garantido pelas prerrogativas presidenciais, capazes de contornar problemas, por exemplo, das comissões temáticas, por meio da urgência constitucional[23] ou da aprovação da urgência regimental a pedido dos líderes. Como alertaram Alston e Mueller (2006), conceder poderes preponderantes ao Presidente como forma de estabilizar o processo decisório no Congresso pode ser um mecanismo superior ao sistema com comissões fortes ou de um partido dominante.

---

[22] Autores como Kinzo (1997), Araújo e Silva (2012) indicam que existe sempre espaço para uma fonte de incerteza implícita tanto ao governo, como aos próprios partidos, em se sustentar com base nas lideranças dos líderes dos blocos. Existe limitação na atuação dos líderes, na medida em que esses atores, mesmo dispondo de recursos de poder significativos, nem sempre conseguem atuar com eficácia em todos os campos, especialmente no âmbito de processos em que prevalecem polêmicas suprapartidárias, a exemplo da questão federativa.
[23] Ver art. 64, § 1º, da Constituição Federal.

Ademais, se não existe controle prévio do partido em relação ao que o parlamentar apresenta, pode haver um processo de seleção de quais propostas poderão contar com o apoio das lideranças partidárias e receber encaminhamento especial.

Considera-se que, em geral, os partidos brasileiros não têm identidade programática suficiente para influenciar os projetos apresentados, que têm inicialmente uma lógica própria e particular. Por outro lado, seja por meio de uma coordenação governamental, seja por meio da coordenação das lideranças no processo legislativo, **os partidos podem exercer o papel de filtros e selecionadores** das agendas.

Por fim, tanto no caso brasileiro, como em diversos legislativos de outros países democráticos, toda a lógica de dominância legislativa é fortemente consolidada quando há ocupação de postos de relevância dentro da própria Casa legislativa. Assim, cabe ressaltar o elo totalmente orgânico entre a colocação dentro das esferas de poder e a centralização decisória, indicando que os termos de negociação no ambito do processo legislativo, de total interesse do Presidente da República e da sociedade civil, não pode prescindir da organização interna e do equilíbrio de poder interno aos partidos politicos.

1.2. A participação no governo como eixo do apoio partidário

Pereira e Rennó (2001, 2007), Pereira e Mueller (2002), Leoni, Pereira e Rennó (2003), Alston e Mueller (2005) e Amorim Neto (2006), de um modo geral, compartilham a ideia de que as instituições próprias do Legislativo têm um peso na explicação, mas são incapazes de explicar, por si só, uma dinâmica complexa de interação entre Legislativo e Executivo. O controle, pelas regras, seria reforçado pela definição de políticas distributivas e cargos em troca de apoio às propostas acordadas entre as lideranças partidárias da base governista e o Presidente.

Um dos aspectos mais relevantes é que a conjugação entre as prerrogativas do Executivo quanto aos poderes legislativos e o controle sobre esses recursos é que oferece condições ao Presidente da República de manter a estabilidade da coalizão entre os partidos que ele representa, permitindo que se implemente uma agenda de políticas e reformas. Se o Presidente não possuísse tais poderes, seria de esperar que a aprovação das propostas tivesse grande risco de incerteza.

No caso brasileiro, a moeda comum que se presta à intermediação está em grande parte localizada na ocupação dos espaços disponíveis na estrutura administrativa, a qual pode estar sujeita a negociação inclusive com atores que formalmente não se situam nos centros de poder, mas que permanecem como cooperadores, mantendo seus nomes em relevância no partido que pertencem. Assim, há possibilidade do exercício indireto do poder pela ocupação de cargos no governo, acentuando a sobrevivência de carreiras políticas e, portanto, representando um recurso importante que também orienta a motivação de comportamentos. Segundo Zucco (2003), o peso do investimento público e do orçamento das empresas estatais no cômputo geral da economia são fundamentais para a definição do comportamento dos partidos. Quanto maior o Estado, mais os partidos tendem a buscar cargos no Executivo.

Ström (1990) apresentou uma tipificação que permite compreender o comportamento dos partidos. Nesse modelo, três tipos específicos de partidos são identificados: o orientado para votos (*vote-seeking*), o orientado para políticas (*policy-seeking*) e o orientado para cargos (*office-seeking*). É interessante notar que a orientação para cargos pode levar, posteriormente a políticas e votos, determinando, dessa maneira, o eixo que indica a atuação dos partidos nas possíveis coalizões. Portanto, a atuação mais factível dos partidos políticos seria o cargo como mecanismo para facilitar a implementação de políticas ou a implementação de políticas como objetivo para conseguir o cargo. A ocupação de cargos não está dissociada da implementação de políticas, e vice-versa[24].

Raile, Pereira e Power (2010) propuseram a integração da perspectiva da utilização das emendas parlamentares como instrumento de barganha e da distribuição de cargos (denominado pelos autores de *coalition goods*), naquilo que chamaram de "equação da governabilidade", indicando a

---

[24] Entre o "cardápio" de possibilidades, por exemplo, pode estar a capacidade de investimentos de empresas estatais, cuja relevância estratégica faz com que a ocupação de cargos seja significativamente mais importante do que a eventual implementação de políticas públicas. Alternativamente, a expansão de serviços e políticas públicas, com alcance universal ou regional, potencializa a obtenção de ganhos eleitorais. Nesses casos, a implementação de políticas públicas favorece a manutenção dos cargos.

interdependência do uso desses dois instrumentos, por meio de estratégias específicas que respondessem à fatores contextuais e temporais.

Nesse ínterim, os citados autores adotam a metáfora da "caixa de ferramentas" (*presidential toolbox*) para demonstrar que há uma variação perceptível entre diferentes governos acerca do uso desses instrumentos para conseguir atingir o mesmo fim, que é a governabilidade no ambiente multipartidário. A pesquisa deixa subentendida a existência de regras que facilitam a centralização decisória, indicando que o uso dessas ferramentas é realizado estrategicamente.

2. Governança e estratégia para a capacidade governativa

O contexto até aqui abordado, qual seja, o conjunto de prerrogativas atribuídas ao Executivo, a centralização decisória dentro do Parlamento e a necessidade de formação de maiorias com a composição de coalizões interpartidárias, leva o debate aos termos da capacidade governativa e à estratégias necessárias para isso.

Como o Legislativo ou o Executivo agirão sobre uma determinada proposta apresentada por um ou por outro, em um dado momento ou para um tema em particular, nunca é totalmente previsível, justamente porque as ações de ambos são influenciadas por uma variada de fatores (políticos, econômicos, sociaise institucionais) que estabelecem contextos específicos nos quais as decisões são concluídas.

Para os propósitos da pesquisa, foram analisadas três perspectivas interdependentes: (i) a estratégia pelas regras internas do Congresso; (ii) recorrência de instrumentos legislativos para obtenção de resultados; e (iii) estratégias de antecipação. Elas serão analisadas na sequência.

2.1. Estratégia pelas regras interna do Congresso

Em termos de pesquisa comparada, o esforço analítico desenvolvido por Döring (1995, 2001) voltou-se ao controle da agenda e seus resultados sobre os projetos de lei nos países ocidentais. O autor estruturou, sob dois eixos de investigação, alguns parâmetros para medir a capacidade de o governo controlar a agenda. O primeiro eixo está vinculado ao controle do calendário de aprovação dos projetos de lei pelo Executivo, permitindo determinar o que será debatido em que período de tempo (*timing*). Nesse primeiro eixo, Döring destacou como parâmetros: (i) o nível de autoridade que a maioria governamental tem de fixar a agenda de plenário; (ii) os limites formais que impossibilitam prever gastos financeiros em leis ordinárias, uma espécie de direito de preferência oferecido ao Executivo (*agenda preempting*); (iii) capacidade de realocar parlamentares nas comissões; e (iv) a diminuição do debate no plenário antes da votação final para evitar a formação de discensões.

O segundo eixo de investigação diz respeito ao grau de autonomia das comissões e reúne aspectos como: (i) o nível de controle da própria agenda, indicando se a maioria pode interferir na tramitação, requerendo, por exemplo, que sejam ouvidas outras comissões acerca da matéria; (ii) se as comissões podem ser autoras de projetos de lei; (iii) o grau de autonomia no controle do cronograma de tramitação dos projetos durante os trabalhos parlamentares; e (iv) se é válido o poder conclusivo das comissões, na hipótese de alteração do projeto de lei do Executivo, ou se há restrições nesse sentido.

Döring (1995, 2001) é analítico na escolha dos parâmetros e enfatiza a importância das regras e procedimentos legislativos formais na condução do controle da agenda. Seu trabalho pode ser considerado complementar ao de Cox e McCubbins (1993, 2005), os quais dão conta da importância dessas restrições formais na elaboração das estratégias partidárias. Ademais, vários aspectos trazidos por Döring enquadram-se na experiência brasileira, na medida em que há restrição às comissões parlamentares[25] e um grande leque de opções disponível ao governo para controlar a agenda também internamente ao Congresso. Ante ao exposto, vale novamente mencionar Pereira e Mueller (2000), quando tratam da ação do Executivo sobre o trabalho das comissões, ora utilizando-as como seus agentes, ora buscando contornar suas atuações, levando as questões diretamente ao Plenário das Casas.

---

[25] Entre as restrições às comissões parlamentares no caso brasileiro, deve-se mencionar o próprio volume de medidas provisórias (MPs) adotadas pelos Presidentes da República. As MPs moldam a definição da pauta de votações do Congresso em nível que não pode deixar de ser considerado com destaque no estudo da dinâmica das relações entre Executivo e legislativo.

2.2. Estratégias padronizadas ou contigenciais?

Mais uma perspectiva possível acerca da estratégia de controle da agenda foi consolidado por Rennó (2006), que trata a maneira como o governo forma a administra suas maiorias. Haveria algum padrão nesse sentido?

Rennó (2006) procura investigar se o Executivo age ao largo dos interesses do Legislativo, denotando uma ação unilateral, ou se há uma comunhão de preferências entre os dois poderes, de modo a configurar uma relação de delegação do Legislativo ao Executivo relativamente à iniciativa, bem como aos custos de apresentar propostas legislativas que são do interesse de ambos. Nesse sentido, o referido autor busca na utilização das medidas provisórias algumas respostas para melhor compreender como se processa a relação entre os poderes.

A tese da usurpação teve Pessanha (1999) como um de seus principais defensores. Esse autor afirma que as medidas provisórias adotadas seriam a resposta presidencial a um sistema que não cria incentivos à governabilidade, uma vez que o aumento progressivo do grau de autonomia do Poder Executivo na produção legal retirou do Congresso sua principal responsabilidade. Essa autonomia significaria usurpação da função legislativa pelo Executivo, com a conivência do próprio Legislativo: o "controlado controla o controlador, numa inversão férrea da lógica democrática" (PESSANHA, 1999).

Segundo Amorim Neto e Tafner (2002), Rennó (2006, p. 266), as medidas provisórias não necessariamente significariam a tal usurpação de poder por parte do Executivo:

> [...] [o uso de medidas provisórias] indica sim uma relação onde o Legislativo delega ao Executivo o papel de iniciador das propostas legislativas. Ou seja, o Legislativo não abdica de seu papel no processo legislativo, mas assume uma posição onde os custos da negociação de propostas e de aprovação de projetos passam a ser incumbência do Executivo. Ainda mais, a base de apoio do presidente no Congresso participa ativamente da formulação de propostas e assume responsabilidade por garantir o apoio dos membros de seus partidos aos projetos propostos. Obviamente, o apoio só é garantido quando a proposta não vai de encontro aos interesses dos membros do Legislativo. Ou seja, trata-se de um apoio do Legislativo condicional não apenas à troca de

espólios do poder, mas também ao fato do conteúdo programático da proposta satisfazer as preferências dos partidos da base de apoio ao governo.

Essa seria a tese da delegação, em que deve haver algum controle por parte de quem delega sobre a ação do agente que recebe a delegação. A partir desse pressuposto, Amorim Neto e Tafner (2002) afirmam que o Legislativo controla, sim, o uso de medidas provisórias. No entanto, esse quadro não representaria um padrão em todos os mandatos.

Rennó (2006) resgata o histórico do nosso presidencialismo desde a redemocratização, concluindo que, nos períodos de Sarney, Collor e Itamar Franco não se poderia falar de relação Executivo-Legislativo nos moldes em que ela se deu na administração de Fernando Henrique Cardoso, defendendo que a relação de delegação somente aconteceria em períodos de menor conflito entre os poderes[26].

Nesse âmbito, Pereira, Power e Rennó (2005; 2008) defenderam outro tipo de explicação, que pode ser denominada como a perspectiva "contingencial". Os autores levantaram evidências de que o uso de medidas provisórias em um momento de conflito seria uma forma de evitar que o Congresso bloqueie a proposta do Executivo, indicando, assim, uma ação unilateral ou tentativa de usurpação do poder do Congresso. Por outro lado, o uso das medidas provisórias em um momento de cooperação entre os poderes seria sinal de que o Legislativo concorda com o Executivo. Como ressaltou Rennó (2006), quando há cooperação, as medidas provisórias funcionariam como um mecanismo de eficiência legislativa, acelerando a tramitação de propostas que são do interesse mútuo entre Executivo e Legislativo.

Embora bem construídos, os resultados alcançados por Pereira, Power e Rennó (2005; 2008) revelaram que as hipóteses levantadas nesse campo não acontecem de forma constante e padronizada, mostrando-se bastante sensíveis ao ambiente político. Os autores argumentam que o presidencialismo de coalizão oferece grande amplitude de ação para os

---

[26] É interessante notar que essa referência de Rennó (2006) aproxima a explicação da delegação legislativa com a formação dos cartéis legislativos trabalhada por Cox e McCubbins (1993, 2005), indicando que os dois fenômenos estão, na essência, ligados à formação de maiorias sólidas e administráveis.

Presidentes da República, dificultando a percepção e a previsibilidade de seus padrões de comportamento.

Por fim, mais recentemente, Rodrigues (2008), ao estudar o uso das ordens executivas (*executive orders*), que são o similar norte-americano de nossas medidas provisórias, trouxe uma nova interpretação sobre o uso desse tipo de proposição como reflexo da relação entre os poderes. Fatores exógenos como o cenário político e a opinião pública, assim como o gerenciamento da coalizão política no dia-a-dia teriam influência na direção e na intensidade com que políticas públicas são formuladas por meio de ordens executivas. O autor observou que os presidentes procuram expedir ordens executivas cujo teor esteja em harmonia com as tendências da opinião pública, de modo a evitar rejeição pelo Parlamento.

Destaca-se, todavia, que o aspecto mais importante trazido por Rodrigues (2008) é negação da tese da usurpação e uma inversão dos polos da tese da delegação, uma vez que, para ele, as ordens executivas devem ser analisadas à luz de seu impacto na base de apoio do presidente. Neste trabalho, essa nova perspectiva será denominada "tese da coordenação". Nesses termos, torna-se mais relevante a opção por ordens executivas quanto se percebe que há clivagens entre os congressistas acerca de determinado assunto. Assim, caberia ao Executivo observar o comportamento da maioria, para articular sua estratégia de expedir uma ordem executiva, coordenando os interesses dessa maioria e os seus, aproximando as preferências. Rodrigues verificou que, quando não observado esse cuidado na arbitragem do Executivo, as ordens executivas incitaram comportamento de represália da parte do Congresso norte-americano.

Interessante observar que a tese da coordenação pressupõe que determinadas agendas podem eventualmente ser lideradas pelo próprio Legislativo, cabendo ao Executivo buscar coordenação de interesses e conduzir a apresentação de medidas provisórias para acomodar as preferências.

Deve ser percebido que não apenas os titulares do Executivo têm múltiplas possibilidades de operar suas agendas com o Legislativo, mas que a própria pauta de temas e matérias que fazem parte dos problemas nacionais é suficientemente extensa a ponto de gerar preferências e abordagens diferenciadas entre os atores políticos.

Dessa forma, a apresentação do mesmo tipo de proposições pode indicar tanto relações de cooperação, como de ação unilateral (no limite, não cooperação). A variação das estratégias retratada por Rennó (2006) está em sintonia com Raile, Pereira e Power (2010), na medida em que o uso diferenciado das ferramentas contidas no *toolbox* do governo está diretamente relacionada ao ambiente complexo das relações entre Legislativo e Executivo, especialmente no tratamento de políticas a serem submetidas à aprovação do Congresso.

2.3. Estratégia de antecipação

Com relação aos resulados, é possível analisar a aprovação de uma agenda em diferentes etapas. Beckmann (2010) enfatiza que há duas etapas na aprovação de uma agenda. A mais conhecida é a que se refere à votação no plenário, onde é testada a disciplina partidária, verificada a receptividade da matéria e aplicadas estratégias finais para a acomodação do texto, especialmente em face do conjunto de parlamentares que representam os pontos de veto. Nessa etapa, o conjunto de ações do Executivo para influenciar o voto dos parlamentares foi denominado *end game strategies*. Fazendo um paralelo com o caso brasileiro, os *end games* seria o conjunto de ações para acomodação de interesses dentro da coalizão (se for ampla), ou negociação para aproximação de consensos com partidos neutros e de oposição, assim como na costura eventual de acordos mais amplos de participação no governo.

Sem embargo, também pode o Poder Executivo envidar esforços numa fase de preparação da agenda, onde os líderes da coalizão são mobilizados a conhecer em detalhes, debater e, de preferência, serem convencidos da importância de certas matérias, ao mesmo tempo em que são analisadas formas de anular ou desencorajar as lideranças dos outros partidos a investirem na oposição às propostas. Beckmann (2010) denomina essas ações voltadas à fase anterior ao plenário *early game strategies*.

Os *end games* são centrados na capacidade de amealhar votos em condições já favoráveis ao Executivo, onde as propostas gozam de uma boa margem para aprovação no Congresso, geralmente fruto de propostas de campanha ou de construção de uma coalizão mais orgânica em torno de certas pautas (*policy-seeking*).

Por sua vez, as estratégias do tipo *early games* estão focadas na capacidade de convencimento e de aproximação de preferências da matéria em jogo, do seu valor substantivo. Muito do sucesso do chefe do Executivo na arena legislativa, segundo Beckman (2010), surge dessa capacidade de antecipação e de inserção de certas agendas para o escrutínio do Congresso. Observe-se que aqui a expressão "antecipação" diz respeito ao processo de negociação que antecede a decisão do Plenário, de preparação do ambiente congressual para obter maior receptividade da agenda patrocinada pela Presidência da República.

Observando o cenário da política brasileira, centrar esforços em estratégias do tipo *end games* significa ter uma coalizão partidária mais coeza, o que nos parece cada vez menos provável de acordo com nossas experiências mais contemporâneas. Sem essa condição, tais estratégias se tornam muito caras politicamente. Por outro lado, pouco se vê indícios de adoção de estratégias de antecipação eficientes, algo que seria muito proveitoso para um gerencialmento de uma coalizão heterogênea ou mesmo para construção ou consolidação de uma coalizão com lideranças mais participativas e envolvidas no processo de preparação das políticas. Desse modo, observamos um distanciamento consistente entre as pautas do Legislativo e do Executivo.

3. Mudanças no processo legislativo provocadas pela pandemia do novo Coronavírus

É importante iniciar essa seção traçando uma espécie de dever-ser da atividade parlamentar. Legislar requer zelo, atenção e profundo respeito aos cidadãos. Analisar a necessidade da criação de novas regras ou de qualquer mudança no ordenamento normativo e jurídico impõe aos parlamentares profundo espírito republicano e grande senso de responsabilidade. Seus processos de tomada de decisão devem permitir a mediação entre as instituições estatais e a sociedade, assegurando que nossa democracia seja dinamicamente renovadora. O principal instrumento que consubstancia essa prática é o processo legislativo, cujas regras devem propiciar um exercício deliberativo que seja rico e bem orientado para produzir legislação de qualidade, certificando a sociedade de que foi a melhor decisão para operar positivamente sobre a realidade.

Falemos agora da difícil missão para chegarmos a esse ponto. A experiência parlamentar de países de democracias mais maduras distingue-se pelo exercício do debate exaustivo de cada proposição, tanto em relação à efetiva necessidade de criação normativa, quanto em relação às alternativas e aos possíveis resultados desejados. No caso brasileiro, essa missão se torna ainda mais desafiadora, uma vez que nossa agenda legislativa é, comparativamente a outras nações, muito mais vasta quantitativa e qualitativamente, inclusive para dar conta da complexidade de nossa sociedade, respeitando sua pluralidade. Além da participação dos parlamentares, nosso sistema político confere ao Presidente da República ampla iniciativa legislativa, o que resulta numa sempre assoberbada pauta de atividades no Parlamento.

Nesse caso, para compreender as opções adotadas na arena política, é fundamental procurar entender como as regras de tramitação de proposições são moldadas no Congresso, pois elas podem incentivar ou constranger certas estratégias, gerando um hall de possibilidades que determinam o relacionamento entre os Poderes, bem como resultam em políticas com características substantivas para a solução dos problemas. **Em situações efetivamente emergenciais, o cenário deliberativo deve ser pautado por muita racionalidade, pragmatismo e, por isso, ser disciplinado por regras que diminuam ao máximo qualquer traço de ilegitimidade e predomínio de interesses específicos.**

Na próxima seção faremos uma análise das mudanças das regras no processo legislativo oriundas do surgimento da pandemia. No entanto, não pretenderemos fazer uma análise exaustiva de todos os dispositivos normativos, mas dos principais aspectos que dizem respeito ao perfil das deliberações em situações emergenciais.

3.1. Criação dos Sistemas de Deliberação Remota

A rápida e crescente transmissão da Covid-19 pelo mundo, especialmente a partir de fevereiro de 2020, assim como o número de mortes, fez com que a Organização Mundial da Saúde (OMS) definisse a doença como pandemia. Tão logo isso ocorreu, observou-se que vários parlamentares foram acometidos pela doença, levantando a necessidade de ajustar a tramitação de proposições de modo a evitar riscos maiores de contaminação para todos os envolvidos no processo legislativo. Sem dúvida, tratava-se de uma situação enfaticamente emergencial.

Dessa forma, por força das circunstâncias, as regras do processo legislativo tiveram de ser adaptadas. Câmara e Senado rapidamente se articularam para propor alterações, de modo a viabilizar a continuidade do funcionamento das Casas Legislativas durante o período de emergência de saúde pública, permitindo o exercício da atividade parlamentar indispensável para a construção e aprovação de medidas de caráter legal e normativo.

Assim, de forma sincronizada, mas obedecendo seus próprios ritos, no dia 17 de março de 2020, foi instituído o Ato da Comissão Diretora nº 07, do Senado Federal, e a aprovada a Resolução nº 14, da Câmara dos Deputados. Ambos normativos instituíram um Sistema de Deliberação Remota (SDR), cada qual permitindo votação e discussão remota a apreciação de matérias por meio de solução tecnológica que dispensa a presença física dos parlamentares nas dependências das Casas legislativas.

Chama a atenção que, apesar da sintonia e do mesmo *timing*, há algumas idiossincrasias que definem as diferentes práticas mantidas por cada Casa Legislativa. O Senado Federal optou por implementar o SDR por meio de Ato da Comissão Diretora, órgão que dirige aquela Casa formado composta pelo Presidente, Primeiro e Segundo Vice-Presidentes e quatro Secretários e respectivos suplementes. Nele são destacadas as funções do Presidente e do Vice, que comandam frequentemente as reuniões de Plenário. Portanto, não foi submetida à deliberação dos demais membros do Senado. A Câmara, por sua vez, optou por aprovar uma Resolução, cuja iniciativa foi da Mesa Diretora, que também cumpre o papel de Comissão Diretora, tal como no Senado. Não obstante essa diferença, a apresentação da proposição que deu origem à Resolução (PRC nº 11, de 2020) e sua respectiva aprovação ocorreram no mesmo dia[27]. Nota-se que na Câmara algumas medidas são mais compartilhadas com os Líderes, cuja aquiescência ficou marcada ao aprovar o regime de urgência para a aprovação da Resolução. Não obstante, em ambas as Casas, os Presidentes gozam de muito protagonismo, pelo ponto de vista de suas atribuições. Adiante, veremos mais alguns aspectos que ressaltam essa relevância.

Ainda no que tange às diferenças entre esses dois normativos, chama a atenção que o Ato do Senado amplia as situações de utilização do seu SDR, como "situações de guerra, convulsão social, calamidade pública,

---

[27] CÂMARA DOS DEPUTADOS DO BRASIL. Projeto de Resolução. PRC 11, 2020. Disponível em https://www.camara.leg.br/proposicoesWeb/fichadetramitacao?idProposicao=2239381. Acesso em 15 de jun. 2020.

pandemia, emergência epidemiológica, colapso do sistema de transportes ou situações de força maior que impeçam ou inviabilizem a reunião presencial dos Senadores no edifício do Congresso Nacional ou em outro local físico". A Resolução da Câmara faz referência ao uso do SDR exclusivamente "durante a emergência de saúde pública de importância internacional relacionada ao coronavírus (Covid-19)". Nesse sentido, parece que a medida do Senado procura adquirir um traço mais intertemporal, oferecendo maior margem de funcionamento para outros tipos de situação emergencial. Caso a Câmara se veja em situações semelhantes, terá que gastar um esforço normativo para implementar o SDR para situações parecidas. Por outro lado, a norma do Senado pode deixar margem para ser usada em situações que indevidamente caracterizadas como emergenciais. Nesse ponto, a Câmara também pode ser interpretada como mais autocontida no uso do instrumento, dando maior ênfase para que o processo legislativo seja, por excelência, presencial. Em outras palavras, a prevenção pode não ser tão prudencial como aparenta[28].

As modificações regimentais que criaram os SDR tiveram ampla colaboração das equipes técnicas das duas Casas, desde o assessoramento e coordenação do processo legislativo, liderado pelos respectivos Secretários Gerais, até as equipes de tecnologia da informação e comunicação. De forma que se percebe que muitas das soluções oferecidas visaram a urgência em manter o Legislativo funcionando, de tal modo a proporcionar exequibilidade das reuniões deliberativas. Obviamente, dezenas de equipes de servidores operam, mantêm, assessoram e registram todas as reuniões deliberativas. A complexidade das reuniões normais teve de ser devidamente traduzida e adaptada pelos servidores do legislativo às condições impostas pela pandemia.

---

[28] Aqui vale um contraponto exposto pelo Secretário-Geral da Mesa do Senado, o Consultor Legislativo Luiz Fernando Bandeira: "Acredito que o uso desse instrumento não deva ser banalizado. Embora moderno e sofisticado, ele tem as limitações naturais impostas pela distância física. Tenho a convicção que o contato pessoal e direto entre os parlamentares é essencial para a boa deliberação parlamentar." SENADO FEDERAL. Deliberação remota: orientações para implantação e operação do sistema de deliberação remota do senado federal. Brasília, 2020. Disponível em http://www.senado.leg.br/senado/hotsites/sdr/pdf/SDR_SF_DS_V162.pdf. Acesso em 15 de jun. 2020.

Ambos sistemas contemplam procedimentos detalhados de segurança e de garantia de individualização das participações, manifestações e dos votos, permitindo o acesso tanto por meio de dispositivos móveis (devidamente cadastrados e habilitados para o uso da plataforma), quanto por computadores pessoais. Também permitem a gravação das reuniões, a ampla transmissão pelos canais de comunicação social de cada Casa legislativa. Importante ressaltar que as reuniões deliberativas no Senado são totalmente remotas e operadas por uma sala de comando onde ficam geralmente o Presidente, o Secretário-Geral da Mesa e alguns assessores técnicos. Na Câmara dos Deputados as reuniões são operadas do próprio Plenário, permitindo-se a presença de parlamentares no recinto, obedecendo-se com rigor as recomendações para evitar o contágio da doença, e o uso de microfones apenas aos líderes presentes.

Como poderemos notar a seguir, ficará evidente que as soluções técnicas e regimentais terminaram por reforçar ainda mais a autoridade e o protagonismo dos Presidentes da Câmara e do Senado, bem como dos demais integrantes das Comissões Diretoras[29], repartindo responsabilidades na decisão das pautas de deliberação com as lideranças partidárias. Vejamos.

A primeira grande mudança do processo legislativo operado por meio dos SDRs foi a suspensão das reuniões das Comissões e a transferência de todas as deliberações para o Plenário. Isso fica explícito na regra da Câmara e apenas implícito na do Senado, quando dispõe que § 1º do art. 9º do Ato que na "discussão, serão aplicadas as normas previstas para matéria em rito de urgência de que trata o art. 336, inciso I, do Regimento Interno do Senado Federal".

De acordo com o Secretário-Geral da Mesa do Senado[30]:

> Do ponto de vista regimental, isso se resolve se a matéria for de fato urgente e relativa ao estado de emergência, pois esse tipo de matéria geralmente entra automaticamente em rito de urgência, suprimindo sua passagem pelas

---

[29] Deve-se enfatizar que, no Senado Federal, o próprio Presidente, Davi Alcolumbre, foi acometido pela doença do Covid-19, fazendo com que o vice, Senador Antonio Anastasia, tivesse de assumir boa parte da gestão do recém inaugurado SDR no Senado.
[30] SENADO FEDERAL, *op. cit.* p. 6.

comissões e sendo apreciada diretamente em Plenário. Em outras palavras: se a matéria é urgente, ela está afeta ao Plenário e não passa pelas comissões. Se ela não é urgente ou não está relacionada com a emergência, ela não deve ser deliberada remotamente e, como consequência lógica, nenhuma matéria afeta às comissões seria usada no SDR.

Claramente a posição do Secretário tem um viés para a exequibilidade do sistema. Porém, este recorte mostra evidencia que a preferência para facilitar o processo de deliberação urgente simultaneamente deixa nas entrelinhas, ainda que de forma não intencional, o protagonismo do Plenário e, consequentemente, dos Presidentes das Casas, dos membros das Mesas e dos Líderes. Cargos que são também muito disputados, como as Presidências das Comissões Permanentes, acabam alijados da coordenação das decisões temáticas. Parlamentares que não ocupam as lideranças tem de fazer um esforço redobrado para manter perceptível o exercício da sua representação. Ambas as citadas situações não apenas são desfavoráveis pelas regras, mas principalmente, por terem de se alinhar fortemente aos comandos das lideranças e das pautas escolhidas por esses em conjunto com os Presidentes. De fato, regras que desfavorecem a deliberação e reforçam a centralização das decisões em virtude das urgências, por mais racionais que sejam, acentuam diferentes pesos e medidas dentro do Legislativo.

A Resolução da Câmara, quase sempre mais explícita relativamente ao caráter regimental da urgência, deixa ainda mais evidente que as matérias que constem nas pautas escolhidas pelo Colégio de Líderes[31], ou mediante requerimento[32], terão um processo de deliberação que não permite retirada de pauta, adiamento da discussão ou votação, de discussão ou votação parcelada ou por determinado processo, nem de destaque

---

[31] Colegiado formado pelos líderes da Maioria, da Minoria, dos Partidos, dos Blocos Parlamentares e do Governo. Trata-se de uma figura regimental da Câmara e que não existe formalmente no Senado, embora nessa Casa haja a tradição de consulta permanente do Presidente com os líderes partidários.

[32] Também as Matérias que contem com a manifestação favorável de Líderes que representem 2/3 (dois terços) dos membros da Casa e das Lideranças do Governo, da Maioria, da Minoria e da Oposição poderão, mediante requerimento.

simples ou quebra de interstício para pedido de verificação de votação simbólica.

Em suma, o caráter de urgência das proposições que impõe mais rigidez, rapidez e muita disciplina na discussão é predominantemente definido pelos líderes e pelo Presidente, o que implica a construção de uma forte relação de barganha e de fidelidade por parte dos demais parlamentares. Para arrematar, como de praxe nas discussões em Plenário, os SDRs disponibilizam a orientação de bancada para consulta dos parlamentares votantes durante todo o processo de votação. As proposições do Poder Executivo acabam sendo igualmente privilegiadas nos SDRs, participando de forma frequente das pautas de discussão e de votação (vide as Medidas Provisórias, por exemplo).

A segunda grande alteração regimental é a determinação de que o tema seja único para cada sessão. Trata-se de uma decisão coerente e que permite a concentração de esforços do Congresso em torno do problema emergencial, evitando o crônico desafio das agendas múltiplas e concomitantes que o Legislativo brasileiro comumente enfrenta. A razão prática para isso é que se permite aos parlamentares se conectarem aos sistemas no horário de discussão das matérias específicas do seu interesse, minimizando problemas de conexão, o prolongamento desnecessário da sessão ou mesmo que se confunda inscrição para debater diferentes itens da pauta. Também elimina o risco de requerimentos de inversão de pauta ou de inclusão/exclusão de itens da pauta.

Pressupõe-se, no Senado, que haja pertinência temática ao problema de caráter emergencial, nos termos do Ato. Na Câmara, para manter a coerência interna da sua Resolução, indica que as sessões operadas pelo SDR "deverão ser apreciadas **preferencialmente** matérias relacionadas à emergência de saúde pública internacional referente ao coronavírus". (grifo nosso)

A expressão "preferencialmente" deixa escapar que poderá haver exceções. E, normalmente, tais exceções são destinadas a algumas pautas do Poder Executivo, uma vez que é frequente o rigor do Legislativo em relação às suas próprias pautas. Essa dinâmica de maior complacência ao Executivo cabe tanto à Câmara, como ao Senado.

Por fim, para manter a objetividade das SDRs, não são permitidos os tradicionais discursos parlamentares, conhecidos mormente por períodos de "expediente" ou "pinga-fogo". Menos recursos ainda para os parlamentares que não ocupam cargos no legislativo ou não são líderes.

3.2. Alterações na tramitaçãos das Medidas Provisórias e em matérias orçamentárias

Na esteira da implementação bem-sucedida das SDRs, Câmara e Senado tinham de resolver duas questões relevantes: (i) a tramitação das medidas provisórias (MPs), que demandam a criação de comissões mistas para sua deliberação inicial, conforme o art. 62, § 9º, da Constituição Federa, e (ii) as matérias orçamentárias, que são debatidas na Comissão Mista de Orçamento do Congresso. Desse modo, dois Atos Conjuntos das Mesas da Câmara e do Senado foram publicados.

O Ato nº 1, de 2020, dispõe sobre o regime de tramitação das medidas provisórias durante a pandemia. A principal modificação imposta refere-se à suspensão da deliberação da Comissão Mista. Nesse caso, enquanto perdurar a pandemia, o parecer que seria votado nessa Comissão será proferido no Plenário da Câmara dos Deputados, por parlamentar designado na forma regimental.

Fato merecedor de registro ocorreu em 24 de março de 2020, quando a Advocacia-Geral da União ingressou com Arguição de Descumprimento de Preceito Fundamental no Supremo Tribunal Federal (ADPF nº 663), pedindo a suspensão dos prazos, argumentando que a crise do coronavírus poderia prejudicar a tramitação das matérias. No julgamento, desta ADPF, em 27 de março de 2020, o relator, o Senhor Ministro Alexandre de Moraes, rejeitou o pedido. No entanto, concedeu medida cautelar *ad referendum* do Plenário do STF, para evitar grave lesão aos preceitos fundamentais da Constituição Federal, em especial dos artigos 2º e 37, *caput*, e reconheceu a constitucionalidade do regime jurídico instituído pelo Ato Conjunto nº 1, de 2020, tendo em vista sua excepcionalidade.

Por ironia das circunstâncias, retorna-se à antiga prática, totalmente informal e declarada inconstitucional pelo Supremo Tribunal Federal na Ação Direta de Inconstitucionalidade (ADI) n.º 4.029, que as Casas Legislativas nacionais cumprissem com o referido texto constitucional que, expressamente, determina a instalação de comissão mista. Como frisou à época o Supremo, não se trata de uma mera exigência regimental, mas sim de uma regra prevista na própria Constituição.

Parece-nos que a solução técnica mais rapidamente viável, reafirmou a predominância dos Plenários em detrimento do debate nas Comissões, no caso, as Mistas. Por um lado, compreende-se que viabilizar reuniões remotas simultâneas para várias comissões mistas poderia gerar um caos e uma longa desorganização do debate, tendo em vista as restrições humanas de coordenação dos processos políticos e técnico-legislativos. Por outro, retoma-se a lógica trata neste estudo de total protagonismo das Presidentes das Casas, das lideranças partidárias e da figura alçada para a relatoria da medida provisória, que centralizaria todo o processo no mérito. Ademais, volta-se ao indesejável desequilíbrio bicameral, tendo em vista as MPs sempre iniciam sua tramitação na Câmara dos Deputados, amplificando não apenas a prerrogativa de esta casa legislativa de dar a palavra final sobre a matéria, mas, também, de deter o monopólio das relatorias.

O tom da urgência ficou mais ainda evidente com as demais modificações estão dispostas no diagrama a seguir:

Figura 1 – Resumo da tramitação das Medidas Provisórias – Ato nº 1, de 2020.

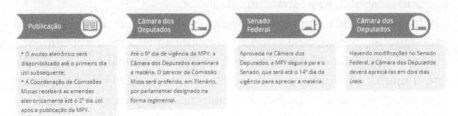

Fonte: Congresso Nacional (2020).

Sabemos que a urgência que remete a situação atual. No entanto, não há precedentes, muito menos explicações convincentes de que prazos de análise tão céleres se justifiquem. Adicionalmente, existe outro fator político ameaçador. Esse procedimento sumaríssimo não recairia apenas sobre Medidas Provisórias (MPs) que versem sobre temas atinentes à pandemia, mas a toda medida provisória que faça referência a qualquer outro tipo de assunto, ferindo o fundamento excepcional que justifique regras de exceção.

Aparentemente, o Congresso oferece brechas para acolher casos como esse, basta lembrar que a pertinência temática não é absoluta (*vide* o comentário anterior sobre a expressão preferencialmente), sem mencionar a apresentação de vinculações muito tênues que ligariam o tema da proposição com o tema da pandemia[33].

Não obstante nossas considerações mais críticas, uma rápida pesquisa na tramitação das medidas provisórias publicadas sob o regime excepcional e remoto de deliberação demonstra que o Congresso vem solenemente ignorando os prazos estipulados para o exame da matéria. Ambas as Casas apenas têm reforçado e mantido o exíguo prazo de emendas. Dos males o menor.

Referentemente às matérias orçamentárias, o Ato Conjunto nº 2, de 2020, segue o mesmo encaminhamento dado nas deliberações remotas, ou seja, destituindo a Comissão Mista titular do processo de instrução e transferindo tudo ao Plenário. Os mesmos efeitos negativos sobre o equilíbrio bicameral demonstrados para as MPs também se aplicam à matéria orçamentária. O efeito é menos impactante, pois são apenas duas peças legislativas por ano; importantes do ponto de vista do Estado, sim; mas, partindo da percepção de que a pandemia termine em poucos meses, os prejuízos institucionais seriam atenuados.

Um ponto ainda não resolvido pelos SDRs é a apreciação dos vetos presidenciais, considerando que a Constituição Federal determina que ela ocorra em sessões conjuntas do Congresso Nacional (art. 66, § 4º). Até o momento, nenhum veto presidencial foi avaliado. É outro tema com potencial elevado de prejuízos institucionais para as prerrogativas do Poder Legislativo, que há poucos anos retomou de forma sistemática a deliberação sobre os vetos. Se o estado de emergência atual perdurar por muitos meses, haverá um acúmulo significativo de vetos sem aprecia-

---

[33] Veja o caso da MP nº 979, de 2020, que dispõe "sobre a designação de dirigentes *pro tempore* para as instituições federais de ensino durante o período da emergência de saúde pública de importância internacional decorrente da pandemia da Covid-19". O que livrou o Congresso da sua aceitação foi seu teor flagrantemente oportunista e inconstitucional. Mas não há garantias de que outro assunto estranho não venha a buscar esta brecha conferida pelo Ato Conjunto nº 1.

ção, isentando o Presidente da República de negociar a posteriori com o Congresso.

Conclusões

Retomando nossa indagação inicial, ou seja, até que ponto as soluções propostas, com os fins de atender às urgências do momento, colocam em xeque a democracia, podemos estabelecer dois eixos sequenciais.

O primeiro, do ponto de vista da busca pela dominância legislativa por parte dos partidos, que se estabelecem suas respectivas "jurisdições" dentro de cada Casa legislativa e, assim, conseguindo influenciar fortemente as relações com o Poder Executivo. Observamos que toda a lógica de "rateio" do poder dentro do Legislativo passa pela dinâmica partidária depois dos resultados eleitorais. Neste caso, inicialmente ganham protagonismo sobre as decisões de coordenação e de comando os líderes partidários e, conforme a proporção de suas agremiações, sobressaem entre esses os atores políticos com maior trânsito, influência entre os pares e capacidade negocial, que são os parlamentares que ocupam as cadeiras de comando das Casas Legislativas. Esses é que definem os rumos da governança decisória do Legislativo. Sob o enfoque da democracia, se há prejuízos relevantes sobre uma participação mais relevante de um maior contingente de parlamentares, também podemos encontrar nas lideranças elementos de racionalidade, de coordenação e de bom desenvolvimento de um número potencial elevado de demandas que não conseguiriam ser atendidas sob um rito sem coordenação. Além disso, frequentemente os Presidentes das Casas são reconhecidamente aqueles que mais conseguem visualizar as necessidades dos seus pares, o que implica saber reconhecer as diferenças ideológicas e respeitá-las no âmbito do jogo das disputas políticas.

A partir daí observa-se o segundo eixo sequencial, que dita os termos de negociação com o Poder Executivo, o qual necessita de apoios para conseguir a governabilidade. Para influenciar as decisões do Parlamento, um governo sabe que precisa construir e manter coalizões relativamente sólidas. Sabemos obviamente que formar maiorias não pode acontecer a qualquer custo, pois seria a negação ao Estado Democrático de Direito. Isso se revela mais complexo do que apenas repartir cargos entre partidos ou fazer uso frequente de expedientes que dispensem maiores discussões dentro do Congresso. E quando se fala em objetivos, deve-se mencionar o conteúdo da agenda e a forma estratégica pela qual é conduzida pelo Executivo

Se bem fizer e manter uma coalizão majoritária, o Presidente terá amplas chances de exercer com sucesso seu poder de agenda, conseguirá liderar a partir de suas preferências políticas e terá boas chances de alcançar resultados para suas políticas. Isso implica:

(i) Ter maior confiança em construir e manter estratégias de antecipação na formulação de agendas junto aos líderes partidários e aos Presidentes das Casas (se esses fizerem parte da coalizão de apoio);
(ii) Tirar o melhor proveito do domínio das regras internas do Congresso, inclusive sobre alterações que vieram a ser necessárias; e
(iii) Estabelecer uma relação de delegação ou de maior coordenação com o Legislativo, permitindo um melhor trânsito de proposições com maior urgência.

Todo esse cenário favorável é, igualmente, relevante para que o Executivo tenha amplos caminhos para aproveitar e até participar da governança decisória do legislativo.

Se o Presidente não conseguir ou dar o devido valor à formação de coalizões de apoio, o governo abrirá mão do ambiente harmônico com o Legislativo acima citado, desperdiçando, com muito mais facilidade e rapidez, seu capital político. Nesse caso, a governança decisória será completamente desfavorável aos seus interesses.

Assim, considerando as modificações regimentais que alteraram o funcionamento do Congresso no período da pandemia e implantaram as SDRs, foi-nos permitido verificar os seguintes elementos:

(i) Reafirmação e potencialização da centralização decisória nas mãos das lideranças partidárias, em especial dos Presidentes das Casas Legislativas;
(ii) Redução formal do tempo de deliberação, com chances importantes para redução efetiva; e

(iii) Consequente redução do espaço de influência de quem não ocupa os cargos de dominância do Plenário.

Do ponto de vista da democracia, realmente parece não existir um cenário promissor. Como dizem os economistas, o *trade off* entre urgência e deliberação democrática é consideravelmente elevado. No entanto, não é insuperável. Se as regras incentivam comportamentos, ainda há espaço para que comportamentos também incentivem um bom e democrático uso das regras. Esse paradoxo das regras internas do Legislativo indica que a segurança institucional não está necessariamente nos dispositivos e nas letras, mas na disposição e na forma do exercício do poder, que pode ser democrático.

Levantamentos futuros podem avaliar, empiricamente, onde recaíram as escolhas das matérias de parlamentares que foram alçadas para votação em Plenário. Como que o Presidente da Casa e os líderes guiaram suas escolhas? Houve cartel ou houve pluralidade? Houve equilíbrio partidário, no sentido da mínima observância da proporcionalidade na Casa Legislativa? Vislumbramos que os resultados podem estar localizados entre dois extremos: concentração excessiva de poder ou coordenação de interesses que favoreçam a diversidade de participação.

Não obstante, apenas se levarmos em consideração que o Congresso não parou de funcionar, já podemos de antemão ficarmos mais seguros, pois, sob o prisma do equilíbrio entre os Poderes da República, também repousa a limitação do arbítrio, que corrói qualquer traço de democracia.

A propósito, sob o ponto de vista da governabilidade e das possibilidades conferidas ao Poder Executivo, vislumbramos que a implantação das SDRs é amplamente favorável para potencializar a influência do Presidente da República sobre a governança decisória legislativa, visto que um dos pilares do Presidencialismo com base nas coalizões é justamente a centralização decisória. Além disso, as SDRs também diminuem o número de pontos de veto contra o Executivo, permitindo um cenário menos complexo para o discernimento e as interpretações sobre as preferências dos parlamentares. A pergunta que fica é a seguinte: quem pilota a máquina administrativa se preocupa ou não com a formação de coalizões? Como dissemos anteriormente, não basta a regra, tem de saber operá-la; tem de atender certos requisitos para aproveitar-se adequadamente de qualquer regra interna do poder legislativo.

Apenas a título de provocação, quantas medidas provisórias foram apresentadas e quantas foram aprovadas durante o regime das SDRs? Quem está liderando o processo de mudanças legais: o Congresso ou o Presidente? Os prazos realmente se encurtaram ou o Legislativo apropria-se da escolha em obedecer a seus próprios ritos?

Enfim, antecipando nossas personalíssimas impressões, o Presidente da República não consegue usufruir quase nada de um ambiente que, em tese, lhe seria amplamente favorável. Ao contrário, as regras estão sendo devidamente operadas para apertar a firmeza dos freios e contrapesos.

À guisa de finalização, embora tenhamos registrado uma série de críticas sobre as mudanças regimentais que instituíram os sistemas de deliberação remota, temos a percepção de que foram avanços para manter o Poder Legislativo ativo, opinando sobre soluções para mitigar a situação difícil por que passa nosso País, bem como assegurando o importante contraponto institucional com o Poder Executivo.

As soluções foram propostas e implementadas com extrema rapidez e colocaram o Congresso brasileiro como referência de boas práticas legislativas em períodos de grandes crises. No Senado Federal foi a primeira Casa Legislativa a realizar sessão remota com deliberação por meio do voto nominal, eletrônico e seguro, com participação efetiva de todos os senadores no exercício de seus mandatos. E atribui-se ao plenário virtual da Câmara dos Deputados é o caso de maior número de parlamentares reunidos numa mesma sessão remota até o presente momento no mundo.

São informações que nos dão a percepção de que, talvez, com crises como essas que estamos vivendo, é possível descobrir potencial inovador e renovador no Congresso brasileiro.

Referências

ALSTON, Lee J.; MUELLER, Bernardo. Pork for Policy: Executive and Legislative Exchange in Brazil. *The Journal of Law Economics and Organization*. Oxford University Pres. v. 22, n. 1, abr. 2006.

AMES, Barry. *Os entraves da democracia no Brasil*. Rio de Janeiro: Editora FGV, 2003.

AMORIM NETO, Octávio. *Presidencialismo e Governabilidade nas Américas*. 1. ed. Rio de Janeiro: Editora FGV, 2006.

ARAÚJO, Suely M. V. G.; SILVA, Rafael S. Reflexões e Novas Agendas de Pesquisa para os estudos legislativos no Brasil. *Revista Iberoamericana de Estudos Legislativos*, [S.l.], vol. 2, n. 2, p. 58-74, 2012. Disponível em http://bibliotecadigital.fgv.br/ojs/index.php/riel/article/view/5847. Acesso em 09 de jun. 2020.

AVELINO, George Filho. Clientelismo e política no Brasil: Revisitando velhos problemas. *Novos Estudos – CEBRAP*, São Paulo, v. 1, n. 38, p. 225-240, mar. 1994.

BECKMANN, Matthew N. *Pushing the Agenda:* Presidential Leadership in US Lawmaking, 1953-2004. New York: Cambridge University Press, 2010.

COX, Gary W.; MCCUBBINS, Mathew D. *Legislative Leviathan:* Party Government in the House. Berkeley: University of California Press, 1993.

CÂMARA DOS DEPUTADOS DO BRASIL. *Projeto de Resolução*. PRC 11, 2020. Disponível em https://www.camara.leg.br/proposicoesWeb/fichadetramitacao?id Proposicao=2239381. Acesso em 15 de jun. 2020.

COX, Gary W.; MCCUBBINS, Mathew D. *Setting the Agenda*. Responsible Party Government in the U.S. House of Representatives. Cambridge: Cambridge University Press, 2005.

DÖRING, Herbert. Time as a Scarce Resource: Government Control of the Agenda. In Döring, Herbert (org). *Parliaments and Majority Rule in Western Europe*. New York, St. Martin's Press, p. 223-246, 1995.

DÖRING, Herbert. Parliamentary Agenda Control and Legislative Outcomes in Western Europe. *Legislative Studies Quarterly*, v. 26, n. 1, p. 145-165, 2001.

FIGUEIREDO, Cheibub; LIMONGI, Fernando. Mudança constitucional, desempenho do Legislativo e consolidação institucional. *Rev. bras. Ci. Soc.*, São Paulo: Anpocs, n. 29, p. 175-200, 1995.

FIGUEIREDO, Cheibub; LIMONGI, Fernando. O Congresso e as Medidas Provisórias: Abdicação ou Delegação?. *Novos estud. – CEBRAP*, São Paulo, n. 47, 1997.

FIGUEIREDO, Cheibub; LIMONGI, Fernando. *Executivo e Legislativo na Nova Ordem Constitucional*. Rio de Janeiro: FGV/FAPESP, 1999.

FIGUEIREDO, Cheibub; LIMONGI, Fernando. Poder de agenda na democracia brasileira: desempenho do governo no presidencialismo pluripartidário, in

G. Soares e L. Rennó (orgs.), *Reforma Política: Lições da História Recente*. Rio de Janeiro: Editora FGV, p. 249-280, 2006.

KINZO, Maria D'Alva Gil. Governabilidade, Estrutura Institucional e Processo Decisório no Brasil. *Parcerias Estratégicas*, [S.l], v.1, n. 3, p. 19-53, 1997.

LEONI, Eduardo, PEREIRA, Carlos; RENNÓ, Lúcio. Estratégias para sobreviver politicamente: escolhas de carreiras na Câmara de Deputados do Brasil. *Opin. Publica*, Campinas, v. 9, n.1, p. 44-67, maio 2003.

LIMONGI, Fernando. A democracia no Brasil: presidencialismo, coalizão partidária e processo decisório. *Novos estud. – CEBRAP*, São Paulo, n. 76, p. 17-41, Nov. 2006.

LIMONGI, Fernando; FIGUEIREDO, Angelina. As Bases Institucionais do Presidencialismo de Coalizão. *Lua Nova*, São Paulo, Cedec, v. 44, p. 81-106, 1998.

LIMONGI, Fernando; FIGUEIREDO, Angelina. Poder de Agenda e Políticas Substantivas. In: INÁCIO, M.; RENNÓ, L. (Org.). *Legislativo brasileiro em perspectiva comparada*. Belo Horizonte: UFMG, 2009.

MAINWARING, S. *Sistemas partidários em novas democracias: o caso do Brasil*. Rio de Janeiro: Editora FGV, 2001.

MAYHEW, David R. *Congress: The Electoral Connection*. New Haven: Yale University Press, 1974.

PEREIRA, Carlos; MUELLER, Bernardo. Uma teoria da preponderância do Poder Executivo: o sistema de comissões no Legislativo brasileiro. *Rev. bras. Ci. Soc.*, v. 15, n.43, p. 45-67, 2000.

PEREIRA, Carlos; MUELLER, Bernardo. Comportamento estratégico no presidencialismo de coalizão: as relações Entre Executivo e Legislativo na elaboração do orçamento brasileiro. *Dados*, Rio de Janeiro, v.45, n. 2, p. 265-301, 2002.

PEREIRA, Carlos; MUELLER, Bernardo. Partidos fracos na arena eleitoral e partidos fortes na arena legislativa: a conexão eleitoral no Brasil. *Dados*, Rio de Janeiro, v.46, n.4, p. 735-771, 2003.

PEREIRA, Carlos; POWER, Timoty; RENNÓ, Lucio. Under What Conditions Do Presidents Resort to Decree Power? Theory and Evidence from the Brazilian Case. *Journal of Politics* 67, n. 1, p. 178-200, 2005.

PEREIRA, Carlos; POWER, Timoty; RENNÓ, Lucio. Agenda Power, Executive Decree Authority, and the Mixed Results of Reform in the Brazilian Congress. *Legislative Studies Quarterly*, [S.l], 33, n. 1, p. 5-32, feb. 2008.

Pereira, Carlos; Rennó, Lucio. O Que é que o Reeleito Tem? Dinâmicas Político-Institucionais Locais e Nacionais nas Eleições de 1998 para a Câmara dos Deputados. *Dados*, Rio de Janeiro, v. 44, n. 2, p. 323-362, 2001.

Pereira, Carlos; Rennó, Lucio. O que é que o reeleito tem? O retorno: o esboço de uma teoria da reeleição no Brasil. *Rev. Econ. Polit.* São Paulo, v. 27, n. 4, p. 664-682, dez. 2007.

Pessanha, Charles. *Poder Legislativo do Executivo no Brasil:* O Decreto-lei e a Medida Provisória, 1965-1999. Trabalho apresentado no Seminário Internacional Las Instituciones en las Nuevas Democracias: La Cuestión Republicana. Buenos Aires, 13 e 14 de abril, 1999.

Raile, Eric; Pereira, Carlos; Power, Timothy. The Executive Toolbox: Building Legislative Support in Multiparty Presidential Regime. *Political Research Quarterly*, v. 64, n. 2, p. 323-334, 2010.

Rennó, Lucio. Críticas ao Presidencialismo de Coalizão no Brasil: Processos Institucionalmente Constritos ou Individualmente Dirigidos?. In: Avritzer, Leonardo; Anastasia, F. (Org.). *Reforma Política no Brasil.* Belo Horizonte: Editora da UFMG, 2006.

Rodrigues, Ricardo José Pereira. As Ordens Executivas nos Estados Unidos. *Plenarium*, Brasília, v. 5, n. 5, p. 282 – 295, out 2008.

Rohde, David W. *Parties and Leaders in the Post reform House.* Chicago, University of Chicago Press, 1991.

Samuels, David. Ambition and Competition: Explaining Legislative Turnover in Brazil. *Legislative Studies Quarterly*, v. 25, n. 3, p. 481-497, 2000.

Santos, Fabiano. Patronagem e Poder de Agenda na Política Brasileira. *Dados*, Rio de Janeiro, v. 40, n. 2, p. 465-492, 1997.

Senado Federal. *Deliberação remota:* orientações para implantação e operação do sistema de deliberação remota do senado federal. Brasília, 2020. Disponível em http://www.senado.leg.br/senado/hotsites/sdr/pdf/SDR_SF_DS_V162.pdf. Acesso em 15 de jun. 2020.

Shepsle, Kenneth; Weingast, Barry. Structure-induced Equilibrium and Legislative Choice. *Public Choice*, n. 37, p. 503-519, 1981.

Shepsle, Kenneth; Weingast, Barry.Institutional foundations of committee power. *American Political Science Review*, n. 81, p. 85-103, 1987.

Shepsle, Kenneth; Weingast, Barry. Positive theories of congressional institutions. In: Shepsle, Kenneth; Weingast, Barry. (Ed.). *Positive theories of congressional institutions.* Ann Arbor: The University of Michigan Press, p. 5- 35, 1995.

STRØM, Kaare. A Behavioral Theory of Competitive Political Parties. *American Journal of Political Science,* v. 1, n. 34, p. 565-598, 1990.

STRØM, Kaare; MULLER, Wolfgang C.; BERGMAN, Torbjörn (Eds.).*Cabinets and Coalition Bargaining: The Democratic Life Cycle in Western Europe.* New York: Oxford University Press, 2008.

WEINGAST, Barry e MARSHALL, William. The Industrial Organization of Congress. *Journal of Political Economy,* v. 96, n. 1, p. 132-162, 1988.

3. Gestão Pública e Risco Jurídico no Âmbito da Pandemia

HADASSAH LAÍS S. SANTANA
WILLIAM BAGHDASSARIAN

Introdução
Será que as ações tomadas pelos governos de todo o mundo para o combate dos efeitos da pandemia do Coronavírus SARS-CoV-2 (Covid-19) serão consideradas adequadas em um prazo de cinco anos? E a adoção da política de distanciamento social, que implica em significativa desaceleração econômica, será considerada algo que salvou milhões de pessoas da morte pela Covid-19 ou como uma política que destruiu valor econômico e que jogou milhões de pessoas na pobreza extrema?

Questões como estas só podem ser respondidas após todos os efeitos das políticas públicas terem atingido sua plenitude – se é que eles terão fim – e a visão completa de toda a dinâmica dos acontecimentos, que irão permitir avaliar aspectos que só são passíveis de análise sob um olhar *ex-post* dos acontecimentos.

Apesar de óbvia, essa é uma característica que diferencia o trabalho dos gestores públicos e dos profissionais de auditoria, notadamente dos controles interno e externo, bem como do próprio Ministério Público. Enquanto os gestores públicos devem tomar decisões sob um elevado grau de incerteza, escassez de tempo e, muitas vezes, com informações insuficientes, a avaliação dos seus atos é realizada a posteriori, às vezes, anos após os acontecimentos e com informações que não estavam disponíveis no momento da decisão.

Além disso, a avaliação das ações é realizada em um ambiente completamente distinto daquele em que as decisões foram tomadas, onde predominam o senso de urgência, incerteza e gravidade, além da própria pressão da sociedade por resultados, aspectos sempre presentes nos momentos de crise.

Essa combinação adversa de fatores eleva os riscos jurídicos aos quais os gestores públicos estão expostos e representa um incentivo infausto à adoção das políticas públicas tempestivas, tão necessárias em momentos de crise.

Essa situação não ocorre em outros países. A China, por exemplo, conseguiu entregar o Hospital de Huoshenshan, na província de Wuhan em dez dias[34]. Trata-se de uma estrutura com vinte e cinco mil metros quadrados e cerca de mil leitos. Já o Hospital de Leishenshan, que é ainda maior, pois conta com trinta mil metros quadrados e mil e trezentos leitos, foi entregue em onze dias. Esse tipo de atuação tempestiva seria altamente improvável no Brasil, não só pelos procedimentos burocráticos da administração pública, como também pelo elevadíssimo risco jurídico que isso traria para os gestores públicos.

Como tentativas de resposta do Congresso Nacional a essas tensões, foram apresentadas várias propostas legislativas que visavam aperfeiçoar e simplificar o ordenamento público em nosso país em momentos de crise, especialmente com relação à flexibilização de aspectos da execução orçamentária e financeira, das despesas com pessoal e com operações de crédito. Várias foram aprovadas tais como a Emenda Constitucional nº 106, de 2020, também chamada de "PEC da Guerra", e a Lei Complementar nº 173, de 2020, que tratou do auxílio financeiros aos Estados, Municípios e Distrito Federal.

É nesse contexto que o presente capítulo expõe um pequeno grupo de iniciativas legislativas que foram apresentadas no contexto da Covid-19 e que, apesar de não terem sido deliberadas pelo Congresso Nacional, trazem um conjunto de ideias meritórias que podem ser usadas no aperfeiçoamento da legislação brasileira. De posse desse conjunto de ideias, o capítulo também irá propor aperfeiçoamentos que poderão ser consolidados em projetos futuros, com o foco de reduzir as restrições fiscais dos gestores, harmonizando o risco jurídico ao momento vivido.

---

[34] VIDIGAL, Lucas. Entenda como a China pode construir um hospital em 10 dias. **G1-Mundo**, Rio de Janeiro, jan. 2020. Disponível em: https://g1.globo.com/mundo/noticia/2020/01/31/entenda-como-a-china-pode-construir-um-hospital-em-10-dias.ghtml. Acesso em 20 de jun. 2020.

Antes disso, com o objetivo de contextualizar a discussão, o capítulo apresenta um rápido diagnóstico do grau de segurança jurídica dos administradores públicos. De forma geral, verifica-se que o atual arcabouço jurídico e de auditoria pública não suportam ações tempestivas e corajosas das autoridades públicas para conter os efeitos da crise, como ocorre em outros países.

1. Gestão pública e risco jurídico

O risco de responsabilização dos gestores públicos perante os órgãos de controle sempre esteve presente na administração pública brasileira. Em maior ou em menor grau, a prestação de contas faz parte da vida dos administradores públicos.

Trata-se de atividade essencial para evitar não só episódios de corrupção, mas também para assegurar um olhar independente sobre a ação dos gestores, para que sempre se busque a eficiência, eficácia e economicidade das ações estatais. Em muitos casos, a atuação dos órgãos de controle é muito positiva para que as políticas públicas sejam executadas com mais qualidade.

Ocorre que, desde 2014 ampliou-se, e muito, a judicialização das políticas públicas em nosso país. Segundo Gaetani (2019), essa judicialização se iniciou a partir dos debates em torno da política fiscal do final do primeiro Governo Dilma Rouseff. De certa forma, passou-se a uma percepção de criminalização da administração pública que a levou à paralisia, o famoso "risco CPF".

Gaetani (2019)[35] lembra que os agentes públicos não querem ficar sujeitos a pontos de vista de órgãos de controle e fiscalização que não dominam as complexidades da gestão pública e, infortunadamente, partem do princípio de que o funcionário é suspeito: *in dubio pro societate*.

Tal constrangimento não ocorre apenas junto aos órgãos de controle, mas também em outras instâncias. Frequentemente, servidores públicos são convidados a participar de Comissões Parlamentares de Inquérito e sofrem forte pressão por parte dos parlamentares que, muitas vezes, não

---

[35] GAETANI, Francisco. A governabilidade da administração em jogo. **Valor Econômico,** São Paulo, abril 2020. Disponível em: https://valor.globo.com/opiniao/coluna/a-governabilidade-da-administracao-em-jogo.ghtml. Acesso em 20 de jun. 2020.

compreendem completamente as nuances envolvidas e nem o impacto que essa exposição traz para a vida pessoal dos gestores.

Esse tipo de comportamento acaba trazendo outros efeitos não percebidos pela sociedade. Ao expulsar os bons gestores que temem a responsabilização indevida, e muitas vezes injusta, a administração acaba gerando incentivos adversos para a promoção de servidores despreparados ou de pessoas de fora da administração pública, que também são despreparadas e que, não raramente, apresentam um *rent seeking behaviour* incompatível com a função pública.

Assim, para que se possa enfrentar uma pandemia da severidade imposta pela Covid-19 é necessário que se instrumentalize os gestores públicos honestos com um mínimo de proteção, a fim de que possam desempenhar suas ações de forma adequada.

2. Propostas legislativas durante a pandemia

Durante a pandemia da Covid-19, diversos projetos foram apresentados com propósito de adequar as regras de responsabilidade fiscal e de gestão pública à necessidade de uma atuação tempestiva dos gestores no combate aos efeitos nocivos e adversos da pandemia.

Um resumo rápido dos projetos propostos, tanto do Poder Executivo, quanto do Parlamento, nos permite a segmentação da atuação estatal em alguns eixos principais, a saber:

- Adoção de medidas de isolamento social por parte dos Entes Federados;
- Excepcionalização e flexibilização das regras fiscais da União;
- Publicação de um conjunto de medidas provisórias de crédito extraordinário;
- Programas de expansão da liquidez, concessão de garantias públicas e fomento ao crédito para o setor privado;
- Programas de suporte ao emprego;
- Programas de apoio aos Entes subnacionais;
- Programa de renda mínima para as pessoas que perderam sua fonte de sustento; e
- Liberação excepcional de recursos em elevados volumes para a área da saúde.

Em comum, essas medidas buscavam mitigar os diversos efeitos adversos da pandemia e, ainda que se possa questionar o êxito dessas medidas, elas se tornaram políticas públicas efetivas durante a pandemia.

Por outro lado, há um conjunto de medidas meritórias que, apesar de tramitarem no Congresso Nacional, acabaram não sendo aprovadas. Isso se dá em razão de não equacionarem, no momento correto, os diversos interesses envolvidos.

Embora exista um grande número de projetos que tramitaram tanto na Câmara dos Deputados, quanto no Senado Federal, e que poderiam ser utilizados como exemplos, este capítulo irá se restringir a cinco iniciativas específicas que poderiam ter ocasionado incentivos interessantes para a gestão pública e para o aumento da segurança jurídica dos gestores públicos. Provavelmente, com um pouco mais de tempo e de discussão, são ideias que poderão vir a ser incorporadas posteriormente.

2.1. Projeto de Lei Complementar nº 104, de 2020 (Dep. Joaquim Passarinho)

O PLP nº 104, de 2020, de autoria do Deputado Joaquim Passarinho buscava estabelecer normas gerais a serem seguidas pela União, Estados, Distrito Federal e Municípios, em caso de decretação de calamidade pública relacionada à saúde pública em âmbito nacional, muito em linha com o que tratava o art. 65, da Lei de Responsabilidade Fiscal.

A primeira inovação do projeto foi o estabelecimento de princípios da atuação estatal a serem seguidos durante situações de calamidade pública relacionadas à saúde pública. São eles:

- Responsabilidade solidária e coordenada da União, Estados, Distrito Federal e Municípios para o enfrentamento da crise;
- Priorização na minimização do número de mortos, feridos e sequelados, ainda que isso possa trazer elevado impacto econômico para o país;
- Priorização das ações sobre as parcelas mais frágeis da população;
- Planejamento das ações de curto prazo e das medidas de consolidação fiscal a serem adotadas após o fim da vigência do Estado de calamidade pública;

- Flexibilização das restrições fiscais durante a vigência do Estado de calamidade pública, com aplicabilidade focalizada nas políticas de mitigação da calamidade pública; e
- Circunscrição dos efeitos fiscais ao período de vigência do Estado de calamidade pública.

São princípios que priorizam esforços e fortalecem os aspectos de planejamento e de coordenação de ações durante os trabalhos nos três Entes Federados, durante a vigência do estado de calamidade pública.

Outra inovação do projeto é o estabelecimento de um Regime Excepcional de Execução Orçamentária e Financeira, cujos objetivos seriam:

- Financiamento das medidas emergenciais que se fizerem necessárias nas áreas de seguridade social, segurança pública, ciência e tecnologia; e
- Manutenção da estabilidade econômica, da atividade econômica, do mercado de trabalho e da sustentabilidade fiscal de longo prazo.

Dentro do contexto do Regime Excepcional de Execução Orçamentária e Financeira, o PLP nº 104, de 2020 também apresentava inovações com relação a ações do poder público com relação à execução orçamentária e financeira e que promovia maior flexibilidade para a atuação dos gestores públicos além de maior segurança jurídica com relação aos limites da Lei Complementar nº 101, de 2000, a Lei de Responsabilidade Fiscal. São elas:

- Suspensão das restrições, vedações e condicionantes decorrentes de eventual descumprimento dos limites de despesa com pessoal, de dívida consolidada e de concessão de garantias a que se referem os arts. 23, 25, 31, § 3º do art. 32, e art. 40 da Lei de Responsabilidade Fiscal;
- Suspensão das restrições previstas no parágrafo único do art. 21 e no art. 42 da Lei Complementar nº 101, de 4 de maio de 2000, bem como as sanções previstas na Lei nº 10.028, de 19 de outubro de 2000, em relação aos gastos que estiverem direta e imediatamente

destinados às despesas com pessoal, de dívida consolidada e de concessão de garantias;
- Dispensa do atingimento dos resultados fiscais e da limitação de empenho prevista no art. 9º da Lei Complementar, nº 101, de 4 de maio de 2000;
- Suspensão da limitação a que se refere o art. 4º da Lei Complementar nº 156, de 28 de dezembro de 2016;
- Vedação do uso da eventual margem discricionária de alocação orçamentário-financeira aberta, pela suspensão provisória das regras fiscais para geração ou ampliação de quaisquer despesas que não sejam relacionadas imediata e diretamente as áreas de pessoal, dívida consolidada e de concessão de garantias; e
- Vedação da geração ou ampliação de despesa obrigatória de caráter continuado, a que se refere o art. 17 da Lei Complementar nº 101, de 4 de maio de 2000, e que imponha obrigação de execução após o fim do exercício financeiro imediatamente posterior ao fim da vigência do Regime Excepcional de Execução Orçamentária e Financeira.

Trata-se de um conjunto de medidas que flexibilizam a aplicação da LRF durante o período de calamidade pública e aumentam a segurança jurídica para os gestores públicos. Algumas das flexibilizações, tais como, as regras para despesas com pessoal, operações de crédito e garantias foram parcialmente contemplados pela Emenda Constitucional nº 106, de 2020.

A criação de uma Comissão Mista de Acompanhamento do Regime Excepcional de Execução Orçamentária e Financeira é definida como uma terceira inovação. Essa possui o escopo de monitorar e fiscalizar, em sentido amplo, as ações de mitigação dos efeitos da crise.

De certa forma, essa ideia também foi acolhida em menor grau com o art. 2º do Decreto Legislativo nº 6, de 20 de março de 2020, que criou a Comissão Mista com o objetivo de acompanhar a situação fiscal e a execução orçamentária e financeira das medidas relacionadas à emergência de saúde pública de importância internacional relacionada ao Coronavírus (Covid-19). A principal diferença é que as atribuições do colegiado estavam bem delimitadas no PLP nº 104, de 2020, o texto aprovado, por outro lado, foi bastante tímido a esse respeito.

Outra inovação trazida pelo PLP nº 104, de 2020 foi a proteção aos gestores públicos que tiverem utilizado planejamento prévio e formalizado de suas ações, para que somente pudessem ser punidos em caso de comprovado dolo. Esse tema foi retomado pela Medida Provisória nº 966, de 2020 que buscou assegurar nível mínimo de proteção aos gestores públicos.

Não obstante o Supremo Tribunal Federal tenha delimitado a interpretação do que seja "erro grosseiro" para aqueles erros que não observarem "normas e critérios científicos e técnicos" e os "princípios constitucionais da precaução e da prevenção", a medida representa um avanço para os gestores públicos honestos, que sistematicamente enfrentavam um grau de incerteza elevado em suas ações.

Do ponto de vista da saúde pública, o PLP nº 104, de 2020 delegava à Comissão Intergestores Tripartite (CIT)[36] a coordenação nacional para o levantamento das demandas sanitárias e priorização das políticas públicas de resposta à crise. Além disso, o projeto autorizava a requisição administrativa dos bens e serviços de pessoas físicas e jurídicas, que se revelarem indispensáveis ao enfrentamento do estado de calamidade pública, assegurada a posterior indenização. Do mesmo modo, criava uma central nacional de regulação unificada de leitos públicos e privados nas unidades de tratamento intensivo, sob responsabilidade do Ministério da Saúde.

Com relação à expansão das despesas com pessoal, o projeto limitava várias ações públicas que poderiam expandir as despesas de pessoal dos entes federados. Esse ponto, em particular, foi também adotado na Lei Complementar nº 173, de 2020.

Por fim, observa-se que o PLP nº 104, de 2020 externava inovações gerais com relação à Lei de Responsabilidade Fiscal, especificamente no que diz respeito à flexibilização das regras durante o estado de calamidade pública, com repercussão nacional reconhecida pelo Congresso Nacional.

---

[36] A Comissão Intergestores Tripartite é regulamentada pelo art. 14-A, da Lei nº 8.080, de 1990.

2.2. Projeto de Decreto Legislativo nº 104, de 2020 (Dep. Gastão Vieira)

O PDL nº 104, de 2020, de autoria do Deputado Gastão Vieira, visava regulamentar o estado de calamidade pública nacional decorrente da pandemia do Coronavírus (Covid-19), reconhecido pelo Decreto Legislativo nº 6, de 20 de março de 2020, todavia, apresentava a restrição na criação de novas despesas obrigatórias para depois de 2020.

De forma semelhante ao PLP nº 104, de 2020, o PDL igualmente afirmava que o enfrentamento da calamidade seria uma responsabilidade solidária da União, Estados, Distrito Federal e Municípios. Além disso, previa uma coordenação continuada e a consecução tempestiva de esforços para o atendimento das demandas relacionadas à Covid-19.

O PDL flexibilizava restrições da Lei de Responsabilidade Fiscal durante a pandemia quanto à limites com pessoal, operações de crédito e concessão de garantias e contragarantias pela União.

Com relação à segurança jurídica dos gestores, o PDL também trazia a suspensão das restrições previstas no parágrafo único do art. 21 e no art. 42 da Lei Complementar nº 101, de 2000, e as sanções previstas na Lei nº 10.028, de 19 de outubro de 2000, em relação aos gastos. Em outras palavras, o PDL afastava as hipóteses de crime fiscal previstas na Lei nº 10.028, de 2000. Trata-se de comando mais amplo do que o trazido pelo PLP nº 104, de 2020, que tinha caráter mais interpretativo.

Um ponto de destaque no PDL nº 104, de 2020 foi a proposta de governança da crise na saúde. Além de colocar a coordenação entre os Entes como algo fundamental para o enfrentamento da crise, o projeto apresentou uma preocupação de que a atuação estatal se desse a partir do planejamento das ações. Em se tratando do Ministro da Saúde e secretários de saúde estaduais e municipais, apresentou-se maior estabilidade e resguardo durante a crise, salvo se a demissão for por razão justificada.

Cabe destacar, ainda, a atenção dada na proposta de regulamentar uma central nacional de regulação de leitos, a autorização para o teletrabalho médico, a possibilidade de readaptação de indústrias, caso fosse necessário para suprir o país com equipamentos, além de exigir uma contrapartida do setor da área de saúde que porventura tenham recebido benefícios fiscais.

2.3. Projeto de Lei Complementar nº 55, de 2020 (Dep. Diego Andrade)

O projeto do Deputado Diego Andrade teve por foco a regulamentação do art. 65, da Lei Complementar 101, de 4 de maio de 2000, a Lei de Responsabilidade Fiscal. Trata-se do dispositivo que regulamenta o estado de calamidade pública.

O projeto propunha que a decretação do estado de calamidade pública poderia implicar na adoção de regime excepcional de execução orçamentária e financeira, destinado exclusivamente a atender as medidas emergenciais necessárias à mitigação da crise, como também a sustentação da atividade econômica e dos empregos.

Segundo o projeto, a frustração de arrecadação e expansão da despesa com foco na calamidade pública implicam na suspensão das restrições decorrentes de eventual descumprimento aos limites de despesa com pessoal e de dívida consolidada a que se referem os arts. 23, 25, 31 e 32, §3º, que operam como condicionantes de entrega de recursos a título de transferência voluntária, contratação de operações de crédito e de concessão de garantia. Trata-se de preocupação relevante dos gestores públicos que também estava sendo considerada em outros projetos.

Ao analisar o PLP nº 55, de 2020, nota-se que ele também vai além do PLP 104, de 2020, e se alinha com o PDL nº 104, de 2020 ao propor que de acordo com os princípios da finalidade, razoabilidade e legitimidade são suspensas as restrições previstas no parágrafo único do art. 21 e no art. 42 desta Lei Complementar e as sanções previstas na Lei nº 10.028, de 19 de outubro de 2000, em relação aos gastos que estiverem direta e imediatamente destinados ao objeto da decretação do estado de calamidade pública.

Em síntese, observa-se sua preocupação com aspectos sociais na proposta de ampliação da execução orçamentária e financeira das transferências de renda aos cidadãos em situação de pobreza e extrema pobreza.

2.4. Projeto de Lei Complementar nº 101, de 2020 (Dep. Pedro Paulo)

O Deputado Pedro Paulo apresenta, por meio do Projeto de Lei Complementar nº 101, de 2020, uma versão do que teria sido uma proposta aperfeiçoada do PLP nº 149, de 2019 original "Plano Mansueto". O projeto é especialmente relevante para demonstrar a dificuldade de negociação de um projeto, que envolve a distribuição de custos e benefícios entre entes federados tão díspares.

De forma geral, o PLP nº 101, de 2020 herda um pouco da estrutura do Plano Mansueto original. Ele prevê, por exemplo, a instituição do "Programa da Transparência e do Equilíbrio Fiscal" e do "Plano de Promoção do Equilíbrio Fiscal". O primeiro tinha foco local e trazia objetivos e metas, além de ações de transparência com relação a, por exemplo, disponibilização dos sistemas contábeis para os órgãos de auditoria Federal.

Já o segundo era um programa temporário firmado entre os entes e a União, por meio do qual seriam autorizadas operações de crédito com garantia da União para entes que se comprometessem com um conjunto de ações de consolidação fiscal, herdadas da Lei Complementar nº 159, de 2017.

O programa trazia uma readequação de programas passados para Estados e Municípios, tais como a Lei nº 9.496, de 1997 e a Lei Complementar nº 156, de 2016. Por exemplo, a União poderia parcelar, em até 120 meses, os saldos devedores vencidos acumulados em decorrência de decisões judiciais relativas às dívidas de Municípios.

Por intermédio do PLP nº 101, de 2020 foi apresentada proposta para alterações no Regime de Recuperação instituído pela Lei Complementar nº 159, de 2017, tal como substituir os critérios para a inclusão dos entes federados no Regime de Recuperação Fiscal. Pela metodologia atual, alguns estados como Minas Gerais, por exemplo, não estavam abarcados pelo regime.

Vale mencionar que o projeto trouxe medidas para reforçar à responsabilidade fiscal, como por exemplo, uma prorrogação de prazo para que poderes e órgãos que estiverem em descumprimento dos limites de pessoal da LRF tenham até 2030 para eliminar esse excesso.

Ainda, uma herança do Plano Mansueto original, o PLP nº 101, de 2020 permite que o Poder Executivo federal contribua para a manutenção dos foros, grupos e iniciativas internacionais, nos montantes que venham a ser atribuídos ao Brasil nos orçamentos desses respectivos foros, grupos e iniciativas internacionais, nos limites dos recursos destinados, conforme o caso, à Unidade de Inteligência Financeira ou à Secretaria Especial da Receita Federal do Brasil, à Secretaria Especial de Comércio Exterior e

Assuntos Internacionais e à Secretaria do Tesouro Nacional, consoante a Lei Orçamentária Anual.

2.5. Projeto de Lei Complementar nº 22, de 2020 (Sen. José Serra)

O Projeto de Lei Complementar nº 22, de 2020, do Senador José Serra traz uma inovação sobre o funcionamento de fundos públicos criados no âmbito da União, dos Estados e dos Municípios. O projeto busca operacionalizar possível processo de racionalização de fundos públicos e vinculações de receitas. É nova ferramenta de gestão possível. Algo necessário a ser pensado e que discute o modelo presente, criado em 1964, que não responde de forma adequada à realidade. Está ligado diretamente a novo modelo de governança e de flexibilização de regras fiscais.

O projeto tem em seu escopo, além de olhar para os fundos de forma geral e considerar novo formato de gestão dos fundos no Brasil, uma alternativa para a criação de um fundo específico voltado à universalização do saneamento básico. A proposta considera que além da própria regulamentação marco jurídico[37], que estimulará investimentos do setor privado, seria imperioso a construção de instrumentos de gestão para formar um *funding* público e privado em nível suficiente para a conclusão da ambiciosa meta de universalizar a infraestrutura do setor. Para isso haveria recursos provenientes de tarifas praticadas em todo o território nacional, excluídos os consumidores beneficiados por políticas de baixa renda.

De forma geral, o PLP nº 22, de 2020 procura estabelecer práticas internacionais em matérias de governança pública, diminuindo a buro-

---

[37] O Marco Jurídico do Saneamento, PL nº 4.162/2019, foi aprovado dia 24 de junho no Senado Federal e encaminhado à sanção, que deve ocorrer até o dia 15/07/2020. O projeto não é objeto de análise neste capítulo, mas se faz interessante tecer alguns comentários. O assunto desde muito tem sido debatido no Congresso e caminhou com fortes oposições, mas traz pontos extremamente positivos e decisivos para o desenvolvimento econômico e social do país. O Projeto aprovado centralizou a regulação de serviços à Agência Nacional de Águas e trouxe a obrigatoriedade de metas de universalização até 2033. Permitiu-se também a criação de blocos de municípios para implementação de soluções mais viáveis na regionalização da prestação do serviço. O Marco vai ser importante principalmente para o momento pós-Covid19. Dentre as múltiplas dimensões, operará efeito multiplicador na geração de empregos, saúde, educação e melhoria da qualidade de vida dos milhares de brasileiros sem acesso a água e esgoto. É oportunidade para a retomada econômica.

cracia tradicional do processo orçamentário e utilizando a tecnologia para prestação de contas em um sistema governamental. A justificativa do projeto diz claramente sobre o propósito de inaugurar uma sistemática permanente de revisão de gastos, das vinculações e dos fundos.

A proposta se inicia com a separação da receita vinculada e do fundo público, conceituando o que seja vinculação de receita para os efeitos da lei que ora é proposta e estabelecendo marcos para a constituição de fundo público, relacionando-o à realização de finalidades específicas e possibilitando que o registro e o controle dos fundos a serem feitos apartadamente da administração financeira centralizada.

A abordagem de nova conceituação está posta na justificativa do projeto, que descreve o equívoco da Lei nº 4.320/64 quando conceitua a vinculação de receitas e fundos públicos, salientando para a tese, falaciosa, de que quando houver receita vinculada a uma política pública, necessariamente haverá a exigência de um fundo público.

Em oposição a essa ideia, e convergindo no sentido de aprimorar a governança pública, a proposição divide os fundos em apenas três tipos, gestão orçamentária, estabelecidos por vinculação de receita; gestão especial, capitalizados por dotação específica na lei orçamentária anual ou créditos adicionais ou caracterizados como fundos de investimentos, seguros, aval, capitalização, garantia ou financiamento; e, os fundos de transferências de receitas, decorrentes da operacionalização das receitas de compartilhamento intergovernamental, conforme previsão na Constituição Federal, incluindo o Ato das Disposições Constitucionais Transitórias, nas Constituições Estaduais e nas Leis Orgânicas de cada ente federativo.

O projeto de lei complementar nº 22 de 2020 também dispõe sobre os requisitos mínimos na constituição do fundo público, como nome, órgão ou a entidade da administração pública no âmbito da qual deverá funcionar; objeto ou finalidade; origem de seus recursos; responsabilidade de seu gestor; normas para administração; modelo e procedimento de deliberação; condições para a prestação de conta e o prazo de vigência, caso não seja indeterminado.

Para as boas práticas, o projeto prevê modelo de gestão que ratifique os instrumentos de política fiscal, como gasto, vinculações e fundos, a cada quatro anos e que tenha no Congresso Nacional comissão permanente para revisão, denominada de Comissão de Revisão de Despesas, Vinculações e Fundos Públicos da administração pública federal, sendo apoiados, inclusive, pelo Instituto Fiscal Independente do Senado Federal.

O fio condutor da proposição está descrito na justificativa do PLP nº 22/2020 como uma reformulação das normas gerais para o funcionamento dos fundos. O processo de avaliação irá permitir a extinção daqueles que não estão dando certo e criará, segundo o autor, novo ambiente institucional em matéria de orçamento. O projeto afirma sobre a ordenação da situação fática referente a muitas políticas públicas que são financiadas por receitas vinculadas, implementadas pelos departamentos ministeriais e que, em verdade, dispensam uma gestão por meio de fundo. O projeto procura estabelecer, nessa medida, que os fundos públicos sejam instrumento de gestão específicos orientados por regras de governança específica.

3. Por mecanismos de controle do gasto público mais eficientes

A análise conjunta dos cinco projetos nos permite extrair um conjunto de boas iniciativas que poderão ser incorporadas à legislação brasileira no futuro, especialmente com relação ao enfrentamento de situações de calamidade pública. De forma geral, pode-se dividir essas contribuições em alguns eixos:

- Governança;
- Flexibilização de regras fiscais em momentos de crise; e
- Responsabilização dos gestores públicos por ações em momentos de crise.

3.1 Governança

Do ponto de vista da governança, chama a atenção o estabelecimento de princípios norteadores da ação pública em momentos de crise. Aspectos como liderança, planejamento e controle podem ser trazidos para o art. 65 da Lei de Responsabilidade de Fiscal para, ao mesmo tempo em que se flexibiliza as regras fiscais, haja um padrão mínimo de qualidade do gasto público.

À partir das considerações expostas, as ações abaixo nos parecem relevantes:

- Estabelecimento de princípios norteadores da ação pública em tempos de crise;
- Estabelecimento de comitês com a participação de todos os Entes Federados, diretamente ou por meio de representantes, mas sob a liderança da União, cujo objetivo é a coordenação de ações em território nacional. Esses comitês podem ter foco fiscal, de saúde pública, dentre outros que forem necessários;
- Estabilidade para o Ministro da Saúde e para os secretários de saúde, durante a calamidade pública;
- Planejamento das ações, sempre com base em evidências, e que considere as particularidades das diferentes regiões do país;
- Criação de centrais nacionais com foco específico (controle de medicamentos, regulação de leitos, etc.); e
- Utilização da tecnologia para desburocratização da execução financeira de fundos públicos e para prestação de contas com ratificação periódica por Comissão externa

3.2 Flexibilização das regras fiscais em momentos de crise

A questão da necessidade de flexibilização das regras fiscais da Lei de Responsabilidade Fiscal e da própria Constituição Federal foi tema recorrente na maior parte dos projetos apresentados. Além da flexibilização da Regra de Ouro, os projetos propõem flexibilizações nos limites de pessoal, nas restrições e regras para a contratação de operações de crédito, de assunção de garantias e na expansão de despesas de caráter continuado.

Com relação a esse tema, temos as seguintes considerações:

- Ainda que em momentos de calamidade pública, as regras fiscais devam ser bastante flexibilizadas. Desse modo, é necessário que haja a mensuração dos efeitos das políticas públicas sobre os indicadores de sustentabilidade. Não se trata de criar barreiras à expansão dos gastos, mas assegurar que eles estão alinhados com uma trajetória sustentável e que não serão utilizados de forma desordenada; e
- É fundamental que, durante a pandemia, aqueles que tem maior proteção contribuam para a solução do problema. Um grupo relevante é o dos servidores públicos que tem estabilidade profissional,

mas que, durante situações graves, deveria contribuir por meio, por exemplo, da redução de jornada ou congelamento dos aumentos salariais.

3.3. Responsabilização dos gestores públicos por ações em momentos de crise

Os diversos projetos demonstraram a preocupação em proteger o gestor público que age de boa-fé. Isso é relevante para que o poder público possa adotar medidas tempestivas de combate aos efeitos adversos do evento que disparou a decretação do estado de calamidade pública, já que a inação pode representar a perda de vida de centenas ou milhares de pessoas.

De certa forma, o tema foi tratado pela MP nº 966, de 2020, ainda que o Supremo Tribunal Federal tenha modulado a interpretação da norma. Trata-se de iniciativa relevante para que as políticas públicas, de combate à Covid-19, possam ser tomadas.

Outra iniciativa, no âmbito da Covid-19, e com relação a esse tema partiu do próprio Tribunal de Contas da União, por meio do programa "Coopera". De forma geral, o programa capitaneado pelo Tribunal de Contas da União (TCU) teve por objetivo avaliar a atuação estatal com relação à várias áreas como assistência social, ciência e tecnologia, educação, previdências, dentre outras. Neste caso, a atuação cooperativa do TCU se dá pela orientação, seja por meio de *webnários* ou através de reuniões técnicas.

Mesmo que esse tipo de orientação seja bem-vinda e traga algum grau de segurança jurídica aos diversos envolvidos, trata-se de ação pontual. Não parece ser possível e nem adequado que a cada decisão, os gestores públicos tenham que recorrer ao TCU para avaliar se ela está correta. Nem o Tribunal tem uma estrutura que comportasse esse tipo de iniciativa e, de certa forma, esse tipo de atuação acaba atraindo para o próprio órgão julgador parte da responsabilidade pela decisão tomada, o que parece ser algo que tenha que ser mais bem estudado.

Nesse sentido, há pontos, entretanto, que podem ser aperfeiçoados, especialmente a partir de 2021, quando tiver encerrado a vigência do estado de calamidade pública.

- Alteração dos normativos legais para diferenciar ainda mais o tratamento dos erros dos gestores que agiram de boa fé e em condições de decisão adversas daqueles que deliberadamente buscavam cometer irregularidades;
- Harmonização na atuação e interpretação dos diversos auditores dos órgãos de controle, para que se evite que interpretações particulares – e nem sempre tecnicamente sólidas – levem à responsabilização dos gestores públicos;
- Possibilidade de participação e posicionamento dos gestores públicos em todas as fases do processo de auditoria, inclusive na própria auditoria em si, já que a simples abertura de um processo administrativo disciplinar ou uma tomada de contas especial já causa constrangimento emocional, reputacional e financeiro para os gestores;
- Obrigatoriedade para que a manifestação dos servidores auditados seja transcrita na íntegra de forma a possibilitar que a defesa seja interpretada de forma adequada;
- Alteração do papel primordial da Controladoria-Geral da União de órgão de auditoria para órgão de orientação aos gestores, ainda que se mantenham atividades de auditoria; e
- Criação de instrumentos de responsabilização para os auditores que por dolo, culpa, negligência ou imperícia, tenham levado à responsabilização de gestores públicos que agiram de boa-fé.

Essas medidas não buscam, de forma alguma, constranger os diversos órgãos de auditoria no cumprimento de sua importante missão institucional de assegurar que os recursos públicos estejam sendo bem utilizados. O seu objetivo é simplesmente assegurar um mínimo de segurança jurídica aos gestores de boa-fé, bem como aumentar a celeridade da atuação pública.

Conclusões

É notório que, durante o período hodiernamente vivenciado, em plena crise Pandêmica, exista uma necessária atuação dos gestores públicos de forma enérgica, com vistas a combater os efeitos nocivos e adversos da pandemia. Por oportuno, existiram a criação de diversos projetos que foram desenvolvidos e apresentados com o fulcro de adequar as regras de responsabilidade fiscal à necessidade de uma atuação acertada e apropriada dos Poderes da União.

Com efeito, repisa-se que as decisões enfrentadas pelos gestores públicos serão devidamente gerenciadas e reavaliadas, quando ao seu controle, técnica e motivação. Apesar disso, as deliberações são tomadas sob um crivo de proeminente incerteza e urgência, visto o tempo exíguo e a insuficiência de informações que são transferidas aos gestores, para uma análise e posicionamento de grande relevância.

Destarte, este capítulo apresentou algumas proposições legislativas que, apesar de não terem sido aprovadas, trouxeram inovações que podem vir a ser usadas em outros momentos. Por consequência, trata-se de projetos que não chegaram a ser pautados, em função do consenso criado nitidamente em torno de outras propostas.

Neste contexto, a despeito de existir uma infinidade de projetos que tramitam no Congresso Federal, e que poderiam ser utilizados como exemplos neste artigo, o presente se absteve de mencionar todos, e se restringiu a cinco iniciativas específicas, que, enfaticamente, poderiam ter ocasionado incentivos interessantes para a gestão pública e para o aumento da segurança jurídica dos respectivos gestores.

Por oportuno, destaca-se as inovações retratadas em Projetos de Lei, como a seguir disposto: *(a)* o Projeto de Lei Complementar – PLP nº 104, de 2020, de autoria do Deputado Joaquim Passarinho, que buscou estabelecer normas gerais a serem seguidas pela União, Estados, Distrito Federal e Municípios, em caso de decretação de calamidade pública, relacionada à saúde pública em âmbito nacional; *(b)* o Projeto de Decreto Legislativo – PDL nº 104, de 2020, de autoria do Deputado Gastão Vieira, que visou regulamentar o estado de calamidade pública nacional decorrente da pandemia do Coronavírus (Covid-19), reconhecido pelo Decreto Legislativo nº 6, de 20 de março de 2020, e que também trouxe a restrição de que os entes não poderiam criar novas despesas obrigatórias para depois de 2020; *(c)* o Projeto de Lei Complementar – PLP nº 55, de 2020, do Deputado Diego Andrade, que teve por foco a regulamentação do art. 65, da Lei Complementar 101, de 4 de maio de 2000, a Lei de Responsabilidade Fiscal; *(d)* o Projeto de Lei Complementar – PLP nº 101, de 2020, do Deputado Pedro Paulo, que trouxe uma versão "aperfeiçoada" do Plano Mansueto; *(e)* o Projeto de Lei Complementar

PLP 22, de 2020, do Senador José Serra, que cria processo de racionalização de fundos públicos, orientados por uma gestão fiscal orçamentária com regras de governança específicas e não vinculados necessariamente à implementação de uma política pública, valendo-se da eficiência com a utilização da tecnologia e de uma sistemática permanente de revisão de gastos, vinculações e fundos.

Leia-se que, quatro dos projetos e seus respectivos comentários versados no presente artigo são alicerçados em princípios que priorizam esforços e forcejam o aspecto de planejamento e coordenação das ações de combate à Pandemia, durante os labores orquestrados nos três Entes Federados, em momento de crise. O projeto do Senador José Serra, apesar de não estar ligado diretamente ao contexto da pandemia, traz inovação importante para o funcionamento dos fundos públicos e viabiliza sistemática de revisão permanente.

Por fim, ressalta-se que existem medidas que podem ser suficientes, por sua eficiência e eficácia, a qual passam pelos eixos de (a) governança, (b) flexibilização de regras fiscais em momentos de crise e (c) responsabilização dos gestores públicos por suas efetivas ações, quando na anormalidade. Além disso, rememora-se que para cada um dos eixos foram propostas sugestões que podem ser reconsideradas e que, possivelmente, com um pouco mais de tempo e de discussão, estas ideias poderão vir a ser incorporadas nos escopos das normas legais brasileiras.

Referências

BRASIL. *Lei nº 8.080, de 19 de setembro de 1990*. Dispõe sobre as condições para a promoção, proteção e recuperação da saúde, a organização e o funcionamento dos serviços correspondentes e dá outras providências. Disponível em: http://www.planalto.gov.br/ccivil_03/leis/l8080.htm. Acesso em 15 de jun. 2020.

CÂMARA DOS DEPUTADOS DO BRASIL. *Projeto de Lei Complementar nº 54, 2020*. Altera a Lei Complementar nº 101, de 2000, que dispõe sobre normas gerais para enfrentamento da emergência de Saúde Pública em razão da Declaração do Estado de Calamidade Pública e dá outras providências, nos termos dos arts. 163, 198, 200 e 207, § 2º da Constituição Federal, e dá outras provi-

dências. Disponível em https://www.camara.leg.br/proposicoesWeb/fichad
etramitacao?idProposicao=2242113. Acesso em 15 de jun. 2020.

CÂMARA DOS DEPUTADOS DO BRASIL. *Projeto de Lei Complementar nº55, 2020.* Altera a Lei Complementar nº 101, de 4 de maio de 2000, que "estabelece normas de finanças públicas voltadas para a responsabilidade na gestão fiscal e dá outras providências", para dispor sobre o estado de calamidade pública decorrente da pandemia causada pelo novo coronavírus – Covid 19 e outras em geral. Disponível em https://www.camara.leg.br/proposicoesWeb/ficha detramitacao?idProposicao=2242116. Acesso em 15 de jun. 2020.

CÂMARA DOS DEPUTADOS DO BRASIL. *Projeto de Lei Complementar nº 101/2020.* Estabelece o Programa de Acompanhamento e Transparência Fiscal, o Plano de Promoção do Equilíbrio Fiscal, altera a Lei Complementar nº 101, de 4 de maio de 2000, a Lei Complementar nº 156, de 28 de dezembro de 2016, a Lei Complementar nº 159, de 19 de maio de 2017, a Lei nº 9.496, de 11 de setembro de 1997, a Lei nº 12.348, de 15 de dezembro de 2010, a Lei nº 12.649, de 17 de maio de 2012 e a Medida Provisória nº 2.185-35, de 24 de agosto de 2001, e dá outras providências. Disponível em: https://www.camara.leg.br/proposicoesWeb/fichadetramitacao?idProposicao=2249891. Acesso em 15 de jun. 2020.

GAETANI, Francisco. A governabilidade da administração em jogo. *Valor Econômico*, São Paulo, abril 2020. Disponível em: https://valor.globo.com/opiniao/coluna/a-governabilidade-da-administracao-em-jogo.ghtml. Acesso em 20 de jun. 2020.

SENADO FEDERAL. *Projeto de Lei Complementar nº 22, de 2020.* Dispõe sobre normas gerais para o funcionamento de fundos públicos criados no âmbito da União, dos Estados e dos municípios. Disponível em: https://www25.senado.leg.br/web/atividade/materias/-/materia/140960. Acesso em 15 de jun. 2020.

VIDIGAL, Lucas. Entenda como a China pode construir um hospital em 10 dias. *G1-Mundo*, Rio de Janeiro, jan. 2020. Disponível em: https://g1.globo.com/mundo/noticia/2020/01/31/entenda-como-a-china-pode-construir-um--hospital-em-10-dias.ghtml. Acesso em 20 de jun. 2020.

ANEXO B
Projetos já apresentados

Links para acesso ao inteiro teor:

- Projeto de Lei Complementar – PLP nº 104, de 2020.
  https://www.camara.leg.br/proposicoesWeb/prop_mostrarintegra;jsessionid=CDCE26F2C6A055CE33000B65B9571877.proposicoesWebExternol?codteor=1884226&filename=PLP+104/2020
- Projeto de Decreto Legislativo – PDL nº 104, de 2020.
  https://www.camara.leg.br/proposicoesWeb/prop_mostrarintegra?codteor=1870336&filename=PDL+104/2020
- Projeto de Lei Complementar – PLP nº 55, de 2020.
  https://www.camara.leg.br/proposicoesWeb/prop_mostrarintegra?codteor=1870834&filename=PLP+55/2020
- Projeto de Lei Complementar – PLP nº 101, de 2020.
  https://www.camara.leg.br/proposicoesWeb/fichadetramitacao?idProposicao=2249891&fichaAmigavel=nao
- Projeto de Lei Complementar PLP 22, de 2020.
  https://legis.senado.leg.br/sdleg-getter/documento?dm=8072143&ts=1584529214097&disposition=inline

4. A Responsabilidade Fiscal e a Função Promocional do Direito: o Incentivo ao Bom Gestor Público na Atividade de Controle Externo

LEONARDO ROMANO SOARES

Introdução

A Lei Complementar n. 101/2000, conhecida como Lei de Responsabilidade Fiscal (LRF), completou 20 anos de vigência em 5 de maio de 2020, portando "normas de finanças públicas voltadas para a responsabilidade na gestão fiscal [...]", como se colhe de sua ementa. Grande marco regulatório nacional buscou coibir condutas deletérias que conduzem à criação de deficits e ao aumento das dívidas dos entes públicos. Visa, portanto, ao equilíbrio fiscal, propiciando superavits.

A experiência acumulada demonstra haver importante inobservância dos preceitos da LRF: assunção de despesas com pessoal de forma não sustentável, assunção de despesas nos dois últimos quadrimestres do mandato sem lastro financeiro, peças orçamentárias mal redigidas, orçamentos superestimados, não contingenciamento de despesas diante da frustração das receitas, ineficiência na recuperação da dívida ativa, renúncias de receitas sem a correspondente fonte de compensação, não dimensionamento dos riscos fiscais, desfiguração do orçamento por sucessivos remanejamentos, dentre outras. A persistência dessas situações de flagrante violação normativa ao longo de duas décadas, independentemente da situação econômica vivenciada – favorável ou não – justifica uma reflexão profunda e multidisciplinar acerca das suas causas.

Ainda que se afirme que a eficácia social (observância prática) não é preocupação pertinente ao domínio da dogmática jurídica, a Ciência do Direito, ao manejar o ferramental da hermenêutica, pode colaborar de forma essencial para a interpretação jurídica eficaz, assim concebida aquela que extrai a máxima utilidade do texto normativo, apresentando soluções mais adequadas e aderentes à realidade social.

Sob essa premissa, o presente capítulo objetiva analisar globalmente a LRF sob o prisma da teoria geral do Direito, especificamente sob a perspectiva da função promocional do Direito, de modo a demonstrar que o controle externo da responsabilidade fiscal não pode ser exercido somente através da coação, devendo somar-se à essa dimensão o incentivo.

1. A noção de responsabilidade fiscal sob o prisma protetivo-repressor

A LRF pode ser compreendida como um código de finanças públicas[38]. É um código de condutas de gestão financeira, ou seja, um conjunto de deveres (mandamentos) e proibições (vedações). A ideia-síntese de 'responsabilidade fiscal' evoca dois sentidos da palavra 'responsabilidade'. O primeiro, estático, revela a qualidade de quem é responsável, ou seja, submetido a um conjunto de deveres. O segundo, dinâmico, é a imputação a alguém ao 'responsável' das consequências por ato ilícito. Desse modo, 'responsabilidade fiscal' é o conjunto de deveres inerentes à atividade de gestão fiscal do estado que, uma vez violados, imputam consequências. A ideia de dever inerente à expressão evoca a necessidade de o gestor público atuar com prudência, diligência e probidade no uso dos recursos públicos, o que implica incorporação das noções de moralidade em atividade técnica e objetiva que é a gestão fiscal.

O enfoque da LRF, sob o prisma estrutural, identificando-a como um conjunto organizado de normas que impõem ordens e proibições (deveres de fazer e não fazer) revela seu caráter protetivo-repressor, uma vez que as funções eficaciais[39] primárias da lei são de resguardo (assegurar as condutas lícitas desejadas) e bloqueio (impedimento às condutas inde-

---

[38] PINTO, Élida Graziane; TOLEDO JÚNIOR, Flávio Corrêa de. O crescimento do déficit/dívida e a ainda mal cumprida Lei de Responsabilidade Fiscal. **Revista Controle:** Doutrinas e artigos, [S.l.], v. 13, n. 1, 2015, p. 17.

[39] "A eficácia, no sentido técnico, tem a ver com a aplicabilidade das normas como uma aptidão mais ou menos extensa para produzir efeitos. Como essa aptidão admite graus, podemos dizer que a norma é mais ou menos eficaz. Para aferir o grau de eficácia, no sentido técnico, é preciso verificar quais as funções da eficácia no plano da realização normativa. Essas funções podem ser chamadas de funções eficaciais."

sejadas[40]). Isso fica claro através da leitura do art. 1º, §1º, da LRF, que fala em prevenção a riscos; correção de desvios; obediência à limites e condições.

Nesse sentido, o binômio proteção-repressão busca satisfazer ao objetivo imediato da LRF, que é a busca do equilíbrio fiscal, combatendo a dupla deficit/dívida e gerando superavits[41]. Esse propósito é garantido por meio da sanção punitiva, primeiramente em potência (ameaça de coação) e, uma vez descumpridos os preceitos, pela imposição do castigo (pessoal) e declaração de invalidade do ato desconforme. Assim, a lei integra-se e arma-se através do denominado direito financeiro sancionador, que prevê as consequências para os ilícitos (p. ex. Código Penal, Lei de Improbidade Administrativa, Lei de Crimes de Prefeitos etc.).

Nessa entendimento, a responsabilidade fiscal revela o predomínio ou preeminência de uma função de conservação da ordem jurídica por meio de técnicas de proteção (ato ilícito) e repressão (ato ilícito), calcadas na sanção punitiva, imposta pelos órgãos de controle externo. Fala-se em conservação porque, à primeira vista, a gestão fiscal responsável só pode ser realizada como atividade através dos processos previamente preconizados pela lei, que acarretam resultados previsíveis.

Porém, cumpre indagar o seguinte: a responsabilidade na gestão fiscal se esgota e se satisfaz exclusivamente com a inibição dos malfeitos e a punição dos incautos e desonestos? Qual a sua razão de ser? A que fins ela se presta em última instância?

2. A noção de responsabilidade fiscal como vetor axiológico da gestão fiscal eficiente

A interpretação atenta do art. 1º, §1º, da LRF revela que a ideia de 'responsabilidade fiscal' é constituída pelos pilares da transparência e do pla-

---

[40] O que, aliás, está em consonância com o objetivo da própria razão de ser da lei, que veio a lume para coibir condutas perniciosas que redundaram em desorganização financeira dos entes subnacionais. Cf. SCAFF, Fernando Facury. **Orçamento republicano e liberdade igual:** ensaio sobre direito financeiro, república e direitos fundamentais no Brasil. Belo Horizonte: Fórum, 2018. p. 428.

[41] SCAFF, Fernando Facury. Orçamento republicano e liberdade igual: ensaio sobre direito financeiro, república e direitos fundamentais no Brasil. Belo Horizonte: Fórum, 2018. p. 429.

nejamento. Por conta disso, o dispositivo porta normas de princípio, isto é, diretrizes, vetores axiológicos para guiar a aplicação das regras, dando-lhes coesão, sentido, finalidade e limites. A exigência de ação planejada e transparente representa um mandado de otimização aplicável a toda atividade de gestão fiscal.

Sob o prisma protetivo-repressor, o princípio da responsabilidade fiscal assume um viés negativo e representa um limite ao amadorismo, à desonestidade e à obscuridade. Revela a função de conservação da ordem jurídica.

Destaca-se, todavia, que referido princípio também possui um viés positivo, traduzindo-se em pressuposto, condição e fundamento para o atingimento do objetivo último da LRF: a obtenção da gestão fiscal ótima, assim compreendida aquela que retira do recurso público a máxima eficiência em termos de realização dos objetivos republicanos (Constituição Federal, art. 3º). Eis aí – nesse aspecto positivo – a função eficacial secundária da lei, que é a função de programa, conectando-a à Constituição e servindo de instrumento para a viabilização do seu programa normativo superior.

Essa ampliação do espectro funcional (usos e empregos da norma) da noção de 'gestão fiscal responsável' para incluir também a perspectiva programática revela que o princípio não possui apenas função protetivo-repressora, mas é dotado também – e essencialmente – de um sentido promocional, de desenvolvimento do uso eficiente do recurso público.

Significa dizer que a LRF não cumpre a sua função programática apenas protegendo e reprimindo. Vigilância e punição são fundamentos da responsabilidade fiscal, mas respondem a um objetivo imediato conservador (obtenção de equilíbrio fiscal); não tem o condão de promover o seu objetivo último (extração da máxima eficiência do recurso público para satisfazer os direitos fundamentais).

A razão dessa constatação é simples. A pena em abstrato apresenta um caráter dissuasório decorrente da ameaça de sua aplicação. Seu caráter pedagógico reside na inibição a condutas contrárias. A inibição simplesmente evita, sem nada criar ou propor. A pena em concreto parte da constatação da conduta violadora, mas apenas reconhece o que não deve(ria) ser feito. A repressão não tem aptidão para extrair do dinheiro público o melhor emprego possível, já que se limita a impor uma multa ou alguma outra sanção cível ou criminal, não revertendo os efeitos daninhos do desvio ou do mau emprego do recurso público.

A pergunta que deve ser feita neste momento é a seguinte: qual a atividade pública que concretiza o viés promocional do princípio da responsabilidade fiscal? O incentivo.

3. A responsabilidade fiscal como incentivo à gestão fiscal eficiente

O castigo identifica a sanção punitiva, que, por seu turno, estriba uma concepção da ordem jurídica sob o prisma coativo. O ordenamento jurídico não é um conjunto de normas que versam sobre a força, e tampouco garantidas imediatamente pelo uso da força em caso de violação. Toda norma é jurídica porque pertence ao ordenamento jurídico (validade) e, por isso, goza de recursos para fazer valer o seu comando, isto é, tem garantia contra a sua violação. Essa garantia é a sanção[42]. Porém, a sanção não se restringe à punição. Essa é a sanção negativa, espécie do gênero, que paga um mal com um mal. Por outro lado, tem-se a sanção positiva que paga um bem com um bem, denominada como sanção de premial. Na prática, é a consequência positiva por um comportamento conforme. As técnicas de encorajamento compreendem a sanção positiva, que recompensa o comportamento já realizado, e a facilitação, que precede ou acompanha o comportamento. No encorajamento, não se pune; se facilita e premia. Esse é o grande campo da denominada função estatal de incentivo, que enfoca o ordenamento jurídico sob o aspecto promocional.[43]

A perspectiva do incentivo desloca o eixo de compreensão da responsabilidade fiscal da imposição à facilitação. Ao invés de se indagar 'como proteger e impor a gestão fiscal responsável?', pergunta-se 'como tornar atraente e vantajosa a ideia e a prática da responsabilidade fiscal?'

O incentivo está baseado na adesão ao comportamento conforme, que é obtido pela facilitação da sua obtenção (ênfase no processo) ou pela atribuição de uma vantagem por sua realização (ênfase no resultado).

---

[42] REALE, Miguel. **Lições preliminares de direito.** 24. ed. São Paulo: Saraiva, 1998. p. 72.
[43] Para compreender a ideia de 'função promocional do direito', cf. BOBBIO, Norberto. **Da estrutura à função:** novos estudos de teoria do direito. Tradução de Daniela Beccaccia Versiani. Barueri: Manole, 2007. p. 1-21.

Estriba-se no consenso. Elege-se certo fim (a gestão fiscal de excelência) e facilita-se a sua realização, tornando a conduta mais adequada atraente.

Todo comportamento pode ser analisado segundo a relação sacrifício-recompensa. Nos sistemas de controle baseados exclusivamente na punição, a consequência da satisfação de um dever de forma correta é a validação da conduta (ato declarado conforme, regular, lícito) e a liberação da obrigação. O sacrifício feito é para se evitar a invalidação/punição, esgotando-se nisso. A 'recompensa' é não ser castigado. A limitação desse sistema de controle é evidente: não há estímulo à mudança pela busca por maior eficiência, já que o mínimo exigível garante o juízo favorável.

O bom gestor sacrifica-se apenas para evitar incorrer nas condutas que sabidamente conduzem a juízos de reprovação, orientando-se pela lógica preventiva do controlador e não pela lógica da máxima realização da gestão fiscal eficiente. Isso leva à paralisia e à conservação, reproduzindo-se mecânica e formalmente aquilo que seguramente já contou com a aprovação do controlador. Administra-se para o controlador, e não para a sociedade. Não bastasse isso, os ônus inerentes a esse sacrifício têm se tornado mais pesados em função dos crescentes custos e complexidade relacionados ao controle protetivo-repressor.

O mau gestor simplesmente ignora o sacrifício de não ser punido, e o faz em favor de recompensas específicas, tornando ineficaz até mesmo a função inibitória do controle coativo. O problema é que, para este tipo de agente público (normalmente, agente político), não há estímulo algum em perseguir as recompensas do equilíbrio fiscal, porque estas pressupõem, quase sempre, (1) a tomada de decisões abstratas, técnicas, com efeitos não palpáveis e explícitos para a população, (2) podem implicar consequências impopulares (adiamento/paralisação/redução de programas, cortes de despesas com pessoal, implantação e aumento de tributos, melhora na eficácia da cobrança da dívida ativa); (3) seus benefícios ocorrem no médio e longo prazos, são de apropriação difusa, coletiva e em momentos que não coincidem com o lapso temporal de ocupação do cargo público, colidindo com a lógica do ganho pessoal imediatista, da autopromoção, do patrimonialismo, do fisiologismo, do clientelismo e do populismo. Entre a satisfação imediata dos seus compromissos ilícitos, ou lícitos, mas perseguidos intencionalmente sem planejamento e transparência, e a evitação da punição, sacrifica esta última, preferindo defender-se posteriormente com argumentos tortuosos e evasivos, esticando a pendência do(s) processo(s) sancionador(es) até o limite possível, o que consome anos e, não raras vezes, resulta em punições que não se consegue efetivar.

Essa lógica pode explicar o aumento de pareceres desfavoráveis à aprovação de contas de prefeituras do Estado de São Paulo, pelo Tribunal de Contas do Estado, em anos de eleições municipais, conforme quadro baixo:

Quadro 1 – Pareceres emitidos pelo Tribunal de Contas do Estado relativos as contas das prefeituras do Estado de São Paulo

Exercício	2000	2001	2002	2003	2004	2005	2006	2007	2008
FAVORÁVEL	357	566	526	434	334	465	427	389	426
DESFAVORÁVEL	287	78	118	210	310	179	217	255	218
TOTAL	644	644	644	644	644	644	644	644	644
PERCENTUAL DESFAVORÁVEL	44,57%	12,11%	18,32%	32,61%	48,14%	27,80%	33,70%	39,60%	33,85%

Exercício	22009	22010	22011	22012	22013	22014	22015	22016	22017
FAVORÁVEL	589	525	477	326	497	478	439	412	483
DESFAVORÁVEL	55	119	167	318	147	166	205	232	161
TOTAL	644	644	644	644	644	644	644	644	644
PERCENTUAL DESFAVORÁVEL	8,54%	18,48%	25,93%	49,38%	22,83%	25,78%	31,83%	36,02%	25,00%

Fonte: Tribunal de Contas do Estado de São Paulo/Departamentos de Supervisão da Fiscalização I/II (2018).

É interessante notar que o sistema de controle punitivo trabalha em função do mau gestor, do gestor desonesto, visto que sua atividade está exclusivamente focada na identificação de ilegalidades e na imposição das sanções punitivas, as quais, embora impostas, não solucionam as deficiências das contas públicas, ocasionadas pela irresponsabilidade fiscal, apenas gerando um crescente estoque de decisões desfavoráveis cuja única lição extraível é o que não deve ser feito.

No sistema de controle tradicional, punitivo, focado na má gestão, a atividade administrativa necessária para demonstrar a conformidade da boa gestão representa um fardo cada vez mais pesado em decorrência de certas disfunções[44], não contribuindo para obtenção de resultados fiscais positivos, mas apenas paralisando condutas e replicando comportamentos já testados no passado, o que, inclusive, não configura garantia alguma de reconhecimento futuro.

No sistema de controle baseado no incentivo à boa gestão fiscal ocorre um intencional desequilíbrio na relação sacrifício-recompensa, pois são amenizados os ônus do sacrifício e facilitada a obtenção das recompensas. Isso ocorre porque, ao invés de se identificarem os vícios, apontam-se as virtudes, indica-se o melhor caminho, fornecem-se subsídios para a boa decisão, apresentam-se paradigmas positivos. Com isso, constrói-se paulatinamente um arcabouço de boas práticas que dá corpo e alma à responsabilidade fiscal como ela deve ser, ao invés de se limitar a afirmar repetidamente aquilo que ela não é.

4. O incentivo como dimensão essencial da atividade de controle

É possível argumentar que incentivar boas práticas de gestão fiscal não é atividade inerente à função de controle externo. Essa visão está equivocada. Nos textos normativos, a começar pela Constituição, nada indica que o controle envolva apenas a aferição da legalidade de modo negativo (busca de não conformidades) e punitivo (imposição de castigo). O controle é inerente à democracia. Como todo recurso público está devotado à consecução dos objetivos republicanos e o controle envolve justamente a verificação do atingimento desses objetivos, naturalmente ele está vocacionado a identificar, estimular e divulgar as melhores práticas de gestão

---

[44] Sinteticamente, podem ser enumerados alguns problemas como: punição de irregularidades formais, mudanças de orientação com efeitos retrospectivos, subjetivismos, aplicação inadequada de princípios (como as regras fossem), superposição de esferas de controle com visões distintas, intromissão na esfera de competência própria do controlado, subversão do princípio da boa-fé (presumindo-se a má-fé). Para aprofundamento, cf. MARQUES NETO, Floriano de Azevedo; PALMA, Juliana Bonacorsi de. Os sete impasses do controle da administração pública no Brasil. In: PEREZ, Marcos Augusto; SOUZA, Rodrigo Pagani de. **Controle da administração pública**. Belo Horizonte: Fórum, 2017. p. 21-38;

que conduzem à sua satisfação, visto que essas práticas representam justamente o paradigma positivo da conformidade à ordem jurídica.

Trata-se, portanto, de um aspecto do controle caracterizado pela forma como é exercido na busca da aferição da conformidade da ação pública à lei. Com efeito, quando a Constituição atribui competências e as conecta a certas finalidades, pode deixar livre o emprego dos instrumentos e das formas de desempenhá-las, admitindo, portanto, todo meio apto a atingir os fins[45]. Tanto é assim que a Constituição, ao disciplinar o controle externo exercido pelo Tribunal de Contas da União (art. 71), utiliza termos amplos para fixar as suas competências, comportando, por isso, a utilização do incentivo (por exemplo: apreciar as contas, julgar as contas, apreciar a legalidade de atos de admissão de pessoal, realizar inquérito, inspeções e auditorias, fiscalizar as contas, fiscalizar a aplicação de quaisquer recursos, prestar as informações). A remissão ao plexo de competências punitivo foi feito de forma independente e explícita (por exemplo: julgar as contas daqueles que derem causa a perda, extravio ou outra irregularidade, aplicar aos responsáveis, em caso de ilegalidade de despesa ou irregularidade de contas, as sanções [...], assinar prazo para que o órgão ou entidade adote providências necessárias ao exato cumprimento da lei, se verificada ilegalidade, sustar, se não atendido, a execução do ato impugnado [...], representar ao Poder competente sobre irregularidades ou abusos apurados.).

O mesmo raciocínio pode se estender à missão e aos instrumentos constitucionalmente atribuídos ao Ministério Público (CF, arts. 127 e 129).

Outra objeção que pode ser levantada é a de que o estímulo por meio da indicação de um conjunto de condutas adequadas representa interferência indevida em atividade privativa do gestor público (habitualmente,

---

[45] "De fato, a Constituição, além de abrigar normas de índole análoga à dos ramos infraconstitucionais do Direito, marca-se pela presença de preceitos que apenas iniciam e orientam a regulação de certos institutos, deixando em aberto, tantas vezes, o modo e a intensidade de como se dará a sua concretização por parte dos órgãos políticos. Não há coincidência, nesse aspecto, com a estrutura normativa típica das leis. A Constituição, em tantos dos seus dispositivos, assume o feitio de um ordenamento-marco, estipulando parâmetros e procedimentos para a ação política." (MENDES, Gilmar Ferreira; BRANCO, Paulo Gustavo Gonet. **Curso de direito constitucional**. 9. ed. São Paulo: Saraiva, 2014. p. 92.).

do Executivo), no que tange à discricionariedade que matiza a decisão de alocação do recurso público. Também se mostra sem fundamento essa forma de raciocinar. A discricionariedade funda-se no princípio da independência e separação dos Poderes da República (CF, art. 2º) e traduz-se na liberdade de adotar decisão alocativa de recursos públicos dentre um plexo de opções à disposição do gestor. O controlador não se substitui ao gestor na tomada da decisão e tampouco interfere negativamente no seu processo de formação e implementação, salvo se exercido explicitamente fora dos quadrantes da legalidade.

Em vista disso, o incentivo apenas enriquece o processo de deliberação do gestor facilitando-o ao prover informações fidedignas, claras e seguras, propiciando a adoção da melhor decisão possível, sem coação, mas pelo convencimento. Põe-se à disposição do gestor um repertório de práticas já validadas, de caminhos testados e aprovados, e, por isso, recomendados como os mais desejáveis. A interferência é positiva porque é baseada no incentivo, ou seja, na facilitação. O aspecto positivo concretiza-se pela retirada de obstáculos reais que se apresentam ao gestor. Com isso, naturalmente torna-se mais atraente e viável a recompensa final, consistente no atingimento do equilíbrio fiscal, a redução ou equacionamento de dívidas de longo prazo, o enfrentamento dos restos a pagar processados e sem cobertura para pagamento, a geração de superavits ou mesmo a assunção de deficits considerados sadios em função da qualidade dos gastos assumidos.

Por fim, pode-se afirmar, hipoteticamente, que o controle incentivador prejudica o controle tradicional protetivo-repressor, fundamentado na punição (em potência e em concreto). Nada mais enganoso. O incentivo deve ser considerado uma faceta do próprio controle, integrando-o essencialmente. Nesse sentido, trabalha em harmonia com os aspectos preventivo e punitivo. Completa-os porque dirige-se ao aspecto promocional inerente ao princípio da responsabilidade (busca pela máxima eficiência do gasto público para satisfação dos objetivos republicanos). Fortalece-os porque previne a falta de transparência e de planejamento pela ação pedagógica e estipula um paradigma de boas práticas que serve de parâmetro para identificação e censura do malfeito, sobretudo por intensificar o ônus argumentativo do gestor desonesto ao ter que justificar o porquê de ter se afastado do padrão de conformidade.

5. A materialização do incentivo no controle e suas potenciais vantagens

Cumpre indagar, nesse momento, em que consistiria essa manifestação do controle pelo incentivo e quais seriam as suas vantagens.

É necessário reforçar, desde logo, que se está pondo em evidência um aspecto da própria função administrativa de controle, e não de uma atividade independente, acessória e instrumental, caso, por exemplo, de edição de manuais educativos, realização de cursos, palestras e eventos, que não tem conexão direta e imediata com o desenvolvimento do controle.

Dito isso, o incentivo é um juízo positivo que, obviamente, reconhece a regularidade de certa conduta, mas que vai além desse reconhecimento tradicional e declara o seu caráter superconforme, consistente no atingimento de certas metas (eficácia), de certos níveis de excelência e qualidade, que efetivamente demonstraram melhora no gasto público, fazendo mais com menos (efetividade) e que produziram mudanças sociais objetivamente aferíveis e desejáveis (efetividade).

Esse juízo positivo busca garantir a obtenção dessas condutas superconformes ou que o gestor público se empenhe na sua consecução. Para isso, garante a sua obtenção por meio de estímulos, que representam a própria sanção (favorável) pela conduta desejada.

Tais estímulos podem ser, por exemplo:

- Prêmios pela melhoria dos indicadores de qualidade do gasto público;
- Criação de 'selos' de reconhecimento pela gestão de excelência;
- Criação de um conjunto de condutas constitutivas de um padrão não obrigatório de boas práticas na gestão fiscal, estimulando a adesão dos gestores, nos moldes de um *soft law*;[46]

---

[46] Essa medida representa espécie de autorregulação, muito comum no mercado (publicidade, jornalismo, mercado de capitais, indústrias, comércio de combustíveis), em que os próprios agentes estabelecem padrões de conduta de adesão facultativa (*soft law*) que funcionam como parâmetro de excelência no desenvolvimento de sua atividade, ressaltando que a sua observância conduz a níveis mais rigorosos de integridade, transparência, eficiência, segurança, bom atendimento, rentabilidade, etc.

- Estabelecimento e divulgação de um repertório de jurisprudência administrativa propositiva, indicando *leading cases* positivos, de práticas bem sucedidas que sirvam de exemplo em domínios cronicamente férteis em problemas e ilegalidades (equacionamento das dívidas, estruturação de regime próprio de previdência, terceirização na saúde, controle de gastos com pessoal, estruturação do controle interno, confecção das peças orçamentárias com correta estimativa das receitas, correta gestão patrimonial, enfrentamento do estoque de precatórios, etc.);
- Recomendação formal de condutas, indicando os paradigmas do que se entende como adequado.

o As vantagens inerentes ao incentivo são muitas. Citem-se algumas:
- Fortalecimento, valorização e estímulo ao bom gestor;
- Estabelecimento de parâmetros de boas práticas, enriquecendo e conferindo segurança às decisões do gestor;
- Melhoria da eficiência da gestão fiscal pelo convencimento e adesão, aumentando a eficácia social da LRF;
- Estímulo à inovação responsável;
- Isolamento e desencorajamento do mau gestor;
- Baixo custo;
- Desnecessidade de alterações estruturais e de competências dos órgãos de controle;
- Melhoria do controle sancionador tradicional.

o Para investir na dimensão incentivadora do controle, os órgãos de controle devem incorporar novas perspectivas de atuação institucional, isto é, uma nova mentalidade radicalmente distinta da lógica punitivista, o que envolve sua atuação como:
- Estimuladores e difusores de boas práticas;
- Produtores de conhecimento positivo;
- Facilitadores da criação e curadores da rede de bons gestores;
- Certificadores da gestão de excelência; e
- Avaliadores da eficiência da gestão fiscal.

Conclusões

Uma reflexão mais aprofundada que revisite os fundamentos e as finalidades do controle externo, de um modo geral, e aquele exercitado sobre a gestão fiscal em particular revela que a verificação da conformidade aos parâmetros fornecidos pela ordem jurídica não se esgota na relação causal ilícito-punição. A coação pela promessa de castigo e a sua efetiva imposição têm efeitos muito limitados, conservando situações. A garantia de condutas pela sanção punitiva não tem o condão de desenvolver o aspecto axiológico positivo da responsabilidade fiscal, consistente na extração da máxima eficiência ao recurso público para satisfação dos objetivos republicanos. Por consequência, o controle tradicional da gestão fiscal baseado apenas no binômio proteção-repressão não apenas é insuficiente e, em grande medida inócuo, ineficaz, porque não dá conta de prevenir ilícitos e reverter suas consequências, como também contribui diretamente para a "ossificação" da administração pública[47], colocando o gestor público em situação defensiva e paralisante, servindo ao controlador ao invés de servir à coletividade.

Apenas o reconhecimento e o acolhimento da dimensão promocional inerente ao controle da gestão pública permite extrair do princípio da responsabilidade fiscal toda a sua potencialidade, atraindo o bom gestor pelo incentivo, estimulando-o a aderir a um plexo de boas práticas construído consensualmente e assentado naturalmente como parâmetro do que é lícito, legítimo e bom no trato das finanças públicas.

Não se pode deixar de consignar que a crise econômica que desaba sobre o mundo neste início de 2020, em função do isolamento social imposto para combater a epidemia de Covid-19 vai, inexoravelmente, desorganizar as contas dos entes nacional e subnacionais, gerando novos deficits e dívidas, e incrementando os já existentes (e ainda não equacionados). Gestores públicos serão obrigados a atuar com resiliência, maleabilidade e criatividade. Eis aí, portanto, uma oportunidade para um novo olhar sobre a missão de controle, desvelando sua potencialidade pedagógica, construtiva, flexibilizadora, incitadora, conciliadora, focada em apontar a ação desejável e não apenas em censurar a ação indesejada.

---

[47] Sobre o assunto, cf. JORDÃO, Eduardo. **Controle judicial de uma administração pública complexa**: a experiência estrangeira na adaptação da intensidade do controle. São Paulo: Malheiros: SBDP, 2016. p. 161.

Referências

Bobbio, Norberto. *Da estrutura à função*: novos estudos de teoria do direito. Tradução de Daniela Beccaccia Versiani. Barueri: Manole, 2007. p. 1-21.

Jordão, Eduardo. *Controle judicial de uma administração pública complexa*: a experiência estrangeira na adaptação da intensidade do controle. São Paulo: Malheiros: SBDP, 2016. p. 161.

Marques Neto, Floriano de Azevedo; Palma, Juliana Bonacorsi de. Os sete impasses do controle da administração pública no Brasil. *In:* Perez, Marcos Augusto; Souza, Rodrigo Pagani de. *Controle da administração pública*. Belo Horizonte: Fórum, 2017. p. 21-38.

Mendes, Gilmar Ferreira; Branco, Paulo Gustavo Gonet. *Curso de direito constitucional*. 9. ed. São Paulo: Saraiva, 2014. p. 92.

Pinto, Élida Graziane; Toledo Júnior, Flávio Corrêa de. O crescimento do déficit/dívida e a ainda mal cumprida Lei de Responsabilidade Fiscal. *Revista Controle: Doutrinas e artigos*, Fortaleza, v. 13, n. 1, p. 14-26, 2015.

Reale, Miguel. *Lições preliminares de direito*. 24. ed. São Paulo: Saraiva, 1998. p. 72.

Scaff, Fernando Facury. *Orçamento republicano e liberdade igual*: ensaio sobre direito financeiro, república e direitos fundamentais no Brasil. Belo Horizonte: Fórum, 2018. p. 428-429.

PARTE 2

Orçamento de Guerra

Este eixo temático examina a medida legislativa extraordinária que certamente marcara época por ter sido uma emenda constitucional aprovada em ritmo de teletrabalho e em tão somente cinco semanas – provavelmente um caso único do mundo. José Roberto Afonso inicia conceituando o orçamento de guerra e discorrendo sobre a complexidade do enfrentamento não somente no aspecto de saúde pública, mas também na proteção social e na produção econômica. Bruno Dantas e Frederico Carvalho Dias defendem o orçamento de guerra em resposta a pandemia, pronunciando-se sobre o cenário de incertezas, as possibilidades de solução, incluindo a flexibilização do direito e a decisão política da aprovação da emenda como solução encontrada para instrumentalizar o combate à crise. Já Cristiane de Oliveira Coelho Galvão desvela em detalhes o caminho para a promulgação da Emenda Constitucional nº 106 de 2020. Posteriormente, as considerações de Fernando Scaff e Luma Cavaleiro de Macêdo Scaff realçam o contexto de exceção para um aprofundamento da atividade financeira do Estado, em especial discorrendo sobre o acirramento do quadro de desequilíbrio fiscal e sugerindo medidas de governança que permitam gerir a crise, convergindo para medidas que fortaleçam o federalismo e reduzam as desigualdades sociais.

5. **Orçamento de guerra: conceituação fiscal**
   José Roberto Afonso

6. **Orçamento de guerra como solução de adaptação do arcabouço institucional para o combate à pandemia**
   Bruno Dantas e Frederico Carvalho Dias

7. **Pandemia e constituição: da proposição à promulgação da emenda constitucional no 106, de 2020**
   Cristiane de Oliveira Coelho Galvão

8. **Estado de emergência e a Emenda Constitucional 106/2020: o orçamento de guerra**
   Fernando Facury Scaff e Luma Cavaleiro de Macêdo Scaff.

5. Orçamento de Guerra: Conceituação Fiscal [48]

JOSÉ ROBERTO AFONSO

Introdução
Uma guerra. Foi a conclusão simples e objetiva ao se conhecer os relatos da expansão do vírus, desde a Ásia para o mundo, e sobretudo dos seus impactos necessários e esperados para sociedade e para economia diante da dimensão da gravidade rapidamente reconhecida e anunciada por organismos internacionais.

Desde cedo, pela altura de fevereiro, ficou claro que seria preciso ir à guerra, ainda que dentro das fronteiras, para salvar as vidas em cada nação. Desde o início, caberia trabalhar com um princípio de que nem sociedade e nem economia voltarão a ser o que eram antes do vírus se espalhar pelo mundo. Sem esquecer que será preciso evitar novas pandemias.

O cenário se desenhava ainda mais complexo e grave para o caso brasileiro, que não se limitaria apenas a batalha da saúde contra o coronavírus. Seria preciso também salvar vidas com proteção social e produção econômica. Pode ser que a guerra que se desenhava para o Brasil fosse mais complexa e dura que no resto do mundo, visto que a economia já vinha quase estagnada e o ajuste fiscal tão prometido em pouco tinha avançado, dentre outras dificuldades da política econômica e de insuficiências estruturais.

Desafios brasileiros, que vinham sendo ignorados ou adiados, por anos, agora se tornaram inevitáveis e precisarão ser equacionados em poucos meses ou semanas.

---

[48] O texto constitui uma versão revisada do artigo publicado pelo autor, "Orçamento de guerra e quarentena fiscal", na **Revista Conjuntura Econômica**, do IBRE, edição de abril de 2020. Disponível em: https://bit.ly/3acMwcu. Acesso em 15 de jun. 2020.
O economista Bernardo Motta Monteiro respondeu pelos serviços auxiliares de pesquisa.

Um tema emblemático e inevitável foi a desproteção dos trabalhadores. O estado de bem-estar social montado em cima do emprego e do salário já tinha seus pilares abalados e, agora, desmorona com a inevitável perda maciça de empregos e, pior, de trabalho por milhões e milhões de trabalhadores independentes e informais – sem direito a seguro-desemprego agora e nem à previdência no futuro.

A economia que caminhava para digitalização de muitas das atividades econômicas no futuro próximo virou imperiosidade no presente, sendo preciso colocar dentro da casa de cada brasileiro o máximo possível de bens e serviços que possa comprar – inicialmente, alimentos e medicação – mas podendo ser ampliada.

É preciso fazer um monumental esforço de guerra e só o governo o pode liderar. Para tanto, é preciso criar nas finanças públicas uma quarentena como a imposta à sociedade. Deve-se desenvolver urgentemente um conjunto de regras fiscais e contas públicas que integrem um regime extraordinário e apartado do ordinário (que precisa continuar sendo aplicado a tudo aquilo que não esteja envolvido no esforço de guerra).

Quando o mundo muda, John Maynard Keynes ensinava que precisamos mudar.[49] Como nunca, suas lições podem ser aproveitadas para se enfrentar essa típica quebra completa de convenções. Como nunca, o passado não servirá mais para apontar o futuro. E, mesmo para a política fiscal de guerra, os ensinamentos do britânico são extremamente úteis.

Indubitavelmente o orçamento de guerra deve ser inspirado em Keynes, que, poucos sabem, foi o mentor da separação das despesas públicas, entre aquelas correntes, para manutenção da máquina governamental (salários de servidores, custeio...), e as de capital, para expansão do mesmo estado (obras, máquinas...). Não se tratava apenas de melhorar a transparência e a classificação das contas públicas. Keynes sempre pregou que o orçamento corrente deveria ser equilibrado ou mesmo superavitário, e onde se poderia expandir os gastos e promover deficit, como para atenuar o ciclo ou para combater a depressão, seria no orçamento

---

[49] Este perfil de Keynes foi muito destacado no debate que marcou o lançamento do livro do autor (AFONSO, 2017), no IFHC, em nov. 2012. Disponível em: https://bre.is/yV4SCs3B. Acesso em 13 de jun. 2020.

de capital – até porque as obras nunca serão permanentes uma vez montada a infraestrutura do país. Contextualizando as reflexões e as ações de Keynes no Reino Unido nos anos trinta e quarenta, vale repetir Afonso (2017):

> [...] vestindo o figurino de um fiscalista especializado, Keynes sugeriu e pressionou as autoridades britânicas que resistiam a dividir o orçamento público em dois grandes blocos de contas: correntes versus capital (Skidelsky, 2003, p. 716 717). Ele descia a detalhes, por exemplo, de discutir os critérios de como classificar os investimentos "abaixo ou acima da linha" – ver Keynes (1980, p. 406 407). No entanto, por trás da economia aplicada, sempre havia uma visão mais abrangente e de economia política: assim, se Keynes foi um precursor na defesa da transparência fiscal ("this question is essentially a question of presentation"), o fez crente de que, se bem e claramente apresentadas, as políticas públicas pretendidas pelo governo inglês poderiam facilmente ser aceitas pelo parlamento e pelo público, e isso o dispensaria das negociações sempre complicadas com a oposição (Keynes, 1980, p. 405-413).

Desta forma, o economista britânico contribuiu para a concepção e aperfeiçoamento do orçamento público ao delimitar com muita clareza o orçamento ordinário – voltado para despesas correntes e manutenção da máquina pública – do orçamento de capital – focado em "gerenciamento de demanda". Sobre o instrumento orçamentário diferenciado, vale acrescenta, como em Afonso (2017):

> Mais do que uma mera peça do planejamento e da administração do governo, o orçamento de capital refletiria uma proposta de política a partir de uma ótica estrutural: é possível inferir que, pelo lado dos usos, poderia contemplar os investimentos em infraestrutura básica ou econômica (até pelo tamanho dos recursos desejados), e, pelo lado das fontes, poderia recorrer ao crédito no lugar dos tributos que custeiam a manutenção da máquina governamental tradicional. (Afonso, 2020, p. 24-27).

Em conformidade com entendimento de Keynes, a proposta foi adaptar e atualizar a ideia de separação de contas e coisas públicas, para o enfrentamento da pandemia[50]. Essa ideia de separação de orçamento pode e deve servir como uma espécie de embrião para a resposta à crise do novo coronavírus no Brasil: um orçamento extraordinário, de guerra.

Em uma guerra, uma nação deve acionar suas linhas de defesa. A melhor defesa na atual "guerra" é começar por atacar o vírus: ampliar assistência hospitalar no prazo mais curto, sem limite financeiro para comprar, contratar e investir em kits para testes, leitos, respiradores e os mais diversos insumos necessários. As experiências chinesa e sul coreana parecem ensinar que essa luta será muito longa e a guerra continuará até se ter uma vacina desenvolvida, produzida em larga escala e aplicada a toda população de risco ao redor do mundo – ou seja, na melhor das hipóteses, muitos meses, quem sabe, anos.

Nota-se, então, que guerras sociais e econômicas virão muito rápido como consequência do isolamento social: será preciso ampliar o Bolsa Família para trabalhadores informais, como também assegurar emprego ou atenuar o desemprego dos formais. Enfim, garantir renda para uma economia que ficará temporariamente anêmica[51]. Será preciso garantir abastecimento de suprimentos, como alimentos, medicamentos e outros serviços essenciais, bem como evitar a falência sistêmica de microempresas, grandes empresas dos setores mais sensíveis e também bancos.

Se a argumentação anterior tratava da "defesa", é importante passar para o campo do "ataque". A tentativa seria para estabilizar e até estimular a economia, em meio a cenário tão sombrio, que, inicialmente, passasse pela compra e incentivo governamental à produção de equipamentos e insumos hospitalares, a fabricação de ambulâncias de unidade de

---

[50] Candido Bracher comentou a lógica keynesiana em entrevista ao jornal O Globo: "As medidas contra cíclicas são extra teto. Cria um parêntese para as despesas específicas para lidar com a crise. Extra orçamentária. Vínhamos falando em austeridade, equilíbrio, para infundir confiança nos agentes econômicos. Isso vinha funcionando bem, permitido queda nos juros. Agora, como disse (John Maynard) Keynes, "quando mudam os fatos, eu mudo de opinião. Fatos mudaram de maneira radical. Momento de você ser mais flexível com o uso de verbas públicas, pontualmente". Disponível em: https://glo.bo/2UIx6Xs. Acesso em 10 de jun. 2020.

[51] Para aprofundamento de medidas de proteção social ver escritos de Marcelo Medeiros, como: **Coronavírus: 8 medidas de proteção social que precisam ser tomadas já**. Disponível em: https://bit.ly/3dreMuG. Acesso em 11 de jun. 2020.

terapia intensiva (UTI) para cidades do interior, e a construção de hospitais nos grandes centros, a operação até pode ser privada. Da mesma forma, se faz necessário estimular o consumo familiar a partir dos gastos assistenciais e do investimento fixo e, ao mesmo tempo, incentivar todos negócios que possam ser conduzidos remotamente e ter efeito multiplicador na economia.

Como estamos tratando de um esforço de guerra social e financeiro na saúde, é imprescindível que este enfrentamento seja nacional, com coordenação e comando central[52], e que vá se desdobrando em diferentes frentes de combate, sendo a hospitalar apenas uma delas. Aproveitar o momento e construir uma estrutura para lidar com as demais frentes de batalha é fundamental.

A reconstrução da sociedade e da economia, inevitavelmente, só poderá partir do próprio Estado. Custo é oportunidade no caso brasileiro. Fica a lição de que é inevitável se ter um sistema de saúde pública robusto em qualquer cenário. Apesar do Sistema Único de Saúde (SUS) ser o maior sistema público de saúde no mundo, o Brasil é um dos países que tem a menor participação pública no gasto em saúde (ver Gráfico 1) – para complicar, tal gasto depende cada vez mais de esforços de estados e municípios (ver Quadro 1).[53] À parte, não custa mencionar que tal cena tão descentralizada (com forte participação de governos subnacionais) também se vislumbrava no número de leito para internação hospitalar e de UTI na rede pública de saúde[54].

Olhando as despesas, tanto no que se refere ao seu financiamento quanto a sua execução, observa-se seu caráter descentralizado, especialmente na passagem de financiamento para execução. Este aspecto é ainda mais acentuado quando olhamos apenas para execução das despesas de "Assistência Hospitalar e Ambulatorial", em que os Estados e Municípios

---

[52] Sobre as linhas gerais de enfrentamento da crise do coronavírus e a questão fiscal, ver: **Diante da catástrofe sanitário-econômica não cabe genocídio fiscal**. Disponível em: https://bit.ly/3bp24uB. Acesso em 11 de jun. 2020.

[53] Estes aspectos do sistema de saúde brasileiro tem sido apontados por Andre Medici, como em: **Desafios para a Cobertura Universal em Saúde no Mundo e no Brasil**. Disponível em: https://bit.ly/39mD2uQ. Acesso em 11 de jun. 2020.

[54] Dados sobre infraestrutura física dos hospitais e clínicas pode ser encontrado no Cadastro Nacional de Estabelecimentos de Saúde. Disponível em: https://bit.ly/2vNtvPs.

são responsáveis por 49,6% e 45,8%, respectivamente, e a União responde apenas por 4,6%. Já a "Atenção básica" é responsabilidade quase que única dos Municípios, responsáveis por 90,3% da execução de gastos.

Gráfico 1 – Gastos com saúde, governo/obrigatório

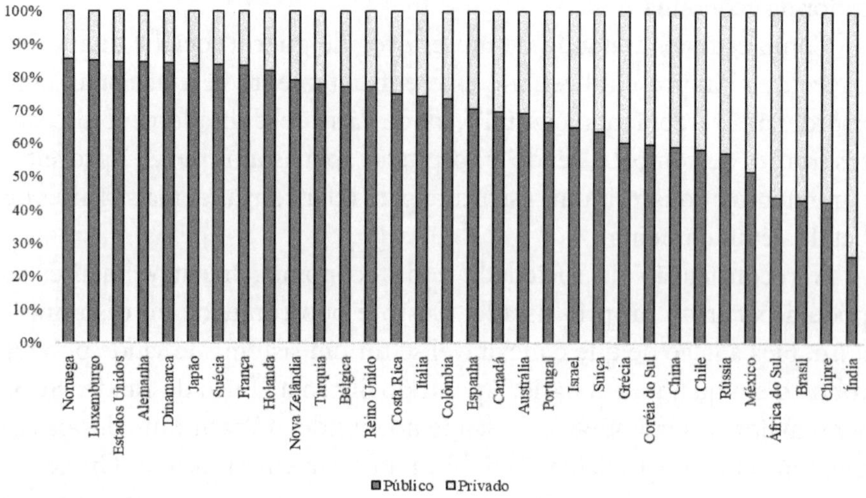

Fonte: Adaptado de OCDE (2019).

Quadro 2 – Despesa Empenhada na Função Saúde por Esfera de Governo – 2018

Função/Subfunção	União	Estados	Municípios	Total
FINANCIAMENTO - R$ Bilhões Correntes					
10 - Saúde	119,05	81,71	87,14	287,91
10.301 - Atenção Básica	21,39	2,49	34,82	58,71
10.302 - Assistência Hospitalar e Ambulatorial	52,49	49,85	32,00	134,34
EXECUÇÃO - R$ Bilhões Correntes					
10 - Saúde	41,33	101,10	145,48	287,91
10.301 - Atenção Básica	3,01	2,71	52,98	58,71
10.302 - Assistência Hospitalar e Ambulatorial	6,15	66,61	61,58	134,34
FINANCIAMENTO - % do Total					
10 - Saúde	41,4%	28,4%	30,3%	100,0%
10.301 - Atenção Básica	36,4%	4,2%	59,3%	100,0%
10.302 - Assistência Hospitalar e Ambulatorial	39,1%	37,1%	23,8%	100,0%
EXECUÇÃO - % do Total					
10 - Saúde	14,4%	35,1%	50,5%	100,0%
10.301 - Atenção Básica	5,1%	4,6%	90,3%	100,0%
10.302 - Assistência Hospitalar e Ambulatorial	4,6%	49,6%	45,8%	100,0%

Elaboração própria. Fontes Primárias: BSPN/STN e Siga Brasil.

Fonte: Adaptado de BSPN/STN (2019) e Siga Brasil (2019).

A execução das políticas deve ser descentralizada (realizada pelos governos estaduais e municipais, e, quando possível, pelo setor privado) para se ter agilidade e eficácia. As forças armadas podem (e devem) se envolver, assumindo desde já o comando nacional da logística, tal como na distribuição de respiradores, vacina, medicamentos e, até mesmo, comida. Além disso, estas podem se articular com a segurança pública dos estados, haja vista o iminente risco de crescimento dos episódios de violência urbana. Outra frente de investimento público nesta área seria construir redes nacionais integradas de cidadania, polícia e presídio.

A condução de políticas em um cenário tão excepcional indica a necessidade de adoção de um regime orçamentário de exceção.

A proposta era a de criar um regime extraordinário de prestação de serviços de saúde pública e, mais, de organização das finanças públicas e privadas, bem assim das demais ações essenciais da ordem econômica e social, para atender as necessidades decorrentes da calamidade pública nacional e enquanto ela estiver em vigor.

Como tal, a criação desse regime extraordinário precisaria ser aprovada pelo Congresso para ser aplicado pelo Executivo Federal, na medida do possível usando a institucionalidade já vigente, que contempla várias válvulas de escape. Precisamos levantar e aproveitar todas as normas, como a lei de requisição do ano de 1942. Para uma solução mais segura juridicamente, caberia recorrer a emenda constitucional ou, até mesmo, Lei Complementar. Para uma solução mais rápida, se poderia ousar em uma lei ordinária ou delegada – lógico que o mais célere seria decreto, legislativo ou presidencial.

Em termos fiscais, e copiando as soluções então indicadas pela saúde, que se pensava em adotar uma forma especial de "quarentena" (como o aplicado às pessoas), que teria suas próprias regras, ações, atos e fatos, não apenas no âmbito das contas públicas. Ou seja, seria um poder público com funcionamento em paralelo ao normal, por tempo limitado.

Por ser de exceção e extraordinário, deveria ter um estado-maior nacional, no qual estejam representados os diferentes poderes e esferas de governo, e que dite diretrizes e até aprove regras mais importantes. Para regulação, talvez se possa usar figuras pouco conhecidas no aparato legislativo brasileiro, como a lei delegada e o decreto legislativo. Atentando que não se vai invadir o campo das normas gerais, que são definidas por leis complementares – como as Leis Gerais dos Orçamentos (junção da Lei 4320/1964 e da Lei de Responsabilidade Fiscal). O novo e extraordinário regime, demanda normas específicas e aplicadas apenas à União – afinal, é um regime nacional e centralizado, no caso, no campo do direito financeiro. Os governos estaduais e municipais devem ser envolvidos como agentes executores dos programas nacionais ou prestadores de serviços da União.

Ajuda muito que todas contas sejam centralizadas em uma só e grande unidade orçamentária e financeira. Acerca da transparência, pode-se seguir com um procedimento semelhante ao adotado nas eleições: publicação automática na internet de todas as contas, de forma simples, mas detalhada, regionalizada, setorizada, disponível a qualquer cidadão.

O processo de requisição compulsória de bens e serviços[55], típico de estado de guerra, poderia ser acionado, inclusive, para contratar trabalhadores (como médicos autônomos), em caráter temporário, ou até mesmo acesso aos dados de celulares, que muitos países democráticos usam com sucesso, também passaria por tal decreto-lei.

Dessa forma, essa requisição poderia ser a solução, tanto para contratação temporária de serviços necessários inicialmente para assistência hospitalar e demais emergências, quanto para mobilizar governos estaduais e municipais para ampliarem o atendimento do SUS. No caso específico dos governos subnacionais, o repasse de recursos não seria na forma de transferência voluntária, que esbarra na lei eleitoral, nem

---

[55] A previsão de requisição já está na atual lei de quarentena: art. 3º, VII, da Lei 13.979/2020. Disponível em: https://bit.ly/2xmdxwl. Curiosamente, a figura prevista do Decreto-Lei Nº 4.812 de 8 de outubro de 1942, ainda em vigor. Como destacado por Diego Veras, são muitos os benefícios da utilização do instituto da requisição federal/nacional: 1) rapidez na tomada de decisão e desentraves burocráticos de aquisição de bens e serviços; 2) os valores de serviços e mercadorias são fixados de forma nacional para posterior indenização, evitando superfaturamentos, aumento abusivo de preços (art. 34, "b"); 3) soluções de problemas de âmbito nacional que exigem atuação coordenada de todos os Entes Federativos; 4) pagamento posterior, ao menos em parte, podendo haver algum adiantamento para evitar colapso da capacidade produtora de empresas ou de pessoas físicas (impedindo prejuízo ao requisitado – art. 10); 4) descentralização para os Comitês estaduais (Governadores – parágrafo único do art. 35 c/c §1º do art. .12) e subcomissões (no âmbito dos Estados – art. 36), além de execução local pelos Prefeitos ou autoridades militares naquelas situações onde intervenções se fizerem necessárias (art. 31).

mesmo como crédito, mas sim através de pagamento por prestação de serviços médicos, da mesma forma que se procede com as Santas Casas e rede privada. Em outras palavras, a ideia seria uma requisição federal, de sorte que o custeio ficaria a cargo da União e a execução a cargo de Estados e Municípios, facilitando a logística e padronizando os custos da requisição para evitar superfaturamentos.

Enfim, diante da pandemia internacional, o Brasil precisa de um pacto dos chefes de poderes e considerar todas as possibilidades, escolhendo os caminhos mais duros e rápidos. A adoção de medidas isoladas e descoordenadas por entes federados ou poderes pode levar à implosão da federação como conhecemos. A inação ou a morosidade na adoção de medidas também contribui para agravar o quadro.

Considerando a combinação de intervenções com o regime extraordinário fiscal (e socioeconômico), pode se dar uma resposta à altura da gravidade da situação, de forma coordenada e rápida. Keynes, mais uma vez, vem ao nosso resgate. Dele pode vir a inspiração para criar uma quarentena fiscal que permita enfrentar a guerra da saúde, da proteção social e da nova economia.

Referências

AFONSO, José Roberto R. Orçamento de guerra e quarentena fiscal. *Revista Conjuntura Econômica*. Rio de Janeiro, v. 74, n. 4, p. 24-27, 2020. Disponível em: https://bit.ly/3acMwcu. Acesso em 15 de jun. 2020.

AFONSO, José Roberto R. *Keynes, Crise e Política Fiscal*. Série IDP. São Paulo: Editora Saraiva, 2017. Disponível em: https://bre.is/yV4SCs3B. Acesso em 13 de jun. 2020.

BARBOSA, Mariana; ANDRADE, Renato. Falta ao governo um administrador da crise, diz o presidente do Itaú. *O Globo*, Rio de Janeiro, mar. 2020. Disponível em: https://glo.bo/2UIx6Xs. Acesso em 10 de jun. 2020.

BRASIL. *Lei nº 13.979, de 6 de fevereiro de 2020*. Dispõe sobre as medidas para enfrentamento da emergência de saúde pública de importância internacional decorrente do coronavírus responsável pelo surto de 2019. Disponível em: https://bit.ly/2xmdxwl.Acesso em 10 de jun. 2020.

Keynes, John Maynard. *The Economic Consequences of the Peace*. London: Macmillan for the Royal Economic, 1971.

Keynes, John Maynard. Collected works. Volume XXVII *Activities 1940-1946 Shaping the post-war world*: employment and commodities. Volume 27. New York: Cambridge University Press, 1980.

Keynes, John Maynard. *Teoria geral do emprego, do juro e do dinheiro*. São Paulo: Abril Cultural, especialmente cap. 22 a 24, 1996.

Medeiros, Marcelo. Coronavírus: 8 medidas de proteção social que precisam ser tomadas já [online]. *The Intercept Brasil*, mar. 2020. Disponível em: https://theintercept.com/2020/03/23/coronavirus-8-medidas-protecao-social/. Acesso em 10 de jun. 2020.

6. Orçamento de Guerra como Solução de Adaptação do Arcabouço Institucional para o Combate à Pandemia

BRUNO DANTAS
FREDERICO CARVALHO DIAS

Introdução

Segundo as clássicas lições de Luhmann (2000), o conceito de direito está intimamente ligado às noções de estabilidade e segurança.[56] Todavia, o direito muitas vezes é chamado a auxiliar a construção de respostas efetivas também em momentos de crise.

Diante da eclosão da atual crise da pandemia da Covid-19, a percepção dos atores políticos foi de que o arcabouço institucional então vigente não era suficiente para responder às demandas excepcionais que surgiram na velocidade das exigências colocadas. Ainda que a teoria admitisse espaço para soluções excepcionais, como a chamada jurisprudência da crise, entendeu-se que era necessária a aprovação de novas normas, não sendo suficiente uma nova interpretação do direito existente.

Este capítulo tem por objetivo apresentar a "emenda constitucional do orçamento de guerra" (EC 106/2020) como resposta às necessidades decorrentes da crise sanitária atual.

Na seção 1, apresenta-se o cenário de incertezas decorrente da pandemia, bem como a necessidade de respostas rápidas por parte do poder público.

Em seguida, na seção 2 serão retratadas as possibilidades de solução e as condicionantes para a coexistência harmônica entre as medidas e o ordenamento jurídico então vigente. Mencionam-se a possibilidade de

---

[56] LUHMANN, Niklas. Vertrauen – Ein mechanismus der reduktion sozialer komplexitat. 4. ed. Stuttgart, Lucius & Lucius, 2000. p. 27 *apud.* ÁVILA, Humberto. **Segurança jurídica:** entre permanência, mudança e realização no direito tributário. 2. ed., São Paulo: Malheiros Editores, 2012. p. 133.

flexibilização na interpretação do direito, a noção de jurisprudência de crise e a necessidade de segurança para a tomada de decisão por parte dos gestores. Ademais, apresenta-se o conceito de "blindagem temporal recíproca", cerne da discussão travada ao longo do trabalho.

Por último, na seção 3 será discutida a aprovação da emenda do orçamento de guerra (emenda constitucional 106, de 7.5.2020) como a solução encontrada para viabilizar a adoção de medidas necessárias para o combate à crise.

1. Pandemia e Incerteza

Um ano após sua morte, o filósofo Zygmunt Bauman nos legou sua última grande lição, ao conclamar a humanidade a não ter medo da incerteza e do sentimento de insegurança e desamparo:

> Em suma, não conseguimos dar às nossas vidas a forma que gostaríamos, estamos assustados porque – permito-me sugerir – vivemos uma condição de constante incerteza. E o que é a incerteza? É a sensação de não poder prever como será o mundo quando acordarmos na manhã seguinte; é a fragilidade e a instabilidade do mundo. O mundo sempre nos pega de surpresa.[57]

Em relação a essa característica da condição humana, nada mais marcante para a atual geração do que a eclosão da pandemia da Covid-19. Sem que tenha sido adequadamente prevista, a rápida profusão do novo Coronavírus trouxe efeitos alarmantes para o mundo em geral e, no que interessa a esse artigo, particularmente para o Brasil.

Em meados de junho de 2020, o número de mortes diárias superava a casa do milhar. Em pouco mais de três meses os mais de 41 mil óbitos já superavam o número de mortos no trânsito de 2019 (40.721), e os registros de homicídios dolosos ocorridos em 2019 (39.776).[58]

---

[57] BAUMAN, Zygmunt. Não tenham medo da incerteza. Tradução de Moisés Sbardelotto. **La Repubblica**, [S.l.], v.1, jan. 2018. Disponível em: http://www.ihu.unisinos.br/78--noticias/575079-nao-tenham-medo-da-incerteza-artigo-de-zygmunt-bauman. Acesso em 10 de jun. 2020.
[58] ALMEIDA, Lalo. Covid-19 mata mais em 3 meses do que trânsito em todo 2019 no Brasil. **Folha de São Paulo**, São Paulo, jun. 2020. Disponível em: https://www1.folha.uol.com.br/

Mas à insegurança decorrente da crise sanitária deve ser adicionada uma outra, de caráter econômico. No mês de maio, os efeitos da crise fizeram com que chegasse a 960.258 o número de pessoas que entraram com pedido de seguro-desemprego, maior patamar da série histórica, iniciada em 2000. Um aumento de 53% em relação ao mesmo período de 2019.[59]

Os efeitos também foram devastadores para as finanças públicas. A Lei de Diretrizes Orçamentárias havia fixado um deficit da ordem de R$ 124 bilhões para o ano de 2020. Todavia, os impactos na arrecadação e o aumento de despesas com as medidas de proteção social fizeram com que as estimativas indicassem, no fim de maio, um deficit primário de R$ 540,5 bilhões para o ano de 2020. O mesmo ocorreu em relação ao endividamento público para o ano de 2020, uma vez que a dívida que era estimada em 77,9% do PIB saltou para 91,5% do PIB.[60]

A ausência de perspectivas em relação a possíveis soluções que pudessem controlar, de maneira definitiva, a profusão da doença instalou um clima de incerteza em relação ao futuro na sociedade. E a mesma sensação acometeu os gestores públicos responsáveis pela adoção de medidas para conter seus impactos.

Com efeito, toda essa situação de calamidade exige das autoridades públicas medidas ágeis, efetivas e, na medida do possível, regulares. Vale dizer, em situações excepcionais como a que se coloca, pode não ser possível percorrer todas as regras de controle e bom procedimento plenamente recomendáveis em momentos de normalidade, mas, a depender do caso, completamente descoladas de uma realidade extraordinária e, muitas vezes, cruel.

As curvas da história reservaram aos atuais gestores a seguinte dificuldade: os momentos de maior crise e incerteza são exatamente aqueles

---

equilibrioesaude/2020/06/Covid-19-mata-mais-em-3-meses-do-que-transito-em-todo-2019-no-brasil.shtml. Acesso em 10 de jun. 2020.

[59] DOCA, Geraldo. Com avanço da pandemia, pedidos de seguro-desemprego batem recorde e saltam 53% em maio. **O Globo**, jun. 2020. Disponível em: https://oglobo.globo.com/economia/com-avanco-da-pandemia-pedidos-de-seguro-desemprego-batem-recorde-saltam-53-em-maio-24470168. Acesso em 14 de jun. 2020.

[60] Processo do Tribunal de Contas da União: TC 016.873/2020-3.

em que não se pode aguardar o tempo necessário para a devida reflexão, hábil a propiciar a tomada da melhor decisão.

Adicione-se a isso o fato de que o ordenamento jurídico – e aqui podemos incluir não só as normas propriamente ditas, mas também a jurisprudência e a praxe administrativa – é construído, paulatinamente, a partir de situações corriqueiras, para ser aplicado em momentos de normalidade.

No âmbito da saúde pública, o momento requer contratações céleres, a preços muitas vezes não aderentes aos encontrados nos momentos de normalidade, eis que a demanda em curtíssimo prazo de centenas de milhões de pessoas não é proporcional à capacidade instalada e à oferta de muitos bens e produtos.

Já as consequências econômicas e sociais da crise sugerem a adoção de medidas de remediação, cuja magnitude afeta substancialmente o equilíbrio das contas públicas e, por isso, não são toleradas pelas regras de responsabilidade fiscal.

A Administração Pública ainda se rege, primordialmente, por regras iluminadas pela lógica do chamado regime jurídico administrativo, de caráter fortemente burocrático e hierárquico[61]. A partir dessa perspectiva, os procedimentos são muitas vezes rígidos e lentos. Se tomarmos como exemplo o regime de contratações, percebemos que as regras favorecem a necessidade de controle, e não a agilidade e o resultado, e acabam sendo impeditivas para a adoção de soluções rápidas e efetivas em situações extraordinárias.

As regras de finanças públicas, por sua vez, também podem funcionar como empecilhos a certas medidas excepcionais. Com efeito, a responsabilidade na gestão fiscal pressupõe uma ação planejada e transparente, elaborada no intuito de prevenir riscos e corrigir desvios que possam afetar o equilíbrio das contas públicas[62].

O fato é que tanto as regras de contratação, quanto as de finanças públicas são fundadas em contextos de normalidade e estabilidade, não

---

[61] Não se desconhecem os inúmeros avanços legislativos e mesmo na praxe administrativa em relação ao surgimento de uma Administração de perfil gerencial, com maior flexibilidade nos procedimentos e voltada a resultados.

[62] A teor do *caput* do art. 1º da Lei de Responsabilidade Fiscal (Lei Complementar 101/2000).

sendo adequadas para responder às pressões e às necessidades que permeiam os momentos de excepcionalidade.

Quando se olha para esse quadro a partir de uma perspectiva pragmática e já se avizinham problemas bem concretos, como o aumento de mortes e desemprego, não fica difícil se deparar com o seguinte dilema: como assegurar que medidas necessárias sejam adotadas sem que sejam descaracterizadas as conquistas institucionais de uma boa gestão pública?

É que, como ensina o adágio latino *"necessitas legem non habet"*, que pode ser explicada como "a necessidade desconhece princípios". Tomás de Aquino explica esse ponto:

> Devemos porém considerar, que se a observância da letra da lei não implicar um perigo súbito, a que é preciso imediatamente obviar, não é lícito a quem quer que seja interpretar o que seja útil ou inútil à cidade. Mas isso só pertence aos chefes, que, por causa de tais casos, têm a autoridade para dispensar na lei. Se porém o perigo for súbito e não sofra demora, de modo a se poder recorrer ao superior, a própria necessidade traz consigo a dispensa, porque a necessidade não está sujeita à lei.[63]

Aplicar essa dinâmica ao problema atual implica reconhecer que as medidas necessárias serão adotadas independentemente das normas pré-existentes, seja a partir mera inobservância, seja a partir da flexibilização da interpretação.

Tomando essa premissa como dado da realidade, resta avaliar a melhor maneira de assegurar que o tratamento excepcional de tais medidas se mantenha nos limites da pandemia, tanto no aspecto do conteúdo (somente as medidas estritamente necessárias ao combate da pandemia estariam autorizadas a fugir do regramento comum), quanto no aspecto temporal (de modo que, passada a excepcionalidade, voltariam a viger os institutos tradicionais, ainda que aprimorados).

---

[63] AQUINO, São Tomás. **Suma teológica**. [2017] data certa, não indicada no item. Disponível em: https://sumateologica.files.wordpress.com/2017/04/suma-teolc3b3gica.pdf. Acesso em: 14 jun. 2020.

2. Possibilidades e condicionantes do ordenamento jurídico posto

O mencionado elogio à incerteza e à nossa condição de instabilidade que Zygmunt Bauman desenvolve no plano existencial encontra alguns paralelos também no plano político e jurídico.

Gustavo Zagrebelsky constata a dificuldade da noção tradicional de lei para lidar com os problemas atuais de uma sociedade tão complexa. É que os fins e os conceitos já não produziriam significados unívocos e estáveis. A lei já não mais seria expressão pacífica de uma sociedade política internamente coerente. Já não seria, como antes, garantia absoluta e última de estabilidade, sendo que ela mesma se converteria em instrumento e causa de instabilidade.[64]

Concorre para essa instabilidade a prodigalidade da legislação atual na utilização de conceitos jurídicos indeterminados[65]. Como destaca Karl Engisch, houve um tempo em que se acreditava na possibilidade de se obter clareza e segurança jurídica absoluta através de um rigoroso processo legislativo, que garantiria absoluta univocidade a todas as decisões judiciais e atos administrativos. Esse tempo, deixa claro, foi o do Iluminismo.[66]

A sociedade contemporânea se caracterizaria pela instabilidade e pela pluralidade dos valores e seria dotada em seu conjunto de certo grau de relativismo, cabendo à dogmática jurídica a capacidade de adaptar-se à essa circunstância.

> Trata-se do que se poderia qualificar como instabilidade das relações entre os conceitos, consequência da instabilidade resultante do jogo pluralista entre as partes que se desenvolvem na vida constitucional concreta. A dogmática constitucional deve ser como o líquido donde as substâncias que se vertem – os conceitos – mantêm sua individualidade e coexistem sem cho-

---

[64] ZAGREBELSKY, Gustavo. **El derecho dúctil – Ley**: derechos, justicia. Trad. Marina Gascón. Madrid, Editoral Trotta, 2011.

[65] DANTAS, Bruno. **Repercussão geral:** perspectivas histórica, dogmática e de direito comparado questões processuais. 3. ed. rev., atual. e ampl. São Paulo: Editora Revista dos Tribunais, 2012,. p. 246.

[66] ENGISCH, Karl. **Introdução ao pensamento jurídico.** Trad. J. Baptista Machado. 7. ed. Lisboa: Fundação Calouste Gulbenkian, 1996, p. 206.

ques destrutivos, ainda que com certos movimentos de oscilação, e, em todo o caso, sem que jamais um só componente possa eliminar todos os demais.
[...]
Talvez seja esta uma conclusão que não satisfaça as exigências de claridade, pureza e coerência de pensamento, mas a convivência humana não é assunto de puro pensamento. Em tornar possível aquela convivência existe um labor altamente meritório para aqueles que pensam que a multiplicidade, ainda quando difícil, nunca deixa de ser desejável e que a plenitude da vida, tanto individual quanto social, não pode reduzir-se a abraçar obstinadamente um só valor e a encerrar-se na cega defesa do mesmo.[67]

Reconhecendo no direito de nosso tempo, portanto, um perfil mais flexível e dinâmico – dúctil, no seu dizer –, o constitucionalista italiano fala em um "modo de pensar possibilista" e numa dogmática jurídica fluida ou líquida. Para ele, "não só é duvidoso que a certeza possa ser hoje um objetivo realista, mas também que seja desejável."[68]

A doutrina do direito dúctil de Zagrebelsky pode iluminar possíveis soluções em momentos de crise, uma vez que atribui um caráter eminentemente prático ao direito, admitindo maior adaptação entre os casos e as regras e exigindo do operador jurídico uma particular postura espiritual de razoabilidade[69].

Em recente debate acadêmico[70], Gilmar Mendes aludiu ao conceito de "pensamento de possibilidades", defendido pelo jurista Peter Häberle. Trata-se de um modo alternativo de interpretar o direito constitucional e a lógica jurídica, segundo um modelo fundado na dúvida, que não pensa de forma absoluta, buscando encontrar alternativas às questões que demandam solução. O "pensamento de possibilidades" ganha relevância

---

[67] ZAGREBELSKY, *op. cit.*, p. 17.
[68] ZAGREBELSKY, *op. cit.*, p. 146.
[69] *Ibid.* p,. 147.
[70] IDP. 1º Encontro virtual do Grupo de Estudos: o direito em tempos de Covid-19. **A engenharia da Federação:** competências, cooperação e o papel do STF, abr. 2020. Disponível em: https://www.youtube.com/watch?v=kbhxFvbRRQQ&list=PLAp8FQUq8CfvZXp_RbKJu1JS93DTyAbNW&index=2&t=4826s. Acesso em 13 jun. 2020.

exatamente diante de casos em que não há uma clara resposta do direito para determinado problema.[71]

Verifica-se, portanto, que não é estranha à doutrina a possibilidade de se encontrarem saídas para problemas reais não previstos de forma clara e evidente no direito positivo.

A análise do direito comparado também nos permite vislumbrar ocasiões em que soluções pragmáticas foram adotadas para resolver problemas concretos, como a adoção da chamada "jurisprudência da crise" pelo Tribunal Constitucional Português. Naquela ocasião, o período de austeridade que o país atravessava exigiu que o texto constitucional fosse reinterpretado pela Corte à luz de um novo contexto institucional. Com isso, dadas as circunstâncias e suas exigências, foram admitidas medidas legislativas excepcionais que, em tempos de normalidade, teriam tido sua inconstitucionalidade declarada.[72]

No Brasil, a jurisprudência do Supremo Tribunal Federal (STF) também não desconhece casos em que não houve alternativas à Corte a não ser reconhecer, pragmaticamente, a força da "normatividade dos fatos" impondo-se sobre o "dever-ser" previsto nas normas. Na ação direta de inconstitucionalidade 2.240-7/Bahia, a Corte decidiu que a criação do Município de Luís Eduardo Magalhães era inconstitucional, mas que a consolidação de fato da situação concreta não mais permitia a subsequente declaração de nulidade da medida.

Para o relator, Ministro Eros Grau, a Corte encontrava-se "diante de situação excepcional não prevista pelo direito positivo, porém instalada pelos fatos". Ressaltou que "as normas só valem para as situações normais. A normalidade da situação que pressupõem é um elemento básico do seu 'valer'". Nos termos do voto:

---

[71] MENDES, Gilmar Ferreira. Interpretação constitucional e "pensamento de possibilidades". *In:* COSTA, José Augusto Fontoura; ANDRADE, José Maria Arruda; MATSUO, Alexandra Mery Hansen (Orgs.). **Direito teoria e experiência:** estudos em homenagem a Eros Roberto Grau. São Paulo: Malheiros, 2013. p. 1022-1047.

[72] PINHEIRO, Alexandre Sousa. A jurisprudência da crise: Tribunal Constitucional português (2011-2013). **Observatório da Jurisdição Constitucional**, n.1, jan./jun. 2014. Disponível em: https://www.portaldeperiodicos.idp.edu.br/observatorio/article/view/961. Acesso em 12 jun. 2020.

Cumpre além do mais considerarmos que essa existência real não está inserida para além do ordenamento, senão no seu interior. É que o estado de exceção é uma zona de indiferença entre o caos e o estado da normalidade, zona de indiferença capturada pela norma. De sorte que não é a exceção que se subtrai à norma, mas ela que, suspendendo-se, dá lugar à exceção --- apenas desse modo ela se constitui como regra, mantendo-se em relação com a exceção.

[...]

Refiro-me a uma ordem geral concreta, situada geograficamente e no tempo, com as marcas históricas e culturais que a conformam tal como ela é. Por isso mesmo incompleta e mesmo contraditória, reclamando permanentemente complementação, refazimento e superação de situações de exceção. A esta Corte, sempre que necessário, incumbe decidir regulando também essas situações de exceção. Mas esta Corte, ao fazê-lo, não se afasta do ordenamento, eis que aplica a norma à exceção desaplicando-a, isto é, retirando-a da exceção.

Na tarefa de concretização da Constituição, a Corte aplica-se a prover a sua força normativa e sua função estabilizadora, reportando-se à integridade da ordem concreta da qual ela é a representação mais elevada no plano do direito posto. A sua mais prudente aplicação, nas situações de exceção, pode corresponder exatamente à desaplicação de suas normas a essas situações. A tanto leva a prática da interpretação da Constituição, que supõe caminharmos de um ponto a outro, do universal ao singular, através do particular, conferindo a carga de contingencialidade que faltava para tornar plenamente contingencial o singular. Daí que ela exige a consideração não apenas dos textos normativos, mas também de elementos do mundo do ser, os fatos do caso e a realidade no seio e âmbito da qual a decisão em cada situação há de ser tomada.[73]

Já no curso da atual pandemia, o STF reconheceu que a excepcionalidade da situação possibilitava afastar a aplicação regular das normas da

---

[73] BRASIL. Supremo Tribunal Federal. **ADI 2240-7.** Relator: Ministro Alexandre de Moraes. DJ: 29/03/2020. Disponível em: http://www.stf.jus.br/arquivo/cms/noticiaNoticiaStf/anexo/ADI6357MC.pdf. Acesso em 12 jun. 2020.

Lei de Responsabilidade Fiscal. Nos termos da decisão do Ministro Alexandre de Moraes:

> O surgimento da pandemia de COVID-19 representa uma condição superveniente absolutamente imprevisível e de consequências gravíssimas, que, afetará, drasticamente, a execução orçamentária anteriormente planejada, exigindo atuação urgente, duradoura e coordenada de todas as autoridades federais, estaduais e municipais em defesa da vida, da saúde e da própria subsistência econômica de grande parcela da sociedade brasileira, tornando, por óbvio, logica e juridicamente impossível o cumprimento de determinados requisitos legais compatíveis com momentos de normalidade.[74]

Dessa forma, o relator deferiu medida cautelar para conceder interpretação conforme a Constituição Federal e aos dispositivos impugnados[75], para, durante a emergência em saúde pública de importância nacional e o estado de calamidade pública decorrente da Covid-19, afastar a exigência de demonstração de adequação e compensação orçamentária em relação à criação/expansão de programas públicos destinados ao enfrentamento do contexto de calamidade.

É certo, portanto, que o ordenamento jurídico pode conviver bem com soluções especiais para situações absolutamente excepcionais como a que o país atravessa nessa quadra da sua história.

De qualquer forma, há que se admitir que nem todas as decisões administrativas podem aguardar autorização judicial prévia para se desviar daquilo que as normas preveem para cada caso. E, muitas vezes, o agente público não se sente seguro em decidir *contra legem* apenas na expectativa de uma interpretação mais compreensiva por parte do Judiciário. Por isso, a busca de soluções para a atual situação não prescinde de uma análise acerca das expectativas dos gestores em relação ao papel que o controle desempenha nessa dinâmica.

---

[74] BRASIL. Supremo Tribunal Federal. **Medida Cautelar na Ação Direta De Inconstitucionalidade 6.357/DF**. Disponível em: http://www.stf.jus.br/arquivo/cms/noticiaNoticiaStf/anexo/ADI6357MC.pdf. Acesso em 12 jun. 2020.

[75] Artigos 14, 16, 17 e 24 da Lei de Responsabilidade Fiscal e 114, *caput, in fine* e § 14, da lei de diretrizes orçamentárias/2020.

Nesse ponto, a discussão se desloca da validade e da eficácia de determinada decisão, para eventual risco de responsabilização daqueles agentes que, premidos pela necessidade, são levados a agir na solução das demandas que, a todo momento, surgem em momentos como esse.

Tanto esse não é um assunto de menor relevância que o Presidente da República considerou necessário expedir medida provisória[76], com o objetivo de regular a responsabilização de agentes públicos por atos relacionados à pandemia da Covid-19.[77]

Ainda que não houvesse sido expedida a medida provisória, não era de se esperar que o judiciário ou os órgãos de controle desconsiderassem a situação excepcional da pandemia ao analisar as medidas extraordinárias, uma vez que se supõe que qualquer julgador seja pautado pela razoabilidade em suas decisões.

De qualquer forma, a própria Lei de Introdução às Normas do Direito Brasileiro já exige que sejam considerados as circunstâncias, os obstáculos e as dificuldades do gestor, bem como as exigências das políticas públicas.[78]

Como temos sustentado, os meios e modos de controle precisam acompanhar e se adaptar ao contexto jurídico e institucional em que é exercido, sob pena de infantilizar a gestão pública, despertando nos

---

[76] Medida Provisória nº 966, de 2020.

[77] Cumpre destacar que o Supremo Tribunal Federal julgou pedidos de medida cautelar em sete Ações Diretas de Inconstitucionalidade (ADIs 6421, 6422, 6424, 6425, 6427, 6248 e 6431), ajuizadas contra a Medida Provisória (MP) 966/2020, e considerou que as normas eram válidas.

[78] Decreto-Lei 4.657, de 4 de setembro de 1942: Art. 22. Na interpretação de normas sobre gestão pública, serão considerados os obstáculos e as dificuldades reais do gestor e as exigências das políticas públicas a seu cargo, sem prejuízo dos direitos dos administrados. § 1º Em decisão sobre regularidade de conduta ou validade de ato, contrato, ajuste, processo ou norma administrativa, serão consideradas as circunstâncias práticas que houverem imposto, limitado ou condicionado a ação do agente. § 2º Na aplicação de sanções, serão consideradas a natureza e a gravidade da infração cometida, os danos que dela provierem para a administração pública, as circunstâncias agravantes ou atenuantes e os antecedentes do agente.

gestores temor semelhante ao de crianças inseguras educadas por pais opressores.[79]

É certo que, de maneira geral, não seria razoável cobrar dos administradores públicos que estão premidos por necessidades e obrigações extraordinárias os mesmos procedimentos exigíveis em tempos de normalidade. A tendência é que a jurisprudência formada em situações de estabilidade não possa ser aplicada a momentos excepcionais, como o atual. Até porque cada interpretação feita pelas Cortes traz consigo as circunstâncias do caso concreto que respaldou o respectivo julgamento[80] – e a tendência é que não haja circunstância similar à que se coloca.

Todavia, essa mesma perspectiva coloca um alerta em sentido inverso, dirigido à responsabilidade do próprio gestor no período pós-pandemia. Fica claro, pelos mesmos motivos já explicitados, que a jurisprudência desenvolvida no período de crise não poderá ser aplicada a assuntos e circunstâncias não afetados pela pandemia, ou quando seus efeitos já não mais estiverem impactando a decisão administrativa.

Aliás, foi pensando nessa problemática sob essa perspectiva em dois sentidos que um dos autores deste trabalho cunhou a expressão "blindagem temporal recíproca"[81]: por um lado, as instituições não podem agir

---

[79] DANTAS, Bruno. O risco de infantilizar a gestão pública. **O Globo**, jan.2018, p. 3. Disponível em https://oglobo.globo.com/opiniao/o-risco-de-infantilizar-gestao-publica-22258401. Acesso em 16 de jun. 2020.

[80] Mencionando o filósofo Hans-Georg Gadamer, o Ministro Eros Grau explica: "o intérprete discerne o sentido do texto a partir e em virtude de um determinado caso dado". In GRAU, Eros. Ensaio e Discurso sobre a Interpretação/Aplicação do Direito. 5ª Ed. São Paulo: Malheiros Editores, 2009. Podemos ainda recorrer a Friedrich Müller, e dizer que uma norma é carente de interpretação não por não ser unívoca, mas porque ela deve ser aplicada a um caso (real ou fictício). Ou seja, a norma pode afigurar-se clara à primeira leitura, mas mostrar-se destituída de clareza no próximo caso prático a que ela deva ser aplicada. Por isso, a lição de que: a concretização da norma envolve também o aspecto da realidade (âmbito normativo) a que se refere o texto. (MÜLLER, Friedrich. **Métodos de Trabalho do Direito Constitucional**. 2ª Ed. São Paulo: Max Limonad, 2000).

[81] Conceito apresentado pelo Ministro do Tribunal de Contas da União, Bruno Dantas, no 1º Encontro virtual do Grupo de Estudos "O Direito em Tempos de Covid-19". A exposição teve como tema "A engenharia da Federação: competências, cooperação e o papel do STF". Disponível em: https://www.youtube.com/watch?v=kbhxFvbRRQQ&list=PLAp8FQUq8CfvZXp_RbKJu1JS93DTyAbNW&index=2&t=4826s. Acesso em 13 jun. 2020.

na crise com os precedentes e o instrumental jurídico dos tempos de normalidade. Por outro lado, também não se pode admitir que a crise seja utilizada para se adotarem, nos tempos de normalidade, soluções que foram apenas excepcionalmente admitidas.

Em suma, considerados os riscos e as ressalvas expostas, era possível vislumbrar a possibilidade de coexistência entre as medidas extraordinárias necessárias ao combate à pandemia da Covid-19 e o ordenamento jurídico vigente à época.

3. Emenda Constitucional do Orçamento de Guerra

Tendo em vista as possibilidades e as condicionantes que o ordenamento jurídico colocava à disposição dos agentes públicos para lidar com a questão, uma opção seria enquadrarem-se as medidas necessárias nas exceções previstas (ou mesmo nas não expressamente previstas, conforme visto) nas normas vigentes.

Todavia, no intuito de dar maior agilidade às medidas e maior segurança para os agentes, houve consenso de que a situação exigiria medida legislativa específica criando regime jurídico extraordinário.

Superando as previsões iniciais de que não haveria tempo hábil para tanto, a classe política mostrou grande capacidade de organização e diálogo e aprovou alterações na Constituição Federal, não obstante o rígido processo de emenda constitucional[82]. É certo que um regime jurídico específico promove maior segurança jurídica, além de equacionar a preocupação concernente à "blindagem recíproca".

Dessa forma, a nosso ver, a concepção da proposta de emenda constitucional que desaguou no "Orçamento de Guerra" (Emenda Constitucional 106, de 7.5.2020) pode ser interpretada como a forma mais segura que os agentes políticos encontraram de solucionar as dificuldades já expostas. A iniciativa teve o intento de separar o regime do Orçamento-Geral da União dos gastos emergenciais relacionados ao combate à Covid-19.

---

[82] A aprovação de emendas constitucionais depende de discussão e votação em cada Casa do Congresso Nacional, em dois turnos, considerando-se aprovada se obtiver, em ambos, três quintos dos votos dos respectivos membros (Constituição Federal, art. 60, § 2º) – o que confirma o grande feito, em especial dada a necessidade de reunião virtual.

A emenda institui um regime extraordinário fiscal, financeiro e de contratações exclusivamente para enfrentamento de calamidade pública nacional decorrente de pandemia. Dispensa o cumprimento de regras de finanças públicas, como a chamada "Regra de Ouro", e simplifica os procedimentos de contratação, além de autorizar o Banco Central a comprar e vender títulos públicos no mercado secundário e ações privadas.

Cabe ressaltar que a emenda especifica que as proposições legislativas e os atos do Poder Executivo voltados a enfrentar a calamidade e suas consequências sociais e econômicas deverão ter vigência e efeitos adstritos ao período da calamidade para que sejam dispensados da observância das limitações legais quanto à criação ou expansão de despesas ou renúncias tributárias.

Além da limitação temporal acima citada, existem limitações materiais, como a que restringe o regime extraordinário apenas àquelas medidas cuja urgência seja incompatível com o regime regular e a que impede a criação de despesas ou renúncias de receitas permanentes.

É certo que a solução não é isenta de riscos, em especial o de que a expansão de despesas ou de renúncia de receitas alcancem medidas não relacionadas com o combate aos efeitos da pandemia. Em relação a isso, caberá a implementação de medidas de controle que possam atenuar tais riscos.[83]

Conclusões

A pandemia da Covid-19 exige a adoção de diversas medidas por parte das autoridades públicas, sejam as relacionadas com o combate aos efeitos da crise sanitária, sejam aquelas formuladas com o intuito de remediar ou ao menos atenuar os efeitos da primeira na economia real e, por consequência, na vida das pessoas.

Conforme exposto previamente, não é desarrazoado encontrar no arcabouço institucional vigente possibilidades de espaço de convivência

---

[83] Cabe destacar que, no âmbito do TC 016.873/2020-3, o Tribunal recomendou ao Ministério da Economia que orientasse os demais órgãos para que as medidas em questão sejam devidamente acompanhadas de justificativa de que a despesa ou a renúncia tributária possua relação com a Covid-19 ou suas consequências econômicas e sociais, bem como que seja demonstrada a incompatibilidade do regime regular com a urgência da medida.

entre as regras já postas e as medidas urgentes e necessárias relacionadas ao combate à pandemia.

Mesmo assim, podemos considerar que os atores públicos entenderam fundamental aprovar emenda constitucional que desvinculasse as medidas relacionadas ao combate da pandemia das tradicionais regras que regem as contratações e as finanças públicas.

É nesse contexto que surge a iniciativa do chamado "Orçamento de Guerra", com vistas a viabilizar a adoção de medidas extraordinárias, necessárias para o momento, bem como a preservação das regras vigentes para que posam reger o dia seguinte, quando o país não mais estiver premido pela adoção de tais medidas.

Ainda que o momento seja de incertezas e haja riscos, é possível reconhecer na medida uma atuação célere e de grande responsabilidade institucional da classe política ao viabilizar a aprovação da alteração constitucional.

No seu último artigo, já mencionado, Zymunt Bauman convoca não só as pessoas a conviverem bem com a condição instável da nossa existência, mas também a adotarem as medidas que estejam dentro da sua esfera de atuação.

> Qualquer coisa que aconteça no universo acontece por acaso, de modo que eu acho que não é possível a completa eliminação da incerteza, mas acredito também que, dentro dos limites impostos a nós pelo universo, ainda há muito a fazer. [...].
> E eu me permito sugerir que essas coisas – as pequenas coisas que podemos fazer dentro dos limites das nossas capacidades – são tantas, a ponto de podermos nos empenhar nelas durante toda a nossa existência.[84]

---

[84] http://www.ihu.unisinos.br/78-noticias/575079-nao-tenham-medo-da-incerteza--artigo-de-zygmunt-bauman

Referências

ALMEIDA, Lalo de Covid-19 mata mais em 3 meses do que trânsito em todo 2019 no Brasil. *Folha de São Paulo*, São Paulo, jun. 2020. Disponível em: https://www1.folha.uol.com.br/equilibrioesaude/2020/06/covid-19-mata-mais-em-3-meses-do-que-transito-em-todo-2019-no-brasil.shtml. Acesso em 10 de jun. 2020.

AQUINO, São Tomás. *Suma teológica.* [2017] data certa, não indicada no item. Disponível em: https://sumateologica.files.wordpress.com/2017/04/suma--teolc3b3gica.pdf. Acesso em: 14 jun. 2020.

ÁVILA, Humberto. *Segurança jurídica:* entre permanência, mudança e realização no direito tributário. 2. ed., São Paulo: Malheiros Editores, 2012.

BAUMAN, Zygmunt. Não tenham medo da incerteza. Tradução de Moisés Sbardelotto. *La Repubblica*, [S.l], jan. 2018. Disponível em: http://www.ihu.unisinos.br/78-noticias/575079-nao-tenham-medo-da-incerteza-artigo--de-zygmunt-bauman. Acesso em 10 de jun. 2020.

BRASIL. Supremo Tribunal Federal. *ADI 2240-7.* Relator: Ministro Alexandre de Moraes. DJ: 29/03/2020. Disponível em: http://www.stf.jus.br/arquivo/cms/noticiaNoticiaStf/anexo/ADI6357MC.pdf. Acesso em 12 jun. 2020.

BRASIL. Supremo Tribunal Federal. *Medida cautelar na ação direta de inconstitucionalidade 6.357/DF.* Disponível em: http://www.stf.jus.br/arquivo/cms/noticiaNoticiaStf/anexo/ADI6357MC.pdf. Acesso em 12 jun. 2020.

DANTAS, Bruno. *Repercussão geral:* perspectivas histórica, dogmática e de direito comparado questões processuais. 3. ed. rev., atual. e ampl. – São Paulo: Editora Revista dos Tribunais, 2012.

DANTAS, Bruno. O risco de infantilizar a gestão pública. *O Globo*, jan.2018, p. 3. Disponível em https://oglobo.globo.com/opiniao/o-risco-de-infantilizar--gestao-publica-22258401. Acesso em 16 de jun. 2020.

DOCA, Geraldo. Com avanço da pandemia, pedidos de seguro-desemprego batem recorde e saltam 53% em maio. *O Globo*, jun. 2020. Disponível em: https://oglobo.globo.com/economia/com-avanco-da-pandemia-pedidos--de-seguro-desemprego-batem-recorde-saltam-53-em-maio-24470168. Acesso em 14 de jun. 2020.

ENGISH, Karl. *Introdução ao pensamento jurídico.* Trad. J. Baptista Machado. 7. ed. Lisboa: Fundação Calouste Gulbenkian, 1996.

GRAU, Eros. *Ensaio e Discurso sobre a Interpretação/Aplicação do Direito*. 5ª Ed. São Paulo: Malheiros Editores, 2009.

IDP. 1º Encontro virtual do Grupo de Estudos: o direito em tempos de Covid-19. *A engenharia da Federação:* competências, cooperação e o papel do STF, abr. 2020. Disponível em: https://www.youtube.com/watch?v=kbhxFvbRRQQ&list=PLAp8FQUq8CfvZXp_RbKJu1JS93DTyAbNW&index=2&t=4826s. Acesso em 13 jun. 2020.

MATSUO, Alexandra Mery Hansen (Orgs.). *Direito teoria e experiência:* estudos em homenagem a Eros Roberto Grau. São Paulo: Malheiros, 2013, p. 1022-1047.

MENDES, Gilmar Ferreira. Interpretação constitucional e "pensamento de possibilidades". *In:* COSTA, José Augusto Fontoura; ANDRADE, José Maria Arruda; MATSUO, Alexandra Mery Hansen (Orgs.). *Direito: teoria e experiência: estudos em homenagem a Eros Roberto Grau.* São Paulo: Malheiros, 2013, p. 1022-1047.

MÜLLER, Friedrich. *Métodos de Trabalho do Direito Constitucional.* 2ª Ed. São Paulo: Max Limonad, 2000.

PINHEIRO, Alexandre Sousa. A jurisprudência da crise: Tribunal Constitucional português (2011-2013). *Observatório da Jurisdição Constitucional,* n.1, jan./jun. 2014. Disponível em: https://www.portaldeperiodicos.idp.edu.br/observatorio/article/view/961. Acesso em 12 de jun. 2020.

ZAGREBELSKY, Gustavo. *El derecho dúctil – Ley, derechos, justicia e democracia.* Trad. Marina Gascón. Madrid, Editorial Trotta, 2011.

7. Pandemia e Constituição: da Proposição à Promulgação da Emenda Constitucional nº 106, de 2020

CRISTIANE DE OLIVEIRA COELHO GALVÃO

Introdução
No início do mês de março, quando ficou claro que o Brasil não escaparia da necessidade de tomar medidas drásticas para enfrentar a larga propagação da Covid-19, vimos crescer o debate público sobre as medidas já existentes no ordenamento brasileiro apropriadas a apoiar o Estado na difícil tarefa de lidar com a situação. Não foram poucos os textos jornalísticos e os artigos jurídicos dedicados à discussão dos chamados institutos de crise: o Estado de Sítio, o Estado de Defesa e o Estado de Calamidade Pública[85].

---

[85] Vide, por exemplo: FIGUEIREDO, Ticiano; GALVÃO, Jorge Octávio Lavocat; e FERRAZ, João Paulo. **Formas de manutenção da ordem pública em tempos de pandemia.** Disponível em https://www.conjur.com.br/2020-mar-24/embargado-opiniao-formas-manutencao-ordem-publica-tempos-pandemia#top. Acesso em 11 de jun. 2020. KANAGUCHI, Lucas e FELIX, Rafael. **Estados de exceção e o Covid-19:** Estado de sítio, estado de defesa, calamidade pública e estado de emergência. Disponível em https://www.migalhas.com.br/coluna/constituicao-na-escola/322829/estados-de-excecao-e-o-Covid-19--estado-de-sitio-estado-de-defesa-calamidade-publica-e-estado-de-emergencia. Acesso em 11 de jun. 2020. REDAÇÃO GALILEU. **O que são estados de calamidade pública, emergência, defesa e sítio?** Disponível em: https://revistagalileu.globo.com/Ciencia/Saude/noticia/2020/03/o-que-sao-estados-de-calamidade-publica-emergencia-defesa--e-sitio.html. Acesso em 11 de jun. 2020. CUCOLO, Eduardo. Entenda o que são estados de calamidade pública, de sítio e de defesa e seus efeitos para o gasto público. **Folha de São Paulo**, São Paulo, mar. 2020. Disponível em: https://www1.folha.uol.com.br/mercado/2020/03/entenda-o-que-sao-estado-de-calamidade-publica-de-sitio-e-de-defesa--e-seus-efeitos-para-o-gasto-publico.shtml. Acesso em 11 de jun. 2020.

Os mecanismos constitucionais do Estado de Sítio e Estado de Defesa foram unissonamente rechaçados, não havendo quem defendesse que para enfrentar a alta infecciosidade do vírus SARS-COV-2 fosse necessário restringir, na forma dos artigos 136 e 137 da Constituição Federal, o exercício de direitos fundamentais. A verdade é que ficou claro que o enfrentamento da crise demandaria maior garantia de direitos ao invés de seu sacrifício, razão pela qual o Congresso Nacional voltou-se à aprovação do Decreto Legislativo nº 6, de 20 de março de 2020, reconhecendo o Estado de Calamidade Pública e assim suspendendo regras orçamentárias que dificultariam a célere implementação dispendiosa, mas necessárias políticas públicas.

É de se ver, contudo, que mesmo com a aprovação do Decreto Legislativo nº 6/2020, o Poder Executivo ainda assim não se viu suficientemente confortável para assumir despesas indispensáveis à cruzada contra a Covid-19. Por meio da Ação Direta de Constitucionalidade nº 6357, a Presidência da República questionou ao Supremo Tribunal Federal a aplicabilidade de outros dispositivos não literalmente afastados pela decretação do Estado de Calamidade Pública, mais especificamente dos arts. 14, 16, 17 e 24 da Lei de Responsabilidade Fiscal (LRF), e do art. 114, *caput* e § 14, da Lei de Diretrizes Orçamentárias (LDO) de 2020.

Em decisão de 29 de março de 2020, o Ministro Alexandre de Moraes concedeu a medida cautelar pleiteada pelo Poder Executivo. Reconheceu o Ministro que a exigência contida na LRF e na LDO, de demonstração de adequação e compensação orçamentárias por ocasião da criação ou expansão de programas públicos, representa "a superação da cultura do oportunismo político, da inconsequência, do desaviso e do improviso nas Finanças Públicas", mas concedeu ser tal obrigação incompatível com o contexto de calamidade, especialmente no que diz respeito aos gastos necessários a seu combate.[86]

---

[86] Quase dois meses depois da decisão da Medida Cautelar na ADI nº 6357, foi sancionada a Lei Complementar nº 173, de 27 de maio de 2020, incorporando ao art. 65 da LRF a previsão de que o reconhecimento de Estado de Calamidade afasta o disposto no parágrafo único do art. 8º, bem como os art. 14, 16, 17, 35, 37 e 42 da LRF, caso o recurso arrecadado ou o aumento de despesa seja destinado ao combate da calamidade.

Ocorre que, tampouco esse salvo conduto oferecido pela Suprema Corte foi reconhecido como arcabouço suficiente à atuação do Estado. Como descrito pelo Ministro Bruno Dantas no capítulo 6 deste livro, atores dos três Poderes continuaram vislumbrando a necessidade de aprovação de Emenda Constitucional a fim de dispor sobre o regramento extraordinário fiscal, financeiro e de contratações a ser aplicado no contexto de emergência de saúde pública decorrente da pandemia de Covid-19.[87]

1. Proposição e Votação na Câmara dos Deputados

"A PEC foi/garantiu seu apoiamento. Nem sei como é que eu falo isso. [...] A minuta de proposição legislativa passa a tramitar como Proposta de Emenda à Constituição nº 10, de 2020." Assim foi proclamado pelo presidente Rodrigo Maia o resultado da primeira votação relacionada à Emenda Constitucional nº 106, de 2020. Naquela Sessão Deliberativa Extraordinária de 1º de abril, pela primeira vez desde 1988, a exigência de apoiamento de um terço dos membros da Câmara dos Deputados para tramitação de Proposta de Emenda Constitucional (PEC), constante do inc. I do art. 60 da Constituição Federal, foi obtida a partir de votação em Plenário e não por meio da coleta de assinaturas dos parlamentares nos corredores do Congresso Nacional.

O texto da Minuta que originou a PEC nº 10, de 2020, continha apenas três artigos. O primeiro incluía novo artigo 115, acrescido de 15 parágrafos, ao Ato das Disposições Constitucionais Transitórias. O segundo

---

[87] Cabe aqui, contudo, pontuar crítica feita pela Consultoria de Orçamentos, Fiscalização e Controle do Senado Federal, sobre o contexto de preocupações que permearam a apresentação da Proposta de Emenda Constitucional: "observe-se que, apesar do reiterado discurso de que a PEC visa dar segurança jurídica ao Executivo para a realização de despesas necessárias ao combate à pandemia, assim como permitir a execução mais célere dessas, não foi localizada qualquer manifestação do governo indicando quais seriam, afinal, os óbices que necessitariam ser superados para o adequado cumprimento de suas responsabilidades. A PEC 10/2020 se apresenta, assim, como uma proposta de solução jurídica para problemas que sequer foram claramente formulados, fazendo assim pairar um espesso manto de dúvida sobre seu real propósito." Nota Técnica 95/2020: Análise da PEC 10/2020. Disponível em https://static.poder360.com.br/2020/04/NT-95-2020-PEC-10-2020-Final-1.pdf, acesso em 14 de jun. 2020, p. 4.

previa a inclusão de art. 164-A à Constituição Federal. E, por fim, o terceiro dispositivo tratava da vigência da Emenda Constitucional.

Antes mesmo da votação que confirmou o necessário apoiamento à tramitação da PEC, o colégio de líderes da Câmara dos Deputados já havia selado o acordo para retirar do texto tanto o § 6º do art. 115 do Ato das Disposições Constitucionais Transitórias (ADCT), constante do art. 1º da Minuta da PEC, quanto o art. 2º da Minuta da PEC[88].

O primeiro dispositivo citado permitia a abertura de créditos extraordinários a partir de recursos legalmente vinculados a outras finalidades, excetuando-se apenas os recursos vinculados ao pagamento da dívida pública. A permissão prevista na primeira parte do dispositivo já consta do art. 43 da Lei nº 4.320, de 17 de março de 1964, de maneira que apenas a segunda parte, ou seja, a exceção relacionada à dívida pública constituiria a efetiva novidade do dispositivo. Os partidos de oposição, que tem por bandeira justamente o questionamento da legitimidade da dívida pública, não viram com bons olhos a proposta de dar segurança constitucional aos detentores de crédito junto à União Federal.

Já o segundo dispositivo buscava autorizar o Banco Central a acolher, não só durante o período de calamidade, mas para todo o sempre, depósitos voluntários de instituições financeiras nas modalidades à vista ou a prazo. Tais depósitos tirariam liquidez do mercado sem aumentar o endividamento público, devendo substituir o uso das chamadas operações compromissadas. Trata-se de medida que foi aventada pelo então Ministro da Fazenda, Nelson Barbosa, em 2016[89], e que foi endossada pelo Ministro da Fazenda da gestão seguinte, Henrique Meirelles, que encaminhou Projeto de Lei nesse sentido ao Congresso Nacional. O Projeto de Lei nº 9.248/2017, contudo, não teve sua tramitação iniciada na Câmara dos Deputados, sendo alvo de críticas na medida em que, sem a

---

[88] Vide discurso da Deputada Fernanda Melchionna às 21h48'37"na Sessão Deliberativa Extraordinária (virtual) – 01/04/2020. Disponível em: https://www.camara.leg.br/evento-legislativo/59542. Acesso em 12 de jun. 2020.

[89] MARTELLO, Alexandre. Para baixar dívida, governo propõe que BC receba depósitos de bancos. **G1 Economia**, Brasília, mar. 2016. Disponível em: http://g1.globo.com/economia/noticia/2016/03/para-baixar-divida-governo-propoe-que-bc-receba-depositos-de-bancos.html. Acesso em 12 de jun. 2020.

concomitante revisão de outras normas, poderia levar à subestimação da dívida pública.[90] O tema mostrou-se demasiadamente controverso para que fosse debatido no bojo da PEC nº 10, de 2020, cujo objetivo precípuo era fixar regras transitórias destinadas a endereçar a atividade estatal ao longo do enfrentamento da pandemia.

Ainda na Sessão Deliberativa Extraordinária do dia 1º de abril, o Plenário discutiu e votou a admissibilidade da PEC, aprovando o brevíssimo Parecer proferido pelo Relator, Deputado Hugo Motta (Republicanos/PB), em nome da Comissão de Constituição e Justiça e de Cidadania. Referido parecer, além de veicular a supressão do § 6º do art. 115 do ADCT, constante do art. 1º, e do art. 2º do texto original da Minuta da PEC, também fez outras modificações no texto original. Veja-se o seguinte quadro comparativo:

Quadro 3 – Comparação da Minuta e do Texto Substitutivo aprovado

Texto da Minuta apresentada pelo Presidente Rodrigo Maia	Texto do Substitutivo aprovado quando da análise da admissibilidade da PEC
Art. 1º. O Ato das Disposições Constitucionais Transitórias passa a vigorar acrescido do seguinte art. 115:	Art. 1º O Ato das Disposições Constitucionais Transitórias passa a vigorar acrescido do seguinte art. 115:
Art. 115. Durante a vigência de calamidade pública nacional, reconhecida pelo Congresso Nacional, e decorrente de pandemia de saúde pública de importância internacional, a União adotará regime extraordinário fiscal, financeiro e de contratações para atender as necessidades dela decorrentes, somente naquilo em que a urgência for incompatível com o regime regular, nos termos definidos neste artigo e **em decreto legislativo**	Art. 115. Durante a vigência de calamidade pública nacional, reconhecida pelo Congresso Nacional, e decorrente de pandemia de saúde pública de importância internacional, a União adotará regime extraordinário fiscal, financeiro e de contratações para atender as necessidades dela decorrentes, somente naquilo em que a urgência for incompatível com o regime regular, nos termos definidos neste artigo.

---

[90] MENDES, Marcos. Depósito Remunerado no Banco Central: avanço institucional ou contabilidade criativa? **Núcleo de Estudos e Pesquisas/CONLEG/Senado**, Brasília, mar. 2016 (Boletim Legislativo no 45, de 2016). Disponível em: www.senado.leg.br/estudos. Acesso em 13 de jun. 2020.

§ 1º É instituído o Comitê de Gestão da Crise, com a competência de fixar a orientação geral e aprovar as ações que integrarão o escopo do regime emergencial; criar, eleger, destituir e fiscalizar subcomitês e a gestão de seus membros, podendo fixar-lhes atribuições; solicitar informações sobre quaisquer atos e contratos celebrados ou em via de celebração pela União e suas autarquias, empresas públicas e fundações públicas, com poder para anulá-los, revogá-los ou ratificá-los, dentre outras funções afins compatíveis com o escopo do regime emergencial, e a seguinte composição:	§ 1º É instituído o Comitê de Gestão da Crise, com a competência de fixar a orientação geral e aprovar as ações que integrarão o escopo do regime emergencial; criar, eleger, destituir e fiscalizar subcomitês e a gestão de seus membros, podendo fixar-lhes atribuições; solicitar informações sobre quaisquer atos e contratos celebrados ou em via de celebração pela União e suas autarquias, empresas públicas e fundações públicas, com poder para anulá-los, revogá-los ou ratificá-los, dentre outras funções afins compatíveis com o escopo do regime emergencial, e a seguinte composição:
I – o Presidente da República, que o presidirá	I – o Presidente da República, que o presidirá;
II – os ministros de Estado Chefe da Casa Civil, da Secretaria-Geral **e da Secretaria de Governo** da Presidência da República, da Saúde, da Economia, da Cidadania, dos **Transportes,** da Agricultura e Abastecimento, da Justiça e Segurança Pública e da Controladoria-Geral da União;	II – Os Ministros de Estado da Secretaria-Geral da Presidência da República, da Saúde, da Economia, da Cidadania, da **Infraestrutura,** da Agricultura e Abastecimento, da Justiça e Segurança Pública, da Controladoria-Geral da União e da Casa Civil;
III – dois secretários de saúde, dois secretários de fazenda e dois secretários da assistência social de estados ou do Distrito Federal, de diferentes regiões do País, **escolhidos por entidades representativas,** e sem direito a voto;	III – dois secretários de saúde, dois secretários de fazenda e dois secretários da assistência social de estados ou do Distrito Federal, de diferentes regiões do País, **escolhidos pelo CONASS, COMFAZ,CNAS respectivamente** e sem direito a voto;
IV – dois secretários de saúde, dois secretários de fazenda e dois secretários da assistência social de municípios, de diferentes regiões do País, **escolhidos por entidades representativas**, e sem direito a voto;	IV – dois secretários de saúde, dois secretários de fazenda e dois secretários da assistência social de municípios, de diferentes regiões do País, **escolhidos pelo CONASEMS e caberá a Confederação nacional dos Municípios indicar os representantes municipais da fazenda e assistência social**, e sem direito a voto;
V – quatro membros do Senado Federal, quatro da Câmara dos Deputados, um do Conselho Nacional do Ministério Público, e um do Tribunal de Contas da União, escolhidos pelas respectivas instituições e sem direito a voto.	SUPRIMIDO

§ 2º O Presidente da República designará, dentre os ministros de Estado, o secretário executivo do comitê instituído pelo § 1º.	§ 2º O Presidente da República designará, dentre os ministros de Estado, o secretário executivo do comitê instituído pelo § 1º, e poderá alterar os órgãos ministeriais que compõem o Comitê de Gestão de Crise, não podendo aumentar ou diminuir a quantidade de membros.
§ 3º Eventuais conflitos federativos decorrentes da **aplicação deste artigo** serão resolvidos exclusivamente pelo Supremo Tribunal Federal.	§ 3º Eventuais conflitos federativos decorrentes **de atos normativos do Poder Executivo relacionados a calamidade pública de que trata o caput** serão resolvidos exclusivamente pelo Supremo Tribunal Federal – STF.
§ 4º Ato do **Conselho** de Gestão da Crise disporá sobre a contratação de pessoal, obras, serviços e compras, com propósito exclusivo de enfrentamento da calamidade e vigência restrita ao período de duração desta, que observará processo simplificado que assegure, sempre que possível, competição e igualdade de condições a todos os concorrentes; a contratação de que trata o inciso IX do art. 37 desta Constituição fica dispensada da observância do § 1º do art. 169 desta Constituição.	§ 4º Ato do **Comitê** de Gestão da Crise disporá sobre a contratação de pessoal, obras, serviços e compras, com propósito exclusivo de enfrentamento da calamidade e vigência restrita ao período de duração desta, que observará processo simplificado que assegure, sempre que possível, competição e igualdade de condições a todos os concorrentes; a contratação de que trata o inciso IX do art. 37 desta Constituição fica dispensada da observância do § 1º do art. 169 desta Constituição.
§ 5º Desde que não se trate de despesa permanente, as proposições legislativas e os atos do Poder Executivo, com propósito exclusivo de enfrentamento da calamidade, e vigência e efeitos restritos ao período de duração desta, ficam dispensados do cumprimento das restrições constitucionais e legais quanto a criação, expansão ou aperfeiçoamento de ação governamental que acarrete aumento da despesa e a concessão ou ampliação de incentivo ou benefício de natureza tributária da qual decorra renúncia de receita.	§ 5º Desde que não se trate de despesa permanente, as proposições legislativas e os atos do Poder Executivo, com propósito exclusivo de enfrentamento da calamidade, e vigência e efeitos restritos ao período de duração desta, ficam dispensados do cumprimento das restrições constitucionais e legais quanto a criação, expansão ou aperfeiçoamento de ação governamental que acarrete aumento da despesa e a concessão ou ampliação de incentivo ou benefício de natureza tributária da qual decorra renúncia de receita.
§ 6º Os créditos extraordinários destinados à finalidade referida no § 5º poderão ser abertos mediante a utilização de recursos vinculados legalmente a outras finalidades, inclusive do respectivo superávit financeiro e os decorrentes da realização de operações de crédito, e os da desvinculação de que trata o art. 76 deste Ato das Disposições Constitucionais Transitórias, exceto os recursos vinculados ao pagamento da dívida pública.	SUPRIMIDO

§ 7º Durante a vigência da calamidade pública nacional de que trata o caput, os recursos decorrentes de operações de crédito realizadas para o refinanciamento da dívida mobiliária poderão ser utilizados também para o pagamento de seus juros e encargos.	§ 6º Durante a vigência da calamidade pública nacional de que trata o caput, os recursos decorrentes de operações de crédito realizadas para o refinanciamento da dívida mobiliária poderão ser utilizados também para o pagamento de seus juros e encargos.
§ 8º Será dispensada, durante a integralidade do exercício financeiro em que vigore a calamidade pública, a observância do disposto no inciso III do art. 167 desta Constituição.	§ 7º Será dispensada, durante a integralidade do exercício financeiro em que vigore a calamidade pública, a observância do disposto no inciso III do art. 167 desta Constituição.
§ 9º O Congresso Nacional se manifestará quanto à pertinência temática e a urgência dos créditos extraordinários destinados à finalidade referida no § 6º em **vinte dias úteis**, contados da edição da medida provisória, sem prejuízo de sua regular tramitação.	§ 8º O Congresso Nacional se manifestará quanto à pertinência temática e a urgência dos créditos extraordinários em **quinze dias úteis**, contados da edição da medida provisória, sem prejuízo de sua regular tramitação.
§ 10º O Banco Central, limitado ao enfrentamento da referida calamidade, e com vigência e efeitos restritos ao período de duração desta, fica autorizado a comprar e vender direitos creditórios e títulos privados de crédito em mercados secundários, no âmbito de mercados financeiros, de capitais e de pagamentos.	§ 9º O Banco Central do Brasil, limitado ao enfrentamento da referida calamidade, e com vigência e efeitos restritos ao período de duração desta, fica autorizado a comprar e vender **títulos de emissão do Tesouro Nacional, nos mercados secundários local e internacional**, e direitos creditórios e títulos privados de crédito em mercados secundários, no âmbito de mercados financeiros, de capitais e de pagamentos.
§ 11. O montante total de compras de cada operação do Banco Central na hipótese do § 10:	§ 10º O montante total de cada operação de compra **de direitos creditórios e títulos privados de crédito** pelo Banco Central do Brasil na hipótese do § 9:
I – deverá ser autorizado pela **Secretaria do Tesouro Nacional** e imediatamente informado ao Congresso Nacional; e	I – deverá ser autorizado **pelo Ministério da Economia** e imediatamente informado ao Congresso Nacional; e
II – requer aporte de capital de pelo menos vinte e cinco por cento pelo Tesouro Nacional.	II – requer aporte de capital de pelo menos vinte e cinco por cento pelo Tesouro Nacional.
§ 12. Ressalvada a competência originária do Supremo Tribunal Federal, do Tribunal Superior do Trabalho, do Tribunal Superior Eleitora e do Superior Tribunal Militar, todas as ações judiciais contra decisões do Comitê de Gestão da Crise serão da competência do Superior Tribunal de Justiça.	§ 11º Ressalvada a competência originária do Supremo Tribunal Federal, do Tribunal Superior do Trabalho, do Tribunal Superior Eleitoral e do Superior Tribunal Militar, todas as ações judiciais contra decisões do Comitê de Gestão da Crise serão da competência do Superior Tribunal de Justiça.

§ 13. O Tribunal de Contas da União fiscalizará os atos de gestão do Comitê de Gestão da Crise, bem como apreciará a prestação de contas, de maneira simplificada, **no prazo de trinta dias, contados a partir da apresentação do relatório.**	§ 12 O Tribunal de Contas da União fiscalizará os atos de gestão do Comitê de Gestão da Crise, bem como apreciará a prestação de contas, de maneira simplificada.
§ 14. Todas as atas, decisões e documentos examinados e produzidos pelo Comitê de Gestão da Crise e pelos subcomitês que vierem a ser instituídos, assim como todas as impugnações e as respectivas decisões, serão amplamente divulgados detalhada e regionalmente nos portais de transparência dos poderes Executivo, Legislativo e no do Tribunal de Contas da União, sendo vedado o seu sigilo sob qualquer argumento.	§ 13 Todas as atas, decisões e documentos examinados e produzidos pelo Comitê de Gestão da Crise e pelos subcomitês que vierem a ser instituídos, assim como todas as impugnações e as respectivas decisões, serão amplamente divulgados detalhada e regionalmente nos portais de transparência do Poder Executivo e do Poder Legislativo e no do Tribunal de Contas da União, sendo vedado o seu sigilo sob qualquer argumento.
§ 15 O Congresso Nacional poderá sustar qualquer decisão do Comitê Gestor da Crise ou do Banco Central do Brasil em caso de irregularidade ou de extrapolação aos limites deste artigo.	§ 14 O Congresso Nacional poderá sustar qualquer decisão do Comitê Gestor da Crise ou do Banco Central do Brasil em caso de irregularidade ou de extrapolação aos limites deste artigo.
Art. 2º A Constituição Federal passa a vigorar acrescida do seguinte art. 164-A: Art. 164-A. O Banco Central fica autorizado a acolher depósitos voluntários à vista ou a prazo das instituições financeiras, com prazo máximo de doze meses.	SUPRIMIDO
Art. 3º. Esta Emenda Constitucional entra em vigor na data de sua publicação, convalidados os atos de gestão praticados desde 20 de março de 2020, ficando o art. 1º revogado na data de encerramento do estado de calamidade pública.	Art. 2º Esta Emenda Constitucional entra em vigor na data de sua publicação, convalidados os atos de gestão praticados desde 20 de março de 2020, ficando o art. 1º revogado na data de encerramento do estado de calamidade pública.

Fonte: Elaboração própria (2020).

Das alterações realçadas no quadro acima, cabe destacar o abandono, no *caput* do art. 115 do ADCT, da previsão de que a regulamentação da futura Emenda Constitucional seria feita por meio de decreto legislativo, e não pelo usual meio da lei ordinária. Tal previsão injustificadamente alijaria o presidente do seu poder de veto e sanção. Outra modificação relevante foi a exclusão da participação de membros da Câmara dos Deputados, do Senado Federal, do Conselho Nacional do Ministério Público e do Tribunal de Contas da União do chamado Comitê de Gestão da Crise.

Com a supressão do inc. V do § 1º do art. 115 do ADCT, a Câmara dos Deputados sinalizou preferir restringir a participação nesse colegiado a representantes dos Poderes Executivos federal, estadual e municipal. Também se acrescentou, no § 9º do art. 115 do ADCT, autorização para que o Banco Central do Brasil possa atuar no mercado secundário de títulos públicos. O texto da Minuta original inovava apenas na autorização para compra e venda de títulos privados, sendo que ao incluir a negociação de títulos públicos em mercado secundário, a Câmara dos Deputados anuiu com a ampliação dos poderes do Banco Central para interferir na taxa de juros de longo prazo.[91] Por fim, cabe pontuar a alteração feita no original § 13 do art. 115 do ADCT, com a retirada do prazo peremptório de trinta dias para que o Tribunal de Contas da União apreciasse a prestação de contas apresentada pelo Comitê de Gestão da Crise.

Para além das modificações realizadas entre as votações de apoiamento e de admissibilidade da PEC, que inclusive ocorreram na mesma Sessão Deliberativa Extraordinária de 1º de abril, a Câmara dos Deputados pouco revolveu o texto ao longo das deliberações seguintes. O texto aprovado por três quintos dos Deputados em dois turnos de votação, ambos realizados no dia 3 de abril de 2020, em nada se distanciou daquele que foi apreciado pelo Plenário quando do exame da admissibilidade da PEC nº 10, de 2020. A não ser por meros ajustes de redação, o documento encaminhado para apreciação do Senado Federal em 6 de abril de 2020 era equivalente ao reproduzido na segunda coluna do quadro acima.

---

[91] Em diversas entrevistas o Secretário do Tesouro Nacional afirmou que embora não estivesse tendo dificuldades para obter financiamentos de curto prazo, a colocação de títulos de longo prazo exigia prêmios muito altos. Sobre o tema, vide a explicação dada à Comissão Mista destinada a acompanhar a situação fiscal e a execução orçamentária e financeira das medidas relacionadas ao coronavírus (Covid-19) em reunião de 14 de maio de 2020: "Para o Brasil vender um título por dez anos, eu tenho que pagar uma taxa de juro nominal acima de 8%, que é um juro real acima de 4%. As condições de financiamento de uma economia desenvolvida são muito diferentes de uma economia em desenvolvimento, então países como o Brasil não têm o mesmo grau de liberdade para aumentar gastos e aumentar dívida como tem um país desenvolvido, que consegue se financiar no longo prazo com um juro real negativo." Disponível em https://www25.senado.leg.br/web/atividade/notas-taquigraficas/-/notas/r/9774. Acesso em 12 de jun. 2020.

2. Votação no Senado Federal

Uma vez no Senado Federal, a proposição foi submetida à análise da Consultoria de Orçamentos, Fiscalização e Controle que, em Nota Técnica bastante detalhada, apontou inúmeros defeitos da proposição, em especial a completa ausência de justificação no que se refere a submissão à tramitação e a sua votação no Plenário da Câmara dos Deputados.[92] Em seu diagnóstico, muitos dispositivos seriam inadequados por consubstanciarem matéria de cunho infraconstitucional, por estarem permeados de inconstitucionalidades, ou por representarem riscos capazes até mesmo de prejudicar o combate à pandemia. Na visão da Consultoria do Senado Federal, apenas os dispositivos relacionados à compra e venda de títulos e direitos creditórios pelo Banco Central justificariam alteração constitucional, e, mesmo assim, para ser meritório, o texto aprovado pela Câmara dos Deputados ainda precisaria de significativos ajustes.

Iniciada a discussão no Plenário, a PEC nº 10, de 2020, teve primeiro que ultrapassar questão de ordem apontada pelo Senador Alessandro Vieira (PPS/SE). Verbalizando o desconforto de muitos pares, o Senador arguiu a inviabilidade regimental de se discutir mudanças constitucionais em momento de crise, especialmente por intermédio do Sistema de Deliberação Remota. Respondendo à questão de ordem, o Presidente Davi Alcolumbre asseverou que, em situações de urgência, deve ser possível incluir diretamente na pauta do Plenário assuntos que atendam as demandas de calamidade pública, e tal prerrogativa deve dar-se inclusive virtualmente, em ocasiões que impeçam a reunião presencial dos Senadores. Ressaltou que o Regimento Interno do Senado Federal possui dispositivo que permite a prevalência de acordo entre lideranças sobre a norma regimental, inclusive no caso das propostas tendentes a alterar o texto constitucional, sendo que, por haver consenso entre os Líderes, estaria autorizado o trâmite excepcional da PEC nº 10, de 2020, por meio do Sistema de Deliberação Remota.

É nesse contexto de críticas e desconfortos que o Senador Antonio Anastasia (PSD/MG) apresentou seu Relatório ao Plenário do Senado

---

[92] Nota Técnica 95/2020: Análise da PEC 10/2020. Disponível em https://static.poder360.com.br/2020/04/NT-95-2020-PEC-10-2020-Final-1.pdf Acesso em 14 de jun. de 2020.

Federal, acompanhado de Substitutivo com extensas alterações no texto previamente aprovado pela Câmara dos Deputados.

A primeira grande diferença é percebida no rearranjo da estrutura do texto da PEC nº 10, de 2020. Ao invés de incluir novo artigo com parágrafos no ADCT, o Substitutivo apresentado pelo Senador Anastasia tratou dos temas em artigos autônomos de uma Emenda Constitucional, como se pode verificar do seguinte quadro comparativo:

Quadro 4 – Análise comparativa da Red.
Final da Câm. dos Dep. e do Parecer nº 22/2020

Redação Final da Câmara dos Deputados	Parecer nº 22, de 2020-PLEN/SF
Art. 1º O Ato das Disposições Constitucionais Transitórias passa a vigorar acrescido do seguinte art. 115:	SUPRIMIDO
Art. 115. Durante a vigência de calamidade pública nacional reconhecida pelo Congresso Nacional em virtude de pandemia de saúde pública de importância internacional, a União adotará regime extraordinário fiscal, financeiro e de contratações para atender as necessidades dela decorrentes, somente naquilo em que a urgência for incompatível com o regime regular, nos termos definidos neste artigo.	Art. 1º Durante a vigência de estado de calamidade pública nacional reconhecida pelo Congresso Nacional em razão de emergência de saúde pública de importância internacional, decorrente de pandemia, a União adotará Regime Extraordinário Fiscal, Financeiro e de Contratações para atender as necessidades dela decorrentes, somente naquilo em que a urgência for incompatível com o regime regular, nos termos definidos nesta Emenda Constitucional.
§ 1º É instituído o Comitê de Gestão da Crise, com as competências de fixar a orientação geral e aprovar as ações que integrarão o escopo do regime emergencial, de criar, eleger, destituir e fiscalizar subcomitês e a gestão de seus membros, podendo fixar-lhes atribuições, bem como solicitar informações sobre quaisquer atos e contratos celebrados ou em via de celebração, pela União e suas autarquias, empresas públicas e fundações públicas, com poder para anulá-los, revogá-los ou ratificá-los, entre outras funções afins compatíveis com a finalidade do regime emergencial, e a seguinte composição:	SUPRIMIDO
I – o Presidente da República, que o presidirá;	SUPRIMIDO

II – Os Ministros de Estado Chefe da Secretaria--Geral da Presidência da República, da Saúde, da Economia, da Cidadania, da **Infraestrutura,** da Agricultura, Pecuária e Abastecimento, da Justiça e Segurança Pública da Controladoria-Geral da União e da Casa Civil da Presidência da República;	SUPRIMIDO
III – 2 (dois) secretários de saúde, 2 (dois) secretários de fazenda e 2 (dois) secretários da assistência social de Estados ou do Distrito Federal, de diferentes regiões do País, escolhidos pelo Conselho Nacional de Secretários da Saúde (Conass), pelo Conselho Nacional de Política Fazendária (Confaz) e pelo Conselho Nacional de Assistência Social (CNAS), respectivamente e sem direito a voto;	SUPRIMIDO
IV – 2 (dois) secretários de saúde, 2 (dois) secretários de fazenda e 2 (dois) secretários da assistência social de Municípios de diferentes regiões do País, escolhidos pelo Conselho Nacional de Secretarias Municipais de Saúde (Conasems), cabendo à Confederação Nacional dos Municípios e à Frente Nacional dos Prefeitos indicar os representantes municipais da fazenda e de assistência social, sem direito a voto.	SUPRIMIDO
§ 2º O Presidente da República designará, dentre os Ministros de Estado, o Secretário Executivo do Comitê de Gestão da Crise e **poderá alterar os órgãos ministeriais que o compõem, não podendo aumentar ou diminuir a quantidade de membros.**	SUPRIMIDO
§ 3º Eventuais conflitos federativos decorrentes de atos normativos do Poder Executivo relacionados à calamidade pública de que trata o caput deste artigo serão resolvidos exclusivamente pelo Supremo Tribunal Federal.	SUPRIMIDO

§ 4º Ato do Comitê de Gestão da Crise disporá sobre a contratação de pessoal, obras, serviços e compras, com propósito exclusivo de enfrentamento do contexto da calamidade e de seus efeitos sociais e econômicos, com vigência restrita ao seu período de duração, que terá processo simplificado que assegure, quando possível, competição e igualdade de condições a todos os concorrentes, dispensada a observância do § 1º do art. 169 da Constituição Federal na contratação de que trata o inciso IX do caput do art. 37 da Constituição Federal.	**Art. 2º** Com o propósito exclusivo de enfrentamento do contexto da calamidade e de seus efeitos sociais e econômicos, no curso de seu período de duração, o Poder Executivo Federal, no âmbito de suas competências, poderá adotar processos simplificados de contratação de pessoal, **em caráter temporário e emergencial**, de obras, serviços e compras, que assegurem, quando possível, competição e igualdade de condições a todos os concorrentes, dispensada a observância do § 1º do art. 169 da Constituição Federal na contratação de que trata o inciso IX do caput do art. 37 da Constituição Federal, limitada a dispensa às situações de que trata o artigo, sem prejuízo da tutela dos órgãos de controle.
VIDE §§ 13 e 14	**Parágrafo único.** Nas hipóteses de distribuição de equipamentos e insumos de saúde imprescindíveis ao combate à calamidade, a União adotará critérios objetivos, devidamente publicados, para a respectiva destinação a Estados e Municípios.
§ 5º Desde que não se trate de despesa permanente, as proposições legislativas e os atos do Poder Executivo com propósito exclusivo de enfrentamento do contexto da calamidade e de seus efeitos sociais e econômicos, com vigência e efeitos restritos ao seu período de duração, ficam **dispensados do cumprimento das restrições constitucionais e legais** quanto a criação, expansão ou aperfeiçoamento de ação governamental que acarrete aumento da despesa e a concessão ou ampliação de incentivo ou benefício de natureza tributária da qual decorra renúncia de receita.	**Art. 3º** Desde que não se trate de despesa permanente, as proposições legislativas e os atos do Poder Executivo com propósito exclusivo de enfrentar a calamidade e suas consequências sociais e econômicas, com vigência e efeitos restritos à sua duração, ficam **dispensados da observância das limitações legais** quanto a criação, expansão ou aperfeiçoamento de ação governamental que acarrete aumento da despesa e a concessão ou ampliação de incentivo ou benefício de natureza tributária da qual decorra renúncia de receita.
VIDE § 5º	**Parágrafo único.** Durante a vigência da calamidade pública nacional de que trata o art. 1º, não se aplica o disposto no art. 195, § 3º da Constituição.
§ 6º Durante a vigência da calamidade pública nacional de que trata o caput deste artigo, os recursos decorrentes de operações de crédito realizadas para o refinanciamento da dívida mobiliária poderão ser utilizados também para o pagamento de seus juros e encargos.	**Art. 6º** Durante a vigência da calamidade pública nacional de que trata o art. 1º, os recursos decorrentes de operações de crédito realizadas para o refinanciamento da dívida mobiliária poderão ser utilizados também para o pagamento de seus juros e encargos.

§ 7º Será dispensada, durante a integralidade do exercício financeiro em que vigore a calamidade pública, a observância do inciso III do caput do art. 167 da Constituição Federal.	**Art. 4º** Será dispensada, durante a integralidade do exercício financeiro em que vigore a calamidade pública nacional de que trata o art. 1º, a observância do inciso III do caput do art. 167 da Constituição Federal
VIDE §§ 13 e 14	**Parágrafo único.** O Ministério da Economia publicará, a cada 30 (trinta) dias, relatório contendo os valores e o custo das operações de crédito realizadas no período de vigência do estado de calamidade pública nacional de que trata o art. 1º.
§ 8º O Congresso Nacional manifestar-se-á quanto à pertinência temática e a urgência dos créditos extraordinários em **15 (quinze) dias úteis**, contados da edição da Medida Provisória de abertura desses créditos, sem prejuízo de sua regular tramitação.	SUPRIMIDO
VIDE § 13	**Art. 5º** As autorizações de despesas relacionadas ao enfrentamento da calamidade pública nacional de que trata o art. 1º e de seus efeitos sociais e econômicos deverão:
	I – constar de programações orçamentárias específicas ou contar com marcadores que as identifiquem; e
VIDE § 13	II – ser separadamente avaliadas na prestação de contas do Presidente da República e evidenciadas, até 30 (trinta) dias após o encerramento de cada bimestre, no relatório a que se refere o art. 165, § 3º, da Constituição.
VIDE § 13	**Parágrafo único.** Decreto do Presidente da República, editado até 15 (quinze) dias após a entrada em vigor desta Emenda Constitucional, disporá sobre a forma de identificação das autorizações de que trata o caput deste artigo, incluídas as anteriores à vigência desta Emenda Constitucional.

§ 9º O Banco Central do Brasil, limitado ao enfrentamento da calamidade pública nacional de que trata o caput deste artigo, e com vigência e efeitos restritos ao período de sua duração, fica autorizado a comprar e vender títulos de emissão do Tesouro Nacional, nos mercados secundários local e internacional, e direitos creditórios e títulos privados de crédito em mercados secundários, no âmbito de mercados financeiros, de capitais e de pagamentos.	**Art. 7º** O Banco Central do Brasil, limitado ao enfrentamento da calamidade pública nacional de que trata o art. 1º, e com vigência e efeitos restritos ao período de sua duração, fica autorizado a comprar e vender:
VIDE § 9º	I – títulos de emissão do Tesouro Nacional, nos mercados secundários local e internacional; e
VIDE § 9º	II – os seguintes ativos, em mercados secundários **nacionais** no âmbito de mercados financeiros, de capitais e de pagamentos, desde que, **no momento da compra, tenham classificação em categoria de risco de crédito no mercado local equivalente a BB- ou superior**, conferida por pelo menos uma das três maiores agências internacionais de classificação de risco e preço de referência publicado por entidade do mercado financeiro acreditada pelo Banco Central do Brasil:
	a) debêntures não conversíveis em ações;
	b) cédulas de crédito imobiliário;
	c) certificados de recebíveis imobiliários;
	d) certificados de recebíveis do agronegócio;
	e) notas comerciais; e
	f) cédulas de crédito bancário.
	§ 1º Respeitadas as condições do inciso II do caput deste artigo, será dada preferência à aquisição de títulos emitidos por micro, pequenas e médias empresas.
VIDE § 11	§ 2º O Banco Central do Brasil fará publicar diariamente as operações realizadas, de forma individualizada, com todas as respectivas informações, incluindo condições financeiras e econômicas das operações, como taxas de juros pactuadas, valores envolvidos e prazos.

VIDE § 11	§ 3º O Presidente do Banco Central prestará contas ao Congresso Nacional, a cada 30 (trinta) dias, do conjunto das operações realizadas na hipótese deste artigo, sem prejuízo do previsto no § 1º
	§ 4º A alienação de ativos adquiridos pelo Banco Central do Brasil, na forma deste artigo, poderá se dar em data posterior à vigência do estado de calamidade pública nacional de que trata o art. 1º, se assim justificar o interesse público.
§ 10. Na hipótese do § 9º deste artigo, o montante total de cada operação de compra de direitos creditórios e títulos privados de crédito pelo Banco Central do Brasil:	SUPRIMIDO
I – deverá ser autorizado pelo Ministério da Economia e imediatamente informado ao Congresso Nacional;	SUPRIMIDO
II – requererá aporte de capital de pelo menos 25% (vinte e cinco por cento) do montante pelo Tesouro Nacional.	SUPRIMIDO
§ 11. O Presidente do Banco Central do Brasil prestará contas ao Congresso Nacional, a cada 45 (quarenta e cinco) dias, do conjunto das operações realizadas na hipótese do § 9º deste artigo.	VIDE §§ 2º e 3º do art. 7º
§ 12. Ressalvadas as competências originárias do Supremo Tribunal Federal, do Tribunal Superior do Trabalho, do Tribunal Superior Eleitoral e do Superior Tribunal Militar, todas as ações judiciais contra decisões do Comitê de Gestão da Crise serão da competência do Superior Tribunal de Justiça.	SUPRIMIDO
§ 13. O Congresso Nacional, por intermédio do Tribunal de Contas da União, fiscalizará os atos de gestão do Comitê de Gestão da Crise, bem como apreciará a prestação de contas, de maneira simplificada.	VIDE ART. 5º

§ 14. Todas as atas, decisões e documentos examinados e produzidos pelo Comitê de Gestão da Crise e pelos subcomitês que vierem a ser instituídos, assim como todas as impugnações e as respectivas decisões, serão amplamente divulgados, detalhada e regionalmente, nos portais de transparência do Poder Executivo, do Poder Legislativo e do Tribunal de Contas da União, vedado o seu sigilo sob qualquer argumento.	VIDE PARÁGRAFO ÚNICO DO ART. 2º E PARÁGRAFO ÚNICO DO ART. 4º
	Art. 8º O Banco Central do Brasil editará regulamentação sobre exigências de contrapartidas, durante a vigência desta Emenda Constitucional, ao comprar, de instituições financeiras, ativos na hipótese do inciso II do caput do art. 7º, em especial a vedação de:
	I – pagar juros sobre o capital próprio e dividendos acima do mínimo obrigatório estabelecido em lei ou no estatuto social vigente na data de entrada em vigor desta Emenda Constitucional;
	II – aumentar a remuneração, fixa ou variável, de diretores e membros do conselho de administração, no caso das sociedades anônimas, e dos administradores, no caso de sociedades limitadas.
	Parágrafo único. A remuneração variável de que trata o inciso II do caput inclui bônus, participação nos lucros e quaisquer parcelas de remuneração diferidas e outros incentivos remuneratórios associados ao desempenho.
§ 15. O Congresso Nacional poderá sustar qualquer decisão do Comitê de Gestão da Crise ou do Banco Central do Brasil em caso de irregularidade ou de extrapolação dos limites deste artigo.	Art. 9º Em caso de irregularidade ou de extrapolação dos limites desta Emenda Constitucional, o Congresso Nacional poderá sustar, por decreto legislativo, qualquer decisão de órgão ou entidade do Poder Executivo relacionada às medidas autorizadas por esta Emenda Constitucional.
Art. 2º Esta Emenda Constitucional entra em vigor na data de sua publicação, convalidados os atos de gestão praticados desde 20 de março de 2020, ficando o art. 1º revogado na data de encerramento do estado de calamidade pública.	Art. 10. Ficam convalidados os atos de gestão praticados a partir de 20 de março de 2020, desde que compatíveis com o teor desta Emenda Constitucional.

VIDE ART. 2º	Art. 11. Esta Emenda Constitucional entra em vigor na data de sua publicação, ficando automaticamente revogada na data do encerramento do estado de calamidade pública **reconhecido pelo Congresso Nacional**.

Fonte: Elaboração própria (2020).

No que diz respeito ao mérito da PEC nº 10, de 2020, a primeira grande alteração promovida pelo Senado Federal foi a supressão dos dispositivos relacionados à criação Comitê de Gestão da Crise, transferindo ao Poder Executivo Federal como um todo, no art. 2º do Substitutivo aprovado em Plenário, a prerrogativa de adoção de um regime mais ágil nas contratações administrativas. Em seu voto, o Senador Anastasia pontuou não ver grandes ganhos na criação de um Comitê Gestor presidido pelo Presidente da República, que, inclusive, já havia exercido sua competência de coordenação do Poder Executivo ao instituir comitê para supervisão e monitoramento dos impactos da COVID-19, por meio do Decreto nº 10.227, de 16 de março de 2020.

Do mesmo modo foram suprimidos do texto os dispositivos que previam competências judiciais novas, relacionadas aos atos do Comitê de Gestão de Crise, ao Supremo Tribunal Federal e ao Superior Tribunal de Justiça (§§ 3º e 12 do art. 115 do ADCT). O dispositivo que concedia ao Comitê de Gestão da Crise o benefício de receber uma fiscalização simplificada pelo Tribunal de Contas da União foi suprimido. Tal flexibilização foi substituída por um maior dever de publicidade dos gastos realizados com o enfrentamento da crise, na forma do disposto no art. 5º e nos parágrafos únicos dos art. 2º e 4º, todos incluídos pelo Senado Federal.

No que tange ao regime extraordinário de contratações, o Senado promoveu significativa mudança ao excetuar apenas o cumprimento de limitações legais. A inobservância das limitações constitucionais, que havia sido largamente permitida no texto da Câmara dos Deputados, ficou restrita ao disposto no § 1º do art. 169 da Constituição Federal, quanto à contratação de que trata o inciso IX do caput do art. 37 da Constituição Federal, e no § 3º do art. 195 da Constituição Federal, quanto às contratações em geral com o Poder Público.

Já com relação ao regime extraordinário fiscal, o Senado Federal retirou a previsão que alterava o regime de tramitação de medidas provisórias relacionadas a créditos extraordinários, mas manteve os dispositivos relacionados à dispensa da "regra de ouro" e de permissão de "rolagem da dívida". Ou seja, continuou permitindo o endividamento da União em montante superior às despesas de capital, inclusive para o refinanciamento dos juros e encargos da dívida pública. A autorização ampla e irrestrita para endividamento foi vista por membros da cúpula do Congresso Nacional como um dos principais objetivos da PEC. Ainda que entendessem que o afastamento da "regra de ouro" fosse possível por meio da aprovação de lei por maioria absoluta dos parlamentares, o simbolismo e a amplitude de uma PEC ampliariam a pressão para que o Planalto tomasse medidas mais eficazes e céleres contra a crise.[93] Na visão do economista José Roberto Afonso, um dos idealizadores da PEC, "aqui e em qualquer lugar do mundo [a fonte para aumento de gastos] é uma só: se chama dívida pública. Vencida a guerra e ficando vivo, se discute como é que pagar essa dívida. O momento agora é de se endividar".[94]

Por fim, no que diz respeito ao regime extraordinário financeiro, o Senado Federal manteve o poder concedido ao Banco Central para atuar no mercado secundário de títulos do Tesouro Nacional, mas alterou sensivelmente a regulamentação prevista pela Câmara dos Deputados relacionada a ativos privados.

O Senado Federal abandonou o dispositivo que condicionava a atuação do Banco Central no mercado secundário de títulos privados à autorização do Ministério da Economia e à exigência de aporte conjunto de capital pelo Tesouro Nacional (§ 10 do art. 115 do ADCT). Ao invés do mecanismo de controle institucional divisado pela Câmara dos Depu-

---

[93] Ribeiro, Marcelo; Graner, Edna Simão. PEC flexibiliza "regra de ouro" em gastos para conter pandemia. **Valor Econômico**, Brasília, mar. de 2020. Disponível em: https://valor.globo.com/brasil/noticia/2020/03/30/pec-flexibiliza-regra-de-ouro-em-gastos-para-conter-pandemia.ghtml. Acesso em 18 de jun. de 2020.

[94] Fernandes, Adriana. 'Momento agora é de governo se endividar', diz pai da LRF sobre gastos no combate à pandemia. **O Estado de São Paulo**, Brasília, abr. de 2020. Disponível em: https://economia.estadao.com.br/noticias/geral,momento-agora-e-de-governo-se-endividar-diz-pai-da-lrf-sobre-gastos-no-combate-a-pandemia,70003256409 Acesso em 18 de jun. de 2020.

tados, que obrigava a decisão conjunta de investimento entre Ministério da Economia e Banco Central, o Senado Federal preferiu estipular condicionantes materiais à atuação deste último. No lugar de controlar a discricionariedade de decisão sobre a compra de ativos via compartilhamento de responsabilidades entre representantes dos diferentes órgãos, o Senador Antônio Anastasia fixou expressamente algumas características obrigatórias dos títulos que poderão vir a compor a carteira do Banco Central. Assim observou o Senador em seu voto:

> Existe uma série de preocupações com relação ao mecanismo pelo qual o Banco Central poderá realizar essa compra de ativos de empresas não financeiras, sobretudo em quais mercados poderá atuar e quais os limites de sua atuação.
> Esses limites estão propostos no substitutivo e se referem (i) as modalidades de títulos do mercado secundário que podem ser adquiridos, bem como suas (ii) condições: (iii) terem sido objeto de avaliação de qualidade por meio de uma das três maiores empresas internacionais de avaliação de crédito; (ii.ii) terem classificação em categoria de risco de crédito no mercado local equivalente a BB- ou superior; e (ii.iii) terem preços de referência publicados por entidade do mercado financeiro acreditada pelo banco central, de forma a dar total transparência ao processo de aquisição.[95]

O Senado Federal manteve a previsão de que poderá o Congresso Nacional sustar atos do Poder Executivo no caso de irregularidade ou incompatibilidade com os limites da Emenda Constitucional, expandindo a competência hoje prevista do art. 49, V, da Constituição Federal, que apenas admite tal avanço do Poder Legislativo sobre os atos do Poder Executivo quando há exorbitância do poder regulamentar. E, com relação à convalidação de atos praticados a partir de 20 de março de 2020, data da promulgação do Decreto Legislativo nº 6, de 2020, o Senado

---

[95] SENADO FEDERAL. **Parecer de Plenário nº 22**. Em substituição à Comissão de Constituição, Justiça e Cidadania, sobre a Proposta de Emenda à Constituição nº 10, de 2020. Disponível em https://legis.senado.leg.br/sdleg-getter/documento?dm=8095932&ts=1590792822551&disposition=inline. Acesso em 18 de jun. 2020.

Federal deixou claro que tal condescendência deveria alcançar apenas os atos compatíveis com a própria Emenda Constitucional.

Por ocasião da votação de destaques das emendas nº 34 e 45 no primeiro turno, que tratavam da exigência de manutenção de empregos pelas empresas que tivessem títulos adquiridos pelo Banco Central, o Plenário do Senado Federal concordou que, em substituição a tais votações, acatariam a inclusão de novo art. 4º a PEC nº 10, de 2020, nos termos de adequações redacionais propostas pelo Senador Antonio Anastasia. Referido dispositivo restou assim aprovado:

> Art. 4º O recebimento de benefícios creditícios, financeiros e tributários, direta ou indiretamente, no âmbito de programas da União com o objetivo de enfrentar os impactos sociais e econômicos da pandemia, está condicionado ao compromisso das empresas de manutenção de empregos, na forma dos respectivos regulamentos.

Sintetiza-se, então, que o referido dispositivo representou um "meio termo" quanto ao conteúdo das emendas 34 e 45 apresentadas, respectivamente, pelo Senador Alessandro Vieira e Rogério de Carvalho. No relatório apresentado pelo Senador Antônio Anastasia, rechaçava-se a aprovação das referidas emendas pelo seguinte motivo:

> Além dessas mudanças, lamentamos a impossibilidade fática de acolher parte das Emendas nos 10, 22, 34 e 45. Como nos referimos no relatório, a natureza do mercado secundário e as características dos títulos a serem adquiridos impedem que sejam impostas restrições à dispensa de pessoal, pois a empresa não-financeira emissora do título não é a beneficiaria da aquisição no mercado secundário. Repetimos: concordamos com o mérito da medida, porém a impossibilidade de sua operacionalização nos impede de acolhe-las. De todo modo entendemos que este papel seja melhor exercido pelo Governo Federal por meio dos bancos públicos, os quais — esses, sim — atuam no mercado primário, em contato direto com as empresas.

Finalizados os dois turnos de discussão e votação no Senado Federal, a PEC retornou, no mesmo dia 17 de abril, para análise da Câmara dos Deputados.

3. Segunda Fase de Votação na Câmara dos Deputados e Promulgação

Interpretando o disposto no § 2º do art. 60 da Constituição Federal, a jurisprudência do Supremo Tribunal Federal firmou-se no seguinte sentido:

> Se a inovação aprovada pela Casa revisora altera, não apenas a forma da elocução, mas o conteúdo significativo da proposta da Câmara de origem, é inválida a promulgação do texto modificado, antes que o aceite, em dois turnos, o Plenário de origem: é o que se dá, seja que transforme em outra, em qualquer dos seus elementos de identificação, a hipótese normativa ou a sanção, seja quando se lhe suprima proposição acessória, que implique modificar a significação normativa do texto remanescente" (MC-ADI nº 3.472, Relator Ministro Sepúlveda Pertence, Tribunal Pleno em 28/04/2005).
>
> O retorno do projeto emendado à Casa iniciadora não decorre do fato de ter sido simplesmente emendado. Só retornará se, e somente se, a emenda tenha produzido modificação de sentido na proposição jurídica. Ou seja, se a emenda produzir proposição jurídica diversa da proposição emendada" (ADC nº 3, Relator Ministro Nelson Jobim, Tribunal Pleno em 01/12/1999).

Tais precedentes do Supremo Tribunal Federal demonstram que a reordenação da PEC em artigos, ao invés de parágrafos em um novo artigo 115 do ADCT, bem como pequenas alterações de redação que resultaram nos art. 1º, 2º, 3º, 10, 11 e 12 da versão aprovada pelo Senado Federal, permitiriam a promulgação imediata desses dispositivos.

Quanto aos art. 4º a 9º, contudo, poder-se-ia interpretar que a versão aprovada no Senado Federal é distinta daquela aprovada pela Câmara dos Deputados. É notório que os comandos contidos nos artigos 4º, 6º, 8º e 9º da aprovados pelo Senado Federal não guardam paralelo com os dispositivos aprovados no âmbito da Câmara dos Deputados.

No que se refere aos artigos 5º e 7º da versão do Senado Federal, bem como no inc. I e *caput* do art. 8º, vale esclarecer que embora tenham texto idêntico ao dos dispositivos aprovados na Câmara, não seria despiciendo considerar que seu conteúdo foi indiretamente modificado pela retirada do § 10 do art. 115 do ADCT. O texto original permitia a realização de operações de crédito para pagamento de juros e encargos da Dívida Pública em um contexto no qual o Banco Central não competiria com

Tesouro Nacional na captação de recursos. O suprimido § 10 condicionava as operações do Banco Central no mercado secundário de papéis privados à prévia autorização do Ministro da Economia e à participação do próprio Tesouro com aporte mínimo de 25% da operação.[96]

Considerando que os temas fiscal e financeiro eram o cerne da PEC nº 10, de 2020, a Mesa da Câmara dos Deputados submeteu o texto aprovado pelo Senado Federal para nova votação. Com a supressão do art. 4º e das alíneas do inc. II do art. 8º do texto encaminhado pelo Senado Federal, o Plenário da Câmara dos Deputados enfim chancelou os dispositivos que vieram a ser promulgados, no dia 7 de maio de 2020, pela Mesa de ambas as Casas do Congresso Nacional. Veja-se comparação entre o texto final do Senado Federal encaminhado à Câmara dos Deputados e o texto da Emenda Constitucional nº 106, de 2020:

Quadro 5 – Comparação entre o texto final do Senado Federal encaminhado à Câm. dos Dep. e o texto da EC nº 106, de 2020

Redação Final do Senado Federal	Emenda Constitucional 106, de 2020
Art. 1º Durante a vigência de estado de calamidade pública nacional reconhecida pelo Congresso Nacional em razão de emergência de saúde pública de importância internacional decorrente de pandemia, a União adotará Regime Extraordinário Fiscal, Financeiro e de Contratações para atender as necessidades dela decorrentes, somente naquilo em que a urgência for incompatível com o regime regular, nos termos definidos nesta Emenda Constitucional.	Art. 1º Durante a vigência de estado de calamidade pública nacional reconhecido pelo Congresso Nacional em razão de emergência de saúde pública de importância internacional decorrente de pandemia, a União adotará regime extraordinário fiscal, financeiro e de contratações para atender às necessidades dele decorrentes, somente naquilo em que a urgência for incompatível com o regime regular, nos termos definidos nesta Emenda Constitucional.

---

[96] Aqui cabe acentuar que a mudança de conteúdo do texto de uma proposição não ocorre apenas com a alteração de dicção de seus dispositivos, podendo também resultar de meras supressões de texto. Foi o que decidiu o Supremo Tribunal Federal no contexto de análise da ADI nº 2.031, na qual se arguia a Emenda Constitucional nº 21, de 18 de março de 1999, por ter sido promulgada sem trechos suprimidos pela Câmara dos Deputados após a sua aprovação pelo Senado Federal.

Art. 2º Com o propósito exclusivo de enfrentamento do contexto da calamidade e de seus efeitos sociais e econômicos, no seu período de duração, o Poder Executivo Federal, no âmbito de suas competências, poderá adotar processos simplificados de contratação de pessoal, em caráter temporário e emergencial, e de obras, serviços e compras que assegurem, quando possível, competição e igualdade de condições a todos os concorrentes, dispensada a observância do § 1º do art. 169 da Constituição Federal na contratação de que trata o inciso IX do caput do art. 37 da Constituição Federal, limitada a dispensa às situações de que trata o mencionado inciso, sem prejuízo da tutela dos órgãos de controle.	**Art. 2º** Com o propósito exclusivo de enfrentamento do contexto da calamidade e de seus efeitos sociais e econômicos, no seu período de duração, o Poder Executivo federal, no âmbito de suas competências, poderá adotar processos simplificados de contratação de pessoal, em caráter temporário e emergencial, e de obras, serviços e compras que assegurem, quando possível, competição e igualdade de condições a todos os concorrentes, dispensada a observância do § 1º do art. 169 da Constituição Federal na contratação de que trata o inciso IX do caput do art. 37 da Constituição Federal, limitada a dispensa às situações de que trata o referido inciso, sem prejuízo da tutela dos órgãos de controle.
Parágrafo único. Nas hipóteses de distribuição de equipamentos e insumos de saúde imprescindíveis ao enfrentamento da calamidade, a União adotará critérios objetivos, devidamente publicados, para a respectiva destinação a Estados e Municípios.	**Parágrafo único.** Nas hipóteses de distribuição de equipamentos e insumos de saúde imprescindíveis ao enfrentamento da calamidade, a União adotará critérios objetivos, devidamente publicados, para a respectiva destinação a Estados e a Municípios.
Art. 3º Desde que não **impliquem** despesa permanente, as proposições legislativas e os atos do Poder Executivo com propósito exclusivo de enfrentar a calamidade e suas consequências sociais e econômicas, com vigência e efeitos restritos à sua duração, ficam dispensados da observância das limitações legais quanto a criação, expansão ou aperfeiçoamento de ação governamental que acarrete aumento de despesa e a concessão ou ampliação de incentivo ou benefício de natureza tributária da qual decorra renúncia de receita.	**Art. 3º** Desde que não impliquem despesa permanente, as proposições legislativas e os atos do Poder Executivo com propósito exclusivo de enfrentar a calamidade e suas consequências sociais e econômicas, com vigência e efeitos restritos à sua duração, ficam dispensados da observância das limitações legais quanto à criação, à expansão ou ao aperfeiçoamento de ação governamental que acarrete aumento de despesa e à concessão ou à ampliação de incentivo ou benefício de natureza tributária da qual decorra renúncia de receita.
Parágrafo único. Durante a vigência da calamidade pública nacional de que trata o art. 1º, não se aplica o disposto no art. 195, § 3º, da Constituição Federal.	**Parágrafo único.** Durante a vigência da calamidade pública nacional de que trata o art. 1º **desta Emenda Constitucional,** não se aplica o disposto no § 3º do art. 195 da Constituição Federal.
Art. 4º O recebimento de benefícios creditícios, financeiros e tributários, direta ou indiretamente, no âmbito de programas da União com o objetivo de enfrentar os impactos sociais e econômicos da pandemia, está condicionado ao compromisso das empresas de manutenção de empregos, na forma dos respectivos regulamentos.	SUPRIMIDO

Art. 5º Será dispensada, durante a integralidade do exercício financeiro em que vigore a calamidade pública nacional de que trata o art. 1º, a observância do inciso III do caput do art. 167 da Constituição Federal.	**Art. 4º** Será dispensada, durante a integralidade do exercício financeiro em que vigore a calamidade pública nacional de que trata o art. 1º desta Emenda Constitucional, a observância do inciso III do caput do art. 167 da Constituição Federal.
Parágrafo único. O Ministério da Economia publicará, a cada 30 (trinta) dias, relatório contendo os valores e o custo das operações de crédito realizadas no período de vigência do estado de calamidade pública nacional de que trata o art. 1º.	**Parágrafo único.** O Ministério da Economia publicará, a cada 30 (trinta) dias, relatório com os valores e o custo das operações de crédito realizadas no período de vigência do estado de calamidade pública nacional de que trata o art. 1º desta Emenda Constitucional.
Art. 6º As autorizações de despesas relacionadas ao enfrentamento dacalamidade pública nacional de que trata o art. 1º e de seus efeitos sociais e econômicos deverão:	**Art. 5º** As autorizações de despesas relacionadas ao enfrentamento da calamidade pública nacional de que trata o art. 1º desta Emenda Constitucional e de seus efeitos sociais e econômicos deverão:
I – constar de programações orçamentárias específicas ou contar com marcadores que as identifiquem; e	I – constar de programações orçamentárias específicas ou contar com marcadores que as identifiquem; e
II – ser separadamente avaliadas na prestação de contas do Presidente da República e evidenciadas, até 30 (trinta) dias após o encerramento de cada bimestre, no relatório a que se refere o art. 165, § 3º, da Constituição Federal.	II – ser separadamente avaliadas na prestação de contas do Presidente da República e evidenciadas, até 30 (trinta) dias após o encerramento de cada bimestre, no relatório a que se refere o § 3º do art. 165 da Constituição Federal.
Parágrafo único. Decreto do Presidente da República, editado até 15 (quinze) dias após a entrada em vigor desta Emenda Constitucional, disporá sobre a forma de identificação das autorizações de que trata o caput deste artigo, incluídas as anteriores à vigência desta Emenda Constitucional.	**Parágrafo único.** Decreto do Presidente da República, editado até 15 (quinze) dias após a entrada em vigor desta Emenda Constitucional, disporá sobre a forma de identificação das autorizações de que trata o caput deste artigo, incluídas as anteriores à vigência desta Emenda Constitucional.
Art. 7º Durante a vigência da calamidade pública nacional de que trata o art. 1º, os recursos decorrentes de operações de crédito realizadas para o refinanciamento da dívida mobiliária poderão ser utilizados também para o pagamento de seus juros e encargos.	**Art. 6º** Durante a vigência da calamidade pública nacional de que trata o art. 1º desta Emenda Constitucional, os recursos decorrentes de operações de crédito realizadas para o refinanciamento da dívida mobiliária poderão ser utilizados também para o pagamento de seus juros e encargos.
Art. 8º O Banco Central do Brasil, limitado ao enfrentamento da calamidade pública nacional de que trata o art. 1º, e com vigência e efeitos restritos ao período de sua duração, fica autorizado a comprar e vender:	**Art. 7º** O Banco Central do Brasil, limitado ao enfrentamento da calamidade pública nacional de que trata o art. 1º desta Emenda Constitucional, e com vigência e efeitos restritos ao período de sua duração, fica autorizado a comprar e a vender:
I – títulos de emissão do Tesouro Nacional, nos mercados secundários local e internacional; e	I – títulos de emissão do Tesouro Nacional, nos mercados secundários local e internacional; e

II – os seguintes ativos, em mercados secundários nacionais no âmbito de mercados financeiros, de capitais e de pagamentos, desde que, no momento da compra, tenham classificação em categoria de risco de crédito no mercado local equivalente a BB- ou superior, conferida por pelo menos uma das três maiores agências internacionais de classificação de risco, e preço de referência publicado por entidade do mercado financeiro acreditada pelo Banco Central do Brasil:	II – os ativos, em mercados secundários nacionais no âmbito de mercados financeiros, de capitais e de pagamentos, desde que, no momento da compra, tenham classificação em categoria de risco de crédito no mercado local equivalente a BB- ou superior, conferida por pelo menos 1 (uma) das 3 (três) maiores agências internacionais de classificação de risco, e preço de referência publicado por entidade do mercado financeiro acreditada pelo Banco Central do Brasil.
a) debêntures não conversíveis em ações;	SUPRIMIDO
b) cédulas de crédito imobiliário;	SUPRIMIDO
c) certificados de recebíveis imobiliários;	SUPRIMIDO
d) certificados de recebíveis do agronegócio;	SUPRIMIDO
e) notas comerciais; e	SUPRIMIDO
f) cédulas de crédito bancário.	SUPRIMIDO
§ 1º Respeitadas as condições do inciso II do caput deste artigo, será dada preferência à aquisição de títulos emitidos por micro, pequenas e médias empresas.	§ 1º Respeitadas as condições previstas no inciso II do caput deste artigo, será dada preferência à aquisição de títulos emitidos por microempresas e por pequenas e médias empresas.
§ 2º O Banco Central do Brasil fará publicar diariamente as operações realizadas, de forma individualizada, com todas as respectivas informações, incluindo condições financeiras e econômicas das operações, como taxas de juros pactuadas, valores envolvidos e prazos.	§ 2º O Banco Central do Brasil fará publicar diariamente as operações realizadas, de forma individualizada, com todas as respectivas informações, inclusive as condições financeiras e econômicas das operações, como taxas de juros pactuadas, valores envolvidos e prazos.
§ 3º O Presidente do Banco Central do Brasil prestará contas ao Congresso Nacional, a cada 30 (trinta) dias, do conjunto das operações previstas neste artigo, sem prejuízo do previsto no § 2º.	§ 3º O Presidente do Banco Central do Brasil prestará contas ao Congresso Nacional, a cada 30 (trinta) dias, do conjunto das operações previstas neste artigo, sem prejuízo do previsto no § 2º deste artigo.
§ 4º A alienação de ativos adquiridos pelo Banco Central do Brasil, na forma deste artigo, poderá dar-se em data posterior à vigência do estado de calamidade pública nacional de que trata o art. 1º, se assim justificar o interesse público.	§ 4º A alienação de ativos adquiridos pelo Banco Central do Brasil, na forma deste artigo, poderá dar-se em data posterior à vigência do estado de calamidade pública nacional de que trata o art. 1º desta Emenda Constitucional, se assim justificar o interesse público.

Art. 9º O Banco Central do Brasil editará regulamentação sobre exigências de contrapartidas, durante a vigência desta Emenda Constitucional, ao comprar de instituições financeiras ativos na hipótese do inciso II do caput do art. 8º, em especial a vedação de:	Art. 8º **Durante a vigência desta Emenda Constitucional**, o Banco Central do Brasil editará regulamentação sobre exigências de contrapartidas ao comprar ativos de instituições financeiras em conformidade com a previsão do inciso II do caput do art. 7º desta Emenda Constitucional, em especial a vedação de:
I – pagar juros sobre o capital próprio e dividendos acima do mínimo obrigatório estabelecido em lei ou no estatuto social vigente na data de entrada em vigor desta Emenda Constitucional;	I – pagar juros sobre o capital próprio e dividendos acima do mínimo obrigatório estabelecido em lei ou no estatuto social vigente na data de entrada em vigor desta Emenda Constitucional;
II – aumentar a remuneração, fixa ou variável, de diretores e membros do conselho de administração, no caso das sociedades anônimas, e dos administradores, no caso de sociedades limitadas.	II – aumentar a remuneração, fixa ou variável, de diretores e membros do conselho de administração, no caso das sociedades anônimas, e dos administradores, no caso de sociedades limitadas.
Parágrafo único. A remuneração variável referida no inciso II do caput inclui bônus, participação nos lucros e quaisquer parcelas de remuneração diferidas e outros incentivos remuneratórios associados ao desempenho.	**Parágrafo único**. A remuneração variável referida no inciso II do caput deste artigo inclui bônus, participação nos lucros e quaisquer parcelas de remuneração diferidas e outros incentivos remuneratórios associados ao desempenho.
Art. 10. Em caso de irregularidade ou **de descumprimento** dos limites desta Emenda Constitucional, o Congresso Nacional poderá sustar, por decreto legislativo, qualquer decisão de órgão ou entidade do Poder Executivo relacionada às medidas autorizadas por esta Emenda Constitucional.	Art. 9º Em caso de irregularidade ou de descumprimento dos limites desta Emenda Constitucional, o Congresso Nacional poderá sustar, por decreto legislativo, qualquer decisão de órgão ou entidade do Poder Executivo relacionada às medidas autorizadas por esta Emenda Constitucional.
Art. 11. Ficam convalidados os atos de gestão praticados a partir de 20 de março de 2020, desde que compatíveis com o teor desta Emenda Constitucional.	Art. 10. Ficam convalidados os atos de gestão praticados a partir de 20 de março de 2020, desde que compatíveis com o teor desta Emenda Constitucional.
Art. 12. Esta Emenda Constitucional entra em vigor na data de sua publicação, ficando automaticamente revogada na data do encerramento do estado de calamidade pública reconhecido pelo Congresso Nacional.	Art. 11. Esta Emenda Constitucional entra em vigor na data de sua publicação e ficará automaticamente revogada na data do encerramento do estado de calamidade pública reconhecido pelo Congresso Nacional.

Fonte: Elaboração própria (2020).

Ao argumento de que o art. 4º constante da versão final aprovada pelo Senado Federal poderia abrir espaço para a concessão indesejada de benefícios creditícios e tributários, a Câmara dos Deputados suprimiu tal dispositivo. Igualmente foram suprimidas as alíneas que dispunham sobre os tipos de crédito privado passíveis de aquisição pelo Banco Central no mercado secundário.

A supressão do art. 4º não criou grandes celeumas, mas a inconstitucionalidade formal do art. 7º, inc. II, da Emenda Constitucional nº 106, de 2020 foi suscitada perante o Supremo Tribunal Federal, pelo Partido Cidadania, que apontou ofensa ao art. 60, §2º da Constituição Federal (ADI 6.417). Segundo o partido, ao retirar as alíneas "a" a "d" do referido inciso II, a Câmara dos Deputados alterou o sentido do texto previamente aprovado pelo Senado Federal, impossibilitando a promulgação imediata do referido dispositivo.

Estará, portanto, no cerne da discussão da ADI 6.417, interposta pelo Partido Cidadania, interpretar se a eliminação de texto feita pela Câmara dos Deputados implicou ou não mudança de sentido normativo dos dispositivos remanescentes. A Mesa da Câmara dos Deputados, em suas informações à ADI, defendeu o texto promulgado indicando que o rol de ativos privados constante do texto aprovado no âmbito do Senado Federal era meramente exemplificativo, de forma que sua supressão, pela Câmara dos Deputados, deve ser entendida como simples medida de aprimoramento da técnica legislativa, visando evitar equívocos interpretativos, em favor da segurança jurídica:

> Outra importante razão para concluir que a lista prevista na alíneas do inciso II do art. 8º do substitutivo aprovado pelo Senado Federal era meramente exemplificativa está na resposta à indagação do que constitui um certificado de recebível imobiliário ou certificado de recebíveis do agronegócio.
> [...]
> Conforme o art. 6º da Lei nº 9.514, de 1997, o certificado de recebíveis imobiliários – CRI é um título de crédito nominativo, de livre negociação, lastreado em créditos imobiliários. Em outras palavras, o CRI nada mais é do que uma cesta lastreada por créditos imobiliários, não estabelecendo a lei nenhum limite para quais são os tipos de título de crédito ou contrato que podem compor essa cesta.
> [...]
> O mesmo ocorre, por exemplo, com os certificados de recebíveis do agronegócio. De acordo com o art. 23 da Lei 11.076, de 2004, um certificado de recebíveis do agronegócio – CRA pode ser formado por quaisquer direitos

creditórios originários de negócios realizados entre produtores rurais, ou suas cooperativas e terceiros, inclusive financiamentos ou empréstimos, relacionados com a produção, comercialização, beneficiamento ou industrialização de produtos ou insumos agropecuários ou de máquina e implementos utilizados na atividade agropecuária.

Assim como ocorre com um CRI, não há limites em relação a quantos ou quais tipos de direitos creditórios podem integrar um CRA. Desse modo, um CRA pode, na verdade, ser formado por duplicatas, notas promissórias ou mesmo por contratos com força de título executivo extrajudicial.

[...]

Note-se que não há, do ponto de vista material, nenhuma diferença entre um fundo de investimento formado por debêntures e notas promissórias, apenas para exemplificar, e uma CRI ou CRA formada por debêntures e notas promissórias."

De acordo com a Mesa da Câmara dos Deputados, o texto promulgado manteve o cerne do dispositivo aprovado no Senado Federal, qual seja, a exigência de que os créditos tenham classificação de risco BB- ou superior e preço de referência público. A Câmara teria chancelado a preocupação principal do Senado Federal de que o Banco Central não adquirirá títulos sabidamente muito arriscados ou a preços não transparentes. Ademais, a Câmara identificou que o rol de títulos enumerados pelo Senado Federal era conflitante com sua preocupação de favorecer micro, pequenas e médias empresas, tal como consta do § 1º do art. 7º da Emenda Constitucional nº 106, de 2020.

Conclusões

As inovações da Emenda Constitucional nº 106, de 2020, no regime fiscal foram avaliadas pela Consultoria de Orçamento e Fiscalização Financeira da Câmara dos Deputados por meio da Nota Técnica nº 20, de 2020. Na visão de referido órgão técnico, o fato de terem sido extraordinariamente excetuadas diversas exigências relacionadas a mandamentos de disciplina fiscal, não significa que se abandonou a responsabilidade orçamentária.

As exceções previstas pela referida Emenda Constitucional não vieram desacompanhadas de ressalvas e cautelas, em especial, as seguintes: (i) a flexibilização do regime ordinário restringe-se ao período da calamidade pública nacional aprovado pelo Congresso Nacional, ou seja, a princípio, restringe-se ao prazo do Decreto Legislativo nº 6, de 2020; (ii) as dispensas das limitações legais beneficiam apenas as proposições e atos com propósito exclusivo de enfrentar a calamidade e suas consequências sociais e econômicas; (iii) continuam aplicáveis, mesmo durante o prazo de calamidade, as disposições constitucionais que tratam de âncoras fiscais, como o art. 63 da Constituição Federal (proibição de aumento de despesa nos projetos de iniciativa privativa do Presidente da República), e os art. 107 (teto de gastos) e 113 (exigência de estimativa de impacto orçamentário-financeiro) do ADCT; e (iv) as dispensas do regime extraordinário não beneficiam despesas obrigatórias de duração continuada, ainda que voltadas ao combate à pandemia, cuja aprovação somente pode se dar mediante a devida compensação por aumento de receitas ou redução de despesas.

Quanto às inovações no regime financeiro, a Emenda Constitucional nº 106, de 2020, ampliou as funções do Banco Central para além da função de regulador monetário, cuja preocupação principal está em manipular corretamente a taxa básica de juros, de forma a garantir o cumprimento das metas de inflação. A permissão incluída no art. 7º, de que o Banco Central atue na compra e venda de ativos públicos e privados no âmbito do mercado secundário, tem por finalidade aumentar a liquidez e baratear o crédito, de forma a estimular investimentos e a própria atividade econômica que se encontra em assustadora retração. Trata-se de política monetária conhecida como "afrouxamento quantitativo" (*quantitative easing*), largamente aplicada a partir de 2008 pelos bancos centrais dos países desenvolvidos como medida capaz de fazer com que a liquidez voltasse a fluir nos mercados financeiros e creditícios.

Ao longo da tramitação da PEC nº 10, de 2020, no Congresso Nacional, ficou patente o desconforto de diversos parlamentares com essa ampliação de funções do Banco Central, ainda que tal estivesse sendo autorizada apenas no período da calamidade relacionada à COVID-19. Houve o receio de que a compra de títulos privados pudesse vir a favorecer uma ou outra empresa (ou apenas as instituições financeiras e fundos de investimento) em detrimento da população e dos cofres públicos. Notícia veiculada na edição de 20 de maio de 2020 do jornal Valor Econômico revelou que o Banco Central "avalia comprar cestas de títulos privados que espelhem o conjunto de empresas que fazem captações no mercado de capitais, em vez de escolher os papéis de uma ou outra companhia que tenha problemas mais graves de liquidez." Tal postura parece revelar a preocupação do órgão em não utilizar o mecanismo permitido pelo art. 7º da EC nº 106, de 2020, para realizar socorros pontuais e direcionados de tal ou qual empresa, fundação ou fundo.

É notório que a Emenda Constitucional nº 106, de 2020, portanto, apesar de flexibilizar diversas amarras fiscais e financeiras em prol da celeridade e eficiência no combate à crise causada pela COVID-19, não olvidou de resguardar, por meio de extenso recurso a obrigações de publicidade, alguma medida de prudência fiscal, bem como de obediência aos princípios da legalidade, impessoalidade, moralidade, tão caros ao Estado Democrático de Direito.

Referências

BRASIL. Constituição (1988). *Emenda constitucional nº 106, de 7 de maio de 2020*. Institui regime extraordinário fiscal, financeiro e de contratações para enfrentamento de calamidade pública nacional decorrente de pandemia. Brasília, 2020. Disponível em: http://www.planalto.gov.br/ccivil_03/constituicao/emendas/emc/emc106.htm#:~:text=Emenda%20Constitucional%20n%C2%BA%20106&text=Institui%20regime%20extraordin%C3%A1rio%20fiscal%2C%20financeiro,do%20%C2%A7%203%C2%BA%20do%20art.. Acesso em 15 de jun. de 2020.

BRASIL. *Lei complementar 101, de 4 de março de 2000*. Estabelece normas de finanças públicas voltadas para a responsabilidade na gestão fiscal e dá outras providências. Brasília, 2000. Disponível em: http://www.planalto.gov.br/ccivil_03/leis/lcp/lcp101.htm. Acesso em 15 de jun. de 2020.

CÂMARA DOS DEPUTADOS DO BRASIL. Plenário. *Sessão Deliberativa Extraordinária (virtual)* – 01/04/2020. Disponível em: https://www.camara.leg.br/evento-legislativo/59542. Acesso em 12 de jun. 2020.

CONTI, José Maurício. *Orçamentos Públicos:* A Lei 4.320/1964 Comentada. 4ª ed. São Paulo: Revista dos Tribunais, 2019.

CUCOLO, Eduardo. Entenda o que são estados de calamidade pública, de sítio e de defesa e seus efeitos para o gasto público. *Folha de São Paulo*, São Paulo, mar.

2020. Disponível em: https://www1.folha.uol.com.br/mercado/2020/03/entenda-o-que-sao-estado-de-calamidade-publica-de-sitio-e-de-defesa-e-seus-efeitos-para-o-gasto-publico.shtml. Acesso em 11 de jun. 2020.

FERNANDES, Adriana. Momento agora é de governo se endividar, diz pai da LRF sobre gastos no combate à pandemia. *O Estado de São Paulo*, Brasília, abr. de 2020. Disponível em: https://economia.estadao.com.br/noticias/geral,momento-agora-e-de-governo-se-endividar-diz-pai-da-lrf-sobre-gastos-no-combate-a-pandemia,70003256409 Acesso em 18 de jun. de 2020.

FIGUEIREDO, Ticiano; GALVÃO, Jorge Octávio Lavocat; e FERRAZ, João Paulo. Formas de manutenção da ordem pública em tempos de pandemia. *Consultor Jurídico*, [S.l], mar. de 2020. Disponível em: https://www.conjur.com.br/2020-mar-24/embargado-opiniao-formas-manutencao-ordem-publica-tempos-pandemia. Acesso em 11 de jun. 2020.

KANAGUCHI, Lucas; FELIX, Rafael. Estados de exceção e o COVID-19: Estado de sítio, estado de defesa, calamidade pública e estado de emergência [online]. *Migalhas*, mar. 2020. Disponível em: https://www.migalhas.com.br/coluna/constituicao-na-escola/322829/estados-de-excecao-e-o-covid-19-estado-de-sitio-estado-de-defesa-calamidade-publica-e-estado-de-emergencia. Acesso em 12 de jun. de 2020.

MARTELLO, Alexandro. Para baixar dívida, governo propõe que BC receba depósitos de bancos. *G1 Economia*, Brasília, mar. 2016. Disponível em: http://g1.globo.com/economia/noticia/2016/03/para-baixar-divida-governo-propoe-quebc-receba-depositos-de-bancos.html. Acesso em 12 de jun. de 2020.

MENDES, Marcos. Depósito Remunerado no Banco Central: avanço institucional ou contabilidade criativa? *Boletim Legislativo nº 45*, Brasília, 2016. Disponível em: https://www12.senado.leg.br/publicacoes/estudos-legislativos/tipos-de-estudos/boletins-legislativos/bol45. Acesso em 13 de jun. de 2020.

REDAÇÃO GALILEU. "O que são estados de calamidade pública, emergência, defesa e sítio?" Disponível em: https://revistagalileu.globo.com/Ciencia/Saude/noticia/2020/03/o-que-sao-estados-de-calamidade-publica-emergencia-defesa-e-sitio.html. Acesso em 11 de junho de 2020.

RIBEIRO, Marcelo; GRANER, Edna Simão. PEC flexibiliza "regra de ouro" em gastos para conter pandemia. **Valor Econômico**, Brasília, mar. de 2020. Disponível em: https://valor.globo.com/brasil/noticia/2020/03/30/pec-flexibiliza-regra-de-ouro-em-gastos-para-conter-pandemia.ghtml. Acesso em 18 de jun. de 2020.

Senado Federal. Atividade Legislativa. Notas Taquigráficas. 14/05/2020 – 6ª – Comissão Mista destinada a acompanhar a situação fiscal e a execução orçamentária e financeira das medidas relacionadas ao coronavírus (Covid-19). Disponível em: https://www25.senado.leg.br/web/atividade/notas-taquigraficas/-/notas/r/9774. Acesso em 14 de junho de 2020.

Senado Federal. Consultoria de Orçamentos, Fiscalização e Controle. *Nota Técnica 95/2020*. Análise da PEC 10/2020. Brasília, 2020. Disponível em https://www.camara.leg.br/internet/agencia/pdf/NT-95-2020-PEC-10-2020-Final.pdf. Acesso em 14 de junho de 2020

Senado Federal. *Parecer de Plenário nº 22*. Em substituição à Comissão de Constituição, Justiça e Cidadania, sobre a Proposta de Emenda à Constituição nº 10, de 2020. Disponível em https://legis.senado.leg.br/sdleg-getter/documento?dm=8095932&ts=1590792822551&disposition=inline, acesso em 18 de junho de 2020.

8. Estado de Emergência e a Emenda Constitucional 106/2020: o Orçamento de Guerra

FERNANDO FACURY SCAFF
LUMA CAVALEIRO DE MACÊDO SCAFF

Introdução
O contexto de exceção no qual esta obra se encontra inserida nos remete à pandemia do coronavírus, por isso este capítulo está ligado ao Estado e ao orçamento público para que a atividade financeira possa ter condições de alcançar suas finalidades excepcionais e, consequentemente, servir a salvar vidas e preservar as ações de saúde.

A pandemia nos atinge em diferentes aspectos de nossa condição humana, afeta nossas rotinas pessoais e profissionais – além de impactar nossos projetos de futuro. Se vamos voltar ao normal ou viver uma nova normalidade são questões que anseiam por respostas.

O ano de 2020 é marcado pela urgência e pela emergência do direito à saúde e do direito à vida. O contexto pandêmico da Covid-19, apesar de recente, deixa sinais claros de ser um marco histórico para humanidade, não só pelas preocupações na seara da saúde, considerando a velocidade extraordinária de sua propagação, mas também pelos seus reflexos em outras áreas, sinalizando uma recessão econômica de proporções ainda desconhecidas.

Também é marcado pela complementariedade entre finanças e saúde, entre economia e a vida. A busca por soluções imediatas precisa enfrentar o desafio de rompimento com planejamento orçamentário.

A produção normativa em tempos de exceção adota por base o Decreto Legislativo nº 6/2020, que reconhece a ocorrência do estado de calamidade pública para os fins do art. 65 da Lei Complementar nº 101, de 4 de maio de 2000.

Considerando o contexto de exceção imposto pela pandemia do coronavírus, este capítulo estuda o Estado de Emergência Fiscal e sua relação com o Orçamento de Guerra. Para tanto está dividido em três seções. A primeira se dedica a analisar a atividade financeira do Estado no atual cenário de crises. A segunda, por sua vez, examina o Estado de Emergência Fiscal. A terceira e última trata sobre a Emenda Constitucional n. 106/2020, conhecida como Orçamento de Guerra.

1. Emergências e urgências na pandemia: um cenário de crises e o direito financeiro

Emergência implica em exceção. Utilizamos a classificação dos termos na área médica. **Emergência** ocorre nas situações em que, de forma súbita e imprevista, a vida, a saúde ou o meio ambiente enfrentam uma ameaça iminente, que demandam solução imediata, tal como ocorre nas hemorragias, paradas respiratórias ou cardíacas.

Já na **urgência** o quadro possui certa previsibilidade, visto que não apresenta um risco imediato de vida, o que demanda soluções de curto prazo. Caso não seja solucionada rapidamente, a citada situação pode se transformar em uma **emergência,** como nos casos de luxações, torções e alguns tipos de fraturas. As **emergências**, portanto, permitem que algumas regras sejam afastadas, como ocorre quotidianamente nas ambulâncias quando transportam doentes que se encontram nesse estado de saúde – várias regras de trânsito são relativizadas nessas situações.

É bem verdade que urgências e emergências não acontecem apenas na área de saúde. Exemplo disso é o cenário o Direito Financeiro está vivenciando em 2020, frente ao seu compromisso no atendimento de necessidade sociais.

No campo do Direito Financeiro, a atividade financeira do Estado tem passado há alguns anos situações de urgência, tendo a epidemia do coronavírus colocado o equilíbrio fiscal em situação de emergência. O ideário do Estado Democrático de Direito, republicano e democrático encontra-se ameaçado, pois a urgência tomou conta de um país cuja população está doente.

A aparente normalidade esquece os objetivos da Constituição Financeira. Está em xeque a necessidade de fazer cumprir a função dos institutos jurídicos em prol do resgate da realização de políticas públicas republicanas diante da urgente necessidade de concretização dos objetivos previstos no art. 3º da Constituição Federal.

A Constituição Federal envolve um plano de repactuação social e de transformação do Estado brasileiro diante do projeto nacional de desenvolvimento (BERCOVICI, 2010). Os institutos jurídicos servem à viabilização dos objetivos capitais no projeto dirigente de Estado Democrático de Direito; concretização de direitos fundamentais (ABRAHAM, 2013; BERCOVICI, 2010; OLIVEIRA, 2019; PAULSEN, 2017). Não obstante seja possível identificar certa simbiose entre Estado e Sociedade, a Constituição Dirigente aponta para normas dirigentes diante da necessidade de intervenção estatal (BERCOVICI, 2010).

É preciso perceber o cuidado do constituinte originário de assegurar fontes de custeio constitucionais aos direitos sociais, na chamada Constituição Financeira (TORRES, 2014). Ainda que se trate de um contexto de urgências e emergências, a Constituição Financeira deve ser preservada, dado que a atividade financeira do Estado será chamada a prestar socorro pelo dinheiro público às necessidades da população.

Observamos que a própria Constituição Federal veda o uso de medidas provisórias para os planos plurianuais, as diretrizes orçamentárias, o orçamento e créditos adicionais e suplementares, exceto para os extraordinários, conforme seu art. 167, §3º[97]. Esta proibição envolve a necessidade de se observar o planejamento fiscal, bem como normas de contabilidade pública para o exercício financeiro.

Esta regra comporta a seguinte exceção: a possibilidade de abertura de crédito extraordinário somente para atender despesas urgências e imprevisíveis como as de guerra, comoção interna ou calamidade pública.

A pandemia rompeu com o planejamento, pois exige medidas imediatas, urgentes e efetivas na saúde. No período de fevereiro/2020 até maio/2020 foram editadas cerca de 40 medidas provisórias[98] que, de

---

[97] §3º A abertura de crédito extraordinário somente será admitida para atender a despesas imprevisíveis e urgentes, como as decorrentes de guerra, comoção interna ou calamidade pública, observado o disposto no art. 62.
[98] A lista de medida provisória pode ser consultada neste link http://www4.planalto.gov.br/legislacao/portal-legis/legislacao-1/medidas-provisorias/2019-a-2022

forma direta ou indireta, estão ligadas à atividade financeira do Estado em tempos de pandemia[99].

Do total, adotamos o seguinte recorte para uma amostra de análise: foi realizado um levantamento das medidas provisórias do mês de março/2020 unicamente sobre aquelas que versam sobre o mecanismo de flexibilização orçamentário de crédito extraordinário:

Quadro 6 – Medidas provisórias do mês de março/2020 que versam sobre o mecanismo de flexibilização orçamentário de crédito extraordinário

Medida Provisória	Valor R$	Destinatário
MP 972	15.900.000.000,00	Integralização de cotas no Fundo Garantidor de Operações (FGO) para o Programa Nacional de Apoio às Microempresas e Empresas de Pequeno Porte (Pronampe) – Nacional.
MP 970	320.112.746	Ativos Civis da União – Nacional.
MP 970	18.147.908	Benefícios Obrigatórios aos Servidores Civis, Empregados, Militares e seus Dependentes.
MP 970	28.720.000.000	Auxílio Emergencial de Proteção Social a Pessoas em Situação de Vulnerabilidade, devido à Pandemia da COVID-19.
MP 969	10.000.000.000	Enfrentamento da Emergência de Saúde Pública de Importância Internacional Decorrente do Coronavírus.
MP 967	713.200.000	Enfrentamento da Emergência de Saúde Pública de Importância Internacional Decorrente do Coronavírus – Ministério da Saúde/Fundação Oswaldo Cruz.
MP 967	4.853.179.351	Enfrentamento da Emergência de Saúde Pública de Importância Internacional Decorrente do Coronavírus – Ministério da Saúde/Fundo Nacional de Saúde.
MP 967	127.300.000	Programa de Gestão e Manutenção do Poder Legislativo.
MP 967	22.700.000	Programa de Gestão e Manutenção do Poder Legislativo.

---

[99] Destaque para as seguintes medidas provisórias n. 924, 929, 935, 937, 939, 940, 941, 924, 943, 947, 949, 953, 956, 962, 963, 965, 967, 969, 970 e 972.

Medida Provisória	Valor R$	Destinatário
MP 967	17.500.000	Implantação de Melhorias Sanitárias Domiciliares para Prevenção e Controle de Doenças e Agravos em Localidades Urbanas de Municípios com População até 50.000 Habitantes – Saneamento Básico.
MP 967	40.000.000	Implantação de Infraestruturas para Segurança Hídrica.
MP 965	89.094.000	Enfrentamento da Emergência de Saúde Pública de Importância Internacional Decorrente do Coronavírus – Ministério da Justiça e Segurança Pública – Administração Direta.
MP 965	20.000.000	Enfrentamento da Emergência de Saúde Pública de Importância Internacional Decorrente do Coronavírus – Ministério da Justiça e Segurança Pública – Departamento de Polícia Rodoviária Federal
MP 965	7.500.000	Enfrentamento da Emergência de Saúde Pública de Importância Internacional Decorrente do Coronavírus – Funai.
MP 965	179.690.837	Enfrentamento da Emergência de Saúde Pública de Importância Internacional Decorrente do Coronavírus – Fundo Penitenciário.
MP 965	112.584.965	Enfrentamento da Emergência de Saúde Pública de Importância Internacional Decorrente do Coronavírus – Fundo Nacional de Segurança Pública.
MP 963	5.000.000.000	Financiamento da Infraestrutura Turística Nacional – Nacional – Recursos sob Supervisão do Fundo Geral de Turismo/FUNGETUR – Ministério do Turismo.
MP 962	6.300.000	Enfrentamento da Emergência de Saúde Pública de Importância Internacional Decorrente do Coronavírus – Conecta Brasil – Ministério da Ciência, Tecnologia, Inovações e Comunicações – Administração Direta.
MP 962	120.000.000	Enfrentamento da Emergência de Saúde Pública de Importância Internacional Decorrente do Coronavírus – Tecnologias Aplicadas, Inovação e Desenvolvimento Sustentável – Ministério da Ciência, Tecnologia, Inovações e Comunicações – Administração Direta.
MP 962	226.500.000	Enfrentamento da Emergência de Saúde Pública de Importância Internacional Decorrente do Coronavírus. Tecnologias Aplicadas, Inovação e Desenvolvimento Sustentável Fundo Nacional de Desenvolvimento Científico e Tecnológico.

Fonte: Adaptado de Brasil (2020).

Esses valores públicos foram direcionados para várias áreas, tais como facilitação do acesso ao crédito e mitigação dos impactos econômicos decorrentes da pandemia de coronavírus[100], créditos extraordinários para o Ministério da Cidadania[101], direito ao trabalho especificamente ao Contrato Verde e Amarelo[102], licitações[103], suspensão do reajuste anual nos preços de medicamentos[104] e, dentre outros, a suspensão e prorrogação de prazo no pagamento de tributos[105]. Fácil perceber que este mecanismo tem sido vastamente utilizado para deslocar as verbas públicas.

A atividade financeira do Estado consiste na obtenção das receitas públicas, as quais são distribuídas para o pagamento das despesas públicas mediante organização e planejamento, o que pode ocasionar empréstimos e dívida – toda essa movimentação deve ser fiscalizada. Esse conceito envolve os âmbitos já clássicos: receitas públicas, despesas públicas, federalismo fiscal, orçamento, dívida pública e controle fiscal. É um "ciclo" cujos participantes são Estados, entes privados e sociedade.

Em síntese, o direito financeiro é o ramo do Direito que estuda como o Estado arrecada, reparte, gasta e se endivida, e analisa como tudo isso é organizado e fiscalizado em prol da consecução dos objetivos fundamentais da Constituição (SCAFF, 2017).

Essas modificações envolvem a Subconstituição Financeira[106] que, por estruturar e qualificar, a atividade financeira estatal[107], regula a dinâmica pela qual o Estado Democrático de Direito arrecada, reparte, gasta, endivida-se e controla as finanças da coletividade. À luz do princípio republicano, os institutos fiscais devem ser interpretados e aplicados em

---

[100] MP 958 de 2020.
[101] MP 957 e 956 e 953 de 2020.
[102] MP 955 de 2020.
[103] MP 951 de 2020.
[104] MP 933 de 2020.
[105] MP 952 de 2020.
[106] Segundo Ricardo Lobo Torres, a Subconstituição Financeira – ou Constituição Financeira em sentido amplo – compreende: 1) a Constituição Tributária (arts. 145 a 156 da CF/1988), a Constituição Financeira em sentido restrito ou propriamente dita (arts. 157 a 164 da CF/1988) e a Constituição Orçamentária (arts. 165 a 169 da CF/1988) (TORRES, 2009, pp. 61-62; 270).
[107] Torres, 2009, pp. 03-04.

plena aderência às necessidades públicas[108], a fim de cumprirem com a sua função primordial: a concretização do catálogo de direitos qualificados como fundamentais pela própria sociedade.

2. Estado de emergência fiscal

A luta contra o inesperado vírus nos remete à nova formulação em termos de desenho estatal. O Estado de Emergência Fiscal enfrenta o desafio de soluções imediatas diante cenário de crises para o combate ao vírus, com a finalidade de salvar vidas e preservar as ações de saúde em todos os Brasis.

Percebemos a existência de duas crises: uma sanitária, de caráter emergencial, e outra que agora se configura como lateral, que é a econômica.

As crises trazem uma revolução na relação entre empregado e empregador com a drástica recessão econômica e as sucessivas medidas de incentivo, tais como a criação de linhas de crédito para pequenos e médios empresários. Outra mudança advém da descoberta da economia digital diante do *ecommerce* aliado ao teletrabalho. A crise ainda alcança as relações contratuais, o que exigiu do Estado medidas de renegociação de contratos administrativos diante do **fato do príncipe** e teorias equivalentes. A crise também trouxe o Regime Jurídico Emergencial e Transitório das Relações Jurídicas de Direito Privado e Contratos Comerciais.

As mudanças atingem ainda as esferas privadas e relações pessoais. Grande parte da população, corretamente, está em seus lares, sem circular por bares, restaurantes, lojas, shoppings etc. Os estabelecimentos de ensino fecharam suas atividades presenciais, o que, no setor público se agrava ainda mais em face da ausência da merenda escolar. Na ponta da produção, as indústrias estão desacelerando e o agronegócio luta para manter o abastecimento normalizado. Isso aponta para menos faturamento em toda a cadeia econômica de bens e serviços.

Em tempos de coronavírus, observamos uma situação excepcional na relação entre Estado, Empresas e Sociedade, o que nos leva a refletir

---

[108] Na definição de Regis Fernandes de Oliveira, necessidade pública seria – em sentido amplo – tudo aquilo que incumbe ao Estado de Direito prover em decorrência de uma decisão política inserida em uma norma jurídica (OLIVEIRA, 2019, p. 153).

sobre os efeitos das crises se alastram fortemente em diversos setores da sociedade contemporânea causando um efeito dominó.

Em termos de relação entre Estado, Empresas e Sociedade, a política econômica mais apta a evidenciar a complementariedade entre economia e saúde deve se inspirar no *New Deal*, programa do presidente norte americano Franklin Delano Roosevelt para combater a crise de 1929.

O Estado de Emergência Fiscal está caracterizado por um forte cenário de crise a ponto de ser denominado de exceção.

A exceção é o caso excluído da normal geral. O próprio ordenamento jurídico prevê normas que devem vigorar em situações excepcionais, como o art. 65 da Lei de Responsabilidade Fiscal. Dentre os teóricos de destaque sobre o Estado de Exceção, citamos Giorgio Agamben, pois "A exceção é uma espécie de exclusão. Ela é um caso singular, que é excluído da norma geral" (AGAMBEN, 2010. p. 24). Afinal, o estado de exceção não é, portanto, o caos que precede a ordem, mas a situação que resulta da sua suspensão. Portanto, o estado de exceção existe para criar a situação na qual o direito poderá valer.

Antes dele Carl Schmitt já havia estudado a excepcionalidade pelo entendimento de que o Estado de Exceção permite uma zona indeterminada, na qual o soberano tem o poder decisório para manter o Estado e o Poder. Com isso, apontou existir uma lacuna permissiva de suspensão ou de restrição de direitos fundamentais e, como escusa, a necessidade de preservação do próprio Estado. Com isso, explica que "Em estado de exceção, o Estado suspende o direito por fazer jus à autoconservação" (SCHMITT, 1922, p.15).

Mais recentemente, Gilberto Bercovici (2004) analisou o tema expondo que a periferia econômica vive em um estado de exceção econômico permanente, contrapondo-se à normalidade do centro. Nos Estados periféricos há o convívio do decisionismo de emergência para salvar os mercados com o funcionamento dos poderes constitucionais, bem como a subordinação do Estado ao mercado, com a adaptação do direito interno às necessidades do capital financeiro, exigindo cada vez mais flexibilidade para reduzir as possibilidades de interferência da soberania popular. (BERCOVICI, 2006).

Uma tese de doutorado também foi defendida sobre o tema abordando o Direito Financeiro, por Francisco Secaf da Silveira[109].

Além disso, o Estado de Emergência Fiscal é marcado pela crise sanitária decorrente do coronavírus – modelo estatal que sofre com constantes emergências pela gradativa redução de valores destinados aos direitos fundamentais sociais.

Considerando que o Executivo é o poder que detém a chave do cofre público, em tempos de excepcionalidade é necessário maior atenção aos mecanismos de controle entre os Poderes. Observamos a concentração da decisão orçamentário-financeira no Executivo e reduzido papel do Legislativo, o que ocasiona no atual contexto de escassez uma disputa pela decisão sobre o gasto público.

Aliado a isso, notamos que para o gasto público direcionado à saúde tem sido utilizado largamente os créditos extraordinários, as renúncias de receitas e a criação de fundos fiscais. O endividamento da União tem crescido fortemente, o que exige os repasses federativos aos Estados e aos Municípios. Neste cenário, o Estado de Emergência Fiscal também está assentado na disputa federativa pelos recursos, o que, em ano eleitoral, serve para acirrar ainda mais a disputa.

Constata-se ainda a relativa fragilidade dos órgãos de controle diante da pauta da urgência de gastos públicos com saúde. Renova-se, portanto, o estado de emergência – até porque bastante quebradiços os controles de resultados.

Com os cofres públicos abalados em face do necessário desequilíbrio fiscal que já está ocorrendo, como os governos agirão para reequilibrar suas contas? Como a **mão invisível do mercado está com coronavírus** e necessitando de uma forte dose de **keynesianismo** para se recuperar, como se comportará quando curada, uma vez que o mercado decorre das intervenções do Estado? Essa é uma variável que deve ser considerada para a retomada da atividade econômica pós-crise sanitária, e no ápice da crise econômica.

Vale lembrar os ensinamentos do economista John Maynard Keynes para a ultrapassagem dos escombros da 1ª Guerra Mundial (As conse-

---

[109] SILVEIRA, Francisco Secaf. O Estado econômico de emergência e as transformações do direito financeiro brasileiro. Belo Horizonte: Editora D'Placido, 2019.

quências econômicas da paz, de 1919) até as perspectivas de uma nova guerra mundial (Como pagar pela guerra, de 1940), passando por sua obra máxima (Teoria geral do emprego, do juro e da moeda, de 1936).

Enfrentamos atualmente uma nova Guerra Mundial, desta vez contra um vírus inesperado, de proporções assustadoras, que nos obriga a revisitar as ideias de Keynes, que pregam a intervenção do Estado para combater um problema que afeta a todos, de uma forma ou de outra.

Embora o debate entre Keynes e Hayek seja antigo, se apresenta atual e contemporâneo. Enquanto Keynes (2012) se pautava pela macroeconomia, para que o Estado adotasse medidas de intervenção econômica mediante um regime de controle da inflação, benefícios sociais e geração de emprego, Hayek (2011) se aproxima da microeconomia com políticas de livre mercado aliadas à baixa intervenção do Estado já que o preço deve ser variável do ajuste econômico, pois nenhum agente econômico consegue possuir todas as informações necessárias para sua atuação no mercado[110].

A proposta aqui é aproximada de John Maynard Keynes — que inspirou o *New Deal* — e comparando-o a Friedrich Hayek — economista da matriz libertariana, contra a intervenção estatal na economia. Precisamos nesta quadra econômica de mais Keynes e menos Hayek.

Tudo indica que nos livros de história esta pandemia será registrada como o evento que inaugurou o século XXI, tal como a queda do Muro de Berlim encerrou o **breve século XX**, nas palavras de Eric Hobsbawm, concorrendo com a queda das Torres Gêmeas, em Nova Iorque, em 2001.

3. Orçamento de guerra

O Orçamento de Guerra, promulgado pelo Congresso Nacional como a Emenda Constitucional 106, é a resposta brasileira aos esforços de guerra contra a Covid-19, que está assolando muitas vidas e a saúde dos brasileiros (mais de 30 mil mortos e 500 mil contaminados até o final de maio/2020, segundo as estatísticas oficiais subdimensionadas) e devas-

---

[110] Vale a pena conferir as seguintes obras: KEYNES, John Maynard. **Teoria Geral do Emprego, do Juro e da Moeda.** São Paulo: Saraiva, 2012. HAYEK, Friedrich. **Desestatização do Dinheiro.** São Paulo: Instituto Ludwing von Mises. Brasil, 2011.

tará nossa economia (previsão de queda do PIB superior a 7%, segundo as mais recentes projeções).

O mecanismo criado busca isolar os gastos com o combate à Covid-19 dos demais gastos previstos no orçamento anual. Eis uma técnica de planejamento e gestão orçamentária para permitir que se afaste temporariamente a responsabilidade fiscal e a busca de certo equilíbrio, apontando para a necessária prioridade de gastos para a preservação da vida e da saúde da população brasileira e a manutenção das empresas. Isso certamente acarretará maiores dispêndios públicos com saúde e preservação dos empregos e das empresas, ao mesmo tempo em que gerará maior endividamento público, visto que as receitas correntes cairão de forma drástica.

A Emenda Constitucional (EC) 106 de 2020, denominada de Orçamento de Guerra, institui regime extraordinário fiscal, financeiro e de contratações para enfrentamento da calamidade pública nacional decorrente de pandemia. Esta norma[111] não modifica o texto constitucional, pois é avulsa, excepcional e temporária. Esse regime extraordinário somente deverá ser adotado naquilo em que, em virtude da urgência, não for possível ser cumprido com o regime regular.

Dentre suas principais determinações, a EC 106/2020 estabelece para a União um regime extraordinário fiscal, financeiro e de contratações que vigorará durante o estado de calamidade pública reconhecido pelo Congresso Nacional decorrente de pandemia (art. 1º), com efeitos retroativos a 20/03/20 (art. 10), que se encerrará quando o Congresso Nacional declarar encerrado o estado de calamidade pública (art. 11), hoje datado para 31/12/2020, segundo o Decreto Legislativo 02/20.

É atribuída a possibilidade de o Poder Executivo Federal adotar processos simplificados de contratação de pessoal, em caráter temporário e emergencial, e de obras, serviços e compras, com flexibilização de forma temporal e objetivada da LRF e de exigências constitucionais (art. 2º), tal como foram afastadas as limitações legais quanto à criação, à expansão ou ao aperfeiçoamento de ação governamental que acarrete aumento de

---

[111] A EC 106/2020 tem vigência temporária. O art. 11 da emenda prevê expressamente que a EC 106/2020 "ficará automaticamente **revogada** na data do encerramento do estado de calamidade pública reconhecido pelo Congresso Nacional." [grifo nosso]

despesa e à concessão ou à ampliação de incentivo ou benefício de natureza tributária da qual decorra renúncia de receita (art. 3º).

Ainda que a intenção da norma seja estimular a atividade empresarial no momento de crise, ela permite que as pessoas jurídicas com débitos na previdência possam celebrar contratos com o poder público ou receber benefícios e incentivos. Em tempos normais, isso é incompatível com a norma prevista no art. 195, parágrafo terceiro da Constituição Federal.

Além disso, a regra de ouro financeira está sendo relativizada, isto é, a União poderá se endividar para fazer frente a despesas correntes, e não apenas para despesas de capital (art. 4º, *caput*).

O pagamento dos juros e encargos da dívida pública foram expressamente ressalvados, como de hábito, podendo ser realizados (art. 6º).

Durante esse período pandêmico foi autorizado ao Banco Central a compra e venda de: (a) títulos de emissão do Tesouro Nacional, bem como de (b) ativos de empresas privadas que, no momento da compra, tenham classificação em categoria de risco de crédito equivalente a BB- ou superior, conferida por pelo menos uma das três maiores agências internacionais de classificação de risco, e preço de referência publicado por entidade do mercado financeiro (art. 7º).

Destacamos que nestas operações deve ser dada preferência à aquisição de títulos emitidos por microempresas e por pequenas e médias empresas — o que, embora meritório, parece algo de difícil operacionalização pois, qual pequena ou média empresa possui classificação de risco?

Para estas operações de crédito o Banco Central do Brasil editará regulamentação sobre exigências de **contrapartidas**, vedando que as empresas: (a) paguem juros sobre o capital próprio e dividendos acima do mínimo obrigatório estabelecido em lei ou no estatuto social vigente na data de entrada em vigor da EC; e (b) aumentem a remuneração, fixa ou variável, de diretores, membros do conselho de administração e dos administradores das empresas privadas envolvidas na operação, incluindo bônus, participação nos lucros e quaisquer parcelas de remuneração diferidas e outros incentivos remuneratórios associados ao desempenho (art. 8º). Consideramos uma iniciativa positiva, de muito difícil acompanhamento e controle, porém bastante adequada para a operação proposta.

A preocupação com a **transparência** de todas essas operações está bastante evidenciada na EC 106, como se vê: (a) o Ministério da Economia publicará, a cada trinta dias, publicará relatórios com os valores e os custos das operações de crédito realizadas (art. 4º, parágrafo único); (b) as autorizações de despesas relacionadas ao enfrentamento do Covid-19 devem constar de programações orçamentárias específicas (art. 5º, I); e (c) o Banco Central do Brasil publicará **diariamente** as operações realizadas, de forma individualizada, com todas as respectivas informações, inclusive as condições financeiras e econômicas das operações, como taxas de juros pactuadas, valores envolvidos e prazos (art. 7º, §2º).

Havendo irregularidade ou descumprimento dos limites estabelecidos na EC, o Congresso Nacional poderá sustar o ato (art. 9º), o que aponta para o poder de controle do Legislativo Federal que se espera ser fortemente exercido.

É adequado que haja **prestação de contas apartada e continuada** do orçamento geral, como se identifica nos seguintes itens: (a) as autorizações para as despesas que serão avaliadas separadamente na prestação de contas bimensal que a Presidência da República deve encaminhar ao Congresso (art. 5º, II); e (b) o Presidente do Banco Central do Brasil prestará contas ao Congresso Nacional, a cada 30 (trinta) dias, do conjunto das operações de crédito realizadas (art. 7º, §3º).

Percebemos tratar-se de uma moldura, cuja tela deve ser preenchida pelo Executivo, pois afasta de suas obrigações a busca pelo equilíbrio fiscal, retirando diversos limites financeiros estabelecidos pela Constituição e pela Lei de Responsabilidade Fiscal (LRF), por período certo e para objetivos específicos.

Nunca o Poder Executivo teve tanta discricionariedade e liberdade para usar o orçamento nos últimos vinte anos, com reduzidos e frágeis mecanismos de controle.

Conclusões

O Estado de Emergência Fiscal instalado de forma temporária, em tempos de epidemia do coronavírus, mostra a situação de exceção dos direitos na sociedade contemporânea. É marcado por **crises** entre urgências e emergências que não acontecem apenas na área da saúde.

O financiamento de direitos, por meio da atividade financeira do Estado, tem vivenciado situações constantes de redução progressiva, como ocorre com a Desvinculação das Receitas da União (DRU) e com a

Reforma da Previdência, além da recente Reforma Trabalhista. A epidemia do coronavírus acirra o quadro de desequilíbrio fiscal e disputa pelo poder colocando em xeque os objetivos constitucionais.

Permanece a lição de Keynes, de que a intervenção do Estado nos momentos de crise seja determinante para retornarmos a trilhar os caminhos da boa governança de modo ágil e responsável. Não é uma fase para a adoção de um receituário liberal, pois **a mão invisível do mercado foi atacada pela Covid-19** e precisa de uma boa dose de **keynesianismo** para ser recuperada.

Neste passo, esperamos que o Poder Executivo federal tenha capacidade para enfrentar a pandemia diante da adoção de adequadas medidas de governança, tais como a implementação de instrumento de gestão de crises.

Uma possibilidade é o **gabinete de crise**. Outra medida seria o fortalecimento do sistema de controle diante do acompanhamento de resultados e de metas. Ainda, a construção de diálogo com Estados e Municípios para que o federalismo fiscal possa contribuir para a redução das desigualdades regionais. Pontua-se, do mesmo modo, a possibilidade de mapeamento da população afetada pela pandemia, para estudar medidas de retomada econômica. Ademais, é necessário avaliar a capacidade de endividamento da União e o rateio desses valores de forma federativa, como uma espécie de **seguro arrecadação**.

O ideário republicano do Estado Democrático de Direito encontra na **excepcionalidade a regra** diante da crise pandêmica que ora enfrenta.

Referências

ABRAHAM, Marcus. *Curso de Direito Financeiro Brasileiro*. 2ª Edição. Rio de Janeiro/RJ: Elsevier, 2013.

AGAMBEN, Giorgio. *Homo Sacer: o poder soberano e a vida nua I*. Belo Horizonte: Editora UFMG, 2010.

BERCOVICI, Gilberto. Constituição e Estado de exceção permanente: atualidade de Weimar. Rio de Janeiro: Azougue, 2004.

BERCOVICI, Gilberto. *Constituição Econômica e Desenvolvimento*: uma leitura a partir da Constituição de 1988. São Paulo/SP: Malheiros, 2005.

BERCOVICI, Gilberto. O estado de exceção econômico e a periferia do capitalismo. *Pensar*, Fortaleza, v. 11, p. 95-99, fev. 2006.

BERCOVICI, Gilberto. Política Econômica e Direito Econômico, *Revista da Faculdade de Direito da Universidade de São Paulo*. São Paulo, v.105, p. 389-406, jan./dez. 2010.

BRASIL, *Medidas Provisórias Posteriores à Emenda Constitucional nº 32*. 2020 Poder Executivo, Brasília/DF, 2020. Disponível em: http://www4.planalto.gov.br/legislacao/portal-legis/legislacao-1/medidas-provisorias/2019-a-2022. Acesso em 15 de maio 2020.

HAYEK, Friedrich. *Desestatização do Dinheiro*. São Paulo: Instituto Ludwing von Mieses, 2011.

KEYNES, John Maynard. *Teoria Geral do Emprego, do Juro e da Moeda*. São Paulo: Saraiva, 2012.

OLIVEIRA, Regis Fernandes de. *Curso de Direito Financeiro*. 8ª Edição. São Paulo: Malheiros, 2019.

PAULSEN, Leandro. *Curso de Direito Tributário Completo*. Livro Digital. 8ª Edição. São Paulo: Saraiva, 2017.

SCAFF, Fernando Facury. *Orçamento Republicano e Liberdade Igual*: Ensaios sobre Direito Financeiro, República e Direitos Fundamentais no Brasil. Belo Horizonte/MG: Fórum, 2018.

SCAFF, Fernando Facury. *A segunda fase da crise econômica, financeira e tributária do coronavírus*. Consultor Jurídico, [S.l.], abr. 2020. https://www.conjur.com.br/2020-abr-14/contas-vista-fase-crise-economica-financeira-tributaria-covid-19. Acesso em 13 de maio 2020.

SCAFF, Fernando Facury. *Eficácia do orçamento de guerra depende de capacidade de gerenciamento do Executivo*. Consultor Jurídico, [S.l.], maio 2020. Disponível em:https://www.conjur.com.br/2020-mai-12/contas-vista-orcamento-guerra-autonomia-gastos-inedita-presidente. Acesso em 15 de jun. 2020.

SCAFF, Fernando Facury. *O estado de emergência financeira e a disputa entre Congresso e Presidência*. Consultor Jurídico, [S.l.], mar. 2020. Disponível em: https://www.conjur.com.br/2020-mar-31/contas-vista-estado-emergencia-financeira-disputa-controle. Acesso em 20 de maio 2020.

SCHMITT, Carl. *Teologia Política*. Trad. Elisete Antoniuk. Edição 2006. Belo Horizonte: Ed. Del Rey. 1922. 186p.

SILVEIRA, Francisco Secaf. *O Estado econômico de emergência e as transformações do direito financeiro brasileiro*. Belo Horizonte: Editora D'Placido, 2019.

Torres, Heleno Taveira. *Direito constitucional financeiro* – Teoria da Constituição financeira. São Paulo: RT, 2014.

Torres, Ricardo Lobo. *Tratado de Direito Constitucional, Financeiro e Tributário*: Constituição Financeira, Sistema Tributário e Estado Fiscal. Rio de Janeiro/RJ: Renovar, 2009. v. 1.

PARTE 3

Federação à Prova

Aqui são apresentados os desafios do federalismo fiscal brasileiro no âmbito administrativo e financeiro, tecendo inclusive a preocupação quanto aos desdobramentos judiciais. Hadassah Laís S. Santana, Lúcio Fábio Araújo Guerra e William Baghdassarian começam analisando as principais medidas de apoio emergencial aos entes federados, para demonstrar que o federalismo fiscal assume relevante papel quando há uma pressão para maior gasto em áreas como saúde, assistência social, auxílio emergencial, e com as ações de mitigação dos efeitos econômicos adversos sobre empresas, emprego e renda dos trabalhadores perpassando ao mesmo tempo a redução na entrada de receita, em especial para os entes subnacionais. Seguidamente, Laís Khaled Porto e José Roberto analisam os desafios administrativos e financeiros da federação brasileira em tempos de Covid-19, ressaltando a coexistência de mais de uma esfera de governo competente para as medidas adotadas no enfrentamento à pandemia e no desafio do cumprimento dos preceitos fundamentais, dentre os quais a própria forma federativa de Estado está inserida. Destacam a possível ausência de clareza e estratégia na gestão da crise que se agiganta em todos os aspectos e denota a oportunidade ímpar da Federação Brasileira, que nasceu de "cima para baixo" e agora pode renascer "de baixo para cima". Ainda no contexto da federação posta à prova, Eduardo Luz, Israel Santana e Hadassah Laís S. Santana abordam os desdobramentos dos limites constitucionais como vetores de ponderação normativa diante de nova realidade social e das pressões que ocorrem junto ao gestor público em tempos de instabilidade.

9. **A Covid-19 e os desafios do federalismo fiscal no brasil**
    Hadassah Laís S. Santana, Lúcio Fábio Araújo Guerra e Willian Baghdassarian

10. **Os desafios administrativos e financeiros da federação brasileira em tempos de Covid-19**
    Lais Khaled Porto e José Roberto Afonso

11. **Desdobramentos dos limites constitucionais na lei complementar nº 173 de 2020**
    Eduardo Luz, Hadassah Laís S. Santana e Israel Santana

9. A COVID-19 e os Desafios do Federalismo Fiscal no Brasil

HADASSAH LAÍS S. SANTANA
LÚCIO FÁBIO ARAÚJO GUERRA
WILLIAM BAGHDASSARIAN

Introdução

O Federalismo fiscal se refere à divisão de competências na prestação de serviços públicos e de suas fontes de financiamento entre a União, os Estados, o Distrito Federal e os Municípios. O seu estudo permite que se compreenda a dinâmica das relações intergovernamentais, aspecto que está intimamente relacionado ao grau de desenvolvimento das nações.

No contexto de pandemia vivenciada em 2020 com a Covid-19, o tema assume ainda maior relevância uma vez que a doença desequilibra a relação entre fontes de financiamento e o fornecimento de bens e serviços públicos, tanto em âmbito nacional, quanto em nível subnacional.

As despesas públicas foram pressionadas com necessidade de maior gasto na saúde e na assistência social, por meio de garantia de piso mínimo de renda para famílias mais afetadas pela crise, com o auxílio emergencial e as ações de mitigação dos efeitos econômicos adversos sobre empresas, emprego e renda dos trabalhadores. Tal circunstância resulta em volume elevado e inesperado de gastos de recursos públicos, ao mesmo tempo em que há redução na entrada de receitas tributárias e patrimoniais, por causa da brusca desaceleração econômica.

Dada essa conjuntura, o endividamento público torna-se a principal fonte de financiamento dos entes da federação. Ocorre que, a legislação brasileira e a própria realidade fiscal subnacional impõem uma série de restrições para a expansão do endividamento estadual e municipal, ao contrário da União que utiliza ordinariamente a Dívida Pública Federal (DPF) como fonte de financiamento.

Por essa razão, durante o período de pandemia em 2020, foram tomadas diversas iniciativas por parte da União de fomento aos Estados, Distrito Federal e Municípios, dentre as quais se destacam a Lei Complementar nº 173, de 2020, e a Medida Provisória nº 938, de 2020.

À luz do exposto, o presente capítulo traz breve contextualização histórica do Federalismo Fiscal no Brasil desde a Constituição Federal de 1988, com foco nos diversos programas federais de apoio aos entes subnacionais, para que se compreenda a situação fiscal dos estados e municípios um pouco antes da pandemia do Coronavírus. Em seguida, e como objetivo principal, serão apresentadas as principais medidas de apoio emergencial aos entes federados, promulgadas durante a pandemia. Por fim, serão discutidos aspectos relevantes a serem considerados no pós-pandemia.

1. Breve consideração sobre a evolução do Federalismo Fiscal desde a Constituição de 1988 até o início da pandemia

O federalismo fiscal brasileiro é estruturado pela Constituição Federal de 1988 que regulamenta as competências da União, Estados, Distrito Federal e dos Municípios com relação à prestação de serviços públicos e às suas respectivas formas de financiamento. Apesar das características gerais constarem do texto constitucional original, ao longo do tempo, alterações constitucionais e um conjunto de leis complementares e ordinárias vieram a alterar o equilíbrio trazido pela Constituição de 1988.

A presente seção faz análise histórica do federalismo fiscal, com ênfase nos diversos programas de apoio da União a estados, Distrito Federal e municípios. Essa revisão é relevante para que se compreenda que tipo de política pública será necessária ao final da pandemia.

1.1. Federalismo fiscal na Constituição Federal de 1988

Para compreender o federalismo fiscal e outros temas constitucionais é necessário recordar o contexto histórico em que a Constituição Federal de 1988 foi elaborada e como aquela conjuntura influenciou a redação final da Carta Magna.

Do ponto de vista político, a Constituição Federal acabou representando certa reação jurídica a 25 anos de regime militar caracterizado por forte centralização de poder nas mãos da União. Como a eleição presidencial era indireta, para que a União mantivesse sua influência em âmbito local, era necessário assegurar a maioria de deputados e senadores. Essa dinâmica impunha grande assimetria de poder entre a União e os entes subnacionais. Isso trouxe pressão por maior autonomia tributária e administrativa dos entes subnacionais.

Outro fator de forte influência foi o ambiente econômico no qual a Constituição Federal foi redigida e que coincidiu com a vigência de três planos de estabilização econômica – o Plano Cruzado I, Plano Cruzado II e o Plano Bresser, além do pedido de moratória unilateral da dívida pública em 20 de janeiro de 1987.

Esse ambiente econômico conturbado foi caracterizado por elevada incerteza, inflação, taxas de juros e de câmbio cronicamente elevadas, baixas reservas internacionais e elevado endividamento público, em especial, com alta exposição às moedas estrangeiras. O aspecto social era marcado por forte desigualdade social e com baixa presença estatal por meio de políticas públicas de proteção e promoção dos vulneráveis.

Trata-se de cenário que, por exemplo, validou teses econômicas como a necessidade de elevada proteção social pelo Estado e o elevado intervencionismo estatal na economia, dentre outras. Vê-se que, mesmo em uma conjuntura bastante diferente, continuam incorporadas ao texto Constitucional e que, em certo sentido, dificultam as estratégias de consolidação fiscal no país.

Menciona-se como característica importante de nossa Constituição, a baixa maturidade institucional do país no que diz respeito à aderência do texto constitucional à capacidade do Estado em financiá-la. Isso não foi possível de ser vislumbrado em 1988 quando de sua promulgação.

Note-se que, apesar de todo conjunto de princípios e regras que passaram a ser considerados normas[112] pelos operadores do Direito e impe-

---

[112] A evolução dos novos paradigmas interpretativos do direito, o pós-positivismo, neoconstitucionalismo e, principalmente com a judicialização das políticas públicas, dentre estas à saúde, contribuiu para que os princípios se tornassem, como de fato hoje o são, o centro do Direito Constitucional, sendo sim, normas jurídicas, carregadas de vetores axiológicos próprios e com eficácia executória requerida pelo indivíduo, que postula, junto ao Estado a efetividade plena da norma, diferente da aplicação do Direito em 1988, quando vigorava na doutrina jurídica pátria a clara divisão entre princípios e regras, sendo aqueles, apesar de conterem conteúdo axiológico normativo, balizadores destas. Naquele

liram políticas públicas que criaram um Estado de proteção social suficiente ao texto constitucional, a Constituição encontra-se no limite de sua capacidade de financiamento, sendo necessárias constantes reformas que lhe permitam o mínimo de sanidade fiscal.

Do ponto de vista da arrecadação tributária, nossa Constituição consolidou tendência histórica de descentralização fiscal das receitas, que foi iniciada ao final da década de 1970, ainda no regime militar, em resposta à tendência centralizadora que ocorreu durante aquele regime[113]. O ordenamento de 1988 concedeu à União a competência de sete impostos, sendo que as maiores bases de incidência tributárias estavam ali inscritas, enquanto que para os Estados e Municípios, a cada um foi determinada a competência para três impostos, sendo a maior base tributável a eles concernentes, à época, do Imposto sobre circulação de Mercadorias e Serviços, de competência estadual e do Impostos Sobre Serviços, de competência municipal.

Para modular a arrecadação tributária às competências de fornecimento de políticas públicas, especialmente de Estados e Municípios, a Constituição Federal previu o sistema de fundos, pelos quais um ente federado transfere um percentual dos tributos arrecadados a outros entes. Os exemplos mais marcantes desse tipo de mecanismo são o Fundo de Participação dos Estados (FPE) e o Fundo de Participação dos Municípios (FPM).

Um ponto interessante dessa modalidade de transferência é o seu caráter redistributivo. Estados e Municípios mais pobres receberiam uma equalização dos Entes de maior arrecadação visando tornar a sociedade mais igualitária.

1.2. Diagnóstico da situação fiscal dos entes subnacionais antes da pandemia

Além do custo da responsabilidade efetiva dos Estados, Distrito Federal e Municípios na implementação de políticas públicas, problema recor-

---

tempo prevalecia uma visão positivista e calcada na compreensão de que os princípios seriam a direção para qual o Estado deveria seguir, muito mais de cunho interpretativo e suplementar às regras, mas não impelindo, necessariamente a ação imediata do Estado.
[113] Alves (2018), pág. 13.

rente com relação à situação fiscal dos entes subnacionais é o descumprimento dos limites estabelecidos na Lei de Responsabilidade Fiscal com as despesas com pessoal, isso porque, pela característica dos serviços que prestam, os entes subnacionais possuem elevadas despesas com pessoal nas áreas como educação, saúde e segurança que são intensivas em mão-de-obra.

Ademais, nos termos da Constituição Federal de 1988, vários dos entes subnacionais adotaram regimes próprios de previdência para seus servidores muito generosos vis-à-vis o Regime Geral de Previdência Social, especialmente com relação a carreiras com aposentadorias especiais como segurança pública e educação.

Diversas tentativas de equacionar essa situação falharam. Estratégias como a "segregação/dessegregação" de massas de servidores, a alienação de ativos, incluindo a venda de dívida ativa, utilização de parcelas de depósitos judiciais, utilização de receitas de royalties para pagamento de aposentados, dentre outras, não resolveram o problema. A principal externalidade dessa situação é a dinâmica fiscal deficitária em que muitos entes se encontram, que leva inclusive ao atraso no pagamento de servidores, aposentados e pensionistas.

A tabela 1 informa o total das despesas com pessoal dos Estados, por poder, ao final de 2019.

Ainda com relação às despesas de pessoal, a tabela 2 abaixo demonstra que em alguns estados as despesas com inativos e pensionistas é próxima da realizada com servidores ativos.

Os entes também enfrentam problemas com a gestão do caixa, o que os levam a buscar estratégias nem sempre adequadas de postergação dos pagamentos de despesas, tais como o acúmulo de inscrições de despesas em restos a pagar, ausência de registro ou registro distorcido de passivos e acúmulo de precatórios. Cumpre salientar que essas estratégias foram questões recorrentes nos primeiros anos da Lei de Responsabilidade Fiscal (LRF). No presente momento ainda ocorrem, mas em menor escala.

Em termos de endividamento, apesar dos limites impostos pela LRF, há estados que possuem elevada dívida consolidada líquida com relação à receita corrente liquida, conforme a tabela abaixo.

Tabela 1 – Limite das despesas com pessoal (R$ mil)

UF	Executivo Lim. Máx. 49% % / RCL	Executivo Valor	Judiciário Lim. Máx. 6% % / RCL	Judiciário Valor	Legislativo Lim. Máx. 3% % / RCL	Legislativo Valor	Ministério Público Lim. Máx. 2% % / RCL	Ministério Público Valor
AC	54%	2.878.920,74	4,20%	224.858,82	3,09%	165.923,76	1,61%	85.987,72
AL	45%	3.826.567,69	5,19%	444.349,30	0,66%	56.286,84	1,71%	146.624,43
AM	50%	7.438.690,52	3,92%	587.740,33	2,57%	384.910,73	1,55%	231.657,25
AP	43%	2.419.723,58	4,57%	255.703,60	2,39%	133.451,47	1,76%	98.548,28
BA	44%	15.131.125,54	4,95%	1.709.901,16	2,93%	1.010.150,50	1,48%	509.337,51
CE	42%	8.689.988,99	5,26%	1.096.998,97	2,36%	492.034,62	1,74%	362.459,34
DF*	44%	9.722.118,28			2,67%	596.784,81		
ES	39%	5.745.534,45	5,30%	790.315,01	1,83%	272.830,65	1,69%	252.062,19
GO	49%	12.115.174,74	4,94%	1.212.760,86	3,22%	788.513,01	1,92%	469.843,37
MA	46%	6.623.124,64	4,89%	709.904,29	2,58%	375.659,60	1,80%	261.285,57
MG	58%	37.427.634,90	4,99%	3.195.617,82	2,26%	1.446.015,80	1,79%	1.145.766,75
MS	47%	5.652.507,54	5,14%	616.637,10	2,74%	329.101,68	1,73%	207.229,32
MT	57%	8.979.926,76	4,71%	808.195,10	2,75%	472.527,72	1,76%	302.178,47
PA	44%	9.436.453,72	4,33%	939.752,08	2,54%	550.851,67	1,77%	384.717,90
PB	49%	5.006.263,89	5,32%	545.003,55	2,70%	272.580,66	1,60%	156.896,32
PE	47%	11.884.823,95	5,08%	1.286.357,18	2,49%	631.796,34	1,63%	411.975,89
PI	48%	4.554.778,01	4,51%	427.310,10	2,51%	237.285,19	1,81%	170.864,94
PR	45%	17.582.333,25	5,09%	1.979.708,98	1,93%	749.517,67	1,84%	715.123,70
RJ	39%	23.019.690,20	4,83%	2.829.706,85	1,95%	1.143.902,34	1,79%	1.045.427,23
RN	61%	5.787.261,76	4,90%	468.436,35	2,73%	274.316,21	1,78%	169.758,50
RO	40%	3.086.605,53	4,89%	357.958,38	2,55%	190.309,20	1,75%	127.947,85
RR	46%	1.921.557,95	4,36%	182.618,12	3,25%	135.889,24	1,58%	66.183,42
RS	46%	18.081.995,61	4,65%	1.842.228,09	1,78%	703.532,00	1,59%	628.830,71
SC	46%	11.472.090,46	5,37%	1.346.675,41	2,60%	652.117,50	1,73%	434.101,23
SE	47%	3.772.624,84	5,47%	439.689,52	2,35%	188.518,14	1,61%	129.363,54
SP	44%	71.194.688,21	5,80%	9.299.293,72	1,19%	1.905.008,69	1,46%	2.338.372,58
TO	47%	3.455.571,18	5,00%	368.332,59	2,69%	198.166,03	1,62%	119.233,55

* O DF não possui poder Judiciário e Ministério Público próprios.

Fonte: Tesouro Nacional (2020).

Ainda com relação ao endividamento dos estados, a tabela 4 ilustra as avaliações quantitativas realizadas pela Secretaria do Tesouro com relação à sua capacidade de pagamento. A avaliação "A" representa uma boa capacidade de pagamento, enquanto a avaliação "D" representa um ente que interrompeu os pagamentos da dívida. Em 2019, do total dos Estados, 58% tiveram avaliações "C" e "D", o que revela que esse grupo, mesmo antes da pandemia, já não tinha condições de assumir novas obrigações.

Outro problema recorrente foi a flexibilização da interpretação das regras fiscais pelos Tribunais de Contas dos Estados, especialmente com relação a temas como despesas de pessoal (exclusão do IRPF retido na fonte, abono permanência, cobertura de insuficiência financeira por meio de aporte para cobertura de deficit atuarial, uso de terceirizados como alternativa para o aumento do gasto com pessoal, dentre outras).

Tabela 2 – Limite das despesas com pessoal (R$ mil)

UF	Ativo	Inativo e Pensionistas	Terceirização	Soma
AC	70,8%	27,3%	1,9%	100,0%
AL	60,5%	36,8%	2,7%	100,0%
AM	70,2%	24,0%	5,8%	100,0%
AP	99,5%	0,5%	0,0%	100,0%
BA	66,7%	33,1%	0,3%	100,0%
CE	73,6%	21,3%	5,1%	100,0%
DF	67,6%	30,4%	2,0%	100,0%
ES	61,9%	36,1%	2,0%	100,0%
GO	63,3%	36,5%	0,2%	100,0%
MA	73,4%	26,6%	0,0%	100,0%
MG	52,5%	46,7%	0,8%	100,0%
MS	68,7%	31,3%	0,0%	100,0%
MT	68,9%	31,1%	0,0%	100,0%
PA	72,1%	27,9%	0,0%	100,0%
PB	71,1%	28,9%	0,0%	100,0%
PE	56,0%	44,0%	0,0%	100,0%
PI	60,1%	38,2%	1,6%	100,0%
PR	62,8%	37,0%	0,3%	100,0%
RJ	54,2%	42,9%	2,8%	100,0%
RN	60,3%	38,7%	1,0%	100,0%
RO	82,7%	16,5%	0,8%	100,0%
RR	94,2%	2,1%	3,7%	100,0%
RS	63,8%	35,9%	0,4%	100,0%
SC	60,4%	39,3%	0,3%	100,0%
SE	63,0%	37,0%	0,0%	100,0%
SP	50,3%	49,7%	0,0%	100,0%
TO	80,2%	19,8%	0,0%	100,0%

Fonte: Tesouro Nacional (2020).

As informações apresentadas demonstram que os entes subnacionais tinham dificuldades em manter o equilíbrio fiscal em razão da elevada despesa de pessoal e do serviço da dívida. Bem como, os entes adotavam estratégias de postergação dos fluxos de caixa que nem sempre eram as mais adequadas do ponto de vista da sustentabilidade fiscal de médio prazo, tais como a postergação do pagamento de precatórios, o uso elevado de inscrição de despesas em restos a pagar, entre outros. Essa combinação de fatores demonstra uma fragilidade institucional e baixa capacidade de reagir de forma robusta e independente à crise.

Tabela 3 – Dívida Consolidada Líquida

UF	DCL/RCL 2018	DCL/RCL 2019
AC	75%	58%
AL	86%	75%
AM	35%	29%
AP	1%	-8%
BA	64%	62%
CE	57%	53%
DF	35%	36%
ES	25%	15%
GO	92%	78%
MA	54%	43%
MG	189%	191%
MS	72%	61%
MT	43%	21%
PA	13%	8%
PB	32%	23%
PE	62%	52%
PI	50%	55%
PR	39%	44%
RJ	263%	282%
RN	46%	32%
RO	47%	28%
RR	33%	46%
RS	223%	224%
SC	95%	80%
SE	46%	46%
SP	176%	171%
TO	64%	57%

Fonte: Tesouro Nacional (2020).

Tabela 4 – Avaliação da capacidade de pagamento dos estados

UF	Indicador 1	Nota 1	Indicador 2	Nota 2	Indicador 3	Nota 3	Classificação da CAPAG
AC	0,828716389	B	0,926144529	B	0,168635265	A	B
AL	1,215299064	C	0,898409739	A	0,417964971	A	B
AM	0,510044378	A	0,918118384	B	0,814845103	A	B
AP	0,77051319	B	0,825932415	A	0,950163642	A	C*
BA	0,751063569	B	0,963196073	C	0,692242452	A	C
CE	0,72266012	B	0,922121777	B	0,556910984	A	B
DF	0,431721788	A	0,970609244	C	19,92619317	C	C
ES	0,501029609	A	0,883263766	A	0,089019644	A	A
GO	0,923696551	B	0,962577285	C	-10,21893677	C	C
MA	0,564008736	A	0,979715051	C	1,672246213	C	C
MG	2,087208345	C	1,065532198	C	24,17747645	C	D
MS	0,852458496	B	1,003627277	C	0,988654086	A	C
MT	0,458735956	A	0,977134851	C	-5,765223132	C	C
PA	0,231122346	A	0,926943839	B	0,902692939	A	B
PB	0,479664655	A	0,927140207	B	0,440646978	A	B
PE	0,678670335	B	0,960576705	C	-3,075711262	C	C
PI	0,674936789	B	0,947312103	B	0,795060304	A	B
PR	0,649565985	B	0,942095759	B	0,628085285	A	B
RJ	2,725316403	C	1,050010713	C	4,821679616	C	D
RN	0,303600473	A	0,911320578	B	7,021569862	C	C
RO	0,654058771	B	0,895340015	A	0,498648462	A	B
RR	0,572013997	A	0,878336299	A	2,330958007	C	C
RS	2,162978503	C	1,019475101	C	5,694191818	C	D
SC	1,057918	B	0,971125625	C	0,253377419	A	C
SE	0,618304822	B	0,977152924	C	1,016461734	C	C
SP	2,044507161	C	0,936796217	B	0,727783197	A	B
TO	0,463475968	A	0,945596033	B	5,393953665	C	C

Fonte: Tesouro Nacional (2020).

2. Políticas Públicas de Reequilíbrio do Federalismo fiscal durante a pandemia

Apesar da pandemia da Covid-19 ter iniciado na China no final de 2019, seus efeitos práticos, do ponto de vista da Política Fiscal, para o Brasil começaram a surgir em março de 2020 com a aprovação do Decreto-Legislativo nº 6, de 20 de março de 2020, que reconheceu a situação de calamidade pública nacional enquanto durassem os efeitos da pandemia.

O reconhecimento de calamidade pública resulta na subsunção do art. 65 da Lei de Responsabilidade Fiscal para o ente federativo que a declarar, por meio de seu poder legislativo, o Congresso Nacional, no caso da União; e, as Assembleias legislativas, na hipótese de Estados e Municípios.

Em termos práticos, o Reconhecimento da calamidade pública nacional a partir do Decreto-Legislativo nº 6, de 20 de março de 2020, trouxe, apenas para a União, as seguintes implicações:

- A suspensão dos limites de pessoal estabelecidos no art. 20 da LRF, bem como o prazo de dois quadrimestres para eliminar o eventual percentual excedente[114] àquele limite;
- Suspensão do limite da dívida consolidada dos entes, bem como o prazo de três quadrimestres para a recondução ao valor máximo permitido para os entes que porventura o tenham ultrapassado; e
- A dispensa do atingimento da meta de superávit primário e o contingenciamento, caso se preveja que as metas fiscais não serão atingidas.

Com isso, a União ficou dispensada do cumprimento da meta fiscal para 2020, além de ter sido desobrigada de realizar o contingenciamento de recursos, conforme determina o art. 9º da LRF.

Mas ainda havia uma situação peculiar. De algum modo dito no início deste texto, o financiamento dos gastos relativos a políticas públicas é ainda mais alto, proporcionalmente à arrecadação, nos entes subnacionais, e, nesse período de calamidade, tal descompasso se torna ainda mais nítido e compromete a saúde fiscal dos entes. Em razão disso, buscou-se no Congresso Nacional a coordenação normativa que operacionalizasse a travessia fiscal de todos os entes, principalmente os subnacionais, referente ao momento de calamidade que se vive e, também, concernente à recuperação econômica da Nação.

Dentro do que já foi comentado, haja vista a mitigação de entrada de receitas públicas, especialmente, dado o arrefecimento econômico subsiste como instrumento de custeio, o endividamento público, mas apenas a União possui, de acordo com a lei, capacidade para fazê-lo. Isso signi-

---

[114] O art. 65 da Lei de Responsabilidade Fiscal também flexibilizava o art. 70 que estabelecia que os poderes ou órgãos cuja despesa total com pessoal no exercício anterior ao da publicação daquela Lei Complementar estive acima dos limites estabelecidos nos arts. 19 e 20, deveria se enquadrar ao limite em até dois exercícios. Mas considerando que a LRF foi aprovada há mais de 20 anos, o dispositivo se tornou anacrônico.

fica que os entes subnacionais precisariam de repasses extraordinários, muito além daqueles já permitidos no regime ordinário da Constituição Federal.

Assim, diversas propostas legislativas, tanto no âmbito da Câmara quanto do Senado, pautaram o financiamento dos entes subnacionais nos gastos públicos decorrentes da Covid-19, tendo êxito na aprovação o Projeto de Lei Complementar – PLP nº 39 do Senado que resultou na promulgação da Lei Complementar nº 173, de 27 de maio de 2020.

O texto da Lei Complementar nº 173/2020, que será visto de forma mais detalhada a seguir, alterou o art. 65 da LRF, expandindo os efeitos da calamidade pública no território nacional, reconhecida pelo Congresso Nacional, passando a alcançar automaticamente as finanças dos Estados, Distrito Federal e Municípios. No período ficam dispensadas restrições como: I) recebimento de transferências voluntárias; II) adequação orçamentária e financeira[115]; e III) a vedação de o titular de Poder, nos últimos dois quadrimestres do seu mandado contrair obrigação de despesa que não possa ser cumprida integralmente dentro dele, ou que tenha parcelas a serem pagas no exercício seguinte sem que haja suficiente disponibilidade de caixa para este efeito.

2.1. Alteração Constitucional como instrumento para o enfrentamento da União à Covid-19: A PEC da Guerra

- Dentre os diversos instrumentos normativos que procuraram indicar o caminho fiscal a ser percorrido pelos entes federados no momento pandêmico vivido, destaca-se a aprovação da Emenda Constitucional nº 106, de 7 de maio de 2020, que instituiu o Regime Extraordinário Fiscal, Financeiro e de Contratações para o enfrentamento de calamidade pública nacional decorrente de pandemia, também chamada de "PEC da Guerra", na qual a União teve a permissão de adotar regime simplificado de contratação de pessoal e de obras;
- Suspender a aplicação da regra de ouro;

---

[115] Durante calamidade, os controles da LRF para criação ou expansão de despesa e benefício fiscal ficam suspensos, desde que destinados ao combate à calamidade pública (art. 65, §1º, III da LRF, conforme redação dada pela Lei Complementar nº 173, de 2020

- Pagar os juros da dívida com novas operações de crédito para refinanciamento da dívida mobiliária;
- Adquirir títulos privados em mercado pelo Banco Central;
- Impor restrições para pagamento de dividendos e juros sobre capital próprio de instituições financeiras beneficiadas pela aquisição de ativos privados pelo Banco Central; e
- Convalidar todos os atos de gestão praticados a partir de 20 de março, desde que compatíveis com a emenda constitucional.

A aprovação dessa medida permitiu que a União pudesse superar duas importantes regras fiscais – a regra de ouro e a meta de resultado primário[116] – o que viabilizou agilidade no acesso a um grande volume de recursos para poder enfrentar a crise gerada pela Covid-19, inclusive para prestar apoio financeiro aos Estados, Distrito Federal e Municípios.

2.2. Medidas Provisórias como instrumento de auxílio aos entes subnacionais no enfrentamento à Covid-19

a) Medida Provisória 938/2020

A queda dos valores de arrecadação tributária dos impostos da União trouxe impacto significativo na distribuição das receitas tributárias partilhadas com os Estados e Municípios e, nesse contexto, se deu a edição da Medida Provisória (MP) nº 938 de 2020.

Vale mencionar, primeiramente, que antes da MP 938/2020 já havia grande pressão no Parlamento para auxílio financeiro aos Estados e Municípios. A título de exemplo, em 28 de março de 2020 foi apresentado Projeto de Lei (PL) nº 1161/2020, de autoria de diversos líderes da Câmara dos Deputados, com o objetivo impor à União a obrigação de recompor queda dos valores do FPE e FPM durante todo o ano de 2020,

---

[116] Uma terceira regra fiscal, prevista no art. 107 do Ato das Disposições Constitucionais Transitórias, denominada "Teto dos Gastos" não foi juridicamente flexibilizada, mas também não foi um impedimento para a execução das políticas públicas na medida em que foi utilizado largamente o instrumento do crédito extraordinário, hipótese que relaxa as restrições impostas pelo art. 107.

comparado com 2019. No dia 1º de abril de 2020, o PL foi aprovado simbolicamente, com orientação "sim" no painel por todos os partidos que lá se manifestaram, sendo então, encaminhado ao Senado Federal[117].

Um dia depois da aprovação na Câmara do PL n. 1161/2020, em 2 de abril de 2020, foi editada pelo Poder Executivo a Medida Provisória nº 938, por meio da qual a União entregaria aos entes federados, até R$ 16 bilhões, em quatro parcelas mensais, a título de compensação financeira correspondente à variação nominal negativa entre os valores creditados no FPE e no FPM nos meses de março a junho de 2020, em relação ao mesmo período de 2019.

A medida visava recompor eventuais perdas de arrecadação dos Estados e Municípios com a queda de arrecadação do Imposto de Renda e do Imposto sobre Produtos Industrializados, que são compartilhados com esses entes por meio daqueles fundos constitucionais.

Ainda que meritória, houve quem criticasse a utilização do FPE e do FPM para ajudar Estados e Municípios, usando argumento de que os recursos dos fundos compõem um mecanismo redistributivo e que, no momento, o que ampara o auxílio é o conceito da compensação tributária. Na medida em que os fundos constitucionais possuem um mecanismo de redistribuição de renda, estaria havendo, sob o ponto de vista teórico, uma redistribuição tributária indevida. Segundo Scaff (2020):

> Não será distribuindo mais dinheiro aos entes federados das regiões mais pobres que este problema será equacionado. O sistema do FPE e do FPM deve ser mantido, pois é importantíssimo, mas não para esta ajuda 'extra'.

A execução da MP 938/2020 está sendo realizada por meio da MP 939/2020. Como pode ser observado na Tabela 5, dos valores apurados nos três meses, dos quatro previstos na MP 939, o valor total compensado foi de R$6,6bi, do total previsto no período de R$12 bi, segundo

---

[117] Em 11/06/2020 o PL 1161/2020 continuava sem tramitar no Senado Federal. Um dos procedimentos entre as duas casas, Senado e Câmara, para retardar o andamento de determinadas proposições é o não recebimento pela casa receptora, o que impede a continuidade do processo legislativo, já que não há determinação de prazo específico para o recebimento de matérias vinda de uma ou de outra casa.

a MP 938. A diferença, R$5.4 bi, poderá ser utilizada para compensar a diferença do FPE e FPM de junho 2020/2019. Dessa forma, haveria disponibilidade para compensar até R$9,4 bi, o que equivaleria queda aproximada de 45% do FPE e FPM.

Tabela 5 – Execução da MP 939 – Recomposição do FPE/FPM

(R$ milhões)

FPE/FPM	Difrença março 2020/2019	Difrença abril 2020/2019	Difrença maio 2020/2019	Total
FPE	498,80	453,40	2.266,80	3.219,00
FPM	531,10	484,00	2.372,90	3.388,00
Total	1.029,90	937,40	4.639,70	6.607,00
Limite mensal	4.000,00	4.000,00	4.000,00	12.000,00
Margem do Limite	2.970,10	3.062,60	-639,70	5.393,00

Fonte: Tesouro Nacional (2020)

Além da MP 938/2020, até o dia 11 de junho de 2020 foram editadas seis Medidas Provisórias[118] que contemplavam transferências, as quais totalizaram R$28 bi para os entes subnacionais referentes a gastos com saúde no enfrentamento da pandemia.

b) Medida Provisória nº 961, de 2020

Em 6 de maio de 2020, foi editada a Medida Provisória nº 961 que autorizava o pagamento antecipado nas licitações e contratos, além de ampliar o uso do Regime Diferenciado de Contratações Públicas durante a calamidade. Apesar do tema não representar um fluxo financeiro da União para os Entes Federados, a simplificação das regras de aquisição também trará benefícios para eles.

c) Medida Provisória nº 909, de 2019

No dia 13 de maio foi aprovado pelo Senado Federal o Projeto de Lei de Conversão nº 10, de 2020, oriundo da Medida Provisória nº 909, de 2019, que tratava da extinção do Fundo de Reservas Monetárias do Banco

---

[118] Medidas Provisórias nºs 924, 940, 941, 967, 969 e 976

Central. Pelo projeto, os quase R$ 9 bilhões de patrimônio do fundo seriam destinados aos Estados, Distrito Federal e Municípios para a aquisição de materiais de prevenção à propagação da Covid-19. O dispositivo foi vetado pelo Poder Executivo, por meio da Mensagem Presidencial nº 320, de 2020, sob a alegação de inconstitucionalidade.

2.3. Norma infralegal de suspensão da contribuição previdenciária e contribuição do PASEP dos Estados e Municípios: a Portaria ME nº 139, de 2020

Além das Medidas Provisórias, como medida de auxílio aos entes subnacionais, no dia 3 de abril de 2020 foi publicada a Portaria nº 139 do Ministério da Economia que adiou o prazo de cobrança da contribuição previdenciária e do Programa de Formação do Patrimônio do Servidor Público (Pasep) a serem pagos por Estados, Distrito Federal e Municípios. No caso da contribuição previdenciária, os valores de março e abril de 2020 terão vencimento em julho e setembro de 2020. Com relação ao Pasep, os pagamentos de março e abril ficam postergados para julho e setembro de 2020.

2.4. Edição de norma geral como plano nacional de equilíbrio e recuperação Fiscal: a Lei Complementar nº 173, de 2020

A principal discussão de apoio aos Estados foi a retomada da tramitação do PLP nº 149, de 2019, também chamado "Plano Mansueto", em homenagem ao Secretário do Tesouro Nacional, Mansueto Facundo de Almeida Júnior.

O PLP foi encaminhado ao Congresso Nacional em 3 de junho de 2019, quase um ano antes da eclosão da pandemia da Covid-19 e em um contexto de apoio aos estados que estavam tendo dificuldades com as contas públicas.

A Câmara dos Deputados até chegou a criar Comissão Especial, ainda em 2019, para apreciar a matéria, contudo, o assunto só voltou realmente à discussão em 2 de abril de 2020.

O plano, de caráter emergencial, tinha as seguintes características:

- Instituição de Programas de Acompanhamento e Transparência Fiscal por Estados, Distrito Federal e Municípios (âmbito local), cujo

escopo era o estabelecimento de metas de cunho fiscal e concessão de acesso à Controladoria-Geral da União (CGU) aos sistemas contábeis de forma a permitir a fiscalização do cumprimento da LRF;
- Instituição o Plano de Promoção do Equilíbrio Fiscal (entre União e os Entes), que estabelecesse conjunto de metas e compromissos com o objetivo de promover o equilíbrio fiscal e a melhoria da capacidade de pagamento dos entes, além de previsão para a contratação de operações de crédito, respeitadas as condicionantes daquela proposta.
- Aprovação de lei ou conjunto de leis que implementassem, no mínimo três medidas de consolidação fiscal elencadas no texto (privatizações, redução de incentivos fiscais, revisão do regime jurídico único dos servidores, regras para limitar o crescimento das despesas, eliminação de vinculações de receitas, adoção da unidade de tesouraria, reformas estruturantes no setor de gás canalizado, e regras para contratação de serviços de saneamento básico);
- Flexibilização das regras da LRF para a contratação de operações de crédito com a garantia da União, no âmbito do Plano de Promoção do Equilíbrio Fiscal; e
- Adoção de medidas adicionais de responsabilidade fiscal com relação à adequação dos limites de despesas com pessoal e à realização de operações de crédito pelos entes.

O PLP nº 149, de 2019 também trazia itens acessórios como a autorização para que a União pudesse contribuir para a manutenção de foros e grupos de trabalho sobre política fiscal e endividamento público no exterior.

A tramitação do projeto foi intensa, apesar de relativamente rápida para um projeto desta natureza. Para a relatoria foi escolhido o Deputado Pedro Paulo, do Rio de Janeiro. Desde o início, as discussões entre o Congresso e a equipe econômica buscaram modular a amplitude de benefícios e à necessidade de imposição incentivos adequados que limitassem o endividamento dos entes federados.

Diversas propostas foram discutidas como a permissão para que estados com baixa avaliação da capacidade de pagamento pudessem realizar operações de crédito com garantia da União ou o perdão de multas de entes federados.

O substitutivo do relator foi aprovado pela Câmara dos Deputados em 13 de maio de 2020 e trouxe uma série de inovações ao texto original. As mais relevantes são:

- Auxílio financeiro que assegurasse aos Entes Federados em 2020, ao menos o mesmo valor nominal da arrecadação em 2019 com o ICMS e ISS entre abril e setembro;
- Vedação para a concessão de benefícios tributários, exceto para a postergação de prazo de recolhimento de impostos por microempresas e empresas de pequeno porte ou se as renúncias fossem relacionadas ao enfrentamento da Covid-19, ou para preservação dos empregos;
- Afastamento e dispensa das disposições da LRF que tratavam da criação e/ou expansão de despesas e benefícios fiscais de despesa previstas nos art. 14, II do art.16 e art. 17, apenas para efeitos financeiros limitados ao período da calamidade, bem como os demais limites e condições para a realização e recebimento de transferências voluntárias; e
- Regras para a postergação de pagamento das obrigações de Estados e Municípios junto à Caixa Econômica Federal e ao BNDES.

Após a aprovação, houve receio de que o auxílio financeiro pudesse representar elevado risco para a União na medida em que não havia limite para essa despesa. Além disso, os mecanismos de comprovação dos valores a serem repassados eram aparentemente frágeis e possibilitavam a manipulação de dados.

Não obstante os problemas mencionados, a proposta de recompor a perda de arrecadação tributária de Estados e Municípios por meio de uma compensação direta obteve apoio de alguns pesquisadores.

Scaff (2020), por exemplo, defendeu a utilização de um mecanismo de "seguro arrecadação" pelo qual a União transferiria o equivalente à sua perda de arrecadação vis-à-vis o mesmo período de 2019. Segundo o autor, não se estaria defronte a um mecanismo redistributivo de renda, mas um mecanismo comutativo de reposição de perdas de arrecadação.

O professor José Roberto Afonso, em entrevista concedida ao jornal o globo[119], menciona que a aprovação do PLP 173/2020 representa uma má escolha na distribuição do programa de socorro, isso porque fez-se a opção de trocar um seguro por um cheque.

O motivo de tal afirmação se dá porque na proposta original da Câmara dos Deputados haveria a possibilidade de apuração nas contas de cada governo e com base em documentos oficiais, com a perda mensurada seria pago o seguro pelo Tesouro, além da proibição dos governos a renunciarem sua respectiva arrecadação para depois se compensarem.

A negociação com o Senado do PLP 39/2020 que resultou na aprovação da Lei Complementar nº 173, de 2020, foi um mecanismo por estimativa, fixando uma tabela sem a necessária correspondência com a perda de arrecadação.

As simulações que foram publicadas trabalharam com a hipótese de que todos os estados iriam perder algo como 35% da arrecadação, algo muito maior do que se advinha pelas tendências da arrecadação. Dentro desse cenário, alguns estados ganharam mais do que precisavam ou de fato perderam e outros receberam muito menos do que efetivamente perderam de arrecadação.

O Relator do PLP 149/2019, preterido em razão do PLP 39/2020, também afirmou, em entrevista concedida para este artigo[120] de que a preferência do governo em pagar um cheque ao invés do seguro é a concessão de socorro além do necessário e do desequilíbrio no rateio entre os governos, podendo ser mensurada como uma das mais caras e ineficazes transferências voluntárias da história.

A preocupação dos estudiosos de finanças públicas se dá em razão de que a maior lacuna de recursos ocorre nas cidades em que está concentrada a arrecadação federal e os investimentos de dívida pública. Nessa

---

[119] AFONSO, José Roberto. Governo está dando um tiro no pé, diz economista sobre socorro aos estados. **Jornal O Globo**, Rio de Janeiro, 16 de junho de 2020. Disponível em: https://oglobo.globo.com/economia/governo-esta-dando-um-tiro-no-pe-diz-economista-sobre--socorro-aos-estados-24479719. Acesso em: 18 de jun. 2020.

[120] Agradecemos à disponibilidade do Deputado Pedro Paulo em conversar, no dia 08 de junho de 2020 sobre as nuances políticas e as repercussões dos estudos de economistas na área de finanças públicas que envolveram a conclusão do relatório e do substitutivo do PLP 149/2019.

medida, se os serviços públicos dessas regiões entrarem em colapso, não apenas os respectivos governos regionais sofrerão impacto em suas finanças, como o próprio governo federal.

E, não se fala em recessão, mas em depressão, isso porque as previsões apontam para quedas do PIB além dos 9%, impossibilitando qualquer aumento de arrecadação em razão da produção e do emprego.

Comparativamente aos mecanismos de incentivo à responsabilidade fiscal encontrados em outras legislações, tais como a Lei nº 9.496, de 1997 ou a Lei Complementar nº 159, de 2017, o projeto aprovado foi tímido ao criar restrições relevantes apenas para a concessão de incentivos fiscais, ainda assim, listando algumas excepcionalizações.

Ao chegar no Senado Federal, o PLP 149, de 2020 foi prejudicado pela tramitação do PLP nº 39, de 2020, de autoria do Senador Antônio Anastasia, que acabou aprovado em 2 de maio de 2020 e remetido à Câmara dos Deputados, onde também foi aprovado tendo sido convertido na Lei Complementar nº 173, de 2020. As características gerais dessa Lei Complementar são:

- Suspensão, em 2020, dos pagamentos das dívidas de estados e municípios junto à União e reestruturação das operações de crédito internas e externas junto ao sistema financeiro e organismos multilaterais e impedir que a União execute garantias ou que inscreva os entes em cadastros de crédito;
- Afastamento, em 2020, de um conjunto de condições e vedações da LRF com relação às renúncias de receitas, geração de despesas (declaração do ordenador de despesas quanto à adequação orçamentária e financeira) e criação de despesas obrigatórias de caráter continuado, além dos demais limites e condições para o recebimento de transferências voluntárias;
- Criação de auxílio financeiro da União para os entes, no valor total de R$ 60 bilhões, dos quais R$ 10 bilhões seriam destinados à saúde;
- Autorização para que os passivos estaduais junto aos bancos privados, que contem com a garantia da União possam ser objeto de securitização, desde que respeitados os requisitos da Lei Complementar nº 173, de 2020;

- Estabelecimento de regras mais rígidas para a LRF no que se refere à criação e aumento de despesas com pessoal, especialmente nos 180 dias para o final de mandato;
- Alteração do art. 65 da LRF que trata do regime de calamidade pública, para dispensar os limites, condições e restrições para todos os Entes para a contratação e aditamento de operações de crédito, concessão de garantias, contratação de operações de crédito entre entes da Federação e recebimento de transferências voluntárias, dentre outras medidas;
- Proibição de aumentos salariais, expansão de gastos com pessoal, criação de despesas de caráter continuado, reajuste de despesas acima da inflação, até 31 de dezembro de 2021. O texto original previa exceções para servidores das áreas de saúde, segurança pública e educação, mas a excepcionalização acabou sendo vetada pelo Poder Executivo; e
- Suspensão dos pagamentos dos refinanciamentos de dívidas dos municípios junto à Previdência Social, com vencimentos entre 1º de março e 31 de dezembro de 2020.

A Lei Complementar nº 173, de 2020, tem certa similaridade com o PLP nº 149, de 2019 original "Plano Manueto", mas se diferencia pela inclusão do auxílio de R$60 bilhões, além de ter menos contrapartidas de consolidação para estados e municípios. Destaca-se, entretanto, a suspensão dos aumentos salariais para União, Estados, Distrito Federal e Municípios.

A implementação do disposto na Lei Complementar nº 173, de 2020, foi rápida. Já no começo de junho, o Banco Nacional de Desenvolvimento Econômico e Social (BNDES) e a Caixa Econômica Federal (CEF) realizaram operações que trouxeram alívio financeiro aos Estados, DF e Municípios ao suspender os pagamentos dos financiamentos até dezembro de 2020. Um total de R$ 13,98 bilhões de dívidas com os dois bancos serão pausados até dezembro de 2020.

Só o BNDES deverá ter um impacto de até R$ 3,9 bilhões. Além disso, houve a liberação de R$ 456 milhões em novos recursos pelo Banco para estados com contratos ativos com o banco. Além disso, cerca de R$ 10,73 bilhões de dívidas com organismos multilaterais serão renegociados, no âmbito da Lei Complementar nº 173.

Os pagamentos decorrentes da Lei Complementar nº 173, de 27 de maio de 2020, foram instrumentalizados por meio da edição da Medida Provisória nº 978, de 4 de junho de 2020, pelo qual foram abertos créditos extraordinários no valor total de R$ 60.189.488.452,00.

Vale observar, contudo, que os valores distribuídos já na primeira parcela não foram eficientes, considerando que alguns Estados receberam recursos além da queda das receitas tributárias, já considerando a soma das quedas de abril e maio, como no Acre e Amazonas, enquanto outros Estados, como Ceará, Piauí, Minas Gerais e São Paulo, o auxílio da primeira parcela sequer foi suficiente para equalizar as perdas em maio de 2020.

Tabela 6 – Queda receitas tributárias Estaduais X Primeira Parcela LC 173, de 2020

Estados	Perda de arrecadação 2020/2019 Abril (A)	Maio (B)	LC 173 1º parcela (C)	Comparação (D) = (C) -(B) (D)
Acre	-11.959.886	-22.820.407	112.741.577	89.921.170
Alagoas	-36.768.114	-75.685.525	142.099.875	66.414.350
Amapá	-764.789	-32.212.796	133.547.896	101.335.100
Amazonas	-19.026.141	-185.916.186	257.967.655	72.051.469
Bahia	-368.027.195	-746.928.482	501.363.226	-245.565.256
Ceará	-294.057.870	-890.806.382	313.652.664	-577.153.718
Distrito Federal	-73.181.763	-242.039.710	157.189.067	-84.850.643
Espírito Santo	-93.316.042	-290.986.468	226.270.727	-64.715.741
Goiás	-254.911.536	-334.115.757	324.782.174	-9.333.583
Maranhão	-77.498.834	-156.274.045	254.932.825	98.658.780
Minas Gerais	-1.404.160.280	-848.629.407	858.160.921	9.531.514
Mato Grosso	-38.196.681	-67.103.628	359.101.016	291.997.388
Pará	17.618.126	-144.774.404	353.242.524	208.468.120
Paraíba	-63.344.227	-165.307.198	157.728.812	-7.578.386
Pernambuco	-156.547.537	-507.566.893	346.880.036	-160.686.857
Piauí	-229.009.778	-113.419.685	128.546.377	15.126.692
Rio de Janeiro	-229.954.324	-670.267.073	612.373.603	-57.893.470
Rio Grande do Norte	-94.213.389	-78.133.668	142.934.332	64.800.664
Rondônia	21.362.788	11.737.791	114.809.722	126.547.513
Roraima	13.287.616	-22.940.535	85.020.073	62.079.538
Rio Grande do Sul	-476.031.180	-796.198.889	549.888.579	-246.310.310
Santa Catarina	-371.204.967	-420.902.884	333.905.188	-86.997.696
Sergipe	-54.029.966	-86.417.761	114.647.866	28.230.105
São Paulo	-2.720.082.705	-3.471.123.071	1.902.828.984	-1.568.294.087
Tocantins	-18.310.791	-28.075.436	102.258.512	74.183.076
Total	-7.032.329.465	-10.386.908.499	8.586.874.231	

Obs: Mato Grosso do Sul e Paraná foram excluídos da comparação, por não possuírem todos dados disponíveis

Fonte: Boletim de Arrecadação de Tributos Estaduais/CONFAZ (2020).

Assim, com a insuficiência da Lei Complementar nº 173, de 2020, de compensar as perdas dos Estados, há forte tendência de que novas pressões ressurjam já no segundo semestre de 2020 para que novos auxílios financeiros sejam concedidos pela União.

Existe pressão, inclusive, para que haja nova votação da proposta original do seguro, considerando um maior período e conceito, incluindo os efeitos da atual transferência voluntária em curso. O apelo que tem sido feito considera que as cidades afetadas são aquelas das quais há dependência do governo federal na arrecadação de seus impostos e na venda dos títulos da dívida pública. Nessa tônica e não somente por essa razão, o relator Pedro Paulo, que atuou tanto na proposta do PLP 149/2020 quanto no PLP 39/2020, apresentou novo projeto de Lei Complementar com as discussões constantes do relatório original da Câmara e que não foram objeto do acordo com o governo federal, como é o caso do PLP n. 101/2020.

2.5. A homologação do acordo dos quase vinte e cinco anos da Lei Kandir

Outro fato relevante para o federalismo fiscal foi a homologação do acordo entre a União e os estados, ocorrido em 20 de maio de 2020, visando a compensação das perdas dos Estados decorrentes da Lei Kandir. O acordo teve valor total de R$ 65,6 bilhões, dos quais, R$ 58,0 bilhões serão desembolsados entre 2020 e 2037, R$ 4,0 bilhões serão pagos a partir da receita a ser obtida a título de bônus de assinatura com os leilões dos Blocos de Atapu e Sépia, previstos para o ano de 2020, além de R$ 3,6 bilhões, que serão pagos após a aprovação da PEC nº 188, de 2019.

A Isenção instituída pela Lei Kandir (Lei Complementar nº 87/96) sobre as exportações de produtos primários e semielaborados ou serviços trouxe polêmica em razão da consequente perda de arrecadação em alguns Estados que tinham como principal base tributável tal fato gerador. A polêmica se arrastou por mais de vinte anos, sem que houvesse acordo em torno de uma fórmula de compensação equitativa. O passivo da compensação, segundo o cálculo dos Estados já estava na casa dos R$ 600 bilhões de reais e sob essa alegação o governo do Paraná ajuizou ação no Supremo Tribunal Federal (ADO 25), que em 2017 reconheceu a mora do Congresso Nacional na edição da Lei Complementar prevista no Ato das Disposições Constitucionais Transitórias (art. 91).

Fixou-se na decisão do STF, em 2017, que o Congresso deveria no prazo de um ano editar lei que regulamentasse o repasse devido, houve Comissão na Câmara, concomitante a uma Comissão no Senado, que posteriormente veio a fundir-se em uma Comissão Mista Especial da Lei Kandir, cujo parecer foi aprovado em 15 de maio de 2018, mas sem acordo dos entes, não foi à votação do plenário das Casas. O prazo venceu e o Congresso não chegou a uma conclusão. Prorrogou-se então, o prazo até fevereiro de 2019, quando o Ministro Gilmar Mendes decidiu por postergar o prazo por mais um ano, e que foi renovado por mais noventa dias.

Um dia antes de vencer a última renovação do prazo, os entes chegaram a um acordo de conciliação histórico. Foi o deslinde consensual de controvérsia federativa que se arrastava há mais de duas décadas, em razão da mora legislativa e de divergência na representatividade de interesses dos entes federados.

A União deve apresentar dentro de sessenta dias, a contar da homologação do acordo (20 de maio de 2020), para apresentar um projeto de Lei Complementar nos termos do referido acerto e encaminhar para o Congresso Nacional. Dadas as circunstâncias, a história parece estar próxima de alcançar seu final, mas ainda faltam algumas páginas a serem escritas pelo Executivo e pelo Legislativo até que definitivamente se considere o fim da celeuma compensatória da Lei Kandir.

2.6. Situação fiscal dos estados durante a pandemia

Do ponto de vista da arrecadação dos estados e municípios, o auxílio trazido pela Lei Complementar nº 173, de 2020 se mostrou bastante pertinente. Dados de arrecadação do Imposto sobre Circulação de Mercadorias e Serviços (ICMS) de um conjunto de estados[121], compilados pela Secretaria de Fazenda do Rio Grande do Sul[122], demonstram que até o final de fevereiro de 2020, a arrecadação deste tributo era sistematicamente superior ao arrecadado no mesmo período do ano passado.

---

[121] Acre, Alagoas, Bahia, Espirito Santo, Paraíba, Piauí, Rio de Janeiro, Rio Grande do Norte, Rio Grande do Sul, Rondônia, Roraima e Sergipe
[122] http://receitadados.fazenda.rs.gov.br/pain%c3%a9is/DFE/comparativo-nfce

Gráfico 2 – Arrecadação diária de ICMS da amostra de Estados*
(jan. e fev. de 2020)

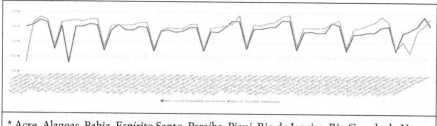

* Acre, Alagoas, Bahia, Espírito Santo, Paraíba, Piauí, Rio de Janeiro, Rio Grande do Norte, Rio Grande do Sul, Rondônia, Roraima e Sergipe.

Fonte: Secretaria de Fazenda do Rio Grande do Sul (2020).

Conforme mostra o gráfico 2 acima, a partir do final de fevereiro de 2020, já em função dos impactos adversos da pandemia, houve uma queda brusca de arrecadação comparativamente com o mesmo período do ano anterior em função do início da implementação das medidas de isolamento social nos estados. Recorda-se que em função das transferências de parte da arrecadação de ICMS para os municípios, essa queda também tem efeitos sobre as finanças municipais.

Entre março e abril de 2020, com exceção de momentos específicos, a tendência a uma menor arrecadação vis-à-vis 2019 permaneceu e se amplificou, conforme demonstra o gráfico 11 abaixo.

Gráfico 3 – Arrecadação diária de ICMS da amostra de Estados*
(mar. e abr. de 2020)

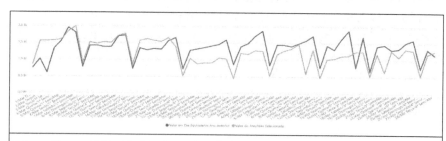

* Acre, Alagoas, Bahia, Espírito Santo, Paraíba, Piauí, Rio de Janeiro, Rio Grande do Norte, Rio Grande do Sul, Rondônia, Roraima e Sergipe.

Fonte: Secretaria de Fazenda do Rio Grande do Sul (2020)

Entre maio e junho de 2020, a tendência a uma menor arrecadação permaneceu, ainda que em grau inferior ao observado no bimestre anterior[34], conforme pode ser visto no gráfico 3. Isso se explica pelo início do processo de flexibilização do isolamento social.

Gráfico 4 – Arrecadação diária de ICMS da amostra de Estados*
(maio e jun. de 2020)

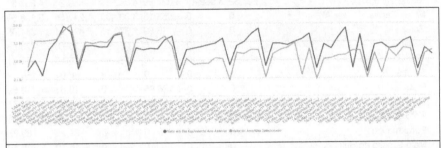

* Acre, Alagoas, Bahia, Espírito Santo, Paraíba, Piauí, Rio de Janeiro, Rio Grande do Norte, Rio Grande do Sul, Rondônia, Roraima e Sergipe

Fonte: Secretaria de Fazenda do Rio Grande do Sul (2020)

Outra forma de avaliar a situação dos entes subnacionais é analisar a honra de garantias de estados e municípios pela União. Dados do Tesouro Nacional demonstram que a honra de garantias de operações de crédito dos estados e municípios no primeiro trimestre de 2020 já era superior ao verificado, em média, entre 2016 e 2019. Dados referentes ao segundo trimestre de 2020 devem trazer uma deterioração ainda maior.

A combinação de uma dinâmica fiscal complexa como a observada nos últimos anos por estados e municípios, com os efeitos adversos de uma pandemia, é um desafio a ser enfrentado pelo Setor Público nos próximos anos. Nesse sentido, é importante que se tenha clareza do que pode ser feito para reverter essa grave situação em que esses entes se encontram.

3. O pós-crise

Os efeitos econômicos da pandemia do Coronavírus sobre a Economia brasileira levarão anos até se dissiparem completamente. Dessa forma, não é possível fazer prognósticos precisos sobre a conjuntura pós-pandemia, mas a própria União projeta endividamento público (Dívida Bruta do Governo Geral) superior a 95% do PIB para o final de 2020.

Tabela 7 – Honra de garantias de operações de crédito pela União (1º tri/2020)

(R$ milhões)

Mutuário	2016	2017	2018	2019	1ºQ 2020	Total
Estados	**2.361,87**	**4.031,34**	**4.805,60**	**8.350,24**	**2.858,29**	**22.407,34**
Rio de Janeiro	2.227,32	3.989,45	4.027,89	4.042,60	680,24	14.967,50
Minas Gerais	0	0	553,15	3.307,90	1.247,54	5.108,59
Goiás	0	0	33,59	770,15	477,91	1.281,65
Bahia	0	0	0	0	239,8	239,8
Rio Grande do Norte	0	0	0	139,41	30,5	169,91
Amapá	0	0	0	90,18	66,01	156,19
Piauí	0	0	126,95	0	13,63	140,59
Roraima	27,42	41,89	64	0	2,27	135,58
Mato Grosso	107,13	0	0	0	0	107,13
Pernambuco	0	0	0	0	89,25	89,25
Mato Grosso do Sul	0	0	0	0	10,49	10,49
Paraíba	0	0	0	0	0,65	0,65
Municípios	**15,81**	**28,49**	**17,49**	**3,43**	**20,15**	**85,37**
Natal - RN	10,93	28,49	17,49	0	0	56,91
Goiânia - GO	0	0	0	0	11,95	11,95
Belford Roxo - RJ	1,17	0	0	1,59	1,99	4,75
Novo Hamburgo - RS	0	0	0	0	4,53	4,53
Cachoeirinha - RS	1,45	0	0	1,83	0	3,28
Chapecó - SC	2,27	0	0	0	0	2,27
Rio Grande - RS	0	0	0	0	1,68	1,68
Total Honrado médio por trimestre	594,42	1014,96	1205,77	2088,42	2.878,44	
Total Honrado		**2.377,68**	**4.059,83**	**4.823,09**	**8.353,67**	**2.878,44**	**22.492,71**

Fonte: Tesouro Nacional (2020).

Vale ressaltar que estimativas do Instituto Fiscal Independente do Senado Federal projetam deficits primários recorrentes até 2030, o que levaria o endividamento para mais de 107% do PIB, pressionando a capacidade da União de socorrer os entes subnacionais.

Com relação às finanças subnacionais, entretanto, um aspecto parece certo. estados, Distrito Federal e municípios deverão sair da pandemia em uma situação fiscal pior do que estavam ao entrar.

Além do acúmulo das dívidas junto à União e a outros credores, haverá um intervalo de tempo até que as atividades econômicas retornem aos níveis observados anteriormente à pandemia, com impactos na arrecadação tributária.

Por outro lado, as despesas obrigatórias continuarão a ter crescimento vegetativo, especialmente pela progressão funcional dos servidores públicos e pelo aumento do número de aposentados. Nesse ínterim, por mais que haja tratamento especial com relação a setores como judiciário, segurança pública, educação e saúde, o fato é que são setores naturalmente intensivos em mão de obra e sempre terão protagonismo das despesas dos entes subnacionais.

Por essas razões, infere-se que ao final da pandemia o Congresso Nacional terá que voltar a discutir medidas de apoio financeiro aos entes subnacionais. Considerando o histórico de programas malsucedidos de apoio da União a esses entes e do desgaste em que uma situação de insolvência fiscal, como a vivida por vários entes federados traz para sua população, indaga-se se não teria chegado a hora de se aprovar reformas que realmente instrumentalizem os gestores públicos da União, dos estados, do Distrito Federal e dos municípios para que possam conter a trajetória dos gastos públicos, destinando recursos para investimentos.

Recorda-se que além da questão da sustentabilidade fiscal dos entes federados, um tema relevante que deverá ser discutido ainda em 2020 é a renovação do Fundo de Manutenção e Desenvolvimento da Educação Básica (Fundeb), fonte de recursos muito relevante para a manutenção da educação em estados e municípios.

Conclusões

Conforme retratado anteriormente, o presente capítulo tem por objetivo apresentar as ações implementadas pela União em apoio aos Estados, Distrito Federal e Municípios. Além disso, ao combinar essas ações com uma análise histórica da evolução do federalismo fiscal em nosso país, especialmente relacionada aos diversos programas de apoio aos entes subnacionais, foi possível realizar uma análise crítica do que se espera no pós-pandemia.

No caso em exame, a União realizou uma série de ações de apoio aos entes subnacionais, destacando-se as aprovações da Lei Complementar nº 173, de 2020, e da Medida Provisória nº 138, de 2020 que destinou R$ 16 bilhões para Estados, Distrito Federal e Municípios como forma de compensação pela queda da arrecadação do FPE e FPM, além dos créditos orçamentários destinados às áreas de saúde e assistência social.

Quando se realiza uma análise histórica dos diversos programas de apoio aos entes subnacionais, verifica-se que sempre houve dificuldade na aprovação de medidas de consolidação fiscal mais robustas como a contenção das despesas públicas com pessoal, a alienação de empresas estatais, além do corte de benefícios fiscais.

A situação fiscal dos entes subnacionais ao final da pandemia da Covid-19 será muito complexa e, provavelmente, irá requerer mais uma vez o auxílio da União, tendo em vista a gravidade da queda de arrecadação dos Entes e a ineficiência da Lei Complementar nº 173, de 2020 de auxiliar os entes de forma equânime.

Talvez, tenha chegado a hora dos legisladores aprovarem medidas impopulares, além dos auxílios financeiros e suspensões de cobrança de dívidas, mas que tragam solução definitiva para o problema fiscal crônico desses entes para que o país possa superar a grave crise que se abateu sobre ele de forma mais célere.

Referências

AFONSO, José Roberto. Governo está dando um tiro no pé, diz economista sobre socorro aos estados. *O Globo,* Rio de Janeiro, 16 de junho de 2020. Disponível em: https://oglobo.globo.com/economia/governo-esta-dando-um-tiro-no-pe-diz-economista-sobre-socorro-aos-estados-24479719. Acesso em: 18 de jun. 2020.

ALVES, Raquel de Andrade Vieira. Federalismo fiscal e distorções do modelo brasileiro. *Revista de Finanças Públicas, Tributação e Desenvolvimento,* Rio de Janeiro, v. 6, n. 6, jun. 2018.

GOVERNO DO ESTADO DO RIO GRANDE DO SUL. Secretaria da Fazenda do Rio Grande do Sul. *Comparativos NFC-e, evolução diária, 2020.* Disponível em: http://receitadados.fazenda.rs.gov.br/pain%c3%a9is/DFE/comparativo-nfce. Acesso em 10 de jun. 2020.

SCAFF, Fernando Facury. Federalismo fiscal na crise do Coronavírus: como dividir o dinheiro [online]. *Consultor Jurídico,* abril 2020. Disponível em: https://

www.conjur.com.br/2020-abr-28/contas-vista-federalismo-fiscal-crise-
-coronavirus-dividir-dinheiro. Acesso em 15 de jun. de 2020.

SECRETARIA DO TESOURO NACIONAL. *Manual de Demonstrativos Fiscais*. 9º ed. Brasília: Secretaria do Tesouro Nacional, Subsecretaria de Contabilidade Pública, Coordenação-Geral de Normas de Contabilidade Aplicadas à Federação, 2020.

10. Os Desafios Administrativos e Financeiros da Federação Brasileira em Tempos de Covid-19

LAIS KHALED PORTO
JOSÉ ROBERTO AFONSO

Introdução

Não há dúvidas de que a pandemia do Covid-19 causará grandes impactos às dinâmicas socioeconômicas à nível mundial. Inexiste, atualmente, debate jurídico ou sociológico que não faça referência ao que tem sido popularmente chamado de "novo normal". Mas esse novo normal, por certo, não se expressará tão somente no modo como os indivíduos interagem entre si, em suas relações pessoais e profissionais, mas impactará as instituições e as formas de organização política atualmente adotadas, com reflexos que ultrapassarão a crise sanitária ora vivenciada.

Cumpre-se pontuar, inicialmente, que a reflexão acerca dos impactos da Covid-19 se faz essencial não apenas para a compreensão do momento presente, mas das circunstâncias que levarão às transformações futuras – transformações essas que já se faziam constantes e inevitáveis mas que, ao que tudo indica, foram drasticamente aceleradas pela crise sanitária global.

No momento em que se escreve este capítulo (primeira quinzena de junho de 2020), o Brasil ocupa o segundo lugar mundial em quantidade absoluta de contaminados pelo novo coronavírus. Em meio à crise sanitária e à crise econômica dela decorrente, o país ainda é assolado por uma crise política, que se relaciona com a baixa governança, com lacunas de cooperação e é agravada pela crise das finanças públicas, como consequência natural dos impactos da crise econômica na arrecadação tributária. Nesse momento, nossa forma federativa é colocada à prova, de modo sem precedentes.

Dos governos, no geral, espera-se o óbvio movimento de ampliar e fortalecer os sistemas de saúde, bem como a implementação de outras medidas que possam diminuir e retardar picos de contágio (como isolamentos sociais e quarentenas), a fim de que a estrutura para tratar os enfermos não colapse e se reduza a desvantagem na corrida científica por possíveis curas e/ou vacinas.

Paralelamente, as medidas protetivas, quanto mais rígidas, mais geram impactos imediatos na economia, altamente onerada pelo Covid-19, tanto no que tange à empregabilidade quanto à renda de trabalhadores autônomos, especialmente em setores como construção civil, beleza, economia criativa (eventos e produções) e turismo[123].

A Organização Internacional do Trabalho (OIT) prevê que a pandemia deixará 25 milhões de desempregados ao redor do mundo[124] – mais do que a crise de 2008-2009 –, ao passo que a iniciativa privada lança apostas ainda mais assustadoras, que chegaram à 40 milhões, só no Brasil[125]. A Comissão Econômica para a América Latina e o Caribe (Cepal), por sua vez, estima expressivo aumento da população em situação de extrema pobreza na região, de 67,4 para 90 milhões de pessoas.

O cenário era inegavelmente trágico e exigia uma resposta de políticas públicas em curtíssimo espaço de tempo, com recursos financeiros escassos, diante de variáveis desconhecidas e imprevisíveis, e, especialmente, quando toda medida (comissiva ou omissiva) tem graves reflexos sociais – e inexiste um balanço ótimo de proteção.

---

[123] Informação proveniente de mapeamento realizado pelo Sebrae, em março de 2020, voltado à economia brasileira. Ver: SEBRAE. Agência Sebrae de Notícias. *Sebrae identifica setores mais afetados pela crise do Coronavírus*. 18 mar. 2020. Disponível em: http://www.agenciasebrae.com.br/sites/asn/uf/NA/sebrae-identifica-setores-mais-afetados-pela-crise-do-coronavirus,ec0444e2adee0710VgnVCM1000004c00210aRCRD#prettyPhoto. Acesso em 10 de jun. 2020.

[124] *Cf.* NAÇÕES UNIDAS. *OIT*: quase 25 milhões de empregos podem ser perdidos no mundo devido à Covid-19. 18 mar 2020. Disponível em: https://nacoesunidas.org/oit-quase-25-milhoes-de-empregos-podem-ser-perdidos-no-mundo-devido-a-Covid-19/. Acesso em 10 de jun. 2020.

[125] A previsão, muito veiculada em março, teria origem em fala do presidente da XP Investimentos, Guilherme Benchimol, em rede social. Ver: UOL. Economia. *XP vê desemprego atingir 40 milhões no Brasil sem 'Plano Marshall de verdade'*. 22 mar 2020. Disponível em: https://economia.uol.com.br/noticias/estadao-conteudo/2020/03/22/xp-ve-desemprego-atingir-40-milhoes-no-brasil-sem-plano-marshall-de-verdade.htm. Acesso em 10 de jun. 2020.

Um dos poucos pontos tratados de forma incisiva e uníssona nos discursos dos organismos internacionais foi a necessidade de os países agirem rápido e coordenadamente. O que se vislumbra, contudo, são dificuldades até mesmo na coordenação interna.

A questão não está apenas nas medidas a serem adotadas, mas, em um país em que coexistem mais de uma esfera autônoma de governo, em quem teria a competência para fazê-lo. Se já é desafiador coordenar uma Federação em períodos de normalidade, mais ainda se torna em situações que fogem ao *script* – nas quais não bastam interpretações normativas, mas precisa-se criar direito e regulamentar o então imprevisível, de modo a garantir, no novo contexto, o cumprimento dos preceitos fundamentais, dentre os quais a própria forma federativa de Estado está inserida.

O Brasil, diferente de outros países, não viveu períodos de graves calamidades naturais ou conflitos armados que garantisse alguma *expertise* no gerenciamento de conflitos administrativos em situações de excepcionalidade. Pode-se dizer que nossa experiência mais parecida em termos de necessidade de coordenação tenha sido a crise do apagão, que nem de longe foi tão intensa quanto a problemática ora experimentada[126].

À época, foi criada a chamada Câmara de Gestão da Crise de Energia Elétrica, que permitia a centralização dos debates e a coordenação da política, com a construção de uma estratégia nacional – cuja ausência, arrisca-se dizer, seja um dos maiores lapsos do Brasil no enfrentamento ao Covid-19.

O que se vivencia no momento ainda é a edição de medidas de forma desordenada e, muitas vezes, contraditórias, ao ponto de uma empresa, com estabelecimento comercial único, estar simultaneamente submetida à uma ordem de suspensão das atividades e outra de determinação de funcionamento, por exemplo. Ou de reabertura de atividades comerciais, pelo mesmo ente que outrora determinou a suspensão, em momento que os números de novos contágios batem recorde.

---

[126] Créditos pela comparação ao Professor e Ministro Gilmar Mendes, que vem rememorando o Gabinete de Crise do apagão em suas reflexões acerca do arranjo federativo na crise do Covid-19. 17 de mar. 2020. *Cf.* comentário em https://twitter.com/gilmarmendes/status/1239932348948516866.

É evidente que os governos subnacionais tomaram a dianteira nas medidas, frente ao espaço deixado pelo próprio Executivo Federal. Mas a ausência de clareza e estratégia tem levado muitas questões ao Judiciário e colocado luz à atuação do Congresso Nacional.

A atuação dos Estados, porém, no exercício de sua autonomia administrativa, requer autonomia financeira[127], de modo que, se antes já pairava dúvidas sobre a capacidade de nosso sistema constitucional-financeiro garanti-la plenamente, no contexto do Covid-19 a insuficiência é evidente.

Assim, além do desafio administrativo propriamente dito, o federalismo brasileiro enfrenta uma necessidade de reestruturação fiscal urgente, ao menos para restauração do já prejudicado *status quo* anterior. Nesse contexto, o presente capítulo endereça esses desafios, analisando as medidas adotadas pelo Brasil até o momento e refletindo sobre as possibilidades de aprimoramento da governança federativa.

1. Governança de guerra: o desenvolvimento de uma (não tão) nova engenharia federativa

A ausência de resposta a questões antigas tende a fazer com que as novas pareçam mais complexas do que realmente são. Em que pese a inegável imprevisibilidade da crise que ora se vivencia, parte do conflito federativo que atualmente tentamos resolver já estava posto antes da pandemia.

Características como o agigantamento (e a consequente dependência) do ente central e a dificuldade de coordenação horizontal entre os Estados já eram notadas. Mas a problemática se acentua em um momento em que é preciso agir rápido – e, em grande parte das vezes, deságua no judiciário.

O marco inicial da legislação voltada ao novo coronavírus foi a chamada Lei Nacional de Quarentena (Lei 13.979), de 06 de fevereiro de 2020, que estabeleceu diretrizes básicas para o enfrentamento da crise. Do texto do art. 3º da referida Lei (com redação dada pela Medida Provisória n. 926/2020), extraia-se que, ao se referir às medidas que poderiam

---

[127] Note-se que, para além de regras de competência, que podem garantir autonomia em termos formais, o que está em jogo nesse contexto é o efetivo exercício da tríplice capacidade (autogoverno, autoadministração e auto-organização) dos entes subnacionais.

ser adotadas pelas "autoridades", a Lei Federal atribuía a competência, por exemplo, de impor isolamento e quarentena, às autoridades federais.

A questão foi levada ao Supremo Tribunal Federal, por meio da Ação Direta de Inconstitucionalidade 6.341, na qual o Partido Democrático Trabalhista (PDT) alegou que o referido artigo 3º esvaziaria a competência comum dos entes federados nos cuidados com a saúde (art. 23, inciso II e 198, inciso I, CF/88) e execução de ações de vigilância sanitária e epidemiológica (art. 200, inciso II, CF/88), por concentrar as possíveis medidas para combate ao Coronavírus no âmbito da União. O entendimento do Ministro relator Marco Aurélio foi pela procedência parcial do pedido, indicando que o dispositivo deve ser interpretado em conformidade com a Constituição, de modo a "não afetar a competência concorrente de Estados e Municípios" – o que foi referendado pelo plenário da Corte, em 15 de março de 2020.

A decisão pró-Federação, portanto, afasta a interferência que a Lei poderia ter nas regras de competência constitucionalmente instituídas, dando a entender que o Poder para a aplicação das medidas nela previstas não seria restrito à União. Não obstante, não resolve o conflito de forma mais detalhada, especificando o que caberia a cada esfera de governo em cada uma das distintas atividades mencionadas.

Aliás, tal abordagem maximalista provavelmente ultrapassaria os próprios limites de competência do judiciário, cujo *self-restraint*[128] em momento de crise se mostra particularmente valioso, segundo uma perspectiva temporal de *blindagem recíproca*[129], e no intuito de que a crise não

---

[128] Importante lembrar a proposta de minimalismo judicial inicialmente defendida por Cass Sustein, pela qual as decisões devem se limitar ao caso concreto, na exata razão do necessário à solução da controvérsia posta. *Cf.* SUSTEIN, Cass. **One Case at a Time: Judicial Minimalism on the Supreme Court.** Harvard University Press, 1999.

[129] A questão da blindagem recíproca foi bem pontuada pelo Ministro Bruno Dantas, do Tribunal de Contas da União, em aula magna inaugural ministrada no último dia 27.03, por ocasião do início das atividades virtuais do grupo de estudos O Direito em Tempos de Covid-19, do Instituto Brasiliense de Direito Público – IDP. O encontro, moderado por Rodrigo Mudrovitsch e Lais Porto, deu origem à artigo publicado na revista Consultor Jurídico, que como o próprio debate, serviu como inspiração para algumas das reflexões revisitadas no presente trabalho. *Cf.* MUDROVITSCH, Rodrigo de Bittencourt; PORTO, Lais Khaled. A federação em tempos de coronavírus: quem devemos ouvir na

seja guiada pelas exigências e expectativas de tempos ordinários, como, igualmente, não projete seus padrões para os tempos de normalidade futuros.

Pode-se questionar, de uma perspectiva singularmente pragmática, o porquê de decisões como essa, que resguardam a competência de entes subnacionais, serem tão relevantes. Para além do fator jurídico constitucional e do fato que a forma federativa de Estado constitui cláusula pétrea da CF/88 (diretamente inscrita no art. 60, §4º, inciso I, para além de sua presença em outros pontos do texto constitucional), a organização em forma de Federação ainda tem se mostrado a mais eficiente (com larga vantagem) em países com tantas peculiaridades e grandes dimensões territoriais como o Brasil.

A China, particularmente, implementou série de medidas *top-down* que se mostraram efetivas – mas ao custo político de ser um Estado amplamente conhecido pela ausência de compromisso com valores democráticos[130].

A forma de organização dos primeiros países ocidentais fortemente atingidos pelo vírus, embora variável, também seguiu certa lógica regional, mesmo em Estados unitários. Na Itália, por exemplo, as medidas restritivas foram impostas, desde o princípio, por atos do Governo Central, embora não tenham se dado de modo uniforme em todo o território, mas inicialmente circunscritas às denominadas "zonas vermelhas". Foi também por decreto do Primeiro-Ministro, Giuseppe Conte, que foi determinada **quarentena nacional**, com início em 10 de março.

A Espanha – considerada um Estado unitário com alto grau de descentralização ou Estado semi-federal – empreendeu restrições de modo regional, através de seus governos subnacionais, até a declaração de **estado nacional de emergência**, em 14 de março de 2020, que permitiu

---

crise. In. **Consultor Jurídico**. 28 mar 2020. Disponível em: https://www.conjur.com.br/2020-mar-28/mudrovitsch-porto-federacao-tempos-coronavirus.

[130] Comentário sobre a governança chinesa em: ANWAR, Anu. **Tackling Covid-19: Success or Failure of China's Governance.** In. RSIS Commentary. n. 066. 08 apr 2020. Available at: https://www.rsis.edu.sg/rsis-publication/rsis/global-health-security-tackling-Covid-19-success-or-failure-of-chinas-governance/#.Xugh0UVKg2w. Acesso em 12 de jun. 2020.

a imposição de regramento unificado pelo Governo Central, conforme previsão do art. 116.2, da Constituição Espanhola.

Já nos Estados Unidos, que adota a forma federativa como o Brasil (embora efetivamente conceda muito mais autonomia aos Estados), critica-se a excessiva descentralização no que tange à imposição de quarentenas e outros tipos de medidas restritivas para o combate a emergências de saúde pública[131]. No modelo norte-americano, os departamentos de saúde locais e estaduais seriam claramente detentores dessa competência, enquanto caberia ao Governo Federal, tão somente, a imposição de quarentenas em fronteiras internacionais e interestaduais, vedando a circulação de pessoas nessas circunstâncias, em específico.

Critica-se, no contexto norte-americano, a excessiva fragmentação e desordem no sistema, considerando-se que os mais de 2.000 departamentos de saúde podem valer-se de regramentos diferentes entre si. E, em consonância com esse altíssimo grau de autonomia, paira a ideia de que o governo central não deve prover auxílio financeiro aos governos regionais e locais – o que tem sido repensado, embora à duras penas, como se verá mais adiante.

A análise internacional não nos empresta uma fórmula pronta e acabada de como agir. Fato é que, enquanto Estados menores conseguem, até certo ponto, desenvolver políticas públicas customizadas para suas diferentes localidades, o mesmo não se pode esperar do Brasil. Por outro lado, diferente dos Estados Unidos, não temos porque sofrer com a hiperfragmentação se considerarmos a capacidade de nossas unidades de governo regionais – os 26 Estados mais o Distrito Federal – que, como já apontado, detêm competência concorrente à dos governos locais na gestão das questões sanitárias.

O direito, especialmente diante de situações excepcionais, precisa ser vislumbrado à luz do experimentalismo institucional[132], e pensado

---

[131] Nesse sentido, confira texto da Profa. Dra. (JD) Polly J. Price: PRICE. Polly J. **A Coronavirus Quarantine in America Could Be a Giant Legal Mess**. In. The Atlantic. 16 feb 2020. Avaiable at: https://www.theatlantic.com/ideas/archive/2020/02/coronavirus-quarantine-america-could-be-giant-legal-mess/606595/.

[132] Para aprofundamento no tema, *cf.* MUDROVITSCH, Rodrigo. **Desentrincheiramento da jurisdição constitucional**. São Paulo: Saraiva, 2014.

em uma perspectiva de desapego dos velhos modelos, mas olhando-se prospectivamente para a Constituição e para os melhores arranjos institucionais para a concretização de seus preceitos – e neste caso, tudo indica que o melhor arranjo institucional de governança para o Brasil seja o federativo.

O desenvolvimento de uma nova engenharia federativa, portanto, não pode partir de outro ponto senão do próprio texto constitucional, que se debruça longamente sobre a especificação de competências.

Se por um lado as competências do art. 24 (legislativas concorrentes) vêm acompanhadas de divisão de tarefas – com a especificação de que a União deve estabelecer normas gerais (art. 24, §1º) e os Estados suplementares (art. 24, §2º), restando aos Municípios sua competência local (art. 30, inciso I) –, as competências comuns (ou administrativas concorrentes), do art. 23, são consubstanciadas pelo mesmo ideal de cooperação de nosso federalismo, de modo que os papéis não são claramente estabelecidos pelo texto constitucional.

É claro que em uma perspectiva de interpretação sistemática da Constituição, umas não podem ser compreendidas sem as outras, de modo que a competência comum para *"cuidar da saúde e assistência pública, da proteção e garantia das pessoas portadoras de deficiência"* (art. 23, inciso II), por exemplo, deve ser analisada diante da competência concorrente para legislar sobre *"previdência social, proteção e defesa da saúde"* (art. 24, XII).

A diferença entre uma e outra coisa é sutil. Embora caiba à União, por exemplo, o estabelecimento de normas gerais relativas à saúde, isso não significa restringir a aplicação prática das medidas nacionalmente prevista às autoridades que compõe o ente central. Em outras palavras: uma coisa é a edição da Lei Nacional de Quarentena, outra é a aplicação das medidas nela previstas.

Mas como garantir a cooperação nesses casos? A saída pode estar no próprio artigo 23, cujo parágrafo único prevê a fixação *"de normas para a cooperação entre a União e os Estados, o Distrito Federal e os Municípios, tendo em vista o equilíbrio do desenvolvimento e do bem-estar em âmbito nacional"*, por meio de Lei Complementar[133].

---

[133] Em consonância com a ideia aqui defendida, foi apresentado na presente semana, pelo Senador Antonio Anastasia, o Projeto de Lei Complementar nº 39/2020, visando regular

Se analisarmos a Lei n. 13.979/2020, observamos que ela não cumpriria aos fins do parágrafo único do art. 23, da CF/88 porque i) se trata de Lei Ordinária; e ii) a definição de cooperação requer que, necessariamente, sejam abarcados todos os níveis de governo, com a atribuição de funções para cada qual. Mas nem ao menos parece ter sido essa a intensão do legislador no caso.

Não deixa, todavia, de existir essa possibilidade de regulamentação, sugerida pela própria Constituição, como mecanismo de coordenação das dinâmicas federativas.

Ressalta-se, ainda, que o próprio Sistema Único de Saúde foi criado como clara expressão cooperativa, de modo que, financiado pelos três níveis de governo (art. 198, §§1º e 2º, da CF/88), é descentralizado em termos administrativos (art. 198, inciso II, CF/88).

Diante dessa realidade, foi apresentado, pelo Senador Antonio Anastasia, o Projeto de Lei (PL) 39/2020, que visava harmonizar as atuações dos três níveis de governo, por meio da instituição de um fórum específico para debate – embora entenda-se que também pudessem ser propostas definições mais precisas acerca de como deveria ser desenvolvida a atuação de ente.

Embora o supracitado Projeto de Lei tenha prosperado, seu objeto foi completamente transfigurado no processo legislativo, resultando na Lei Complementar 173/2020, que altera a Lei de Responsabilidade Fiscal (LRF) e estabelece o Programa Federativo de Enfrentamento ao Coronavírus.

Não se discute a necessidade de discussão das medidas fiscais, mas, no caso do PL 39/2020, a harmonização administrativa originalmente prevista, em observância ao parágrafo único, do art. 23 da CF/88, ficou esquecida.

Permanece, portanto, uma lacuna no que tange à cooperação entre os entes federados no exercício de suas competências materiais. Como, por exemplo, conciliar as competências legislativas privativas, e sobre trans-

---

a cooperação federativa por ocasião de emergência de saúde pública, através da criação de fórum específico de debate, composto por representantes dos três níveis de poder. Projeto disponível em: https://legis.senado.leg.br/sdleg-getter/documento?dm=8076822&ts=1585136251800&disposition=inline

portes (art. 22, IX e XI), com a competência comum material sobre a saúde, uma vez que, se considerarmos que em um momento como este toda atividade de deslocamento (especialmente a coletiva) pode ser considerada como de risco infeccioso, a competência concorrente pode ser sempre entendida como prevalente.

Ainda, e partindo do pressuposto de que a competência material sobre a saúde seja entendida como preeminente no cenário de crise, precisariam ser pactuados os limites normativos de cada ente (de modo preferencialmente equilibrado com as competências legislativas) – por exemplo, questões essenciais relativas à organização do espaço nacional (como funcionamento de rotas de transporte público interestadual e de aeroportos) à cargo da União; as matérias de cunho civil/organizacional não-essenciais (como determinação de isolamentos sociais em domicílio) no âmbito estadual; e questões locais (como funcionamento de praças públicas) com os Municípios.

Uma segunda lacuna administrativa reside, ainda, na falta de uma estratégia nacional sólida para enfrentamento da calamidade (reconhecida, *in casu*, no Decreto Legislativo nº 6, de 20 de março de 2020), cuja responsabilidade de planejamento, é de competência privativa da União, conforme art. 21, inciso XVIII. Não parece que a Lei 13.979/2020 o fez de forma suficiente, até porque não desenhou estratégias para aplicação das medidas e para o desembarque na normalidade.

Observe-se, nesse ponto, outra diferença sutil: uma coisa é a competência comum para a aplicação de medidas sanitárias regionais; outra é a competência de defesa nacional – que, no caso do coronavírus, deve incluir estratégias gerais, questões de fronteira e estruturação para liberação e produção de medicamentos e vacinas, para citar exemplos.

A importância da atuação do ente central está justamente no fato de que descentralização não significa desunião e que, em que pese seja necessária a harmonização horizontal entre os entes federados, o governo central não pode se eximir de seu papel de coordenação – que se consubstancia, especialmente, na gestão financeira necessária a possibilitar as autonomias subnacionais.

1.1. O orçamento de guerra na perspectiva federativa

A ideia do orçamento de guerra surgiu como espécie de quarentena fiscal[134], inspirada na ideia keynesiana de separação do orçamento regular. Embora a própria Constituição e a LRF tenham trazido gatilhos para situações de calamidade, as imprevisibilidades da pandemia do coronavírus justificaram regime especial, apartado do orçamento regular, conforme a concepção de blindagem recíproca supracitada.

A própria LRF – em que pese as flexibilizações estabelecida em seu artigo 65[135] e a possibilidade de realização excepcional de despesas públicas, com a abertura de créditos extraordinários por medida provisória, nos termos do art. 62 – já havia sido objeto de Ação Direta de Inconstitucionalidade (ADI).

A ADI n. 6.357, de autoria do Presidente da República, instou o Supremo Tribunal Federal a se manifestar sobre a suspensão das normas da LRF e da Lei de Diretrizes Orçamentárias (LDO) relativas à regra de ouro, à vedação da concessão ou utilização de créditos ilimitados e à imposição de avaliação prévia do impacto orçamentário-financeiro para a concessão de benefícios fiscais.

Medida liminar, deferida pelo Ministro Alexandre de Moraes, em 29 de março, atribuiu interpretação segundo à constituição dos dispositivos, de modo a suspender sua aplicabilidade nas ações destinadas ao combate ao Covid-19.

Questão preocupante, no entanto, era o fato de que as normas suspensas não se limitavam aos dispositivos apontados, mas encontravam eco

---

[134] *Cf.* Afonso, José Roberto. Orçamento de guerra e quarentena fiscal. In. **Revista Conjuntura Econômica**. Abril 2020. Disponível em: https://www.joserobertoafonso.com.br/orcamento-de-guerra-afonso/; e Afonso, José Roberto. **Keynes, crise e política fiscal**. Série IDP. São Paulo: Saraiva, 2012.

[135] As referidas flexibilizações, previstas no art. 65, da LRF, aplicam-se na ocorrência de calamidade pública, reconhecida pelo Congresso Nacional, e abarcam: *a)* a liberação ao atendimento de resultados fiscais e da necessidade de realização de limitações de empenho (os chamados contingenciamentos); *b)* a suspensão de medidas e prazos para readequação de gastos com pessoal; e *c)* a suspensão de medidas e prazos para readequação da dívida pública consolidada.

em normas constitucionais, especificamente no art. 167, inciso III e inciso VII e no art. 113 do ADCT, respectivamente[136].

Mas finalmente, em maio, as questões inscritas na Constituição tiveram sua devida resposta constitucional, com a aprovação da Emenda do orçamento de guerra, que ensejou a perda de objeto da ADI n. 6.357, por ter abarcado a suspensão dos mesmos dispositivos.

A Emenda Constitucional n. 106, de 2020 instituiu regime extraordinária regime fiscal, financeiro e administrativo, *"somente naquilo que a pandemia for incompatível com o regime regular"* (art. 1º), trazendo como principais mecanismos, para além do controle apartado e das suspensões já mencionadas, a possibilidade de contratações simplificadas de pessoal (temporário e emergencial) e de obras, serviços e compras, com dispensa de licitação; e a autorização para compra e venda de títulos em mercados secundários pelo Banco Central[137].

Uma das melhores propostas do Projeto, no entanto, não prosperou. Tratava-se da criação do Comitê de Gestão da Crise, que, na proposta inicial, seria composto por membros dos Executivos Federal, Estaduais e Municipais, das duas Casas do Legislativo, do Conselho Nacional de Justiça, do Conselho Nacional do Ministério Público e do Tribunal de Contas da União (TCU) na composição[138].

---

[136] Sobre a questão *cf.* PORTO, Lais Khaled; NUNES, Raphael Marcelino de Almeida. O estado fiscal como gerenciador da crise do coronavírus. In. **Consultor Jurídico.** 13 abr 2020. Disponível em: https://www.conjur.com.br/2020-abr-13/nune-porto-estado-fiscal-gerenciador-crise. Acesso em 12 jun. 2020.

[137] O dispositivo é objeto de Ação Direta de Inconstitucionalidade (ADI 6.417), ajuizada pelo partido Cidadania, em 11.05.20, em razão da especificação dos ativos que o Bacen poderia comprar e vender no mercado secundário, introduzida em rol taxativo pelo Senado, ter sido excluída do texto da PEC na Câmara dos Deputados, sob o argumento de que se tratava, tão somente, de emenda de redação, que não traria qualquer impacto material à norma constitucional derivada. O autor da ação, contudo, alega que a emenda teria sido supressiva, o que violaria o art. 60, par. 2º, da CF, por ausência de retorno ao Senado. Assim, o vício formal macularia o dispositivo em questão (art. 7º, II, da EC 106), mas não atingiria o restante da EC, na medida em que o próprio pedido é restritivo.

[138] Texto original, apresentado na Câmara dos Deputados pelo Presidente da Casa, disponível em: https://www.camara.leg.br/proposicoesWeb/prop_mostrarintegra?codteor=1872166&filename=PEC+10/2020. Acesso em 14 de jun. 2020.

A ideia, com inspiração no mencionado comitê do apagão, inauguraria importante *locus* de debate institucional, para além da competência central que o Comitê teria para regulamentar o escopo do regime emergencial; solicitar informações sobre atos e contratos, celebrados ou em via de celebração; e anular, revogar ou ratificar tais atos – sujeitando-se, por sua vez, à fiscalização simplificada pelo Congresso Nacional, por meio do TCU.

2.2. Respostas para mitigação da problemática administrativa

A forma federativa do Brasil não pode ser visto como mera hipótese. Não temos uma escolha aberta que nos permita escolher entre um modelo centralizado ou fragmentado de gestão de crise, e, ainda que tivéssemos, as particularidades do Brasil demonstram não haver melhor alternativa do que seguir em um caminho descentralizado, mas unificado.

Sabe-se que a engenharia federativa não é pronta e acabada, mas consistente em engrenagem que necessita de constantes aperfeiçoamentos, especificamente quando, já fragilizada, se depara com uma situação de crise. É justamente dessa perspectiva de aprimoramento que se extraíram as três sugestões resultantes da primeira seção deste capítulo – resumidas a seguir.

Para os conflitos de competência, a própria Constituição dá o caminho. A sugestão é que se adote a regulamentação sugerida no parágrafo único, do artigo 23, a fim de coordenar e dirimir conflitos quanto ao exercício da competência comum de União, Estados e Municípios, privilegiando-se, para tal fim, a capacidade dos governos subnacionais.

Uma governança eficiente também requer a elaboração de uma estratégia nacional, e, para isso, seria imprescindível a atuação da União junto ao Congresso Nacional. A máquina do governo central tem capacidade diferenciada para reunir dados e realizar estudos mais complexos (como de análise de impactos), dando subsídios para a atuação local, bem como para exigir que os entes subnacionais motivem seus atos e cumpram com diretrizes de planejamento e transparência.

Por fim, as estratégias poderiam ser melhor definidas se adotado *locus* de debate institucional, como na proposta original de Comitê Gestor da Crise, com a participação dos entes subnacionais, que levaria ao aprimoramento conjunto da gestão fiscal – e poderia contribuir para as questões que serão tratadas na segunda seção deste capítulo.

2. Federalismo fiscal na crise e a pluralidade subnacional

Falar das inúmeras particularidades contidas em um país de dimensões continentais como o Brasil não é só falar em pluralidade social e cultural, mas também em diferenças econômicas que repercutem na capacidade financeira de cada ente.

O financiamento dos entes subnacionais se dá, basicamente, pela percepção de receitas de forma direta (com a arrecadação tributária) e de forma indireta, através de repasses realizados pelo ente central (e, no caso dos Municípios, também pelos respectivos Estados).

A maior independência de repasses do ente central pode ser vista como sinal de maior autonomia. Não obstante, dados de 2018 demonstram que, dos 27 Estados brasileiros (incluído DF), 5 (Acre, Amapá, Roraima, Sergipe e Tocantins) não conseguiram arrecadar nem metade do total de suas receitas – de modo que as receitas transferidas representaram mais de 50% de seu orçamento – sendo que outros 4 praticamente empataram (Piauí, Maranhão, Alagoas e Rondônia)[139].

A primeira premissa que precisa ser estabelecida, portanto, é que a situação financeira dos Estados (e, do mesmo modo, dos Municípios) são naturalmente diferentes entre si, inclusive no que tange à composição de suas receitas.

O segundo ponto diz respeito às diferentes respostas à pandemia em cada região, bem demonstradas pelo Boletim Regional de abril de 2020 (volume 14, número 2), do Banco Central do Brasil – último disponível no momento da elaboração deste artigo[140].

---

[139] Dados obtidos no Boletim de Finanças dos Entes Subnacionais – 2019, da Secretaria do Tesouro Nacional. Ver: BRASIL. Tesouro Nacional. **Boletim de Finanças dos Entes Subnacionais.** Ago 2019. Disponível em: https://sisweb.tesouro.gov.br/apex/f?p=2501:9::::9:P9_ID_PUBLICACAO:30407. .

[140] BANCO CENTRAL DO BRASIL. Boletim Regional. Abr 2020. Disponível em: https://www.bcb.gov.br/content/publicacoes/boletimregional/202004/br202004p.pdf. Acesso em 12 de jun. 2020.

Observa-se, por exemplo, a relação inversamente proporcional entre número de leitos de Unidade de Tratamento Intensivo e a severidade das medidas para contenção do vírus, pontuando-se que o Rio de Janeiro e o Distrito Federal apresentam as maiores razões entre leitos de UTI e habitantes (aproximadamente 38 leitos/100 mil hab.), enquanto Roraima apresenta a menor proporção (de 5,9/100 mil hab.), segundo informações do Departamento de Informática do Sistema Único de Saúde (DATASUS) e do Instituto Brasileiro de Geografia e Estatística (IBGE)[141].

Do mesmo modo, os impactos sobre o Produto Interno Bruto (PIB) são relativos, por simples razões de maior ou menor contaminação:

Até 19 de abril, dos 5.570 municípios do país (incluindo DF), 1.385 (24,9%) haviam notificado casos de Covid-19. No entanto, se analisado o peso do PIB dos municípios com detecção da doença, a representatividade sobe para 83,9%, sendo o RJ o estado mais afetado, com 98,7% do PIB diretamente impactado, e o TO o menos exposto, com 48,5%. O estado de SP, que representa 32,2% do PIB nacional, estava com 93% de seu PIB afetado sob a ótica dos municípios com casos do novo coronavírus. São Paulo era a cidade com mais notificações e mais óbitos até aquela data – 9.968 e 768, respectivamente[142].

Também o são, como já mencionado, em razão de questões de rigidez locacional e vocação econômica de cada localidade:

Em suma, os impactos da COVID-19 sobre a economia estão presentes nas cinco regiões do país de forma severa. Ainda assim, especificidades regionais tendem a diferenciar a intensidade e as caraterísticas desses efeitos em cada local. Nesse sentido, considerando a estrutura produtiva e a concentração relativa de VABs regionais em municípios com menor população, as economias das regiões CO e N devem ser as menos afetadas pelos impactos da atual pandemia e as mais prejudicadas, S e SE. Os efeitos negativos sobre a renda das famílias deverão ser mitigado pelo auxílio emergencial, sobretudo nas regiões N e NE. Por outro lado, a economia do SE, após forte impacto dos efeitos da Covid-19, pode ser beneficiada de sua diversidade produtiva e das relevantes participações das atividades financeira e de informação e comunicação em sua retomada. Adicional-

[141] Ibidem, p. 75.
[142] Ibidem, p. 77.

mente, também contribui para a heterogeneidade dos impactos da pandemia o tempo de retorno à normalidade das atividades produtivas, que é definido por cada unidade federativa e depende, em parte, do sucesso das medidas sanitárias de contenção da doença e da adesão da população[143].

Mas as transformações são rápidas. Observe-se que, à época do estudo do Banco Central, o Tocantins, que apresentava a menor taxa de incidência de contágio – não tendo ultrapassado, até então, 10 casos novos por dia –, passou da média nacional em período inferior a dois meses (chegando a contabilizar, em 30 de maio, 370 casos novos – 3.000% a mais)[144].

O Estado de São Paulo, por sua vez, que concentrava 36,5% dos casos à época, hoje concentra 20,5%, mesmo que tenha aumentando o número total de casos mais de dez vezes no período indicado e continue em crescente[145].

As medidas adotadas em cada localidade são diferentes, bem como as particularidades econômicas e geográficas que propiciam maior ou menor propagação do vírus. E, do mesmo modo que se propaga em velocidades diferentes, também o faz em momentos diferentes, como se pode observar a partir do crescimento tardio dos números do Tocantins.

Diante desse cenário, se fez necessário que o governo central (na qualidade diferenciada de gestor da moeda) tomasse medidas a fim de restaurar condições mínimas de subsistência financeira aos entes subnacionais, em suas variadas necessidades, considerado *i)* a perda de receitas tributárias próprias; e *ii)* a redução dos valores à título de repasses constitucionais.

Outros Estados Federados também estão provendo para seus entes subnacionais, à exemplo do governo norte-americano, que tem ofertado

---

[143] Ibidem, p. 80.
[144] Valores extraídos do sistema interativo do SUS: BRASIL. Sistema Único de Saúde. **Covid-19 no Brasil.** Acesso em: https://susanalitico.saude.gov.br/#/dashboard/. Acesso em 12 de jun. 2020.
[145] Ibidem.

ajuda financeira sem precedentes à Estados e Municípios[146], apesar da relutância por parte da Casa Branca em momento inicial.

O chamado CARES (*Coronavirus Aid, Relief, and Economic Security* Act) foi aprovado pela Congresso norte-americano com amplo apoio de Republicanos e Democratas e prevê mais de US$ 2 trilhões em auxílios – US$ 150 bilhões para o *Coronavirus Relief Fund*, como assistência para governos estaduais, locais e tribais (em tradução literal de *tribals*, denominação utilizada para designar as comunidades nativo americanas)[147].

Na Índia, o governo central também presta apoio financeiro aos estados no gerenciamento da crise sanitária[148]. No modelo federativo indiano, estes são os protagonistas, responsáveis pela adoção das medidas restritivas de contenção, enquanto o governo central emite recomendações gerais[149].

Passemos, nesse contexto, à análise do que tem sido feito no Brasil, dentro das duas perspectivas já introduzidas.

2.1. Preservação da cooperação

Os fundos de rateio têm uma lógica redistributiva, na perspectiva de cooperação do federalismo pátrio. O valor destinado à cada unidade da federação é calculado pelo Tribunal de Contas da União, em razão da

---

[146] Cf. USA. Federal Reserve. **Federal Reserve Board announces an expansion in the number and type of entities eligible to directly use its Municipal Liquidity Facility.** 03 jun 2020. Avaiable at: https://www.federalreserve.gov/newsevents/pressreleases/monetary20200603a.htm. Acesso em 12 de jun. 2020

[147] U.S. Department of the Treasurary. **The CARES Act Provides Assistance for State, Local, and Tribal Governments.** 2020. Avaiable at: https://home.treasury.gov/policy-issues/cares/state-and-local-governments. Acesso em 12 de jun. 2020.

[148] THE TIMES OF INDIA. **Centre sets up key panel to help states fight Covid war.** 14 jun 2020. Avaiable at: https://timesofindia.indiatimes.com/india/centre-sets-up-key-panel-to-help-states-fight-Covid-war/articleshow/76365213.cms. Acesso em 11 de jun. 2020.

[149] Como exemplo, veja recomendação para o transporte público em: DD NEWS. **Measures to be taken by States/ UT's/ Cities/Metro Rail Companies in view of Covid-19 for providing urban transport services.** 12 jun 2020. Avaiable at: http://ddnews.gov.in/national/measures-be-taken-states-ut%E2%80%99s-citiesmetro-rail-companies-view-Covid-19-providing-urban. Acesso em 11 de jun. 2020.

população e da renda *per capita*, conforme dados do Instituto Brasileiro de Geografia e Estatística (IBGE).

Considerando que a repartição se dá pela aplicação do percentual de cada unidade em cima de um montante variável, constituído de parcela da arrecadação do Imposto sobre Produtos Importados e do Imposto de Renda pela União, a frustração dessas receitas impacta diretamente no valor a ser repassado/recebido.

Nesse contexto, a recomposição do Fundo de Participação dos Estados (FPE) e do Fundo de Participação dos Municípios (FPM) foi objeto de Medidas Provisórias, com a finalidade de manter os repasses realizados pela União à Estados e Municípios, respectivamente, nos mesmos patamares de 2019, considerando-se que a receita de IPI e IR, as quais alimentam os fundos, estão em queda – seja pelos efeitos da crise econômica, diretamente, seja pelas políticas públicas instituídas para tentar amenizá-la, como a prorrogação para o pagamento do Simples Nacional instituída pelas Resoluções CGSN n. 154/2020 e 155/2020.

As MPs 938 e 939, de 2020, preveem repasses adicionais para os meses de março a junho, no exato valor da diferença dos repasses realizados em 2019 e 2020, sujeito ao montante máximo de R$ 16 bilhões.

Os repasses se iniciaram no valor total de pouco mais de R$ 1 bilhão, somados FPE e FPM[150]. Para junho, no entanto, a diferença tende a se acentuar, conforme valores estimados pelo tesouro nacional, que indicam queda de 16,2% com relação ao mesmo mês em 2019. Com esses dados, é possível estimar que a recomposição só do FPE chegue a aproximadamente R$1 bilhão de reais[151].

De toda forma, o valor limite de R$16 bilhões em quatro meses tem se demonstrado mais do que o suficiente para suprir os deficits dos fundos.

---

[150] CONFEDERAÇÃO NACIONAL DOS MUNICÍPIOS. **Primeira parcela de recomposição do FPM será paga nesta terça, 14**; veja valores por Município. 13 abr 2020. Disponível em: https://www.cnm.org.br/comunicacao/noticias/primeira-parcela-de-recomposicao-do-fpm-sera-paga-nesta-terca-14-veja-valores-por-municipio. Acesso em 11 de jun. 2020.
[151] *Cf.* BRASIL. Tesouro Nacional. **Previsão para o mês de junho de 2020:** FPM/ FPE/ IPI-Exp/ FUNDEB. 09 jun 2020. Disponível em: http://www.tesouro.fazenda.gov.br/documents/10180/327849/previsao_mensal_e_trimestral.pdf. Acesso em 11 de jun. 2020.

O desafio fica por conta da prorrogação da recomposição para os meses seguintes.

2.2. A LC n. 173/20 e o paradoxo da autonomia tributária

Os Impactos nas receitas próprias dos entes subnacionais oneram seus cofres para além do necessário aumento de gastos com a saúde.

Os efeitos da pandemia na arrecadação tributária, sobremaneira nas dos entes subnacionais que dependiam menos das receitas dos fundos federais, é um verdadeiro paradoxo. As unidades são tão mais impactadas quanto maior sua autonomia financeira, dada a expressiva perda de receita própria e considerados que seus tributos são essencialmente incidentes sobre o consumo (*lato sensu*, consideradas mercadorias, tributadas pelo ICMS estadual, e serviços, pelo ISS municipal).

Na perspectiva de amparar essa situação, em 27 de maio de 2020, foi editada a Lei Complementar n. 173, que alterou a Lei de Responsabilidade Fiscal e criou o chamado Programa Federativo de Enfrentamento ao Coronavírus SARS-CoV-2, prevendo auxílio financeiro no valor estimado total de R$ 125 bilhões de reais, da União para os entes subnacionais.

O valor engloba entrega direta de recursos financeiros, suspensão do pagamento de dívidas contratadas entre os entes subnacionais e a União e renegociação da dívida interna e externa, junto ao sistema financeiro e organismos multilaterais. De efetiva transferência, portanto, o valor total é de R$ 60 bilhões.

Em uma perspectiva federativa, é certo que o repasse de recursos financeiros serve à autonomia administrativa dos entes subnacionais de forma mais adequada do que o simples pagamento de despesas e/ou envio de recursos materiais (como remédios, máscaras e respiradores) pelo governo central.

A entrega de valores prevista, no montante de R$60 bilhões, será dividida em quatro parcelas, no total de R$37 bilhões para os Estados (dos quais R$7 bilhões vinculados à saúde e assistência social) e R$23 bilhões aos Municípios (sendo R$3 bilhões destinados à ações com o mesmo fim)

– de modo que a primeira parcela foi paga em 09/06 e as próximas serão creditadas em 13 de julho, 12 de agosto e 11 de setembro de 2020[152].

O problema do modelo aprovado está, especialmente, na repartição: ao invés de se limitar à recomposição do que deixou de ser arrecadado, considerando-se a necessidade de verificação mês-a-mês da situação de cada Estado (pelas pluralidades já apontadas), o anexo I da Lei estipulou percentuais pré-fixados para os Estados – o que lembrou os percentuais arbitrados pela Lei Kandir (LC n. 87/96), para fins de teórica compensação pela desoneração do ICMS-exportação.

Segundo a justificação do relator da LC n. 73/20, os valores definidos foram calculados com base na arrecadação do Imposto sobre Circulação de Mercadorias e Serviços (ICMS), população, cota-parte do FPE e valores recebidos a título de contrapartida pelo não recebimento de tributos sobre bens e serviços exportados. A consideração de todos esses fatores afasta o auxílio da exata proporção da perda de arrecadação.

Para a distribuição dos R$ 20 bilhões entre os Municípios, a proporção também obedece a tabela, para cálculo do montante total dos Municípios de um dado Estado, com repartição entre eles conforme a população.

Fato é que esses mecanismos de repartição, mais políticos do que técnicos (jurídico-econômicos), desvirtuam a lógica da recomposição, que acaba por não atender ao propósito inicial para o qual são pensados os repasses, bem como muitas vezes ainda agrava as distorções do sistema.

Outra preocupação na formulação da política fiscal foi a de assegurar que as unidades federativas fizessem uso responsável dos recursos, notadamente na contenção da pandemia – não aproveitando-os para aumentar despesas outras ou conceder incentivos de seus tributos, na perspectiva de que o governo central também pudesse cobrir os impactos de suas benesses.

Considere-se, ainda, as novas exceções para o período de calamidade pública, acrescentadas ao art. 65 da LRF, que compreendem a dispensa de limites, condições e demais restrições para contratação e aditamento

---

[152] BRASIL. Tesouro Nacional. **Estados, municípios e DF recebem hoje auxílio financeiro de R$ 15 bilhões referente à LC n. 173/2020.** 09 jun 2020. Disponível em: http://www.tesouro.fazenda.gov.br/-/estados-municipios-e-df-recebem-hoje-auxilio-financeiro-de-r-15-bilhoes-referente-a-lc-n-173-2020. Acesso em 15 de jun. 2020.

de operações de crédito, concessão de garantias, contratação entre entes da federação e recebimento de transferências voluntárias; bem como da observância de prévia dotação orçamentária e estimativa de impacto econômico-financeiro para concessão de incentivos ou benefícios e criação ou aumento de despesas destinadas ao combate da calamidade pública[153] – o que, por sua vez, gera o problema interpretativo a respeito do que se enquadra no conceito aberto de "combate à calamidade pública".

Diante de todo esse contexto, portanto, reconhece-se a necessidade da imposição de condições mínimas para participação no Programa, como a vedação (inclusive à União), até 31 de dezembro de 2021, de concessão de aumento, reajuste ou qualquer espécie de majoração de vencimentos ou outros benefícios à servidores, empregados públicos e militares; bem como da realização de qualquer ato que implique em aumento de despesa de pessoal (art. 8º). Também ficou proibida a adoção de medidas que impliquem em reajuste de despesas obrigatórias para além do Índice Nacional de Preços ao Consumidor Amplo (IPCA).

Em ambos os casos, mais uma vez, ressalva-se as medidas destinadas ao combate da calamidade, com vigência e efeitos que não ultrapassem sua duração. No que tange à vedação da instituição de benefícios (especificamente), ficaram excepcionados os profissionais da saúde e da assistência social[154].

---

[153] Para além das exceções pontuadas supra, estão também: a liberação para a realização de operações de crédito entre entes da federação; de antecipação de receitas orçamentárias relativas à tributo cujo fato gerador ainda não tenha ocorrido; recebimento antecipado de quaisquer valores de empesas estatais; assunção de qualquer compromisso com fornecedores, ainda lastreado em emissão, aceite ou aval de título de crédito e sem autorização orçamentária prévia; e a assunção de obrigação que deixe restos a pagar para o exercício seguinte, ainda que em final de mandato e independente de disponibilidade de caixa, suspensa a necessidade de obedecer às vinculações legais de recursos.

[154] O texto aprovado no Congresso Nacional previa exceção mais ampla, permitindo a majoração de salários (com a concessão de aumentos e reajustes) para profissionais de saúde, assistência social, educação e limpeza urbana, carreiras periciais e agentes socioeducativas, e foi vetado pelo Presidente da República. O Partido do Trabalhadores ajuizou ADI (n. 6447) perante o STF, distribuída ao Ministro Alexandre de Moraes, que adotou o rito do artigo 12, da Lei 9.868/1999 (encaminhamento do processo direto ao Tribunal pleno para julgamento do mérito), atacando a integralidade dos artigos 7º e 8º.

Mas a condicionante que preocupa, da perspectiva federativa, é a do art. 5º, §7º, da LC 173/20, que prevê a exclusão da transferência de recomposição tributária aos entes que se enquadre na seguinte situação:

> [...] ajuizado ação contra a União após 20 de março de 2020 tendo como causa de pedir, direta ou indiretamente, a pandemia da Covid-19, exceto se renunciar ao direito sobre o qual se funda em até 10 (dez) dias, contados da data da publicação desta Lei Complementar.

Vincula-se, portanto, o recebimento dos recursos à renúncia do direito de ação dos entes subnacionais para com a União, imperativo esse que impõe estrutura de hierarquia incompatível com o ideal do federalismo pátrio e com o interesse público.

Rede Sustentabilidade questionou o dispositivo junto ao Supremo Tribunal Federal, por meio da Ação Direta de Inconstitucionalidade (ADI) 6442, distribuída ao Ministro Alexandre de Moraes e ainda pendente de apreciação.

Com vistas a receber o recurso, 100% dos Estados e do DF e 99,9% dos Municípios declararam não ter ações contra a União e/ou renunciaram a esse direito. Cinco municípios ficarão sem receber os recursos – os três que não se manifestaram no prazo de 10 dias e dois que optaram por não renunciar ao direito[155].

2.3. Respostas para mitigação da problemática financeira

A problemática financeira é sentida para além da ausência de estratégia e coordenação entre os entes federados, mas impacta diretamente na própria capacidade de provimento de necessidades públicas básicas pelos governos.

No mesmo sentido, ADI n. 6450, do PDT (distribuída ao mesmo relator por prevenção). Nenhuma delas foi apreciada até o presente momento.

[155] BRASIL. Ministério da Economia. **Programa de Auxílio Federativo (LC 173/2020)** – nota oficial. 10 jun 2020. Disponível em: https://www.gov.br/economia/pt-br/canais_atendimento/imprensa/notas-a-imprensa/2020/junho/programa-de-auxilio-federativo-lc-173-2020. Acesso em 15 de jun. 2020.

A recomposição dos Fundos de Participação, ao que tudo indica, são apropriadas para cobrir o deficit das transferências obrigatórias, mas as quedas das receitas tributárias, especialmente para os Estados e Municípios que mais subsistiam de receitas próprias, continua sendo um problema.

O Programa Federativo de Enfrentamento ao Coronavírus SARS-CoV-2, aprovado pelo Congresso Nacional com a Lei Complementar n. 173/2020, não serve a garantir receita mínima à essas unidades federativas, na medida em que, embora considere, no caso dos Estados, a arrecadação do ICMS também sofrem influência de outros fatores, como população e cota-parte do FPE. No caso dos Municípios, a situação é ainda pior, uma vez que a distribuição inicial segue os percentuais dos Estados, com posterior aplicação de distribuição por população.

É evidente que esse mecanismo não é capaz de fazer a justa distribuição dos valores às unidades federativas mais impactadas pela diminuição da arrecadação – pelo que seria premente a revisão dos critérios de repartição.

Ademais, precisa ser extirpada a condição de renúncia de direito de ação imposta pela União, uma vez que eivada de manifesta inconstitucionalidade, o que pode ser solucionado no âmbito do Supremo Tribunal Federal, com a procedência da ADI 6442.

Conclusões

O fato dos países com maiores dimensões territoriais se constituírem como federações não pode ser visto como mera casualidade. Não é necessário grande esforço argumentativo para compreender que um território muito extenso não será homogêneo e, em conseguinte, não terá respostas análogas, ainda que confrontado com o mesmo problema.

Os impactos do Covid-19 nas diferentes regiões brasileiras, por exemplo, são sentidos de diversas formas e em diversos tempos. Um sistema federativo, descentralizado, com o real exercício da autonomia dos entes nacionais, permite respostas ágeis e customizadas para cada realidade regional e local.

Os conflitos da governança federativa se desdobram, basicamente, em duas frentes: administrativa e fiscal, ambas analisadas no presente capítulo, nas seções 1 e 2 respectivamente – análise essa que se encerra com a sugestão de medidas que podem ser tomadas, em cada área, para a mitigação da crise federativa (subseções 1.2 e 2.3).

Como principais sugestões, destacam-se a edição de Lei Complementar, a regulamentar o exercício da competência comum dos entes federados, nos termos do parágrafo único, do artigo 23, da CF/88; a instituição de comitê interfederativo para gestão da crise; e a revisão dos critérios de repartição do Programa Federativo de Enfrentamento ao Coronavírus SARS-CoV-2.

Se crise também é oportunidade, não se pode deixar de registrar como o aspecto mais positivo na resposta da atual pandemia o reposicionamento político de Governadores e Prefeitos, que passaram a articular e alinhar, na medida do possível, discursos e até algumas ações, sobretudo em torno do enfrentamento mais imediato no campo da saúde pública e do distanciamento econômico e social.

Diante da falta de coordenação administrativa vertical, por parte governo central, e dos conflitos instalados sobretudo na esfera política, mais os chefes dos governos regionais e locais se viram estimulados a se reunirem e a buscarem um entendimento, independente de cores partidárias, ideológicas e, sobretudo, regionais, que sempre marcaram suas relações no passado – como bem simbolizava a guerra fiscal do ICMS, em que estados e regiões adotaram medidas tributárias contra outros pares.

A Federação brasileira que nasceu de "cima para baixo" e que historicamente apresentou fases de forte centralização política, sendo a mais marcante a dos governos militares instalados em meados dos anos sessenta, agora tem uma oportunidade ímpar de ressurgir de "baixo para cima".

É uma missão que ainda se pode qualificar como quase impossível à luz da história e da falta de estruturas políticas e administrativas que reúnam e consolidem os interesses e governantes estaduais e municipais. É inegável, porém, que o Covid-19 trouxe um cenário e um desafio como nunca antes experimentado na história. Quem sabe a Federação brasileira não aproveita o momento para se reinventar.

Referências

AFONSO, José Roberto. *Keynes, crise e política fiscal*. Série IDP. São Paulo: Saraiva, 2012.

AFONSO, José Roberto. Orçamento de guerra e quarentena fiscal. In. *Revista Conjuntura Econômica*. [S.l.] abr. 2020. Disponível em: https://www.joserobertoafonso.com.br/orcamento-de-guerra-afonso/. Acesso em 15 de jun. 2020.

ANWAR, Anu. *Tackling COVID-19: Success or Failure of China`s Governance*. In. RSIS Commentary. n. 066. 08 apr 2020. Available at: <https://www.rsis.edu.sg/rsis-publication/rsis/global-health-security-tackling-covid-19-success-or-failure-of-chinas-governance/#.Xugh0UVKg2w>.

BANCO CENTRAL DO BRASIL. *Boletim Regional*. Abr. 2020. Disponível em: https://www.bcb.gov.br/content/publicacoes/boletimregional/202004/br202004p.pdf. Acesso em 12 de jun. 2020.

BRASIL. Ministério da Economia. *Programa de Auxílio Federativo (LC 173/2020)* – nota oficial. 10 jun. 2020. Disponível em: https://www.gov.br/economia/pt-br/canais_atendimento/imprensa/notas-a-imprensa/2020/junho/programa-de-auxilio-federativo-lc-173-2020. Acesso em 15 de jun. 2020.

BRASIL. Tesouro Nacional. *Boletim de Finanças dos Entes Subnacionais*. Ago 2019. Disponível em: https://sisweb.tesouro.gov.br/apex/f?p=2501:9::::9:P9_ID_PUBLICACAO:30407 . Acesso em 12 de jun. 2020.

BRASIL. Tesouro Nacional. *Estados, municípios e DF recebem hoje auxílio financeiro de R$ 15 bilhões referente à LC n. 173/2020*. 09 jun. 2020. Disponível em: http://www.tesouro.fazenda.gov.br/-/estados-municipios-e-df-recebem-hoje-auxilio-financeiro-de-r-15-bilhoes-referente-a-lc-n-173-2020. Acesso em 15 de jun. 2020.

BRASIL. Tesouro Nacional. *Previsão para o mês de junho de 2020*: FPM/ FPE/ IPI-Exp/ FUNDEB. 09 jun 2020. Disponível em: http://www.tesouro.fazenda.gov.br/documents/10180/327849/previsao_mensal_e_trimestral.pdf. Acesso em 15 de jun. 2020.

BRASIL. Sistema Único de Saúde. *Covid-19 no Brasil*. Acesso em: https://susanalitico.saude.gov.br/#/dashboard/. Acesso em 12 de jun. 2020.

CONFEDERAÇÃO NACIONAL DOS MUNICÍPIOS. *Primeira parcela de recomposição do FPM será paga nesta terça, 14; veja valores por Município*. 13 abr 2020. Disponível em: https://www.cnm.org.br/comunicacao/noticias/primeira-parcela-de-recomposicao-do-fpm-sera-paga-nesta-terca-14-veja-valores-por-municipio. Acesso em 12 de jun. 2020.

DD NEWS. *Measures to be taken by States/ UT's/ Cities/Metro Rail Companies in view of COVID-19 for providing urban transport services.* 12 jun 2020. Avaiable at: http://ddnews.gov.in/national/measures-be-taken-states-ut%E2%80%99s--citiesmetro-rail-companies-view-covid-19-providing-urban. Acesso em 11 de jun. 2020.

MENDES, Gilmar Mendes. *O coronavírus demanda iniciativas de coordenação política entre os Três Poderes e que envolvam União, Estado e Municípios. Em situação semelhante (ainda que menos grave), o governo FHC instituiu a Câmara de Gestão da Crise de Energia Elétrica para lidar com o apagão. (MP 2198-5).* 17 de mar. de 2020, 12:11 pm. Tweet. Disponível em: https://twitter.com/gilmarmendes/status/1239932348948516866. Acesso em 11 de jun. 2020.

MUDROVITSCH, Rodrigo. *Desentrincheiramento* da jurisdição constitucional. São Paulo: Saraiva, 2014.

MUDROVITSCH, Rodrigo de Bittencourt; PORTO, Lais Khaled. A federação em tempos de coronavírus: quem devemos ouvir na crise. In. *Consultor Jurídico.* [S.l], 28 mar 2020. Disponível em: https://www.conjur.com.br/2020--mar-28/mudrovitsch-porto-federacao-tempos-coronavirus. Acesso em 11 de jun. 2020.

NAÇÕES UNIDAS. *OIT:* quase 25 milhões de empregos podem ser perdidos no mundo devido à COVID-19. 18 mar 2020. Disponível em: https://nacoesunidas.org/oit-quase-25-milhoes-de-empregos-podem-ser-perdidos-no--mundo-devido-a-covid-19/. Acesso em 10 de jun. 2020.

PORTO, Lais Khaled; NUNES, Raphael Marcelino de Almeida. O estado fiscal como gerenciador da crise do coronavírus. In. *Consultor Jurídico.* 13 abr 2020. Disponível em: https://www.conjur.com.br/2020-abr-13/nune-porto--estado-fiscal-gerenciador-crise. Acesso em 12 jun. 2020.

PRICE. Polly J. *A Coronavirus Quarantine in America Could Be a Giant Legal Mess.* In. The Atlantic. 16 feb. 2020. Avaiable at: https://www.theatlantic.com/ideas/archive/2020/02/coronavirus-quarantine-america-could-be-giant-legal--mess/606595/. Acesso em 12 jun. 2020.

SEBRAE. Agência Sebrae de Notícias. *Sebrae identifica setores mais afetados pela crise do Coronavírus.* 18 mar 2020. Disponível em: http://www.agenciasebrae.com.br/sites/asn/uf/NA/sebrae-identifica-setores-mais-afetados-pela--crise-do-coronavirus,ec0444e2adee0710VgnVCM1000004c00210aRCRD #prettyPhoto. Acesso em 10 de jun. 2020.

SUSTEIN, Cass. *One Case at a Time*: Judicial Minimalism on the Supreme Court. Harvard University Press, 1999.

THE TIMES OF INDIA. *Centre sets up key panel to help states fight Covid war*. 14 jun 2020. Avaiable at: https://timesofindia.indiatimes.com/india/centre-sets-up-key-panel-to-help-states-fight-covid-war/articleshow/76365213.cms. Acesso em 11 de jun. 2020.

UOL. Economia. *XP vê desemprego atingir 40 milhões no Brasil sem 'Plano Marshall de verdade'*. 22 mar 2020. Disponível em: https://economia.uol.com.br/noticias/estadao-conteudo/2020/03/22/xp-ve-desemprego-atingir-40-milhoes-no-brasil-sem-plano-marshall-de-verdade.htm. Acesso em 10 de jun. 2020.

USA. Federal Reserve. *Federal Reserve Board announces an expansion in the number and type of entities eligible to directly use its Municipal Liquidity Facility*. 03 jun. 2020. Avaiable at: https://www.federalreserve.gov/newsevents/pressreleases/monetary20200603a.htm. Acesso em 12 de jun. 2020.

U.S. Department of the Treasurary. *The CARES Act Provides Assistance for State, Local, and Tribal Governments*. 2020. Avaiable at: https://home.treasury.gov/policy-issues/cares/state-and-local-governments. Acesso em 12 de jun. 2020.

11. Desdobramentos dos Limites Constitucionais da Lei Complementar nº 173 de 2020

EDUARDO LUZ
ISRAEL MARCOS DE SOUSA SANTANA
HADASSAH LAÍS S. SANTANA

Introdução

Diante do contexto da Pandemia existente, o palco administrativo demonstra que todos os recursos da Fazenda Pública se encontram direcionados a mitigar os efeitos nocivos à sociedade. Nesta vertente, nasceu a Lei Complementar nº 173, que instituiu o Programa Federativo de Enfrentamento ao Coronavírus SARS-CoV-2, que emergiu com a aprovação do PLP nº 39/2020, pelo Congresso Nacional, de autoria do Senador Antônio Anastasia, incrementada por posteriores alterações da Emenda 46, bem como por parecer do Senador Davi Alcolumbre, vindo então a sanção presidencial no dia 27 de maio de 2020, transformando-a em Lei.

Por outro lado, ressalta-se que tal instrumento normativo, editado com o fito de auxiliar o combate à crise de saúde pública, fez algumas flexibilizações em dispositivos da Lei de Responsabilidade Fiscal e, além disso, assentiu que a União pudesse repassar recursos públicos para que os Estados, Municípios e Distrito Federal faceiem a pandemia. Em sentido convergente ao controle dos recursos públicos e direcionamento das finanças públicas, a LC nº 173 prevê restrições orçamentárias voltadas principalmente para o controle de despesas com pessoal. Estas limitações têm o condão de servir como pré-requisito e/ou contraprestação para que os entes federados possam se submeter ao regime fiscal diferenciado, e receber os recursos previstos.

Sob o mesmo ponto de vista, tais limitações podem ser compreendidas como vetores de ponderação normativa, que se percebe quando é cediço que há nova realidade social, e que as modificações e pressões que ocorrem junto ao administrador público, neste período, geram permissibilidade e despertam nos órgãos de controle mais intensidade no exercício de suas atribuições.

Outrossim, à luz dos benefícios para contenção do hodierno período de crise, a Lei, além de transferir recursos financeiros para os entes federados, flexibiliza prazos na Lei de Reponsabilidade Fiscal para prestação e limite de contas, isto é, as mudanças engendradas para a disponibilidade de caixa para os entes federados e flexibilidade nas limitações da LRF, com o objetivo de enfrentamento à Pandemia, são balizadas por contrapartidas legais. A título de exemplo, a desistência de qualquer ação contra a União, no período de Pandemia, e o cerceamento de qualquer incremento de despesas com o pessoal, limitando-os de acordo com a Lei, como é o caso o artigo 8º da Lei Complementar nº 173 de 2020, que vem como freio aos anseios de classes que vislumbram a possibilidade de recompor suas faixas salariais ou circunstâncias decorrentes do respectivo recrudescimento.

Dentro da ponderação de princípios constitucionais, assevera-se que as medidas adotadas, legitimadas pelo princípio da supremacia do interesse público, visando a proteção do direito à saúde e o direito à vida, encontram-se, conforme doutrina[156], no esteio dos direitos humanos. Ao mesmo tempo, as limitações com gasto de pessoal, regulamentadas no artigo 8º da LC nº 173/2020, podem esbarrar em direitos individuais, também inscritos como fundamentais e em estreita correlação à dignidade da pessoa humana, compreendidos assim, como garantias alcançadas ao longo da história e invioláveis, conforme literalidade do artigo 5º da Constituição Federal, sendo estes a vida, a liberdade, a igualdade, a segurança e a propriedade. E é neste ponto que se encontra a discussão sobre qual prevalência de direito deve ser assistida.

O administrador público, dentro de sua competência, muitas vezes precisa sacrificar um interesse em favor da preservação de um princípio constitucional. Sob esse entendimento, Konrad Hesse (2013, p. 135) afirma que tal sacrifício fortalece o respeito à constituição e garante um bem da vida indispensável à essência do Estado, mormente ao Estado

---

[156] Cf. CANOTILHO, José Joaquim Gomes. Direito Constitucional e Teoria da Constituição. 3 ed. Coimbra: Almedina, 1998.

democrático. De outro lado, ainda segundo Hesse, aqueles que não estão dispostos a tal sacrifício, malbarata, pouco a pouco, um capital que significa muito mais do que todas as vantagens angariadas.

Nesse contexto, o presente capítulo perpassa as contenções com despesas de pessoal, presentes no artigo 8º da LC 173, considerando, inclusive, o fugaz processo legislativo que, obviamente, não passou por larga discussão aprofundada ou uma análise técnica sobre a consequência de tais restrições. Isso porque, como afirma Ávila (2010, p.183), as regras são normas imediatamente descritivas, primariamente retrospectivas e com pretensão de decidibilidade e abrangência, para cuja aplicação se exige a avaliação da correspondência entre a construção conceitual da descrição normativa e a construção conceitual dos fatos.

Em vista disso, o texto sancionado apresenta expressões com conceitos indeterminados, bem como possíveis questões que levantam discussão, inclusive, sobre inconstitucionalidade material e formal de alguns dispositivos, frente a princípios constitucionais firmados no bojo da respectiva Lei.

É patente que o atual estado de calamidade pública vindica uma atuação frenética de todos os poderes do Estado, Executivo, Judiciário e Legislativo. Quanto a este último, em específico, competia fazer o possível para aprovar uma lei que pudesse socorrer os entes da federação, que já beiravam um colapso. Entrementes, essa voluntariedade legislativa terá, por óbvio, passado por este momento de crise, evidenciando uma imensa judicialização.

O Poder Judiciário será – e já está sendo – demandado a apresentar respostas ou a se pronunciar sobre as restrições criadas pelo artigo 8º da LC nº 173/2020, seja definindo a situação de Concursos Públicos em andamento ou futuros, com relação ao momento ou termo inicial, a qual deve se considerar a vacância de cargo público para a respectiva autorização de novos servidores; seja definindo a motivação de o Legislativo, por iniciativa própria, estabelecer regras sobre o regime jurídico dos servidores do Executivo e Judiciário, ao reconhecer que, pelo estado de calamidade, os servidores públicos estariam excluídos da contagem do tempo para a concessão de quaisquer gratificações até 31 de dezembro de 2021, em silêncio do que alertava o artigo 65 da LRF.

É presumível que o Poder Judiciário deverá se manifestar sobre todas essas questões, quando aclamado, razão pela qual se pretende, neste lacônico capítulo, levantar estas questões, sem necessariamente apresentar alguma resposta definitiva, ao passo que, também, compreende-se a necessidade de tais restrições e regulamentações nas operações dos entes federados, com despesas de caráter continuado. A discussão se torna válida, pois a norma, que por si abre espaço para debates jurídicos, quando ocorre no ápice de um contexto turbulento e pandêmico, em construção apressada e urgente, pode produzir ainda mais repercussões jurídicas e novas roupagens legislativas, a posteriori.

1. Estrutura normativa da Lei Complementar n. 173 de 2020

Salienta-se, que, na ocorrência de calamidade pública reconhecida pelo Congresso Nacional, no caso da União ou pelas Assembleias Legislativas, na hipótese dos Estados e Municípios, a Lei de Responsabilidade Fiscal já aduz, originariamente em seu bojo, a previsão de certas flexibilizações, conforme disposto em seu artigo 65. Dessa forma, a Lei Complementar nº 173/2020 se manifestou com o intuito de regulamentar o supracitado artigo, arguindo tempo definido de duração, que não deverá ultrapassar 31 de dezembro de 2021.

Antes de comentar as restrições do artigo 8º da LC n, 173/2020, interessante se faz compreendê-la, ainda que genericamente. Para melhor análise, poder-se-ia dividi-la em três partes, facilitando a identificação dos dispositivos e seus objetivos. Para isso, o texto normativo pode ser visualizado da seguinte forma *(a)* o auxílio financeiro da União aos entes federados, bem como o controle e as permissões para a devida atuação; *(b)* as alterações pontuais na Lei de Responsabilidade Fiscal; *(c)* as restrições ou contraprestações dos entes federados, no que concerne ao estabelecimento de orientação às despesas com pessoal.

Considera-se como primeira parte da LC nº 173/2020 aquela que compreende os artigos 1º ao 6º e seus parágrafos. Nessa seção se inscreve a previsão do auxílio financeiro da União aos Estados, Municípios e Distrito Federal, bem como trata acerca da previsão de suspensão de dívidas entre si e estabelece possibilidade de criação de operações de créditos com condições mais flexíveis.

Ademais, a norma trata da suspensão e dispensa de regras da Lei de Responsabilidade Fiscal (LRF), como a necessidade de compensação para a concessão e a ampliação de incentivos e benefícios tributários, como previsto no inciso II, do artigo 14 da LRF. Do mesmo modo foram dispensadas as medidas de estimativa para realização das despesas de caráter continuado, estipuladas nos arts. 16 e 17, por desobrigar, também, a observância dos limites previstos no § 3º, do artigo 23, todos da LRF, trazendo barreiras ao recebimento de transferências voluntárias.

Importante destacar que todas essas flexibilizações da LRF, instituídas pela Lei Complementar nº 173/2020, são válidas apenas enquanto perdurar o Programa de Enfrentamento e, apesar de poderem ultrapassar as previsões de flexibilidade predispostas na Lei de Responsabilidade Fiscal, ainda assim se sujeitam às exigências de transparência e fiscalização pelos órgãos de controle, dispostas nos §5º do artigo 2º e § 1º do artigo 3º da LRF.

Enquanto na primeira parte foram estabelecidos os auxílios aos entes federados e as suas exceções – ou mesmo suspensão de aplicação da LRF no período determinado –, no artigo 7º da LC nº 173/2020 ocorrem alterações definitivas no texto da LRF, especificamente nos artigos 21 e 65. A rigor, Lei Complementar nº 173/2020 inseriu no artigo 21 da LRF exigências que, se não atendidas, configuram despesas de pessoal nulas de pleno direito.

Como exemplo, restrições que limitam o aumento de despesa de pessoal nos 180 dias que antecedem o encerramento do mandato do Chefe do Executivo, ou a realização de concursos no referido período, ou a restrição do aumento de despesa com pessoal, que preveja parcelas a serem implementadas posteriormente, ao final do mandato do titular do Poder Executivo, conforme a inserção do artigo 21, inciso IV, alínea "b" da LRF.

Observa-se que tais restrições servem de freios e contrapesos a situações singulares, mas previsíveis, como o fato que ocorreu no ano de 2013, quando a Câmara do Legislativo Distrital – provocada pelo Poder Executivo do Distrito Federal – aprovou uma série de leis que reestruturavam as carreiras dos servidores do Governo do Distrito Federal (GDF), uma minirreforma administrativa, concedendo reajustes aos vencimentos. Contudo, dividiu essa concessão em 3 parcelas, sendo a primeira em novembro de 2013, a segunda em novembro de

2014 e terceira em novembro de 2015, vejamos o quadro abaixo referente a Lei Distrital nº 5.184/2013:

Quadro 7 – Reajuste

CLASSE	PADRÃO	1/11/2013 30 horas	1/11/2013 40 horas	1/11/2014 30 horas	1/11/2014 40 horas	1/11/2015 30 horas	1/11/2015 40 horas
ESPECIAL	V	4.687,52	6.250,03	5.267,91	7.023,88	6.006,35	8.008,47
ESPECIAL	IV	4.600,12	6.133,49	5.177,30	6.903,07	5.908,86	7.878,48
ESPECIAL	III	4.514,35	6.019,13	5.088,26	6.784,35	5.812,94	7.750,59
ESPECIAL	II	4.430,17	5.906,90	5.000,75	6.667,66	5.718,59	7.624,78
ESPECIAL	I	4.347,57	5.796,76	4.914,74	6.552,98	5.625,76	7.501,02
PRIMEIRA	V	4.188,41	5.584,55	4.748,54	6.331,39	5.446,04	7.261,39
PRIMEIRA	IV	4.110,31	5.480,42	4.666,87	6.222,49	5.357,64	7.143,52
PRIMEIRA	III	4.033,67	5.378,23	4.586,60	6.115,47	5.270,68	7.027,57
PRIMEIRA	II	3.958,46	5.277,95	4.507,72	6.010,29	5.185,12	6.913,50
PRIMEIRA	I	3.884,66	5.179,54	4.430,19	5.906,92	5.100,96	6.801,27
SEGUNDA	V	3.742,44	4.989,92	4.280,38	5.707,17	4.938,00	6.584,00
SEGUNDA	IV	3.672,66	4.896,88	4.206,76	5.609,01	4.857,85	6.477,13
SEGUNDA	III	3.604,18	4.805,58	4.134,41	5.512,54	4.778,99	6.371,99
SEGUNDA	II	3.536,98	4.715,97	4.063,30	5.417,73	4.701,42	6.268,56
SEGUNDA	I	3.471,03	4.628,04	3.993,41	5.324,55	4.625,11	6.166,81
TERCEIRA	V	3.343,96	4.458,61	3.858,37	5.144,50	4.477,35	5.969,80
TERCEIRA	IV	3.281,61	4.375,48	3.792,01	5.056,01	4.404,68	5.872,90
TERCEIRA	III	3.220,42	4.293,90	3.726,79	4.969,06	4.333,18	5.777,57
TERCEIRA	II	3.160,37	4.213,83	3.662,70	4.883,59	4.262,84	5.683,79
TERCEIRA	I	3.101,45	4.135,26	3.599,70	4.799,60	4.193,65	5.591,53

Fonte: Câmara Legislativa do Distrito Federal (2016).

Ocorre que, a primeira e segunda parcela seriam implementadas em um mandato de um Chefe do Poder Executivo, e a terceira deveria ser adimplida por outro Governador, que o sucederia, isto é, tratava-se de uma obrigação de despesa que perpassava o Governo que instituiu o reajuste. No caso prático, o Governo que sucedeu a administração do Distrito Federal decidiu por não implementar a terceira parcela, por entender que esta foi estabelecida sem uma análise de impacto orçamentário e, ainda, que não havia previsão orçamentária para essa margem de expansão de despesa com pessoal. Como consequência de tal decisão, no Governo à época do Distrito Federal, ocorreu uma grande judicialização da matéria, sendo diversas as ações individuais e coletivas que questionaram essa questão no Tribunal de Justiça do Distrito Federal e Territórios (TJDFT), sem que tivéssemos uma decisão definitiva até o momento.

Nesse sentido, a limitação incluída pela LC nº 173/2020 na LRF, embora, claro, não possa retroagir, tem caráter pedagógico e limitador importante para a atuação prudencial dos Gestores Públicos. As demais alterações na LRF feitas pela LC nº 173/2020 ocorreram no cerne de seu artigo 65, e nestas são incluídas condições e facilitações para as operações e gestão da máquina pública, enquanto perdurar a situação de calamidade.

A terceira parte da LC nº 173/2020, especificamente no artigo 8º e seus parágrafos, corresponde às restrições ou contraprestações que os Estados, Municípios e Distrito Federal devem implementar para que possam aderir ao programa de socorro. Trata-se, especificamente, de controle de despesas obrigatórias de caráter continuado, principalmente daquelas concernentes ao seu pessoal. Estas limitações deverão vigorar até 31 de dezembro de 2021. E, como recorte metodológico, nas próximas seções, este capítulo irá tratar especificamente dos incisos IV, V, VII e IX do artigo 8º da LC nº 173/2020, posto o grande potencial de judicialização de tais matérias.

De outra sorte, apenas a rito de comentários, gize-se que que o artigo 9º da trata da suspensão dos pagamentos dos refinanciamentos das dívidas do Municípios com a Previdência Social, nos períodos entre 01 de março de 2020 até 31 dezembro de 2020, conquanto o artigo 10, que não estava na redação do projeto que saiu do Senado Federal, mas fora incluída por uma emenda na Câmara dos Deputados, visa regulamentar uma situação específica dos concursos homologados até 20 de março de 2020, que teriam seus prazos de validades suspensos até o término do estado de calamidade pública.

2. As limitações existentes no Art. 8 da Lei Complementar nº 173 de 2020

É notório que diversos projetos de lei foram criados para bem servir à sociedade, com o fim de combater a Pandemia existente, em questões precipuamente ligadas as regras de Responsabilidade Fiscal e da saúde financeira do País, como um todo.

Nessa perspectiva, verifica-se que dentre os projetos provenientes dos Poderes da União e, especificamente, da Parlamento, têm-se uma abrangência particular, quais sejam: *(i)* adoção de medidas de isolamento social, por parte de todos os entes federados;*(ii)* flexibilização de um lado e engessamento de outro, no que tange às regras contidas na Lei de Responsabilidade Fiscal; *(iii)* medidas provisórias relacionadas ao Crédito Extraordinário; *(iv)* concessão de garantias públicas, expansão de liquidez e fomento para o credito no setor privado; *(v)* medidas emergenciais para grande aporte às áreas de saúde.

Em que pese existirem outros eixos, os trilhados acima esclarecem que o Estado gastou mais tempo nas formulações de suas bases, firmando limites e impondo sanções, para que ocorresse a melhor administração da energia despendida e aplicabilidade dos valores gastos, no combate à crise.

Em especial, o art. 8º da Lei Complementar nº 173/2020 traz uma série de limitações de gastos com pessoal que devem necessariamente ser observados pelos entes federados, caso queiram aderir ao regime fiscal previsto no referido texto normativo. No entanto, vislumbra-se em alguns dos dispositivos a existência de expressões vagas, aptas a causar uma provável judicialização da matéria, em busca de uma definição objetiva dos sentidos legais.

Percebe-se, todavia, que a linguagem jurídica permanece como instrumento para a eficácia no acesso à justiça. Para tanto, utiliza-se do binômio que envolve o direito e a linguagem e o exercício de poder que esta definição se valeu para dissociar o conhecimento jurídico. Opta por uma ordem legislativa, presente no sentido de compreender o desejo que se faz no agir do incremento dos artigos na LRF, com vistas a mudar quadros sociais. De outro piso, mas consoante o mesmo objeto, deve-se preocupar com as limitações nas diversas formas de interpretação jurídica, pois podem representar, inclusive, controle social.

Em atenção ao artigo 8, da respectiva Lei Complementar nº 173, de 2020, verifica-se o primeiro ponto, que para muitos já traz uma interpretação antagônica do seu real sentido teleológico, qual seja o prazo até 31 de dezembro de 2021. Em oposição, muitos afirmam que o prazo deveria ser o menor possível, quiçá o final de 2020, conforme aduz o Decreto Legislativo nº 6 de 2020.

Para compreender melhor o referido artigo 8, será colacionado abaixo e, posteriormente, debruçado nos seus respectivos incisos, como se segue:

Art. 8º – Na hipótese de que trata o art. 65 da Lei Complementar nº 101, de 4 de maio de 2000, a União, os Estados, o Distrito Federal e os Municípios afetados pela calamidade pública decorrente da pandemia da Covid-19 ficam proibidos, até 31 de dezembro de 2021, de:

I – conceder, a qualquer título, vantagem, aumento, reajuste ou adequação de remuneração a membros de Poder ou de órgão, servidores e empregados públicos e militares, exceto quando derivado de sentença judicial transitada em julgado ou de determinação legal anterior à calamidade pública;
II – criar cargo, emprego ou função que implique aumento de despesa;
III – alterar estrutura de carreira que implique aumento de despesa;
IV – admitir ou contratar pessoal, a qualquer título, ressalvadas as reposições de cargos de chefia, de direção e de assessoramento que não acarretem aumento de despesa, as reposições decorrentes de vacâncias de cargos efetivos ou vitalícios, as contratações temporárias de que trata o inciso IX do caput do art. 37 da Constituição Federal, as contratações de temporários para prestação de serviço militar e as contratações de alunos de órgãos de formação de militares;
V – realizar concurso público, exceto para as reposições de vacâncias previstas no inciso IV;
VI – criar ou majorar auxílios, vantagens, bônus, abonos, verbas de representação ou benefícios de qualquer natureza, inclusive os de cunho indenizatório, em favor de membros de Poder, do Ministério Público ou da Defensoria Pública e de servidores e empregados públicos e militares, ou ainda de seus dependentes, exceto quando derivado de sentença judicial transitada em julgado ou de determinação legal anterior à calamidade;
VII – criar despesa obrigatória de caráter continuado, ressalvado o disposto nos §§ 1º e 2º;
VIII – adotar medida que implique reajuste de despesa obrigatória acima da variação da inflação medida pelo Índice Nacional de Preços ao Consumidor Amplo (IPCA), observada a preservação do poder aquisitivo referida no inciso IV do caput do art. 7º da Constituição Federal;
IX – contar esse tempo como de período aquisitivo necessário exclusivamente para a concessão de anuênios, triênios, quinquênios, licenças-prêmio e demais mecanismos equivalentes que aumentem a despesa com pessoal em decorrência da aquisição de determinado tempo de serviço, sem qual-

quer prejuízo para o tempo de efetivo exercício, aposentadoria, e quaisquer outros fins.

§ 1º O disposto nos incisos II, IV, VII e VIII do caput deste artigo não se aplica a medidas de combate à calamidade pública referida no caput cuja vigência e efeitos não ultrapassem a sua duração.

§ 2º O disposto no inciso VII do caput não se aplica em caso de prévia compensação mediante aumento de receita ou redução de despesa, observado que:

I – em se tratando de despesa obrigatória de caráter continuado, assim compreendida aquela que fixe para o ente a obrigação legal de sua execução por período superior a 2 (dois) exercícios, as medidas de compensação deverão ser permanentes; e

II – não implementada a prévia compensação, a lei ou o ato será ineficaz enquanto não regularizado o vício, sem prejuízo de eventual ação direta de inconstitucionalidade.

§ 3º A lei de diretrizes orçamentárias e a lei orçamentária anual poderão conter dispositivos e autorizações que versem sobre as vedações previstas neste artigo, desde que seus efeitos somente sejam implementados após o fim do prazo fixado, sendo vedada qualquer cláusula de retroatividade.

§ 4º O disposto neste artigo não se aplica ao direito de opção assegurado na Lei nº 13.681, de 18 de junho de 2018, bem como aos respectivos atos de transposição e de enquadramento.

§ 5º O disposto no inciso VI do caput deste artigo não se aplica aos profissionais de saúde e de assistência social, desde que relacionado a medidas de combate à calamidade pública referida no caput cuja vigência e efeitos não ultrapassem a sua duração.

§ 6º (VETADO).

O temor de que a proibição venha a gerar impactos extremamente negativos, no que diz respeito à economia, tem sido deveras debatido nos corredores dos Poderes da União. Todavia, em segundo plano, verifica-se que o artigo 8, da Lei Complementar nº 173, de 2020, traz a sua primeira proibição:

I – conceder, a qualquer título, vantagem, aumento, reajuste ou adequação de remuneração a membros de Poder ou de órgão, servidores e empregados públicos e militares, exceto quando derivado de sentença judicial transitada em julgado ou de determinação legal anterior à calamidade pública;

Fica, de acordo com a norma vigente, proibido em conceder qualquer tipo de melhoria nos respectivos vencimentos dos servidores, empregados públicos e militares. Mas a vedação não encontra amparo quando vier de decisão judicial transitado em julgado, ou de determinação legal anterior à calamidade.

Inobstante a lei avoca para si todos os ditames legais, ainda esclarece que há brechas que podem ser levadas a efeito, quando da judicialização das normas cogentes, como veremos posteriormente.

Em outra posição, vê-se que o artigo 8 da Lei Complementar nº 173, de 2020 ressalta em seu inciso segundo e terceiro a proibição do aumento de qualquer despesa: "*II – criar cargo, emprego ou função que implique aumento de despesa; III – alterar estrutura de carreira que implique aumento de despesa;*". E, ao que parece, a lei tem uma dinâmica ímpar, que é focar a aplicação dos recursos somente no combate à crise existente.

Apesar de tais normas se mostrarem acertadas, o debate ainda surge na criação de cargos, empregos e funções que sejam estritamente necessárias, mas que, apesar de não haver sua vacância, carecem de uma medida singular e enérgica do Ente Federado, na sua atuação. Já sobre a mudança ou alteração da carreira, que implica no aumento, tem-se um bramido uníssono, até o momento.

Por outro lado, verifica-se que os cargos, empregos públicos ou qualquer função que não implica o necessário aumento, poderão ser criados. Aliás, como escape, existe a permeabilidade e remanejamento dentre os órgãos de Poder, ou mesmo as estruturas de carreira, desde que não impacte no respectivo aumento.

Nesse anseio, a leitura que se faz da norma em apreço, especificamente do artigo 8º da Lei Complementar nº 173/2020, em análise aos incisos IV e V, aponta-se para uma restrição que tem potencial de falha interpretativa. Fala-se aqui da proibição de contratação, nomeação e realização de concursos, até a data de 31 de dezembro de 2021, como a seguir.

IV – admitir ou contratar pessoal, a qualquer título, ressalvadas as reposições de cargos de chefia, de direção e de assessoramento que não acarretem aumento de despesa, as reposições decorrentes de vacâncias de cargos efetivos ou vitalícios, as contratações temporárias de que trata o inciso IX do caput do art. 37 da Constituição Federal, as contratações de temporários para a prestação de serviço militar e as contratações de alunos de órgãos de formação de militares.

V – realizar concurso público, exceto para as reposições de vacâncias previstas no inciso IV;

Embora dite as regras para cerceamento de novas contratações e aberturas de concursos públicos, verifica-se que a própria Lei Complementar nº 173/2020 traz as exceções à referida regra, albergando a possibilidade de admissão de concursados ou realização de certames, quando necessário ao preenchimento de cargos efetivos, em decorrência de vacância ou para contratações temporárias para prestação de serviços militares.

Pincelando sobre a respectiva norma, tem-se que o inciso IV permite que exista cargo de Chefia, direção e assessoramento, mas impede que nestes acarrete o seu aumento. Nesse aspecto, é de bom alvitre ter minucioso cuidado em seu debate, visto que em havendo uma gestão ignóbil, pode haver tantos quantos cargos de comando forem necessários – ou criados. E, após o período frisado pela lei, estes chefes, diretores e assessores poderiam ter, em contrapartida, o respectivo aumento, todos de uma só vez, gerando um concreto imbróglio a ser resolvido.

Apesar de, à primeira vista, os referidos incisos aparentam não comportar qualquer interpretação dúbia, alguns questionamentos podem ser colocados: *(a)* qual o termo inicial para considerar um cargo vago, de modo a ensejar a permissão de reposição? Analisa-se a ocorrência de vacância a partir da data de vigência da Lei Complementar nº 173/2020, ou a partir das vacâncias já preexistentes, no quadro de uma carreira pública?; *(b)* para os concursos públicos em andamentos, e com resultados homologados em fase de nomeação, os classificados dentro do quadro de vagas que possuem direito subjetivo de nomeação deverão aguardar a ocorrência de vacância para que sejam nomeados?; *(c)* Ou melhor, deve-se considerar que a exposição de motivos do ato administrativo que gerou o Edital do Concurso Público já reconheceu, previamente, a existência da vacância, bem como reconheceu a previsão orçamentária da margem de expansão de despesa pessoal, autorizando a nomeação imediata dos aprovados, dentro do quadro de vagas?

As chances dos atuais Gestores Públicos terem que enfrentar essas questões, em um espaço curto de tempo, são razoáveis, visto que existem no Brasil vários concursos em andamento, e outros que já se encontram em fase de nomeação. E aqui não se está colocando como possibilidade de enfrentamento pelos gestores a dinâmica do estrito cumprimento do dever legal, que interfere na construção das normas jurídicas, mas na ponderação umbilical da proporcionalidade e razoabilidade, elencada pelos princípios constitucionais afetados pelos direitos do cidadão, em consequência do objetivo principal avivado no ordenamento jurídico pátrio, qual seja, a justiça social.

Dessa forma, é preciso analisar os limites de interpretação da expressão legal "as reposições decorrentes de vacâncias de cargos efetivos ou vitalícios". Se a interpretação da norma jurídica se der exclusivamente pelo seu caráter teleológico, isto é, a partir do critério e finalidade da norma, visando interpretar segundo as exigências econômicas e sociais que a Lei buscou atingir, então dever-se-ia considerar que, desde que não acarrete aumento na despesa, é permitido a abertura de concurso, e logo a nomeação, quando houver vacância do cargo, efetivo ou vitalício, em todo o período de Pandemia que, para fins da interpretação aludida, pouco importa o tempo e sim o fim que emergiu.

Todavia, esse não é o único método interpretativo possível e, por consequência, existem diversas respostas possíveis. Nesse contexto, para entender a permissão de reposição de cargos em vacância, é necessário compreender o próprio conceito de vacância. O conceito se faz importante, pois se considera que a clareza no instrumento jurídico pode ou não produzir eficácia.

Odete Medauar (2015, p. 266) compreende como vacância "a situação do cargo que está sem ocupante", trata-se de terminologia técnica para descrever que o cargo público está vago. Aliás, é um fato administrativo que indica que determinado cargo público não está provido, e o rol das hipóteses previstas estão no artigo 33 da Lei nº 8.112/90, que enumera as seguintes situações:

Art. 33 – A vacância do cargo público decorrerá de:
I – exoneração;
II – demissão;
III – promoção;
IV – revogado;
V – revogado;
VI – readaptação;
VII – aposentadoria;
VIII – posse em outro cargo inacumulável;
IX – falecimento.

Ante ao exposto, a restrição trazida na Lei Complementar nº 173/2020 poderia ser excepcionada pela convocação de aprovados em concursos em andamento ou mesmo pela realização de novos concursos, desde que seja para suprir cargos em decorrência de vacância, nas hipóteses do artigo 33 da Lei 8.112/90. Todavia, existem diversas novas interpretações que alegam o total cerceamento das nomeações, e o fechamento das portas dos concursos, em sua totalidade.

Importante observar a previsão do §1º do artigo 8º, que possibilita a convocação de concursados ou contratação temporária de quantos forem necessários para o enfrentamento e combate à calamidade pública, não se aplicando quanto a limitação de cargos vagos. Outrossim, nos casos de concursos em andamento, a nomeação dos porventura aprovados no certame não poderia, segundo essa linha de raciocínio, ser barrada pelas disposições da Lei Complementar nº 173/2020, visto que a vacância nesse caso já está demonstrada na exposição de motivos que justificou a abertura do edital e realização do concurso.

O edital de concurso consubstancia-se em um ato administrativo em seu sentido mais puro e possui dentre seus elementos constitutivos a motivação, nesse caso decorre da vacância de cargos, que caso não fosse sanada poderia ocasionar na deficiência da efetiva prestação do serviço público. Inclusive, a própria Lei Complementar nº 173/2020 permite, em alguns casos, a expansão de despesas obrigatórias de caráter continuado, quando há aumento da arrecadação ou redução de despesa prévia:

Art. 8º (...)
§ 2º O disposto no inciso VII do caput não se aplica em caso de prévia compensação mediante aumento de receita ou redução de despesa, observado que:
I – em se tratando de despesa obrigatória de caráter continuado, assim compreendida aquela que fixe para o ente a obrigação legal de sua execução por período superior a 2 (dois) exercícios, as medidas de compensação deverão ser permanentes; e
II – não implementada a prévia compensação, a lei ou o ato será ineficaz enquanto não regularizado o vício, sem prejuízo de eventual ação direta de inconstitucionalidade.

Se a própria Lei Complementar nº 173/2020 permite a expansão de despesas, não haveria como restringir os casos em que a vacância é preexistente, conquanto haja a efetiva dotação e autorização orçamentária na Lei de Diretrizes Orçamentárias (LDO) e Lei de Orçamento Anual (LOA), visando a nomeação de aprovados em concurso em andamento. Para tanto, nesses casos não se estaria violando a contraprestação definida no texto legal, desde que o número de convocados seja exclusivamente para o número de cargos vagos em vacância da carreira, principalmente para que a Administração possa continuar prestando o serviço público de forma eficaz.

De fato, a interpretação da proibição contida na Lei Complementar nº 173/2020 deve ser apenas no que se refere à criação de novos cargos, ou atrelado as nomeações que excedam as vacâncias existentes, nas respectivas carreiras. Caso proceda motivadamente apenas para suprir as vacâncias, a Administração não violaria as restrições do texto normativo.

Em narrativa restrita, veja-se que seria possível ima interpretação mais restritiva, abarcando uma ênfase mais apertada das contas públicas, quando da interpretação se fizesse constar no texto normativo a seguinte frase "... de vacância de cargos efetivos ou vitalícios ocorridos durante a vigência desta lei...". Nesse teor, o legislador não incluiu nenhum marco temporal para a constatação da vacância, compreendendo-se acertadamente que seria permitido a nomeação de concursados para cargos vagos preexistentes, isto é, aqueles anteriores à vigência da Lei Complementar.

Em vista disso, teríamos um aumento imenso da defasagem de funcionários públicos e grandes problemas na prestação do serviço público e, se dessa forma não procedeu, foi por uma escolha política. Assim, não cabe ao Poder Executivo interpretar ou, no caso, efetivamente legislar forma restritiva e *praeter legem*, ou seja, para além do texto da lei, sob pena de violar o princípio da legalidade.

Consequentemente, apesar de parecer óbvio essa linha argumentativa, em termos pragmáticos, a tendência é que diversos entes federados se arrisquem a obstar a convocação e nomeação de aprovados, sob o pretexto de violação da Lei Complementar nº 173/2020 e, por consequência, a tendência será a busca por provimentos judiciais que possam resolver tal questão, em mais um movimento de judicialização da política.

Similarmente, o artigo 8 da Lei Complementar º 173, de 2020, ainda remonta algumas circunstâncias que são vedadas, como a melhorias de valores, de forma indireta, mas abre espaço a uma ponderação que pode facilmente ser judicializada, que é fato de haver uma determinação legal anterior à calamidade.

> VI – criar ou majorar auxílios, vantagens, bônus, abonos, verbas de representação ou benefícios de qualquer natureza, inclusive os de cunho indenizatório, em favor de membros de Poder, do Ministério Público ou da Defensoria Pública e de servidores e empregados públicos e militares, ou ainda de seus dependentes, exceto quando derivado de sentença judicial transitada em julgado ou de determinação legal anterior à calamidade;
> VII – criar despesa obrigatória de caráter continuado, ressalvado o disposto nos §§ 1º e 2º;

Não rara às vezes, existe uma norma legal que admite a melhoria e beneficia certa carreira, e se assim ocorre, porém ainda não fora implementada, pode haver um significativo gasto do erário público quando da sua implementação, o que pode trazer uma aversão ao sentido interpretativo principal da norma. Todavia, em que pese a proibição do aumento, é possível sim o devido incremento. Aliás, os auxílios, vantagens, bônus, abonos, verbas de representação ou benefícios de qualquer natureza, que já estão sendo pagos, continuarão da mesma forma. O que fica vedado é a criação ou majoração de novas benesses.

Logo depois, verifica-se que o artigo 8, da Lei Complementar º 173, de 2020, abarca medidas quanto às despesas de caráter obrigatório. Nesse teor, a LRF, Lei Complementar 101, de 04 de maio de 2000, explica em seu artigo 17, *caput*, o seguinte: "considera-se obrigatória de caráter continuado a despesa corrente derivada de lei, medida provisória ou ato administrativo normativo que fixem para o ente a obrigação legal de sua execução por um período superior a dois exercícios".

Nesse diapasão, os gastos públicos relacionados a serviços essenciais, por exemplo, são considerados como despesa de caráter obrigatório, visto que sua interrupção geraria um extremado risco à atividade administrativa. Em que pese existir, outros mecanismos de despesas obrigatória, como também aumentar ou reajustar para índices que superem a inflação, como a seguir exposto:

VIII – adotar medida que implique reajuste de despesa obrigatória acima da variação da inflação medida pelo Índice Nacional de Preços ao Consumidor Amplo (IPCA), observada a preservação do poder aquisitivo referida no inciso IV do caput do art. 7º da Constituição Federal;
IX – contar esse tempo como de período aquisitivo necessário exclusivamente para a concessão de anuênios, triênios, quinquênios, licenças-prêmio e demais mecanismos equivalentes que aumentem a despesa com pessoal em decorrência da aquisição de determinado tempo de serviço, sem qualquer prejuízo para o tempo de efetivo exercício, aposentadoria, e quaisquer outros fins.

De acordo com o inciso IX, o tempo contabilizado entre o dia 28 de maio de 2020 até o dia 31 de dezembro de 2021 não surtirá efeitos como benefícios às concessões de anuênios, triênios, quinquênios, licenças-prêmio ou qualquer outro benefício que aumente a despesa com pessoal, atinente a aquisição para tempo de serviço.

É sabido, entretanto, que alguns benefícios mencionados já não valem mais para a esfera federal, como o caso da licença-prêmio. O Governo do Distrito Federal ainda faz jus, bem como alguns outros estados e municípios. Porém, a contagem não se refere a aposentadoria, deixando a salvo da sua efetiva contagem.

Frisa-se que as legislações esparsas, nas respectivas carreiras do serviço público, ressaltam sobre diversos benefícios que são concedidos de acordo com o tempo de serviço público prestado ao ente federativo. Com isso, ao proibir o aumento, reajuste ou concessão dessas gratificações, a partir da vigência da Lei Complementar nº 173, até 31 de dezembro de 2021, se estará protegendo o orçamento público para que, ao final do período definido em lei, não ocorra uma explosão de despesas com pessoal. Nesse ensejo, verificamos o interesse público ressaltando sobre o interesse privado.

À guisa disso, importa destacar que a motivação do Legislativo para inserção da referida restrição no corpo normativo da Lei Complementar nº 173/2020 é bastante válida, pois se trata de uma preocupação em manter o orçamento público saudável e as despesas obrigatórias em níveis controlados. Entretanto, no que tange aos serviços públicos da União e Territórios, pode-se estar diante de um claro vício de iniciativa do processo legislativo, com violação do artigo 61, §1º, inciso II, alínea "c" da Constituição Federal[157], o que caracterizaria inconstitucionalidade formal.

A disposição constitucional, possivelmente violada, prescreve que cabe ao Presidente da República a iniciativa de lei que verse sobre o regime jurídico de seus servidores. Inclusive, o Supremo Tribunal Federal (STF) possui jurisprudência pacífica de que não cabe ao Poder Legislativo a iniciativa de leis que versem sobre servidores do Executivo, por clara violação do processo legislativo e da separação dos poderes.[158]

Com efeito, o STF entende que a locução constitucional *"regime jurídico dos servidores públicos"* corresponde ao conjunto de normas que disci-

---

[157] Art. 61. A iniciativa das leis complementares e ordinárias cabe a qualquer membro ou Comissão da Câmara dos Deputados, do Senado Federal ou do Congresso Nacional, ao Presidente da República, ao Supremo Tribunal Federal, aos Tribunais Superiores, ao Procurador-Geral da República e aos cidadãos, na forma e nos casos previstos nesta Constituição. § 1º São de iniciativa privativa do Presidente da República as leis que: (...) c) servidores públicos da União e Territórios, seu regime jurídico, provimento de cargos, estabilidade e aposentadoria.
[158] ADI 2.113/MG, Relatora a Ministra Cármen Lúcia, DJe de 21/8/09; ADI 1.594/RN, Relator o Ministro Eros Grau, DJe de 22/8/08; e ADI 3.167/SP, Relator o Ministro Eros Grau, DJe de 6/9/07.

plinam os diversos aspectos das relações estatutárias ou contratuais mantidas pelo Estado com seus agentes.[159]

Indubitavelmente, como a Lei Complementar nº 173 decorre do PLP nº 39/2020, de autoria do Senador Antônio Anastasia, trata-se de uma iniciativa do Poder Legislativo, que é matéria reservada, dando atenção à iniciativa do Presidente da República, nos termos da Constituição Federal.

Portanto, em razão destes, e de tantos outros fatos, acredita-se que a Lei Complementar nº 173/2020 tem um encontro marcado com o STF, que deverá definir se há afronta ou não ao texto Constitucional, em mais um capítulo da excessiva judicialização das normas legislativas.

Conclusões

O Programa Federativo de Enfrentamento ao Coronavírus SARS-CoV2, concebido como Lei Complementar nº 173/2020, regulamenta, precipuamente, a transferência de recursos da União aos Estados, Municípios e Distrito Federal, em um momento de crise de arrecadação e sob ameaça de escassez de recursos para o combate à Pandemia.

No entanto, além da previsão de transferência de recursos, estabelece uma série de flexibilizações na Lei de Responsabilidade Fiscal, que deverão viger durante o período de calamidade pública. Enaltece, também, novas restrições a serem incluídas no artigo 21, que tentam limitar a atuação do Chefe do Executivo, nos últimos 180 dias do mandato, a fim de que este não aumente de forma exacerbada as despesas com pessoal.

Por fim, traz no artigo 8º da Lei Complementar nº 173/2020 diversas restrições de despesas, que os entes federados devem se submeter, para fazer jus ao regime fiscal instituído pelo programa. Contudo, vislumbra-se diversas questões problemáticas nesses dispositivos, algumas das quais alerta sobre a Constitucionalidade de criação das normas, que podem ensejar questionamentos e discussões no âmbito do Poder Judiciário.

Tais questões, em tempos de normalidade, poderiam ter sido objeto de uma discussão mais aprofundada, com a atividade legislativa concebendo uma norma mais clara e delimitada. Todavia, é de sabença geral

---

[159] ADI 2.867, Relator Ministro Celso de Mello, j. 3-12-2003, P, *DJ* de 9-2-2007

que o momento ora enfrentado não permite tal atuação, e, por conseguinte, caberá ao Poder Judiciário, quando invocado, estabelecer parâmetros, em decorrência de uma discricionariedade permitida pelos próprios políticos.

Por fim, se faz necessário aguardar – mas não por muito tempo –, para visualizarmos como as questões aqui postas serão definidas.

Referências

ÁVILA, Humberto Bergmann. *Teoria dos princípios: da definição à aplicação dos princípios jurídicos*. 2. ed. São Paulo: Malheiros, 2010. p.183

CANOTILHO, José Joaquim Gomes. *Direito Constitucional e Teoria da Constituição*. 3 ed. Coimbra: Almedina, 1998.

DI PIETRO, Maria Sylvia Zanella. *Direito Administrativo*. 25ª Ed. São Paulo: 2013.

DISTRITO FEDERAL. *Lei n. 5.184, de 23 de setembro de 2013*. Dispõe sobre a Carreira Pública de Assistência Social do Distrito Federal e dá outras providências. Disponível em: http://www.sinj.df.gov.br/sinj/Norma/75121/Lei_5184_23_09_2013.html. Acesso em 12 de jun. 2020.

KONRAD, Hesse. *Temas Fundamentais do Direito Constitucional*. 1ª Ed. São Paulo: Saraiva, 2013. p. 135.

MALUF, Carlos Alberto Dabus. Introdução ao direito civil. 2. ed. São Paulo: Saraiva, 2018.

MEDAUAR, Odete. Direito Administrativo Moderno. 17 ed. São Paulo: Revista dos Tribunais, 2015.

MEIRELLES, Hely Lopes. *Direito Administrativo Brasileiro*. 32ª Edição atualizada por Eurico de Andrade Azevedo, Délcio Balestero Aleixo, José Emmanuel Burle Filho. São Paulo: Malheiros editores, 2012.

PARTE 4

Saúde e proteção social

Neste eixo temático são expostos os desafios da política de saúde no momento de enfrentamento à calamidade. O texto inicial é de Élida Graziane Pinto, José Roberto Afonso e Leonardo Cezar Ribeiro, que analisam o gasto federal e a gestão emergencial com saúde. Destaca-se a demora na entrega de repasses aos Estados e Municípios, e indica possível omissão no dever de coordenação nacional orçamentária para o enfrentamento da guerra. Élida ainda escreve outro capítulo que é posto em seguida, desvendando o "estado de coisas inconstitucional" no custeio do SUS em meio à pandemia da Covid-19. A abordagem indaga acerca do alcance do princípio da vedação de retrocesso e do princípio da vedação de proteção insuficiente diante de alterações constitucionais que afetaram, por via oblíqua, o direito fundamental à saúde, mediante imposição de restrição orçamentária para sua fruição. O capítulo, assinado por José Roberto Afonso, fala dos desafios do distanciamento e considera algumas propostas de seguro-destrabalho e de inovação social. Demonstra-se que a pandemia agravou condições anteriores e reflete-se sobre o impacto das políticas sociais para a parcela da população denominada de invisível, considerados aqui os trabalhadores sem vínculo empregatício formal. O capítulo apresenta propostas para conciliar saúde pública com políticas sociais e econômicas, bem como traça os desafios estruturais da proteção social que precisariam ser respondidos nos próximos anos, mas que agora devem ser enfrentados e equacionados nas próximas semanas.

12. **Política pública da saúde e dever de enfrentamento da calamidade: financiamento e responsabilização**
Élida Graziane Pinto, José Roberto Afonso e Leonardo Cezar Ribeiro

13. **Desvendamento do "estado de coisas inconstitucional" no custeio do SUS em meio à pandemia da Covid-19**
Élida Graziane Pinto

14. **Desafios do distanciamento: propostas de seguro-destrabalho e inovação social**
José Roberto Afonso

12. Política Pública da Saúde e Dever de Enfrentamento da Calamidade: Financiamento e Responsabilização

ÉLIDA GRAZIANE PINTO
JOSÉ ROBERTO AFONSO
LEONARDO CEZAR RIBEIRO

Introdução

Este capítulo tem por objeto a reflexão sobre o dever estatal de enfrentamento da calamidade pública decorrente da pandemia do novo coronavírus (doravante apenas Covid-19), em suas dimensões de tempestividade e suficiência fiscal.

A resposta brasileira à pandemia, do ponto de vista normativo, iniciou-se com a edição da Lei federal nº 13.979, de 6 de fevereiro de 2020. Desde então, houve diversas demandas judiciais e alterações legislativas que buscaram dar suporte à ação governamental, para que houvesse presteza e custeio adequado das medidas de contenção da decorrente calamidade pública reconhecida[160] pelo Congresso Nacional em 20 de março deste ano.

Trata-se, pois, de investigar se o afastamento das restrições ou impeditivos à expansão do gasto emergencial, sobretudo na forma de créditos extraordinários, foi acompanhado da pretendida consecução rápida e nacionalmente coordenada das medidas sanitárias, sociais e econômicas de enfrentamento da pandemia.

A análise do ordenamento jurídico brasileiro – tal como alterado em caráter excepcional pelo Congresso, bem como interpretado pelo Supremo Tribunal Federal – foi contraposta ao fluxo da execução orçamentária dos entes políticos na federação brasileira, sobretudo em relação ao estágio de despesa paga do Ministério da Saúde.

---

[160] Por meio do Decreto Legislativo nº 6/2020.

A hipótese que se confirmou, ao longo do estudo, é a de que – a despeito do amparo normativo e jurisprudencial para uma ampla e imediata atuação em face da Covid-19 – o Poder Executivo federal optou por agir aquém do necessário, atrasando e mitigando a entrega de repasses aos Estados e Municípios, além de haver se eximido abusivamente do seu dever de coordenação nacional.

Eis o contexto em que foram levantadas possíveis consequências jurídicas da ação insuficiente e tardia, bem como da omissão do(s) agente(s) público(s) que tinha(m) o dever de agir. Isso porque, em tempos de calamidade pública reconhecida pelo Congresso Nacional, por força da emergência de saúde pública de importância internacional decorrente da pandemia da Covid-19, não pode ser simplesmente ignorado o diagnóstico de que a ação de autoridades públicas federais ocorreu tardia e insuficientemente, sob o alegado receio de cometer crime de responsabilidade na seara orçamentária. Curiosamente, medidas semelhantes foram tomadas por autoridades estaduais, distritais e municipais sujeitas às mesmas regras nacionais e até sob maiores restrições fiscais, muitos em sabido estado pré-falimentar.

Sustenta-se a conclusão de que as regras fiscais vigentes até o advento da pandemia não impediram uma atuação rápida, extraordinária e eficiente para a enfrentar, vez que foram afastados prontamente os possíveis constrangimentos fiscais.

A insuficiente resposta federal à pandemia, verificada no período de fevereiro a junho de 2020, é fruto, primordialmente, de escolhas político-administrativas que merecem ser contrastadas com as correspondentes hipóteses de responsabilização cabível. A esse respeito, vale mencionar a investigação conduzida pelo Ministério Público Federal[161] nos autos do Inquérito Civil Público nº 1.16.000.001338/2020-15, que consta como anexo deste capítulo.

É preciso, pois, analisar em detalhes todas essas dimensões e condicionalidades, o que se passa a fazer, tanto quanto possível, nas três seções em que o texto está dividido, excluída esta introdução. Eis a razão pela qual, na seção 1, foram analisadas as regras fiscais aplicáveis ao presente cená-

---

[161] Noticiado em: https://bit.ly/2YuihKe (acesso em 12/06/2020)

rio de calamidade pública para refutar a alegada restrição orçamentário-financeira no enfrentamento dos efeitos sanitários, sociais e econômicos da pandemia. Na seção seguinte foi observado o fluxo de execução orçamentária das medidas adotadas primordialmente no âmbito da política pública de saúde. Na terceira e última seção, em sede conclusiva, foram exploradas as hipóteses de responsabilização cabíveis diante da omissão e ação tardia e insuficiente na realidade federativa brasileira verificada desde março deste ano.

1. Regras fiscais aplicáveis na calamidade decorrente da Covid-19

No prisma econômico, há três formas de financiar os gastos emergenciais: tributação, endividamento público e emissão de moeda. A Constituição, em seu § 1º do art. 164, impede o Banco Central de financiar os gastos públicos via emissão de moeda. Vale lembrar que o art. 7º da Emenda Constitucional nº 106, de 7 de maio de 2020, também denominada Emenda do "Orçamento de Guerra"[162], permitiu a compra de títulos do Tesouro Nacional no mercado secundário.

Alguns até sugeriram corte de gastos ou aumento de tributos, mas a premência em responder à calamidade cobra soluções mais rápidas e a história econômica já ensinou que reduzir o poder de compra dos agentes privados e públicos agravará a recessão. Como em todo o mundo hoje, os custos da emergência terão que ser financiados à custa da elevação da dívida pública e, no Brasil, nunca houve limite para a expansão da dívida federal.

Na esfera constitucional, as duas principais restrições orçamentárias são a chamada **regra de ouro** e o **teto para expansão de despesas primárias**. Aludidas regras não impedem uma reação expedita e extraordinária no combate à calamidade, porque ambas comportam exceções à altura do momento atual.

A regra de ouro, prevista no inciso III do art. 167 da Constituição, objetiva limitar que operações de crédito financiem despesas correntes, mas a hipótese foi dispensada pelo art. 4º da EC 106/2020 e, mesmo antes dessa

---

[162] Segundo o art. 6º da EC nº 106/2020, durante a vigência da calamidade pública nacional, os recursos decorrentes de operações de crédito realizadas para o refinanciamento da dívida mobiliária poderão ser utilizados também para o pagamento de seus juros e encargos.

previsão da Emenda do "Orçamento de Guerra", poderia ser – durante a execução orçamentária – ressalvada por autorização legal específica por maioria absoluta do Congresso.

Nesse cenário, ao se endividar para financiar gastos correntes com o combate à epidemia, a única consequência prática para a União será ampliar o descumprimento da regra de ouro, que já era conhecido e medido em R$ 367 bilhões desde agosto de 2019, quando fora apresentada a proposta orçamentária para este ano.

Vale lembrar, por sinal, que o projeto de lei nacional (PLN) 8/2020 foi aprovado em 21 de maio, para autorizar custeio de R$343,6 bilhões de despesas correntes, mediante operações de crédito, tal como já estava previsto[163] na lei orçamentária federal do presente exercício financeiro.

Se tal restrição não impediu o governo federal de abrir suas portas desde primeiro de janeiro e de transferir renda aos detentores da dívida pública e aos beneficiários de aposentadorias do regime geral e do bolsa família (custeados com base em fonte que extrapola a regra de ouro), muito menos poderia ser pretexto ou justificativa para impedir uma reação excepcional e imediata à pandemia (inclusive para o pronto pagamento do novo benefício de renda aos mais desassistidos).

O desequilíbrio na regra de ouro pode ser autorizado pelo Congresso, com quórum especial e lei específica, até o encerramento do exercício financeiro, mediante o uso de fonte de custeio condicionada[164]. Tal instituto tem sido usado, por exemplo, para introduzir no orçamento federal tributos ainda discutidos pelo Congresso, assim como permite a alocação de recursos em gastos correntes com receitas provenientes da emissão de títulos públicos no mercado, até que seja garantida a efetiva aprovação de lei por maioria absoluta do Congresso[165].

---

[163] Como se pode ler em: Câmara dos Deputados do Brasil. **Congresso se reúne hoje para analisar proposta que contorna "regra de ouro"**. Brasília, 2020. Disponível em: https://bit.ly/3e1cDpl. Acesso em 12 de jun, 2020.

[164] Ver: Oliveira, Ribamar. Consultor sugere fórmula para manter 'regra de ouro'. **Valor Econômico**, Brasília, jan. 2018. Disponível em: https://bre.is/D5oUhMxa. Acesso em 12 de jun, 2020.

[165] Conforme art. 21 da LDO 2020 (Lei 13.898, de 2019), o Projeto de Lei Orçamentária de 2020 e a respectiva Lei poderão conter, em órgão orçamentário específico, **receitas de operações de crédito e programações de despesas correntes primárias, condicionadas**

O regime jurídico-orçamentário revela, em igual medida, ser descabida uma outra tese de que a regra de ouro impediria a execução de gastos correntes associados a créditos extraordinários, uma vez que a válvula de escape constitucional supostamente abarcaria somente créditos suplementares e especiais. Trata-se de interpretação reducionista que extrapola a literal dicção da Constituição[166] e que não leva em consideração a possiblidade da edição de dois atos distintos – um para abrir créditos extraordinários, outro para ratificar a aprovação da maioria absoluta do Congresso[167]. Mais ainda, induz a proposições e ideias que levariam ao abandono das regras do jogo e a opção por práticas de **contabilidade criativa** para demonstrar artificialmente o cumprimento daquela regra fiscal.

A regra de ouro já foi flexibilizada nos últimos anos mediante rubricas orçamentárias sob fonte condicionada marcadas com destaque por meio de classificações orçamentárias específicas. A prática é que, depois de iniciado o exercício financeiro, o Executivo Federal encaminhe projeto de lei orçamentária de crédito suplementar simplesmente para trocar a fonte "condicionada" por outra classificada como "autorizada", sem aumentar a despesa global do orçamento, preservando-se concomitantemente o limite imposto pelo teto de gasto. Se isso já foi aprovado pelo Congresso em um cenário de paz, alguma dúvida de que o fará no de guerra?

à aprovação de projeto de lei de créditos suplementares ou especiais por maioria absoluta do Congresso Nacional, de acordo com o disposto no inciso III do caput do art. 167 da Constituição (negrito nosso).

[166] De acordo com o inciso III do art. 167 da CF, fica vedado "a realização de operações de créditos que excedam o montante das despesas de capital, ressalvadas as autorizadas **mediante créditos suplementares ou especiais** com finalidade precisa, aprovados pelo Poder Legislativo por maioria absoluta (negrito nosso).

[167] Esse também é o entendimento do Diretor da Instituição Fiscal Independente, Daniel Couri, que se manifestou sobre o assunto em sua conta pessoal no Twitter (em https://bre.is/LRR6gmGx): "Tecnicamente, a MP seria um crédito extraordinário ao orçamento tendo como fonte títulos da dívida, mas com código indicando seu condicionamento à autorização do Congresso ("fonte 944"). O PL seria um crédito suplementar para trocar a fonte condicionada por fonte utilizável."

Alternativa também pode ser a edição de créditos extraordinários custeados com fonte de recursos diretamente associada à emissão de dívida pública e sem condicionar tais despesas à aprovação da maioria absoluta do Congresso. Tal opção implicaria a necessidade de projeto de lei com créditos suplementares para introduzir fontes condicionadas à autorização do Congresso Nacional, em relação a outros gastos correntes não prioritários e sem relação com a calamidade pública.

Ao editar Medidas Provisórias de abertura de crédito extraordinário para o enfrentamento da pandemia,[168] o Executivo federal optou por uma estratégia diferente da adotada nos últimos anos. Despesas emergenciais serão financiadas à custa da redução das despesas de (*sic*) amortização da dívida. Em teoria, pressupõe que a pandemia dispensaria o pagamento do principal da dívida pública, ou seja, menos despesa de capital, o que, por si só, tende a agravar o descumprimento da regra de ouro (justamente o que se alegava inicialmente como entrave para agir).

A premissa é obviamente absurda e frustra o cenário que embasou o orçamento. Mais transparente e coerente com o contexto atual seria reduzir a dotação de juros diante da queda da taxa de juros básica (Selic). A opção é tecnicamente inadequada, muito embora seja até possível, posteriormente, por meio de decreto presidencial, remanejar dotações entre juros e amortização dentro do grupo de despesa do serviço da dívida pública. Tal triangulação prejudica severamente os princípios da evidenciação contábil e da transparência, mas ela tende a ser convalidada pelos efeitos retroativos em matéria de refinanciamento da dívida pública[169] trazidos na Emenda Constitucional nº 106/2020.

---

[168] É o caso, por exemplo, da Medida Provisória n. 935, de 1/4/2020, que abriu crédito extraordinário do benefício emergencial de manutenção do emprego e da renda, no montante de R$ 51,6 bilhões, e como fonte de recurso indicou o cancelamento de R$ 50,2 bilhões do serviço da dívida pública federal interna, classificada no grupo de natureza da despesa – GND 6 (ou seja, Amortização da Dívida).
No dia seguinte, a Medida Provisória n. 937 abriu o mesmo crédito com valor de R$ 98,2 bilhões para auxílio emergencial de proteção social a pessoas em vulnerabilidade, repetindo o cancelamento de igual valor contra o mesmo grupo, relativo à amortização da dívida.

[169] Conforme o Art. 10 da EC nº 106/2020, "ficam convalidados os atos de gestão praticados

No final, a União emitirá títulos da dívida mobiliária para custear tais gastos e não haveria qualquer restrição legal para explicitar, desde o início e sem triangulações, aludida fonte de recursos na abertura do crédito extraordinário. Nunca é demais lembrar que semelhante estratégia de engenharia orçamentária foi usada no pagamento das pedaladas fiscais em 2015 e não passará desapercebida pelos órgãos de controle[170].

Sobre a outra suposta restrição normativa, é sabido que o art. 107 do Ato das Disposições Constitucionais Transitórias (ADCT) fixou teto de despesas primárias limitado à variação do IPCA, medido no exercício financeiro anterior ao do corrente orçamento federal, mas excluiu, dentre outros casos, os créditos extraordinários (inciso II, § 1º). De acordo com o art. 167, § 3º da CF, eles se aplicam como medida excepcional para cobrir despesas imprevisíveis e urgentes, como as decorrentes de guerra, comoção interna ou calamidade pública, que pode ser veiculada por meio de medida provisória. A pandemia caracteriza a urgência e a imprevisibilidade de gastos em 2020, portanto, sem aplicação do teto, o que afasta a alegação de que haja qualquer empecilho para ação imediata.

A única preocupação com a chamada Emenda do Teto é como provavelmente tais gastos precisarão continuar a ser realizados em 2021, quiçá, até em exercícios posteriores. As ações emergenciais, em tese, perderão a característica da imprevisibilidade que fundamenta a abertura de créditos extraordinários. Resta a hipótese de interpretar que não se previa que a calamidade persistiria por tanto tempo. De qualquer forma, essa é uma discussão a ser travada ao longo da elaboração do projeto de orçamento para 2021.

Em relação às regras fiscais previstas nas leis infraconstitucionais, importa explicar que garantias excepcionais para uma atuação rápida e plena foram mobilizadas tanto na Lei 13.979, de 6 de fevereiro de 2020, quanto no Decreto Legislativo nº 6, de 20 de março de 2020. Em igual medida, o Supremo Tribunal Federal excepcionou a incidência das restrições previstas na Lei de Responsabilidade Fiscal e na Lei de Diretrizes

---

a partir de 20 de março de 2020, desde que compatíveis com o teor desta Emenda Constitucional".

[170] Ver MENDES, Marcos; RIBEIRO, Leonardo. O pagamento das pedaladas fiscais. **Estadão**, São Paulo, fev. 2016. Disponível em:https://bre.is/V3WqGXfS. Acesso em 13 de jun. 2020.

Orçamentárias federal deste ano (a saber, artigos 14, 16, 17 e 24 da LRF e 114, *caput*, e parágrafo 14, da LDO/2020). Tamanha era a urgência que, em pleno domingo do dia 29/03/2020, o Ministro Alexandre de Moraes concedeu medida cautelar na Ação Direta de Inconstitucionalidade 6357, em favor da Advocacia Geral da União, com os seguintes fundamentos:

> O surgimento da pandemia de Covid representa uma condição superveniente absolutamente imprevisível e de consequências gravíssimas, que afetará, drasticamente, a execução orçamentária anteriormente planejada, exigindo atuação urgente, duradoura e coordenada de todos as autoridades, tornando, por óbvio, lógica e juridicamente impossível o cumprimento de determinados requisitos legais compatíveis com momentos de normalidade.

Ora, se não havia restrições fiscais, tampouco havia insegurança jurídica para uma resposta governamental a mais célere possível e suficientemente poderosa diante da gravidade da pandemia, é possível refletir sobre hipóteses de responsabilização de quem tinha competências e poderes e não as exerceu pronta e adequadamente.

Antes disso, contudo, cabe explorar, em detalhes, os dados da execução orçamentária do Poder Executivo federal na ação de enfrentamento da pandemia da Covid-19 (ação 21C0) diretamente realizada no âmbito do Sistema Único de Saúde.

2. Estudo de caso da execução orçamentária da ação 21C0 pelo Ministério da Saúde no período de 20 de março a 14 de maio de 2020

Não se deu até aqui prioridade necessária dentro do orçamento federal para gastar com saúde, nem mesmo para as ações específicas de combate à Covid-19 diante de uma tragédia humana, social e econômica, anunciada e crescente.

Vale lembrar a cronologia dos fatos: muito antes de ser confirmado o primeiro caso no País, em 3 de fevereiro foi declarada emergência nacional[171] e, três dias depois, promulgada a Lei 13.979, que coordena as medi-

---

[171] BRASIL. **Portaria n. 188, de 3 de fevereiro de 2020.** Declara Emergência em Saúde Pública de importância Nacional (ESPIN) em decorrência da Infecção Humana pelo novo

das sanitárias.[172] Em 20 de março, o Congresso Nacional reconheceu a calamidade pelo Congresso Nacional para acionar o regime de exceções previsto na Lei de Responsabilidade Fiscal.[173]

O Plano de Contingência Nacional para Infecção Humana pelo novo Coronavírus[174] já alertava, também desde fevereiro, que eventuais erros no acompanhamento dos riscos da doença deveriam ocorrer pelo excesso de precaução. Negligência e omissão não poderiam ser admitidas, sob pena da escalada de mortes evitáveis.

Muito antes do carnaval, já se sabia que era necessário adquirir em larga escala testes, equipamentos de proteção individual, insumos hospitalares, medicamentos, respiradores etc. O Ministério da Saúde chegou a orientar gestores estaduais, distritais e municipais, diante da possibilidade de superação da capacidade de resposta do SUS, que adaptassem e ampliassem leitos e áreas hospitalares, bem como promovessem a contratação emergencial de leitos de unidade de tratamento intensivo (UTI). A União, contudo, não fez sua parte.

A rápida resposta regulatória e legislativa não encontrou eco no orçamento da União. Há uma lenta e insuficiente execução, mesmo depois que ficou claro que as regras fiscais não impediam sua pronta e ampla resposta orçamentário-financeira em caráter extraordinário, haja vista o forte amparo hermenêutico dado pelo Supremo Tribunal Federal na ADI

Coronavírus (2019-nCoV). Disponível em: http://www.in.gov.br/en/web/dou/-/portaria-n-188-de-3-de-fevereiro-de-2020-241408388. Acesso em 12 de jun. 2020.

[172] Essa lei retoma a centralidade da requisição administrativa, de natureza compulsória, que foi adotada, em larga escala, na segunda guerra mundial. Ver íntegra: BRASIL. **Lei nº 13.979, de 6 de fevereiro de 2020.** Dispõe sobre as medidas para enfrentamento da emergência de saúde pública de importância internacional decorrente do coronavírus responsável pelo surto de 2019. Disponível em: http://www.in.gov.br/en/web/dou/-/lei-n-13.979-de-6-de-fevereiro-de-2020-242078735. Acesso em 12 de jun. 2020.

[173] Aliás, legislação Covid-19 pode ser acompanhada em: http://www4.planalto.gov.br/legislacao/portal-legis/legislacao-Covid-19. Acesso em 12 de jun. 2020.

[174] Ver íntegra MINISTÉRIO DA SAÚDE. **Plano de contingência nacional para infecção humana pelo novo Coronavírus Covid-19.** Brasília, 2020. Disponível em: http://www.cofen.gov.br/wp-content/uploads/2020/03/plano-contingencia-coronavirus-Covid19.pdf. Acesso em 12 de jun. 2020.

6357.[175] Entre o que se anuncia e o que se efetivamente desembolsa há um abismo.

Até o dia 14 de maio, o Ministério da Saúde somente pagou R$ 8,0 bilhões na Ação 21C0, que trata especificamente do enfrentamento sanitário da pandemia no âmbito do Fundo Nacional de Saúde (FNS), conforme publicado em seu portal.[176] Ora, a dotação orçamentária na data era de R$ 18,9 bilhões reais, decomposta conforme tabela a seguir.

Tabela 1 – Orçamento da ação 21C0 no FNS (atualizado em 14/05/2020)

Item	R$ bilhões
Dotação Atualizada	18,9
Crédito Disponível	8,2
Crédito Indisponível	0,7
Despesas Empenhadas	10,1
Despesas Líquidadas	8,0
Despesas Pagas	8,0

Fonte: Adaptado de Fundo Nacional de Saúde (2020).

A despeito de a dotação autorizada para a ação 21C0 especificamente no âmbito do FNS montar a R$18,9 bilhões, só 42% ou R$ 8 bilhões foram efetivamente pagos até 14 de maio último, em que pese a escalada das contaminações e mortes cerca de 188 mil e 14 mil, respectivamente, até aquela data.

O maior atraso de execução orçamentária reside precisamente na subfunção de aplicação direta pelo Ministério da Saúde. Como o gráfico a seguir bem evidencia, muito embora haja a previsão de R$ 8,45 bilhões em aplicações federais diretas, somente houve saldo real de despesas pagas de R$ 546,3 milhões:

---

[175] Cautelar disponível em: http://www.stf.jus.br/arquivo/cms/noticiaNoticiaStf/anexo/ADI6357MC.pdf Acesso em 11 de jun. 2020.

[176] Consultar em Fundo Nacional de Saúde (FNS): **SIAFI Covid 19** [online] Disponível em: https://bit.ly/35WAFi2. Acesso em 11 de jun. 2020.

Gráfico 1 – Execução orçamentária do FNS-Covid19 por Subfunção

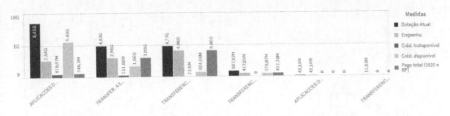

Fonte: Fundo Nacional de Saúde (2020).

Vale lembrar, por exemplo, que a decisão de cancelamento da compra de 15 mil respiradores pelo Ministério da Saúde (que traria ganho de escala e capacidade de resposta nacional para a falta do aludido equipamento) pode explicar parcialmente essa letargia de execução orçamentária.[177]

A falta de diálogo efetivo, bem como a insuficiência e a velocidade dos repasses aos fundos estaduais e municipais de saúde também merecem registro destacado, conforme se pode ler nas matérias: "Entidades que apoiavam Mandetta dizem ter sido barradas em posse de Teich: Conass e Conasems, que representam secretários estaduais e municipais, mantinham contato direto com o antigo ministro"[178]; "Por favor, mais compaixão"[179]; "Doria diz que SP não recebeu ajuda de novo ministro da Saúde para combate ao coronavírus: 'máscara, respirador, leito, nada' "[180]

O ritmo lento e insuficiente da execução orçamentária do Ministério da Saúde pode ser claramente compreendido no longo lapso entre 13 de abril a 12 de maio de 2020 com reduzido fluxo de transferências fundo-a-fundo, conforme se observa a partir do gráfico a seguir:

---

[177] Como se pode ler em https://bit.ly/35WqD0x e https://bit.ly/3cAM2ic.
[178] https://bit.ly/2WS9i4J
[179] https://bit.ly/35YHLm8
[180] https://glo.bo/2T3YzDf

Gráfico 2 – Cronograma de liberações do FNS-Covid19, por tipo de repasse

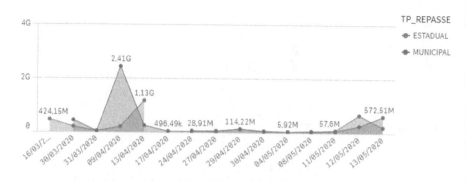

Fonte: Fundo Nacional de Saúde (2020).

Para que se tenha em mente o quanto e com o que foram quitadas despesas na Ação 21C0, dentro do Ministério da Saúde, com base nos dados disponíveis no portal Tesouro Transparente, a discriminação das fontes de recursos e da natureza das despesas executadas, nas tabelas a seguir:

Tabela 2 – Fontes dos recursos pagos das Ações 21C0 no Ministério da Saúde

Fonte de Recursos	Despesas Pagas
00 - Recursos Ordinários	928.502.580
21 - Rec.Oriundos de Leis ou Acordos Anticorrupção	1.001.941.554
51 - Recursos Livres da Seguridade Social	297.681.649
53 - Rec.Dest. às Atividades-Fins Seguridade Social	4.684.814.826
88 - Remuneração das Disponib. do Tesouro Nacional	1.074.377.665
Total	7.987.318.275

Fonte: Tesouro Transparente (2020).

Tabela 3 – Natureza das despesas pagas das Ações 21CO no Ministério da Saúde

Natureza da Despesa	Despesas Pagas
333141 - Transf. a Estados e DF - Contribuições - Fundo a Fundo	2.963.400.739
334141 - Transf. a Municípios - Contribuições - Fundo a Fundo	4.053.805.509
338030 - Material de Consumo	415.121.875
338041 - Contribuições	17.255.000
339030 - Material de Consumo	154.559.881
339033 - Passagens e Despesas com Locomoção	104.134
339034 - Outras Desp.Pessoal Dec. Contratos Terceiriz.	40.352
339039 - Outros Serviços de Terceiros - Pessoa Jurídica	28.339.144
339048 - Outros Auxílios Financeiros à Pessoa Física	37.225.741
449051 - Obras e Instalações	45.465.739
449052 - Equipamentos e Material Permanente	272.000.160
Total	7.987.318.275

Fonte: Tesouro Transparente (2020).

O cenário é ainda mais preocupante porque, na medida em que avançam mortes e infectados, o governo federal resolveu politizar a necessidade de auxiliar os governos estaduais e municipais. São os entes subnacionais que respondem por cerca de 95% da despesa pública com assistência médica e hospitalar[181], mas terão dificuldades para se financiar e funcionar diante do impacto da recessão sobre a sua arrecadação própria, sem que possam se endividar como no caso da União. Até mesmo a rede privada de saúde deve enfrentar problemas financeiros, como já ocorreu em muitos países europeus, onde houve, aliás, estatização em alguns casos.

Para fundamentar porque é urgente um reposicionamento estratégico e gerencial diante do gasto público, este artigo apresenta estatísticas oficiais para comprovar a falta de prioridade orçamentária do Sistema Único de Saúde – SUS. Antes da pandemia, ele já sofria dificuldades para se

---

[181] Afonso e Castro (2018) mostram como a distribuição federativa do gasto na função saúde foi transferido em grande parte da União para os governos subnacionais, tanto pela ótica da execução, como também pela ótica do financiamento.

financiar, sendo o Brasil dos governos que respondem por menor parcela da despesa nacional com saúde[182].

Segundo consulta feita no portal do Tesouro Transparente[183] em 14 de maio de 2020, para a ação denominada "Enfrentamento da Emergência de Saúde Pública de Importância" (código 21C0), a título de crédito extraordinário, foram previstas despesas de até R$ 18,9 bilhões a cargo do Ministério da Saúde, dos quais apenas R$ 8,0 bilhões tinham sido pagas.

Observa-se na tabela a seguir, que a falta de prioridade é evidenciada quando se constata que os pagamentos de R$ 8,3 bilhões no total da ação 21C0, que envolve outros ministérios para a além do da saúde, representam irrisórios 3,2% do montante global de R$ 258,5 bilhões de gastos previstos no orçamento federal só para Covid-19.[184] Essa proporção até sobe para 12,2% na participação nas despesas já pagas em R$ 67,7 bilhões.

---

[182] Vide apresentação de André Médici, "Structuring and Financing of the Brazilian Health System: History and Challenges". Disponível em https://bit.ly/3aDmPC6 . Segundo o autor, o gasto público representa aproximadamente 48% do gasto total em saúde no Brasil, o que o coloca em posição inferior aos seus pares na comparação internacional: países em desenvolvimento têm uma média de 57% nesse indicador, enquanto países latino-americanos chegam a 58%. Já no caso dos países da OCDE – grupo ao qual o Brasil pleiteia um lugar – o gasto público em saúde responde por mais de 72% do gasto total em saúde. Apesar disso, o setor tem peso crescente na economia nacional: a última Conta Satélite da Saúde no Brasil mostra que atividades de saúde aumentaram de 6,1% para 7,6% o peso na geração do valor adicionado bruto, entre 2010 e 2017, bem assim de 5,3% para 7,1% no total de postos de trabalho no mesmo período, com remunerações acima da média da economia – tanto que respondiam por 9,6% do total nacional em 2017. Disponível em: https://bre.is/UFkfgmtE.
[183] Consultar na página da STN em: https://bre.is/rv3YtAPt.
Mesmas contas aparecem no portal Siga Brasil do Senado Federal em: https://bre.is/sDSq9xYM
[184] Em proporção do PIB estimado pela IFI para 2020, o gasto previsto equivale a 3.1% do PIB e o total pago até aqui a somente 0.77% do PIB.

Tabela 4 – Monitoramento dos Gastos da União com Combate à COVID-19

Ações Federais	Previsão de Gastos (R$ Bilhões)	R$ Bilhões	% do Total	% Previsto Global	% Previsto Ação
Auxílio Emergencial a Pessoas em Situação de Vulnerabilidade	123,9	36,1	53,3	14,0	29,1
Benefício Emergencial de Manutenção do Emprego e da Renda	51,6	3,6	5,3	1,4	6,9
Concessão de Financiamento para Pagamento de Folha Salarial	34,0	17,0	25,1	6,6	50,0
21C0- Enfrentamento da Emergência de Saúde Pública de Importância	23,8	8,3	12,2	3,2	34,9
Auxílio Emergencial aos Estados, Municípios e DF	16,0	2,0	2,9	0,8	12,3
Ampliação do Programa Bolsa Família	3,0	0,1	0,2	0,0	3,6
Transferência para a Conta de Desenvolvimento Energético	0,9	0,7	1,0	0,3	72,2
Despesas Adicionais dos Demais Ministérios	5,2	0,0	0,0	0,0	0,2
Total	258,5	67,7	100,0	26,2	26,2
Total (Em % do PIB)	3,53	0,92	-	-	-

Adaptado de Tesouro Transparente (2020).

Além de ter pouco orçado para o combate direto à calamidade, a falta de prioridade fica clara conforme a comparação das ordens de grandeza abaixo envolvidas.

Gráfico 3 – Gastos da União com Combate à COVID-19 – Por Ação

Fonte: Tesouro Transparente (2020).

Outros fatos agravam o cenário. A primeira abertura de crédito extraordinário foi feita à custa de remanejamento de R$ 4,8 bilhões dos recursos do próprio Ministério da Saúde, subtraindo recursos do custeio da atenção básica de saúde e da assistência hospitalar e ambulatorial.[185]

Aliás, a indicação de fonte de custeio para os R$18,9 bilhões previstos na ação 21C0 para o Ministério da Saúde e relativa ao enfrentamento sanitário da Covid-19, demonstra que não houve expansão do financiamento do Sistema Único de Saúde (SUS) diretamente[186] mediante aumento imediato e correlato do endividamento federal, como tem sido feito no restante do mundo.[187] Chega a ser dramático que o Ministério da Saúde tenha perdido cerca de R$5,7 bilhões,[188] até agora, em diversos remanejamentos das suas dotações originais.

Esse é o dado que podemos depreender da leitura da tabela abaixo do Conselho Nacional de Saúde, emitida em 14 de abril passado:

---

[185] A Medida Provisória nº 924, de 13 de março de 2020, apenas fez remanejamento de fontes de custeio dentro das dotações já disponíveis no Ministério da Saúde, como debatido em Graziane, Afonso e Ribeiro (2020).

[186] A tendência é de que isso ocorra indiretamente, na medida em que o Tesouro tende a sacar superávit financeiro e diminuir seu caixa único, o que, por sua vez, exigirá aumento das operações compromissadas do Banco Central. Infelizmente, contudo, essa triangulação não fica clara para a sociedade, pela forma opaca como estão sendo tratadas as contas públicas, sem separar as despesas ordinárias das decorrentes de créditos extraordinárias.

[187] Das despesas pagas com a citada ação da saúde, até 24 de abril, quase tudo proveio de duas fontes: destinações para seguridade social e de acordos anticorrupção. No geral, muito está sendo provido a conta de superávits financeiros acumulados em exercícios anteriores e que, se aproveita a pandemia, para sua desvinculação e correspondente saque do caixa único – seu saldo foi reduzido em R$ 101,5 bilhões em apenas 17 dias de abril, que, por sua vez, em muito contribuiu para aumentar em R$ 154 bilhões as operações com títulos públicos no mercado secundário. Indiretamente, se aumentam as operações compromissadas e a dívida pública, mas tudo isso feito de forma muito pouco transparente, ao contrário do princípio do chamado "orçamento de guerra".

[188] Conforme noticiado por MINISTÉRIO DA SAÚDE. Conselho Nacional de Saúde. COFIN: comissões CNS. 2020. Disponível em: http://conselho.saude.gov.br/boletim-cofin. Acesso em 12 de jun. 2020.

Quadro 8 – Conselho Nacional de Saúde

Boletim Cofin/CNS 2020/06/09							
ID Uso (Cod) 6 - ASPS Atualizado em 09/06/2020 20:40 - Dados até 08/06							Em R$ milhões
	Dotação Inicial	Dotação Autorizada	Créditos Adicionais	Dotação Cancelada/ Remanejada	Crédito Indisponível	Crédito Disponível	Empenhado
R$ milhões	125.157	158.926	33.769	-5.899	Dotação Autorizada	158.926	
% da Dotação Inicial	100,0%	127,0%	27,0%	-4,7%	R$ milhões	3.190	80.432	75.304
Ação 21C0 (R$ milhões)	0	38.968	33.283	5.685	% da Dotação Autorizada	2,0%	50,6%	47,4%

Comentários Tabela 2A

1-A Dotação Autorizada do MS para ASPS está em R$ 158,960 bilhões (houve um acréscimo de R$ 33,769 bilhões ou de 27% em relação à dotação inicial da LOA, dos quais R$ 33,283 bilhões foram destinados para a ação de 21C0 - combate à pandemia do Covid-19);

2-Houve um remanejamento dentro do orçamento do MS no valor de R$ 5,899 bilhões (equivalente a 4,7% da dotação inicial do MS), dos quais R$ 5,685 bilhões foram para a Ação 21C0; assim sendo, o valor da dotação autorizada dessa nova ação está em R$ 38,968 bilhões, sendo R$ 5,685 bilhões (15%) de recursos remanejados de outras ações do orçamento do MS e R$ 33,283 bilhões (85%) de recursos adicionados ao orçamento do MS.

3-Do total da Dotação Autorizada do MS para ASPS (R$ 158,926 bilhões), 2,0% (R$ 3,190 bilhões) está indisponível para empenho, 51% (R$ 80,432 bilhões) estão disponíveis para empenho e 47% (75,304 bilhões) estão empenhados.

Fonte: Elaborado por Funcia, Benevides e Ocke-Reis, adaptado de Siga Brasil Relatórios (2020)

Noutro enfoque, até 14 de maio de 2020, contrastavam os R$ 8,3 bilhões pagos da ação do Covid-19 vis-à-vis os R$ 1,169 trilhão que o Ministério da Economia estimara como resposta estatal à pandemia (textualmente, dito "total destinado ao combate à pandemia [de]: R$ 24,3 bilhões" para ações de saúde).[189] A isso deve se somar o compromisso assumido pelo Banco Central de assegurar liquidez ao mercado financeiro que pode chegar até o montante de R$ 1,2 trilhões. Os desembolsos extraordinários da União efetivamente quitados para a saúde pública deixam a desejar até mesmo quando comparados ao suporte prestado para saúde privada.[190]

Mais detalhamento das contas no portal de Transparência revela que 88% do pouco que foi efetivamente pago constituiu transferências[191] para estados (R$ 2,9 bilhões) e municípios (R$ 4,0 bilhões), através de fundos para gastos correntes. Na prática, quase não houve pagamento de aplicações diretas (como se nada tivesse sido comprado pela União), muito menos de despesas de capital (investimento nulo).

---

[189] Balanço do Ministério da Economia disponível em: https://bre.is/2PS5NWcq.

[190] Os planos de saúde tiveram sua margem financeira de atuação ampliada em R$ 15 bilhões por meio da liberação de provisões técnicas pela Agência Nacional de Saúde Suplementar. Ver no portal da ANS em https://bre.is/wMe2PqZ3.

[191] Conforme Fernandes e Pereira (2020).

Gráfico 4 – Gastos COVID-19: Total x Saúde[192]

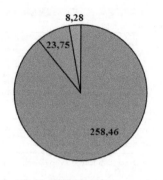

◼ Gastos Totais COVID-19 - Previstos	(3,53% do PIB)
◼ Emergência de Saúde Pública - Previsto	(0,32% do PIB)
◼ Emergência de Saúde Pública - Pago	(0,11% do PIB)

Fonte: Adaptado de Tesouro Transparente (2020).

Os números do orçamento da União escancaram uma tripla falta de prioridade: para o combate direto à pandemia, para a saúde pública e, sobretudo, para a federação. Neste último caso, é importante atentar que a execução da política pública de saúde é profundamente descentralizada, algo ímpar entre as funções de governo no País. Tanto é assim que, do ponto de vista da execução direta da despesa pública com assistência médico-hospitalar, a rede federal mal responde por 5% do gasto nacional. Ou seja, o governo federal é um grande financiador, mas um irrisório executor – vide gráfico 9.

---

[192] PIB projetado pela IFI (R$ 7.321,3 bilhões).

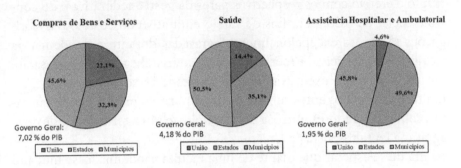

Gráfico 9 – Despesas, por esfera de governo – 2018

Fonte: Adaptado BSPN/STN e Siga Brasil (2019)[193]

A destinação dos recursos a Estados, Distrito Federal e Municípios, até o dia 14 de maio de 2020, foi feita em três formatos: habilitação de leitos de UTI considerando os planos de contingência estadual; valores *per capita* e como parcela extra do Piso de Atenção Básica e Média e Alta Complexidade, conforme perfil da gestão de cada unidade federada. Tal metodologia de cálculo dos repasses desconsidera, contudo, as severas desigualdades regionais e vazios assistenciais existentes, aferível, por exemplo, a partir do número de leitos de UTI por 10 mil habitantes[194]. A isso se soma a considerável distorção de oferta de leitos privados e públicos em todo o território nacional. A desigualdade de acesso aos leitos acentua as diferenças territoriais, sociais e econômicas, arrastando as populações a condições ainda mais vulneráveis.

A título de exemplo, o Estado do Amazonas – que já teve o colapso assumido até na forma de pedido de intervenção federal na área da saúde[195], recebera acréscimo de cerca de R$ 213,67 milhões, em repasses federais ao respectivo fundo estadual e aos fundos municipais de saúde até 14 de maio.

---

[193] O gráfico de "Compras de Bens e Serviços", corresponde ao somatório das despesas com "Uso de bens e serviços" e "Consumo de capital fixo". Os gastos de "Saúde" e "Assistência Hospitalar" equivalem as despesas empenhadas na respectiva função e subfunção, já excluídas as transferências intergovernamentais. Cálculos de Kleber Castro.
[194] Como divulgado em https://bre.is/F68w6gpC
[195] Noticiado em: https://bre.is/a9MaK3TR

Em verdade, o ideal é que o governo federal promova diálogo mais amplo e efetivo com os respectivos pares da gestão federativa e do controle social do SUS, para fins de rateio equitativo do custeio das obrigações sanitárias excepcionalmente agravadas durante a pandemia da Covid-19. A restrição burocrático-orçamentária chegou a dar causa até mesmo a repasses exclusivamente para despesas correntes, o que, no limite, impediria os entes subnacionais adquirirem materiais permanentes, como respiradores. A troca de comando do Ministério da Saúde deve agravar a lenta resposta da União.

Era de se esperar que diante de uma inédita pandemia fosse mudado um padrão já histórico de subfinanciamento da saúde pública pela União[196] e crescente dependência de custeio direto por Estados e Municípios, que respondem por cerca 60% do financiamento das despesas do governo consolidado com a função saúde (equivalente a 4,2% do PIB em 2018), mas salta para 86% da execução direta – ou 95% no caso da subfunção de assistência médico e hospitalar.[197] Muito da distorção decorre da defasagem dos valores repassados pelo Ministério da Saúde na forma de incentivos e preços de procedimentos tabelados às Secretarias Estaduais e Municipais de Saúde.[198] Mais um conflito que já chegou ao Judiciário – em debate, entre outras hipóteses, na Ação Direta de Inconstitucionalidade 5595.[199]

Esse cenário não se alterou mesmo diante de uma inédita pandemia e da unanimidade de uma resposta emergencial: pouco se avançou na

---

[196] Dentre outros, ver críticas em artigo da autora Elida Graziane Pinto (em https://bre.is/qS8XqakX) e nota do CONASS e CONASEMS (em https://bre.is/Ar39AtTU)

[197] Dados do Tesouro Nacional atualizados (2019). Muitos entes federados gastam em saúde muito acima do mínimo exigido pela Constituição (12% e 15% da receita de impostos, estaduais e municipais). No caso das prefeituras, esse indicador de gasto em saúde como proporção dessa receita tem se mostrado crescente, como atestado pelo Anuário Multicidades da FNP de 2020 (disponível em https://bit.ly/35SiPsE): saltou de 16,5% de sua receita era destinada à saúde em 2002 para 23% em 2018, na média dos municípios.

[198] Denunciada em cartilha apresentada pela Confederação Nacional dos Municípios ao Conselho Nacional do Ministério Público em: https://bre.is/tukZGeEp

[199] Cuja medida cautelar concedida em defesa da progressividade do piso federal em saúde está disponível em https://bre.is/2YyUAhhq

correção da defasagem das tabelas[200] e, como já demonstrado, pouco se transferiu a mais e melhor para outros governos. Sendo o SUS tão sensível às finanças estaduais e municipais, é possível antecipar um novo e grave impacto na disposição de seus recursos, nas próximas semanas, particularmente até o final de maio, decorrente de forte retração na arrecadação justamente dos seus impostos vinculados à saúde. Há evidências apontando para perda de receita na casa dos 30%, muito pior que retração projetada em 5% do PIB brasileiro.[201] Impostos sobre vendas (como o ICMS estadual e o ISS municipal) tendem a sofrer mais rápida e intensamente do que outras bases de cálculo (como renda e salários) dominadas pela União, a única também a emitir dívida mobiliária federal, moeda e medida provisória.

Importa destacar que os governos estaduais e municipais estão na linha de frente da batalha contra o Coronavírus, precisando de ajuda financeira do Governo federal para fortalecer o sistema público de saúde e para manter a prestação dos demais serviços públicos essenciais – educação, coleta de lixo e segurança pública, para citar dois dos mais importantes. O rápido contágio da doença vem ocasionando um inédito isolamento social, principalmente nos grandes centros urbanos, seja por medidas coercitivas do poder público, seja pelo próprio medo das pessoas saírem de casa. Com a demanda agregada extremamente retraída, a forte desaceleração da atividade econômica impacta diretamente a arrecadação dos dois principais impostos estaduais e municipais: o Imposto sobre Circu-

---

[200] Originalmente, o repasse ofertado pelo SUS era de R$ 800, através da Portaria nº 568 de 26 de março de 2020 (disponível em: https://bit.ly/3S8Y7bi). Posteriormente, em 08 de abril, a portaria foi republicada, revendo o valor para R$ 1.600 (disponível em: https://bit.ly/2W2PwTF).

[201] Para antecipar e simular tais impactos, vale citar que uma rede de meio de pagamento apurou uma retração geral de suas vendas de 36.6% na semana fechada em 23 de abril contra período anterior ao surto, mas com quedas de 45.1% em postos de gasolina, 44% em serviços em geral, 72.1% em bares e restaurantes e 91.3% em turismo e transporte. Ver boletim CIELO do impacto do Covid-19 no varejo brasileiro, de 24/4/2020: https://bre.is/LoyBUB9x

Os dados dos meios de pagamento corroboram tendências de decréscimo acentuado e contínuo na emissão de notas fiscais eletrônicas, da movimentação do ICMS, em dezenas de estados brasileiros, consolidadas diariamente e divulgadas no portal da Secretaria de Fazenda do Rio Grande do Sul – ver em: https://bre.is/YAbzTcNP

lação de Mercadorias e Serviços (ICMS) e o Imposto sobre Serviços de Qualquer Natureza (ISS).

Antes da atual crise, o equilíbrio das contas públicas estaduais e municipais já se colocava como enorme desafio para governadores e prefeitos. O fraco desempenho da economia combinado com elevado grau de rigidez das despesas públicas já pressionava os orçamentos dos governos subnacionais – uns mais, outros menos. Logo, a pandemia da Covid e seus efeitos atingem em cheio as finanças públicas dos governos estaduais e municipais em um cenário de crise fiscal pré-existente.

Nesse contexto, a transferência de recursos federais para os Entes da Federação é urgente. Sem contar com a mesma autonomia fiscal da União, que pode se endividar no mercado para captar recursos, os Governos subnacionais dependem da ajuda do Governo federal para se manter na linha de frente da luta contra o Coronavírus.

Sem um auxílio financeiro mínimo da União e rateado entre entes federados segundo critérios técnicos (cujo patamar fixado pela Lei Complementar nº 173, de 27 de maio de 2020, é ainda insuficiente diante da dimensão da crise), não restará outra opção para Governadores e Prefeitos que financiarem seus gastos, atrasando pagamentos a fornecedores e servidores, atitude essa que poderá atingir a rede conveniada de prestadores de serviços no SUS, afetar quem vende equipamentos e insumos hospitalares e até mesmo prejudicar a remuneração de médicos, enfermeiros e demais profissionais que estão diretamente na linha de frente do combate à pandemia.

Não só para saúde, também a economia pode entrar em colapso pela retração fiscal estadual e municipal porque, diretamente, governos municipais respondem por 46% e estaduais por 32% das compras de bens e serviços dos governos brasileiros, para consumo e para investimentos fixos (contra apenas 22% do federal), o que agravaria ainda mais a inédita retração da demanda privada. Isto formará um círculo vicioso, com o colapso dos serviços públicos locais agravando a recessão e derrubando ainda mais a arrecadação tributária, inclusive da União, que precisará se endividar ainda mais.

É emblemático que o Centro de Estudos Estratégicos do Exército Brasileiro, em face da Covid-19[202], para se avaliar a situação e orientar a tomada de decisões, propõe acompanhar indicadores que não sejam apenas os de saúde que todo dia se divulgam (contagem de pessoas contaminadas, mortas e recuperadas) como também números de trabalhadores demitidos, empresas fechadas, estoques de combustíveis, de assassinatos, roubos e furtos, de saques, bem como valor da arrecadação de impostos "essencial para a saúde financeira dos entes federados".[203]

O cenário a ser monitorado, como defendido no âmbito do Ministério da Defesa, sinaliza que são duas questões cruciais que precisavam ser melhor solucionadas e de forma premente: alocar mais recursos à saúde e também sustentar minimamente as finanças estaduais e, sobretudo, municipais que constituem os principais gestores do SUS.[204] É importante destacar que, na média da Organização para a Cooperação e Desenvolvimento Econômico (OCDE), governos subnacionais respondem por apenas 38% do gasto público nacional com saúde e já é considerado bem descentralizado pela aquela organização. Peso relativo daqueles governos acima da casa dos 80% na OCDE, como se constata no Brasil, é encontrado na Espanha e na Itália e em alguns países nórdicos.[205]

Se já se formou consenso, inclusive jurídico, de que regras fiscais não impedem a expansão de gastos e de dívidas para atender a calamidade,

---

[202] Vide documento do Centro de Estudos Estratégicos do Exército, publicado em 2/4/2020. Disponível em: https://bit.ly/2xegwHs

[203] É coerente a preocupação com arrecadação local pelo Centro do Exército com o plano estratégico que traça. Ao defender a coordenação das medidas sociais e de recuperação, alerta que foram criados gabinetes de crise nos governos federal e estaduais mas a prioridade está no nível local: "... se apresenta como oportuna e muito urgente a ativação de uma estrutura de coordenação nacional de medidas sociais e de recuperação econômica, que tenha como foco a ação nos municípios."

[204] Nem mesmo nos Estados Unidos com seu dito federalismo competitivo, em que pesem os conhecidos conflitos federativos, o governo federal deixou de aumentar extraordinariamente o gasto público para transferir recursos aos governos subnacionais que também lá lideram a execução direta das ações de saúde sem um sistema nacional como o SUS.

[205] Dados constam do documento Covid-19 *and fiscal relations across levels of government* publicado em 21 de abril último (ver figuras 1 e 2) – consultas a partir de: https://bre.is/r6gRbh4K

é urgente que haja racionalidade técnica (para não falar em bom senso) para priorizar efetiva e concretamente os gastos com combate à Covid-19 e também para proteger as finanças estaduais e municipais.

Chama-se atenção que não se trata de a União oferecer um auxílio, a título de benesse, como mais uma transferência voluntária. É preciso restaurar o potencial arrecadatório estadual e municipal subtraído pela recessão sob risco de colapso em de serviços públicos essenciais que, na Federação brasileira, são atribuídos àqueles governos – como, por exemplo, educação básica obrigatória, administração prisional, segurança pública, gestão de resíduos sólidos, tratamento de água e esgoto, manutenção de vias públicas, guarda patrimonial e mobilidade urbana. A desordem social acarretaria uma desorganização ainda maior dos negócios, já abalado diretamente pela Covid-19, assim como a própria a União acabaria afetada também na sua capacidade de arrecadar impostos, quando não até mesmo para emitir títulos.

Até meados de maio, a execução orçamentária da União e o posicionamento de suas autoridades econômicas em relação ao socorro financeiro para Estados e Municípios constituem uma confissão da incapacidade ou desinteresse em exercer a atribuição constitucional de coordenar, planejar e financiar o SUS. É como se a União relutasse em assumir sua responsabilidade central diante da federação brasileira nas ações e serviços públicos de saúde necessárias ao enfrentamento da pandemia, bem como se recusasse ao amparo fiscal de última instância aos demais serviços públicos essenciais. Apostar na falência fática dos governos subnacionais e na descontinuidade dos serviços por eles prestados são iniciativas que têm o potencial de causar anomia e severa insegurança no tecido social e econômico, como bem já foi dito no plano estratégico do Exército.

Há uma janela a se fechar de poucos dias e semanas para se corrigir as omissões e insuficiências dessa errática descoordenação sanitária, fiscal e federativa no Brasil. Há que se corrigir a prioridade orçamentária e a gestão das ações nacionais de saúde e há que se assegurar o funcionamento mínimo de todos entes federados para evitar uma nova e anunciada tragédia que agrave a da Covid-19.

3. Hipóteses de responsabilização por omissão ou ação tardia e insuficiente

O decurso do tempo é variável que afeta a qualidade e a efetividade da resposta governamental para o enfrentamento da pandemia da Covid-19 e, a esse respeito, não faltam alertas amplamente noticiados na imprensa[206] de que demora e insuficiência aumentam os riscos sanitários e econômicos. Porém, o tempo transcorreu velozmente desde o reconhecimento da calamidade pelo Congresso e mesmo já respaldado a agir pelo Supremo Tribunal Federal (STF), enquanto o Poder Executivo federal ainda se esquivava em relação ao enfrentamento mais efetivo das consequências sociais e econômicas do isolamento horizontal recomendado sanitariamente,[207] sob pretextos questionáveis.

A premência de agir na saúde pública, bem como na proteção social e do emprego foi alvo, como já suscitado anteriormente, de detido estudo do Centro de Estudos Estratégicos do Exército (CEEEx), em esforço de planejamento dinâmico das ações necessárias, sobretudo, porque, segundo o próprio CEEEx, "a adoção precoce de estratégias de isolamento horizontal tem apresentado resultados parciais mais efetivos, no achatamento da curva"[208].

O próprio presidente do Banco Central abriu palestra repetindo tabela que compara – para os países do G-20 – a previsão de crescimento do PIB em 2020 antes e depois da Covid-19, sendo o Brasil o mais impactado do bloco, com variação negativa de 7,9 pontos do produto interno, pouco à

---

[206] Um exemplo é a reportagem da BBC de 2/4/2020, "Governo acerta na direção, mas atraso nas medidas contra coronavírus aumenta riscos, dizem economistas" – ver https://bbc.in/30Cgrti

[207] Dentre inúmeras reportagens na mídia, é possível sintetizar nesta, sob título "Demora nas medidas fará PIB recuar mais", Estado de S. Paulo, edição de 5/4/2020 (disponível em https://bit.ly/3hvkkqb), que comenta: "Levantamento feito pelo Estado mostra que, de 39 medicas econômicas divulgadas até agora, apenas um terço já saiu do papel. A maior parte delas (36%) está atrasada e 31%, em andamento. Na última semana, por exemplo, diante de um impasse jurídico, o presidente Bolsonaro demorou 48 horas para sancionar o auxílio emergencial para trabalhadores informais. Agora, ainda há entraves para fazer com que esse dinheiro chegue a grande parte da população. Na área monetária, também há dificuldades para que o crédito alcance os empresários."

[208] Como se pode ler em https://bit.ly/2XXzLiY (p. 17)

frente da Alemanha e da Itália.[209] Se já é sabido que esse impacto poderá ser pior que na dos demais grandes países, surpreende e impressiona que diferentes levantamentos internacionais que apuram e relacionam as medidas fiscais, financeiras e econômicas já tomadas pelos diferentes governos sequer chegam a citar as do brasileiro.[210]

Voltando à questão mais emergencial de todas, a da saúde pública. Chamou a atenção que inicialmente não houve repasse de recursos novos para o Ministério da Saúde após quase dois meses desde a promulgação da Lei nº 13.979/2020. Isso porque o primeiro crédito extraordinário, aberto por meio da Medida Provisória nº 924, de 13 de março de 2020, apenas fez remanejamento de fontes de custeio dentro das dotações já disponíveis na pasta, subtraindo recursos do custeio da atenção básica de saúde e da assistência hospitalar e ambulatorial, para remanejar ao enfrentamento da pandemia, conforme atesta o quadro a seguir:

---

[209] Palestra de Roberto Campos Neto, sob título "Atualização do Cenário Macroeconômico", em 4/4/2020. A fonte da citada comparação internacional é *The Economist Intelligence Unit*, em 28/3/2020.

[210] É possível consultar diversos instrumentos de acompanhamento das políticas de resposta à crise adotadas por governos ao redor do mundo, atualizados periodicamente, tais como: para política econômica, ver *"Policy Responses to Covid-19"* do FMI (disponível em https://bit.ly/2MUQtcp); para medidas tributárias, *"Tracking Economic Relief Plans"* da Tax Foundation (disponível em https://bit.ly/2zqLlto); para ações proteção social, *"Social Protection Monitor on Covid-19"* da OIT (como se pode ler em https://bit.ly/3fl7yZa); especificamente para medidas de confinamento, saúde e fiscal, *"Country Policy Tracker"* da OCDE (disponível em https://bit.ly/2B6eYRa).

Quadro 9 – Demonstrativo da Movimentação Orçamentária do Ministério da Saúde em 2020 com a criação da ação para enfrentamento do Coronavírus

Detalhamento Orçamentário	Dotação Inicial	Dotação Autorizada	Créditos Extraordinários	Cancelamentos e/ou Remanejamentos
Ações e Serviços Públicos de Saúde - Total Geral	125.136.864.837,00	125.136.864.837,00	4.838.795.979,00	-4.838.795.979,00
Subfunção 122 - Administração Geral	7.438.279.946,00	12.277.075.925,00	4.838.795.979,00	
21C0 - ENFRENTAMENTO DA EMERGENCIA DE SAUDE PUBLICA DE IMPORTANCIA	0,00	4.838.795.979,00	4.838.795.979,00	
Subfunção 301 - Atenção Básica	29.718.301.017,00	26.553.351.778,00		-3.164.949.239,00
2E89 - INCREMENTO TEMPORÁRIO AO CUSTEIO DOS SERVIÇOS DE ATENÇÃO BÁSICA EM SAÚDE PARA CUMPRIMENTO DE METAS	5.920.000.608,00	2.755.051.369,00		-3.164.949.239,00
Subfunção 302 - Assistência Hospitalar e Ambulatorial	59.129.055.016,00	57.455.208.276,00		-1.673.846.740,00
2E90 - INCREMENTO TEMPORÁRIO AO CUSTEIO DOS SERVIÇOS DE ASSISTÊNCIA HOSPITALAR E AMBULATORIAL PARA CUMPRIMENTO DE METAS	4.654.973.130,00	2.981.126.390,00		-1.673.846.740,00

Fonte: Funcia, Benevides e Ocke-Reis, adaptado de Siga Brasil Relatórios (2020)[211].

É fato que outros créditos extraordinários foram abertos posteriormente e alcançaram a casa de R$ 38,968 bilhões. Porém, nota-se que, mesmo em meio à maior crise sanitária das últimas décadas e com meses de atraso, o governo federal apenas pagou efetivamente, em 12 de junho de 2020, cerca de R$ 11,2 bilhões na ação 21C0, ou seja, na forma de recursos adicionais ao custeio do Sistema Único de Saúde (aproximadamente 9% da dotação federal para a pasta) [212].

Em meio a calamidade, ainda foi realizada despesa indevida com a campanha publicitária "O Brasil não pode parar" em rota finalisticamente contrária às orientações da Organização Mundial de Saúde e do próprio Ministério da Saúde. O Ministro Roberto Barroso, em cautelar concedida na Arguição de Descumprimento de Preceito Fundamental 669, obstou aludida "campanha apta a gerar grave risco à vida e à saúde dos cidadãos".

---

[211] Elaboração: FUNCIA, Francisco R.; BENEVIDE, Rodrigo; OCKE-REIS, Carlos. Fonte: Adaptado de Siga Brasil Relatórios. Consulta do Universo LOA2020 – Despesa Execução. Disponível em: https://bit.ly/2YoBYTq Acesso 23 de mar. 2020 às 01h42.

[212] Até o Fundo Monetário Internacional recomendou aos países a adoção de medidas fiscais vigorosas para enfrentar efeitos econômicos e sociais da pandemia do Covid-19 – ver documento em: https://bre.is/Uw6pDcK8

Ele alertou que, no lugar da mera controvérsia política, impõe-se o rigor técnico e a ação urgente:

> É igualmente importante ter em conta que não se trata aqui de uma decisão política do Presidente da República acerca de como conduzir o país durante a pandemia. Haveria uma decisão política, no caso em exame, se a autoridade eleita estivesse diante de duas ou mais medidas aptas a produzir o mesmo resultado: o bem estar da população, e optasse legitimamente por uma delas. Não é o caso. A supressão das medidas de distanciamento social, como informa a ciência, não produzirá resultado favorável à proteção da vida e da saúde da população. Não se trata de questão ideológica. Trata-se de questão técnica. E o Supremo Tribunal Federal tem o dever constitucional de tutelar os direitos fundamentais à vida, à saúde e à informação de todos os brasileiros.

Esse contexto até poderia levantar um debate sobre a responsabilidade pessoal e institucional de uma eventual ação temporalmente tardia, tecnicamente errática e fiscalmente insuficiente. Ações de responsabilização acerca da eventual omissão desarrazoada já chegaram a ser avaliadas[213]. Em especial, merece registro, desde já, o Inquérito Civil Público nº 1.16.000.001338/2020-15, aberto pelo Ministério Público Federal (cópia constante do anexo), a partir de representação dos dois primeiros coautores deste artigo.

Em um mero exercício teórico-normativo, é cabível o levantamento abstrato das seguintes hipóteses, entre outras:

(i) responsabilidade civil objetiva do Estado por quaisquer danos (patrimoniais ou morais/ individuais ou coletivos) que os agentes públicos causarem a terceiros, assegurado o direito de regresso

---

[213] Dentre outros alertas, é possível citar o aviso contundente do Ministro Bruno Dantas, do Tribunal de Contas da União, em sua conta pessoal no Twitter (ver em https://bre.is/q9mBEC4r): "usar a "regra de ouro" – escrita na Constituição para tempos de normalidade – como pretexto para atrasar a destinação emergencial de renda mínima já aprovada pelo Congresso de R$ 600,00 a idosos, pessoas com deficiência e trabalhadores informais não é simples omissão. É ação. E grave."

contra o responsável nos casos de dolo ou culpa, na forma do art. 37, §6º da CF;
(ii) crime de responsabilidade, a que se refere o art. 85 da CF, na forma do art. 7º, item 9; art. 8º, itens 7 e 8; e do art. 9º, itens 1 e 3, da Lei nº 1.079, de 10 de abril de 1950[214];
(iii) mandado de injunção para suprir a omissão de norma regulamentadora essencial ao exercício de prerrogativas inerentes à cidadania, na forma do art. 5º, LXXI da CF, por afronta aos arts. 196 e 203, também da Constituição;
(iv) ação direta de inconstitucionalidade por omissão e arguição de descumprimento de preceito fundamental, na forma do art. 103, §2º da Constituição, bem como em consonância com as Leis nº 9.882, de 3 de dezembro de 1999, e nº 12.063, de 27 de outubro de 2009, por afronta aos arts. 196 e 203 da CF; e
(v) improbidade administrativa por lesão a princípios em face do retardamento ou omissão indevida na prática de ato de ofício, na forma do art. 11, II da Lei nº 8.429, de 2 de junho de 1992; e, por fim, mas não menos importante.

Em todas essas hipóteses, caberia invocar que sobrelevam os deveres estatais de custódia e de zelo pela integridade física e pelo bem-estar de todos os brasileiros. Eventual ação tardia e insuficiente de autoridades públicas negará cumprimento a tais deveres e poderia vir a ensejar hipó-

---

[214] Conforme inteiro teor transcrito a seguir: "Art. 7º São crimes de responsabilidade contra o livre exercício dos direitos políticos, individuais e sociais:
[...] 9 – violar patentemente qualquer direito ou garantia individual constante do art. 141 e bem assim os direitos sociais assegurados no artigo 157 da Constituição;
Art. 8º São crimes contra a segurança interna do país:
[...] 7 – permitir, de forma expressa ou tácita, a infração de lei federal de ordem pública;
8 – deixar de tomar, nos prazos fixados, as providências determinadas por lei ou tratado federal e necessário a sua execução e cumprimento.
Art. 9º São crimes de responsabilidade contra a probidade na administração:
1 – omitir ou retardar dolosamente a publicação das leis e resoluções do Poder Legislativo ou dos atos do Poder Executivo;
[...] 3 – não tornar efetiva a responsabilidade dos seus subordinados, quando manifesta em delitos funcionais ou na prática de atos contrários à Constituição;"

teses fáticas que reclamam pronta contenção por parte dos órgãos de controle.

Negar a gravidade dos fatos, frustrar a necessária cooperação federativa, assumir os riscos de centenas de milhares de mortes, dar causa ao agravamento da iminente depressão econômica, aplicar recursos aquém do necessário no Sistema Único de Saúde e desamparar socialmente os cidadãos mais vulneráveis não são escolhas discricionárias à disposição das autoridades. Podem ser considerados atos e omissões puníveis individual e institucionalmente, na forma da lei e do devido processo em cada circunstância concreta.

Como bem já disseram reconheceram parlamentares no debate que antecedeu a aprovação da emenda constitucional para o chamado "orçamento de guerra", assim como Ministros da Suprema Corte e do Tribunal de Contas da União também já se pronunciaram, a sociedade brasileira não vive momentos de normalidade para que despesas essenciais sejam impunemente adiadas ou executadas aquém do necessário.

Ninguém quer diante de uma calamidade pandêmica que haja omissão ou atuação tardia e insuficiente, inclusive sob risco de um genocídio, em termos sanitário, social e econômico.

Referências

AFONSO, José Roberto. CASTRO, Kleber. Saúde pública tem remédio? *Revista Conjuntura Econômica*, Rio de Janeiro, v. 72, n. 4, p. 34-36, 2018.

FERNANDES, G. A. A. L; PEREIRA, B. L. S. *Os desafios do financiamento da ação de enfrentamento ao COVID-19 no SUS dentro do pacto federativo*. Mimeo.2020

PINTO, Élida Graziane; AFONSO, José Roberto; RIBEIRO, Leonardo. Calamidade, regras fiscais e responsabilização [online]. *Consultor Jurídico*, [S.l], abr. 2020. Disponível em: https://www.conjur.com.br/2020-abr-06/opiniao-calamidade-regras-fiscais-responsabilizacao-parte-ii. Acesso em 15 de jun. de 2020.

ANEXO C
ICP nº 1.16.000.001338/2020-15

Inquérito Civil Público do Ministério Público Federal para apurar suposta irregularidade na execução orçamentária do Ministério da Saúde na Ação 21C0

PR-DF-00044477/2020

MINISTÉRIO PÚBLICO FEDERAL
PROCURADORIA DA REPÚBLICA NO DISTRITO FEDERAL
4º Ofício de Atos Administrativos, Consumidor e Ordem Econômica

NF n. 1.16.000.001338/2020-15

Assunto: instaurar IC

Despacho n. 16.454/2020

Trata-se de Notícia de Fato autuada a partir de representação encaminhada por Élida Graziane Pinto, procuradora do Ministério Público de Contas do Estado de São Paulo, e José Roberto Afonso, economista, com o fim de apurar suposta irregularidade em relação à execução orçamentária do Ministério da Saúde (Ação 21C0 – Enfrentamento da Emergência de Saúde Pública de Importância Internacional Decorrente do Coronavírus), assim como ao repasse de verbas aos Estados e Municípios, ambas situações afetas ao enfrentamento da pandemia causada pelo Covid-19.

A representação foi estruturada a partir de artigo jornalístico de autoria dos representantes, que foi fundamentada com dados extraídos, principalmente, do site oficial que apresenta o "Monitoramento dos Gastos da União com o Combate ao COVID-19" (disponível em https://www.tesourotransparente.gov.br/visualizacao/painel-de-monitoramento-dos-gastos-com-covid-19), bem como de painel demonstrativo da execução orçamentária relacionada às ações de combate ao vírus (disponível em https://painelms.saude.gov.br/extensions/TEMP_COVID19/TEMP_COVID19.html).

O feito foi distribuído ao 1º Ofício de Cidadania, Seguridade e Educação desta Procuradoria da República no Distrito Federal (PR/DF) e, nos termos do item 1 da Ata de Deliberação n. 1/2020 do Grupo de Apoio Instituído pela Portaria PR/DF n. 99, de 16 de abril de 2020, movimentado, para auxílio, a este 4º Ofício de Atos Administrativos, Consumidor e Ordem Econômica.

| | PR/DF | SGAS 604, Lote 23, Av. L2 Sul, Brasília/DF CEP:70200-640 | Tel. (61) 3313-5252 Email: prdf-gab13@mpf.mp.br |

MINISTÉRIO PÚBLICO FEDERAL
PROCURADORIA DA REPÚBLICA NO DISTRITO FEDERAL
4° Ofício de Atos Administrativos, Consumidor e Ordem Econômica

PR-DF-00044477/2020

A representação evidencia, em síntese, possível ineficiência da União em relação ao enfrentamento dos desdobramentos do Covid-19 na área da saúde, ao menos sobre três vertentes: (i) pouca utilização dos recursos previstos para despesas da Ação 21C0 do FNS, especialmente no que tange à subfunção de aplicação direta pelo Ministério da Saúde; (ii) demora na liberação de recursos dessa rubrica aos demais entes federativos; (iii) pequena participação da União no custeio da saúde, em relação ao custeio total pelos entes federativos. Sobre os itens (i) e (ii), cumpre destacar, após verificação dos dados atualizados em 27/05/2020:

(i) Aplicação direta de recursos pelo Ministério da Saúde: a dotação orçamentária prevista para a ação 21CO - Enfrentamento da Emergência de Saúde Pública de Importância Internacional Decorrente do Coronavírus, para execução direta pelo Ministério da Saúde, é de R$ 11,74 bilhões. No entanto, chama atenção o fato de que, desse montante, apenas R$ 2,59 bilhões foram empenhados e, mais impactante ainda, somente R$ 804,68 milhões foram pagos até o momento, **ou seja, apenas aproximadamente 6,8% dos recursos disponíveis foram gastos**. Há, assim, R$ 8,5 bilhões em créditos disponíveis não utilizados pelo Ministério da Saúde. Nesse sentido, o gráfico abaixo[1]:

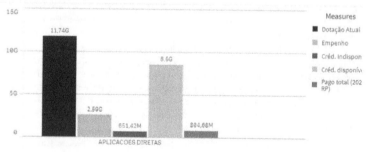

(ii) Transferências pelo governo federal a Estados e Municípios: para Municípios,

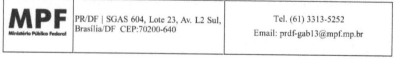

Página 2 de 7

PR-DF-00044477/2020

MINISTÉRIO PÚBLICO FEDERAL
PROCURADORIA DA REPÚBLICA NO DISTRITO FEDERAL
4º Ofício de Atos Administrativos, Consumidor e Ordem Econômica

são previstos R$ 13,86 bilhões, dos quais R$ 4,35 bilhões foram empenhados e R$ 4,45 bilhões foram gastos. Para Estados, a previsão orçamentária é de R$ 8,21 bilhões, dos quais R$ 3,31 bilhões foram empenhados e R$ 3,2 bilhões foram pagos, conforme mostram os gráficos abaixo:

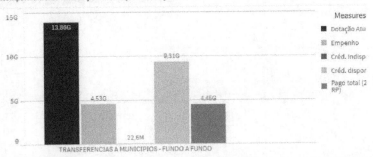

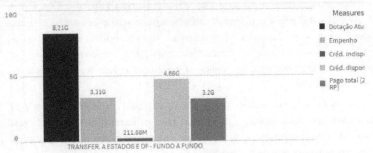

Ainda no que se refere às transferências para Estados e Municípios, verifica-se do gráfico abaixo que a maior parcela dos recursos foi transferida até o dia 13 de abril do corrente ano. Após tal data, entretanto, houve uma diminuição drástica nos repasses, situação

PR/DF | SGAS 604, Lote 23, Av. L2 Sul, Brasília/DF CEP:70200-640	Tel. (61) 3313-5252 Email: prdf-gab13@mpf.mp.br

PR-DF-00044477/2020

MINISTÉRIO PÚBLICO FEDERAL
PROCURADORIA DA REPÚBLICA NO DISTRITO FEDERAL
4° Ofício de Atos Administrativos, Consumidor e Ordem Econômica

essa que não encontra explicação aparente:

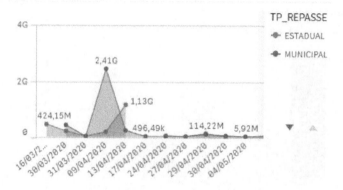

      Deve-se acrescentar que o Ministério da Saúde elaborou, desde fevereiro de 2020, o Plano de Contingência Nacional para Infecção Humana pelo novo Coronavírus COVID-19[2], o qual já previa uma série de medidas, ações e aquisições a serem efetuadas pelo Poder Público. Assim, necessário também verificar se há dissonância entre o Plano de Contingência aprovado e a execução orçamentária da ação 21CO, considerando-se que já se tinha conhecimento sobre boa parte das medidas cuja execução se fazia necessária desde, ao menos, fevereiro de 2020.

      Ademais, é fato notório que o número de casos confirmados de Covid-19 continua em ascensão, destacando-se o Brasil em relação aos demais países do mundo pelo alto número de casos por habitante, de forma que se esperaria a utilização dos recursos disponíveis para seu enfrentamento de imediato.

      Diante do quadro apresentado, mostra-se oportuna a realização de diligências com o fim de melhor instrumentalizar o presente expediente, especialmente no sentido de averiguar as razões pelas quais a União não vem se utilizando, até o momento, das verbas

PR/DF	SGAS 604, Lote 23, Av. L2 Sul, Brasília/DF CEP:70200-640	Tel. (61) 3313-5252 Email: prdf-gab13@mpf.mp.br

MINISTÉRIO PÚBLICO FEDERAL
PROCURADORIA DA REPÚBLICA NO DISTRITO FEDERAL
4º Ofício de Atos Administrativos, Consumidor e Ordem Econômica

orçamentárias disponibilizadas para o enfrentamento da pandemia, assim como por que motivo os repasses a Estados e Municípios têm aparentemente sofrido retenção.

Por fim, em relação ao item (iii), relativo à participação da União no custeio à saúde frente aos demais entes federativos, cumpre obter informações específicas das entidades envolvidas na execução orçamentária e de entidades de supervisão dos gastos públicos, a fim de angariar elementos de informação que permitam avaliar de forma mais precisa o alegado subfinanciamento, por parte da União, das medidas necessárias ao enfrentamento da pandemia.

Ante o exposto, determino:

(1) a instauração de Inquérito Civil Público, mediante Portaria própria;

(2) a expedição de ofício, com cópia integral dos autos, ao **Ministério da Saúde**, para que, no prazo máximo de 10 (dez) dias, manifeste-se sobre a representação, bem como para que esclareça:

2.1) em relação à aplicação direta de recursos pelo Ministério da Saúde:

a) quais as justificativas para a utilização de apenas R$ 804,68 milhões, de um total de R$ 11,74 bilhões destinados à aplicação direta pela União, por meio da ação 21C0;

b) diante do Plano de Contingência Nacional, de fevereiro de 2020, qual a previsão e o cronograma de gastos para sua implementação integral;

c) qual o planejamento e cronograma para a utilização dos cerca de R$ 8,5 bilhões da ação 21C0, indicando de forma detalhada as despesas a serem efetuadas a partir de tal rubrica;

d) a qual(is) autoridade(s) compete, no âmbito do Ministério da Saúde, deliberar sobre a utilização dos recursos de aplicação direta da ação 21C0;

2.2) em relação às transferências fundo a fundo para Estados e Municípios:

a) qual a justificativa para a drástica diminuição de transferências após o dia 13 de abril de 2020;

PR/DF | SGAS 604, Lote 23, Av. L2 Sul,
Brasília/DF CEP:70200-640

Tel. (61) 3313-5252
Email: prdf-gab13@mpf.mp.br

MINISTÉRIO PÚBLICO FEDERAL
PROCURADORIA DA REPÚBLICA NO DISTRITO FEDERAL
4º Ofício de Atos Administrativos, Consumidor e Ordem Econômica

b) quais os parâmetros utilizados para se definir o montante a ser transferido a cada Estado e Município, assim como quais as condicionantes utilizadas para deliberação sobre a transferência;

c) se há o condicionamento da transferência à implementação ou abrandamento de medidas de distanciamento/isolamento social por Estados e Municípios;

d) qual o planejamento e cronograma para o repasse dos cerca de R$ 9,5 bilhões disponíveis da ação 21C0 para os Estados, indicando de forma detalhada as despesas a serem efetuadas a partir de tal rubrica;

e) qual o planejamento e cronograma para o repasse dos cerca de R$ 5 bilhões disponíveis da ação 21C0 para os Municípios, indicando de forma detalhada as despesas a serem efetuadas a partir de tal rubrica;

f) a qual(is) autoridade(s) compete, no âmbito do Ministério da Saúde, deliberar sobre a efetivação das transferências fundo a fundo da ação 21C0;

(3) a expedição de ofício, com cópia integral dos autos, solicitando as informações abaixo no prazo máximo de 10 (dez) dias, aos seguintes órgãos ou autoridades: Presidente do Conselho Nacional de Saúde; representantes do Conass e do Conasems no Conselho Nacional de Saúde; Conselho Nacional dos Secretários da Fazenda e do DF (COMSEFAZ); Frente Nacional de Prefeitos; Confederação Nacional de Municípios e Instituição Fiscal Independente (do Senado Federal):

a) se há estudos, notas técnicas ou diagnósticos, por meio de análise de projeção dos casos concretos, ou a partir dos planos de contingência estaduais e municipais, acerca das necessidades atuais e futuras dos entes federativos, quanto a insumos, materiais e recursos humanos, para o devido enfrentamento, no âmbito da saúde, ao Covid-19, assim como se tais necessidades foram levadas ao conhecimento do Ministério da Saúde ou da Comissão Intergestores Tripartite, por meio do planejamento ascendente previsto na Lei 8.080/90;

b) se há informações sobre eventual represamento, por parte da União, da transferência de recursos da ação 21C0 aos fundos estaduais e municipais de saúde;

| PR/DF | SGAS 604, Lote 23, Av. L2 Sul, Brasília/DF CEP:70200-640 | Tel. (61) 3313-5252
Email: prdf-gab13@mpf.mp.br |

MINISTÉRIO PÚBLICO FEDERAL
PROCURADORIA DA REPÚBLICA NO DISTRITO FEDERAL
4º Ofício de Atos Administrativos, Consumidor e Ordem Econômica

c) se há informações sobre eventual condicionamento das transferências fundo a fundo à adoção de medidas específicas de implementação ou abrandamento do distanciamento/isolamento social por Estados e Municípios, ou outras condicionantes não previstas em lei.

Brasília/DF, 1º de junho de 2020.

| Anna Paula Coutinho de Barcelos Moreira | Caio Vaez Dias |
| Procuradora da República | Procurador da República |

| Felipe Fritz Braga | Mario Alves Medeiros |
| Procurador da República | Procurador da República |

| Melina Castro Montoya Flores | Paulo Roberto Galvão de Carvalho |
| Procuradora da República | Procurador da República |

Notas

1. Todos os gráficos foram extraídos do Painel do Ministério da Saúde, disponível em: https://painelms.saude.gov.br/extensions/TEMP_COVID19/TEMP_COVID19.html, acesso em 27/05/2020.

2. https://portalarquivos2.saude.gov.br/images/pdf/2020/fevereiro/13/plano-contingencia-coronavirus-COVID19.pdf

 PR/DF | SGAS 604, Lote 23, Av. L2 Sul, Brasília/DF CEP:70200-640 | Tel. (61) 3313-5252
Email: prdf-gab13@mpf.mp.br

MINISTÉRIO PÚBLICO FEDERAL

Assinatura/Certificação do documento PR-DF-00044477/2020 DESPACHO nº 16454-2020

Signatário(a): **PAULO ROBERTO GALVAO DE CARVALHO**
Data e Hora: **01/06/2020 12:08:03**
Assinado com login e senha

Signatário(a): **CAIO VAEZ DIAS**
Data e Hora: **01/06/2020 11:12:35**
Assinado com login e senha

Signatário(a): **MELINA CASTRO MONTOYA FLORES**
Data e Hora: **01/06/2020 11:14:54**
Assinado com login e senha

Signatário(a): **FELIPE FRITZ BRAGA**
Data e Hora: **01/06/2020 14:12:55**
Assinado com certificado digital

Signatário(a): **MARIO ALVES MEDEIROS**
Data e Hora: **01/06/2020 12:11:02**
Assinado com login e senha

Signatário(a): **ANNA PAULA COUTINHO DE BARCELOS MOREIRA**
Data e Hora: **01/06/2020 14:15:49**
Assinado com certificado digital

Acesse http://www.transparencia.mpf.mp.br/validacaodocumento. Chave EB339677.9B4C2CBC.B3F38D8B.D67C53DD

Referência

MINISTÉRIO PÚBLICO FEDERAL. *Inquérito Civil Público n° 1.16.000.001338/ 2020-15* [online]. 2020. Disponível em https://bit.ly/2XYCSY8. Acesso em 12 de jun. de 2020.

13. Desvendamento do "Estado de Coisas Inconstitucional" no Custeio do SUS em meio à Pandemia da COVID-19

ÉLIDA GRAZIANE PINTO

Introdução

Este capítulo investiga a trajetória de implementação do Sistema Único de Saúde (SUS) no Brasil, a partir de 1988, pelo prisma da instabilidade de custeio promovida pela União causada por sucessivos redesenhos normativos e restrições interpretativas das regras constitucionais de financiamento no setor.

A hipótese que se busca confirmar é a da existência de um "estado de coisas inconstitucional"[215], nos moldes da Arguição de Descumprimento de Preceito Fundamental 347, na política pública de saúde brasileira, haja vista a mitigação de suas garantias de financiamento e, por conseguinte, de rateio equilibrado das responsabilidades federativas.

Tal cenário de grave comprometimento constitucional da capacidade operacional do SUS por insuficiente e inconstante regime jurídico de custeio federal foi ampla e dramaticamente desvendado em meio à pandemia do novo coronavírus (Covid-19).

O estado de emergência de saúde pública de importância internacional foi reconhecido como calamidade pública na Lei 13.979, de 6 de fevereiro de 2020, mas a resposta sanitária brasileira no âmbito do SUS se ressente da falta de coordenação nacional sustentada.

---

[215] Como suscitado em PINTO, Élida Graziane. **Estado de Coisas Inconstitucional na política pública de saúde brasileira** [online]. Rio de Janeiro: CEE-Fiocruz; 2017. Disponível em: http://www.cee.fiocruz.br/sites/default/files/Artigo_Elida_Graziane.pdf. Acesso em 10 de jun. 2020.

Mais uma vez e mesmo em meio à maior crise sanitária das últimas décadas, a sociedade brasileira se vê refém da repetição de uma persistente tensão orçamentário-financeira entre a União, de um lado, e os Estados e Municípios, de outro. Isso ocorre porque o federalismo sanitário tem sido historicamente competitivo, ao invés de cooperativo no país, sobretudo, por força da fragilidade das suas regras de rateio.

Em face desse contexto, cabe indagar acerca do alcance do princípio da vedação de retrocesso e do princípio da vedação de proteção insuficiente diante de alterações constitucionais que afetaram, por via oblíqua, o direito fundamental à saúde, mediante imposição de restrição orçamentária para sua fruição.

É preciso avaliar se o núcleo pétreo da Constituição de 1988 (art. 60, §4º, IV) pode conviver com redesenhos normativos (a exemplo dos arts. 2º e 3º da Emenda 86/2015 e do art. 110 do ADCT, ali inserido pela Emenda 95/2016), que afetaram a garantia fundamental de financiamento suficiente e progressivo, sobretudo, impondo restrições fiscais que constrangeram o piso federal em saúde, a que se refere o art. 198 da CF.

Ressalta-se que, atualmente, a população brasileira convive com o risco potencial de colapso do SUS, em decorrência do agravamento do estrutural subfinanciamento e diante da sobrecarga de demandas trazidas pela pandemia da Covid-19.

O acirramento das disputas federativas e o franco diagnóstico acerca da insuficiência de custeio do SUS – em plena calamidade sanitária – são as razões que justificam a pretensão deste ensaio de explorar a trajetória de alterações normativas que, em tese, conferiram à União um falseado e formal lastro jurídico para historicamente reduzir o seu dever de gasto mínimo em ações e serviços públicos de saúde (ASPS) desde 1988.

A conclusão preliminar verificada é a de que há descumprimentos e falseamentos cumulativos em uma espécie de guerra fiscal de despesas[216]

---

[216] PINTO, Élida Graziane. **Financiamento de direitos fundamentais e federalismo: um estudo comparativo sobre a progressividade constitucionalmente conquistada na educação e a guerra fiscal de despesa na saúde do pós-EC 29/2000**. Tese de Pós-Doutorado apresentada à Escola Brasileira de Administração Pública e de Empresas (EBAPE) da Fundação Getúlio Vargas. Rio de Janeiro, 2010.

na pactuação federativa do Sistema Único de Saúde, provocada, sobretudo, pelo Governo Federal. A despeito de estar – em tese – amparada em emendas constitucionais que revisitaram o regime jurídico acerca do seu dever de financiamento no setor, a União, há mais de três décadas, tem dado causa a um "Estado de Coisas Inconstitucional" na política pública de saúde brasileira.

A conjugação entre instabilidade jurídica e regressividade fiscal afronta os princípios da vedação de retrocesso e da vedação de proteção insuficiente, haja vista o descumprimento dos imperativos de tutela[217] que amparam e garantem a eficácia dos direitos fundamentais (no que se inclui obviamente o direito à saúde).

Eis o contexto em que se justifica o esforço de correlacionar a regressividade[218] proporcional da participação do gasto federal no conjunto de recursos públicos aplicados em ASPS, de um lado, com o caráter opaco das sucessivas regras discriminatórias em favor da União ao longo de três emendas constitucionais, de outro. Aludida confluência implica – conforme a hipótese ora defendida – lesão frontal às cláusulas pétreas não só do direito fundamental à saúde e da garantia do seu financiamento mínimo, como também do pacto federativo que pressupõe cooperação e solidariedade entre os entes na consecução dos objetivos fundamentais da República brasileira.

---

[217] Segundo Sarlet, os direitos fundamentais são amparados por "deveres de proteção estatais", que operam como verdadeiros "imperativos de tutela", em consonância com o dever geral de efetivação atribuído ao Estado. Daí é que "é possível se extrair consequências para a aplicação e interpretação das normas procedimentais, mas também para uma formatação do direito organizacional e procedimental que auxilie na efetivação da proteção aos direitos fundamentais, de modo a se evitarem os riscos de uma redução do significado do conteúdo material deles". Ou seja, o reconhecimento de direitos subjetivos fundamentais em favor dos cidadãos implica também o direito à sua "proteção mediante a organização e o procedimento", a fim de lhes assegurar objetiva consecução por parte do Estado. SARLET, Ingo Wolfgang. **A eficácia dos direitos fundamentais:** uma teoria geral dos direitos fundamentais na perspectiva constitucional. 10. ed. Porto Alegre: Livraria do Advogado, 2009. p. 149-151. (grifo nosso).
[218] Como suscitado em PINTO, Élida Graziane. Descompasso federativo no financiamento da saúde pública brasileira. **Consultor Jurídico**, [S.l.], abr. 2015. Disponível em: http://www.conjur.com.br/2015-abr-04/elida-pinto-descompasso-federativo-financiamento-saude. Acesso em 12 de jun. 2020.

O eixo de análise em que se desenvolvem as três seções deste capítulo, excluída sua introdução e conclusão, é o da inconstitucionalidade de tal trajetória de retrocessos normativos e fiscais no dever de financiamento mínimo do SUS imposto à União pela Constituição Federal, desde a sua redação originária, há 32 anos.

A seção 1 cuida de abordar as particularidades de regime jurídico definidas exclusivamente em favor do governo federal nas Emendas Constitucionais nº 29, de 13 de setembro de 2000; nº 86, de 17 de março de 2015 e nº 95, de 15 de dezembro de 2016, para contrastá-las com a regra original de financiamento mínimo da saúde no âmbito do Orçamento da Seguridade Social.

Na seção 2, serão exploradas algumas severas fragilidades operacionais no financiamento da política pública de saúde que – lidas em conjunto – perfazem a noção de "Estado de Coisas Inconstitucional" no SUS. Em tempos de contracionismo orçamentário que põe em xeque a relação de proporcionalidade entre o quanto se arrecada e o quanto se deve destinar como aplicação mínima em ações e serviços públicos de saúde (ASPS), é preciso não só invocar a inconstitucionalidade[219] de quaisquer retrocessos de ordem fiscal, como também é importante fixar a irredutibilidade do rol de obrigações materiais que configuram normas de "maximização da eficácia"[220] do aludido direito.

---

[219] Como tem sido debatido nas ações diretas de inconstitucionalidade nº 5595 e 5658 que tramitam no Supremo Tribunal Federal.

[220] Segundo Ingo Sarlet (2009, p. 448, grifo nosso), "[...] a proibição de retrocesso, mesmo na acepção mais estrita aqui enfocada, também resulta diretamente do princípio da maximização da eficácia de (todas) as normas de direitos fundamentais. Por via de consequência, o artigo 5º, §1º da nossa Constituição, impõe a proteção efetiva dos direitos fundamentais não apenas contra a atuação do poder de reforma constitucional (em combinação com o artigo 60, que dispõe a respeito dos limites formais e materiais às emendas constitucionais), mas também contra o legislador ordinário e os demais órgãos estatais (já que medidas administrativas e decisões jurisdicionais também podem atentar contra a segurança jurídica e a proteção de confiança), que, portanto, além de estarem incumbidos de um dever permanente de desenvolvimento e concretização eficiente dos direitos fundamentais (inclusive e, no âmbito da temática versada, de modo particular os direitos sociais) não pode – em qualquer hipótese – suprimir pura e simplesmente ou restringir de modo a invadir o núcleo essencial do direito fundamental ou atentar, de outro modo, contra as exigências da proporcionalidade."

Na seção 3, por sua vez, será apresentada uma compreensão qualitativa do dever de gasto mínimo em ASPS em face do panorama conflituoso em que a política pública de saúde se insere no país. Para extrair consequências de tal leitura normativa é que se ampara e busca ser aderente à integridade do nosso ordenamento, em defesa de alguma proposta de controle possível.

Nas conclusões, por fim, será retomado o diagnóstico sistêmico sobre a necessidade de enfrentamento da guerra fiscal de despesas em que o SUS está envolto a partir do texto permanente da Constituição da República e não uma análise fragmentada, como tem sido falseado em soluções alegadamente excepcionais e provisórias no seu ADCT[221].

Diante dessa trajetória histórica, a pandemia da Covid-19 apenas acirra os conflitos federativos e demonstra a insuficiência orçamentário-financeira que precariza a capacidade operacional de funcionamento do SUS. Dito de modo ainda mais direto, a calamidade pública decorrente da Covid-19 potencializa a exposição do problema, não é sua causa.

1. Da histórica fragilização da garantia constitucional de custeio suficiente para o SUS

Um traço pouco examinado no financiamento da política pública de saúde brasileira é a disparidade de regime jurídico entre os entes da federação. Desde a redação originária da Constituição de 1988, ocorreram três estruturais mudanças normativas quanto ao patamar federal de gasto mínimo em ações e serviços públicos de saúde.

O marco inicial – a partir de onde se desenrola a trajetória tendente à regressividade do dever federal de gasto mínimo em saúde – remonta ao art. 55 do Ato das Disposições Constitucionais Transitórias, que previa a alocação mínima de 30% (trinta por cento) do orçamento da seguridade social para o "setor de saúde".

---

[221] A síntese do nosso questionamento acerca das sucessivas fraudes fiscais ao texto permanente da Constituição por meio do ADCT pode ser lida em: Pinto, Élida Graziane. ADCT é o "retrato de Dorian Gray" da Constituição de 1988. **Consultor Jurídico**, 27/09/2016. Disponível em http://www.conjur.com.br/2016-set-27/adct-retrato-dorian-gray-constituicao-1988. Acesso em 12 de jun. 2020.

Tal proporção nunca foi cumprida de fato no ciclo orçamentário federal. À luz do art. 2º, II, da Lei 13.978, de 17 de janeiro de 2020, que estima a receita e fixa a despesa da União para o exercício financeiro corrente, **o comando do art. 55 do ADCT – se estivesse em vigor – praticamente dobraria o patamar mínimo de gastos da União em saúde (cerca de R$ 271,5 bilhões, ao invés de R$ 125,234 bilhões)**.

O texto originário da Constituição de 1988 buscou garantir sustentabilidade financeira às ações da seguridade social, por meio da fixação de justo equilíbrio entre a saúde e as demais áreas (previdência e assistência social) na divisão de seu orçamento na mesma proporção da população atendida.

Contudo, tal divisão equitativa nunca ocorreu, muito antes pelo contrário. Houve dois motivos para a fragilização estrutural do orçamento da seguridade social e, dentro dele, do dever de financiamento adequado da política pública de saúde pela União. São eles: a desvinculação parcial de receitas (DRU) e a segregação das contribuições patronais e laborais para custeio exclusivo da previdência social.

Desde 1994, e assim será até 2023, a União desvincula parcialmente fontes de receitas vinculadas à seguridade social para custear – direta ou indiretamente – despesas com seu regime próprio de previdência (arts. 40 e 42 da CF), que obviamente não estão inseridos na sistemática dos arts. 194 a 204 da Constituição de 1988.

A "perenização" da DRU se verifica com sua instituição por meio da Emenda Constitucional de Revisão n. 1, de 1º de março de 1994, e suas sucessivas prorrogações, por meio de sete emendas ao ADCT, para estender sua vigência até 31 de dezembro de 2023 (Emendas Constitucionais n. 10, de 4 de março de 1996; n. 17, de 22 de novembro de 1997; n. 27, de 31 de março de 2000; n. 42, de 19 de dezembro de 2003; n. 56, de 20 de dezembro de 2007, n. 68, de 21 de dezembro de 2011 e n. 93, de 8 de setembro de 2016).

Ao longo dos 29 anos de vigência da DRU, está mitigado o escopo da garantia de orçamento específico – com fonte de custeio própria – para a seguridade social, no que se incluem as contribuições sociais como espécie tributária autônoma e não suscetível de repartição federativa (art. 165, §5º, III, c/c art. 195, ambos da CR/1988). A perpetuação da DRU via ato das disposições constitucionais transitórias (ADCT) vulnera os arts.

167, IV, 195, 196 e 198 da CR/1988, ao fáticamente dar causa à insuficiência de recursos para o custeio constitucionalmente adequado dos direitos sociais (aqui, em especial, o direito à saúde) amparados por diversas formas de vinculação de receita e/ou despesa, em rota de lesão aos princípios da vedação de retrocesso e vedação de proteção insuficiente.

Quanto à segregação de receitas, em 15 de dezembro de 1998, a Emenda Constitucional n. 20, por meio da alteração do inciso XI do Art. 167, vinculou à previdência social parcela significativa das contribuições sociais (art. 195, inciso I, "a" e inciso II da CF), apartando saúde e assistência do alcance da sua destinação. A partir daí, foram segregadas fontes constitucionais específicas para a previdência social, donde foram excluídas saúde e assistência da cobertura sistêmica que as amparava no Orçamento da Seguridade Social. Daí, emergiu um indesejado desequilíbrio entre as três áreas por causa das fontes de receitas vinculadas, haja vista o caráter contratual-sinalagmático das contribuições previdenciárias, em detrimento da solidariedade no financiamento da seguridade social como um todo.

As fragilidades trazidas pela DRU e pela segregação de fontes de custeio da EC 20/1998, direta ou indiretamente, deram causa ao processo legislativo que culminou com a edição da Emenda n. 29, em 13 de setembro de 2000, para assegurar vinculação de gasto mínimo para a saúde pública brasileira. Como a EC 29 delegou à lei complementar a definição dos percentuais de aplicação mínima de recursos públicos em ASPS, consumou-se mora[222] legislativa de doze anos até a vinda da pertinente regulamentação, enquanto se obedecia ao regime transitório constante do art. 77 do ADCT.

Apenas com a Lei Complementar n. 141, de 16 de janeiro de 2012, definiu-se em norma permanente, suscetível de revisão quinquenal, o regime de gastos mínimos em ações e serviços públicos de saúde, muito embora, do ponto de vista de distribuição federativa do seu custeio, nada tenha sido alterado em relação ao citado dispositivo do ADCT. Ou seja, foram mantidos os patamares de 12% da receita de impostos e transferências para os Estados, 15% para os Municípios e o valor do ano ante-

---

[222] Como se lê em http://www.conjur.com.br/2010-out-13/dez-anos-emenda-29-repre sentam-omissao-estado-relacao-sus.

rior acrescido da variação nominal do produto interno bruto (PIB) para a União.

Houve fixação de critério distinto e específico para o nível central que não se aplicava aos entes subnacionais. Desde 2000 e, portanto, ao longo da vigência da EC n. 29, o piso federal em ASPS não guardou correlação com o comportamento da receita da União – essa progressiva ao longo dos anos –, daí é que decorreria grande parte do problema de subfinanciamento crônico[223] da saúde pública brasileira e da regressividade proporcional do gasto federal no setor. Como financiar um setor de custos crescentes com quase sempre os mesmos recursos?

Muito embora um novo piso mínimo federal tenha sido estabelecido com a promulgação da EC n. 86/2015, tal norma esvaziou, direta ou indiretamente, o escopo da iniciativa popular que lastreou o Movimento Saúde +10[224], que questionava o regressivo critério de gasto mínimo federal no setor (mera correção do gasto do ano anterior pela variação nominal do PIB). A diferença entre a Emenda Constitucional (15% da receita corrente líquida federal, piso esse a ser alcançado de forma escalonada ao longo dos próximos 5 anos) e o citado projeto de iniciativa popular (10% da receita corrente bruta da União) não reside apenas nos porcentuais e nas bases de cálculo do quanto a União deveria ser chamada a verter em favor das ações e serviços públicos de saúde.

O art. 2º da Emenda 86/2015 mitigou sua alegada progressividade na forma de um subpiso para 2016 inferior proporcionalmente ao nível de gasto realizado em 2015, como se depreende do seguinte excerto da

---

[223] Tal problema foi alvo do Inquérito Civil Público nº 1.34.001.003510/2014-07 instaurado pela Procuradoria Regional dos Direitos do Cidadão da PR-SP/MPF, conjuntamente com o Ministério Público de Contas do Estado de São Paulo, como se pode ler a partir do seguinte endereço http://www.prsp.mpf.mp.br/prdc/sala-de-imprensa/noticias_prdc/08-09--14-audiencia-publica-debate-subfinanciamento-e-baixa-qualidade-de-atendimento--no-sus. Para assistir aos vídeos da audiência, recomenda-se acessar os endereços http://www.tvmpf.mpf.mp.br/videos/672 e http://www.tvmpf.mpf.mp.br/videos/675.

[224] Como se pode ler nas notícias a seguir: http://www.ampasa.org.br/templates/_176/noticia_visualizar.jsp?idNoticia=14442&idUser=320413&idEmpresa=50 e http://www.ampasa.org.br/templates/_176/noticia_visualizar.jsp?idEmpresa=50&idNoticia=15107&idUser=320413.

tabela constante do relatório resumido de execução orçamentária da União, relativo ao 2º bimestre de 2020[225]:

Tabela 12 – Relatório resumido de execução orçamentária da União

Exercício de Inscrição em Restos a pagar	Mínimo para Aplicação com Saúde (n)
Empenhos de 2019	117.293.432
Empenhos de 2018	112.360.793
Empenhos de 2017	109.088.149
Empenhos de 2016	93.710.704
Empenhos de 2015	98.308.994

Fonte: Adaptado do Tesouro Nacional (2020).

Além dessa redução na equação de financiamento, o arranjo promoveu estagnação do avanço do Sistema Único de Saúde (SUS) no Brasil. O art. 3º da EC 86/2015 determinava que até mesmo os recursos oriundos da exploração do petróleo e gás natural seriam contabilizados como gasto mínimo da União, ao invés de operarem como acréscimos a ele, em dissonância com a Lei 12.858, de 9 de setembro de 2013. Tal perda de fonte adicional de custeio somente tem sido contida por força da cautelar concedida nos autos da ADI 5595 pelo Ministro Ricardo Lewandowski.

Houve quem sustentasse ocorrer na EC 86/2015 a própria "constitucionalização do subfinanciamento"[226] federal no setor, uma vez que é contábil e orçamentariamente possível quantificar perdas, ademais de imprimir um ritmo menor aos avanços na conquista de novas fontes de recursos federais para o SUS, tal como implicado pela troca de critérios ora levada a efeito. Essa, aliás, é a razão de ser da ADI 5.595.

---

[225] Disponível em https://sisweb.tesouro.gov.br/apex/f?p=2501:9::::9:P9_ID_PUBLICACAO:32986. Acesso em 13 de jun. 2020.
[226] Como suscitado por Grazielle Custódio David em http://cebes.org.br/2015/02/a-constitucionalizacao-do-subfinanciamento-do-sus/. Acesso em 13 de jun. 2020.

O regime trazido pela EC 86/2015 deveria ser lido no ordenamento constitucional como piso que admite absorção de novos acréscimos, mas não como teto[227] do gasto federal em saúde, tal como vinha ocorrendo com a regra fixada a partir da EC 29/2000.

Vale lembrar, a esse respeito, que o governo federal raramente gastava acima do piso em saúde, para não majorá-lo no ano seguinte[228], a despeito de haver dotação autorizada nas leis orçamentárias da União. O próprio Tribunal de Contas da União já havia apontado tal distorção nos autos do TC 032.624/2013-1 (R$20,4 bilhões não gastos de 2008 a 2013, muito embora previstos). A história revela, pois, uma trajetória de vulnerabilidade fiscal do direito à saúde durante o próprio processo de aprovação da EC 29/2000, durante a vigência atribulada da contribuição provisória sobre movimentação financeira (CPMF) e mesmo ao longo da consolidação do SUS no pós-1988.

Daí é que se a perspectiva errática e tendente à regressividade proporcional do piso federal de custeio em saúde. Isso porque, durante o longo intervalo de quase 15 (quinze) anos entre a Emenda nº 29, de 13 de setembro de 2000, e a Emenda nº 86, de 17 de março de 2015, a União não teve qualquer correlação entre o comportamento progressivo da receita federal com o seu volume de gastos no SUS.

Nesse período, a União não aplicou em ASPS valor superior ao mínimo constitucional, mesmo sabendo da necessidade do setor que vinha sofrendo significativa expansão de demandas judiciais por maior eficácia do direito fundamental à saúde. A bem da verdade, o governo federal historicamente tem promovido manobras contábeis[229] em seus decre-

---

[227] Como a leitura do art. 2º da Emenda sugere tratar-se de um teto fiscal, ao invés de um piso de custeio do direito social à saúde. Senão veja-se que o escalonamento de porcentuais abaixo dos 15% da receita corrente líquida da União ao longo de 5 anos, não só permite que o Governo Federal promova um cumprimento dito "progressivo" de percentuais abaixo do mínimo inscrito no art. 198, §§2º e 3º da CR/1988, como também afirma que este é máximo, justamente por não poder ser atingido desde logo, no presente.

[228] Como se lê na notícia: http://politica.estadao.com.br/noticias/eleicoes,saude-deixou-de-usar-r-131-bilhoes-entre-2003-e-2014-afirma-cfm,1580977. Acesso em 10 de jun. 2020.

[229] Como suscitado em VIEIRA, Fabiola Sulpino; PIOLA, Sérgio Francisco. Texto para Discussão Ipea nº 2260 – Implicações do contingenciamento de despesas do Ministério da Saúde para o financiamento federal do Sistema Único de Saúde. Brasília: Instituto de

tos de programação financeira, no sentido de fixar limite de pagamento (mesmo já incluído nesse o estoque de restos a pagar) inferior ao limite de empenho para o piso federal em saúde do exercício, de modo a adiar, indefinidamente o pagamento de restos a pagar, "precatorizando"[230] a efetividade do gasto mínimo da União sem qualquer correção monetária.

O critério da Emenda 29/2000, regulamentado pela LC 141/2012, era o de manter o patamar do ano anterior corrigido pela variação nominal do produto interno bruto (PIB), o que teve como consequência o estabelecimento de uma vinculação estagnada do gasto federal em saúde que deu causa a um descompasso[231] federativo no setor, sobretudo porque os entes subnacionais sempre tiveram dever de gasto mínimo proporcional às suas receitas de impostos e transferências.

A partir de 2016, conforme o art. 2º da EC n. 86/2015[232], é que a União passou a ter compromisso de gastar porcentual incidente sobre sua receita corrente líquida – RCL. Mesmo assim, houve escalonamento de índices mínimos ditos "progressivos", para que – em 2020 – fosse, em tese, possível chegar ao patamar de 15% da RCL federal para a política

---

Pesquisa Econômica Aplicada, 2016 (Texto para discussão). Disponível em http://repositorio.ipea.gov.br/bitstream/11058/7363/1/td_2260.pdf. Acesso em 13 de jun. 2020. VIEIRA, Fabiola Sulpino; PIOLA, Sérgio Francisco. Texto para Discussão Ipea nº 2225 – Restos a Pagar de despesas com ações e serviços Públicos de saúde da União: impactos para o financiamento federal do Sistema Único de Saúde e para a elaboração das contas de saúde. Brasília: IPEA, 2016 (Texto para discussão). Disponível em http://www.en.ipea.gov.br/portal/images/stories/PDFs/TDs/td_2225.pdf. Acesso em 13 de jun. 2020.

[230] Como suscitado em http://www.cee.fiocruz.br/sites/default/files/Artigo_Elida_Graziane.pdf, https://www.conjur.com.br/2017-abr-25/contas-vista-minimos-minorados-iminencia-congelamento-20-anos e https://www.conjur.com.br/2017-nov-07/contas-vista-decretos-contingenciamento-desinvestimento-sao-cheques-branco. Acesso em 10 de jun. 2020.

[231] Como debatido em PINTO, Élida. Descompasso federativo no financiamento da saúde pública brasileira. **Consultor Jurídico**, abr. 2015. Disponível em: https://www.conjur.com.br/2015-abr-04/elida-pinto-descompasso-federativo-financiamento-saude. Acesso em 10 de jun. 2020.

[232] Para um debate mais profundo a respeito do novo regime constitucional de gasto mínimo da União em saúde, ver o artigo publicado em coautoria com o prof. Ingo Wolfgang Sarlet. Disponível http://www.conjur.com.br/2015-mar-24/gasto-saude-previsto-ec-862015-piso-nao-teto. Acesso em 10 de jun. 2020.

pública de saúde. Em igual medida, deixaram de ser fonte adicional de receita para o SUS os recursos oriundos do pré-sal, nos moldes dados pelo art. 3º da Emenda 86.

Ocorre, contudo, que os "subpisos" do art. 2º da Emenda 86 foram revogados pelo art. 3º da Emenda 95/2016, sendo que a União invocou o patamar de 13,2% da sua receita corrente líquida (RCL) em 2016 para negar o deficit de aplicação em ações e serviços públicos de saúde (ASPS), o qual segue em debate pelo STF na Ação Direta de Inconstitucionalidade n. 5.595.

O descumprimento do piso federal em saúde deu ensejo à rejeição do relatório anual de gestão de 2016, do Ministério da Saúde, pelo Conselho Nacional de Saúde, por meio da Resolução n. 551, de 6 de julho de 2017[233].

Todo esse contexto de fragilidade jurídica antecedeu e justificou a concessão da medida cautelar na ADI 5595, suspendendo a eficácia dos arts. 2º e 3º da Emenda 86/2015, para impor à União o dever de progressividade de custeio, conforme proporção equitativa da sua arrecadação (15% da RCL, ao invés de 13,2%).

A força irradiante dos direitos fundamentais na Constituição de 1988 se espraia para seu custeio, no qual é vedado desconstruir o nível de proteção fixado formalmente pelo ordenamento. A esse respeito, vale retomar aqui excerto da medida cautelar concedida pelo Ministro Ricardo Lewandowski nos autos da ADI 5595, que firmou, com indubitável clareza, o princípio da vedação de retrocesso e, portanto, resgatou o dever de progressividade no custeio mínimo do direito fundamental à saúde nos seguintes termos:

> [...] a ocorrência de reforma constitucional que vise ao aprimoramento dos direitos e garantias fundamentais é medida desejável de atualização dos fins e preceitos da CF, mas **alterações que impliquem retrocesso no estágio de proteção por eles alcançado não são admissíveis, ainda que a pretexto de limites orçamentário-financeiros**. (grifo acrescido ao original)

Infelizmente, contudo, no interregno do exame pelo STF da ADI 5595, foi promulgada a Emenda 95/2016, que alterou nova e abruptamente o

---

[233] Disponível em http://www.conselho.saude.gov.br/resolucoes/2017/Reso551.pdf. Acesso em 10 de jun. 2020.

regime jurídico do piso federal em saúde, congelando-o em valores reais ao patamar aplicado em 2017. Aqui, nova e urgente fronteira de defesa do financiamento constitucionalmente adequado do direito à saúde se impõe, sobretudo quanto à necessidade de questionamento incidental e concentrado da inconstitucionalidade do art. 110 do ADCT.

Após a propositura da Ação Direta de Inconstitucionalidade 5595, a EC 95/2016 revogou o art. 2º da EC 86/2015 – que estava *sub judice* no STF – e apenas resguardou correção monetária para as despesas primárias da União, entre as quais, os pisos em saúde e educação, congelando-os em valores reais ao montante aplicado em 2017.

A alteração trazida pela EC 95/2016 no debate promovido pela ADI 5595 é a revogação da gradação dos subpisos federais em saúde de 13,2% a 15% da receita corrente líquida entre 2016 e 2020, tendo o "Novo Regime Fiscal" antecipado para 2017 o percentual de 15% como piso federal em saúde e, para os anos seguintes, assegurado apenas a correção desse piso pela inflação.

Não obstante a revogação expressa do art. 2º da Emenda 86/2015 produzida pelo art. 3º da Emenda 95/2016, a formal declaração de inconstitucionalidade da norma nos autos da ADI 5595 ainda se revela necessária, em especial pela previsão de efeitos repristinatórios constante na Lei nº 9.868/99, em seu art. 11, §2º, reportando-se à hipótese concessiva de medida cautelar.

Assim, a legislação anterior tornaria a ser aplicável imediatamente, sem necessidade de expressamente ser declarado o retorno de sua vigência. A EC 29/2000, voltaria, então, a produzir seus efeitos, mantendo-se como piso da saúde o valor do ano anterior destinado à saúde, acrescido da variação nominal do PIB, sem possibilidade de redução mesmo quando o PIB for inferior, exatamente pelo fato de os valores assegurados ao financiamento da saúde serem valores mínimos, os quais não permitem redução sem agravamento das condições de saúde da população.

No caso específico em debate, importante trazer à baila o posicionamento do professor Fernando Facury Scaff[234]:

---

[234] SCAFF, Fernando Facury. STF deve estar alerta para o financiamento da saúde pública no Brasil. **Consultor Jurídico**, 16 de maio de 2017. Disponível em http://www.conjur.

[...] o artigo 2º da EC 86/15, que não foi incorporado ao texto constitucional, criou uma inconstitucional progressividade temporal até chegar aos 15%. Assim, em 2016 o percentual seria 13,2%, e em 2017 o percentual seria de 13,7% da receita corrente líquida, e assim sucessivamente. Só isso já seria inconstitucional, verdadeiro *passa-moleque* no texto permanente da Constituição. Basta dizer que, aplicados esses "percentuais transitórios", o sufoco financeiro seria muitas vezes maior do que o atual.

Ocorre que esse artigo 2º da EC 86/15 foi expressamente revogado pelo artigo 3º da EC 95/16, que estabeleceu um *teto para diversos gastos*, dentre eles com a saúde pública, que passou a ter assegurada apenas correção monetária do seu piso. E o governo federal parece que não se atentou a esse *ínfimo detalhe normativo* e aplicou, em 2016, montante inferior aos 15% constitucionalmente determinados.

Aqui se registra que, em face desses "percentuais transitórios" terem vigorado durante algum tempo e gerado efeitos concretos, a ADI 5.595 (relator ministro Lewandowski) não perdeu o objeto, a despeito de sua revogação expressa pelo artigo 3º da EC 95. Lembro, em prol dessa tese, o argumento utilizado pelo STF para julgar as questões envolvendo *guerra fiscal*, pois, mesmo quando os estados revogavam a norma isentiva, atacada como inconstitucional, em face de ter vigorado durante certo tempo e gerado efeitos concretos, ela tinha que ser julgada pelo STF, mesmo após revogada.

Daí que o texto vigente é o que determina que o percentual a ser aplicado seja o de 15% da receita corrente líquida da União em ações e programas de saúde pública, conforme estabelece o texto permanente da Constituição (artigo 198, parágrafo 2º, I, CF), em face da expressa revogação do artigo 2º da EC 86/15 pelo artigo 3º da EC 95/16, que determinava o escalonamento de alíquotas, progressivas no tempo, a serem aplicados a essa política pública.

É nesse sentido a minuciosa representação[235] formulada ao Ministério Público Federal, contra o presidente da República e seu ministro da Saúde, pela membro do Ministério Público de Contas paulista e colunista desta **ConJur**, Élida Graziane Pinto, em conjunto com o economista Francisco

---

com.br/2017-mai-16/contas-vista-stf-estar-alerta-financiamento-saude-publica. Acesso em 10 de jun. 2020.

[235] Noticiada em http://www.conjur.com.br/2017-abr-30/governo-nao-aplicou-minimo--saude-2016-mp-contas. Acesso em 10 de jun. 2020.

Funcia. A lógica presente nessa representação é que a revogação do escalonamento dessas alíquotas progressivas (chamadas de *subpisos*) estabelecido na EC 86/15 estava prevista desde o projeto apresentado pelo Poder Executivo, a PEC 241, em junho de 2016, transformada em PEC 55 quando chegou ao Senado Federal. Logo, com a revogação expressa e imediata dessa falsa progressividade pela EC 95, deveria ser efetuado o gasto com as políticas de saúde no percentual de 15% da receita corrente líquida da União. E, segundo consta da minudente representação, faltam R$ 2,5 bilhões para se chegar ao limite constitucionalmente determinado. (SCAFF, 2017).

A vigência da regra constante na EC86/2015 gerou efeitos concretos, sendo a sua declaração de inconstitucionalidade oportuna para se reestabelecer, mesmo que de forma compensatória, os valores aplicados pela União em saúde, mitigando – em 2017 – o deficit federal de aplicação mínima em saúde verificado no exercício financeiro de 2016.

Importante apontar que, em 2016, a União aplicou na política pública de saúde menos de 15% da sua receita corrente líquida, invocando e fiando-se na "validade" prospectiva (?) do subpiso de 13,2% dado pelo art. 2º da EC 86/2015, mesmo após a sua revogação expressa e imediata operada pelo art. 3º da Emenda 95/2016.

É o que se verifica a partir da publicação do seu Relatório Resumido de Execução Orçamentária relativo ao 6º bimestre de 2016, de onde se extraiu o seguinte excerto da sua tabela 6 (publicada em atendimento ao art. 35 da LC 141/2012):

Como se extrai dos dados acima, para cumprir o piso federal em saúde em 2016 15% da RCL, a União deveria ter aplicado, no mínimo, R$108,371 bilhões, ao invés de R$ 106,236 bilhões, de modo que **seu patamar de aplicação em ASPS ficou aquém do exigido constitucionalmente**. Isso sem falar aqui do dever de compensação dos restos a pagar que tenham sido computados em anos anteriores no piso federal em saúde e que, em 2016, foram cancelados.

Esse dado concreto reafirma a necessidade da declaração de inconstitucionalidade da EC 86/2015, mesmo após a revogação trazida no bojo da EC 95/2016, sobretudo diante do dever imediato de compensação a que se refere o art. 25 da LC 141/2012 no exercício financeiro imediatamente posterior. Não haveria, assim, como sustentar a tese de perda de objeto diante dos efeitos prospectivos da cautelar concedida na ADI 5595, porque, na prática, impôs o dever de a União aumentar seu piso em saúde de 2017, a pretexto de medida compensatória do déficit declarado inconstitucional de 2016 (piso de 13,2% em face do dever de aplicação de 15% da RCL federal). Dito de forma ainda mais explícita, não houve perda de objeto porque o exame de mérito da ADI 5.595 visa ampliar a base de cálculo do gasto federal em saúde dado pelo art. 110 do ADCT, a ser corrigido pela inflação de 2018 até 2036.

Tabela 13 – Relatório Resumido de Execução Orçamentária

UNIÃO
RELATÓRIO RESUMIDO DA EXECUÇÃO ORÇAMENTÁRIA
DEMONSTRATIVO DAS DESPESAS COM AÇÕES E SERVIÇOS PÚBLICOS DE SAÚDE
ORÇAMENTOS FISCAL E DA SEGURIDADE SOCIAL
JANEIRO A DEZEMBRO DE 2016

RREO – Anexo 12 (LC 141/2012, art. 35) R$ milhares

RECEITA CORRENTE LÍQUIDA	PREVISÃO ATUALIZADA (a)	RECEITAS REALIZADAS Até o Mês (b)	% (b/a) x 100
RECEITAS CORRENTES (I)	1.462.052.249	1.360.549.861	93,06%
DEDUÇÕES (II)	654.611.379	638.075.562	97,47%
TOTAL DA RECEITA CORRENTE LÍQUIDA (III) = I - II	807.440.870	722.474.299	89,48%

APLICAÇÃO EM AÇÕES E SERVIÇOS PÚBLICOS DE SAÚDE⁴	DESPESAS EMPENHADAS ATÉ O MÊS/2016 (h)	DESPESAS LIQUIDADAS ATÉ O MÊS/2016 (i)	PERCENTUAL MÍNIMO A SER APLICADO EM ASPS % (j)	VALOR MÍNIMO EM RELAÇÃO À RCL A SER APLICADO EM ASPS (k) = IIIb x j	VALOR REFERENTE À DIFERENÇA ENTRE O VALOR EXECUTADO E O LIMITE MÍNIMO CONSTITUCIONAL ((h ou i) − k)⁵
TOTAL DAS DESPESAS COM AÇÕES E SERVIÇOS PÚBLICOS DE SAÚDE	106.235.537	98.955.604	13,20%	95.366.607	10.868.930

Fonte: Adaptado de Secretaria do Tesouro (2016).

Nem se diga que haveria dúvida razoável sobre a eficácia retroativa ou não da decisão cautelar proferida em 31/08/2018 pelo Ministro Ricardo Lewandowski nos autos da ADI 5595, para fins de determinação à União que fosse aplicado em saúde o piso de 15% da RCL no exercício de 2016, ao invés dos 13,2% mantidos pelo Acórdão TCU 1048/2018. Com a revogação do art. 2º da Emenda 86/2015 pelo art. 3º da Emenda 95/2016, não haveria sequer razão de ser para a própria existência da cautelar em relação a esse dispositivo, sobretudo, do ponto de vista do ciclo orçamentário e do regime jurídico do dever de gasto mínimo em saúde, se a decisão não pretendesse examinar os efeitos prospectivos do subpiso federal em saúde de 13,2% da RCL aplicado em 2016, para os exercícios de 2017 e seguintes (até 2036). Ora, a consequência imediata da cautelar na ADI 5595 deveria ter sido a imposição ao Ministério da Saúde do dever de compensação do déficit verificado no ano anterior, na forma do art. 25 da LC 141/2012, o que, por óbvio, seria incorporado adicionalmente à base de cálculo de 2017, para a incidência do piso congelado em saúde a partir de 2018 e até 2036, que a Emenda 95/2016 inseriu no ADCT, na forma do seu art. 110, inciso II.

A força protetiva contra quaisquer retrocessos e, em especial, contra o subpiso de 13,2% da receita corrente líquida federal em 2016 para o dever de financiamento constitucionalmente adequado das ações e serviços públicos de saúde pela União naquele exercício, no exercício de 2017 e na base de cálculo projetada até 2036 é o que se extrai da leitura sistêmica da decisão cautelar já proferida na ADI 5.595 e na Reclamação 30.696.

O que se almeja, com a declaração de inconstitucionalidade do art. 3º da Emenda 86/2015 pela ADI 5595, é garantir a alocação do maior volume possível de recursos para o SUS, sobretudo, buscando os que se encontrem, porventura, disponíveis no Fundo Social do Pré-Sal para as ações e serviços públicos de saúde.

Vale notar, por sinal, que a arrecadação das receitas patrimoniais oriundas da exploração de recursos naturais (notadamente os *royalties* de petróleo) já realizada nos dois primeiros bimestres de 2020 ultrapassa a casa dos R$ 25,419 bilhões, como se extrai do correspondente Relatório Resumido de Execução Orçamentária da União até abril deste ano[236].

Por outro lado, em relação ao art. 2º da EC 86/2015, são inegáveis os efeitos prospectivos da ADI 5595, especialmente diante da promulgação da EC 95/2016. Não se trata de debater o art. 2º da Emenda 86/2015 de forma estática, mas é preciso reconhecer os efeitos dinâmicos trazidos pela série de atos e omissões do Executivo Federal, desde a revogação daquele dispositivo pelo art. 3º da Emenda 95/2016, enquanto já estava em debate no STF a ADI 5595. Na aludida ação, o Supremo Tribu-

---

[236] Disponível em https://siswebe.tesouro.gov.br/apex/f?p=2501:9::::9:P9_ID_PUBLICA-CAO:32986. Acesso em 13 de jun. 2020.

nal Federal é chamado a debater não só a fotografia dos arts. 2º e 3º da Emenda 86/2015, mas primordialmente precisa refletir sobre o filme das suas implicações trazidas intertemporalmente ao piso federal em saúde pela Emenda 86/2015 em face da Emenda 95/2016.

Dito de outra forma: o filme que o STF precisa julgar diz respeito ao déficit de aplicação no piso federal em saúde de 2016 (dada a suspensão cautelar dos arts. 2º e 3º da EC 86/2015), que obrigaria a União ao dever de compensação em 2017 (ainda não cumprido plenamente) e que, por sua vez, ampliaria necessariamente a base de cálculo de 2018 a 2036, para o piso federal em saúde, o qual passou a ser meramente corrigido pela inflação, segundo a previsão do art. 110 do ADCT.

Como já exposto, a decisão do STF na ADI 5595 pode determinar à União que seja considerado como piso federal em saúde o patamar de 15% da RCL no exercício de 2016, ao invés dos 13,2%. Tal interpretação necessariamente implicará efeitos prospectivos, do ponto de vista de medida compensatória e base de cálculo do custeio federal para o SUS, relativamente aos exercícios de 2017 e seguintes (até 2036). Trata-se do dever de compensação do déficit no piso em saúde, na forma do art. 25 da LC 141/2012, o que, por óbvio, seria incorporado adicionalmente à base de cálculo de 2017, para a incidência do piso congelado em saúde a partir de 2018 e até 2036, que a Emenda 95/2016 inseriu no ADCT, na forma do seu art. 110, inciso II.

Em meio à pandemia da Covid-19, enfrentar estruturalmente o subfinanciamento federal do SUS, direta ou indiretamente, é esforço que passa pela procedência da ADI 5595. A bem da verdade, os arts. 2º e 3º da Emenda 86/2015 revelam uma faceta perversa e relativamente recente do "estado de coisas inconstitucional na política pública de saúde brasileira", que preexistia à pandemia da Covid-19 e que será por ela agravado.

Reconhecer o problema e corrigi-lo em sua integralidade é a única solução capaz de situá-lo em seu devido patamar sistêmico, porque hábil a reconhecer que as medidas necessárias à sua resolução devem levar em conta, na forma da ADPF 347, "uma multiplicidade de atos comissivos e omissivos dos Poderes Públicos da União, dos Estados e do Distrito Federal, incluídos os de natureza normativa, administrativa e judicial."

Diante da forma limitada como tem sido interpretado o dever de gasto mínimo federal em ASPS previsto no art. 198 da Constituição, faz-se necessária a afirmação de precedente pela Suprema Corte brasileira que reafirme a vedação de manipulação financeira que frustre a efetividade dos direitos fundamentais, tal como feito pela ADPF 45, desde 2004.

A ADI 5595, nesse contexto, é uma oportunidade ímpar de o STF resguardar garantia de proteção financeira suficiente para o SUS e, por conseguinte, para o direito fundamental à saúde, em rota de coerência interpretativa com sua longa jurisprudência em prol do mínimo existencial e da máxima eficácia dos direitos sociais.

Em meio à pandemia da Covid-19, vedar retrocesso no piso federal em ASPS é defender a higidez constitucional do próprio direito à saúde. Afinal, eis o momento em que a sociedade mais precisa da garantia de que haverá financiamento juridicamente estável e fiscalmente progressivo para o SUS fazer face não só à pandemia da Covid-19 no curto prazo, mas a todas as suas atribuições constitucionais nos médio e longo prazos.

Tamanho redesenho normativo e tão severa instabilidade de custeio promovidos pela União quanto ao seu gasto mínimo em saúde precisam ser questionados estruturalmente dentro de um "estado de coisas inconstitucional" na política pública de saúde. Somente assim é possível tentar avaliar adequadamente e buscar controlar o conjunto das sucessivas estratégias orçamentário-financeiras e interpretações contábeis que, historicamente, impuseram retrocesso ao direito à saúde e agrediram suas garantias de financiamento e de arranjo federativo-orgânico no âmbito do SUS.

Não é produto do acaso a confluência das quatro dimensões analisadas até aqui: fragilização do Orçamento da Seguridade Social (destinado ao atendimento da saúde, assistência e previdência públicas), instabilidade/descontinuidade normativa do piso federal em saúde, disparidade de tratamento em favor da União e, por conseguinte, sobrecarga de custeio para os entes subnacionais com a redução proporcional do *quantum* aplicado por aquela. Ora, a retração federal no custeio do SUS prejudica primordialmente os cidadãos e enfraquece o federalismo sanitário, na medida em que os serviços de saúde prestados à população são realizados pelos estados, pelo DF e pelos municípios e não pela União.

É preciso que sejam analisadas, em uma ampliada perspectiva histórica, as oito emendas de perenização da DRU e a emenda de segregação das fontes de custeio da previdência social, ao que devem ser somadas a sucessão das Emendas 29/2000, 86/2015 e 95/2016. Daí resulta a tendência de regressividade proporcional de custeio pelo governo federal no volume global de recursos públicos vertidos para o Sistema Único de Saúde, que parece revelar o descompasso do constituinte derivado e da Presidência da República com o estágio protetivo concebido desde 1988 para a garantia de financiamento do direito fundamental à saúde.

Urge, contudo, lembrar que não há direito à saúde sem que estejam operantes os "imperativos de tutela" constitucionalmente previstos para sua efetividade, como Ingo Wolfgang Sarlet alerta se tratar de "proteção mediante a organização e o procedimento".

Em face do teto fiscal trazido pela Emenda 95/2016, que mitiga a proporcionalidade entre o volume de receita e o piso federal de custeio em saúde, tão ou mais importante do que fiscalizar retrocesso quantitativo em sentido contábil-formal é o esforço de **fixar a irredutibilidade do rol de obrigações materiais que configuram proteção suficiente ao aludido direito**.

O piso constitucional não é apenas equação matemática que vincula determinado volume de recursos a um conjunto aleatório de despesas. Há conteúdo e finalidades substantivas a serem cumpridos por meio do dever de aplicação mínima de recursos em saúde, dentro de um arranjo federativo que prima pela redução das disparidades regionais e pelo rateio equilibrado das responsabilidades e receitas entre os entes.

Para fins do art. 196 e de toda a governança federativa do SUS, é imprescindível que **haja rateio federativo dos recursos com o enfoque do art. 198, §3º, II (progressiva redução das disparidades regionais)**, o que foi parcialmente regulamentado no art. 17, §1º da LC 141/2012. Daí é que **emerge a pactuação das obrigações e responsabilidades de cada ente da federação no SUS por meio da Comissão Intergestores Tripartite (CIT), e aprovada pelo Conselho Nacional de Saúde, como primária fonte do que deveria ser o conteúdo material do piso em ações e serviços públicos de saúde, ao que se somam os planos previstos na legislação sanitária**.

O problema é que o pactuado, do ponto de vista da rede de serviços já contratados no SUS, dos repasses fundo-a-fundo e dos programas para fins de transferências voluntárias, tem excedido, em valores monetários, o piso federal estritamente contábil-formal, daí porque **o governo federal tem se olvidado, historicamente, de cumprir as regras já estabelecidas de incentivos, tem deixado de fazer correção monetária dos valores de referência dos programas (não só da tabela SUS) e até mesmo tem atrasado repasses.

Se a União pactuou na Comissão Intergestores Tripartite (instância legítima de governança do SUS) e gerou compromissos federativos com os entes subnacionais, deve a mesma cumprir tal pactuação, ainda que venha a ser formalmente excedente ao piso, sob pena de lesão ao dever de gasto mínimo material e ao pacto federativo. O **mesmo raciocínio se aplica aos Estados que não cumpram o pactuado na Comissão Intergestores Bipartite – CIB (art. 19, §1º, da LC 141/2012, em conformidade com o art. 198, §3º, II da CR/88)**.

Cabe, pois, reiterar que é preciso fixar o regime jurídico do dever de aplicação em saúde dado pelo art. 198 da CR/88 referido ao cumprimento das obrigações legais e constitucionais de fazer na consecução do art. 196 e do Sistema Único de Saúde a que se referem os arts. 198 e 200, para além da estrita contabilização formal do piso em seu aspecto matemático.

Historicamente o que está em acelerado processo de fragilização é o próprio direito fundamental à saúde e seu arranjo organizacional protetivo, uma vez que o SUS tem sido paulatinamente esvaziado da sua expressão federativa de distribuição equitativa de responsabilidades administrativas e financeiras. Certamente, será adensado o quadro de inadimplemento das pactuações federativas com o congelamento do piso federal em saúde durante o período de 2018 a 2036, quando só a correção monetária lhe foi assegurada anualmente, na forma do art. 110 do Ato das Disposições Constitucionais Transitórias (ADCT).

Em verdade, a frustração do arranjo constitucional do SUS começa com a própria precariedade do levantamento dos riscos epidemiológicos e das necessidades de saúde da população para fins do devido planejamento sanitário e, por conseguinte, para a pactuação federativa na CIT. A União não admite pactuações para além do piso minimo e as constrange para que fiquem formalmente compatíveis com o subfinaciamento. Tal cenário esvazia as responsabilidades recíprocas e praticamente interditou a implementação do contrato organizativo da ação pública da saúde previsto no Decreto 7.508/2011.

Trata-se de verdadeira guerra fiscal de despesas no SUS, que decorre da diferença de critério para a União em seu piso de custeio, tal como estabelecida pela Emenda 29/2000 e agravada[237] pelas Emendas 86/2015 e 95/2016.

Tal cenário, ao lado dos falseamentos[238] e da estagnação de aplicação mínima feitos por alguns Estados[239] (especialmente nos submetidos ao regime de recuperação fiscal[240]), tem acarretado uma sobrecarga de custeio para os municípios em face das demandas judiciais e sociais pela efetividade do direito à saúde. O quadro se completa com a descentralização para o nível municipal das responsabilidades de execução dos programas,

---

[237] Trata-se de debate que pode ser brevemente retomado em PINTO, Élida Graziane; SARLET, Ingo Wolfgang. Regime previsto na EC 86/2015 deve ser piso e não o teto de gasto em saúde. *Consultor Jurídico*, 24/03/2015. Disponível em http://www.conjur.com.br/2015-mar-24/gasto-saude-previsto-ec-862015-piso-nao-teto e PINTO, Élida Graziane. Mínimos minorados na iminência do seu congelamento por 20 anos. **Consultor Jurídico**, 25 de abril de 2017. Disponível em http://www.conjur.com.br/2017-abr-25/contas-vista-minimos-minorados-iminencia-congelamento-20-anos. Acesso em 12 de jun. 2020.

[238] Até o advento da Lei Complementar 141, de 13 de janeiro de 2012, a controvérsia sobre o que poderia ser reputado, ou não, despesa em ações e serviços públicos de saúde deu causa a desvios consideráveis por parte dos estados, de modo a gerar tantas demandas judiciais que o Supremo Tribunal Federal reconheceu haver repercussão geral (Tema 818) no debate sobre o "controle judicial relativo ao descumprimento da obrigação dos entes federados na aplicação dos recursos orçamentários mínimos na área da saúde, antes da edição da lei complementar referida no art. 198, § 3º, da Constituição". http://www.stf.jus.br/portal/jurisprudenciaRepercussao/verAndamentoProcesso.asp?incidente=4685936&numeroProcesso=858075&classeProcesso=RE&numeroTema=818. Acesso em 12 de jun. 2020.

[239] Segundo o Conselho Nacional de Saúde Disponível em: http://conselho.saude.gov.br/ultimas_noticias/2005/ec29.htm. Acesso em 13 de jun. 2020. Em 2003, apenas 11 (onze) Estados da Federação cumpriam adequadamente a Emenda Constitucional nº 29/2000: Acre, Amazonas, Amapá, Bahia, Pará, Rio Grande do Norte, Rondônia, Roraima, São Paulo, Sergipe e Tocantins. Os demais 16 (dezesseis) Estados (Alagoas, Ceará, Espírito Santo, Goiás, Maranhão, Mato Grosso, Mato Grosso do Sul, Minas Gerais, Paraíba, Paraná, Pernambuco, Piauí, Rio de Janeiro, Rio Grande do Sul e Santa Catarina) e o Distrito Federal tiveram resultados deficitários de aplicação do piso constitucional em ações e serviços públicos de saúde.

[240] Rio de Janeiro, Minas Gerais e Rio Grande do Sul são exemplos de estados da federação que atendem integralmente os requisitos do art. 3º da Lei Complementar nº 159, de 19 de maio de 2017.

que não é devidamente amparada por fontes equitativas e intertemporalmente estáveis de custeio.

Até o advento da Lei Complementar 141, de 13 de janeiro de 2012, a controvérsia sobre o que poderia ser reputado despesa em ações e serviços públicos de saúde deu causa a heterodoxas operações contábeis e equívocos consideráveis por parte dos estados, de modo a gerar tantas demandas judiciais que o STF reconheceu haver repercussão geral (Tema 818) no debate sobre o "controle judicial relativo ao descumprimento da obrigação dos entes federados na aplicação dos recursos orçamentários mínimos na área da saúde, antes da edição da lei complementar referida no art. 198, § 3º da Constituição".

Somente com a consciência ampla da sociedade e, em especial, do Judiciário acerca do desequilíbrio na governança federativa do SUS para fins de contenção desse "Estado de Coisas Inconstitucional", seria possível devidamente ressituar o déficit de eficácia do direito fundamental à saúde na busca da macrojustiça orçamentária atinente à consecução da política pública que o materializa. Considerações jurídicas sobre o direito à saúde destituídas das consequentes considerações econômicas não tornam o direito factível para a população.

2. Desvendamento do "Estado de Coisas Inconstitucional" na saúde pública brasileira

Como visto na seção anterior, a inefetividade do direito à saúde no Brasil está estruturalmente vinculada ao quadro histórico de descumprimento e fragilização das garantias procedimentais que o amparam, desde seu destacado assento em nosso pacto constituinte.

Do ponto de vista da Constituição de 1988, o direito fundamental à saúde não só é dever do Estado, como também se encontra amparado por duas espécies de garantia institucional: a orgânica e a financeira. Ao direito de que trata o art. 196 correspondem, portanto, seus instrumentos de consecução, igualmente exigíveis na forma das garantias inscritas no art. 198, ambos da CR/88. O SUS como sistema organizativo e de funcionamento dos serviços de saúde foi constitucionalizado para ter consequência operativo-executiva no dever de garantia da saúde.

Dito de outro modo, a maneira como o Estado brasileiro foi incumbido de assegurar direito à saúde pressupõe, organicamente, um sistema único (SUS) orientado pelos princípios de universalidade e igualdade de atendimento e pelas diretrizes da integralidade, descentralização e participação da comunidade, assim como impõe – no texto permanente da CF – custeio fixado em bases minimamente proporcionais em face do volume das receitas governamentais.

Ocorre que tanto a organização da atuação estatal na forma do SUS, quanto o financiamento das ações e serviços públicos de saúde estão submetidos, como já dito, a um paulatino processo de degradação, em prol de uma pretensa focalização da política pública nos mais pobres, o que afronta o princípio da universalidade do acesso e indiretamente fomenta o mercado da saúde suplementar. Ao arrepio do art. 199, §1º, da CR/88, parece estar em curso uma série de medidas que tendem à inversão entre o que é público e universal e o que é privado-complementar na assistência à saúde prestada pelo Estado.

A fragilidade em comento resulta de uma série de atos e omissões que repercutem, dentre outras consequências, no flagrante falta de definição clara das responsabilidades federativas de cada qual dos entes políticos e no adensamento das demandas ao Poder Judiciário, sobretudo individuais, que clamam pela eficácia imediata do direito fundamental à saúde.

Dada a complexidade e o caráter estrutural do problema, cabe situá-lo devidamente na mitigação paulatina das garantias institucionais do direito à saúde, sob encargo do Poder Público, já que a revogação direta desse direito seria, a toda evidência, não só francamente inconstitucional, como também politicamente impossível. Eis a razão pela qual importa conceber em outro patamar o enfrentamento da desconstrução do arranjo orgânico-federativo, bem como o processo avançado de desfinanciamento do SUS para que se traçar alguma possibilidade de linha de resolução desse quadro.

Sobreleva na governança federativa do Sistema Único de Saúde o descumprimento sistemático das pactuações tripartites, que são frustradas diante dessa guerra fiscal de despesas. Aqui o contexto de lesão ao pacto federativo, ademais da afronta ao direito fundamental à saúde e à sua garantia de financiamento mínimo, revela-se demasiadamente agravado pelo horizonte de congelamento até 2036 do gasto federal no setor.

A título de exemplo, vale lembrar que o Tribunal de Contas da União abordou detidamente a dimensão da governança federativa do SUS nos autos do processo TC 027.767/2014-0, de onde resultou o Acórdão 2888/2015, que recomendou ao Ministério da Saúde a apresentação de plano de ação, com cronograma de execução, a fim de:

1. promover discussão na Comissão Intergestores Tripartite (CIT) para regulamentar os critérios legais para o rateio dos recursos federais vinculados à saúde, nos termos do art. 17 da Lei Complementar 141/2012 e do art. 35 da Lei 8.080/1990, com a possibilidade de redefinição das competências federais, estaduais e municipais no âmbito do SUS, observando as seguintes diretrizes:
a) integrar os incentivos financeiros oferecidos pelo Ministério da Saúde, de modo a reduzir o excesso de normas atualmente existentes nas transferências financeiras federais;
b) detalhar de maneira suficiente as competências nos três níveis de governo, de modo a evitar sobreposições de responsabilidades e a possibilitar a identificação precisa das responsabilidades executivas e financeiras de cada ente em relação às ações e dos serviços de saúde;
c) considerar as fragilidades técnicas e financeiras da maior parte dos municípios brasileiros;
2. promover discussão na CIT para reavaliar o modelo do Contrato Organizativo da Ação Pública da Saúde (COAP), a fim de propor medidas legais que possam estabelecer sanções para a União e os estados no caso de inadimplemento de responsabilidades assumidas;
3. definir o diagnóstico sobre as necessidades de saúde, elaborado a partir do Mapa da Saúde, como referência prioritária para as emendas parlamentares relativas a recursos vinculados à saúde;
4. adotar medidas para aperfeiçoar a orientação aos municípios e estados sobre o processo de regionalização, assim como para organizar o apoio técnico e financeiro à regionalização e à implementação do COAP, de modo que esse apoio seja estável e contínuo;
5. estruturar processo de gestão de riscos da implementação do COAP nas regiões de saúde brasileiras.

A despeito da relevância do diagnóstico feito pelo TCU no Acórdão 2888/2015, o Ministério da Saúde e mesmo as demais instâncias deliberativas do SUS (como a Comissão Intergestores Tripartite e o Conselho

Nacional de Saúde) **ainda não conseguiram formular de modo consolidado, com segurança jurídica e clareza, os critérios de rateio e as responsabilidades de cada ente, a que se refere o art. 198, §3º, II da CR/88 e o art. 17 da Lei Complementar nº 141/2012.**

As lacunas normativas se somam ao contexto de regressividade na participação federal no volume total de recursos públicos vertidos ao SUS, que remonta à diferença de critério para a União em seu piso de custeio, tal como estabelecida pela Emenda 29/2000 e agravada pelas Emendas 86/2015 e 95/2016. A bem da verdade, **o governo federal nunca teve seu regime de gasto mínimo em ações e serviços públicos de saúde fixado da mesma forma que o dos entes subnacionais, o que justifica – em parte – o subfinanciamento da saúde pela União.** Tal cenário, ao lado dos inconsistentes parâmetros e conteúdo de aplicação mínima feitos por alguns Estados, tem acarretado sobrecarga de custeio para os municípios em face das demandas judiciais e sociais por efetividade do direito à saúde.

Assim fixada a compreensão ampliada do panorama conflituoso em que a política pública de saúde se insere no país, cabe extrair consequências de tal leitura normativa, que se ampara e busca ser aderente à integridade do nosso ordenamento, sobretudo em face da urgência de enfrentamento da pandemia da Covid-19.

Diante do risco iminente de morte de centenas de milhares de brasileiros[241] por causa do coronavírus e de colapso[242] do SUS, urge seja institucionalmente reconhecido e contido o "estado de coisas inconstitucional" na política pública de saúde brasileira. Trata-se da única solução capaz de situar o problema em seu devido patamar estrutural, porque hábil a reconhecer que as medidas necessárias à sua resolução devem levar em conta, na forma da ADPF 347, *"uma multiplicidade de atos comis-*

---

[241] Como noticiado em https://www1.folha.uol.com.br/equilibrioesaude/2020/03/sem-restricao-de-contagio-mortes-por-coronavirus-podem-chegar-a-115-milhao-no-brasil.shtml. Acesso em 12 de jun. 2020.

[242] Algo assumido pelo próprio Ministro da Saúde, conforme se pode ler em https://saude.estadao.com.br/noticias/geral,em-abril-o-sistema-de-saude-entrara-em-colapso-diz-mandetta,70003241718. Acesso em 12 de jun. 2020.

sivos e omissivos dos Poderes Públicos da União, dos Estados e do Distrito Federal, incluídos os de natureza normativa, administrativa e judicial."

No caso do direito fundamental à saúde, é inadiável o diagnóstico do "Estado de Coisas Inconstitucional" quanto à fragilidade e à descontinuidade das políticas públicas que deveriam lhe assegurar efetividade, até para que se evidenciem impasses e omissões históricas na federação brasileira, bem como para que sejam adotadas rotas de pactuação intergovernamental que não sejam preteridas, relativizadas ou simplesmente descumpridas.

Sem o reconhecimento da omissão estrutural[243] da União quanto ao arranjo federativo do SUS e ao seu financiamento adequado, não se viabilizará alternativa possível para fazer face ao "**quadro de violação massiva e persistente**" do direito fundamental à saúde, "**decorrente de falhas estruturais e falência de políticas públicas e cuja modificação depende de medidas abrangentes de natureza normativa, administrativa e orçamentária**"[244].

No atual contexto de risco de colapso do SUS, é imperativo resguardar que não haja proteção insuficiente ou tardia. É importante assegurar tal entendimento para evitar que a execução orçamentária do piso em saúde seja adiada e frustrada mediante a adoção de artifícios contábeis no manejo do art. 24, II e §1º da LC 141/2000. Só a União tem rolado, nos últimos exercícios, em média, cerca de 10% do seu piso em ações e serviços públicos de saúde em restos a pagar, alguns dos quais pendentes de pagamento desde 2008, sem correção monetária há 12 anos!

Não obstante a gravidade e a reiteração de tantas restrições interpretativas, as únicas consequências para as omissões e frustrações do dever de gasto mínimo federal são a cautelar concedida no âmbito desta ADI e a rejeição pelo Conselho Nacional de Saúde dos Relatórios Anuais de Gestão do Ministério da Saúde, nos exercícios de 2018 e 2019.

---

[243] PINTO, Élida Graziane. Da saúde ao sistema prisional, vivemos um Estado de Coisas Inconstitucional. **Consultor Jurídico**, 31 de janeiro de 2017. Disponível em http://www.conjur.com.br/2017-jan-31/contas-vista-saude-aos-presidios-temos-estado-coisas-inconstitucional. Acesso em 12 de jun. 2020.

[244] Apenas para usar, em caráter analógico, os termos empregados na medida cautelar deferida na ADPF nº 347 pelo Supremo Tribunal Federal.

Tal cenário decorre da cediça estratégia de execução orçamentária adotada pela área econômica do governo federal de disponibilizar recursos para empenhos em valores muito próximos do "piso", como se a regra de aplicação correspondesse a um "teto" de despesas com ASPS. A tabela abaixo extraída do Relatório Resumido de Execução Orçamentária federal relativo ao 2º bimestre de 2020[245] atesta esses dados:

Tabela 14 – Relatório Resumido de Execução Orçamentária

RESULTADOS PRIMÁRIO E NOMINAL		Resultado Apurado Até o Mês		
Resultado Nominal				(173.137.767)
Resultado Primário				(94.582.956)
MOVIMENTAÇÃO DOS RESTOS A PAGAR	Inscrição	Cancelamento Até o Mês	Pagamento Até o Mês	Saldo a Pagar
RESTOS A PAGAR PROCESSADOS	72.424.963	831.284	58.511.542	13.082.136
Poder Executivo	72.214.490	830.474	58.367.193	13.016.823
Poder Legislativo	15.134	25	4.962	10.146
Poder Judiciário	170.468	778	115.009	54.680
Ministério Público	4.449	7	3.955	487
Defensoria Pública	20.422	0	20.422	0
RESTOS A PAGAR NÃO-PROCESSADOS	108.821.330	2.406.530	35.993.004	70.421.796
Poder Executivo	107.318.153	2.338.323	35.139.187	69.840.644
Poder Legislativo	203.824	8.803	110.526	84.495
Poder Judiciário	1.140.954	55.287	673.933	411.734
Ministério Público	107.992	2.315	57.980	47.697
Defensoria Pública	50.408	1.803	11.379	37.226
TOTAL	181.246.293	3.237.815	94.504.547	83.503.932
DESPESAS COM MANUTENÇÃO E DESENVOLVIMENTO DO ENSINO (MDE)	Valor Apurado	Mínimo a ser aplicado em MDE em 2020	% Aplicado Até o Mês	
Despesa com Manutenção e Desenvolvimento do Ensino	17.678.349	54.439.982		32,47
Complementação da União ao FUNDEB	1.378.451	4.938.631		27,91
DESPESAS COM AÇÕES E SERVIÇOS PÚBLICOS DE SAÚDE (ASPS)	Valor Apurado	Mínimo a ser aplicado em ASPS em 2020	Percentual aplicado até o mês	
Despesas com Ações e Serviços Públicos de Saúde executadas com recursos de impostos	39.258.239	121.246.221		32,38

FONTE: STN/CCONT/GEINF
[1] Excetuados os valores do refinanciamento da Dívida Pública da União.
[2] Excluídas as receitas desvinculadas (DRU).

Fonte: Secretaria do Tesouro (2020).

O piso da saúde não pode ser sujeito a contingenciamento (art. 9º, §2º da LRF e art. 28 da LC 141/2012), ainda que sob a alegada sujeição à programação financeira (art. 8º da LRF). Mas a União tem feito isso, desde o advento da EC 29/2000, nos seus decretos de programação financeira, por meio da previsão de limites de pagamento para as despesas em ações

---

[245] Disponível em https://siswebtesouro.gov.br/apex/f?p=2501:9::::9:P9_ID_PUBLICACAO:32986 Acesso em 13 de jun. 2020.

e serviços públicos de saúde (mesmo aqui já incluídos os restos a pagar) substancialmente inferiores aos limites de empenho. A regra da execução orçamentária federal sempre tem previsto o adiamento intertemporal da quitação das obrigações da União para com o piso do exercício financeiro em vigor e também com o elevado saldo de restos a pagar, em uma **espécie de precatorização do gasto mínimo em saúde** (uma equivocada estratégia de reconhecer que é devido, mas a própria devedora adia *sine die* e sem correção monetária o cumprimento de sua obrigação constitucional).

Não é sem razão que os atrasos recorrentes da execução orçamentária e a própria insuficiência dos repasses federativos no âmbito do SUS (por força do descumprimento do pactuado na CIT) têm imposto o fechamento de milhares de leitos e a desestruturação dos hospitais 100% SUS. A própria falta de correção monetária da tabela SUS e dos incentivos/ programas pactuados pela União com os entes subnacionais e com a rede de prestadores de serviços credenciados ao SUS decorre desse impasse no custeio.

O desequilíbrio federativo na política pública de saúde tem se acirrado, seja por meio da redução proporcional da participação federal no custeio do SUS, seja por força do adiamento – para questionável formação de resultado primário – pelo Ministério da Saúde dos repasses fundo-a-fundo aos Estados e Municípios.

Em 2016, a Confederação Nacional dos Municípios formulou cartilha[246] apresentada em audiência pública realizada pelo Conselho Nacional do Ministério Público[247] que explicita – de forma direta e objetiva – alguns dos impasses federativos relacionados ao longo deste capítulo:

---

[246] Disponível em https://www.cnm.org.br/cms/biblioteca/Subfinanciamento%20da%20 Educa%E7%E3o%20e%20da%20Sa%FAde%20(2016).pdf
[247] Conforme noticiado em https://www.cnmp.mp.br/portal/todas-as-noticias/9170-cddf- -realiza-audiencia-publica-sobre-subfinanciamento-da-educacao-e-da-saude-no-brasil

3. Saúde

3.1. Subfinanciamento do Sistema Único de Saúde

No atual ordenamento administrativo do Estado brasileiro, as políticas públicas são, na maioria das vezes, executadas pela adesão dos Municípios a determinados programas, ações, serviços ou estratégias.

Nesse contexto, para receber os recursos do Ministério da Saúde, o Ente municipal submete-se a desenvolver ações específicas dentro de normas e parâmetros designados pelas portarias ministeriais que regulamentam os Programas. Tal situação tem configurado um cenário de sobrecarga dos Municípios no que diz respeito à divisão de responsabilidades do setor público na prestação de serviços básicos à população.

Quanto ao uso de recursos próprios para executar a política de saúde, reconhece-se a limitação constitucional dos Municípios em relação à tributação e à arrecadação. Dessa forma, sua participação no bolo tributário é reduzida e insuficiente para colocar em prática a necessária Rede de Atenção à Saúde local e a manutenção do próprio Sistema Único de Saúde (SUS). Assim, a adesão dos Municípios aos programas federais muitas vezes é uma alternativa de entrada de recursos federais para garantir que a população tenha acesso aos direitos e serviços básicos.

Para exemplificar os danos administrativos e financeiros irrecuperáveis. A CNM avaliou alguns programas federais e como destaque a Estratégia Saúde da Família (ESF). Considerada a principal em organização e estruturação da atenção primária, a ESF foi institucionalizada pelo governo federal, porém executada integralmente pelos Municípios, tendo como incentivos mensais de custeio valores de R$ 7.130,00 a R$ 10.695,00, conforme a modalidade. No entanto, o custo médio de uma equipe equivale a R$ 32.156,60 para os cofres municipais. Já para o Núcleo de Apoio à Saúde da Família (Nasf), ao qual são repassados incentivos a partir de R$ 8.000,00 até R$ 20.000,00 por equipe e conforme modalidade, o custo mensal para o gestor municipal chega a R$ 32.546,50.

Neste sentido, mesmo cientes de que existem um subfinanciamento federal e a ausência de contrapartida estadual, sobrecarregando as finanças municipais, os gestores sentem-se sem alternativas para a execução das ações básicas de saúde e a conquista de novos investimentos, sujeitando-se as políticas federais disponibilizadas.

Historicamente, os recursos encaminhados da União para os Municípios não têm se mostrado suficientes à execução dos programas, ações, serviços ou estratégias. Essa diferença entre o repasse da União e os custos reais (especialmente obras e custeio) dos Municípios para o desenvolvimento da Saúde é chamada de subfinanciamento. A atual defasagem desses valores chega a ser até 200% maiores que o repasse recebido do governo, acarretando um desequilíbrio nas contas municipais.

3.2. Desfinanciamento do Sistema Único de Saúde

Outro fenômeno percebido e analisado pela Confederação diz respeito ao desfinanciamento da Saúde. Essa situação implica a ausência de repasse, contingenciamento ou corte de recursos financeiros da União à política específica e, consequentemente, aos Fundos Municipais de Saúde. O desfinanciamento do SUS tem se constituído em uma política de Estado, com graves consequências para a população.

Claros exemplos desse desfinanciamento são encontrados na execução do orçamento da Saúde (tabela 7) e nos repasses para o Bloco da Vigilância em Saúde

Tabela 7 – Comparativo orçamento da Saúde (2014-2015)

2014		
Dotação Inicial	Autorizado	Pago
106.019.264.465,00	108.377.354.888,00	94.107.630.692,00
2015		
Dotação Inicial	Autorizado	Pago
121.011.373.943,00	121.141.035.789,00	101.948.914.376,57

Fonte: SIAFI/ Estudos Técnicos CNM.

Em 2014, entre os valores orçamentais autorizados e pagos existe uma diferença de 14 bilhões de reais. Isso significa que apenas 86% do orçamento de 2014 foi, de fato, aplicado na Saúde. Em 2015, essa a diferença foi de mais de 19 bilhões de reais (84%).

No que se refere às políticas públicas de universalização da saúde, ao contrário do almejado pelo povo, pelos conselhos e pelas entidades municipalistas, viu-se barradas todas as iniciativas de repor pelo menos parte do desfinanciamento do SUS, sendo imposta a EC 86/2015, que reduziu mais ainda a parcela da União no financiamento do SUS.

No final do ano de 2015 iniciou-se a discussão do orçamento da União para 2016. O Projeto de Lei Orçamentária Anual (Ploa) de 2016 estimou uma dotação para a Saúde no valor de **R$ 109 bilhões**, o que representa uma queda de R$ 11 bilhões em relação ao orçamento de 2015, ou seja, **9,5%** menor.

Tabela 8 – Evolução do orçamento da Saúde (2010-2015)

Orçamento da Saúde			
Ano	Autorizado	Pago	Pago
2010	69.790.948.315	60.924.192.395	87,30%
2011	80.873.978.125	70.101.574.689	86,68%
2012	95.903.835.927	78.272.325.636	81,62%
2013	100.507.779.268	83.825.836.819	83,40%
2014	108.377.354.888	74.405.890.350	68,65%
2015	121.106.948.723	106.067.455.606	87,58%

Em avaliação do orçamento da Saúde para os anos de 2010 a 2015, percebe-se que os valores autorizados via Lei Orçamentária Anual (LOA) foram reiteradamente contingenciados, ou seja, o valor pago em qualquer desses períodos não satisfez as reais necessidades dos serviços de saúde.

(...)

3.3. Atrasos dos repasses federais

Somado a todos os problemas de financiamento, os atrasos dos repasses federais têm sido outro questionamento dos gestores municipais. Com a impossibilidade de planejar e manter os serviços de saúde, e principalmente sem previsão do recebimento de recursos, a gestão é obrigada a reorganizar as ações e definir prioridades.

Em recente pesquisa no Fundo Nacional de Saúde (FNS) para verificação dos blocos de financiamento em atraso, para este ano, diagnosticou-se que o componente do Piso Fixo da Vigilância em Saúde (PFVS) que deve ser repassado mensalmente teve depositada a primeira parcela do exercício 2016 somente no mês de março.

Figura 1 – Exemplo de repasse do PFVS a um Município do sul do país

AÇÃO/SERVIÇO/ESTRATÉGIA	Jan	Fev	Mar	Abr	Mai	Jun	Jul	Ago	Set	Out	Nov	Dez	Total Líquido
PISO FIXO DE VIGILÂNCIA SANITÁRIA - PARTE ANVISA (PARCELA)	0,00	0,00	1.390,68	0,00	0,00	0,00	0,00	0,00	0,00	0,00	0,00	0,00	1.390,68
Subtotal Líquido Componente	0,00	0,00	1.390,68	0,00	0,00	0,00	0,00	0,00	0,00	0,00	0,00	0,00	1.390,68

Fonte: Fundo Nacional de Saúde/2016.

No Bloco da Atenção Básica, programas como Estratégia Saúde da Família (ESF), Núcleo de Apoio à Saúde da Família (Nasf), Saúde Bucal e Programa Nacional de Melhoria do Acesso e da Qualidade da Atenção Básica (PMAQ-AB) são transferidos com atrasos de dias a meses, causando uma espera diária pelos gestores até seu recebimento. Todos esses fatores mostram o agravamento dos repasses para a Saúde: passamos de um subfinanciamento histórico que, por si só, gera gigantescas dificuldades à garantia dos princípios do SUS, para **a instalação do desfinanciamento como um instrumento de política de Estado à Saúde**, situação que põe em risco o frágil Pacto Federativo, a gestão municipal e principalmente torna nulo o direito de acesso da população à Saúde.

Referente aos atrasos dos repasses federais, a CNM reivindica a execução regular das transferências dos recursos federais aos Municípios.

3.4. Defasagem dos valores repassados pela União aos Municípios

Os repasses do governo federal para a execução dos programas são menores do que o custo efetivo que realmente afeta os cofres municipais, inclusive porque o governo não consegue mensurar o custo efetivo da manutenção plena dos programas. Assim, os Municípios acabam por assumir uma série de despesas que não seriam de sua competência, arcando com grandes gastos para colocar em prática obrigações da União. A União, por sua vez, mantém a centralidade do poder sobre seus programas.

Essa relação acaba sendo perversa, pois os Municípios passam a aderir os programas federais como uma alternativa de acesso a recursos federais na garantia de que a população tenha acesso a serviços básicos e direitos. Entretanto, essa alternativa de acesso aos recursos nem sempre gera os efeitos desejados

(...)

> Referente à defasagem dos programas federais, a CNM reivindica:
> 1. Urgente atualização dos valores para a execução dos programas federais.
> 2. Atualização do cálculo dos pisos e programas a partir do último censo populacional do IBGE.

3.5. Consequências aos Municípios e ao Sistema

Os repasses da União para a Saúde não têm acompanhado o crescimento das despesas na administração municipal, que se encontram com problemas financeiros cada vez mais graves, administrando um Sistema de Saúde à beira do caos. Em 2015, várias prefeituras anunciaram o fechamento parcial das atividades administrativas em Municípios do interior.

O atraso no envio de recursos federais compromete a prestação de serviços básicos nos Municípios. Atualmente, os Municípios brasileiros são totalmente dependentes das transferências constitucionais e não possuem autonomia financeira, ou seja, precisam dos repasses para conseguir pagar suas contas.

A CNM alerta há anos que os Municípios têm investido em saúde muito mais do que os 15% de recursos próprios definidos pela Constituição, ou seja, existem Municípios que gastam até 35% em Saúde a média para 2015 foi de 23% da Receita Corrente Líquida (RCL).

Com o contexto agravado pela crise econômica, desfinanciamento, o não reajuste dos valores dos programas, a inobservância do aumento populacional registado pelo IBGE, os Municípios gritam: não temos mais de onde tirar dinheiro!

Atrasos de um, dois ou três dias são explicáveis e negociáveis com os servidores, fornecedores e até com a população, mas quando se trata de atrasos superiores a 30 dias ou de meses sem ter o recebimento devido das parcelas financeiras para a Saúde, como o gestor municipal deve proceder?

As implicações causadas pelo atraso dos repasses aos Municípios vão desde a dificuldade em planejar as ações, o pagamento de servidores e fornecedores e a garantia do Direito à Saúde, e neste caso, refletindo diretamente nos Planos de Governo e de políticas do prefeito.

3.6. Dificuldade de planejamento e execução das ações

Uma das principais queixas registradas pelos gestores municipais em razão do quadro apresentado refere-se à dificuldade de planejar as ações em Saúde em âmbito local. Quando não se tem regularidade de repasses, se torna impossível se comprometer com a prestação dos serviços. O cumprimento do Plano Municipal se torna um desafio, associado a uma espera diária de incentivos pontuais que, a prática mostra, não têm data para chegar ao Fundo Municipal de Saúde.

Nesse contexto, muitos gestores que viveram experiências negativas devido ao atraso de repasses redefinem suas prioridades e preferem não se arriscar, reavaliando a possibilidade da abertura de serviços à população, mantendo somente o mínimo de acordo com suas potencialidades.

3.7. Perda da credibilidade perante a população e os fornecedores

Outro fator de impacto na administração local da saúde originado pelo contexto aqui explicitado refere-se à credibilidade perdida diante da população, dos fornecedores e dos servidores. Politicamente falando, a população não tem condições de associar uma boa gestão quando não encontra o mínimo de serviços em saúde disponíveis e de qualidade em seu Município.

Na prática para os fornecedores, isso resulta em licitações esvaziadas, pois qual empresa fornecerá produtos, insumos ou medicamentos sem previsão de pagamento? Fato é que os atrasos financeiros da União refletem no quantitativo de empresas dispostas a fornecerem o que a administração pública do Município precisa, considerando um mercado competitivo e de interesse financeiro, os atrasos no pagamento e o risco que a empresa corre são transformados em juros extremos e ameaças infindáveis.

Já o servidor deve dominar uma gama de conhecimentos e habilidades das áreas de saúde e de administração, assim como ter uma visão geral do contexto em que elas estão inseridas e um forte compromisso social. Neste sentido, são instrumentos importantes no planejamento, na prevenção de agravos, promoção e assistência à saúde, e se veem totalmente desmotivados tanto pela impossibilidade de planejar suas próprias vidas considerando os atrasos salariais ou por ter de cumprir suas tarefas com pouco ou até nenhum recurso ou insumo.

O gestor de saúde é transformador de recursos: ele utiliza os recursos físicos, humanos e tecnológicos de que dispõe ou que pode obter para produzir serviços de saúde que, por sua vez, são entregues à população. Os insumos utilizados incluem recursos humanos, materiais médicos ou hospitalares, equipamentos e instalações e a tecnologia para operá-los; e todos possuem necessariamente um custo, mesmo que não tenha nenhum gasto direto por eles. Considerando sua importância, a falta de qualquer um destes influencia negativamente na qualidade do atendimento, na motivação profissional e no atendimento à população, sendo mais uma prioridade do gestor, diante de tantas urgências.

3.8. Garantia à Saúde com recursos financeiros insuficientes

O Sistema Único de Saúde (SUS) constitui um moderno modelo de organização dos serviços de saúde que têm como uma de suas características valorizar o nível municipal. Entretanto, apesar de seu alcance social, não tem sido possível implantá-lo da maneira desejada em decorrência de sérias dificuldades relacionadas tanto com seu financiamento quanto com a eficiência administrativa de sua operação.

Sendo assim, a situação posta pelo governo federal é obrigar o Ente municipal a, quando se fala em prevenir o adoecimento, tratar e salvar vidas, ter que lidar e explicar com os atrasos ou falta dos repasses, resposta que não se sobrepõe à garantia do acesso universal e qualificado aos cuidados em saúde. Ressalta-se ainda que essa situação pode levar também a um aumento de demandas judiciais, que em determinadas ocasiões podem ultrapassar financeiramente as condições mínimas de atender uma população inteira em detrimento de um usuário apenas.

3.9. Judicialização da Saúde

Partindo dos contextos de organização e financiamento do SUS face ao fenômeno da judicialização, a área técnica de Saúde da CNM entende que as decisões judiciais, sistematicamente, colidem com o corpus legal que regulamenta as relações do SUS. É no cerne dessa contradição que se origina a reflexão da CNM a respeito da judicialização da Saúde.

Como entidade representativa do Ente municipalista, a CNM não poderia limitar-se à discussão, mas sim avançar alguns passos em direção de estratégias de diminuição da quantidade e do tipo de ações judiciais na Saúde que têm como parte o Município.

(...)

4. Considerações finais

Ao perceber o reconhecimento por parte do CNMP da situação histórica de subfinanciamento da Educação e da Saúde, a CNM entende que este Conselho também reconhece o caos que essa ausência e atrasos dos repasses gera nas gestões municipais, dificultando sobremaneira o acesso das pessoas às políticas. Não é objetivo de qualquer gestor público dificultar a garantia da Educação e da Saúde. O que ocorre atualmente é que, mediante o subfinanciamento, as prefeitas e prefeitos do país se encontram em situações que beiram a calamidade.

Especialmente em momentos de crise, a ausência ou o atraso significativo dos repasses do governo federal ao Ente municipal resultam, entre outras questões, no agravamento do fenômeno da judicialização – em especial dessas duas políticas – Educação e Saúde.

Fonte: Confederação Nacional de Municípios (2016).

A União não se sujeita sanção alguma por causa do descumprimento do piso federal em saúde, já que a pena de suspensão de transferências voluntárias e condicionamento das transferências obrigatórias, por óbvio, a ela não se aplica, como se lê no Decreto 7.827/2012. É preciso, pois, retomar a perspectiva da responsabilidade solidária que o STF tem afirmado no regime de rateio federativamente equilibrado no âmbito do SUS quanto às obrigações de despesa e aos recursos públicos, para avançar no controle das omissões quanto ao repasse suficiente de recursos e ao cumprimento das atribuições de cada qual dos entes políticos nas regiões de saúde e do plano setorial e ascendente que informa tal política pública.

A falta de enfrentamento quanto às frágeis dimensões temporais, financeiras e administrativo-federativas acima expostas (inclusive com os dados trazidos pela CNM) tem imposto inúmeras consequências de desmantelamento do SUS e sobrecarga fiscal para os municípios, incluída a repercussão da judicialização nos moldes em que tem ocorrido. Se não se avançar sobre as suas causas estruturais, continuar-se-á a insistir em soluções parciais e ineficazes sobre os sintomas de tamanho desarranjo federativo na efetividade e equidade do direito à saúde.

Desde o julgamento da suspensão de tutela antecipada (STA) 175, quando houve a primeira audiência pública[248] sobre judicialização da saúde no STF, em abril e maio de 2009, nossa Corte Constitucional almeja debater o direito à saúde pelo prisma da macrojustiça, o que, por óbvio, passa pela pactuação da governança federativa do SUS, pelo financiamento constitucionalmente adequado da saúde e pelo regime de responsabilidade quanto ao descumprimento de ambos.

A maturidade do debate culmina com o agravamento do "estado de coisas inconstitucional" no SUS, sobretudo diante da EC 95/2016, cujo regime assegura, a partir de 2018 e **até 2036**, que o financiamento do direito à saúde será a mera correção monetária das despesas efetivamente pagas.

---

[248] Cujos vídeos e dados documentais encontram-se disponíveis em http://www.stf.jus.br/portal/cms/verTexto.asp?servico=processoAudienciaPublicaSaude

É preciso, pois, promover o enfrentamento das causas sistêmicas[249] da judicialização da saúde, ao invés de remediar seus sintomas, controlando a fragilidade estrutural da política pública em seu arranjo federativo insatisfatoriamente pactuado e em seu financiamento cada vez mais regressivo, sob pena de severo risco de centenas de milhares de mortes de brasileiros e de colapso do SUS em face da pandemia da Covid-19.

Aludido Estado de Coisas Inconstitucional no SUS implica – conforme a hipótese ora defendida – lesão frontal às cláusulas pétreas, não só do direito fundamental à saúde e da garantia do seu financiamento mínimo, como também do pacto federativo, que pressupõe cooperação e solidariedade entre os entes na consecução dos objetivos fundamentais da República brasileira.

3. Da necessidade dos repasses de recursos federais de forma tempestiva, suficiente e federativamente pactuada no Sistema Único de Saúde

A Lei nº 8080/1990 dispôs, em seu artigo 35, sobre critérios de rateio dos recursos da União, obrigatoriamente transferidos para os demais entes federativos, em consonância com o art. 198, § 3º, inciso II da Constituição de 1988. Em igual medida, a Lei Complementar nº 141/2012, em seu art. 17, incorporou o debate sobre a necessidade de suficiente rateio financeiro para cumprimento pleno das pactuações celebradas na Comissão Intergestores Tripartite que administra o SUS nos três níveis da nossa federação.

Muito embora tanto o art. 35 da Lei Orgânica do SUS, quanto o art. 17 da LC 141/2012 regulamentem o art. 198, §3º, II da CF, a União tem deixado de dar concretude ao seu sentido, negando-lhes vigência, a pretexto de alegada restrição fiscal. Como dito, o problema é que o rateio pactuado, do ponto de vista da rede de serviços já contratados no âmbito do SUS, dos repasses fundo-a-fundo e dos programas para fins de transferências voluntárias, tem excedido, em valores monetários, o piso federal

---

[249] Como suscitado por Élida Graziane Pinto e Fernando Facury Scaff em https://www1.folha.uol.com.br/opiniao/2020/03/federalismo-saude-publica-e-macrojustica-na-pauta-do-stf.shtml e https://www.conjur.com.br/2018-nov-07/opiniao-macroliticancia-financeira-pelos-direitos-fundamentais. Acesso em 12 de jun. 2020.

estritamente contábil-formal, daí porque o governo federal tem se olvidado historicamente de cumprir as regras já estabelecidas de incentivos, tem deixado de fazer correção monetária dos valores de referência dos programas (não só da tabela SUS) e até mesmo tem atrasado repasses.

Uma das principais e mais consideráveis causas para o "estado de coisas inconstitucional" em que o SUS se encontra reside precisamente no fato de que nem o art. 35 da Lei Orgânica do SUS, nem o art. 17 da LC 141/2012 foram cumpridos até os dias de hoje. Isso ocorre, porque a União mantém – como critérios para transferências interfederativas de recursos no SUS – os quesitos definidos em inúmeras portarias ministeriais.

São diversas portarias que operam como insuficientes nacos orçamentários e atuam como se fossem uma espécie de incentivo voluntarioso que impõe unilateralmente a extensa agenda federal de execução federativamente terceirizada de programas e projetos mediante precário custeio para os entes subnacionais. Tais portaria descem a detalhes e minúcias[250], que servem de parâmetros para as transferências subfinanciadas, em rota de afronta aos dispositivos citados e, sobretudo, ao art. 198, §3º, II da Constituição.

Aludidos critérios deveriam ser separados nos três eixos abaixo dispostos:

• **Eixo 1,** que incorpora das necessidades de saúde da população de acordo com as dimensões socioeconômica, epidemiológica, demográfica e geográfica, o que aponta para um repasse *per capita* fixo. Seria um critério de equidade federativa no tocante às ações e aos serviços de saúde e que, em época de epidemias regionalizadas, imporia o dever de majoração desse valor *per capita*, de modo sazonal, para satisfazer as necessidades apontadas pela epidemiologia. No caso de uma epidemia nacional, originada por uma pandemia, como a que se está a viver, esse valor *per capita* deve ser expandido exponencialmente para o atendimento das necessidades conjunturais emergenciais.

---

[250] Segundo Lenir Santos, "são mais de 10 mil artigos, afora os parágrafos e incisos a regulamentar o SUS, enquanto o código civil tem 2 mil artigos!"

O repasse em valor *per capita* fixo existente até o advento da Portaria do Ministério da Saúde nº 2.979, de 13 de novembro de 2019, foi extinto[251] e a própria atenção primária em saúde passa a ser financiada pela modalidade de cadastramento de seus usuários e não pelos critérios do eixo 1 da LC 141/2012. O risco é de que haja redução ainda mais abrupta nos repasses federais aos Municípios que não tiverem conseguido concluir o cadastramento antes e mesmo em meio à quarentena imposta como medida de supressão da disseminação do novo coronavírus.

- **Eixo 2,** que incorpora as ações e os serviços de saúde em consonância com a capacidade de cada ente federativo em sua rede de serviços. Esse critério requer que haja repasses de acordo com as responsabilidades pela prestação de serviços de cada ente. Hoje todos os repasses se dão por esse critério, conhecido como faturamento de serviços prestados, medido por sistema de informações do Ministério da Saúde, o qual é alimentado pelos entes e pelas entidades privadas com serviços complementares ao SUS.

Esse critério ainda utiliza tabelas de procedimentos com valores monetariamente defasados e incompatíveis com o custo do serviço, o que é palco de inúmeras reclamações e discussões e até os dias de hoje não resolvidas. Tal impasse decorre do fato de o SUS manter modelo de pagamento da época de existência do extinto INAMPS, não obstante toda a nova estrutura do SUS, que não é mais um eixo assistencial de serviços exclusivamente médico-hospitalares, nem apenas ambulatoriais e de apoio diagnóstico.

---

[251] Conforme noticiado no portal do Conselho Nacional de Saúde (http://conselho.saude.gov.br/ultimas-noticias-cns/925-cns-aprova-recomendacao-pela-revogacao-imediata-da-portaria-2-979) em "Entre os pontos polêmicos da Portaria nº 2.979 está a necessidade de cadastro da população para que seja feito o repasse do incentivo financeiro aos municípios, que deverá considerar as pessoas cadastradas nas equipes de Saúde da Família e de Atenção Primária.
[...] "Penso que não há nenhum questionamento sobre a importância do cadastro para qualificar e servir de base o planejamento do sistema, mas é muito problemático definir isso como critério para esse repasse", afirma Carlos Ocké. "Isso me parece extremamente problemático, do ponto de vista da sustentabilidade dos municípios se, inclusive é reconhecido que os municípios arcam com 70% dos gastos com atenção primária", completa.:

Em tempos de pandemia da Covid-19, o critério de pagamento por serviço prestado (*fee for service*) levará os sistemas de saúde municipais e estaduais e mesmo a rede credenciada de prestadores de serviços privados complementares ao SUS literalmente à insolvência financeira. Todos os serviços que não sejam para combate ao coronavírus ou urgências e emergências estão suspensos.

Tal circunstância acarretará impossibilidade de faturamento dos prestadores de serviços perante o Ministério da Saúde, pelo fato de muitas unidades de saúde serem de atendimentos exclusivos de serviços que estão suspensos e não podem ser utilizados para o combate ao coronavírus porque não são hospitalares, ou seja, não têm essa vocação.

- O **Eixo 3** diz respeito ao reconhecimento do desempenho do ente federativo no ano anterior, o que não é cumprido também até os dias de hoje, pelo fato de não haver critérios e índices de avaliação de desempenho dos serviços em relação à sua qualidade, à eficácia e à efetividade. Esse eixo só poderá ser cumprido após a atual crise da pandemia.

O financiamento do SUS é insuficiente de modo notório e público. Bastariam as ações judiciais para comprovar tal fato, assim como são evidências factuais as intermináveis filas de acesso e a demora na realização de exames, procedimentos etc.

As perdas apuradas no custeio das ações e serviços públicos a partir de 2018 decorrente da mudança de regra do piso federal em saúde estabelecida pelo art. 110 do ADCT, inserido pela EC 95/2016, estão contidas na tabela 15 a seguir:

Todo país tem suas epidemias sazonais, as quais devem ser combatidas preventivamente mediante ações e serviços que evitem risco de agravo à saúde, como é o caso das imunizações e serviços de combates a outros vetores. Pandemias são mais raras, como a que se está a viver neste ano de 2020. Mas elas sempre existiram e devem estar no conceito do art. 196 da Constituição de 1988 acerca da garantia do direito à saúde mediante políticas sociais e econômicas que evitem risco de agravo à saúde. Por isso, o SUS deveria contar em seu fundo nacional de saúde com reservas para situações emergenciais, contingentes com ocorreu na época do vírus zika e agora da atual pandemia.

Tabela 15 – Perdas de Financiamento Federal do SUS a partir de 2018

Ano	Receita Corrente Líquida (RCL) (em R$ milhões correntes)	Valor de Referência para o piso – 15% da RCL (em R$ milhões correntes)	Valor Aplicado – Empenho 2018 e 2019[1] e Autorizado 2020 (em R$ milhões correntes)	Perda Anual (R$ milhões correntes)
	A	B = A x 15%	C	D = B – C
2018	805.348	120.802	116.821	-3.981
2019	905.659	135.849	122.270	-13.579
2020	869.100	130.365	125.443	-4.922
Total				-22.482

Fonte: Elaborado por Funcia, Benevides e Ocke-Reis, adaptado do Ministério da Saúde – Planilhas de Execução Orçamentária e Financeira (2018 e 2019, posição dezembro encerrado), Relatório Anual de Gestão do Ministério da Saúde (2017 e 2018), Secretaria do Tesouro Nacional – Demonstrativo da Receita Corrente Líquida (3º quadrimestre de 2018 a 2019 e 1º bimestre de 2020) e valor empenhado em 2018 e 2019 e autorizado para 2020 do Siga Brasil (2020).

Nota: (1) O valor empenhado em 2019 foi obtido pela dedução da receita dos royalties do petróleo de R$ 344,4 milhões, que deve ser considerada como financiamento de despesa adicional ao piso federal do SUS.

Um sistema de saúde – já fiscalmente estrangulado há 32 anos e com previsão de restrição de custeio por mais 16 anos por força dos efeitos da EC 95/2016 – fatalmente será levado à insolvência financeira de suas estruturas. Até porque, como todas as necessidades de saúde não emergenciais foram suspensas diante da Covid-19, haverá severo risco de descontinuidade na prestação dos serviços. Após a contenção da pandemia, os demais serviços em regime de *fee for service* terão de ser retomados e atendidos, num fluxo do que ficou represado por meses com as necessidades futuras sempre sujeitas a filas intermináveis, ainda mais em saúde mental – absolutamente dilapidada nos dias de hoje.

O quadro da política pública de saúde no Brasil é dramático e o histórico estado de coisas inconstitucional no SUS precisa ser enfrentado pelas instâncias competentes, para que o direito fundamental à saúde possa, de fato, ser assegurado em seu núcleo essencial. Isso somente é factível se o SUS contar com recursos suficientes com a refutação das hipóteses inconstitucionais de retração do seu financiamento.

Em tempos de pandemia da Covid-19, o estresse sobre o SUS, como bem alerta Drauzio Varella, será **brutal**[252] em artigo que avalia cenários da evolução da pandemia no Brasil.

A franca aceleração da judicialização da saúde demonstra que a causa das mazelas da saúde não têm sido enfrentadas. É preciso atuar na saúde de modo sério, conhecendo seus custos e suas necessidades; olhando o financiamento preconizado pela OMS e aplicado por países que nos servem de modelo. Análises formais e focadas em demandas individuais do direito à saúde, meramente jurídicas, desacompanhadas da economia da saúde, não se sustentam e caem no vazio por sua incompletude e desconexão com a realidade.

O Brasil gasta em saúde pública (soma de União, Estados, Distrito Federal e Municípios) R$ 3,60 *per capita*/dia, equivalente a 4,0% do PIB (cerca da metade dos 7,9% do gasto público do Reino Unido segundo a Organização Mundial de Saúde) e esse reduzido valor *per capita* levará o SUS ao mais absoluto estresse nesse momento tão grave. É preciso, pois, que sejam sanadas suas fragilidades estruturais (dado o estado de coisas inconstitucional na política pública de saúde) e garantidas todas as medidas necessárias de contenção da pandemia, para que a população mais vulnerável não seja ainda mais afetada (mais pobre, mais doente e mais exposta ao risco de morte e agravos à saúde de caráter permanente).

Cumpre salientar que muitos cidadãos perderão seus empregos e fontes de renda em consequência da desaceleração das atividades econômicas decorrentes da medida de distanciamento social necessária para enfrentar o novo coronavírus. Inúmeras pessoas também perderão seus planos privados de saúde, ampliando a perda que outros tiveram desde 2015. Todos buscarão atendimento na rede pública de saúde, em expansão significativa da demanda de antigos e novos usuários. Atualmente estima-se em 76% o montante da população que depende exclusivamente do SUS. Ele é um sistema universal onde todos devem ser atendidos por direito, de modo efetivo, seguro e qualitativo.

---

[252] Publicado em https://www1.folha.uol.com.br/colunas/drauziovarella/2020/03/novo-coronavirus-pode-causar-estresse-brutal-sobre-sistema-de-saude.shtml. Acesso em 11 de jun. 2020.

A falta de leitos de terapia intensiva (UTI) também foi objeto de divulgação pela mídia[253], que alertou para o fato de que "nove em cada 10 cidades do país não têm leito de UTI e exportam pacientes". Está bastante claro que o estágio atual da estrutura do SUS é insuficiente para o combate imediato da pandemia, o que guarda relação direta com o subfinanciamento crônico do SUS, agravado pelo desfinanciamento produzido pela Emenda 95/2016.

Esse quadro de subfinanciamento crônico do SUS é ainda mais grave se se considerar que a EC 95/2016 reduziu recursos que já eram insuficientes para a política pública de saúde. Entretanto, mesmo em meio à pandemia, até o dia 13/06/2020, somente havia efetivamente pago cerca de R$11,2 bilhões no enfrentamento sanitário da Covid-19.

A necessidade de recursos adicionais para o SUS no contexto de calamidade pública nacional foi admitida em diversas decisões do Supremo Tribunal Federal. Mas o ritmo e a dimensão do gasto federal ainda estão aquém do necessário. Vale lembrar que a União é o único ente da federação, diferentemente dos governos estaduais e estaduais, que tem meios para buscar recursos adicionais capazes de custear o enfrentamento do estado de emergência sanitária como a Covid-19. Especialmente após a decretação de calamidade pública (Decreto Legislativo nº 6/2020) e da Emenda do Orçamento de Guerra (EC 106/2020), o governo federal pode, por exemplo, financiar-se mediante títulos da dívida pública e emissão de moeda, além de contar com os recursos do Fundo Social do Pré-Sal e mesmo dos ganhos financeiros oriundos da gestão dos valores mantidos em depósito na Conta Única do Tesouro.

Nesse contexto de grave crise sanitária, é também importante que o Ministério da Saúde centre operacionalmente suas ações para o combate dessa pandemia e suspenda qualquer regulamentação de mudanças da política de saúde que coloquem em risco o financiamento da atenção à saúde da população, como por exemplo, tem ocorrido em relação à atenção básica.

---

[253] Disponível em https://noticias.uol.com.br/saude/ultimas-noticias/redacao/2020/03/19/nove-em-cada-10-cidades-do-pais-nao-tem-leito-de-uti-e-exportam-pacientes.htm. Acesso em 11 de jun. 2020.

O atual modelo de financiamento da atenção primária à saúde foi estabelecido pela Portaria 2.979/2019 e entrou em vigor em 2020 sem a necessária aprovação do Conselho Nacional de Saúde, a despeito do que determina a Lei Complementar 141/2012. Estudo do Conselho de Secretarias Municipais de Saúde de São Paulo (COSEMS-SP) estimou perdas em 211 municípios paulistas no valor global de R$ 120 milhões, conforme Nota Técnica[254], cujo trecho se transcreve a seguir:

Os valores totais constantes nas simulações do Ministério da Saúde e CONASEMS demonstram que, apesar de todas as medidas atenuantes do período de transição, na somatória de todas as dimensões previstas, 211 municípios paulistas perdem em comparação ao projetado para o exercício de 2019 (aproximadamente 120 milhões de reais). Já os incrementos projetados na somatória das dimensões são de 209 milhões para 434 municípios. Porém, é importante salientar que aproximadamente 25% destes incrementos não são ganhos reais, pois se referem à atualização salarial dos ACS e o restante refere-se ao credenciamento nos novos programas que atingem uma pequena parcela dos municípios (COSEMS-SP, 2019).

Vale ressaltar a observação final de que os incrementos apurados para 434 municípios, de fato, inexistem, pois, se referem à atualização salarial dos Agentes Comunitários de Saúde e dependerão do credenciamento de novos programas que estão acessíveis a pequena parcela dos municípios paulistas.

Se não houver cadastramento de novos usuários pelas equipes de saúde da família, muitos municípios terão redução financeira das transferências do Fundo Nacional de Saúde. Para que isso não ocorra, será preciso manter o esforço de cadastramento pelas equipes de servidores em prejuízo do atendimento emergencial à população, fato grave e temerário em tempos de pandemia do coronavírus.

Além de não ter sido submetida à aprovação do Conselho Nacional de Saúde, faz-se necessária suspensão dos efeitos da Portaria do Ministério da Saúde nº 2.979/2019, para manter a transferência regular e automática do Piso de Atenção Básica-fixo (PAB-fixo) aos municípios segundo os critérios populacionais, os quais também foram extintos por essa Portaria.

---

[254] Disponível em https://www.conasems.org.br/cosems/nota-tecnica-cosems-sp-novo-modelo-de-financiamento-da-atencao-primaria-em-saude/. Acesso em 11 de jun. 2020.

Conclusões

Ao longo do capítulo, sustentou-se a necessidade de reconhecimento formal do estado de coisas inconstitucional na política pública de saúde brasileira, que preexistia à pandemia da Covid-19 e que será por ela agravado.

Vale lembrar que a gravidade e o caráter absolutamente extraordinário da situação – a maior crise mundial de saúde desde a pandemia de influenza de 1918 – foram reconhecidos formalmente pelos seguintes instrumentos normativos no ordenamento jurídico brasileiro:

- Lei 13.979, de 6 de fevereiro de 2020, que "dispõe sobre as medidas para enfrentamento da emergência de saúde pública de importância internacional decorrente do coronavírus responsável pelo surto de 2019";
- Decreto Legislativo 6, de 20 de março de 2020,[255] que reconhece estado de calamidade pública, com efeitos até 31 de dezembro de 2020, e, nos termos do art. 1.º, § 2.º, da Lei 13.979/2020;
- Portaria 356, de 11 de março de 2020,[256] do Ministro de Estado da Saúde, que regulamentou a lei e definiu que "o encerramento da emergência de saúde pública de importância nacional está condicionada à avaliação de risco realizada pela Secretaria de Vigilância em Saúde do Ministério da Saúde"; e
- Emenda Constitucional 106, de 7 de maio de 2020, também denominada "Emenda do Orçamento de Guerra", a qual instituiu "regime extraordinário fiscal, financeiro e de contratações para enfrentamento de calamidade pública nacional decorrente de pandemia."

Todavia, as razões para esse considerável risco de insuficiência de atendimento à população brasileira no âmbito do SUS não podem ser imputadas apenas à pandemia da Covid-19. A fragilização da capacidade operacional do sistema público de saúde tem ocorrido paulatinamente,

---

[255] *DOU*, seção 1 Extra, 20 mar. 2020, p. 1.
[256] *DOU*, seção 1, 12 mar. 2020, p. 185.

como comprova notícia[257] de que, entre 2009 a 2020, foram extintos cerca de 34,5 mil leitos de internação no Brasil.

Some-se a isso o fato de que o perfil epidemiológico da doença pode ser ainda mais agressivo na realidade nacional e atingir não só os idosos, mas também a faixa etária dos 47 a 50 anos. Segundo a pneumologista e pesquisadora da Escola Nacional de Saúde Pública da Fundação Oswaldo Cruz, Dra. Margareth Dalcomo[258], as más condições de vida da maioria da população brasileira trazem considerável risco de agravamento da Covid-19 e de sua evolução para pneumonia severa em face dos índices proporcionalmente altos de tuberculose em comunidades superpopulosas (a exemplo das favelas e presídios).

Nesse contexto de demanda urgente de atendimento à pandemia da Covid-19, a crise do SUS emerge como realidade ainda mais dramática, que colocará em risco de morte centenas de milhares de brasileiros por força das sucessivas restrições interpretativas, emendas constitucionais e operações contábeis que, historicamente, causaram – direta ou indiretamente – retrocesso ao direito à saúde e mitigado suas garantias de financiamento e de arranjo federativo-orgânico no âmbito do SUS.

A pandemia da Covid-19 tem exigido dos sistemas de saúde de todas as nações um esforço hercúleo para prevenção e redução do contágio, bem como para mitigação dos danos ocasionados à saúde daqueles acometidos com os problemas respiratórios decorrentes. A velocidade da proliferação do vírus, somada à necessidade de mobilização de equipes, serviços e leitos de UTI por longos períodos para tratamento daqueles afetados, tem causado níveis de estresses em sistemas de saúde melhor financiados que o SUS, como é o caso da Itália, Espanha e Inglaterra.

Não é demasiado alertar que, além da pandemia do coronavírus, o Brasil vivencia, simultaneamente[259], as sazonais epidemias da dengue,

---

[257] Como se pode ler em https://saude.estadao.com.br/noticias/geral,brasil-perdeu-34-
-5-mil-leitos-de-internacao-entre-2009-e-2020,70003243158. Acesso em 11 de jun. 2020.

[258] Em entrevista concedida ao jornal O Globo, que se encontra disponível em http://www.ensp.fiocruz.br/portal-ensp/informe/site/arquivos/anexos/d5382480b4c86924ea23a-199865745c0ad0ef3c2.PDF. Acesso em 12 de jun. 2020.

[259] Conforme noticiado em https://saude.estadao.com.br/noticias/geral,estamos-com-
-tres-epidemias-simultaneas-diz-secretario-do-ministerio-da-saude,70003249641. Acesso em 11 de jun. 2020.

gripe e H1N1, bem como o recrudescimento de doenças antigas, como o sarampo e sífilis. Diante do subfinanciamento crônico na saúde, o cenário de colapso do SUS será ainda mais prejudicial não apenas pela pandemia da Covid-19, mas também por essas outras doenças que assolam o Brasil.

Estudo recente[260] aponta estimativa de mortes no Brasil por conta da Covid-19 que pode variar de 240.281, com taxa de infecção total de 10%, e, aplicando as taxas de letalidade de casos chineses, a 2.010.405, com base em taxa geral de infecção de 50%, e com a aplicação de taxas de letalidade italianas.

É nesse sentido que o Secretário Geral da Organização das Nações Unidas (ONU), o Sr. António Guterres, indicou em pronunciamento logo após a declaração da pandemia global que a superação da crise causada pelo coronavírus passa, necessariamente, pela **ampliação dos gastos com saúde**, de modo a "atender às necessidades urgentes e ao aumento da demanda – expandindo testes, reforçando instalações, apoiando os profissionais de saúde e garantindo suprimentos adequados – com total respeito aos direitos humanos e sem estigma."

No Brasil, reconhecer o problema do subfinanciamento do SUS e enfrentá-lo estruturalmente é a única solução capaz de situá-lo em seu devido patamar sistêmico, porque hábil a reconhecer que as medidas necessárias à sua resolução devem levar em conta, na forma da ADPF 347, "uma multiplicidade de atos comissivos e omissivos dos Poderes Públicos da União, dos Estados e do Distrito Federal, incluídos os de natureza normativa, administrativa e judicial."

Diante da forma limitada como tem sido interpretado o dever de gasto mínimo federal em ações e serviços públicos de saúde (ASPS) previsto no art. 198 da Constituição, faz-se necessária a fixação do preceito de que o piso constitucional não é apenas uma equação matemática que vincula determinado volume de recursos a um conjunto aleatório de despesas. Há conteúdo e finalidades substantivas a serem cumpridos por meio do dever de aplicação mínima de recursos em saúde, em um arranjo federativo que prima pela redução das disparidades regionais e pelo rateio equilibrado das responsabilidades e receitas entre os entes.

---

[260] R.Martinez (Pan American Health Organization), P.Lloyd-Sherlock (University of East Anglia) and the PICHM expert consortium (https://www.corona-older.com/).

Para fins do art. 196 e de toda a governança federativa do SUS, é imprescindível o rateio federativo dos recursos com o enfoque do art. 198, §3º, II (progressiva redução das disparidades regionais), o que foi parcialmente regulamentado no art. 35 da Lei 8.080/1990 e no art. 17, §1º da LC 141/2012. Daí emerge a pactuação das obrigações e responsabilidades de cada ente da federação no SUS por meio da Comissão Intergestores Tripartite e aprovada pelo Conselho Nacional de Saúde, como primária fonte do que deveria ser o conteúdo material do piso em ações e serviços públicos de saúde, ao que se somam os planos previstos na legislação sanitária.

Como debatido ao longo do capítulo, se a União pactuou na CIT e gerou compromissos federativos com os entes subnacionais, ela, naturalmente, precisa cumprir tal pactuação, em consonância com as necessidades de saúde da população e com o levantamento dos riscos epidemiológicos (conforme o art. 198, §3º, II da CF); ainda que, eventualmente, venha a ser formalmente excedente ao piso inscrito no art. 110 do ADCT, sob pena de lesão ao dever de gasto mínimo material e ao pacto federativo, além de ofensa à mais básica concepção de boa-fé nas relações jurídicas. **O mesmo raciocínio se aplica a alguns dos Estados que não cumprem o pactuado na Comissão Intergestores Bipartite – CIB (art. 19, §1º da LC 141/2012, em conformidade com o art. 198, §3º, II da CR/88).**

Eis o contexto em que se buscou elucidar algumas das causas sistêmicas da judicialização da saúde, ao invés de remediar seus sintomas. Nesse intuito é que se apresenta, como síntese final, um conjunto de sugestões que visam ao controle da fragilidade estrutural da política pública em seu arranjo federativo insatisfatoriamente pactuado e em seu financiamento cada vez mais regressivo, sob pena de severo risco de centenas de milhares de mortes de brasileiros e de colapso do SUS, agravado em face da pandemia da Covid-19.

Para enfrentar o estado de coisas inconstitucional no custeio da política pública de saúde brasileira, reputa-se necessário cumprir o seguinte rol de medidas corretivas e preventivas:

- realização de transferências interfederativas de recursos fundo-a--fundo no âmbito do SUS pelos critérios do art. 35 da Lei 8080/1990 e do art. 17 da LC 141/2012, os quais regulamentam o art. 198, §3º, II da Constituição de 1988. Tal medida implica repasses em montante superior ao previsto no art. 110 do ADCT, inserido pela EC 95/2016, e suspensão temporária dos critérios estabelecidos pela Portaria do Ministério da Saúde nº 2.979/2019, para que sejam mantidas as transferências mensuradas em valores *per capita* e não por usuário cadastrado no sistema de informação a que a Portaria se refere;

- cumprimento integral e imediato de todas as pactuações federativas celebradas pela Comissão Intergestores Tripartite – em favor dos Estados, DF e Municípios – que estejam pendentes de portaria de habilitação de ações e serviços públicos de saúde pelo Ministério da Saúde por falta de correspondente fonte de custeio perante o controle da execução orçamentária exercido pelo Ministério da Economia, por força de limites de empenho e/ou de pagamento impostos àquele Ministério;
- transferência voluntária de recursos adicionais em caráter extraordinário e proporcional ao aumento de necessidades dos entes para contenção da pandemia, na forma do parágrafo único do art. 18 da LC 141/2012;
- manutenção do pagamento aos prestadores de serviços credenciados no SUS (sobretudo as entidades sem fins lucrativos) pelos valores não faturados (em regime de remuneração *fee for service*) em caso de motivada suspensão da execução terceirizada de ações e serviços públicos de saúde por força da pandemia da Covid-19. Para tal medida de resguardo da solvência financeira da rede terceirizada de prestadores de serviços credenciados do SUS, o mês de fevereiro de 2020 deverá ser considerado como base de cálculo de faturamento mínimo a ser mantido. Para fins do controle a que se refere o art. 48-A da Lei de Responsabilidade Fiscal (Lei Complementar nº 101, de 4 de maio de 2000), deverá ser resguardado também o dever de transparência, mediante publicação concomitante das respectivas despesas com manutenção da rede assistencial em saúde no portal da transparência de todos os entes federativos;
- recomposição imediata da perda financeira decorrente da mudança de regra no piso federal em saúde a partir de 2018, apurada em R$ 22,5 bilhões, conforme Tabela 1, causada pela regra de cálculo estabelecida pela Emenda Constitucional 95/2016 (na forma do art.

110 do ADCT). Trata-se aqui de sustar, durante a vigência da Lei 13.979/2020, a incidência do art. 110 do ADCT e garantir – sem prejuízo dos itens anteriores – a aplicação federal mínima em ações e serviços públicos de saúde fixada na forma do art. 198, §2º, I da CF;
- imposição do dever de levantamento semanal coordenado nacionalmente pela Comissão Intergestores Tripartite (a que se refere o art. 14-A da Lei 8.080, de 19 de setembro de 1990) das demandas sanitárias e respectivas respostas tempestivas para resguardar sua célere execução orçamentário-financeira do total de recursos necessários por cada ente da federação. Busca-se determinação de diagnóstico coordenado nacionalmente – de forma transparente e mediante publicação em sítio oficial – de todas as demandas de despesas a serem realizadas na governança federativa do SUS, em caráter extraordinário e adicional às dotações orçamentárias já em execução, para o enfrentamento sistêmico e suficiente da pandemia do novo coronavírus;
- realização pelo Ministério da Saúde dos repasses interfederativos imediatos e integrais para execução das despesas diagnosticadas pela CIT como necessidades de saúde da população na forma do item anterior em cada Estado, DF e Município;
- vedação ao Executivo Federal de que promova, como se configurasse acréscimo real de recursos para as ações e serviços públicos de saúde durante a vigência da Lei 13.979/2020, a abertura de crédito extraordinário, em favor do Ministério da Saúde, mediante mero remanejamento contábil de dotações (fontes de custeio) do próprio Ministério;
- aplicação, durante o prazo de vigência da Lei 13.979/2020, de todos recursos disponíveis no Fundo Social do Pré-Sal (a que se referem os arts. 47 a 60 da Lei 12.351/2010) nas ações e serviços públicos de saúde e no financiamento de atividades de ciência e tecnologia que se fizerem necessários ao enfrentamento da pandemia da Covid-19. Trata-se de apoiar os gestores do SUS e as instituições públicas de ensino superior e de pesquisa habilitadas para que possam demandar e promover produção de kits de testagem, equipamentos de proteção individual, aparelhos e insumos mínimos necessários para criação de unidades intensivas e semi-intensivas de urgência (respi-

radores, monitores multiparametrizados e bombas de infusão, entre outros) e de outros tipos de unidades de atendimento de saúde de diferentes tipos de complexidade;
- imposição de dever ao Ministério da Saúde para que realize, ampla e ostensivamente, testes na população em condições de suspeita de infecção do coronavírus (Covid-19), bem como dever de levantamento, consolidação e divulgação nacional dos dados estatísticos sobre os casos confirmados, suspeitos e em investigação a que se refere o art. 6º da Lei 13.979/2020;
- criação de central nacional de regulação unificada de leitos públicos e privados em unidades de tratamento intensivo, sob responsabilidade do Ministério da Saúde, enquanto perdurar a vigência da situação que levou à edição da Lei nº 13.979/2020; e
- levantamento da demanda total de recursos para resguardar atendimento suficiente no SUS da demanda reprimida por ações e serviços públicos de saúde que for liberada após o período crítico de contenção da pandemia em esforço planejado e suficiente de retorno ao cotidiano operacional do sistema público de saúde brasileiro, que ordinariamente tem atuado sempre além de suas capacidades.

O elenco acima é meramente exemplificativo e visa subsidiar o debate das medidas necessárias ao enfrentamento da pandemia da Covid-19. Não obstante sua natureza contingente e circunstancial, é preciso extrair sentido estrutural dos impasses revelados durante a calamidade pública daí decorrente.

O aprendizado que tem sido dramaticamente incorporado pela sociedade brasileira é o de que não se assegura direito fundamental à saúde, sem financiamento juridicamente estável e fiscalmente progressivo.

É preciso, pois, impregnar a agenda fiscalizatória de todos os órgãos de controle para que se ocupem de tal impasse estrutural é um dos maiores desafios atuais à efetividade desse direito, sobretudo em face das necessidades de saúde da população que deveriam perfazer, a cada ciclo de planejamento sanitário e orçamentário, as suas metas de atendimento universal e integral, na forma do art. 196 da Constituição.

Referências

COMPARATO, Fábio; PINTO, Elida Graziane. Custeio mínimo dos direitos fundamentais, sob máxima proteção constitucional. In: *Consultor Jurídico*, [S.l.] dez.2015. Disponível em http://www.conjur.com.br/2015-dez-17/custeio-minimo-direitos-fundamentais-maxima-protecao-cf. Acesso em: 15 de jun. de 2020.

CONFEDERAÇÃO NACIONAL DOS MUNICÍPIOS. *Subfinanciamento da Educação e da Saúde*. Brasília, 2016. Disponível em http://www.cnm.org.br/cms/biblioteca_antiga/Subfinanciamento%20da%20Educa%C3%A7%C3%A3o%20e%20da%20Sa%C3%BAde%20(2016).pdf. Acesso em: 15 de jun. de 2020.

CONSELHO NACIONAL DE SAÚDE. Resolução nº 551, de 6 de julho de 2017. Disponível em http://www.conselho.saude.gov.br/resolucoes/2017/Reso551.pdf. Acesso em: 15 de jun. de 2020.

CONSELHO NACIONAL DO MINISTÉRIO PÚBLICO. Recomendação nº 48, de 13 de dezembro de 2016. DOU 1º/02/2017. Sugere parâmetros para a atuação do Ministério Público no controle do dever de gasto mínimo em saúde. Art. 4º, inciso XXIV. Disponível em http://www.cnmp.mp.br/portal/component/normas/norma/4717?catid=400.

PINTO, Élida Graziane. Descompasso federativo no financiamento da saúde pública brasileira. *Consultor Jurídico*, [S.l], abr. 2015. Disponível em: http://www.conjur.com.br/2015-abr-04/elida-pinto-descompasso-federativo-financiamento-saude. Acesso em: 15 de jun. de 2020.

PINTO, Élida Graziane. Estado de Coisas Inconstitucional na política pública de saúde brasileira. In. *Futuros do Brasil: Ideias para ação*. Rio de Janeiro: Centro de Estudos Estratégicos da Fiocruz, 2017. Disponível em http://www.cee.fiocruz.br/sites/default/files/Artigo_Elida_Graziane.pdf. Acesso em: 15 de jun. de 2020.

PINTO, Élida Graziane. *Financiamento de direitos fundamentais e federalismo: um estudo comparativo sobre a progressividade constitucionalmente conquistada na educação e a guerra fiscal de despesa na saúde do pós-EC 29/2000*. 2010. Tese de Pós-Doutorado. Rio de Janeiro: Escola Brasileira de Administração Pública e de Empresas, Fundação Getúlio Vargas.

PINTO, Élida Graziane. *Financiamento dos direitos à saúde e à educação: uma perspectiva constitucional*. Belo Horizonte: Fórum, 2015.

PINTO, Élida Graziane. Mínimos minorados na iminência do seu congelamento por 20 anos. *Consultor Jurídico*, 25/04/2017. Disponível em https://www.conjur.com.br/2017-abr-25/contas-vista-minimos-minorados-iminencia-congelamento-20-anos. Acesso em: 15 de jun. de 2020.

PINTO, Elida Graziane; BAHIA, Alexandre Melo Franco de Moraes; SANTOS, Lenir. O financiamento da saúde na Constituição de 1988: um estudo em busca da efetividade do direito fundamental por meio da equalização federativa do dever do seu custeio mínimo. *A & C Revista de Direito Administrativo e Constitucional*, Curitiba, v. 16, n. 66, 2016. Disponível em: http://www.revistaaec.com/index.php/revistaaec/article/view/366. Acesso em: 15 de jun. de 2020.

PINTO, Élida Graziane; SARLET, Ingo Wolfgang. Regime previsto na EC 86/2015 deve ser piso e não o teto de gasto em saúde. *Consultor Jurídico*, [S.l.], mar. 2015. Disponível em http://www.conjur.com.br/2015-mar-24/gasto-saude--previsto-ec-862015-piso-nao-teto. Acesso em: 15 de jun. de 2020.

PIOLA, Sérgio; PAIVA, Andrea Barreto de; SÁ, Edvaldo Batista de; SERVO, Luciana Mendes Santos. *Financiamento público da saúde*: uma história à procura de rumo. Brasília: IPEA, julho de 2013. Texto para Discussão nº 1846, p. 14. Disponível no endereço http://www.ipea.gov.br/portal/images/stories/PDFs/TDs/td_1846.pdf. Acesso em: 15 de jun. de 2020.

SANTOS, Isabela Soares. A solução para o SUS não é um Brazilcare. *Rev. Eletron Comun Inf Inov Saúde*, [S.l.], v.10, n. 3, jul/set. 2016.

SANTOS, Lenir. *Os desafios da gestão interfederativa do SUS*. Campinas: Saberes Editora, 2013.

SARLET, Ingo Wolfgang. *A eficácia dos direitos fundamentais*: uma teoria geral dos direitos fundamentais na perspectiva constitucional. 10. ed. Porto Alegre: Livraria do Advogado, 2009.

VIEIRA, Fabiola Sulpino; PIOLA, Sérgio Francisco. *Texto para Discussão Ipea nº 2225 – Restos a Pagar de despesas com ações e serviços Públicos de saúde da União*: impactos para o financiamento federal do Sistema Único de Saúde e para a elaboração das contas de saúde. Brasília – DF: IPEA, 2016 (Texto para discussão). Disponível em http://www.en.ipea.gov.br/portal/images/stories/PDFs/TDs/td_2225.pdf. Acesso em: 15 de jun. de 2020.

VIEIRA, Fabiola Sulpino; PIOLA, Sérgio Francisco. *Texto para Discussão Ipea nº 2260 – Implicações do contingenciamento de despesas do Ministério da Saúde para o financiamento federal do Sistema Único de Saúde*. Brasília – DF: Instituto de

Pesquisa Econômica Aplicada, 2016 (Texto para discussão). Disponível em http://repositorio.ipea.gov.br/bitstream/11058/7363/1/td_2260.pdf. Acesso em: 15 de jun. de 2020.

14. Desafios do Distanciamento: Propostas de Seguro-Destrabalho e Inovação Social[261]

JOSÉ ROBERTO AFONSO

Introdução

A limitação da proteção social já existia, mas poucos se importavam e a agenda nacional a evitava. O coronavírus só transformou em físico o distanciamento que era social e econômico, uma realidade para parcela enorme e crescente da população, sobretudo a brasileira, sem acesso ao emprego formal.[262]

Mesmo outra, e menor, parcela da população, mais qualificada e com maior renda, também não tinha acesso à proteção social plena e o coronavírus escancarou a ela que tentar ficar rico ou milionário não é suficiente para lhe assegurar saúde e renda.

Estas reflexões defendem a tese do distanciamento anterior ao coronavírus e sugerem alternativas ao debate visando o enfrentamento e a solução desse tremendo desafio, econômico e social, que passará, inevitavelmente, por mudanças radicais nas políticas públicas.

1. Desafios Velhos e Novos

O Estado de Bem-Estar Social (*Welfare State*) foi organizado no pós-guerra a partir da Europa, em torno de um elemento essencial: o salá-

---

[261] O texto constitui uma versão ampliada e revisada do artigo publicado pelo autor no Portal Poder 360, sob título "Isolamentos, seguro-destrabalho e empreendedorismo social", em 3/4/2020, disponível em: https://bre.is/jtedAqs9
O economista Bernardo Motta Monteiro respondeu pelos serviços auxiliares de pesquisa.
[262] Relatório da Organização Internacional do Trabalho mostrou que apenas 38,6% da força de trabalho mundial está coberta por leis de benefícios de proteção ao desemprego – Ver: World Social Protection Report 2017–19, OIT, 2017. Disponível em: https://bit.ly/2JwtVNw

rio.²⁶³ Empregador e empregado contribuem sobre a base da folha salarial para ter benefícios de regimes (públicos ou privados) de previdência, de auxílios em caso de doença, acidente ou perda de emprego, as vezes também para saúde.

Interessante observar que o emprego já deixou de ser sinônimo de trabalho há alguns anos e em todo o mundo. Ainda que que seu número tenha aumentado, sempre existiram trabalhadores sem qualquer registro, os informais.

Nesse sentido, revela-se que a novidade são os trabalhadores independentes, formalizados como microempreendedores (MEI) e como empresas individuais ou até coletivas de um grupo de profissionais (inscritas no Simples ou no lucro presumido) – que se somaram ou substituíram os registrados como autônomos.²⁶⁴ Esse efeito foi muito mais intenso no Brasil, onde uma parcela crescente de trabalhadores não mais são assalariados e recebem como autônomos e, cada vez mais, por meio de pessoas jurídicas, inclusive firmas individuais e microempreendedores individuais. Segundo dados apresentados pelo Instituto Brasileiro de Geografia e Estatística, no final de 2019, os empregados com carteira de trabalho correspondiam à apenas 37,5% dos trabalhadores ocupados, enquanto os donos de negócios já respondem por 30,7%.

A alcunha comum de pejotização leva a dois erros crassos: supor que foi o trabalhador quem optou por se tornar pessoa jurídica e não o empregador que prefere contratar serviços ao invés da carteira assinada; e ignorar que o trabalhador é o dono do negócio. Do médico renomado

---

[263] Se a crise mundial atual ressuscita novamente John Maynard Keynes, é pena que ainda não se chegou a relembrar sua participação nos debates ingleses do chamado Plano Beveridge, que para muitos foi o pilar básico do *Welfare State*. Keynes não escondia que gostava muito de estruturar um programa público forte de seguro-desemprego do que de aposentadorias e pensões e também alertava para o custeio não ser demasiado dependente da folha salarial. Abordamos isso em nosso livro "Keynes, Política Fiscal e Crise", da Saraiva/IDP, 2012 – ver: https://bre.is/pTM46Jw7

[264] A publicação da consolidação das declarações do IRPF do ano-base de 2017 mostra que de um total de 29 milhões de declarantes, 29,8% se declararam empregados de empresas privadas contra 24,6% ditos capitalistas, proprietários de empresa e trabalhadores por conta própria, de modo que no Brasil se tem 0,82 proletário para cada 1 capitalista.

à assistente de enfermagem nos hospitais ou do engenheiro ao peão da construção civil, trabalhador deixou de ser empregado.

Recentemente, a Organização para a Cooperação e Desenvolvimento Econômico (OCDE) publicou interessante relatório apresentando resultados de uma pesquisa com 44 ministros do trabalho de países da OCDE, União Europeia e G20, acerca das políticas públicas adotadas em respostas às mudanças no mercado de trabalho. Um dos pontos de atenção destacados pelos países foi justamente a vulnerabilidade dos trabalhadores da "zona cinzenta" entre o emprego dependente e o emprego individual (OECD, 2020).

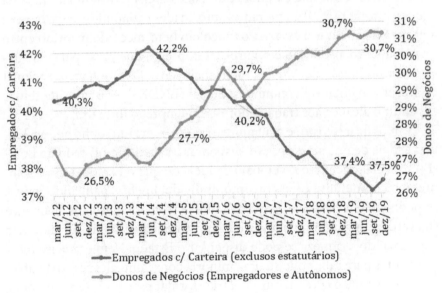

Gráfico 10 – Trabalhadores com Carteira x Donos de Negócios: Em % dos Trabalhadores Ocupados (2012-2019)

Fonte: Adaptado PNAD Contínua/IBGE (2020).

Discutindo o aparente trilema entre estratégia epidemiológica, rede de proteção social básica estabilidade política, Blofield e Filgueira (2020) destacam que na América Latina, quase metade da população economicamente ativa depende do setor informal, e que em dois terços dos países mais do que 66% das crianças vivem, em média, em lares sem acesso à segurança social.

Trabalho da Organização Internacional do Trabalho (OIT) (2020) mostra que, com 43,2%, o continente americano é aquele cuja parcela da força de trabalho está em setores em risco pelo *lockdown* é maior, na Ásia, por exemplo, esse percentual é de 37,9.

Seja quem perdeu o emprego e o seguro-desemprego, quem nunca nem emprego teve ou os que perderão o emprego no futuro próximo por conta da automação maciça (não apenas das fábricas, mas sobretudo dos serviços), uma parcela enorme, crescente e majoritária dos trabalhadores já não é abrangido pela proteção social clássica – mesmo antes de se saber o que é Covid-19.

Em que pese debate no exterior, inclusive com alertas de organismos multilaterais, a questão da quebra do pacto social tem sido ignorada na agenda brasileira[265]. Para piorar, as autoridades econômicas continuam a agir para desmontar e esvaziar o único elo bem sucedido mantido entre financiamento, produção e seguro-desemprego, que passa pela vinculação entre o Fundo de Amparo ao Trabalhador (FAT) e Banco Nacional de Desenvolvimento Econômico e Social (BNDES) – ao invés de tentar expandir o alcance aos trabalhadores sem emprego formal[266].

"Vamos ficar ricos, e se der, muito e rápido" – era um sonho que acalentava a ideia de que seria possível dispensar e substituir o Estado do Bem-Estar Social, inclusive no embalo da ideia de que o Estado, todo e sempre, é incompetente e/ou corrupto. Individualmente, ganhando muito, se pode ter seu próprio seguro de saúde e formar e gerir sua poupança (na verdade, uma minoria investe em previdência privada). Ficando rico e queimando a riqueza se pode dispensar o Estado. Nem é preciso mostrar contas para saber que só uma minoria conseguiu alcançar esse objetivo. Aí aparece o coronavírus para transformar esse sonho em pesadelo,

---

[265] Ver, por exemplo, "*Age of Insecurity: Rethinking the social contract*", *Finance & Development*, FMI, 2018. Disponível em: https://bit.ly/342o1x1

[266] Afonso (2018)

pois, toda riqueza, não lhe impede de vir a ser infectado e, em sendo, de ter acesso ao necessário tratamento intensivo.[267]

1.1. Sem emprego, sem previdência, sem estado

O coronavírus só destampou a panela da pressão que iria explodir em algum momento, mas se ignorava, por inépcia governamental e por preguiça intelectual. Por imposição, os pobres já estavam alijados de qualquer proteção social. A classe média e os ricos se auto distanciaram do Estado, supondo que sua poupança seria suficiente para comprar toda a proteção necessária. Logo, a novidade do coronavírus foi exigir o distanciamento físico e explicitar o distanciamento social e econômico já existente.[268] Mais ainda, deixou claro que nada se resolverá apelando ao "cada um por si" porque Deus não dá conta de todos.[269]

Desafios imensos precisarão ser resolvidos em pouco tempo e não há mais contradição entre saúde versus economia, setor público versus privado.[270] O desafio imediato é o da saúde e, a essa altura, ninguém mais dúvida que é preciso investir pesadamente no sistema público, não só

---

[267] Mesmo o conservador Financial Times, em editorial recente, defendeu a necessidade de reformas com participação ativa do Estado. *"Governments will have to accept a more active role in the economy. They must see public services as investments rather than liabilities and look for ways to make labour markets less insecure. Redistribution will again be on the agenda; the privileges of the elderly and wealthy in question"*. ("Virus lays bare the frailty of the social contract", Financial Times, 03/04/2020. Disponível em: https://on.ft.com/2VhoY0m)

[268] Algumas contradições trazidas à tona pela crise do novo coronavirus já tem sido abordadas pelos veículos de imprensa, como em **"Nada disso é 'normal': como a Covid-19 escancara velhas "anomalias do Brasil"**, UOL, 06/04/2020. Disponível em: https://bit.ly/2XjiBfL Acesso em 15 de jun. 2020.

[269] Analisando os efeitos do shut*down* sobre a economia italiana, Figari *et al* (2020) concluem estimam um aumento esperado entorno de 15 p.p. na taxa de pobreza dentre os trabalhadores de setores afetados e aproximadamente de 8 p.p. na população em geral. Os autores também alertam que *"It is clear that the effects of the Covid-19 pandemic are asymmetric and particularly relevant from an economic perspective for some families and less for others, despite the compensation measures implemented by the government. It is crucial to take into account such unequal distribution of the shock if the economic consequences are expected to last long."*

[270] Interessante ver desenvolvimento da tese em **"Como Conter a Curva no Brasil? Onde a Epidemiologia e a Economia se Encontram"**, de Rache, Nunes, Rocha, Lago e Fraga, IEPS – em https://bre.is/XKok4aqq. Acesso em 15 de jun. 2020.

para derrotar o Covid-19, como, sobretudo, para melhor enfrentar uma nova pandemia.[271] É um esforço e orçamento de guerra.[272]

Já está claro no debate brasileiro que, também, tão premente quanto o desafio da saúde, é o desafio social e econômico, sob risco alto e crescente de convulsão e desordem pública.[273] É preciso, inicialmente, proteger e, depois, reinserir na sociedade e na economia os milhões que já estavam vivendo à sua margem.[274] Alguns literalmente viviam de migalhas e, com o coronavírus, até essas eles perderam. De imediato, precisam de comida e sobreviver – que seja via bolsa-família[275]. Vencida a pandemia, precisarão de oportunidades para viver dignamente, que significa: trabalhar, ter renda e consumir, como um trabalhador e não como um miserável. [276]

A nível global, Sumner *et al.* (2020) ao analisarem impacto econômico potencial de curto prazo da Covid-19, estima que o nível de pobreza global pode aumentar pela primeira vez desde 1990, o que representaria um

---

[271] É possível consultar diversos instrumentos de acompanhamento das políticas de resposta à crise adotadas por governos ao redor do mundo, atualizados periodicamente, tais como: para política econômica, ver "Policy Responses to Covid-19" do FMI (disponível em https://bit.ly/34iZZOA); para medidas tributárias, "Tracking Economic Relief Plans" da Tax Foundation (em https://bit.ly/3bTrWit); para ações proteção social, "Social Protection Monitor on Covid-19" da OIT (https://bit.ly/3dTRTAd); especificamente para medidas de confinamento, saúde e fiscal, "Country Policy Tracker" da OCDE (https://bit.ly/2RfZ9wK). Acesso em 15 de jun. 2020.

[272] Artigo recente publicado em site da empresa de consultoria McKinsey adota a mesma ideia alertando para governos se prepararem para o enfrentamento de uma guerra, focando em seis aspectos "i) saúde pública fundamental, (ii) conformidade social, (iii) capacidade do sistema de saúde, (iv) proteção à indústria (v) proteção dos vulneráveis e (vi) saúde econômica". Disponível em: https://mck.co/3fN0KEI Acesso em 15 de jun. 2020.

[273] Alexandre Scheinkman destaca como foco apoio a saúde, informais e pequenas e médias empresas. Disponível em: https://bit.ly/39vLqIc. Acesso em 15 de jun. 2020.

[274] Cabe lembrar, por exemplo, que no Brasil entre 2014 e 2019 o número de desalentados, isto é, aqueles que não buscam emprego, mas gostariam de ter um, cresceu de um milhão e meio de pessoas em para cinco milhões. (BCB,2020)

[275] Para uma análise compreensiva das medidas de proteção social e ao emprego ao redor do mundo, ver o *living paper "Social Protection and Jobs Responses to Covid-19: A Real-Time Review of Country Measures"*, coordenado por Ugo Gentilini do Banco Mundial. Disponível em: https://bit.ly/39ui90s. Acesso em 14 de jun. 2020.

[276] Ricardo Paes de Barros defendeu ideia semelhante em entrevista à Folha de São Paulo. Disponível em: https://bit.ly/2JOWea7. Acesso em 15 de jun. 2020.

retorno a situação de uma década atrás, em algumas regiões podendo chegar a níveis de 30 anos atrás. No cenário mais extremo o número de pessoas na pobreza poderia aumentar entre 420 a 580 milhões.

Ainda que o dinâmica do distanciamento social e o consequente impedimento ao exercício do trabalho ocorra de maneira similar nos países desenvolvidos e emergentes, a estrutura socioeconômica na qual ela se dá é bastante distinta, especialmente no que se refere ao nível de formalidade. O Banco Mundial (2020) alerta que na América Latina, muitos trabalham por conta própria e a informalidade é comum mesmo entre assalariados, logo a proteção da renda e o alcance das transferências é um desafio consideravelmente maior do que nas economias mais formais. A Organização Mundial do Trabalho escreve no mesmo sentido, destacando que nos "países de baixa e média renda, os setores mais afetados têm uma alta proporção de trabalhadores em empregos informais e trabalhadores com acesso limitado a serviços de saúde e proteção social" (OIT, 2020).

A aprovação da Lei 13.982/2020, que dispõe do auxílio emergencial aos trabalhadores informais é parte integral da estratégia de resposta à crise do Covid-19. A partir dos critérios de elegibilidade previsto pela lei e utilizando microdados da Pesquisa Nacional por Amostra de Domicílios (PNAD), Souza *et al.* (2020) estimaram cerca de 59,2 milhões de indivíduos como elegíveis ao benefício emergencial, o que, no cenário mais otimista, poderia representar uma população impactada direta ou indiretamente de 117,5 milhões. Já trabalhando com um total de 79,9 milhões de beneficiários., acerca do custo fiscal da medida, a Instituição Fiscal Independente do Senado Federal estima um cenário base para a despesa com o auxílio emergencial na ordem de R$ 154,4 bilhões no acumulado de 2020, sendo que o valor exato dependerá da evolução do desemprego e da renda da população nos próximos meses, o que por sua vez, ainda é muito incerto[277] (CASALECCHI, 2020).

O desafio não é voltar para onde se estava antes, mas sim caminhar para uma nova realidade socioeconômica. No nível pessoal, ninguém sairá

---

[277] Para o caso norte-americano, por exemplo, Bernstein, Richter e Throckmorton (2020) estimam um cenário base em que a taxa de desemprego atinja seu pico de 19,7% dois meses após o choque, e demore um ano para retornar a 5%.

da pandemia com os mesmos hábitos ou com a mesma visão de mundo, que se tinha até poucos dias atrás. No coletivo, é hora de promover reformas estruturais radicais – aliás, que no Brasil, até o médio prazo, provavelmente pouco ou nada terão a ver com a agenda debatida até então. Um simples vírus acabou com o ideário liberal de que individualmente se pode nascer ou ficar tão rico que tudo se pode comprar e dispensando o poder público. Sem a saúde pública, um conceito que vai além da medicina, só se sobrevive fugindo e se trancando no fim do mundo.[278]

Romper o distanciamento, muito anterior ao coronavírus, de milhões de brasileiros, é uma oportunidade ímpar que, paradoxal ou tragicamente, ora se abre com o coronavírus.

2. Propostas

O caminho mais fácil seria manter e fortalecer o estado do bem-estar social, mas assentado sobre outras bases de financiamento, que não apenas o salário. Ou seja, buscar outras fontes de recursos para custear a política social. De forma pioneira, a Constituição de 1988 já diversificou o custeio da seguridade social, para alcançar também vendas e lucros do empregador, porém, acredito que o conceito nunca foi devidamente assimilado – tanto que aos poucos a previdência social voltou a se vincular apenas a contribuição salarial e se desvinculou da receita de contribuições, que se tornaram impostos disfarçados. Gastos com previdência e assistência dispararam, sem qualquer preocupação em serem compensados.

Curiosamente, as despesas com saúde ficaram para trás, o que faz do Brasil, dentre as grandes economias, dos governos que menos responde pelo gasto nacional com tal função, apesar de ter um dos maiores sistemas públicos de saúde (SUS) do mundo[279]. De acordo com dados da

---

[278] Nesse sentido, Laura Carvalho, professora da FEA-USP, alerta que "Se a correlação de forças atual não permitir a adoção das medidas necessárias para mitigar os vetores de concentração de renda, riqueza e poder que essa crise já está trazendo em seu auge, não há razões para esperar que depois seja diferente". Disponível em: https://bit.ly/2WTKjxH. Acesso em 13 de jun. 2020.

[279] André Medici, pesquisador do Banco Mundial, sempre alertou para o baixo gasto público do sistema de saúde brasileiro. Ver, por exemplo: "Desafios para a Cobertura Universal em Saúde no Mundo e no Brasil". Disponível em: https://bit.ly/39mD2uQ. Acesso em 15 de jun. 2020.

OCDE, 57% do gasto com saúde no Brasil é privado, em nossa vizinha Colômbia, por exemplo, este percentual é de apenas 26%.[280] A execução do Sistema Único de Saúde (SUS) é extremamente descentralizada – na realização direta do gasto público com assistência hospitalar, 50% cabe aos Estados e 45% aos Municípios.[281] Também na assistência social, salvo o pagamento da bolsa em si, as prefeituras tem papel chave em cadastrar e acompanhar beneficiários, bem assim em gastos diretos – com abrigos e restaurantes populares.

Não basta, portanto, só repensar as fontes de financiamento (que agora será a nova prioridade de uma reforma tributária), como será preciso atentar como nunca se fez para o conceito de seguridade social. Torna-se necessário tratar de forma consistente e harmônica saúde, assistência e trabalho[282]. Previdência deixou de ser prioridade neste momento – simplesmente porque é preciso continuar vivo para poder se aposentar.

2.1. Seguro-Destrabalho

Inicialmente, importa registrar que, tão urgente e unânime quanto o desafio da saúde é o fato de que só o poder público poderá dar renda e trabalho aos que já estavam distanciados, social e economicamente.

Dentre tantas medidas, é uma oportunidade única para se criar, em poucas semanas, um novo **seguro-destrabalho**, uma expansão inevitável

---

[280] OCDE, Health Spending. Disponível em: https://bit.ly/3arIT3n. Acesso em 12 de jun. 2020.

[281] O governo federal pesa mais no critério de financiamento, mas os demais governos predominam com larga folga no de execução das despesas com a função saúde, sobretudo na assistência direta. Em 2018, em um exercício preliminar para eliminar transferências intergovernamentais, Kleber Castro estima que R$ 287 bilhões tenham sido gastos com tal função, tendo a União respondido por 41% do total, pela ótica do financiamento, e apenas 14%, pela ótica da execução, contra 35% dos Estados e 50% dos Municípios. Estes concentram o gasto com a subfunção de saúde básica – 50% do total. Na subfunção de assistência hospitalar, a que mais importa diretamente no combate do coronavírus, 50% do gasto é realizado diretamente pelos Estados e 45% pelos Municípios, respondendo a União por irrisórios 5% do total dispendido no País em 2018. A fonte primária é a consolidação dos balanços públicos divulgada anualmente pela STN.

[282] Como alertam Kerstenetzky e Waltenberg (2020), "There is no viable individual strategy. To fight the current crisis, we must revive all the mechanisms of institutionalized social solidarity available, and create new ones"

e inovadora do seguro-desemprego, ao qual só acessa quem perde um emprego com carteira. É preciso, ao menos, oferecer o seguro a quem provar que trabalhava em algum arranjo formal – como autônomo, MEI, ou firma individual. Por meio de um modelo keynesiano de choque de oferta, Guerrieri *et al.* (2020) concluíram que a política pública ótima para resposta à crise passa pelo pagamento de seguro social aos trabalhadores afetados pelo *lockdown*.

De imediato, não há dúvida que é preciso distribuir mantimentos e cadastrar e pagar às pressas um benefício assistencial como bolsa--família[283]. No entanto, é importante distinguir trabalhadores em distanciamento dos pobres e miseráveis – ainda que, com a pandemia, os dois grupos se tornaram iguais na desgraça. Aqueles trabalhavam, ainda que de forma precária, e, em sua maioria pretendem voltar a trabalhar, por isso, o ideal seria converter o benefício assistencial imediato em um outro vinculado ao trabalho. Os valores podem até ser diferentes, pois o importante é que eles sejam preparados para voltar a trabalhar e de forma integrada na economia e na sociedade. Cabe destacar que o tempo para voltar ao mercado de trabalho não será igual entre as ocupações.[284] A taxa de contratação/retorno terá variações intrassetoriais, tanto por aspectos conjunturais de baixa demanda agregada, em função da redução da massa salarial das famílias e da fragilidade financeira das firmas, que priorizará o consumo de bens e serviço essenciais quanto por questões estruturais de cada setor, por certo quem trabalhava como motorista de aplicativo terá menos dificuldade em retornar à normalidade do que aquele que gerenciava apartamentos par alojamento local de turistas.

Enquanto receber o **seguro-destrabalho**, a exemplo do que já está previsto hoje no seguro-desemprego, o trabalhador poderia, ou deveria,

---

[283] No contexto brasileiro, um dos primeiros a se aprofundar nas medidas de proteção social foi Marcelo Medeiros, como em: "Coronavírus: 8 medidas de proteção social que precisam ser tomadas já". Disponível em: https://bit.ly/3dreMuG. Acesso em 15 de jun. 2020

[284] Para Ricardo Paes de Barros, a transferência de renda poderá durar por um ano ou mais, ainda que de forma mais focalizada. "'País tem conjunto de pessoas invisíveis para o governo', diz economista", O Globo, 08/04/2020. Disponível em: https://glo.bo/2XAiKLV. Acesso em 15 de jun. 2020

receber formação e treinamento, para melhorar sua qualificação e suas chances de conseguir algum

trabalho, para lhe permitir dispensar o benefício.[285] O coronavírus (de novo) veio acelerar as mudanças no futuro das profissões e das relações trabalhistas.[286] [287]

A ideia proposta ressoa com a apresentada por OCDE (2019), que destaca como sistemas de proteção social foram originalmente concebidos para os trabalhadores de tempo integral, e que em muitos países os trabalhadores independentes não têm acesso a mesma rede de benefícios. Nesse sentido, são discutidas propostas de políticas públicas para fortalecer a proteção social desses trabalhadores, como a extensão dos benefícios aos trabalhadores independentes, incluindo seguro-desemprego.[288] São destacadas as experiências da Espanha, Irlanda, Lituânia e outros, bem como a recente recomendação do Conselho Europeu acerca

---

[285] Ainda que voltado para PME's. a China vem oferendo, sem custos, treinamentos técnicos e de gestão online bem como promovendo digitalização dos negócios e a adoção de *cloud*. Para panorama das políticas para PME's ao redor do mundo ver *"Tackling Covid-19 :SME Policy Responses"*, OCDE,2020. Disponível em: https://bit.ly/2VsvbqB. Acesso em 14 de jun. 2020

[286] Ainda que enfoque seja na governança, veja Heather McGowan, *"How the Coronavirus Pandemic Is Accelerating The Future of Work"*, Forbes, 23/03/2020 – https://bre.is/HXnVs2Ya. Acesso em 14 de jun. 2020

[287] Paulo Millet traz para a discussão da presente crise as ideias de Kai-Fu-Lee acerca dos possíveis impactos da inteligência artificial no emprego, em especial com relação as medidas dos "Três Rs: Reciclar (o conhecimento das pessoas), Reduzir (a carga de trabalho) e Redistribuir (a renda)". Ver "Emprego, Trabalho, Renda?" em: https://bit.ly/2xAGsNC. Acesso em 14 de jun. 2020

[288] Mesmo nos Estados Unidos já há quem defenda mudanças no mesmo sentido. Em entrevista ao jornal Washington Post, o republicano Henry M. Paulson Jr., ex-secretário do tesouro e ex-Goldman Sachs, reconheceu, *"We must significantly upgrade our social safety net while maintaining incentives to work. Without a job, millions of Americans lack the savings to meet next month's rent or mortgage payment without government assistance. When workers such as those in the hospitality sector have an annual average income of only $20,000, lectures about the need to save are ineffective. We need a more robust system of supplemental income and monthly food, rent and health insurance assistance"*. https://wapo.st/2xQJJsa. Acesso em 15 de jun. 2020

do acesso à proteção social dos trabalhadores por conta de terceiro e por conta própria.[289]

É bem verdade que o Brasil já tem uma das experiências mais bem sucedidas do mundo no que tange ao Fundo de Amparo ao Trabalhador, mas que hoje só ampara ao empregado formal, um segmento menor e mais integrado. Sem maiores mudanças institucionais, a sua estrutura deveria ser ampliada para integrar quem hoje está distante da economia e da sociedade. Enquanto em tempos normais o Fundo de Amparo ao Trabalhador (FAT) financiaria o **seguro-destrabalho**, agora, em momento de guerra, os recursos seriam complementados a partir do aumento da dívida pública.[290] Ressalta-se, outrossim, que o aporte no FAT financiado por dívida, consiste mera reposição dos recursos retirados do fundo ao longo dos anos, justamente para pagar dívida pública. Não custa lembrar que de acordo com dados do Ministério do Trabalho, entre 1995 e agosto de 2019, o FAT teve uma perda liquida de R$ 289 bi, em valores atualizados e capitalizados pela Selic.

Importa registrar que alguns especialistas apontaram à criação de novos tributos como uma possível forma de financiar, ainda que parcialmente, o enfrentamento da presente pandemia.

Corroborando com entendimento de Kerstenetzky e Waltenberg (2020b), a presente crise sanitária configura uma conjuntura crítica capaz de provocar uma inflexão no debate nacional sobre a reforma tributária no Brasil, e botar a questão da justiça fiscal como uma de suas principais pautas.

Recentemente, em artigo de jornal, Fábio Pereira dos Santos e Ursula Dias Peres defenderam a instituição de uma Contribuição Social Emergencial sobre Altas Rendas, que com alíquotas progressivas de 10%, 15% e 20% sob faixas entre 15 e 40, 40 e 80 e acima de 80 salários mínimos

---

[289] Ver recomendação do Conselho nº 387/01 de 8 de novembro de 2019. Disponível em: https://bit.ly/3b8r0a5. Acesso em 14 de jun. 2020

[290] Na Áustria, por exemplo, o fundo de provisões corporativas foi alargado em 2008, e passou a incluir os trabalhadores por conta própria e freelance, com uma contribuição de 1,53% sobre o valor pago. Yeyati e Sartorio (2020), defende um esquema similar para trabalhadores independentes.

mensais, sobre toda e qualquer renda, os autores estimam uma arrecadação de cerca de 140 bilhões de reais no ano.[291]

Não podemos vender nova ilusão aos distanciados de que agora se conseguirá que sejam integrados na proteção tradicional através do tão sonhado emprego com carteira. É ainda mais difícil com a automação e digitalização que chegará de forma esperada e tão avassaladora para destruir postos de trabalho quanto a inesperada pandemia.[292] Cabe destacar que, em pesquisa recente com quase 3000 executivos, 36% responderam que já estavam tomando medidas para acelerar processo de automação em resposta à presente crise, enquanto outros 41% reconheciam necessidade de reavaliar seus planos na mesma direção (EY, 2020).

O poder transformativo da crise atual nas relações de trabalho já pode ser observado, por exemplo, no aumento da demanda por tele-trabalhadores. O *Online Labour Index*, da Universidade de Oxford, que mede evolução do mercado de plataformas de recrutamento de trabalhadores digitais – *digital freelancers* – revela que apesar de uma redução inicial na demanda por trabalho online, em função de um queda generalizada da produção e da renda, países como Coreia do Sul, Alemanha e EUA já apresentam uma reversão de tendência, o que pode significar uma substituição de trabalhadores *in-loco* por força de trabalho remota.[293] Espera-se que essa tendência persista em algum nível mesmo findada a crise, e muitos do que perderam emprego, não tornarão a tê-lo novamente, e ainda por cima, passarão a ter concorrência de tele migrantes por postos de trabalho. Mesmo depois de passada a crise mais aguda do coronavírus, como há a possibilidade de se alternar períodos de quarentena e não, isso deve acelerar a transformação de emprego formal em trabalho independente. O avanço da digitalização da economia contribuirá diretamente para essa

---

[291] "Por uma Contribuição Social Emergencial para enfrentar a Covid-19", Estadão. 11/04/2020. Disponível em: https://bit.ly/35R1DHH. Acesso em 14 de jun. 2020

[292] A Organização Mundial do Trabalho estimou uma perda de até 24,7 milhões empregos em função do coronavírus. Ver: *"Covid-19 and the world of work: Impact and policy responses"*, OMT, 2020. Acesso em: https://bit.ly/2wW9BlQ. Acesso em 12 de jun. 2020

[293] Ver "The pandemic depresses online labour markets, but some countries are bouncing back – Insights from South Korea, Germany, and the United States". Disponível em: https://bit.ly/360gj7w. Acesso em 15 de jun. 2020.

tendência, pois o próprio setor de plataformas deve acelerar o uso que já fazia de trabalhadores contratados por projetos temporários.

Trabalho recente da Comissão Europeia (FANA *et al.*, 2020), acerca dos impactos do *lockdown* no mercado de trabalho europeu, alerta que o impacto das estrições à atividade econômica provavelmente se concentrará nos segmentos mais vulneráveis da população, especificamente nos trabalhadores com menores rendimentos e piores condições de emprego. Importa mencionar que, para a comunidade europeia, dentre os trabalhadores auto-empregados, aproximadamente 22% estão ligados a setores totalmente fechados.

Nesse sentido, cabe salientar que analisando a literatura acerca dos desafios do futuro do trabalho no Brasil frente à "quarta revolução industrial", Maciente, Rauen e Kubota (2019) identificaram uma alta vulnerabilidade do país às novas demandas tecnológicas, em função da baixa qualificação e utilização de habilidades de alto nível. Como possíveis propostas, ressaltam a melhoria de todos os níveis do sistema de educação, bem como a implantação de um sistema de informações ocupacionais e a coordenação das políticas de educação, recolocação profissional e treinamento profissional.

2.2. Empreendedorismo Social

De plano, esclareça-se, preliminarmente a necessidade de buscar alternativas como no caso do chamado empreendedorismo social.[294]

Prestar serviços comunitários ou vender serviços e bens públicos com uma visão capitalista, não como mera filantropia.[295] Individualmente, a integração do trabalhador distanciado poderia passar por migrar do seguro-destrabalho por se tornar uma forma de MEI-Social (simboli-

---

[294] O tema tem ganho cada vez mais destaque no Fórum Econômico Mundial, especialmente através da Fundação Schwab para o Empreendedorismo Social, refletindo, por exemplo no Manifesto Davos 2020. Disponível em: https://bit.ly/2Uw4YrP_Acesso em 14 de jun. 2020.
Inovação Social é objeto de política pública adotada em Portugal, que conta com estrutura governamental própria para financiar ações nessa direção – ver: https://inovacaosocial.portugal2020.pt/ . Acesso em 14 de jun. 2020.
[295] Iniciativa na mesma direção já está sendo noticiada em Portugal – ver: https://bre.is/HUR2HEYe. Acesso em 14 de jun. 2020.

camente, poderia ser interessante qualificar como uma nova e especial categoria de MEI, mas aproveitando todo aparato legal e estrutura administrativa que já assiste a esse programa, sob liderança do SEBRAE).[296] Assim, a recente redução da contribuição ao Sistema S pela metade por três meses, representa um passo na direção errada, em um momento em que justamente é preciso fortalecer e utilizar essa instituições.[297] Seria uma forma de prestador de serviços temporários para órgãos públicos, para o chamado terceiro setor e mesmo diretamente para empresas privadas. Em país de dimensão continental, as prefeituras poderiam liderar a mobilização local, inclusive com políticas de compras públicas dirigidas aos pequenos produtores e prestadores de serviços de suas redondezas. As possibilidades são infinitas e simples.[298]

Uma cozinheira, por exemplo, poderia trabalhar algumas horas por semana como merendeira numa escola pública ou privada, recebendo pelo tempo de serviço. Ainda nos tempos de distanciamento físico, poderia ser estimulada ou mesmo contratada pelo governo para vender marmitas (quentinhas) a seus vizinhos, com entrega na porta da casa, sem contato físico. Já um barbeiro, por exemplo, como seu trabalho exige contato físico, não poderá exercer sua função na primeira hora do combate a pandemia, mas, enquanto isso, ele poderia fazer um curso a distância, disponível em seu celular, quando não no computador[299].

Sob tal ponto, Gerad, Imbert e Orkin (2020) destacam que alguns países em desenvolvimento já se valem de programas de serviço público

---

[296] Ver portal: http://www.portaldoempreendedor.gov.br/. Acesso em 14 de jun. 2020.
[297] Acerca do financiamento do "Sistema S" ver "Repensando o financiamento do "Sistema S", por José Roberto Afonso e Kleber Castro", Poder 360, 09/04/2020. Disponível em: https://bit.ly/3a6TqzX. Acesso em 14 de jun. 2020.
[298] Por exemplo, muitos acreditam que infraestruturas urbana e digital das cidades podem mudar em um mundo pós-pandemia. As prefeituras podem aproveitar mão de obra e negócios locais para avançar nesse sentido. Ver *"Cities after coronavirus: how Covid-19 could radically alter urban life"*, The Guardian, 26/03/2020. Disponível em: https://bit.ly/2UNeKoo. Acesso em 13 de jun. 2020.
[299] Jonathan Dingel e Brent Neiman mostram que 34% dos empregos nos EUA podem ser realizados de maneira remota, alertando para possíveis quedas de produtividade. No Brasil, esse percentual deve ser ainda menor. Ver: *"How Many Jobs Can be Done at Home?"*, Becker Friedman Institute, 2020 – Disponível em: https://bit.ly/3bIjm65 Acesso em 15 de jun. 2020

como instrumento de combate à pobreza e desemprego, integrada a *safety net*, como por exemplo a Lei Nacional de Garantia do Emprego Rural Mahatma Gandhi na Índia e o Programa Rede de Segurança Produtiva da Etiópia. Os autores argumentam que, no momento atual, as condicionalidades desses programas devem ser temporariamente suspensas, a fim de incluir a parcela da população afetada pela crise.

Nesse ínterim, o **seguro-destrabalho** asseguraria um piso mínimo de renda, quando não tem nenhum trabalho ou complementando o que se obtém com trabalhos temporários. Na era da big data não faltam recursos tecnológicos e com poucos recursos financeiros se pode integrar cadastros e criar um que seja realmente único e nacional, com um só número de identificação dos trabalhadores.[300] Cabe salientar a importância do Cadastro Único, que proporcionou celeridade na identificação de 51,4 milhões de pessoas de sua base aptas para o recebimento do auxílio emergencial. Do mesmo modo, se destaca o processo de regularização dos CPFs, uma exigência da lei, em que a Receita Federal habilitou a inscrição de novos CPFs por e-mail, sem custos. [301]

Quando os microempreendedores viram microempresas, ou mesmo firmas de menor ou médio porte, é o momento próprio para os integrar na revolução da economia digital. Muito das vendas presenciais podem passar para o comércio eletrônico, mesmo agora, enquanto temos limitações de movimento devido ao confinamento.[302] Novamente, com poucos recursos financeiros e tecnológicos, governo, entidades empresariais (o Sistema S) e mesmo grandes empresas nacionais, podem organizar pla-

---

[300] Ainda nesse sentido é preciso aprofundar iniciativa de governo eletrônico, como uma identidade digital única capaz de centralizar registro civis. Para uma análise dos casos da Estônia e Espanha, ver: "A gestão da identidade e seu impacto na economia digital". Banco Interamericano de Desenvolvimento, 2017. Disponível em: https://bit.ly/347iYeL. Acesso em 13 de jun. 2020

[301] Ver "Mais de 51 milhões de pessoas no Cadastro Único são indicadas a receber o auxílio emergencial", Ministério da Cidadania, 13/04/2020. Disponível em: https://bit.ly/2yeupW8. Acesso em 13 de jun. 2020

[302] Uma recente pesquisa de opinião no Brasil (da FSB, em 27/3/2020) revelou que apenas 33% já compravam online e tão somente 7% pretende passar a fazer. Ou seja, é preciso um suporte, até estatal, para mudar hábitos e isso significa que há muito potencial a ser explorado, sobretudo em favor das MPEs e MEI.

taformas que estimulem a compra e a venda de mercadorias produzidas no país, nas regiões mais próximas a cada consumidor. A pandemia botou em causa a ideia de concentrar a produção mundial em poucos centros. O Brasil tem um dos maiores mercados consumidores do mundo e deve tirar proveito disso – a começar até mesmo para aplicação das vacinas, quando surgirem (convidando laboratórios a se instalarem no país). Muito do que hoje vem do outro lado do planeta poderá e deverá migrar para ser feito dentro do país ou do continente.

Ciente da importância do empreendedorismo social no enfrentamento à pandemia da Covid-19, importa registrar que no exterior já existem iniciativas nessa direção.[303] Recentemente mais de 40 organizações globais, lideradas pelo Fórum Econômico Mundial, se juntaram para formar as *"COVID Response Alliance for Social Entrepreneurs"*. A aliança conta com uma rede de mais de 15.000 empreendedores, que impactam mais 1,5 bilhões de pessoas em 190 países por meio de novos modelos de mudanças mais inclusivos e equitativos, em áreas como saúde, energia, educação, saneamento etc.[304]

2.3. Retomada por Investimentos Sociais

Investimento pesado em saúde pública para a salvar e evitar nova pandemia tem a vantagem de ser grande gerador de empregos e efeito multiplicador na economia.[305] Resolver de vez e rapidamente a absurda falta de saneamento são oportunidades para obras que impulsionam a economia.

---

[303] Também já existem movimentações no Brasil. "O legado da pandemia é a colaboração, dizem empreendedores sociais", Folha de São Paulo, 01/05/2020. https://bit.ly/2Li3FY7. Acesso em 13 de jun. 2020

[304] Ver Covid Response Alliance for Social Entrepreneurs. https://bit.ly/2WIDjUt Acesso em 15 de jun. 2020

[305] A última Conta Satélite da Saúde no Brasil mostra que atividades de saúde aumentaram de 6,1% para 7,6% o peso na geração do valor adicionado bruto, entre 2010 e 2017, bem assim de 5,3% para 7,1% no total de postos de trabalho no mesmo período, com remunerações acima da média da economia – tanto que respondiam por 9,6% do total nacional em 2017. Ver Contas Nacionais n. 71 em https://bre.is/UFkfgmtE Acesso em 13 de jun. 2020

O governo pode realizar diretamente ou em parcerias com o setor privado[306]. Sempre que possível o governo deve direcionar os seus esforços para mobilizar os trabalhadores distanciados.[307] Enquanto em algumas economia avançadas as compras públicas tem sido utilizadas enquanto instrumento estratégico para promover produtos e serviços inovadores e sustentáveis, de forma análoga, o que se propõe é que o governo brasileiro utilize seu poder de comprador para promover inclusão social, no enfrentamento da presente crise.[308] Uma versão mais ousada é proposta por Saez e Zucman (2020), em que, por um curto período de tempo, o governo atua como um "comprador de ultima instancia", garantindo a demanda das firmas para que essas possam honrar suas obrigações durante período de "hibernação".

A saúde será mais pública, universal e ampliada do que nunca. O trabalho e a assistência terão que ser organizados de forma a integrar os distanciados. Resta o problema futuro de se rediscutir a previdência desses trabalhadores[309] que, se possível, não deveriam ter que depender de renda mensal vitalícia depois de aposentados.

Nesse sentido, o SUS pode ser importante não apenas no combate à crise de saúde, como é obvio, mas também uma oportunidade de geração de renda, combinando a saída sanitária com a socioeconômica.[310]

---

[306] A economista italiana, Mariana Mazzucato, escreve no mesmo sentido, alertando para a necessidade do Estado se capaz de negociar arranjos que traduzam os investimentos públicos em retorno efetivo para a população. Ver: "Capitalism's Triple Crisis", Project Syndicate, 30/03/2020. Acesso em: https://bit.ly/2VdkE29. Acesso em 13 de jun. 2020

[307] O governo português, por exemplo, contratará temporariamente os desempregados para ajudarem nos lares, hospitais e outras entidades sobrecarregados devido à Covid-19. Ver: "Covid-19. Governo vai chamar os desempregados para ajudar entidades", RTP. Acesso em: https://bit.ly/2ysvXMo

[308] Para uma análise compreensiva de políticas e práticas de compras públicas para inovação ao redor do mundo, ver *"Public Procurement for Innovation: Good Practices and Strategies"*, OCDE. 2017. Disponível: https://bit.ly/2xEU61X Acesso em 13 de jun. 2020

[309] Já tratamos desse tema em artigo com Deborah Arcanchy, "A (in)seguridade social do futuro", na Conjuntura Econômica, out./2019 – em: https://bre.is/jkLrGoQ2 Acesso em 13 de jun. 2020

[310] Para o contexto norte-americano ver "How Do We Exit The Shutdown? Hire An Army Of Public Health Workers", Kaiser Health News, 13/04/2020. https://bit.ly/2WLgwY3 Acesso em 14 de jun. 2020

O Serviço Nacional de Saúde britânico, por exemplo, é tido como um dos maiores empregadores do mundo e o maior da Europa[311]. Com mais de 1,3 milhões de empregados em todo o Reino, aproximadamente 1 cada 20 trabalhadores britânicos, um trabalha para o sistema de saúde.[312]

Na Libéria, os desempregados estão trabalhando como agentes de saúde comunitários em medidas de prevenção e controle, atuando na promoção de higienização e distanciamentos social., por exemplo. Outros países como Malawi, Etiópia e até o estado do Alaska já tiverem experiências com o treinamento de agentes comunitários para o combater uma pandemia, inclusive com a remobilização de forças para combater episódios seguintes.[313]

De fato, entende-se que o saneamento público representa outra frente de ação de investimento social, com potencial para combinar questões de saúde pública e progresso socioeconômico. Como já ressaltado, frente a um cenário de restrição fiscal crônica, é preciso que se desenvolvam arranjos institucionais e modelo de parcerias inovadores, em especial aqueles capazes de combinar atores públicos e privados. Dentre outras possiblidades, uma ideia é criar forma de Parceria Público Privada, caracterizada pela constituição de uma empresa de controle público, mas com gestão privada e financiamento de mercado. [314]

Com o coronavírus, muitos descobriram que não tem como sobreviver se perderem o trabalho e a renda, se ficarem doentes ou se ficarem inválidos – ou seja, a proteção deles é nula. Incentivos corretos podem estimular a formação de poupança previdenciária,[315] ao menos para os trabalhadores mais qualificados e com renda, que antes não se preocupavam em como viver depois de se aposentarem.

---

[311] Ver: https://bit.ly/2VdnLbT Acesso em 15 de jun. 2020

[312] Ver "O que é e como funciona o SUS britânico", Nexo, 14/04/2020. Disponível em: https://bit.ly/2XEiLyj Acesso em 15 de jun. 2020

[313] The job description for a Covid-19 community health worker – and how this could fight US unemployment. World Economic Forum. 31/03/2020. https://bit.ly/2zrrOc8. Acesso em 14 de jun. 2020.

[314] A ideia é desenvolvida em maiores detalhes por Afonso e Biasoto Jr. (2007).

[315] Para um debate no Brasil, ver estudo que coordenamos para ABRAPP, "Poupança Complementar e Poupança Doméstica: Desafios Gêmeos no Brasil", de 2015, em: https://bre.is/e8UMxRkL Acesso em 14 de jun. 2020.

3. Nada voltará a ser o que era antes

Vencido o coronavírus, economia e sociedade não voltarão para a normalidade anterior a pandemia. A história será outra.[316]

Urge vencer vários desafios ao mesmo tempo. O da saúde, inclusive para evitar novas pandemias, mas também o do distanciamento de trabalhadores que já não contavam com nenhuma proteção social muito antes do coronavírus. Dentre outras medidas, é uma boa hora para ampliar e transformar o seguro-desemprego em um **seguro-destrabalho**. Este não seria um benefício assistencial como é o bolsa-família – que, aliás, pode e deve ser pago de imediato no combate à crise social. Ainda que fonte de recursos e estrutura governamental para conceder o novo benefício possa ser a mesma do seguro-desemprego (ou seja, também ser financiado e amparado pelo FAT), é importante usar nova denominação e deixar bem claro que o novo benefício é um seguro para outro contingente de trabalhadores e que, por suas peculiaridades, exigirá condicionalidades.

A proposta é um novo seguro social, com o qual se busca construir uma nova forma de proteção a todos os trabalhadores – e não apenas àquela parcela que tem emprego formal.[317] Condicionar este novo benefício à formação e retreinamento desses trabalhadores para se tornarem melhores microempreendedores, não só para produzir mais, como para trabalhar em serviços públicos e comunitários. Isto também ajuda a recuperar e até a manter consumo (porque tais trabalhadores sem renda ou de baixa renda consumirão imediatamente tudo do pouco que ganharem).[318]

---

[316] Ver Isaac Chotiner em *"How Pandemics Change History"*, The New Yorker, 30/03/2020 – ver https://bre.is/bra5SwKt. Acesso em 14 de jun. 2020.

[317] O próprio Banco Mundial, em publicação recente, já alertava para as mudanças no mercado de trabalho, a quebra do contrato social e a necessidade de um de um nível mínimo universal de proteção social, especialmente na economia informal, através de reformas em subsídios, na regulação do mercado de trabalho e na política tributária – *"World Development Report 2019: The Changing Nature of Work"*, 2019. Disponível em: https://bit.ly/3ayoMjL Acesso em 14 de jun. 2020.

[318] O órgão fiscal do congresso americano, ao analisar o impacto do pacote de estímulo promulgado em 2009 para enfrentar a crise financeira, estimou que o efeito multiplicador dos gastos com medidas relacionadas a benefícios de desemprego e serviços de saúde foi superior aos de cortes de impostos para os mais ricos, diferimento de impostos e outros. Ver: *"Estimated Impact of the American Recovery and Reinvestment Act on Employment and Eco-*

Mais interessante é conciliar a proteção social com estímulo a retomada da economia.[319][320] Se faz mister alertar para o padrão de consumo diferenciado da população. No caso brasileiro, uma análise dos dados da POF, ajuda a ilustrar como aquelas com menor renda gastam maior parte de seus rendimentos, do que aqueles mais ricos. O gráfico abaixo mostra como o padrão de consumo população mais pobre a deixa muito mais vulnerável à crise atual, tendo em vista que gastos básicos representam uma maior parcela de seu orçamento, em comparação com os mais ricos, cujos gastos que podem ser adiados ou cancelados correspondem a mais da metade do total que realizam.

Paradoxalmente, o veneno pode virar antídoto porque certamente tudo que os mais pobres receberem de benefício deve se transformar em consumo e isso ajudar a impulsionar a economia (mais até do que os salários e outras rendas do extremo oposto da pirâmide social em que não se consegue gastar tudo que se ganha, agora mesmo que quisesse, porque o confinamento lhe impede).

Cabe registrar que essa crise atingirá especialmente o setor de serviços. Dados preliminares do Índice Cielo do Varejo Ampliado mostram que o faturamento do setor de serviços caiu 46,0% em março, em comparação com o mês anterior, enquanto os setores de bens duráveis e bens não duráveis registraram, respectivamente, variações de -33,7% e 3,2%.[321]

Além de evidenciar o desemparo dos mais pobres, os dados da POF ajudam a ver como o montante do **seguro-destrabalho**, iria, assim como acontece com o bolsa-família, se transformar quase que integralmente

---

nomic Output in 2013". CBO, 2014. Disponível em: https://bit.ly/3bMWNNH Acesso em 14 de jun. 2020.

[319] Jorge Arbache, do Banco de Desenvolvimento da América Latina, acredita que os países que potencializarem as ações de recuperação econômica com um olhar prospectivo se sairão melhor da crise, com maior potencial de geração de empregos e crescimento sustentável. "Temas para a recuperação da economia", Valor, 09/10/2020. Disponível em: https://glo.bo/3b0Ig0K. Acesso em 14 de jun. 2020.

[320] Também nesse sentido, vale mencionar trabalho recente de Bailey *et al.* (2020) onde, a partir de informações do censo americano, concluem que programas de assistência que aumentam renda das famílias possuem efeito de longo prazo na formação de capital humano, estimando um retorno marginal de US$56.

[321] Disponível em: https://bit.ly/2R3sNVS. Acesso em 02/04/2020.

em consumo, ajudando a reanimar a economia. Por outro lado, é possível perceber que a poupança privada do mais ricos tende a aumentar, não somente pela maior disponibilidade de recursos, em função da supressão do consumo, mas também pela maior incerteza geral nos mercados.

Gráfico 11 – Estimativa das Despesas Médias das Famílias Afetadas pela Covid-19: Em % do Total por Faixa[322]

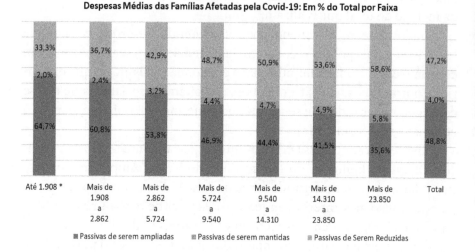

Fonte: POF/IBGE (2020).

Como reflexo, a arrecadação pública será comprometida, em especial a do Estados e Municípios já que a base tributária dos serviços é, majoritariamente, de sua competência. Assim, de maneira geral, as finanças públicas serão atingidas tanto pelo lado das receitas quanto pelas despesas, e em sentidos opostos. No momento em que os governos mais

---

[322] Definem-se como: "Passivas de serem ampliadas": Alimentação no domicílio, Habitação, Assistência à Saúde, Higiene e Cuidados Pessoais.; "Passivas de serem mantidas": Educação; "Passivas de Serem Reduzidas": Alimentação fora do domicílio, Vestuário, Transporte, Recreação e cultura; Serviços pessoais, Eletrodomésticos e Artigos do Lar e Despesas diversas.

precisarão gastar para combater a crise sanitária, social e econômica, sua capacidade de angariar recursos via tributos estará temporariamente debilitada. O financiamento das novas ações será concentrado em dívida pública e, o ideal, que seja organizado um regime extraordinário, como o chamado orçamento de guerra em debate no Congresso Nacional.[323]

Gráfico 12 – Proxy da Poupança por faixa de renda: Em % dos Rendimentos Correntes (2017 – 2018)[324]

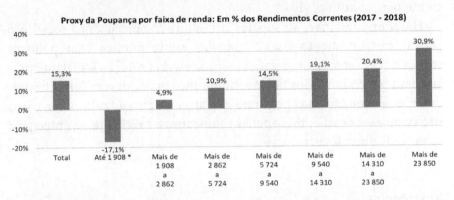

Fonte: POF/IBGE (2020).

Na avaliação da Instituição Fiscal Independente (IFI), na esfera federal espera-se uma queda da arrecadação de R$ 151,3 bilhões com relação a 2019, o que alinhado com o crescimento das despesas em função do combate à crise, levará a um déficit primário na ordem de R$ 514,6 bilhões. Assim, estima-se que a dívida pública terá grande aumento em 2020, fechando o ano em 84,9% do PIB. (IFI. 2020)

---

[323] Proposta de Emenda à Constituição nº 10, de 2020 – Orçamento de guerra. Disponível em: https://bit.ly/2VdnLbT. Para análise do tema ver Afonso (2020).
[324] Incluso sem rendimento; Define-se como proxy da poupança a diferença entre os rendimentos correntes das famílias das suas despesas correntes.

Conclusões

Enfim, não foi o novo distanciamento físico, necessário para conter a disseminação do coronavírus, que provocou o distanciamento de dezenas de milhões de trabalhadores brasileiros. Estes já estavam há tempos distanciados de um sistema de proteção social baseado no emprego e no salário que nunca se discutiu. Não é o caso só de informais, mas muito da economia dos "bicos", no qual ascendia parte da classe média, sobretudo jovens, que acreditavam que com sua própria renda poderiam prescindir do poder público[325].O coronavírus deixou claro que ser rico não é suficiente para continuar vivo.

Há alternativa para se superar o (velho) distanciamento social e o (novo) distanciamento físico, conciliar saúde pública com políticas sociais e econômicas. Os desafios estruturais da proteção social que precisariam ser respondidos nos próximos anos agora devem ser enfrentados e equacionados nas próximas semanas. A chegada do coronavírus não criou esse desafio, mas apenas escancarou e exigiu que se antecipe a solução da questão estrutural.

Referências

AFONSO, José Roberto R. Desenvolvimento, trabalho e seguro social: volta a Keynes para enfrentar novos desafios. *Revista do BNDES*, Rio de Janeiro, v. 25, n. 50, 242-245, dez. 2018.

AFONSO, José Roberto R. Orçamento de guerra e quarentena fiscal. *Revista Conjuntura Econômica*, [S.l.], v. 74, n. 4, p. 24-27, 2020.

---

[325] Vale lembrar recente pesquisa à Folha de S. Paulo (2018), perguntou-se a uma amostra de 8.601 eleitores brasileiros o que seria mais importante pra eles: ter um salário mais alto como autônomo, sem benefícios trabalhistas e impostos mais baixos ou ter carteira de trabalho assinada, com os benefícios trabalhistas e pagando impostos mais altos. O resultado encontrado foi o de que metade dos eleitores prefere ser autônomo, e a preferência aumenta conforme a escolaridade e a renda mensal do trabalhador são maiores, ou seja, acima de uma renda mensal média familiar de dez salários-mínimos a preferência por ser autônomo chega a 58%, contra 34% em ser celetistas. A taxa de preferência por ser autônomo é mais alta entre os que atualmente já atuam na modalidade (69%), os profissionais liberais (73%) e os empresários (74%).

AFONSO, José Roberto R.; BIASOTO JÚNIOR, Geraldo. Investimento público no Brasil: diagnósticos e proposições. *Revista do BNDES*, Rio de Janeiro, v.14, n.27, p. [71]-122, jun. 2007.

BAILEY, Martha J. et al. *Is the social safety net a long-term investment?* Large-scale evidence from the food stamps program. National Bureau of Economic Research, 2020.

BANCO MUNDIAL. *The Economy in the Time of Covid-19*. LAC Semiannual Report; Washington, DC: World Bank. 2020.

BCB, Banco Central do Brasil. *O desalento e as taxas de desocupação*. Estudo Especial nº 78/2020. 2020.

BERNSTEIN, Joshua; RICHTER, Alexander W.; THROCKMORTON, Nathaniel. *COVID-19*: A View from the Labor Market. 2020.

BLOFIELD, Merike; FILGUEIRA, Fernando. *Covid-19 and Latin America:* Social Impact, Policies and a Fiscal Case for an Emergency Social Protection Floor. Working Paper. CIPPEC, 2020.

CASALECCHI, Alessandro. *Cenários para a despesa com o auxílio emergencial*. Nota Técnica nº 42. Instituição Fiscal Independente, 2020.

EY. *How do you find clarity in the midst of a crisis?* 22ª Edição. Global Capital Confidence Barometer, 2020.

FANA, M.; TOLAN, S.; TORREJÓN, S., URZI BRANCATI, C., FERNÁNDEZ-MACÍAS, E. *The COVID confinement measures and EU labour markets*, EUR 30190 EN, Publications Office of the European Union, Luxembourg, 2020.

FIGARI, Francesco et al. *Welfare Resilience in the Immediate Aftermath of the COVID-19 Outbreak in Italy* [online]. EUROMOD at the Institute for Social and Economic Research, 2020. Disponível em: https://bit.ly/2zDPR7F. Acesso 11 de jun. de 2020.

GERARD, François; IMBERT, Clément; ORKIN, Kate. *Policy Brief:* Social Protection Response to the COVID-19 Crisis [online]. 2020. Disponível em: https://bit.ly/2LuYpAD. Acesso 11 de jun. 2020.

GUERRIERI, Veronica et al. *Macroeconomic Implications of COVID-19:* Can Negative Supply Shocks Cause Demand Shortages? National Bureau of Economic Research, 2020.

IFI, Instituição Fiscal Independente. *Relatório de Acompanhamento Fiscal* [online]. *Nº 39*, abr. 2020. Disponível em: https://bit.ly/2yBGNjK. Acesso 11 de jun. de 2020.

KERSTENETZKY, Célia; WALTENBERG, Fabio. *High time for solidarity*, 2020.

KERSTENETZKY, Célia; WALTENBERG, Fabio. *Piketty 2.0, impostos progressivos e reforma tributária no Brasil pós-coronavírus*. Texto para Discussão 151. Centro de Estudos sobre Desigualdade e Desenvolvimento, UFRJ. 2020.

MACIENTE, Aguinaldo Nogueira; RAUEN, Cristiane Vianna; KUBOTA, Luis Cláudio. *Tecnologias digitais, habilidades ocupacionais e emprego formal no Brasil entre 2003 e 2017*. Mercado de Trabalho: conjuntura e análise. Brasília: IPEA, 2019.

OECD. *Policy Responses to New Forms of Work*. Paris: OECD Publishing, 2019.

OIT, Organização Internacional do Trabalho. *ILO Monitor 2nd edition:* COVID-19 and the world of work [online]. 2020. Disponível em: https://bit.ly/3eugb3Z. Acesso em: 11 de jun. de 2020.

SAEZ, Emmanuel; ZUCMAN, Gabriel. *Keeping Business Alive:* The Government as Buyer of Last Resort [online]. Mimeo Berkeley, 2020. Disponível em: https://bit.ly/3afTKMJ. Acesso em: 10 de jun. de 2020.

SOUZA, Pedro H. G. Ferreira de; SOARES, Sergei; PAIVA, Luis Henrique.; BARTHOLO, Leticia. *Estimativas de público elegível e custos do benefício emergencial criado pelo PL 9.236/2017*. Nota Técnica nº 60, Diretoria de Estudos e Políticas Sociais. IPEA. 2020.

SUMNER, Andy; HOY, Chris; ORTIZ-JUAREZ, Eduardo. *Estimates of the Impact of COVID-19 on Global Poverty* [online]. UNU-WIDER, p. 800-9, 2020. Disponível em: https://bit.ly/368GkSf. Acesso em 10 de jun. de 2020.

YEYATI, Eduardo Levy; SARTORIO, Luca. *Work after COVID*: A New Regime for Independent Workers [online]. Econfip. Mimeo. 2020. Disponível em: https://bit.ly/2V63epA. Acesso em 10 de jun. de 2020.

PARTE 5

Fisco Extraordinário

Este eixo se divide em duas lentes de observação. A primeira, o tributo em sua nuance extrafiscal. Demonstra-se as medidas fiscais necessárias para o enfrentamento e para o momento posterior. Inicia-se com o capítulo de Hadassah Laís S. Santana, Ariane Costa Guimarães e Liziane Angelotti Meira, que exteriorizam as medidas necessárias ao enfrentamento da pandemia. O capítulo examina, por amostragem, algumas medidas em nível nacional e internacional para refletir acerca dos caminhos possíveis para as políticas públicas em matéria tributária que sirvam de suporte ao contribuinte para a travessia durante a "guerra" e para o reerguer no "pós-guerra". Dando continuidade à essa perspectiva, Tácio Lacerda Gama aborda a redenção da extrafiscalidade como instrumento de política setorial. O texto analisa criticamente a extrafiscalidade exercida pelo Estado Brasileiro em 2020 e considera o tributo como instrumento, em especial no consumo, de enfrentamento à pandemia. Nesse ponto, o autor convida à compreensão do tributo como poderoso instrumento de políticas setoriais. Passa-se então à visão de Gustavo Brigagão, também concernente às medidas tributárias necessárias ao enfrentamento da COVID-19. Nesse texto a abordagem traz a preocupação com os setores de indústria, comércio e principalmente serviços e aduz sobre a necessidade de se reequacionar a carga tributária, considerando o faturamento das empresas e a temporalidade, na medida em que há necessidade específica de recuperação das contas públicas, além de traçar questionamentos sobre o melhor momento para a reforma tributária em correlação aos possíveis efeitos à economia nacional. Ainda no contexto do Fisco Extraordinário, mas olhando por outra lente, para a arrecadação, para a nuance puramente fiscal do tributo, segue-se mais três textos, agora atenta-se para as receitas, para o endividamento e para o crescimento inclusivo. Assim, Celso Correia Neto e José Roberto Afonso tecem acerca da renúncia de receita necessária para o combate à pandemia e analisam o regime jurídico aplicável à concessão de incentivos ou benefícios de natureza tributária utilizados no enfrentamento da calamidade pública. Ao considerar a inevitável renúncia de receitas, uma das alternativas de financiamento do Estado é então o endividamento público, temática de Luis Felipe Vital Nunes e William Baghdassarian. O capítulo aduz sobre a compreensão da dinâmica do endividamento público durante a pandemia e acerca do efeito dessas medidas sobre a sustentabilidade fiscal. Para isso, o capítulo descreve as ações que trouxeram o maior impacto para o endividamento público durante a pandemia da Covid-19 e estimam o ambiente pós-pandemia para essa relevante variável macroeconômica. Em conclusão, Paulo Paiva delineia sobre a governança fiscal e o crescimento inclusivo à luz das condições da economia brasileira, demo do que sugere estratégias de recuperação, incluindo a necessidade de aprovações de projetos como a independência do banco central e a necessária criação de instrumentos para o monitoramento e a avaliação das políticas fiscais.

15. **Tributos e covid-19: análise das políticas e decisões tributarias em 2020**
    Ariane Costa Guimarães, Hadassah Laís S. Santana e Liziane Angelotti Meira

16. **A redenção da extrafiscalidade como instrumento de política setorial**
    Tacio Lacerda Gama

17. **Medidas tributárias necessárias ao enfrentamento da pandemia da covid-19**
    Gustavo Brigagão

18. **Renúncia de receita tributária para combate à pandemia**
    Celso de Barros Correia Neto e Jose Roberto Afonso

19. **Endividamento público – o que vem depois da pandemia**
    Luis Felipe Vital Nunes Pereira e Willian Baghdassarian

20. **Os desafios pós covid-19, governança fiscal e crescimento inclusivo: um ensaio em economia política**
    Paulo Paiva

15. Tributos e COVID-19: Análise das Políticas e Decisões Tributarias em 2020

ARIANE COSTA GUIMARÃES
HADASSAH LAÍS S. SANTANA
LIZIANE ANGELOTTI MEIRA

Introdução

Que o mundo está mudando rapidamente no presente século é algo sabido, pesquisadores de todas as áreas reconhecem que a crise pela qual se está passando, o enfrentamento de todos os países ao Covid-19, é uma verdadeira guerra que mudará o rumo da história mundial. Seus impactos já são sem precedentes. O Brasil, como todos os outros países adotou medidas relacionadas principalmente ao distanciamento social para combater a propagação do vírus, como contenção de eventos, dispensa de comparecimento ao trabalho, promoção da educação em meio digital, *home-office*, reuniões em meio virtual. A pandemia acionou um alerta para a necessidade de uma ação coletiva em prol da contenção da disseminação do vírus e da proteção à saúde dos mais vulneráveis.

Diversos organismos multilaterais e países estão estudando e sugerindo políticas públicas emergenciais a serem implementadas nas áreas de saúde, proteção ao emprego, geração de benefícios sociais, moratória civil, redução de taxa de juros, injeção de liquidez no mercado, ampliação das linhas de financiamento, além de medidas relacionadas às finanças públicas e medidas no âmbito tributário para pessoas físicas e jurídicas, como antecipação de reembolso de imposto de renda, isenções, cancelamento de multas, moratórias para obrigações principais e diferimento na apresentação de obrigações acessórias. São ações positivas, cunhadas pelo estado que têm o condão de auxiliar a travessia de todos, preservando ao máximo a saúde das pessoas e mitigando os efeitos da guerra nos negócios, nos empregos e nas famílias.

Os países, de forma geral, estão implementando o enfrentamento à Covid-19 em duas fases, a guerra, momento em que estamos vivendo, tendo como ponto principal o combate ao vírus e o suporte aos mais vulneráveis, sejam pessoas físicas ou jurídicas; e o pós-guerra, que tem por objetivo a recuperação social e econômica sustentável dos países.

No Brasil, o Ministério da Economia anuncia, desde o dia 13 de março de 2020, antecipações de pagamentos a aposentados e pensionistas, além de facilitação de desembaraço aduaneiro de produtos médicos e uma série de medidas trabalhistas em prol do emprego. Provê-se recursos para uma parcela frágil da população, concede-se flexibilização para regras trabalhistas e, por outro, adotam-se medidas de desburocratização para proporcionar recursos de saúde necessários ao atendimento da sociedade.

Especificamente quanto às medidas tributárias, o governo federal, por exemplo, diferiu o pagamento de diversos tributos federais, além de reduzir em 50% contribuição ao Sistema "S" pelo mesmo período e zerar as alíquotas de importação para produtos médico-hospitalares e desonerar do imposto sobre produtos industrializados (IPI) bens necessários ao combate ao Covid-19 e os governos estaduais e municipais diferiram o prazo de obrigações acessórias e postergaram o pagamento de imposto sobre circulação de mercadorias e serviços (ICMS) e imposto sobre serviços de qualquer natureza (ISS) apurados no âmbito do Simples Nacional, dentre outras.

Apesar das ações tomadas pelo governo brasileiro, as diversas judicializações trazem a impressão de que haveria mais a ser feito, ou deveria haver maior coordenação nas ações implementadas. A título de exemplo, muitas empresas pediram judicialmente a suspensão do pagamento do imposto sobre a propriedade predial e territorial urbana (IPTU), e, no caso de Brasília, por exemplo, quase todos os *shopping centers* conseguiram liminar essa suspensão, que posteriormente foi derrubada pelo presidente do Tribunal de Justiça do Distrito Federal e Territórios. Em outros casos, diversas empresas conseguiram judicialmente a suspensão do pagamento de tributos com base na Portaria nº 12, de 20 de janeiro de 2012, do Ministro da Fazenda, à época, que prorrogava o prazo de tributos federais para o terceiro mês subsequente ao da ocorrência do evento que ensejasse a calamidade e suspendia os parcelamentos e os prazos processuais no âmbito da Receita Federal do Brasil e da Procuradoria Geral da Fazenda Nacional. Ficou a questão posta se a portaria, editada em 2012, frente a outro contexto, mas que não foi revogada, poderia ser aplicada ao caso hodierno de calamidade decretada em razão da Covid-19.

Este capítulo, então, reflete, a partir de levantamento bibliográfico, sobre algumas das ações que estão sendo tomadas no Brasil e sobre as diretrizes difundidas pelos organismos internacionais observando as ações implementadas em outros países. Além das ações já implementadas no país, também são selecionadas algumas proposições legislativas que pretendem instituir políticas públicas tributárias relacionadas à Covid-19, no âmbito da Câmara Federal, que possui a tradição de casa iniciadora, não como excludente da competência do Senado Federal, mas apenas considerando-a como a casa que, na maioria dos casos, se posiciona como local de início das discussões legiferantes.

Dentre as medidas sugeridas pelos organismos internacionais ou mesmo implementadas em outros países, necessário se faz refletir sobre a redução da carga tributária, seja por isenção, remissão ou alteração das materialidades, para amenizar os efeitos negativos para a economia da crise Covid-19. Propostas de parcelamento e de diferimento, igualmente, também têm sido consideradas adequadas para o momento atual. Assim, este capítulo examina, por amostragem, algumas medidas em nível nacional e internacional para refletir acerca dos caminhos possíveis para as políticas públicas em matéria tributária que sirvam de suporte ao contribuinte para a travessia durante a guerra e para o reerguer no pós-guerra.

1. A extrafiscalidade do tributo e suas nuances no sistema normativo brasileiro

Quando se fala de política tributária, dois caminhos, não excludentes, mas com naturezas distintas se perfazem, o da fiscalidade e o da extrafiscalidade. A grande questão que se põe é a finalidade da norma[326]. De fato, é certo que, na concepção liberal, em que a sociedade era dotada

---

[326] Eros Grau afirma que a finalidade é o criador de todo o direito, e não existe norma ou instituto jurídico que não deva a sua origem a uma finalidade. GRAU, Eros Roberto. **Por que tenho medo dos juízes:** a interpretação/aplicação do direito e os princípios. São Paulo. Malheiros Editores. 2018.

de autonomia, auto regulação e, a par do Estado socialmente neutro e mínimo, "o imposto tinha necessariamente uma função exclusivamente fiscal", ou seja, arrecadatória de receitas que, por sua vez, custeariam as tarefas essenciais do Estado.

Todavia, mister dessa função provedora dos tributos, no sentido de abastecer os cofres públicos, o imposto pode assumir também[327] o papel extrafiscal, ou seja, ser instituído para regular determinado setor da economia ou, em conformidade com o ideal de concretização dos direitos sociais, para a implementação de políticas públicas.

A extrafiscalidade tributária adequa-se ao paradigma do Estado de bem-estar social interventista, pois tem por objetivo a consecução de determinados resultados econômicos ou sociais por meio da utilização do instrumento fiscal e não a obtenção de receitas para fazer face às despesas públicas. Isto é, o Fisco cobra, mas o Estado pode aumentar ou diminuir tributos a fim de atuar diretamente nos comportamentos econômicos e sociais de seus destinatários, neutralizando-os nos seus efeitos econômicos e sociais e fomentando-os, ou seja, editando normas tributária que contêm medidas de política econômica e social[328].

A extrafiscalidade tem razão de ser na eficácia de medidas tributárias para interferência nos comportamentos econômicos, significa o uso da tributação para induzir ou evitar determinados comportamentos. Na instrução de políticas públicas seu uso está diante de aspectos objetivos e subjetivos. Objetivamente, considera-se a tributação da manifestação de riquezas e das bases de incidência possíveis, concretizando o arcabouço normativo suficiente para que determinada prescrição normativa opere efeitos no incidir e no cobrar. Subjetivamente, as finalidades vão além da arrecadação e mostram o vetor social ou econômico alheio ao objetivo estritamente arrecadatório.

A extrafiscalidade se mostra nas finalidades de intervenção econômica, social e política, de regulamentar de comportamento da sociedade, com repercussão em condutas subjetivas para realização de outro fim, que não o da arrecadação. Dentro dos efeitos intervencionistas da tribu-

---

[327] Com a ressalva de que o imposto sobre a exportação é somente extrafiscal.
[328] Cf. SCHOUERI, Luís Eduardo. **Normas tributárias indutoras e intervenção econômica**. Rio de Janeiro: Forense, 2005.

tação e, sopesando que as duas finalidades, fiscais e extrafiscais, coabitam nos tributos, considera-se, no presente conteúdo, a instrumentalidade da norma tributária em servir à sociedade, também, em momentos de notória emergência. Esse é pressuposto que se tem por relevante para a análise e descrição das medidas fiscais adotadas no Brasil e no mundo em face da crise oriunda da Covid-19.

2. As medidas fiscais adotadas no Brasil e no mundo no cenário COVID-19

Estamos em meados de junho e praticamente toda a Europa, grande parte dos Estados Unidos e Ásia já retomaram, ainda que parcialmente, suas atividades econômicas, sem falar daqueles que optaram por não realizar o *lockdown* nacional ou local. No Brasil a opção pela retomada está sendo tomada de forma concorrente com normas gerais e normas em nível local[329] e os efeitos estão sendo sentidos tanto na arrecadação dos entes subnacionais, como na arrecadação da União[330].

As políticas de confinamento e de distanciamento social visivelmente impactaram sobremaneira a forma de organização dos mercados, bem como na forma de definição das relações sociais e produtivas. Nesse contexto de enfrentamento dos países à pandemia da Covid-19, a decisão do caminho a ser percorrido pelos contribuintes passa por decisões políticas no âmbito da tributação e, considerando justamente a finalidade extrafiscal do tributo e o olhar voltado para o contribuinte.

---

[329] A Medida Provisória nº 926/2020 abordou medidas de isolamento e foi objeto de contestação por meio da ADI nº 6341, pelo Partido Democrático Trabalhista, acolhida pelo Ministro Marco Aurélio, em liminar já referendada, considerando a competência concorrente de estados, Distrito Federal, municípios e União para tratar da validade das medidas de isolamento. Cf. http://www.stf.jus.br/portal/cms/verNoticiaDetalhe.asp?idConteudo=441447. Acesso em 29 de jun. 2020.

[330] Para mais detalhes, conferir os relatórios com análise da arrecadação das receitas Federais: http://receita.economia.gov.br/dados/receitadata/arrecadacao/relatorios-do--resultado-da-arrecadacao; e o boletim de arrecadação dos tributos estaduais disponível no Confaz: https://www.confaz.fazenda.gov.br/boletim-de-arrecadacao-dos-tributos--estaduais; acesso em 29 de jun. 2020. As demonstrações alertam para queda em média de 30% no volume de receitas da União e de 10 bilhões nominais para os Estados considerando de forma geral (variação de -3,72%).

O presente capítulo está a observar medidas legislativas tributárias no âmbito nacional, sopesando as medidas promulgadas e selecionando algumas proposições, olhando também para o posicionamento dos países ou organismos internacionais que também estão vivenciando a mesma guerra e se comprometeram, como no caso do G20[331], com o auxílio do Fundo Monetário Internacional (FMI) e da Organização para a Cooperação e Desenvolvimento Econômico (OCDE) a compartilharem dados, análises e experiência que auxiliem as nações em suas medidas de enfrentamento.

No Brasil, estudo divulgado no final de junho pela Consultoria Legislativa[332] da Câmara dos Deputados, quando este capítulo já estava praticamente finalizado, também aborda de forma interessante as ações adotadas pelo País e denota que a busca de soluções está a ocorrer em nível mundial, com medidas tributárias importantes em curto, médio e longo prazo, além da cooperação com outros setores e entre os países. O texto também considera que as ações tomadas pelo Brasil até aqui são tímidas, corroborando com nossa visão no presente artigo.

Destaca-se, dentre os organismos internacionais, o Fundo Monetário Internacional[333], para o qual o enfrentamento à Covid-19 perfaz duas fases: a guerra, na qual o foco são medidas de mitigação para salvar vidas, mas que causam desaceleração da atividade econômica; e o pós-guerra, que acontece após o controle da epidemia e o cessar de medidas como a obrigação de isolamento social.

Assim, o ritmo de recuperação dependerá das medidas tomadas na fase da guerra. Durante o enfrentamento à pandemia, na primeira fase, está a preservação da melhor maneira possível, com medidas de liquidez e solvência, de: famílias; empresas; e setor financeiro. Isso pode signifi-

---

[331] Cf. http://www.g20.utoronto.ca/2020/2020-g20-finance-0415.html. Acesso em 29 de jun. 2020.

[332] Cf. https://www.camara.leg.br/noticias/671842-consultoria-da-camara-divulga--estudo-sobre-politica-tributaria-durante-pandemia/ acesso em 27 de jun. 2020.

[333] **A Global Crisis Like No Other Needs a Global Response Like No Other**. Giovanni Dell'Ariccia, Paolo Mauro, Antonio Spilimbergo, and Jeromin Zettelmeyer. Disponível em: https://blogs.imf.org/2020/04/01/ economic-policies-for-theCovid-19-war/. Acesso em 14 de jun. 2020.

car a recuperação econômica dos países mais rápida. O foco é garantir o funcionamento de setores essenciais, disponibilizar renda para as pessoas atingidas pela crise e tomar ações para redução das interrupções econômicas.

O FMI considera, então, três eixos de atuação durante a guerra: no primeiro, focado o setor de saúde, de produção e distribuição de alimentos, de manutenção da infraestrutura essencial e a garantia de continuidade dos serviços públicos; o segundo eixo, o fornecimento de renda em volume suficiente à travessia, assim considerando ajuda financeira para estimular as pessoas a ficarem em casa por meio do financiamento dos afastamentos médicos; e o terceiro eixo estaria voltado para evitar uma interrupção econômica excessiva, protegendo as relações de trabalhadores e empregadores, produtores e consumidores, entre credores e devedores.

Para a recuperação mais rápida no pós-guerra, de acordo com o FMI, o Estado deve oferecer apoio excepcional às empresas privadas, inclusive por meio de subsídios salariais com contrapartidas razoáveis. De forma geral, justifica-se, nos estudos desse organismo, uma intervenção profunda do Estado, de forma transparente, temporária e condicionada. São medidas políticas de apoio para as famílias, empresas e setor financeiro. As sugestões envolvem também a concessão de crédito, o adiamento de obrigações financeiras, a transferência de recursos reais, a suspensão do pagamento de dívidas civis e empréstimos, a concessão de *vouchers* de alimentação, a compra de títulos e papéis de empresas por parte do Estado, e, no setor financeiro, a injeção de liquidez e as garantias governamentais. Sugeriu-se também o adiamento de tributos tanto para as pessoas físicas, quanto para as pessoas jurídicas.

Ou seja, no momento de grave crise, parece que a primeira tendência é abandonar um pouco o liberalismo econômico e se aproximar do velho Keynesianismo.

O Banco Mundial[334] também dividiu a crise em duas fases e ofereceu estudos com medidas que ele considerou efetivas. Nesse sentido, além

---

[334] Cf. **Thinking ahead: For a sustainable recovery from Covid-19 (Coronavirus).** Stéphane Hallegatte e Stephen Hammer. https://blogs.worldbank.org/climatechange/thinkingahead-sustainablerecovery-Covid-19-coronavirus. Acesso em 15 de jun. 2020.

da área de saúde e trabalhadores essenciais, os países precisam garantir subsídios para as famílias cuja a renda tivesse sido reduzida de forma drástica, principalmente ligadas a setores como turismo ou restaurantes, aos trabalhadores autônomos, que, em geral, possuem rendas instáveis, e às famílias mais pobres e com poucas reservas. No caso de empresas, o Banco Mundial sugeriu a garantia de liquidez e de empréstimos subsidiados. Para o segundo momento, considerado pós-guerra, as medidas recomendas incluíram corte de despesas, reforma tributária e o olhar voltado para a tributação que tenha como premissa a sustentabilidade ambiental, usando estímulo para combustíveis com baixa emissão de carbono, além de investimentos ligados à criação de empregos.

O posicionamento de especialistas do Banco Interamericano de Desenvolvimento[335], trouxe como guia para os formuladores de políticas públicas, no campo tributário, a implementação de reformas tributárias que aumentem o espaço fiscal a médio prazo e de forma a compensar gastos.

A Organização para a Cooperação e Desenvolvimento Econômica, em relatório[336] publicado em maio de 2020, ponderou que os países em desenvolvimento serão os mais afetados pela crise causada pela pandemia e considerou necessária ação internacional para fornecer financiamento adicional e ajudar a reduzir o ônus da dívida dos países ditos emergentes.

Planning for the economic recovery from Covid-19: A sustainability checklist for policymakers. Stéphane Hallegatte e Stephen Hammer. Disponível em: https://blogs.worldbank.org/ climatechange/planningeconomic-recoveryCovid-19-coronavirussustainability-checklistpolicymakers. Acesso em 15 de jun. 2020.

[335] **A política pública de combate à Covid-19: Recomendações para a América Latina e o Caribe** / Allen Blackman, Ana Maria Ibáñez, Alejandro Izquierdo, Philip Keefer, Mauricio Mesquita Moreira, Norbert Schady y Tomás Serebrisky. Disponível em: https://publications.iadb.org/publications/portuguese/document/A-politicapublica-de-combate-a-Covid-19-Recomendacespara-a-America-Latina-eo-Caribe.pdf. Acesso em 15 de jun. 2020.

[336] Cf. OCDE. Tax and Fiscal Policy in Response to the Coronavirus Crisis: Strengthening Confidence and Resilience disponível em: https://read.oecd-ilibrary.org/view/?ref=128_128575-o6raktc0aa&title=Tax-and-Fiscal-Policy-in-Response-to-the-Coronavirus-Crisis. Acesso em 14 de jun. 2020.

Além disso, este mesmo relatório disponibilizado pela OCDE afirmou como medidas fiscais para amenizar os efeitos da pandemia o diferimento no pagamento de tributos, a redução de alíquotas, a flexibilização de medidas acessórias e as desonerações.

A OCDE, naquele mesmo relatório, também referendou que as políticas a serem implementadas precisam considerar as fases da guerra, que ela divide em quatro, na qual o primeiro momento deve ter a contribuição do Governo para com as empresas e famílias, tanto na esfera tributária como não tributária, e na segunda fase uma ampliação das políticas fiscais, mantendo a liquidez das empresas e os empregos dos trabalhadores, perpassando pela 3ª fase de solvência dos negócios como foco das políticas públicas e que apenas no último momento, a 4ª fase, o foco dos Estados deve ser no deficit gerado pela pandemia, recuperando as finanças públicas. A preocupação do relatório foi clara com o alto endividamento público, com os impactos da desvalorização cambial e a participação expressiva das *commodities* nas receitas dos países em desenvolvimento.

A OCDE acrescentou no documento, supracitado, a preocupação com os países emergentes que dependem principalmente dos impostos corporativos e dos impostos sobre o consumo, o que aprofundaria a crise, pois são quedas substanciais, e tais receitas possuem uma recuperação mais lenta. Tal situação, inclusive, é possível de ser verificada no Brasil. O último relatório de arrecadação dos tributos estaduais disponibilizado pelo Conselho Nacional de Política Fazendária (CONFAZ), demonstrou a queda na arrecadação do principal imposto sobre o consumo, o ICMS olhando para o mês de maio de 2019 (R$ 47 milhões) e para o mês de maio de 2020 (R$ 36 milhões), conforme se ver a seguir de forma geral:

Gráfico 13 – Comparativo de arrecadação do ICMS.

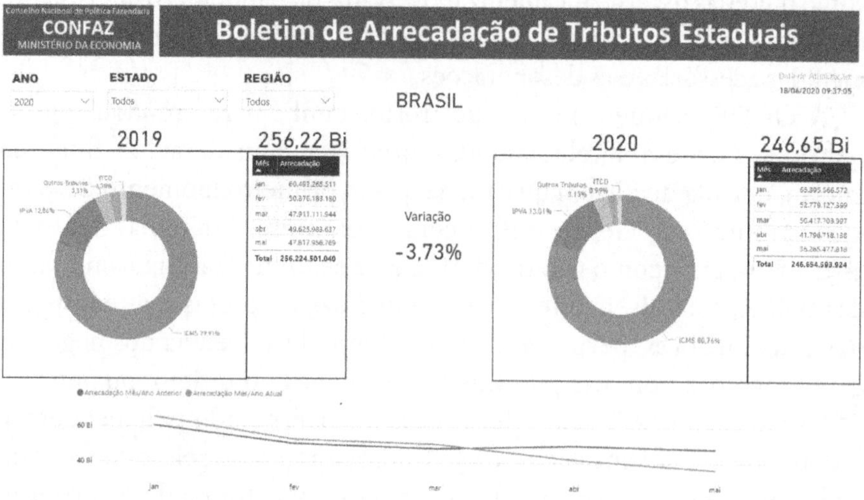

Fonte: CONFAZ (2020)[337]

Tendo em conta especificamente para cada estado no Brasil, durante um dos meses de pico da guerra, maio de 2020, há diminuição da arrecadação extremamente acentuada em alguns Estados, principalmente os que se situam no Nordeste.

De forma genérica, ponderando os relatórios e recomendações dos organismos internacionais, é possível listar como medidas necessárias e prudentes, para o enfrentamento da crise, ações que sejam implementadas em dois momentos, no primeiro denominado guerra: a suspensão do pagamento de tributos; a ampla redução de impostos, observado o equilíbrio no longo prazo; a preferência para o uso de créditos fiscais reembolsáveis, permitindo antecipações para que os contribuintes possam usufruir de seu direito em momento oportuno. Para a recuperação, no momento posterior, os documentos disponibilizados pelos organismos internacionais indicam reforma tributária capaz de adequar de forma

---

[337] Cf. CONFAZ. Disponível em: https://www.confaz.fazenda.gov.br/boletim-de-arrecadacao-dos-tributos-estaduais. Acesso em 14 de jun. 2020.

paulatina e perene o retorno da economia, olhando inclusive para o alinhamento com a sustentabilidade ambiental.

Gráfico 14 – Variação real na arrecadação de tributos estaduais

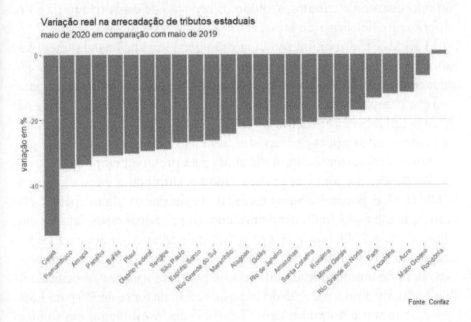

Fonte: CONFAZ (2020).

Ao olhar no cenário internacional para os países de forma individual, observou-se nesse primeiro momento, pelo qual todos estão passando, a utilização das diretrizes dos organismos internacionais para o combate aos efeitos da pandemia do coronavírus – Covid-19.

A *Tax Foundation*[338] reuniu informações acerca das políticas tributárias adotadas por 51 países, além da União Europeia, no enfrentamento à

---

[338] Cf. Cristina Enache, Elke Asen, Daniel Bunn, Justin DeHart. **Tracking Economic Relief Plans Around the World during the Coronavirus Outbreak** https://taxfoundation.org/coronavirus-country-by-country-responses/#tracking. Acesso em: 14 de jun. 2020.

Covid-19 e elas envolvem desde frentes mais "tímidas", exemplo, moratórias tributárias, às mais "arrojadas", com alocação de créditos para possibilitar a recuperação o mais rapidamente possível.

O Instituto de Ensino e Pesquisa (Insper)[339] mapeou 166 medidas adotadas por 43 países e verificou que metade das ações correspondem ao diferimento de tributos, seguido da redução de carga tributária e do diferimento de obrigação acessória.

A KPMG[340] disponibilizou uma visão geral institucional das medidas adotadas em todo o mundo a partir de um rastreador de estímulo governamental, que detalha os pacotes de ajuda oferecidos globalmente para mitigar o impacto econômico da pandemia de Covid-19. A lista segue na mesma linha das informações anteriores, discriminando, dentre as ações, alterações automáticas de impostos, sistemas de seguro estatal e pagamento ou empréstimos diretos de ajuda para preservar empregos.

No continente asiático, primeiro local a enfrentar a guerra contra a COVID-19, é possível citar as medidas tributárias de alguns países. Na China, início do ciclo de pandemia, com os primeiros casos datados em dezembro de 2019, houve efetiva redução de tributos de 3% para 1% no imposto sobre o valor acrescentado (IVA) em relação a pequenas empresas, além de terem aplicado tal redução para importações específicas. A Tailândia aprovou a redução do imposto retido na fonte de 3% para 1,5% por seis meses e dobrou o benefício fiscal do investimento em fundos de investimento de longo prazo. No Japão, o diferimento é de um ano e foi permitido o cancelamento do *status* de empresa tributável para fins de imposto sobre o consumo. Na Coréia do Sul, o prazo de declaração de imposto sobre as sociedades foi prorrogado, o depósito e pagamento de IVA diferido por até três meses, possibilitaram a dedução fiscal para gastos com cartão de crédito pessoal; aumentaram a dedução temporária de 1 de março a 30 de junho, reduziram o imposto de renda corporativo

---

[339] Cf. INSPER https://www.insper.edu.br/noticias/levantamento-nucleo-de-tributacao--entrevista/. Acesso em: 14 de jun. 2020.

[340] Cf. KPMG Governement Response – Global landscape. Na overview of government and institition measures around the world in response to Covid-19. https://home.kpmg/xx/en/home/insights/2020/04/government-response-global-landscape.html. Acesso em: 14 de jun. 2020.

para pequenas e médias empresas em zonas de desastre designadas. A Índia utilizou o diferimento de tributos e também reembolsos acelerados de determinados tributos. Na Indonésia, houve renúncia ao imposto de renda para determinados contribuintes e alargaram o prazo para envio de programas de anistia fiscal.

No continente europeu, na França e na Alemanha, cujos primeiros casos de Covid-19 datam de meados de janeiro de 2020, é possível citar algumas medidas similares no enfrentamento aos efeitos da guerra. Para demonstrar um panorama geral das medidas tomadas pelos governos europeus, que tiveram ações específicas dentre as políticas tributárias no enfrentamento à pandemia, foram selecionados para menção exemplificativa no decorrer deste item os seguintes países: Itália, Rússia, Reino Unido, Áustria Bélgica, Estônia, Portugal, Holanda, República Checa, Grécia, Hungria e Islândia.

Na França, houve diferimento de tributos e encargos sociais. Houve aceleração dos reembolsos do IVA e foi estabelecido um desconto temporário para empresas em dificuldades no valor de 48,5 bilhão de euros (2,0% do PIB da França em 2019). Além disso, foram concedidas isenções fiscais para bônus em empresas de setores essenciais, que variam entre mil e dois mil euros.

A Alemanha facilitou solicitações de subsídios por contribuintes que tenham tido redução na carga horária de trabalho, evitando demissões em larga escala, além de conceder diferimentos e suspensão de antecipações de imposto de renda. Houve também redução na alíquota do IVA para os restaurantes por 12 meses a partir de julho de 2019. Além disso, a Administração Pública da Alemanha assegurou a quitação de 100% das contribuições para a Seguridade Social de diversos funcionários em razão das horas perdidas pelos trabalhadores em jornada reduzida. Também houve diferimento de impostos e pagamentos adaptados à expectativa da menor renda em 2020. No caso de empresas severamente atingidas pelos efeitos da pandemia, foram suspensas as medidas de execução e de sobretaxas em 2020. Um ponto importante foi a devolução de prejuízos para o ano fiscal de 2020. Houve ainda disponibilização de 50 bilhões de euros para apoio direto aos autônomos e pequenas empresas com menos de 10 funcionários, no valor de até 15 mil euros por empresa.

Na Itália, houve diferimento de tributos e concessão de crédito fiscal para diversos setores. As instituições financeiras poderão se valer do aproveitamento de prejuízos fiscais em contextos específicos.

A Rússia, por seu turno, também usou a frente do diferimento tributário para o enfrentamento da pandemia e concedeu isenção de tributos para os setores de turismo e aviação. O governo está considerando também a revisão de alguns tratados para evitar dupla tributação.

O Reino Unido renunciou aos impostos sobre propriedades comerciais de varejo, lazer e turismo por 12 meses e alterou regras de tributos sobre folha de pagamentos, além de estabelecer diferimentos. O imposto de renda que seria devido em 31 de julho de 2020 passou para 31 de janeiro de 2021 sem juros ou multas. O IVA foi diferido para o segundo trimestre de 2020 até 20 de março de 2021.

O governo da Áustria tomou medidas como redução dos pagamentos antecipados de renda e tributos corporativos, adiamento do pagamento de impostos, parcelamentos. Já com relação aos diferimentos, a Administração Tributária austríaca realiza a análise da situação econômica de cada contribuinte.

Na Bélgica, os prazos para quitação dos tributos foram prorrogados, além da possibilidade de apresentação de plano específico para os contribuintes mais afetados com o coronavírus. Houve também possibilidade de reembolsos das antecipações de impostos e possibilidade de fruição de crédito nos terceiro e quarto trimestres de 2020, desde que não seja feita distribuição de dividendos em 2020 e nem redução de capital ou recompra de ações.

Na Estônia, possibilitou-se a suspensão na aplicação de multas e juros (diferimentos) como nos demais, mas houve também a redução de tributos sobre diesel, energia e gás natural.

Em Portugal, ocorreu suspensão de contribuições previdenciárias para as empresas afetadas; certos prazos para impostos corporativos se estenderam por três meses; as devoluções mensais de IVA foram adiadas, assim como os pagamentos associados; o prazo para apresentação da declaração mensal de IVA para março e abril também pode ser adiado, bem como o prazo para preparar e arquivar a documentação adotada para cumprir as regras de preços de transferência.

A Holanda também estabeleceu diferimento e concedeu remissão do IVA sobre suprimentos médicos (suprimentos e equipamentos de socorro) fornecidos gratuitamente a instituições de saúde, centros de saúde e clínicos gerais. Há ainda redução de tributos de 20% para empresas, especialmente as que foram obrigadas a suspenderem as atividades.

A República Checa concedeu anistia para atrasos no pagamento do imposto de renda e remissão para uma série de multas que estavam no "estoque" do governo, além de diferimento em relação a outros tributos.

Na Grécia, houve diferimento do IVA e das contribuições para a Previdência Social e redução de 25% no passivo de tributos, se não forem feitas demissões. Há também isenção de doações feitas ao governo em apoio a esforços de ajuda para contenção da Covid-19.

Na Hungria, as políticas tributárias envolveram a remissão das contribuições sociais para Seguridade Social de março a junho de 2020 e diferimento até 30 de setembro, além de aceleração de reembolsos de IVA para pequenas e médias empresas.

Na Islândia, houve diferimento de tributos para Seguridade Social e IVA e reembolsos de 100% para determinados setores. O governo concederá reembolsos de 100% do IVA até 31 de dezembro para o setor da construção.

Na Oceania, a pandemia chegou também em meados de janeiro de 2020, e as ações tomadas, por exemplo, na Austrália, estão relacionadas a repasses de dinheiro para reestruturação, diferimento no vencimento dos tributos sobre folha de pagamento, e, com relação aos tributos sobre o consumo, foi facultado aos contribuintes pagarem posteriormente, caso estejam enfrentando desafios no fluxo de caixa.

Na África, a Argélia, por exemplo, estendeu prazos para pagamento de tributos até 20 de maio. A Tunísia também utilizou o diferimento do prazo para apresentação de imposto de renda corporativo e do prazo do imposto de circulação. As auditorias fiscais foram suspensas e as dívidas fiscais podem ser adiadas para as empresas afetadas pelo surto. Os reembolsos de crédito de IVA serão acelerados. Na Uganda, houve prorrogação de dois meses no prazo de declaração de imposto sobre as sociedades e adiamento do vencimento de outros impostos.

Na América do Norte, no Canadá, que também teve os seus primeiros casos no final de janeiro de 2020, além dos diferimentos de tributos, há possibilidade de concessão de subsídios. Os Estados Unidos adiaram pagamento de tributos de 2020 para 2021 e 2022 e concederam crédito para que os empregadores atrasem o pagamento de impostos sobre a folha de pagamento da Previdência Social. As empresas tiveram US$ 221 bilhões em reduções e diferimento de impostos. Isso incluiu 50% do crédito tributário da folha de pagamento para empresas severamente afetadas e que concordaram em manter os níveis de emprego. Além disso, as empresas tiveram permissão para recuperar perdas ocorridas em 2018, 2019 e 2020 por cinco anos, que serão elegíveis para requisição e reembolso imediato. Houve ainda a suspensão de impostos sobre a aviação até o final de 2020.

Na América Central, o México também concedeu diferimento de tributos e declarações, bem como acelerou os pagamentos de crédito do IVA.

Na América do Sul, o Governo do Chile suspendeu o pagamento de tributos, e, como a maior parte das jurisdições, também ofereceu subsídios. Houve postergação do pagamento do IVA e do imposto predial por três meses para empresas com vendas inferiores a 350.000 UF,[341] adiantamento do reembolso e diferimento do pagamento do imposto de renda e uma redução de alíquota (0%) do imposto de selo para transações de empréstimos ou créditos, aplicável para empresas e pessoas físicas.

No Brasil, é possível mencionar medidas tributárias implementadas pelos níveis da federação. A União, por exemplo, diferiu o recolhimento do fundo de garantia do tempo de serviço (FGTS), postergou o prazo de obrigação acessória, postergou o prazo de pagamento de tributos apurados no Simples Nacional. Além disso, houve redução na carga tributária da folha de salários, com relação à contribuição do Sistema S, e, também, redução de alíquota para alguns bens específicos, em razão do uso desses como instrumentos no enfrentamento direto à Covid-19. Menciona-se também a suspensão do prazo para atos de cobrança da Procuradoria Geral da Fazenda Nacional (PGFN) por 90 dias e a simplificação do despacho aduaneiro de produtos de uso médico-hospitalar destinado ao combate do coronavírus. Com especial destaque, menciona-se a prorro-

---

[341] Correspondendo a USD 12.421,16 ou a R$ 66.056.014,78 (cotação do dia 01 de julho de 2020).

gação por dois meses do prazo de declaração de imposto de renda, algo do qual não se tem notícia anterior dentre os atos da Receita Federal. Os Estados e Municípios[342], também prorrogaram prazos de obrigações acessórias, reduziram algumas alíquotas, suspenderam o pagamento de taxas de fiscalização, suspenderam prazos administrativos e prorrogaram vencimentos de impostos.[343]

Demonstra-se assim, no que tange ao enfrentamento do coronavírus, que a experiência internacional, e também nacional, ainda que saibamos que há mais a ser feito no Brasil, tem em comum: a adoção de diferimento dos tributos, bem como de declarações e demais obrigações acessórias, sendo que, de forma menos comum, mas presente em muitas das políticas, há a concessão de reduções tributárias e acelerações nas devoluções de tributos não cumulativos. Interessante observar que em alguns países houve adaptação das hipóteses de concessão de benefícios à realidade dos contribuintes solicitantes, o que deve ser visto como exemplo de maturidade no diálogo entre Fisco e contribuinte.

Em outro quadro, exemplificativo, demonstrado em estudo realizado pelo Insper, é possível ver uma comparação internacional das medidas tributárias por categoria de tributos e de ações políticas adotadas e depois uma comparação no Brasil, utilizando as ações tomadas por categoria dentro do aspecto federativo.

Quadro 10 – Comparação internacional das medidas tributárias[344]

Categorias de tributos x categorias de medidas	Ocorrências
Renda	130
Devolução de tributos	4
Diferimento de obrigação acessória	18
Diferimento do pagamento de tributos	51
Outras medidas	3

---

[342] A pesquisa se ateve às capitais.
[343] Seria interessante mencionar alguns exemplos de Estados e capitais.
[344] Os países da amostra do Insper são: Alemanha, Argentina, Austrália, Áustria, Bélgica, Bolívia, Canadá, Chile, China, Colômbia, Coréia do Sul, Dinamarca, Eslováquia, Eslovênia,

Categorias de tributos x categorias de medidas	Ocorrências
Redução de carga tributária	42
Redução de encargos moratórios	10
Diferimento	2
Consumo	87
Devolução de tributos	14
Diferimento de obrigação acessória	9
Diferimento do pagamento de tributos	33
Outras medidas	5
Redução de carga tributária	17
Redução de encargos moratórios	9
Diversos	25
Devolução de tributos	2
Diferimento de obrigação acessória	4
Diferimento do pagamento de tributos	9
Outras medidas	6
Redução de carga tributária	1
Redução de encargos moratórios	3
Folha de salários	25
Devolução de tributos	1
Diferimento do pagamento de tributos	16
Redução de carga tributária	7
Redução de encargos moratórios	1
Patrimônio	12
Diferimento de obrigação acessória	1
Diferimento do pagamento de tributos	7

Espanha, Estados Unidos, Estônia, Finlândia, França, Grécia, Holanda, Hungria, Indonésia, Irã, Irlanda, Islândia, Israel, Itália, Japão, Letônia, Lituânia, Luxemburgo, Malásia, México, Noruega, Nova Zelândia, Peru, Polônia, Portugal, Reino Unido, República Tcheca, Romênia, Suécia, Suíça, Tailândia, Turquia, Ucrânia.

Categorias de tributos x categorias de medidas	Ocorrências
Redução de carga tributária	4
Aduaneiro	7
Devolução de tributos	1
Redução de carga tributária	6
Taxa	3
Diferimento do pagamento de tributos	2
Redução de carga tributária	1
Total Geral	289

Fonte: Insper (2020)

Quadro 11 – Medidas Tributárias Adotadas no Brasil

Medidas tomadas no Brasil, por nível de governo e tipo de medida	
Nível de governo	Número de medidas
Federal	23
Diferimento de obrigação acessória	4
Postergação no pagamento do tributo	7
Outras medidas	6
Redução de carga tributária	6
Estadual	133
Diferimento de obrigação acessória	18
Postergação no pagamento do tributo	13
Outras medidas	88
Redução de carga tributária	14
Municipal (considerando apenas as capitais)	97
Diferimento de obrigação acessória	4
Postergação no pagamento do tributo	33
Outras medidas	60
Total Geral	253

Fonte: Insper (2020)

4. Proposições normativas em matéria tributária na Câmara Federal no cenário COVID-19

Ao olhar com acuidade para as políticas tributárias possíveis, considerando o caráter extrafiscal do tributo e as fases de enfrentamento à Covid-19, considera-se que o Brasil tem caminhado timidamente nas diretrizes já propostas pelos organismos internacionais.

Além disso, é motivo de preocupação a falta de coordenação das políticas tributárias já implementadas para o enfrentamento à Covid-19. Situação que repercute com insegurança jurídica, alívio curto e que demanda frequentemente novos pedidos de medidas tributárias. Isso desgasta o governo, tanto no Poder Judiciário, como no Poder Legislativo quanto no próprio Poder Executivo.

O Poder Judiciário foi diversas vezes[345] acionado para suspender a exigibilidade ou a prorrogação de tributos e o fundamento tinha como premissa os efeitos da ocorrência do estado de calamidade pública. Agregando-se a esse fato, os contribuintes utilizaram a Portaria nº 12, de 20 de janeiro de 2012, do antigo Ministério da Fazenda (MF), ainda válida, mas não editada especificamente para este período, que prorroga o prazo para o pagamento de tributos federais, inclusive parcelamentos e suspende o prazo para a prática de atos processuais no âmbito da RFB e da Procuradoria-Geral da Fazenda Nacional (PGFN). Além disso, como fundamento para as ações judiciais também fora usada a Instrução Normativa RFB nº 1.243, de 2012, que altera os prazos para o cumprimento de obrigações acessórias relativas aos tributos federais.

A grande questão posta, além da validade ou não das normas infralegais mencionadas, é que não há uniformidade nas decisões, trazendo insegurança jurídica para os contribuintes de forma geral e aumentando exponencialmente o fluxo no judiciário e o trabalho da Procuradoria da Fazenda Nacional na defesa processual que lhe é cabível, tomando o

---

[345] Estudo do INSPER aponta que somam 165 mil decisões judiciais relacionadas à Covid-19. Dessas, inúmeras são referentes à suspensão ou adiamento no pagamento de tributos e na postergação de obrigações acessórias. Cf.: https://www.insper.edu.br/conhecimento/direito/decisoes-judiciais-relacionadas-a-Covid-19-ja-somam-165-mil/. Acesso em: 14 de jun. 2020.

tempo que poderia ter sido melhor utilizado se houvesse uma coordenação geral, assertiva e coesa acerca de uma moratória para os contribuintes.

Outra situação exemplificativa, os tributos federais, estaduais e municipais que não foram diferidos estão vencendo, mas as empresas estão sem lucratividade, gerando um dano inestimável e por um prazo indeterminado, situação que agravará ainda mais a retomada da economia durante a segunda fase de enfrentamento ao Covid-19. Nesse caso, as empresas que optaram pelo lucro presumido no início do ano estão sob instabilidade econômica e pedem ao Judiciário a alteração do regime porque, dadas as circunstâncias, o regime atual será mais gravoso e trará uma desvantagem episódica, desigual e injusta, inclusive considerando a finalidade de cada regime de tributação. Corroborando com esse pleito, tramita também no Senado, sob o número de PLP nº 96/2020[346], do Senador Izalci Lucas, proposição de lei complementar para permitir alteração do regime de tributação no lucro presumido para o lucro real ou para o Simples Nacional, no ano de 2020.

A mensuração posta dá indícios de que algo precisa ser aperfeiçoado no âmbito da política pública tributária. E sim, um dos principais indicadores está neste constante acionar da população ao Judiciário para que este venha a agir positivamente tendo por pressuposto os direitos individuais e coletivos decorrentes do grave impacto econômico causado pela pandemia do Coronavírus.

Dito isso, observa-se que o caminho escolhido pelo Brasil, para as medidas tributárias, não parece ser o melhor. Pois, apesar de haver no Código Tributário Nacional, instrumento a ser utilizado de forma coordenada, citando aqui a moratória geral heterônoma, a escolha foi de ações pontuais e em momentos distintos, restando, por vezes em ineficiência entre os diversos entes da Federação ou mesmo entre os poderes,

---

[346] SENADO FEDERAL. *Projeto de Lei Complementar nº 96, de 2020*. Dispõe sobre a possibilidade de alteração do regime de tributação com base no lucro presumido para o lucro real, durante o ano-calendário de 2020, como medida de proteção para enfrentamento da crise econômica ocasionada pelo novo coronavírus (SARS-CoV-2), e altera a Lei Complementar nº 123, de 14 de dezembro de 2006, para autorizar a opção pelo Simples Nacional. Disponível em: https://www25.senado.leg.br/web/atividade/materias/-/materia/141555. Acesso em 29 de jun. 2020.

decorrente da omissão do legislativo ou do executivo nessa coordenação. A necessária retomada econômica do comércio, serviços e indústria, que foram compulsoriamente interrompidos, terá um impacto ainda maior caso a tributação gere efeitos perversos, inclusive com multas decorrentes do não pagamento de tributos ou do não cumprimento de obrigações acessórias.

Diante desse contexto possível, a necessidade do Poder Público de coordenar ações tributárias com o setor privado se torna ainda mais urgente. Tais medidas precisam primeiramente derivar do Legislativo em coordenação com o Executivo. As ações isoladas do Executivo e, principalmente do Judiciário, não são efetivas, ao contrário, muitas trazem mais complexidade para as empresas e risco de maior gravidade no denominado pós-guerra.

Em matéria tributária, dentre as propostas legislativas relacionadas ao contexto da pandemia da Covid-19, a câmara possui quase duzentas proposições em tramitação.[347] As proposições normativas, em sua maioria, tratam de parcelamento de tributos, de suspensão de prazos, de deduções tributárias em bases de cálculo, de isenções, redução de alíquotas, moratória, prorrogação de prazo para obrigações acessórias, programas de regularização tributária. Mas também, há proposições para instituição de empréstimos compulsórios, de contribuição extraordinária, de imposto sobre grandes fortunas e elevação de alíquota para pessoas jurídicas com receita bruta anual igual ou maior a R$ 1.000.000.000,00 (um bilhão de reais), por exemplo, contrariando as diretrizes internacionais e o caminho percorrido por todos os outros países do mundo.

Mister mencionar que em 2019 a carga tributária do Brasil ficou em 35% do produto interno bruto, enquanto a média da OCDE estava em 34%. Sendo assim, ao considerar que o Brasil tem uma carga tributá-

---

[347] Esse número se refere às proposições encontradas na pesquisa feita no dia 17 de junho de 2020 na base de dados do site institucional da câmara dos Deputados, tendo sido utilizado como parâmetros o termo "pandemia" como frase exata e no item qualquer palavra, os termos: "imposto"; "contribuição"; "refis"; "moratória"; "tributário"; "tributo"; "tributação". As proposições analisadas possuem, de forma geral, o objetivo de oferecer ao contribuinte instrumento que o auxilie ou o faça suportar a travessia de enfrentamento à pandemia em seu aspecto econômico e financeiro.

ria considerada muito alta para um país em desenvolvimento,[348] ainda que haja vontade política para propor nova tessitura tributária, não faz nenhum sentido afogar ainda mais uma economia em crise com aumento tributário, mas é preciso sim estratégia e ações coordenadas.

Neste momento de enfrentamento à pandemia, há necessidade de aumento dos gastos do Estado, para suportar especialmente aqueles mais afetados pela famosa e absurda desigualdade social brasileira e ao mesmo tempo, alívio fiscal justamente para que alguns setores se levantem e voltem a gerar receitas para a sociedade e para o Estado. Assim, dentre as medidas tomadas existe o aspecto temporal que deve ser bem equacionado e estrategicamente coordenado, para que haja efetiva recuperação econômica do país, especialmente daqueles setores mais vulneráveis.

Dentre as propostas sobre parcelamento de tributos, o Projeto de Lei Complementar nº 99 de 2020[349], do Deputado Vermelho, apresentado em meados de abril traz inovação interessante. Propõe-se que 75% do gasto com a folha de pagamento e encargos seja utilizado para abater tributos federais, inclusive parcelamentos no período de vigência da Lei nº 13.979 de 2020. Como requisito, as pessoas jurídicas, inclusive aquelas optantes pelo Simples Nacional, precisariam comprovar a manutenção dos empregos formais, sem redução de salário. A ação está no sentido de proteger o salário integral, a empregabilidade e evitar a falência das empresas, que resultaria nas demissões em massa. O subsídio direto para o empregador, evitando as demissões em massa com manutenções dos empregos e salários seria inovador e responderia de forma mais rápida à economia do que a escolha feita pela Medida provisória Nº 936, de 1º de abril de 2020[350], que pretendeu mitigar os efeitos da demissão, possibilitou acordo de redução de jornada, que foi judicializado em diversas instâncias, inclusive no Supremo Tribunal Federal, além de ter previsão

---

[348] Alguns países europeus possuem carga bem mais alta (Dinamarca, Finlândia, Bélgica, por exemplo). A carga tributária brasileira é a mais alta entre os países em desenvolvimento.
[349] Cf. **Projeto de Lei Complementar nº 99, de 2020**.Disponível em:https://www.camara.leg.br/proposicoesWeb/prop_mostrarintegra?codteor=1881702&filename=PLP+99/2020. Acesso em: 30 de jun. 2020.
[350] Cf. **Medida provisória Nº 936, de 1º de abril de 2020**. Disponível em: http://www.planalto.gov.br/ccivil_03/_ato2019-2022/2020/mpv/mpv936.htm. Acesso 30 de jun. 2020.

do desembolso imediato pelo governo do seguro desemprego e do auxílio denominado Benefício Emergencial de Preservação do Emprego e da Renda.

Na proposição da Câmara, o trabalhador manteria seu emprego sem redução de salário, colaborando com a dignidade do trabalhador e com a estrutura organizacional da empresa, o que diminuiria o impacto de retração econômica causada pela quebra das empresas e consequente demissão em massa. Além disso, evitaria a necessidade de diversos outros parcelamentos a posteriori, considerando que as empresas, inclusive as optantes pelo Simples teriam tido um alívio considerável e coordenado no período de enfrentamento à Pandemia.

Outro projeto que pretendia utilizar medidas tributárias de suspensão de tributos (moratória) e parcelamento para manutenção de Postos de Trabalho foi o PL nº 1143 de 2020[351], do Deputado Christino Aureo, mas nele, ao contrário do PLP nº 99/2020, não havia a inclusão de empresas do Simples Nacional. De todo modo, também se mencionava na justificativa do projeto o desafio no amparo às empresas, principalmente as mais vulneráveis à desaceleração do crescimento, garantindo aptidão para a retomada das atividades econômicas e sociais, quando o problema sanitário for superado. A proposição considerou que a utilização da suspensão de exigibilidade dos tributos era a medida necessária para minimizar os efeitos nefastos já mencionados neste trabalho. O projeto de lei em menção se respaldou no Código Tributário Nacional para permitir maior fôlego ao fluxo de caixa das empresas e afastar as eventuais penalidades como as multas pelo, inevitável, não pagamento do tributo.

Outros projetos trataram de reabertura de prazo para os programas de REFIS como o PL nº 1966/2020[352], do Deputado Evair do Espírito Santo, ou criam um programa especial e extraordinário de regularização

---

[351] Cf. **Projeto de Lei nº 1143 de 2020**. Disponível em: https://www.camara.leg.br/proposicoesWeb/fichadetramitacao?idProposicao=2242220. Acesso 30 de jun. 2020.

[352] Cf. **Projeto de Lei nº 1966/2020**. Disponível em: https://www.camara.leg.br/proposicoesWeb/fichadetramitacao?idProposicao=2249869&fichaAmigavel=nao. Acesso em 30 de jun. 2020.

tributária, como o PL nº 2735/2020[353], do Deputado Ricardo Guidi, de Santa Catarina.

Com relação aos programas de regularização tributária, o Congresso Nacional em convergência com o Executivo Federal[354], aprovou no início da Pandemia o projeto de lei de Conversão da Medida Provisória nº 899 de 2019, sob relatoria do Deputado Marco Bertaiolli, do PSD, relativa à transação tributária, transformado na Lei nº 13.988/2020, apelidada de lei do contribuinte legal[355]. A diferença da transação para as propostas de regularização é que aquela se refere a débitos tributários que já se encontram na dívida ativa e os programas de regularização são mais amplos e abordam os débitos que estão sendo contraídos no decorrer da crise econômica de 2020.

O fato da aprovação da Lei 13.988[356], de 14 de abril de 2020 ter sido em concomitância com o início do marco legal de enfrentamento à pandemia, faz dela a primeira medida tributária para o enfrentamento aos

---

[353] Cf. **Projeto de Lei nº 2735/2020.** Disponível em: https://www.camara.leg.br/proposicoesWeb/fichadetramitacao?idProposicao=2252895. Acesso em 30 de jun. 2020.

[354] Apesar de estar em convergência com o Poder Executivo, o texto foi aprovado dia 18 de março de 2020, encaminhado ao Senado, cuja votação se deu no dia 23 de março de 2020 e apenas dia 14 de abriu aconteceu a sanção do Presidente. Mas ainda assim, falta (na data de envio desta obra à editora) a aprovação do projeto de lei complementar que irá possibilitar às empresas do Simples Nacional de participarem do instituto da transação. Reitera-se o trabalho convergente, exaustivo e dedicado do Executivo com o Legislativo fez toda a diferença para a aprovação do projeto de lei de conversão da Medida Provisória nº 899/2019.

[355] A MP do "Contribuinte Legal", transformada na "Lei do Contribuinte Legal" é um marco em matéria tributária, porque permite a regularização de dívidas junto à União a partir de uma negociação. Ela muda o paradigma vertical e inflexível da relação fisco e contribuinte. A função dela é permitir uma solução consensual de disputas tributárias e rompe com a cultura do litígio. Isso traz a relação mais próxima do horizontal e abre espaço para nova relação fisco e contribuinte. A partir dessa lei a administração poderá instituir mecanismos que permitam análise mais individualizada e humanizada da situação de cada um dos devedores, fornecendo benefícios e incentivos conforme a necessidade de casa contribuinte. A transação tributária representa alternativa que pretende trazer maior equidade do que a reiterada prática de concessão de parcelamentos especiais (REFIS), que tinham impacto negativo na arrecadação e resultavam na prática ardil de alguns contribuintes.

[356] Cf. **Lei 13.988/2020.** Disponível em: http://www.planalto.gov.br/ccivil_03/_Ato2019-2022/2020/Lei/L13988.htm. Acesso em 30 de jun. 2020.

efeitos fiscais no contexto da COVID-19, ainda que não tenha sido este o objetivo específico e inicial da proposição. A norma tem possibilitado à PGFN a edição de portarias com editais de transação tributária, fato positivo para a necessidade de arrecadação do Estado e para o contribuinte, noticia-se, por exemplo, a transação extraordinária em razão da Covid-19 disciplinada pela Portaria n. 9925, de 14 de abril de 2020[357], com prazo de adesão até 30 de junho de 2020, para pessoas físicas e jurídicas com dívidas junto à PGFN.

Salienta-se o fato de que em razão da aprovação do projeto de Lei de Conversão ter a hierarquia de lei ordinária, as empresas do Simples ainda não podem aderir à transação. Aguarda-se, então, a vontade do Senado Federal para aprovar a Lei Complementar (PLP nº 9/2020[358], de autoria do deputado Marco Bertaiolli), que já foi aprovado pela Câmara, para possibilitar este instituto também às empresas do Simples Nacional.

Outra medida que se viu proposta no PL nº 1266/2020[359], do deputado Roberto Pessoa, e que não necessariamente decorre da pandemia, mas também se insere no contexto, foi a proposição relativa ao parcelamento dos débitos das Santas Casas de Misericórdia e hospitais de natureza filantrópica, quanto a valores devidos e não recolhidos oriundos de débitos tributários e previdenciários e dá outras providencias.

Houve também proposta o perdão de tributos, como o PL nº 2046/2020, do deputado Zé Vitor, que pretendia a remissão de débitos administrados pela Secretaria Especial da Receita Federal do Brasil e débitos para com a Procuradoria-Geral da Fazenda Nacional, vencidos até 31 de março de 2020, parcelados ou não, devidos pelas santas casas de misericórdia e hospitais filantrópicos que participem de forma complementar do Sistema Único de Saúde (SUS), em montante equivalente ao

---

[357] Cf. **Portaria n. 9925, de 14 de abril de 2020.** Disponível em: http://www.in.gov.br/en/web/dou/-/portaria-n-9.924-de-14-de-abril-de-2020-252722641. Acesso em 30 de jun. 2020.

[358] Cf. **Projeto de Lei Complementar nº 9/2020.** Disponível em: https://www.camara.leg.br/proposicoesWeb/fichadetramitacao?idProposicao=2237331. Acesso em 30 de jun. 2020.

[359] Cf. **Projeto de Lei nº 1266/2020.** Disponível em: https://www.camara.leg.br/proposicoesWeb/fichadetramitacao?idProposicao=2249982. Acesso em 30 de jun. 2020. Acesso em 30 de jun. 2020.

despendido em obras, materiais e equipamentos, entre outros, destinados ao combate do coronavírus.

Quanto à suspensão de obrigação principal e acessória de prazos, é possível citar o PL nº 1679/2020[360], do deputado Eduardo Bismarck, que determinou a suspensão do pagamento de tributos federais, estaduais e municipais aos prestadores de serviços turísticos para o enfrentamento da emergência em decorrência da pandemia do Covid-19.

Foram propostas também deduções tributárias em bases de cálculo, como o PL nº 2170/2020[361], de autoria de diversos deputados do PSB[362], que estabelece benefícios compensatórios aos trabalhadores da área da saúde e atividades essenciais que atuem ou tenham atuado no combate ao coronavírus durante a vigência do estado de emergência de saúde pública a que se refere a Lei n. 13.979, de 6 de fevereiro de 2020.

Outra proposta a ser mencionada seria a dedução de valores doados no Imposto de Renda, como é o PL nº 1016/2020[363], de autoria do deputado Jose Mario Schreiner, que disciplina sobre incentivos fiscais para doações a entidades públicas ou privadas, sem fins lucrativos, da área da saúde que atuem no combate à epidemia de coronavírus. Com o mesmo objetivo, tem-se o PL nº 1418/2020[364], do deputado Fábio Trad, que autoriza, durante o período de estado de calamidade pública decorrente da pandemia do coronavírus, a dedução do imposto de renda devido por pessoas físicas e jurídicas as doações a fundos estaduais de saúde ou a hospitais universitários estaduais ou federais que organizem campanha de arrecadação para combate à Covid-19. Ainda nesse escopo, o PL nº

---

[360] Cf. **Projeto de Lei nº1679/2020.** Disponível em: https://www.camara.leg.br/proposicoesWeb/fichadetramitacao?idProposicao=2244916. Acesso em 30 de jun. 2020.

[361] Cf. **Projeto de Lei nº 2170/2020.** Disponível em: https://www.camara.leg.br/proposicoesWeb/fichadetramitacao?idProposicao=2250579. Acesso em 30 de jun. 2020.

[362] Deputados Bira do Pindaré, Alessandro Molon, Aliel Machado, Danilo Cabral, Denis Bezerra, Mauro Nazif e Ted Conti.

[363] Cf. **Projeto de Lei nº 1016/2020.** Disponível em: https://www.camara.leg.br/proposicoesWeb/fichadetramitacao?idProposicao=2242021. Acesso em 30 de jun. 2020.

[364] Cf. **Projeto de Lei nº 1418/2020.** Disponível em: https://www.camara.leg.br/proposicoesWeb/fichadetramitacao?idProposicao=2242698. Acesso em 30 de jun. 2020.

1098/2020[365], também do deputado Jose Mario Schreiner, dispõe sobre incentivos fiscais para doações a entidades públicas ou privadas, sem fins lucrativos, da área da saúde que atuem no combate à epidemia de coronavírus (Covid-19).

Outras proposições dispuseram sobre a redução de alíquotas, como o PL nº 1833/2020[366], do deputado Luiz Carlos Motta, que possibilitou a redução a zero das alíquotas da Contribuição para o PIS-Pasep e da Cofins incidentes na importação e sobre a receita bruta de venda no mercado interno de equipamentos de proteção individual necessários para o enfrentamento da emergência de saúde pública de importância internacional decorrente do coronavírus.

Um projeto interessante se refere ao PL nº 1107/2020[367], do deputado Diego Andrade que trouxe uma isenção condicionada para fomentar o desenvolvimento, fabricação e entrega de respiradores pulmonares. Ele foi transformado em emenda e acolhido na votação da Câmara do PL nº 2294/2020[368], de autoria do deputado Carlos Chiodini, que ainda espera a votação no Senado.

Com relação a redução de tributos e isenções, menciona-se o PL nº 3364/2020[369], do deputado Fabio Schiochet, que pretende um instituir um Regime Especial de Emergência para o Transporte Coletivo Urbano e Metropolitano de Passageiros, denominado de Remetup, baseado na redução de tributos incidentes sobre esses serviços e sobre os insumos neles empregados, com o objetivo de proteger o setor.

---

[365] Cf. **Projeto de Lei nº 1098/2020**. Disponível em: https://www.camara.leg.br/proposicoesWeb/fichadetramitacao?idProposicao=2242159 Acesso em 30 de jun. 2020.

[366] Cf. **Projeto de Lei nº 1833/2020**. Disponível em: https://www.camara.leg.br/proposicoesWeb/fichadetramitacao?idProposicao=2247993. Acesso em 30 de jun. 2020.

[367] Cf. **Projeto de Lei nº 1107/2020**. Disponível em: https://www.camara.leg.br/proposicoesWeb/fichadetramitacao?idProposicao=2242168. Acesso em 30 de jun. 2020.

[368] Cf. **Projeto de Lei nº 2294/2020**. Disponível em: https://www.camara.leg.br/proposicoesWeb/fichadetramitacao?idProposicao=2250883. Acesso em 30 de jun. 2020.

[369] Cf. **Projeto de Lei nº 3364/2020**. Disponível em: https://www.camara.leg.br/proposicoesWeb/fichadetramitacao?idProposicao=2255387. Acesso em 30 de jun. 2020.

Algumas proposições, como o PL nº 1415/2020[370], do deputado Wladimir Garotinho, pretenderam inserir isenção de Imposto de Renda da Pessoa Física, no ano de 2020, aos médicos e demais profissionais da área da Saúde, como forma de honrar o trabalho desses profissionais. Nessa mesma linha, mas voltadas às Entidades de Assistência Social, o PLP nº 41/2020[371], do deputado Miguel Lombardi, pretendeu isenção temporário dos tributos federais. Menciona-se também o PL nº 1476/2020[372], do deputado Celso Maldaner, que pretende a concessão de isenção de Imposto de Renda aos idosos com mais de 65 anos e aposentados que recebam até 10 salários mínimos durante a pandemia do coronavírus e/ ou enquanto durar o estado de calamidade pública.

Verifica-se também propostas que não se conseguiria avaliar como política pública tributária eficiente, como no caso da isenção de IPI como fator de diminuição no custo de aquisição de veículos utilizados para transporte de viajantes enfermos ou com suspeita de contaminação, proposta no PL nº 1301/2020[373], do deputado Geninho Zuliani.

Várias proposições se relacionaram às micro empresas, por exemplo, o PL nº 1821/2020[374], de autoria do deputado Reginaldo Lopes, que autoriza o Poder Executivo a conceder auxílio financeiro temporário às micro empresas (ME), garantindo o pagamento dos salários de seus empregados, auxílio aluguel comercial e isenção de imposto no período de afastamento social ou o projeto de lei complementar, PL nº 958/2020[375], de

---

[370] Cf. **Projeto de Lei nº 1415/2020.** Disponível em: https://www.camara.leg.br/proposicoesWeb/fichadetramitacao?idProposicao=2242691&fichaAmigavel=nao Acesso em 30 de jun. 2020.
[371] Cf. **Projeto de Lei Complementar nº 41/2020.** Disponível em: https://www.camara.leg.br/proposicoesWeb/fichadetramitacao?idProposicao=2241817. Acesso em 30 de jun. 2020.
[372] Cf. **Projeto de Lei nº 1476/2020.** Disponível em: https://www.camara.leg.br/proposicoesWeb/fichadetramitacao?idProposicao=2242801. Acesso em 30 de jun. 2020.
[373] Cf. **Projeto de Lei nº 1301/2020.** Disponível em: https://www.camara.leg.br/proposicoesWeb/fichadetramitacao?idProposicao=2242483 Acesso em 30 de jun. 2020.
[374] Cf. **Projeto de Lei nº 1821/2020.** Disponível em: https://www.camara.leg.br/proposicoesWeb/fichadetramitacao?idProposicao=2247975. Acesso em 30 de jun. 2020.
[375] Cf. **Projeto de Lei nº 958/2020.** Disponível em: https://www.camara.leg.br/proposicoesWeb/prop_mostrarintegra?codteor=1870228&filename=PL+958/2020. Acesso em 30 de jun. 2020.

autoria do deputado David Soares, que pretendeu a concessão de isenção fiscal, anistia e remissão aos microempreendedores individuais (MEIs), micro e pequenas empresas enquanto declarado o estado de calamidade pública no país, em decorrência da pandemia do novo coronavírus.

Para viabilizar a continuidade da relação de emprego dos empregados domésticos, o PL nº 2746/2020[376], do deputado Aureo Ribeiro propôs a prorrogação de mais cinco anos da dedução do Imposto de Renda da Pessoa Física (IRPF) referente à contribuição patronal paga à Previdência Social pelo empregador doméstico. No mesmo sentido, o PL nº 1917/2020[377], do deputado Fábio Trad, mas considerando a dedução para o ano de 2020, referente ao enfrentamento à pandemia do coronavírus.

Aguardando apreciação do Senado Federal e já aprovado pela Câmara, está a suspensão e prorrogação dos pagamentos das parcelas devidas por parte dos clubes de futebol referentes aos programas de regularização de dívidas tributárias e não tributárias denominado PROFUT, o PL nº 1013/2020[378], do deputado Hélio Leite, que tinha como apensados o PL nº 2125/2020[379], de autoria do deputado Arthur Oliveira Maia, propondo a suspensão do parcelamento de dívidas no âmbito do PROFUT e o PL nº 2262/2020[380], de autoria do Deputado Danrlei Hinterholz, que instituía moratória para suspender o pagamento de parcelamentos instituídos pelo PROFUT.

Das propostas analisadas e que também estavam alinhadas com as diretrizes internacionais estão o PL nº 829/2020[381] do deputado Bibo Nunes,

---

[376] Cf. **Projeto de Lei nº 2746/2020.** Disponível em: https://www.camara.leg.br/proposicoesWeb/fichadetramitacao?idProposicao=2252930. Acesso em 30 de jun. 2020.

[377] Cf. **Projeto de Lei nº 1917/2020.** Disponível em: https://www.camara.leg.br/proposicoesWeb/fichadetramitacao?idProposicao=2248301. Acesso em 30 de jun. 2020.

[378] Cf. **Projeto de Lei nº 1013/2020.** Disponível em: https://www.camara.leg.br/proposicoesWeb/fichadetramitacao?idProposicao=2242000. Acesso em 30 de jun. 2020.

[379] Cf. **Projeto de Lei nº 2125/2020.** Disponível em: https://www.camara.leg.br/proposicoesWeb/fichadetramitacao?idProposicao=2250434&fichaAmigavel=nao. Acesso em 30 de jun. 2020.

[380] Cf. **Projeto de Lei nº 2262/2020.** Disponível em: https://www.camara.leg.br/proposicoesWeb/fichadetramitacao?idProposicao=2250819. Acesso em 30 de jun. 2020.

[381] Cf. **Projeto de Lei nº 829/2020.** Disponível em: https://www.camara.leg.br/proposicoesWeb/fichadetramitacao?idProposicao=2241697. Acesso em 30 de jun. 2020.

que pretendeu a suspensão de forma geral dos prazos de pagamentos dos tributos federais durante a pandemia do Coronavírus (Covid-19), e o PL nº 2318/2020[382], do deputado Assis Carvalho, que dispôs sobre o prazo de restituição do IRPF do exercício de 2020, ano base de 2019.

Em contrariedade ao caminho percorrido pelos países do mundo inteiro e das diretrizes de organismos internacionais é possível citar, dentre outros, o PLP nº 112/2020[383], do deputado Celso Sabino, que pretende instituir Empréstimo Compulsório incidente sobre Grandes Fortunas, nos termos do inciso I do art. 148 da Constituição Federal, o PL nº 1349/2020[384], do deputado João H. Campos, que dispõe sobre a adoção de uma alíquota extra de Contribuição sobre Lucro Líquido das Instituições Financeiras; o PL nº 1505/2020[385], do deputado Luis Miranda que institui adicional extraordinário de trinta pontos percentuais nas alíquotas de Contribuição Social sobre o Lucro de pessoas jurídicas de determinado segmento, considerado lucrativo; e o PL nº 1315/2020[386], do deputado Gil Cutrim, que institui o Imposto sobre Grandes Fortunas, de forma emergencial destinado exclusivamente ao combate da pandemia do Covid-19.

Ao paralelo, menciona-se no presente trabalho que existem proposições legislativas que pretendem alterar a finalidade de contribuições e ou outros tributos com natureza vinculada, como é o caso do PLP nº 91/2020[387], do deputado Milton Vieira, que pretende permitir a utiliza-

---

[382] Cf. **Projeto de Lei nº 2318/2020.** Disponível em: https://www.camara.leg.br/proposicoesWeb/fichadetramitacao?idProposicao=2250974. Acesso em 30 de jun. 2020.
[383] Cf. **Projeto de Lei Complementar nº 112/2020.** Disponível em: https://www.camara.leg.br/proposicoesWeb/fichadetramitacao?idProposicao=2250676. Acesso em 30 de jun. 2020.
[384] Cf. **Projeto de Lei nº 1349/2020.** Disponível em: https://www.camara.leg.br/proposicoesWeb/fichadetramitacao?idProposicao=2242567. Acesso em 30 de jun. 2020.
[385] Cf. **Projeto de Lei nº 1505/2020.** Disponível em: https://www.camara.leg.br/proposicoesWeb/fichadetramitacao?idProposicao=2242860. Acesso em 30 de jun. 2020.
[386] Cf. **Projeto de Lei nº 1315/2020.** Disponível em: https://www.camara.leg.br/proposicoesWeb/fichadetramitacao?idProposicao=2242503. Acesso em 30 de jun. 2020.
[387] Cf. **Projeto de Lei Complementar nº 91/2020.** Disponível em: https://www.camara.leg.br/proposicoesWeb/prop_mostrarintegra?codteor=1880724. Acesso em 30 de jun. 2020.

ção de recursos da contribuição de iluminação pública para o combate a Covid-19 no período do Estado de Calamidade Pública.

A exemplificação das diretrizes de organismos internacionais, a descrição das medidas implementadas nos demais países do mundo em todos os continentes em comparação às medidas já efetivas no Brasil e observando um pouco das diversas proposições legislativas, percebe-se que nacionalmente perdeu-se o *timing* de ação, principalmente quando se considera conjuntamente o tamanho da federação, a multiplicidade de regimes tributários e a necessária instrumentalização do contribuinte para o momento de travessia no enfrentamento à pandemia e o para o momento posterior de retomada gradual do crescimento econômico.

No país, há tributos sobre a receita e o lucro; isso significa que se a receita é menor e o lucro, necessariamente, estes tributos serão reduzidos. No entanto, somando a tributação sobre a receita, mesmo que esta grandeza venha a ser reduzida nominalmente, é certo que o impacto, somado a todos os demais tributos, ainda poderá ser significativo nos mercados.

Por outro lado, tributos calculados sobre folha de pagamentos são perversos em momentos de crise. É que os encargos sobre a folha devem ser recolhidos sobre a totalidade dos salários, sendo que não se conectam com a receita, ou seja, sua exigência independe do ingresso ou do fluxo de caixa.

A frente americana (isenção de tributo sobre a folha de pagamento) poderia ser pensada como política tributária no Brasil neste momento, para a proteção dos empregos no país e para a minimização dos impactos econômicos negativos nos negócios. Nesse item, dado o cenário de urgência e relevância, a via da medida provisória seria, inclusive, hipótese para concessão de isenções e remissões de tributos sobre a folha de pagamentos (incluindo contribuição ao INSS e a terceiros).

Conclusões

Corroborando com o que foi exposto no presente trabalho, o Ministro Mailson da Nobrega, em *live* realizada pela ABAT, coordenada por Halley Henares, no dia 3 de abril, afirmou que o principal agente para o enfrentamento da crise Covid-19 é o governo. Nesse sentido reiterou que suas ações devem ser para salvar vidas, disponibilizar recursos para as pessoas consumirem, como transferência de renda; e alívio fiscal das empresas, com o objetivo de que elas continuem o ciclo econômico, objetivando principalmente a preservação dos empregos e a circulação de riquezas, e concluiu que no Brasil, as iniciativas fiscais de alívio ainda são tímidas.

É salutar que o governo reflita sobre a restituição acelerada de créditos de tributos não cumulativos, além de eventual isenção para empresas que se comprometam a manter postos de trabalhos por determinado período. Outrossim, é importantíssimo que medidas como parcelamentos sejam levadas em consideração para enfrentamento da crise.

Exemplo disso, poderia ser a concessão por Lei, de moratória heterônoma e geral. O instituto, autorizado pelo Código Tributário Nacional, somado ao parcelamento, viabilizaria maior fôlego ao fluxo de caixa das empresas, além de afastar, em razão da suspensão da exigibilidade dele decorrente, eventuais penalidades, como as multas, o que parece inevitável, em razão do não pagamento da obrigação principal ou mesmo da impossibilidade de se cumprir a obrigação acessória, o que agravaria ainda mais o cenário já caótico.

A coordenação de ações entre Executivo, Legislativo e Judiciário possibilitaria maior efetividade no uso dos instrumentos de política nacional tributária com a finalidade extrafiscal e considerando a recuperação da nação como um todo. Tal coordenação no país se faz ainda mais urgente quando se avalia que, a recessão prevista para ocorrer nos mais diversos lugares do mundo, já está sendo vista no Brasil como depressão, o que agravará, e muito, o cenário nacional.

Sendo assim, suavizar os efeitos da guerra na população, atenuando a perda de renda e emprego no curto prazo e a coordenação de medidas para retomada, é necessário e urgente. Enquanto houver medidas esparsas, sendo tomadas em diferentes níveis e com objetivos que nem sempre são convergentes, haverá abertura pra judicialização, para insegurança jurídica e para aumentar os dispêndios públicos e privados que já são escassos em momento tão crítico.

O presente capítulo sinaliza, portanto, no âmbito das políticas tributárias tomadas em razão do enfrentamento à Covid-19, para a necessidade de movimento estrutural e definitivo, coordenado entre os Poderes Executivo, Legislativo e Judiciário, capaz de possibilitar a travessia de pessoas físicas e jurídicas, preservando elementos mínimos do contrato constitucional no momento presente e na retomada gradual da economia para os próximos anos.

Referências

BLACKMAN, Allen; et al. *A política pública de combate à Covid-19*: Recomendações para a América Latina e o Caribe. 2020. Disponível em: https://publications.iadb.org/publications/portuguese/document/A-politicapublica-de-combate-a-Covid-19-Recomendacespara-a-America-Latina-eo-Caribe.pdf. Acesso em 15 de jun. 2020.

CONFAZ. *Boletim de Arrecadação dos Tributos Estaduais*. 2020.Disponível em: https://www.confaz.fazenda.gov.br/boletim-de-arrecadacao-dos-tributos-estaduais. Acesso em 14 de jun. 2020.

DELL'ARICCIA, Giovanni; MAURO, Paolo; SPILIMBERGO, Antonio; ZETTELMEYER, Jeromin. *A Global Crisis Like No Other Needs a Global Response Like No Other*. 2020. Disponível em: https://blogs.imf.org/2020/04/01/economic-policies-for-thecovid-19-war/. Acesso em 14 de jun. 2020.

ENACHE, Cristina; ASEN, Elke; BUNN, Daniel, DEHART Justin. *Tracking Economic Relief Plans Around the World during the Coronavirus Outbreak*. Disponível em: https://taxfoundation.org/coronavirus-country-by-country-responses/#tracking. Acesso 14 de jun. 2020

GRAU, Eros Roberto. *Por que tenho medo dos juízes: a interpretação/aplicação do direito e os princípios*. São Paulo. Malheiros Editores. 2018.

HALLEGATTE, Stéphane; HAMMER, Stephen. *Thinking ahead: For a sustainable recovery from COVID-19 (Coronavirus)*. https://blogs.worldbank.org/climate-change/thinkingahead-sustainablerecovery-covid-19-coronavirus. Acesso em 15 de jun. 2020.

HALLEGATTE, Stéphane; HAMMER, Stephen. *Planning for the economic recovery from COVID-19*: A sustainability checklist for policymakers. Disponível em: https://blogs.worldbank.org/climatechange/planningeconomic-recovery-covid-19-coronavirussustainability-checklistpolicymakers. Acesso em 15 de jun. 2020.

INSPER. *Levantamento feito pelo núcleo de tributação lista medidas tributárias adotadas por 43 países*. 2020. Disponível em: https://www.insper.edu.br/noticias/levantamento-nucleo-de-tributacao-entrevista/. Acesso em 14 de jun. 2020.

KPMG. Governement Response – Global landscape. *Na overview of government and instittition measures around the world in response to COVID-19.* 2020. Disponível em: https://home.kpmg/xx/en/home/insights/2020/04/government-response-global-landscape.html. Acesso 14 de jun. 2020.

NETO, Celso de B. C.; ARAUJO, José E. C.; PALOS, Lucíola C. da S.; SOARES, Murilo R. da C. Consultoria Legislativa. *Tributação em tempos de pandemia.* Consultoria Legislativa. Brasília: Câmara dos Deputados, 2020.

OCDE. *Tax and fiscal policy in response to the coronavirus crisis*: strengthening confidence and resilience. Disponível em: https://read.oecd-ilibrary.org/view/?ref=128_128575-o6raktc0aa&title=Tax-and-Fiscal-Policy-in-Response-to-the-Coronavirus-Crisis. Acesso em: 14 de jun. 2020.

SCHOUERI, Luís Eduardo. *Normas tributárias indutoras e intervenção econômica.* Rio de Janeiro: Forense, 2005.

16. A Redenção da Extrafiscalidade como Instrumento de Política Setorial

TÁCIO LACERDA GAMA

Introdução: Uma metáfora como hipótese de capítulo

"Geni e o Zepelim" é uma das mais eloquentes metáforas da ingratidão. Esta personagem da música de Chico Buarque de Holanda, Geni, é reiteradamente criticada por alguns por sua excessiva generosidade emocional. Estava sempre disponível para todos, todos mesmo, inclusive os mais excluídos. Um comportamento assim entregue não se ajustava a padrões idealizados no humilde lugarejo que vivia. Por isso, "alguns" gritavam, insistentemente, para "jogar pedra na maldita Geni". Um dia, surgiu uma grande ameaça, que colocou a vida de todos em risco. Foi Geni quem conseguiu lidar com a ameaça, justamente por ser excessivamente generosa, ter de sobra aquilo que era tão criticado. Vencida a crise, tendo partido a ameaça no Zepelim, todos começaram a festejar. Porém, ainda em meio às comemorações, os de sempre voltaram a falar "joga pedra na Geni".

Que teria acontecido àquele vilarejo sem Geni? O que deveria ter sido a redenção de Geni, entrou para o imaginário popular como um exemplo máximo de ingratidão.

A extrafiscalidade tem sido a Geni do Sistema Tributário brasileiro. Sua hipercomplexidade, seu contencioso estratosférico e os riscos e incertezas excessivas são alguns dos problemas alegadamente causados pela extrafiscalidade. Alguns, não entendendo o seu especial modo de existir, se sentem à vontade para "jogar pedras".

Há, sem dúvida, excessos no exercício da extrafiscalidade. Por isso, é urgente dar efetividade à regulação que já existe. É necessário separar o seu uso lícito do ilícito. Mas não se deve alterar a Constituição da República para impedir que a União, Estados, Distrito Federal e Municípios usem o tributo para implementar políticas setoriais.

Diferente da história de Geni, que era metafórica, a Pandemia de 2020 é uma ameaça real, sem precedentes na capacidade de causar danos à saúde das pessoas e à economia. Graças às múltiplas competências distribuídas para os integrantes da Federação, o Estado brasileiro editou uma das mais poderosas reações tributárias de que se tem notícia.

Nos últimos três meses, a extrafiscalidade foi um poderoso instrumento do Estado Brasileiro. Milhões de pessoas físicas e jurídicas foram claramente favorecidas pelas dezenas de atos normativos editados em todos os âmbitos da Federação. É fácil perceber que, muito embora existam críticas consistentes, a extrafiscalidade reduziu o custo tributário e foi responsável pela manutenção de milhares de negócios e pela preservação de milhões de empregos. Quando superada a pior fase desta Pandemia, será simples comprovar que a extrafiscalidade serviu a muitos e que, portanto, deveria ser preservada, mais bem compreendida e valorizada.

Entretanto, mesmo ainda estando longe do fim, já há quem faça defesa pública e entusiasmada do fim da extrafiscalidade na tributação sobre o consumo. Os argumentos são os mesmos de antes da Pandemia, acrescentado o ardiloso "só a reforma tributária pode melhorar o país!". Isso, porém, sem oferecer qualquer pista para que aqueles que leiam as propostas vejam nexo de causalidade entre reformar o sistema e promover desenvolvimento econômico.

Pretender acabar com a extrafiscalidade sobre o consumo, depois de tudo que se viveu com a Pandemia, é como voltar a jogar pedra na Geni após a partida do Zepelim. Antes, se deve fazer o contrário: entender, estudar e regular a extrafiscalidade. E divulgar cada um dos atos, bem como avaliar seus efeitos no combate à grave crise gerada pela Pandemia de 2020. É relevante perceber como o tributo é um poderoso instrumento de políticas setoriais.

Por isso, seja na crise ou fora dela, a competência para usar tributos na promoção de desenvolvimento deve ser defendida como instrumento fundamental de todos os entes que integram a Federação. Não podermos dar à extrafiscalidade o tratamento dispensado à Geni.

1. Plano do artigo: analisar criticamente a extrafiscalidade exercida pelo Estado Brasileiro em 2020

Toda política setorial pode ser avaliada sob três perspectivas: precisão do diagnóstico; qualidade das propostas e efetividade da execução. Passados 3 meses do início da Pandemia, já existem elementos para dizer o seguinte: o diagnóstico do problema foi lento, mas identificou o aspecto fundamental do problema. Sua morosidade se dá em razão das autoridades constituídas afirmaram veementemente que não haveria política anticíclica nesta crise e que a melhor resposta do Estado brasileiro seria fazer as reformas. Justamente as reformas que acabavam com a possibilidade de resposta imediata por meio de tributo. Só em março, quando o mundo todo já conhecida há semanas os efeitos da crise, é que se buscou fazer algo. Porém, quando se entendeu o problema e sua gravidade, houve acuidade em perceber que a razão da crise poderia ser sintetizada em: redução de receita com manutenção de custo.

Propostas eficientes deveriam estar orientadas pelos seguintes objetivos: reduzir ou diferir despesas (inclusive as tributárias), estimular a manutenção de contratos de trabalho e baratear a contratos de empréstimo, necessários em face da redução de receitas gerada pela determinação de contenção social. E isso aconteceu quase plenamente. Digo quase, porque foi mantida a tributação sobre lucro, que deveria ter sido diferida.

Por fim, há um aspecto da execução que é digno de nota. A despeito de ter tido uma medida pro ativa na edição e atos normativos, não houve, especialmente por parte do Governo Federal, iniciativas para divulgar tais medidas. Houve publicação, mas ausência de sistematização e divulgação em massa. O momento é especial e deveria ter havido intensa promoção do que ainda hoje é oferecido às empresas que precisam.

É sobre isso que se falará adiante.

2. Diagnóstico lento e medidas satisfatórias

A Pandemia em 2020 gerou uma paralização da atividade econômica em escala global. Todos os negócios, com a ressalva dos chamados estratégicos, tiveram que suspender suas operações. Na maior parte dos casos, houve abrupta redução de receitas, com manutenção das despesas, provocando crescimento vertiginoso de prejuízo e, nos piores casos, fechamento de empresas. Na sua expressão mais simples, posso indicar que o efeito da Pandemia sobre a atividade econômica é o resultado da bombástica equação: redução de receita com manutenção ou até aumento de despesa.

Que fazer então? Compensar a receita perdida com empréstimo ou reduzir as despesas. Com efeito, posso afirmar que a crise do setor produtivo pode ser combatida, neste primeiro momento, por essas duas frentes.

Esta segunda medida – a redução ou diferimento de despesas – pode ser implementada por meio de instrumentos tributários variados. Estes instrumentos, como outros que concorrem para a mesma finalidade, permitem preservação de caixa e, dessa forma, viabilizam a sobrevivência de empreendimentos.

Num cenário como o que estamos vivendo, falar em reduzir despesas não é tarefa simples. Cortar despesas significa extinguir relações trabalho, cancelar contratos com fornecedores, parceiros e, até, não pagar tributos. Objetivamente, estamos falando do sustento de famílias, da manutenção de negócios e do próprio financiamento do Estado. Cortar despesas, por isso, não é algo simples de ser feito.

Ante ao exposto, é fundamental saber que, muito provavelmente, viveremos dois momentos: um de interrupção da atividade econômica em virtude do isolamento social recomendado por Estados e Municípios, o "fique em casa" defendido pela Organização Mundial da Saúde (OMS). Mas haverá, também, um segundo momento que envolverá um conjunto de estímulos para normalização da economia.

Momentos distintos exigem soluções igualmente diversas. Só assim se pode reduzir os custos quando há baixa de receitas e estimular o investimento mediante o adequado arranjo de incidências tributárias. É desta forma que se pode fomentar a atividade produtiva, reduzir o desemprego, assegurar a todos os brasileiros os meios de existência digna, com progressivo aumento de arrecadação e, no horizonte previsível de tempo, o reequilíbrio da atividade financeira do Estado.

3. Proposições corretas, mas parciais: a extrafiscalidade agora e no futuro próximo como principal instrumento de combate à Pandemia causada pela COVID-19

Com base no arranjo de competências postas à disposição dos integrantes da Federação, temos as seguintes possibilidades:

1) Diferimento de tributos sobre receita;
2) Diferimento de tributos sobre lucro;
3) Diferimento de tributos sobre patrimônio;
4) Diferimento de tributos sobre a folha;
5) Desoneração de tributos aduaneiros sobre bens e serviços necessários ao combate da Pandemia;
6) Desoneração de tributos incidentes na saída de bens essenciais ao combate à Pandemia, considerando, inclusive, o princípio da seletividade;[388]
7) Desoneração serviços necessários ao combate da pandemia;
8) Redução de tributos incidentes sobre o crédito;
9) Suspensão de obrigações acessórias federais, municipais e estaduais;[389]
10) Prorrogação do vencimento de certidões negativas de débito em âmbitos federal, estadual e municipal;
11) Suspensão de prazos processuais administrativos e judiciais;
12) Facilitação da compensação de prejuízos fiscais na apuração de tributação sobre o lucro;[390]
13) Ampliação do rol de produtos e serviços que dão direito a crédito na apuração de tributos não cumulativos, considerando-se o ambiente de combate à epidemia e de reestruturação da atividade econômica;
14) Ampliação do rol de despesas aptas a ser deduzidas na apuração de tributação sobre a renda, também tendo em vista o ambiente de combate à epidemia e de reestruturação de atividades;
15) Facilitação e diminuição do tempo necessário à compensação e restituição de tributos federais, estaduais e municipais;

---

[388] De acordo com disposição do art. 155, § 2º, inciso III, da Constituição Federal, o ICMS poderá ser seletivo, "em função da essencialidade das mercadorias e serviços". Há também previsão de seletividade para o IPI, que, nos termos do art. 153, § 3º da CF "será seletivo, em função da essencialidade do produto".

[389] Tais como a Declaração de Débitos e Créditos Tributários Federais (DCTF) e a EFD-Contribuições.

[390] Arts. 42 e 58 da Lei 8.981/1995 e 15 e 16 da Lei 9.065/1995.

16) Facilitação dos canais de atendimento e de comunicação com as administrações tributárias;
17) Disponibilização de meios digitais simplificados e de fácil acesso para cumprimento de obrigações acessórias e realização de pedidos de restituição e compensação de tributos.

A análise de cada um destes itens passa pelo texto constitucional, pela compreensão das boas práticas desenvolvidas pelos demais países e por aquilo que, pragmaticamente, é útil para assegurar a continuidade dos negócios com preservação de todos os direitos e deveres a eles inerentes.

Num segundo momento, os entes federativos deverão adotar medidas de estímulo ao investimento para fomentar a atividade econômica. Nesta hora, será fundamental evitar o populismo tributário. O objetivo será estimular a atividade econômica e não resolver problemas estruturais que há anos são objeto de disputas políticas. Deve ser evitada toda tributação que desestimule a realização de investimentos, a manutenção de capital no país e a concessão de empréstimos em patamares competitivos com aqueles oferecidos pelos países que concorrem com o Brasil.

Além disso, pelo fato de os desafios que enfrentaremos serem inéditos, deve ser fomentada a cooperação entre entes federativos, com um cadastro único de contribuintes que permita a identificação e a quantificação das renúncias fiscais. Os entes federativos devem cooperar entre si. Fisco e contribuinte devem buscar formas de entendimento que promovam a segurança jurídica e gerem um ambiente favorável ao investimento.

Com o objetivo bem delineado de fomentar investimentos e promover a retomada do crescimento econômico, medidas de extrafiscalidade deverão ser implementadas. Cito algumas delas:

1) Um plano de desenvolvimento nacional que identifique vocações regionais, diferenciais competitivos, inteligência já acumulada e que possa ser fomentado por políticas tributárias adequadas;
2) Desoneração do investimento em construção de ativos de infraestrutura ampliando figuras como a do Regime Especial de Incentivos para o Desenvolvimento da Infraestrutura (REIDI);
3) Viabilização de ampla forma de compensação entre débitos e créditos para dar eficiência na cobrança de créditos de dívida ativa e,

com isso, reduzir o endividamento do Estado brasileiro de forma rápida e eficiente;
4) Criação de cadastro tributário único de contribuintes para identificar, quantificar e qualificar, periodicamente, as desonerações tributárias de todos os entes federativos;
5) Criação de métricas para avaliar incentivos tributários no País e critérios lineares de limitação, a exemplo do que existe para o imposto sobre serviço (ISS);[391]
6) Responsabilização gestores públicos que praticam a extrafiscalidade ilícita;
7) Aumentar a progressividade do sistema tributário, melhor equilibrando a tributação sobre a renda e patrimônio e reduzindo sobre consumo;
8) Dar efetividade aos fundos setoriais com amplo plano de investimento e empregar os mais de R$ 250 bilhões de reais que vêm sendo represados nos últimos 20 anos;
9) Converter contribuições setoriais em dever de investimento setorial.

Essas mudanças tributárias podem ser associadas a muitas outras. É fundamental, porém, afastar-se do populismo fiscal e acadêmico, evitando a importação da crítica de modelos de tributação, que podem até ter sido bem sucedidos noutros países, mas que são incompatíveis com a complexidade do Estado brasileiro, organizado em uma Federação e que tem parte significativa das suas regras criadas pela jurisprudência dos tribunais superiores.

4. Proposições corretas, mas parciais: a extrafiscalidade no âmbito federal, estadual e municipal

A pauta que indiquei na seção anterior, mesmo com alguma demora, foi em grande parte atendida pelo Governo Federal. Foram dezenas de atos normativos editados num curto espaço de tempo. Cito, abaixo, todos os que foram publicados desde o início de março até 15 junho deste ano:

---

[391] O art. 156, § 3º, II estabelece caber à legislação complementar fixar as alíquotas máximas e mínimas do imposto.

Quadro 12 – Relação de atos normativos no período de 01/03 a 15/06/2020

MATÉRIA/TRIBUTO	MEDIDA	ATO NORMATIVO
IRPF – restituição	Altera o art. 143, § 2º da IN RFB nº 1717/2017, acrescentando que, na hipótese de restituição de imposto sobre a renda apurada em declaração de rendimentos de pessoa física, o termo inicial da valoração do crédito será o mês de julho de 2020, caso a declaração seja referente ao exercício de 2020.	IN RFB nº 1.959/2020
Suspensão de prazos e atos de cobrança da PGFN	Altera a Portaria PGFN nº 7821/2020, suspendendo prazos e medidas de cobrança administrativa até 30 de junho de 2020.	Portaria PGFN nº 13.338/2020
Exclusão de parcelamento PGFN	Altera a Portaria PGFN nº 7821/2020, suspendendo, até 30 de junho de 2020, o início de procedimentos de exclusão de contribuintes de parcelamentos administrados pela Procuradoria-Geral da Fazenda Nacional cuja hipótese de rescisão por inadimplência de parcelas tenha se configurado a partir do mês de fevereiro de 2020, inclusive.	Portaria PGFN nº 13.338/2020
Suspensão de prazos e atos na RFB	Altera a Portaria RFB nº 543/2020, suspendendo os prazos processuais e outros atos até 30 de junho de 2020.	Portaria RFB nº 936/2020
Exclusão de parcelamento RFB	Altera a Portaria RFB nº 543/2020, suspendendo o procedimento de exclusão de contribuinte de parcelamento por inadimplência de parcelas até 30 de junho de 2020.	Portaria RFB nº 936/2020
IOF	Altera o Decreto nº 6.306, de 14 de dezembro de 2007, que regulamenta o Imposto sobre Operações de Crédito, Câmbio e Seguro, ou relativas a Títulos ou Valores Mobiliários.	Decreto nº 10.377/2020
Regime tributário, cambial e administrativo das Zonas de Processamento de Exportação	Dispensa as pessoas jurídicas autorizadas a operar em Zona de Processamento de Exportação de auferir e manter, no ano-calendário 2020, o percentual de receita bruta decorrente de exportação para o exterior de que trata o caput do art. 18.	Medida Provisória nº 973/2020

Imposto de Importação	Altera a IN SRF nº 680/2006, que disciplina o despacho aduaneiro de importação, para substituir o ANEXO II, do qual constam itens necessários ao combate à pandemia do coronavírus.	IN RFB nº 1955/2020
Imposto de renda retido na fonte – IRRF	Altera o art. 16 da Lei nº 11.371/2006, determinando que, em relação aos fatos geradores que ocorrerem até 31.12.2022, a alíquota do IRRF incidente nas operações de que trata o art. 1º, *caput*, V, da Lei nº 9481/1997, na hipótese de pagamento, crédito, entrega, emprego ou remessa, por fonte situada no País, a pessoa jurídica domiciliada no exterior, a título de contraprestação de contrato de arrendamento mercantil de aeronave ou de motores destinados a aeronaves, celebrado por empresa de transporte aéreo público regular, de passageiros ou cargas, corresponderá a 1,5%, entre 01.01.2020 e 31.12.2020.	Lei nº 14.002/2020
Compensação	Disciplina a compensação entre débitos relativos a tributos administrados pela Secretaria Especial da Receita Federal do Brasil (RFB) e os créditos financeiros de que tratam o art. 7º da Lei nº 13.969/2019 (referentes a dispêndios mínimos com atividades de pesquisa, desenvolvimento e inovação na área de tecnologia da informação e comunicação), e o art. 4º-C da Lei nº 11.484/2007 (dispêndios com pesquisa, desenvolvimento e inovação na área de desenvolvimento tecnológico da indústria de semicondutores – PADIS).	IN RFB nº 1953/2020
Parcelamentos – SIMPLES – RFB e PGFN	Prorroga os prazos de vencimento de parcelas mensais relativas aos parcelamentos, administrados pela Secretaria Especial da Receita Federal do Brasil (RFB) e pela Procuradoria-Geral da Fazenda Nacional (PGFN), dos tributos apurados no âmbito do Simples Nacional e do Simei.	Resolução CGSN nº 155/2020
Obrigações acessórias – ECD	Prorroga para 31 de julho de 2020 o prazo para transmissão da Escrituração Contábil Digital (ECD) referente ao ano-calendário de 2019.	IN nº 1.950/2020
Parcelamentos – RFB e PGFN	Prorroga os prazos de vencimento de parcelas mensais relativas aos programas de parcelamento administrados pela Secretaria Especial da Receita Federal do Brasil (RFB) e pela Procuradoria-Geral da Fazenda Nacional (PGFN). Não se aplica ao SIMPLES.	Portaria ME nº 201/2020
Imposto de Importação	Altera para dois por cento a alíquota ad valorem do Imposto de Importação de mercadoria classificada em código da Nomenclatura Comum do MERCOSUL – NCM, pelo prazo de doze meses	Resolução CAMEX nº 37/2020

Imposto de Importação	Altera para dois por cento, por um período de doze meses, conforme quota e início de vigência discriminados em tabela, a alíquota ad valorem do Imposto de Importação das mercadorias classificadas nos códigos da Nomenclatura Comum do Mercosul – NCM determinados na resolução.	Resolução CAMEX nº 36/2020
Tributos – regime de drawback	**Permite a prorrogação, em caráter excepcional, por mais um ano, contado da data do respectivo termo, dos prazos de suspensão de pagamento dos tributos previstos nos atos concessórios do regime especial de drawback, que tenham sido prrorrogados por um ano pela autoridade fiscal e que tenham termo em 2020.**	MP nº 960/2020
CSLL	Altera a IN RFB nº 1700/2017, reduzindo a alíquota da CSLL de bancos e agências de fomento para 15%, no período compreendido entre 01.01.2019 e 29.02.2020, e estabelecendo novos procedimentos para a apuração desse tributo por essas pessoas jurídicas.	IN RFB nº 1942/2020
Exclusão de parcelamento PGFN	Altera a Portaria PGFN nº 7821/2020, dispondo que a suspensão, por 90 dias, do início do procedimento para exclusão de contribuinte de parcelamento somente se dará caso a hipótese de rescisão por inadimplência tenha se configurado a partir do mês de fevereiro de 2020, inclusive.	Portaria PGFN nº 10.205/2020
Imposto de Importação	Altera a IN RFB nº 1737/2017, que dispõe sobre o tratamento tributário e os procedimentos de controle aduaneiro aplicáveis às remessas internacionais, reduzindo a zero, até 30 de setembro de 2020, a alíquota do Imposto de Importação de alguns itens destinados ao combate do coronavírus.	IN RFB nº 1940/2020
Imposto de Importação	Concede redução temporária a zero do Imposto de importação sobre produtos necessários ao combate da pandemia, incluindo-os no anexo único da Resolução CAMEX nº 17.	Resolução CAMEX nº 32/2020
Transação de dívida	Estabelece as condições para a transação extraordinária na cobrança de dívida ativa da União, cuja incrição e administração incumbam à PGFN. Revoga a Portaria PGFN nº 7820/2020. Regulamenta a transação na cobrança da dívida ativa da União.	Portaria PGFN nº 9924/2020 Portaria PGFN nº 9917/2020
Telecomunicações	Prorroga o prazo para pagamento de tributos incidentes sobre a prestação de serviços de telecomunicações, quais sejam a TFF, a CONDECINE e a CFRP.	MP nº 952/2020

Transação de dívidas	Estabelece requisitos e condições para a transação de dívidas tributárias e não tributárias com a União e põe fim ao voto de qualidade no âmbito do CARF.	Lei nº 13.988/2020
PIS/COFINS e PIS/COFINS-Importação	Redução temporária a zero das alíquotas incidentes sobre receita de venda ou importação de sulfato de zinco para medicamentos utilizados em nutrição parenteral.	Decreto nº 10.318/2020
Imposto de Importação	Concede redução temporária a zero do Imposto de importação sobre produtos necessários ao combate da pandemia, incluindo-os no anexo único da Resolução CAMEX nº 17.	Resolução CAMEX nº 31/2020
CPRB e FUNRURAL	Adia para agosto e outubro de 2020 o prazo para recolhimento da contribuição relativa às competências de março e abril de 2020, respectivamente.	Portaria nº 150/2020
Simples Nacional	Prorroga os prazos para pagamento de todos tributos no âmbito do Simples Nacional.	Resolução CGSN nº 154/2020
Obrigações acessórias – contribuições	Prorroga o prazo para apresentação da DCTF e da EFD-Contribuições.	IN nº 1.932/2020
PIS/COFINS/ Contribuições patronais	Adia para agosto e outubro de 2020 o prazo para recolhimento das contribuições relativas às competências de março e abril de 2020, respectivamente.	Portaria nº 139/2020
Parcelamento Simplificado	Adia para 2021 o aumento do valor da parcela mínima.	Portaria PGFN nº 8792/2020
IPI	Redução temporária da alíquota a zero para produtos necessários ao enfrentamento da crise, além daqueles previstos no Decreto nº 10.285/2020.	Decreto nº 10.302/2020
IRPJ/CSLL – dedução	Exclusão do lucro líquido da ajuda compensatória mensal devida pelo empregados em razão da suspensão temporária do contrato de trabalho.	MP nº 936/2020
IOF	Alíquota zero – operações previstas nos incisos I a VII do art. 7º do Decreto 6.306/2007.	Decreto nº 10.305/2020
Obrigações acessórias – IRPF	Prorrogação do prazo para entrega da Declaração Anual do IRPF – até 30/06/2020.	IN nº 1.930/2020
Sistema S	Redução das alíquotas em 50% por 3 meses.	MP nº 932/2020
Certidões	Prorrogação da validade de CNDs e CPENDs por 90 dias.	Portaria Conjunta nº 555/2020

Transação de dívida	Altera a Portaria PGFN nº 7820/2020, prorrogando o prazo para adesão à transação extraordinária até a data final de vigência da MP nº 899/2019.	Portaria PGFN nº 8457/2020
Obrigações acessórias – DCBE	Prorroga o prazo de entrega da Declaração de Capitais Brasileiros no Exterior (DCBE). A declaração anual poderá ser entregue até 01/06/2020 e, a trimestral, entre 15/06 e 15/07/2020.	Circular BACEN nº 3995/2020
Obrigações acessórias – Simples Nacional	Prorroga o prazo para apresentação da Defis e da DASN-Simei para 30 de junho de 2020.	Resolução CGSN nº 153/2020
Imposto de Importação	Alíquota zero na importação de produtos necessários ao enfrentamento da crise.	Resolução Camex nº 22/202
Exclusão de parcelamento RFB	Suspensão, por 90 dias, do início do procedimento para exclusão de contribuinte de parcelamento por inadimplemento.	Portaria RFB nº 543/2020
Suspensão de prazos e atos na RFB	Suspensão de prazos processuais e outros atos.	Portaria RFB nº 543/202
FGTS	Suspensão do pagamento em 3 meses e possibilidade de parcelamento do valor.	MP nº 927/202
IPI	Redução temporária da alíquota a zero para produtos necessários ao enfrentamento da crise.	Decreto nº 10.285/2020
Imposto de Importação	Alíquota zero na importação de produtos necessários ao enfrentamento da crise.	Resolução Camex nº 17
Simples Nacional	Prorrogação do pagamento de tributos federais por 6 meses.	Resolução CGSN nº 152/2020 (Revogada)
Suspensão de prazos e atos de cobrança da PGFN	Suspensão, pela PGFN, por 90 dias, de prazos processuais e de atos de cobrança da dívida ativa.	Portaria nº 7821/2020
Exclusão de parcelamento PGFN	Suspensão, por 90 dias, do início do procedimento para exclusão de contribuinte de parcelamento por inadimplemento.	Portaria PGFN nº 7821/202
Desembaraço aduaneiro	Procedimento simplificado para produtos necessários ao enfrentamento da crise.	IN nº 1927/2020
Transação extraordinária	Parcelamento de débitos inscritos em dívida ativa com condições favorecidas.	Portaria PGFN nº 7820/2020 (Revogada)

Fonte: Brasil (2020).

Até agora, Estados e Municípios, em geral, não tomaram as mesmas medidas adotadas pelo Governo Federal, seguindo vigentes, na maior parte daqueles, os deveres de recolhimento dos tributos de suas competências. Especificamente quanto ao Imposto sobre Circulação de Mercadorias e Serviços (ICMS), há dificuldades específicas na concessão de diferimentos e isenções, decorrentes da a necessidade de celebração de convênio Conselho Nacional de Política Fazendária (CONFAZ) especificamente com esse fim.[392]

Apesar disso, é possível apontar algumas soluções tributárias já apresentadas pelo Governo do Estado e pela Prefeitura do Município de São Paulo.

Por meio do Decreto Estadual nº 64.789/2020, foram suspensos os protestos de débitos inscritos em Dívida Ativa por 90 dias. Além disso, foram prorrogadas as Certidões Positivas com Efeitos de Negativa (CPENs) cujo vencimento ocorreria entre 01/03/2020 e 30/04/2020, por meio da Resolução Conjunta SFP/PGE nº 01/2020.

A prefeitura do Município de São Paulo, por sua vez, suspendeu, por meio do Decreto 59.386/2020, as inscrições em dívida ativa por 30 dias, a inclusão de pendências no Cadastro Informativo de Créditos não Quitados do Setor Público Federal (CADIN) por 90 dias e os protestos de débitos inscritos em Dívida Ativa por 60 dias. Além disso, nesse mesmo ato normativo foi prevista a prorrogação, por 90 dias, das Certidões Negativas de Débitos e das Certidões Positivas com Efeitos de Negativas.

Quanto ao diferimento de tributos, reitero que para as optantes do Simples Nacional houve diferimento do pagamento das parcelas estadual

---

[392] Consideradas as disposições do art. 155, § 2º, XII, "g" da Constituição Federal, da Lei Complementar 24/1975 e do Convênio 169/2017. De acordo com este último (cláusula primeira): "A concessão unilateral pelos Estados ou Distrito Federal de moratória, parcelamento, ampliação de prazo de pagamento, remissão ou anistia, bem como a celebração de transação, relativamente ao Imposto sobre Circulação de Mercadorias – ICM – e ao Imposto sobre Operações Relativas à Circulação de Mercadorias e Sobre Prestações de Serviços de Transporte Interestadual e Intermunicipal e de Comunicação – ICMS –, observará as condições gerais estabelecidas neste convênio." O parágrafo único do dispositivo estabelece, então, que "A concessão de quaisquer destes benefícios em condições mais favoráveis dependerá de autorização em convênio para este fim especificamente celebrado."

e municipal de março, abril e maio em 90 dias. Quanto às demais empresas, permanecem vigentes todos os demais deveres tributários relacionados ao recolhimento de ISS e ICMS. A tributação de propriedade, doações e transferências permanece também inalterada.

5. Proposições corretas, mas parciais: as melhores práticas internacionais: medidas extrafiscais já adotadas e em estudo para enfrentamento da pandemia em todo o mundo

A OCDE, em estudo dirigido às administrações tributárias, listou possíveis medidas a serem tomadas para, no âmbito de suas competências, viabilizar essa transição. Dentre elas, cito as seguintes: (i) prorrogação de prazos para cumprimento de obrigações acessórias; (ii) diferimento de tributos; (iii) remissão de penalidades pelo descumprimento de deveres fiscais, bem como redução de juros incidentes nas cobranças por pagamentos realizados em atraso; (iv) planos de moratória e parcelamento de débitos; (v) facilitação de compensação e restituição de tributos; (vi) suspensão de medidas de fiscalização, que exigem apresentação de documentação pelos contribuintes; (vii) facilitação dos canais de comunicação entre fisco e contribuinte e (viii) flexibilização de obrigações, para que possam atender às diferentes dificuldades enfrentadas por cada um deles no cumprimento de obrigações fiscais.[393]

Em outro estudo publicado na mesma data, a organização listou medidas fiscais mais específicas para limitação do dano às atividades produtivas e econômicas, dentre as quais: (i) diferimento do pagamento de contribuições sociais e demais tributos incidentes sobre a folha; (ii) diferimento de tributos incidentes sobre o consumo e sobre a importação, especialmente no caso de bens e serviços necessários ao combate à pandemia; (iii) facilitação de tomada e recuperação de créditos de tributos incidentes sobre valor agregado, acompanhada de medidas para evitar fraudes fiscais; (iv) diferimento de tributos que não levam em conta, em sua mensuração, atividades econômicas correlatas e a capacidade econômica do contribuinte, tais como aqueles incidentes sobre a propriedade; (v) ampliação da possibilidade de compensação de prejuízos fiscais na

---

[393] OECD, Forum on Tax Administration: *Tax administration responses to Covid-19: Support for taxpayers*. 16/03/2020. http://oe.cd/fta. Acesso em 15 de jun. 2020.

apuração de tributação sobre a renda; (vi) benefícios fiscais aos setores responsáveis pelo combate à epidemia, em especial, os de serviços e equipamentos médicos e de desenvolvimento e venda de medicamentos; (vii) preparação para a criação de um ambiente fiscal favorável à retomada do crescimento econômico, inclusive por meio de incentivos fiscais e subsídios.[394]

Em estudo sobre medidas que vêm sendo adotadas por países da América Latina para enfrentamento da repentina queda de receita e para dar suporte à continuidade das atividades econômicas pelas empresas nesse momento de confinamento e restrições de locomoção, o Banco Mundial enfatizou a relevância do diferimento de tributos, das contribuições sociais e da simplificação de procedimentos para pagamentos de tributos, incluindo-se a possibilidade de cumprimento de obrigações acessórias e atendimento remoto pelas administrações tributárias.[395]

Vale destacar, também, levantamento do Insper, liderada por Vanessa Canado, sobre medidas fiscais que vêm sendo adotadas em todo mundo.[396] Os pesquisadores demonstram que a maior parte delas envolve diferimento de tributo (50% das medidas analisadas), havendo também redução da carga tributária (15,7%), diferimento de obrigações acessórias (11,4%), redução de encargos moratórios (9.9%), outras diversas (7,8%) e devolução de tributos (5,4%).

Todos estes dados permitem identificar um protocolo internacional de boas práticas da gestão tributária para fazer frente à Pandemia.

---

[394] OECD, Immediate tax policy responses to the Covid-19 pandemic – Limiting damage do productive potential. 16/03/2020. Website: www.oecd.org/tax. Acesso em 15 de jun. 2020.
[395] The World Bank, *The economy in the times of Covid-19*. LAC Semiannual Report;April 2020. Washington, DC: World Bank. https://openknowledge.worldbank.org/handle/10986/33555 Acesso em 15 de jun. 2020.
[396] Disponível em https://www.insper.edu.br/wp-content/uploads/2020/03/Mapeamento-Insper_Covid19-medidas-tribut%C3%A1rias-v7protegida.xlsx Acesso em 15 de jun. 2020.

6. Proposições corretas, mas parciais: análise crítica da extrafiscalidade no combate aos efeitos da Pandemia

O Estado brasileiro possui ampla variedade de incidências tributárias e fez uso intenso destas competências para formulação de uma robusta política fiscal contra o ciclo de depressão econômica. Neste sentido, atendeu ao que se pode chamar de "protocolo de boas práticas tributárias". Em termos de incentivo, agiu corretamente ao diferir e não simplesmente isentar tributos. Errou, contudo, ao não incluir o imposto sobre a renda das pessoas jurídicas e a contribuição social sobre o lucro líquido entre os tributos diferidos.

É fator negativo que precisa ser registrado: a impressionante demora em compreender a gravidade da crise e em formular as reações tributárias corretas. Além disso, Estados e Municípios, que não podem emitir dívida para compensar a respectiva redução de receitas, travam disputa com a União. Querem que esta faça frente à futura redução de receita. Ao fazer isso, não cooperam e demoram a reagir. A diligência em, corretamente, buscar cumprir os protocolos de distanciamento social não é acompanhada pela eficiência na dispensa de prazos de obrigações tributárias e desoneração dos tributos.

Por fim, hoje, ainda não há espaço para a formulação de críticas para as medidas que deverão ser editadas para fomentar a retomada da atividade econômica.

Num caso e noutro, o que temos é o amplo uso do tributo como instrumento de implementação de políticas setoriais. Há exercício da boa, velha e tão criticada, extrafiscalidade.

É fundamental que, diferente do uso errático e, não raro, irresponsável do tributo, se faça algo eficiente. Para isso, é recomendável que as políticas tributárias sejam de curto prazo, com fiscalização constante e mensuração da sua efetividade.

É, ao fim e ao cabo, necessário que se cumpra a Lei de Responsabilidade fiscal e que cada uma das medidas não dure mais do que o tempo estritamente necessário.

Conclusões

A Pandemia causada pela Covid-19 abriu espaço fértil para redenção da extrafiscalidade tributária. Um amplo espetro de competências tributárias foi acionado para desonerar a atividade econômica, estimulando empresários a manter seus negócios, manter contratos de trabalho e, quando necessário, contrair empréstimos. Em sintonia com as medidas adotadas por mais de 50 países estudados e seguindo protocolos de ação editados pelo Banco Mundial e OCDE, o Brasil agiu usando a tributação para combater os efeitos nocivos do isolamento social sobre a atividade econômica.

As medidas tomadas estão corretas. Porém, são insuficientes. Havia possibilidade de suspender os tributos sobre a renda e a contribuição social sobre o lucro líquido que seguem sendo exigidos. Além disso, há enorme falta de coordenação entre os entes federativos. Aquilo que foi feito pela União deveria ter sido seguido pelos Estados, Distrito Federal e Municípios, mas não foi integralmente.

Há duas razões para isso: a primeira é econômico-financeira, pois apenas a União pode emitir título da dívida pública e compensar a perda de arrecadação com empréstimos; a segunda é de ordem jurídico-tributária, pois as entidades subnacionais estão submetidas a regras que limitam a extrafiscalidade, como as autorizações do SEFAZ, a Lei de Responsabilidade Fiscal e as alíquotas mínimas fixadas para os municípios.

É fundamental que todos os entes da Federação ajam de maneira coordenada, suspendendo a incidência de tributos de forma seletiva, para dar alívio de caixa a quem precisa e seguir tributando quem pode pagar. Trata-se de um diferimento dado no curso do exercício financeiro e não uma renúncia de receitas propriamente dita. Este dado é relevante, visto que implica dizer que se mantém parte da receita fiscal prevista para o ano.

Paralelamente, deve-se suspender o dever de entregar obrigações acessórias em todas as esferas de tributação, assim como suspender prazos processuais e tudo mais que possa ser preclusivo e trazer prejuízos para contribuintes e para os próprios entes federativos.

Neste primeiro momento, é necessário que a iniciativa privada perceba no Estado uma fonte de estabilidade e confiança. De onde poderão vir os recursos para isso: reservas internacionais e dúvida pública. O país tem reservas em valores muito superiores aos sugeridos aos países da OCDE. Além disso, o endividamento público interno, com SELIC a 2,25%, nunca foi tão barato.

Num segundo momento, será necessário recompor o equilíbrio financeiro do Estado e estimular a economia a voltar a crescer. Para isso, é imprescindível que haja crédito barato e abundante, além de foco em setores que têm enorme impacto no crescimento de curto e médio prazo como a infraestrutura. Mais do que isso, será necessário rever o ambiente de negócios para dar estabilidade e aumentar a confiança recíproca entre inciativa pública em privada.

A articulação de políticas fiscais – extrafiscalidade – será fundamental nesta primeira fase e também na segunda, portanto. Deverá, por isso, ser defendida e acompanhada de perto por todos os entes federativos e pela inciativa privada. As propostas de reforma tributária que pretendam acabar com a extrafiscalidade devem ser submetidas ao teste de realidade e reinventadas para que possam, efetivamente, mudar o sistema para melhor.

Mal estudada e compreendida, a extrafiscalidade é, apesar das críticas, um instrumento poderoso de ação estatal. Não raramente, é verdade, pode ser mal empregada. Este fato, porém, não deve justificar emendas à Constituição da República que pretendam suprimir dos entes federativos o poder de usar o tributo para implementar incentivos em variadas áreas da atividade econômica. Que se controle, avalie e fiscalize. É fundamental punir quem age ilicitamente.

Como diz o ditado popular, a diferença entre o remédio e o veneno é a dose. Que a extrafiscalidade seja bem utilizada, visto que diante da gravidade da crise que se anuncia, o Estado Brasileiro não está na posição de quem possa renunciar a qualquer tipo de remédio.

Por fim...

Todo tipo de oportunismo pode surgir nos momentos de crise. Populismos acadêmicos e tributários são muito frequentes. Devem-se evitar com veemência soluções estruturais que tirem a possibilidade de o Estado usar o tributo para estimular a economia e promover emprego e desenvolvimento.

Usos equivocados da extrafiscalidade no passado devem ser corrigidos e aperfeiçoados. No combate à Pandemia, precisamos lançar mão de todos, absolutamente todos, os recursos de que dispõe o Estado para salvar pessoas, empregos e empresas. Não é tempo para se valer de fragilidades sociais para restringir a capacidade de ação do Estado. Só a união dos esforços de todos os entes federativos e da inciativa privada poderá reduzir os feitos perversos desta doença.

Parafraseando Camus, nos próximos meses, teremos apenas a Covid-19 e vítimas; cabe a nós, na medida do possível, não ser parte da doença.

Referências

ORGANIZAÇÃO PARA A COOPERAÇÃO E DESENVOLVIMENTO ECONÔMICO [OECD]. Forum on Tax Administration: *Tax administration responses to Covid-19:* Support for taxpayers. 16 de mar. 2020. Disponível em: http://oe.cd/fta. Acesso em 15 de jun. 2020.

ORGANIZAÇÃO PARA A COOPERAÇÃO E DESENVOLVIMENTO ECONÔMICO [OECD]. *Immediate tax policy responses to the Covid-19 pandemic* – Limiting damage do productive potential. 16 de mar. 2020. Disponível em: www.oecd.org/tax. Acesso em 15 de jun. 2020.

THE WORLD BANK, *The economy in the times of Covid-19.* LAC Semiannual Report. April 2020. Washington, DC: World Bank. Disponível em: https://openknowledge.worldbank.org/handle/10986/33555. Acesso em 15 de jun. 2020.

INSTITUTO DE ENSINO E PESQUISA [Insper]. *Mapeamento-Insper:* COVID-19, medidas tributárias. Disponível em https://www.insper.edu.br/wp-content/uploads/2020/03/Mapeamento-Insper_COVID19-medidas-tribut%C3%A1rias-v7protegida.xlsx. Acesso em 15 de jun. 2020.

17. Medidas Tributárias Necessárias ao Enfrentamento da Pandemia da COVID-19

GUSTAVO BRIGAGÃO

Introdução

O mundo parou e a humanidade enfrenta a sua maior crise na área de saúde desde a Gripe Espanhola, no início do século passado.

A peste bubônica, a peste negra, a varíola, a cólera, a gripe espanhola, suína, aviária, entre tantas outras, foram pandemias que, no decorrer dos séculos, tomaram milhões e milhões de vidas e modificaram os rumos da história. Os ciclos dentro dos quais elas ocorreram variaram de caso para caso, mas todas tiveram em comum a mais absoluta perplexidade com que a humanidade teve que enfrentá-las.

Com a pandemia da Covid-19 não está sendo diferente.

A imagem mais adequada que se tem de tudo o que está ocorrendo é a de três tsunamis que, enfileirados e entrelaçados uns nos outros, devastam a humanidade, trazendo no seu bojo consequências de toda a espécie.

O primeiro tsunami tem na sua crista a enorme crise que a pandemia causa no sistema público de saúde, no Brasil e no mundo. Devido à devastadora capacidade de contágio do novo Coronavírus (SARS-CoV-2), o número de pessoas infectadas e de mortes a ele relacionadas cresce exponencialmente. Inicialmente, dizia-se que a letalidade estaria quase que exclusivamente restrita a idosos ou portadores de comorbidades, mas o que se viu foi que jovens saudáveis e até mesmo crianças e recém-nascidos passaram, cada vez mais, a integrar a triste e terrível lista de baixas que só aumenta a cada dia.

O segundo tsunami, que vem logo atrás, colado e entrelaçado ao primeiro, é formado pela enorme catástrofe econômica que resulta da grande paralização decorrente do isolamento social/*lockdown* a que foi submetida a população brasileira (e mundial). Com essas medidas, a indústria, o comércio e os demais setores da economia, inclusive e principalmente o de serviços, sofreram enorme baque, que os levou a vertiginosa queda de receitas e à consequente inadimplência. O fluxo de caixa foi severamente afetado e, como decorrência lógica, houve demissão em massa. Muitas dessas empresas fecharam, entraram em recuperação judicial ou quebraram, o que levou o país a ter uma projeção de queda no PIB que, de acordo com as projeções mais pessimistas, poderiam alcançar incríveis dez pontos percentuais.

O terceiro tsunami, que, teme-se, será uma consequência lógica dos dois anteriores, está relacionado às questões sociais que decorrerão de toda a destruição promovida pela gravíssima crise econômica que o país enfrentará. Serão muitos e muitos aqueles que, com a estagnação da economia, não mais terão de onde tirar o seu sustento. E o Estado, por outro lado, com as contas públicas extremamente combalidas, encontrará sérias dificuldades na tomada de medidas necessárias à diminuição do impacto dessa crise.

1. Cenários turbulentos e medidas necessárias

Nesse cenário, todas as medidas a serem tomadas pelo Poder Público, nas esferas federal, estadual e municipal, têm que estar direcionadas, principalmente nesta primeira fase, a que, no campo da saúde, o sistema público existente tenha condições de cuidar dos infectados e evitar o maior número de baixas possível. No campo econômico, tais medidas devem assegurar que as empresas consigam furar as duas primeiras ondas devastadoras acima referidas, de forma a chegarem vivas do outro lado e em condições de manter ou recuperar os empregos que geravam antes de toda essa crise começar.

Outro aspecto de extrema relevância que deverá ser objeto de atenção por parte do Poder Público é o relativo à questão fiscal. Que medidas terão que ser tomadas para que os cofres públicos sejam recompostos após a realização de todos os gastos necessários ao enfrentamento da Covid-19? Que medidas serão adequadas à conciliação dessa recomposição com a retomada de investimentos e com a recuperação da economia?

Ao cuidar de todos esses aspectos e ao relatar o comportamento de diversos países na tomada de providências que atingissem os fins por eles almejados, o Comitê Fiscal da Organização para a Cooperação e Desenvolvimento Econômico (OCDE), em meados de abril, no âmbito da reunião do G-20, produziu o relatório intitulado *"Tax and Fiscal Policy in Response to the Coronavirus Crisis: Strengthening Confidence and Resilience"*[397].

A instituição dividiu a tomada de medidas em quatro etapas e apontou os objetivos fiscais que deverão ser priorizados em cada uma delas, para que o enfrentamento da crise e a retomada da economia se deem da melhor forma possível.

Na fase 1, em que ainda estamos (na data em que elaborado este artigo), o objetivo maior é o de manter a liquidez das empresas e a renda das estruturas familiares. As medidas sugeridas se concentram em moratórias, maiores prazos para o cumprimento de obrigações tributárias. Nesta fase, não há que se falar em aumento de impostos.

Os sistemas tributários devem, portanto, desempenhar papel fundamental no apoio financeiro a empresas e famílias, com foco na redução relevante da carga tributária e na manutenção da capacidade de recuperação futura. Há que se adotar um pacote geral de políticas que combine questões tributárias, financeiras, monetárias, orçamentárias e de saúde.

Na fase 2, há um aprofundamento dessas medidas. O foco continua sendo a liquidez, o apoio à renda e à solvência das empresas. Contudo, intensifica-se a busca por reduzir as dificuldades financeiras das empresas e unidades familiares, bem como por permitir a manutenção de condições para sua posterior recuperação.

Essa fase exige a expansão do conjunto de políticas já implementadas na fase 1, inclusive no que diz respeito à adaptação às constantes mudanças do estado de insolvência das empresas, decorrentes do fato de que, quanto maior o período de quarentena, maior terá sido o impacto negativo nos seus balanços, ainda que haja apoio do setor público.

Ainda nessa fase, há países que renunciam a receitas tributárias (contribuições previdenciárias e outros tributos específicos), ou até mesmo assumem, parcial ou totalmente, os pagamentos de remunerações de funcionários do setor privado. Esse apoio reforçado às estruturas familiares é fundamental para ajudá-las a lidar com o aumento do desemprego e a perda de receita decorrente da paralisação da economia.

---

[397] Disponível em: https://cutt.ly/0upRqqh

A terceira fase, por sua vez, é marcada por políticas de estímulo focadas no início da recuperação econômica. Nela, estímulos fiscais serão necessários para apoiar o investimento e o consumo.

De fato, o acúmulo de dívidas e o aumento do desemprego, do número de empresas que encerraram suas atividades e das incertezas no cenário econômico tendem a reduzir os investimentos e o consumo, sendo óbvia a necessidade de que sejam retomados. Nos casos em que a recuperação é fraca, a política fiscal expansionista deve ser mantida pelo tempo que for necessário.

Na fase 4, e somente nela, chega-se, enfim, ao momento em que é necessário o acerto das finanças públicas que restaram abaladas com o impacto financeiro resultante das medidas de apoio prestadas a empresas e famílias nas fases anteriores.

Tão logo a economia apresente sinais claros de recuperação, os países precisarão encontrar formas de aumentar as suas receitas, para recuperar a sustentabilidade fiscal a longo prazo e financiar investimentos públicos, visando fortalecer os setores mais abalados pela crise.

Nessa fase, há possível aumento de tributos, que deverá ser, preferencialmente, relacionado a negócios que lucraram com a crise. No entanto, o aumento da receita pelos governos deve ser programado e realizado com cuidado para estar em consonância com os objetivos de crescimento, inclusão e sustentabilidade.

Vê-se, portanto, que as diferentes fases acima indicadas cobrem desde o auxílio à gestão das disponibilidades de caixa das empresas no período de sua maior escassez, até a tomada de medidas tendentes a gerar o aumento de receitas públicas.

A concepção, condução e tomada de medidas em todas as fases acima referidas requerem do Poder Público exercício intenso de extrafiscalidade, que só será possível com altas doses de criatividade, flexibilidade e solidariedade entre as unidades da Federação.

Essa premência e absoluta necessidade do exercício de extrafiscalidade, principalmente em uma situação de calamidade pública como a decorrente da Covid-19, faz com que reflitamos sobre o quão inadequado seria, se já estivesse em vigor, o novo regramento que se propõe com os projetos de reforma tributária que tramitam na Comissão Mista do Congresso Nacional (PEC 45/19 e PEC 110/19). Por essas regras, segundo proposto, a alíquota do Imposto sobre Bens e Serviços (IBS) seria única, invariável para todos os setores, sem que fosse possível a concessão de qualquer incentivo fiscal, qualquer que fosse a sua natureza.

Como valer-se da necessária extrafiscalidade com tamanha restrição?! A primeira, segunda e a terceira fases sugeridas pela OCDE seriam simplesmente intransponíveis, no que diz respeito à tributação do consumo.

Não foi por outro motivo que restou excluído do texto normativo relativo ao socorro emergencial pela União aos estados e municípios, aprovado pelo Congresso Nacional, o dispositivo que constava do respectivo projeto – o PLP 149/19 – que vedava, expressamente, a concessão de postergações e benefícios fiscais de que decorressem redução de ICMS e ISS (art. 2º, par. 1º)[398]. Isso, para não falar na óbvia inconstitucionalidade dessa regra, que frontalmente cerceava a competência tributária das unidades federativas.

2. Como o Brasil vem reagindo à pandemia, na prática?

Em 11 de março de 2020, por meio da Declaração de Emergência em Saúde Pública de Importância Internacional, a Organização Mundial de Saúde (OMS) reconheceu no surto do novo Coronavírus o status de "pandemia".

Mesmo antes disso, o Ministro de Estado da Saúde já havia declarado estado de "Emergência em Saúde Pública de Importância Nacional" (ESPIN), em decorrência da "Infecção Humana" provocada pelo Novo Coronavírus, o que fez por meio da Portaria/GM/MS 188, de 3 de fevereiro de 2020.

Em 20 de março de 2020, foi editado o Decreto Legislativo Federal 06/2020, que reconheceu a existência do estado de calamidade pública em âmbito nacional com efeitos até 31 de dezembro de 2020, em decorrência da proliferação do novo Coronavírus no Brasil (no que foi seguido por estados e municípios).

---

[398] De forma absolutamente inócua, o dispositivo excluía da mencionada vedação os benefícios referentes a micro e pequenas empresas e os diretamente relacionados ao enfrentamento da Covid-19, ou à preservação do emprego. Ora, como benefícios de ICMS e ISS poderiam ser "diretamente" relacionados à manutenção de empregos?! A proibição, portanto, abrangia todo e qualquer benefício que pudesse cuidar, como sugerido pela OCDE, da preservação do caixa das empresas.

Após as medidas acima – e em consonância com o que recomendara a OCDE no que diz respeito às primeiras fases de enfrentamento da crise –, foram tomadas diversas outras medidas que buscaram: garantir renda mínima àqueles mais necessitados (por meio do auxílio emergencial de R$600,00), regular as relações trabalhistas e evitar ou reduzir o desemprego em massa (por meio da Medida Provisória 936/2020), dar segurança jurídica a relações privadas das mais diversas naturezas (Projeto de Lei 1.179/2020, já aprovado no Congresso Nacional, mas ainda não sancionado pelo Presidente da República, na data de elaboração deste artigo), propiciar acesso ao crédito pelas pequenas e médias empresas (Lei 13.999/2020), entre outros objetivos.

No âmbito tributário, as principais medidas adotadas foram as seguintes:

- Portarias do Ministério da Economia 139/2020 e 150/2020: Diferimento do pagamento das contribuições ao PIS e a COFINS e de contribuições previdenciárias (a cota patronal, SAT/RAT, CPRB, contribuição devida pelo empregador doméstico), referentes às competências competência de março e abril de 2020.
- Resoluções do Comitê Gestor do Simples Nacional 152/2020 e 154/2020: Postergação do prazo de pagamento de tributos destinada aos contribuintes optantes pelo Simples Nacional.
- Medida Provisória 927/2020: Postergação do prazo para recolhimento destinado ao FGTS relativo às competências de março, abril e maio de 2020.
- Medida Provisória 952/2020: Prorroga o prazo para pagamento dos seguintes tributos: (i) Taxa de Fiscalização de Funcionamento; (ii) Contribuição para Desenvolvimento da Indústria Cinematográfica Nacional e (iii) Contribuição para Fomento da Radiodifusão Pública.
- Instruções Normativas (INs) RFB e 1.932/2020: Prorrogação do prazo de entrega da EFD-Contribuições e da DCTF.
- IN RFB 1.930/2020: Prorrogação do prazo para entrega da Declaração de Ajuste Anual do Imposto sobre a Renda da Pessoa Física relativa ao exercício de 2020.

- Portaria Conjunta RFB/PGFN 555/2020: Extensão da validade das Certidões Negativas de Débitos relativos a Créditos Tributários Federais e à Dívida Ativa da União (CND) e Certidões Positivas com Efeitos de Negativa de Débitos relativos a Créditos Tributários Federais e à Dívida Ativa da União (CPEN).
- MP 932/2020: Redução em 50% das alíquotas de contribuições ao terceiro setor (SESCOOP, SESI, SESC, e SEST, SENAC, SENAI, SENAT e SENAR).
- Decreto 10.305/2020: Redução a zero do "IOF-Crédito" para determinadas operações contratadas entre 03 de abril e 03 de junho de 2020.
- Resolução CAMEX 17/2020: Redução temporária da alíquota do imposto de importação para álcool etílico, desinfetantes, vestuários, acessórios de proteção e outros.
- Decretos 10.285/2020 e Decreto 10.302/2020: Redução a zero das alíquotas do IPI incidentes sobre determinados materiais e equipamentos médico-hospitalares.
- INs RFB 1.927/20 e 1.929/20: Simplificação do despacho aduaneiro de produtos destinados ao combate da COVID-19, enquanto perdurar a Emergência em Saúde Pública.
- Lei 13.988/2020, Portarias PGFN 9.917/2020 e 9.924/2020: Instituiu e disciplinou a transação como método de extinção de créditos tributários federais.
- Portaria 7.821/2020: Suspensão da instauração de novos procedimentos de cobrança, do encaminhamento de certidões de dívida ativa para cartórios de protesto e da instauração de procedimentos de exclusão de parcelamentos em atraso.
- MP 960/2020: Prorrogação dos prazos de suspensão do pagamento de tributos federais previsto nos atos concessionários de drawback.

Apesar de abrangentes, essas medidas, em muitas situações, não foram suficientes para gerar os efeitos pretendidos na melhora do fluxo de caixa das empresas. Isso as levou a simplesmente deixar de recolher os tributos não abrangidos (Imposto sobre a Renda, a Contribuição Social sobre o Lucro (CSL), PIS/Cofins-Importação, ICMS, ISS, entre outros), para, posteriormente, tornando-se mais viável a sua situação de caixa, promover a denúncia espontânea do débito – livrando-se, assim, da aplicação de qualquer tipo de multa ou penalidade – ou requerer parcelamentos, em uma das modalidades atualmente disponíveis.

Outra medida tomada pelas empresas foi o ajuizamento de ações para pleitear a extensão das medidas de prorrogação acima referidas a esses outros tributos não expressamente contemplados.

Em apertada síntese, os argumentos utilizados nesses pleitos judiciais foram no sentido de que a crise configurou inegável estado de força maior e que o estado de calamidade pública decretado nas três esferas da federação constitui **fato do príncipe**, a justificar a revisão das obrigações assumidas pelos jurisdicionados, inclusive as tributárias.

De fato, no âmbito Federal, a MP 927/2020, que veicula "medidas trabalhistas para o enfrentamento do estado de calamidade pública", reconhece, em seu art. 1º, que a situação ora vivenciada "constitui hipótese de força maior", e autoriza uma série de medidas emergenciais, com vistas à manutenção do maior número possível de contratos de trabalho.

E há precedentes do Superior Tribunal de Justiça no sentido de que o reconhecimento da existência de força maior enseja o afastamento da responsabilidade tributária e a consequente inviabilidade de penalização pelo não pagamento dos tributos (AREsp 1.284.725/SP, 2ª Turma, Rel. Min. Francisco Falcão, DJe 24.10.2018; EREsp 1.172.027/RJ, Corte Especial, Rel. Min. Maria Thereza de Assis Moura, DJe 19.03.2014).

Quanto à Teoria do Fato do Príncipe, ela se aplicaria por analogia, pois foram os atos e as ações da própria Administração Pública, ainda que necessários ao combate da pandemia, como a imposição de isolamento social e a criação de restrições ao comércio, que inviabilizaram o exercício da atividade econômica daquelas empresas.

As duas linhas de argumentação acima referidas (força maior e fato do príncipe), aliadas ao disposto na Portaria MF 12/2012, segundo a qual os tributos federais devidos por contribuintes domiciliados em municípios abrangidos por decreto estadual que tenha reconhecido estado de calamidade pública devem ter as suas datas de vencimento prorrogadas, e ao que determina o Convênio ICMS 169/2017, que autoriza os Estados a estabelecerem moratória ou parcelamentos em relação a sujeitos passivos vítimas de calamidade pública,", fundamentaram, inicialmente, a concessão de numerosas liminares país afora, que permitiram postergações tributárias não contempladas nas normas especificamente editadas.

Posteriormente, essas liminares se tornaram mais raras, como também aquelas relativas à conversão de depósitos judiciais em outras espécies de garantias, culminando com decisões monocráticas proferidas pelos ministros do Supremo Tribunal Federal, Luiz Fux, contrária à referida conversão, e Dias Toffoli, contrária a liminares que concederam postergações como as acima referidas. Segundo noticiado, o ministro Toffoli ressaltou que o dever do Poder Judiciário é o de corrigir ilegalidades ou violações à Constituição, e jamais a de promover "a mudança das políticas adotadas, por ordem de quem não foi eleito para tanto e não integra o Poder Executivo".

Com a devida vênia desse entendimento, não nos parece que seja defeso ao Poder Judiciário afastar temporariamente o cumprimento de obrigações – tributárias ou não – em razão de inegável ocorrência de força maior, ou quando estejam presentes circunstâncias que configurem fato do príncipe. Pelo contrário, é justamente isso que se espera da Justiça nessas circunstâncias, por ser o que determina o Direito posto.

De qualquer forma, o que se constata dessa corrida ao Judiciário é que as medidas tomadas pela União e demais unidades da Federação não foram suficientes para atender àqueles objetivos que a OCDE reputou essenciais nessa primeira fase pela qual passamos, cujo objetivo maior, como demonstrado, deve ser o de manter a liquidez das empresas e, consequentemente, a sua capacidade de gerar empregos.

Somos da opinião de que, pelas características descritas nos artigos 152 a 155-A do Código Tributário Nacional e pela flexibilidade que lhe é peculiar (discricionariedade quanto à forma da sua concessão – em caráter geral ou individual –, à delimitação da região do país em que aplicável, ao prazo de duração, aos tributos a que se aplica etc.), o instituto da moratória seria o mais adequado ao enfrentamento dessa crise, como ocorreu em diversos países.

Outras medidas que também contribuiriam para atingir os efeitos pretendidos seriam a suspensão das restrições à compensação de créditos tributários, à utilização de prejuízos fiscais e base negativa da CSLL, a certificação de precatórios e créditos acumulados de ICMS de forma a que pudessem ser transferidos a terceiros ou utilizados na compensação do ICMS devido na importação, entre várias outras.

Conclusões

A despeito de ser vasto o leque de alternativas, os projetos de lei que tramitam no Congresso Nacional estão, na sua maioria, focados somente no aumento da carga tributária. Há projetos de toda a ordem, que propõem, entre outros, a criação do já provado ineficiente Imposto sobre Grandes Fortunas (PLC 183/2019), a alteração das faixas de tributação constantes na tabela progressiva do imposto de renda de pessoa física (IRPF) (PL 2589/2020), a majoração da base de cálculo da contribuição social sobre o lucro líquido (CSLL) das instituições financeiras para o incrível percentual de 100% (cem por cento) da receita bruta (PL 1276/2020), a instituição e empréstimos compulsórios de diversas naturezas (PLPs 34/2020 e 50/2020), algumas vezes travestidos de imposto sobre grandes fortunas e, por fim, a retrógrada tributação da distribuição de dividendos (PL 766/2020 e muitos outros).

Não que não se deva cuidar do aumento de receitas – e, também, da diminuição de despesas – necessários a que o Estado reequilibre as suas contas públicas, seriamente abaladas com todos os dispêndios que tiveram que ser feitos nesse período. Esse é assunto que merecerá abordagem específica em um próximo artigo.

O que se pode desde já afirmar, no entanto, é que esse é assunto para ser tratado na última das fases recomendadas pela OCDE, e não agora, nesta primeira fase, cuja meta é a de desonerar e permitir a sobrevivência das empresas.

Quando essa fase chegar, dever-se-á ter em mente três aspectos.

O primeiro deles é o de que o aumento da carga tributária deverá ser direcionado àquelas empresas cujo faturamento aumentou em decorrência do estado calamitoso que se instalou em todo o país (plataformas de comunicação por vídeo conferência, fabricantes de alguns produtos cujo uso aumentou sensivelmente, serviços online etc.), e não àquelas que ainda estejam tentando se recuperar.

O segundo é o de que esses acréscimos de carga tributária devem ser temporários, e não permanentes, na medida em que eles têm por objetivo recuperar as contas públicas em decorrência de uma crise específica.

Não há que se repetir o mesmo que ocorreu com o aumento da alíquota do IRPF de 25% para 27,5%, que deveria ser temporário e tinha por fundamento recuperar os cofres públicos do rombo decorrente do enfrentamento dos danosos efeitos decorrentes da crise asiática de 1997 na economia brasileira, e está em vigor até os dias de hoje.

O terceiro é o de que, se o empréstimo compulsório for a via escolhida – porque necessariamente provisório e constitucionalmente previsto para esse tipo de situação, nos termos do art. 148 da Constituição Federal – que se evitem os mesmos equívocos cometidos nas últimas vezes, em que, por exemplo, o valor "emprestado" jamais foi devolvido.

Reformas tributárias mais profundas, como as que tramitam na Comissão Mista do Congresso Nacional, deverão ser interrompidas e postergadas para momento posterior, em que a economia já tenha se reestabilizado e, consequentemente, esteja em condições de responder com solidez a mudanças de maiores proporções, como as propostas. A promoção de tais reformas em fase anterior a essa poderá gerar efeitos desastrosos à economia nacional.

Enfim, há luz no final do túnel, mas as empresas precisarão de oxigênio para atravessá-lo e chegarem vivas ao outro lado, com capacidade de manter e gerar empregos. Se isso não ocorrer, a saúde da economia correrá os mesmos riscos que a nossa saúde corre hoje em dia.

Referências

OECD. *Tax and Fiscal Policy in Response to the Coronavirus Crisis:* Strengthening Confidence and Resilience. 19 may 2020. Available: https://read.oecd--ilibrary.org/view/?ref=128_128575-o6raktc0aa&title=Tax-and-Fiscal--Policy-in-Response-to-the-Coronavirus-Crisis. Acesso em 15 de jun. 2020.

18. Renúncia de Receita Tributária para Combate à Pandemia

CELSO DE BARROS CORREIA NETO
JOSÉ ROBERTO AFONSO

Introdução
Este capítulo trata do regime jurídico aplicável à concessão de incentivos ou benefícios de natureza tributária utilizados no enfrentamento da calamidade pública decorrente da pandemia da Covid-19. Tomamos aqui as expressões benefícios ou incentivos fiscais em sentido amplo, para abarcar qualquer espécie de desonerações tributárias concedidas em favor dos contribuintes, especialmente as que impliquem impacto orçamentário-financeiro, isto é, renúncia de receita tributária.

A análise volta-se essencialmente aos parâmetros e limites que precisam ser observados para adoção desse tipo de instrumento fiscal mesmo no contexto de excecionalidade atual. Ou seja, a questão está em saber: as regras de conteúdo e procedimento que disciplinam as renúncias de receita tributária no Brasil, no quadro de "normalidade institucional", devem ser integralmente afastadas nos tempos extremos em que vivemos?

O texto analisa as recentes decisões tomadas pelo Supremo Tribunal Federal e as alterações legislativas adotadas pelo Congresso Nacional em matéria de controle de renúncia de receita tributária no Brasil durante o estado de calamidade pública decorrente pandemia causada pelo Covid-19 para avaliar a maneira a urgência e a gravidade do quadro socioeconômico atual afetam os controles e parâmetros em vigor em matéria de incentivos fiscais.

1. Medidas Fiscais em Tempos de Pandemia
O cenário social e econômico instalado em decorrência da emergência sanitária causada pelo coronavírus (Covid-19) exige do Poder Público, além de medidas de saúde pública, mudança radical de política fiscal. A

preocupação com o ajuste fiscal perde espaço, no curto prazo, diante da urgência de medidas fiscais voltadas para a mitigação e também para o enfrentamento dos efeitos econômicos da pandemia.

A economia brasileira e a mundial enfrentarão uma recessão. É cada vez mais provável – de até pelo atraso, insuficiência ou ineficiência das medidas já adotadas – que tenhamos que lidar com uma depressão, que alguns economistas já a tratam como a maior da história (como Nouriel Roubini).

Nesse quadro, serão necessárias ao menos, duas intervenções fiscais distintas, no tempo e na natureza: a primeira para atenuar e proteger economia e sociedade da grande crise e, depois, a segunda para as recuperar e reestruturá-las. Em analogia com um tratamento médico, podemos dizer que primeiro se leva o paciente para unidade de tratamento intensivo (UTI) e se luta para preservar sua vida – manter a economia minimante funcionando. Depois, tenta-se curá-lo, para que possa deixar a UTI e o hospital, ainda que a cura, nesse caso, possa implicar uma nova forma de viver.

O primeiro momento é o da emergência sanitária. Não há dúvidas de que se precisa aumentar o gasto público com saúde e proteção social e aliviar, ainda que temporariamente, a carga fiscal que onera os segmentos econômicos afetados pela crise. Do mesmo modo é unânime entre os países a adoção do endividamento público como fonte de financiamento mais adequada. Parece perda de tempo – e, economicamente, é um erro crasso – no atual cenário econômico de queda drástica da demanda, pretender financiar o gasto público adicional com aumento de impostos, mesmo que por meio da instituição de empréstimo compulsório. Escolher esse caminho fatalmente diminuirá ainda mais a renda disponível para famílias gastarem e para empresas investirem.

No Brasil, entre as poucas medidas tributárias já adotadas, em caráter emergencial, ou ainda em debate, ganham destaque a prorrogação do prazo de recolhimento de tributos, sobretudo para microempresas e microempreendedores, e a concessão de benefícios tributários e creditícios, em caráter geral, muitas vezes vinculados à manutenção do emprego e da folha salarial, ou em caráter específico, como incentivos à compra ou importação de insumos e equipamentos hospitalares.

A reação imediata repete o caminho trilhado na grande crise instaurada em outubro de 2008. Na época, as autoridades econômicas brasileiras também concentraram a maior parte do esforço fiscal na concessão de desonerações. Assim, adotaram o caminho oposto ao da maioria das economias avançadas e emergentes, que optaram por pacotes concentrados em aumento de gastos com investimentos fixos, públicos e privados, bem como na concessão de empréstimos e garantias, o que, no Brasil, se fez de forma opaca, por meio do Banco Nacional de Desenvolvimento Econômico e Social (BNDES).

Embora matematicamente o impacto do uso de renúncia de receita ou de gasto público no resultado fiscal possa ser equivalente, em termos econômicos, existe uma diferença crucial no seu resultado. Não há garantia de que a redução ou postergação do pagamento de tributos, necessariamente, traduzam-se em aumento de consumo ou de investimento. Ou seja, nada assegura que as renúncias possam realmente mover a economia.

Aliás, o velho economista John Maynard Keynes, quando da depressão dos anos trinta, era categórico ao defender a via do aumento de gasto e da dívida pública. Em resposta à depressão, o economista britânico defendia que os gastos fossem cobertos por empréstimos, em vez de novos tributos. Dessa forma, estaria assegurado que o esforço fiscal efetivamente aumentasse a demanda da economia e também criasse condições para que investidores privados trocassem seus créditos de outros agentes privados pelos públicos. Vale dizer:

> Mais do que um aumento do gasto (autônomo) que impulsionasse a demanda, no mundo da Grande Depressão, Keynes também defendia que aquele incremento fosse feito por meio de aumento da dívida pública, no lugar de ser financiado por um aumento de receitas públicas clássicas, como tributos – ainda mais se estes incidissem justamente sobre os recursos disponíveis nas mãos privadas e que poderiam ser gastos e destinados ao aumento de demanda. (AFONSO, 2012).[399]

---

[399] AFONSO, José Roberto R. **Keynes**. Crise e Política Fiscal. São Paulo: Saraiva, 2012, p. 35.

De todo modo, o debate sobre o reequilíbrio orçamentário e sobre como financiar a reconstrução econômica devem ficar para um segundo momento. O primeiro momento é o da reação imediata, a fim de estabilizar o paciente, que pode ser tomado como a atividade econômica ou o próprio contribuinte. Nesse momento perguntamos o que se pode fazer agora? A resposta é gastar, investir e, do ponto de vista tributário, desonerar. Não é hora de instituir novos tributos. O segundo momento busca recompor a fazenda, inclusive pela criação de novos impostos ou majoração dos que atualmente já vigoram, se necessário.

2. Parâmetros de Controle de Renúncias de Receita Tributária

Em termos jurídicos, o debate em torno das medidas tributárias de enfrentamento da pandemia passa pela análise dos limites e parâmetros que precisam ser observados para adoção de renúncia de receita tributária. A crise em que vivemos deve afastar integralmente os controles e parâmetros em vigor em matéria de incentivos fiscais?

Os parâmetros, em matéria de renúncia fiscal, são hoje principalmente dois: o art. 14 da Lei de Responsabilidade Fiscal (LRF) e o art. 113 do Ato das Disposições Constitucionais Transitórias (ADCT), incluído no texto constitucional pela Emenda Constitucional n. 95, de 15 de dezembro de 2016 (Novo Regime Fiscal). Ambos determinam que sejam calculados os impactos financeiros e orçamentários dos benefícios fiscais concedidos, ou seja, quanto custa a política fiscal adotada, em termos de perda de arrecadação. Há, no entanto, diferenças de conteúdo entre as regras.

O art. 14 da Lei de Responsabilidade Fiscal determina quatro condições que precisam ser observadas, duas delas alternativas: (1) a realização de estimativa de impacto orçamentário-financeiro; (2) o atendimento ao disposto na lei de diretrizes orçamentárias; (3) a demonstração de que a renúncia foi considerada na estimativa de receita da lei orçamentária e que não afetará as metas de resultados fiscais, ou (4), alternativamente, a utilização de medidas de compensação da receita renunciada.

A norma possui o escopo de assegurar transparência e planejamento às renúncias fiscais, especialmente a fim de evitar que sua utilização possa prejudicar as metas de resultados fiscais e próprio resultado orçamentário. A primeira exigência, a estimativa de impacto, pretende adequar os benefícios que se pretende conceder à lei orçamentária do ano em que entrarão em vigor e dos dois anos seguintes. A segunda exigência, o atendimento em relação à Lei de Diretrizes Orçamentárias (LDO), é consequência necessária da estrutura do ciclo orçamentário vigente, que impõe a adequação entre Plano Plurianual, Lei de Diretrizes Orçamentárias e Lei Orçamentária Anual. A lei que concede incentivo fiscal, em face de impacto orçamentário, não pode se desviar do que dispõe a LDO.[400]

A terceira e quarta exigências são alternativas e têm como diretriz a preservação do equilíbrio orçamentário. Resta ao proponente: ou demonstrar que o efeito de renúncia foi considerado na estimativa de receita da lei orçamentária anual e que não afetará as metas de resultados fiscais previstas no anexo próprio da lei de diretrizes orçamentárias ou recompor o equilíbrio orçamentário, mediante a criação de medidas de compensação.

O art. 113 do Ato das Disposições Constitucionais Transitórias (ADCT) elevou a estimativa de impacto orçamentário ao patamar constitucional. A disposição obriga que a proposição legislativa que crie ou altere despesa obrigatória ou renúncia de receita seja acompanhada de estimativa do seu impacto orçamentário e financeiro, que nada mais é do que a demonstração do quanto custam as despesas obrigatórias e as renúncias de receita que se estão a propor.

Ainda que não se possa dizer que a exigência tenha sido uma novidade incorporada ao ordenamento jurídico pelo Novo Regime Fiscal – visto que, para as renúncias de receita tributária, o artigo 14 da Lei de Responsabilidade Fiscal, desde 2000, já determinava essa providência – a elevação dessa exigência ao patamar do texto constitucional reforça sua eficácia e amplia significativamente as possibilidades de controle judicial de constitucionalidade nessa matéria. Diante do que dispõe o art. 113 do ADCT, é forçoso reconhecer que "o que antes era tomado apenas como uma causa de arquivamento da proposição legislativa, passível de

---

[400] CORREIA NETO, Celso de Barros. **O Avesso do Tributo**. 2ª ed. São Paulo: Almedina, 2016.

superação pelo voto de maioria legislativa eventual, tornou-se um vício de inconstitucionalidade insuscetível de convalidação".[401]

O sentido de ambas as disposições é o de obrigar que se incorpore, no debate legislativo, a análise de custo e benefício. Ou seja, além de discutir os objetivos e princípios que inspiram os projetos, é também fundamentar considerar o quanto representam em termos de custos orçamentários. Trata-se de assegurar transparência à concessão de benefícios fiscais e traduzi-los em linguagem orçamentária.

No caso da LRF, além da quantificação da renúncia também exigida pelo art. 113 do ADCT, impõe-se ainda sua compensação, "por meio do aumento de receita, proveniente da elevação de alíquotas, ampliação da base de cálculo, majoração ou criação de tributo ou contribuição" (art. 14, II), para que se preserve o equilíbrio das contas públicas, elemento essencial do conceito de gestão fiscal responsável (art. 1º, §1º), que norteia a Lei Complementar n. 101, de 4 de maio de 2000. Esse tipo de exigência deve ser mantida mesmo no quadro grave instalado por conta da pandemia causada pela propagação pelo coronavírus (covid-19)?

Como era de se esperar, as urgências impostas pela pandemia colocaram rapidamente em xeque as restrições à ampliação de gastos governamentais e à concessão de benefícios fiscais estabelecidos em prol da responsabilidade na gestão fiscal para tempos de normalidade institucional e econômica. A perplexidade ganhou logo contornos jurídicos específicos diante do julgamento de dois casos no âmbito do Supremo Tribunal Federal – a ADI 6357, rel. Ministro Alexandre de Moraes, e a ADPF 662, rel. Ministro Gilmar Mendes – e, em seguida, das regras previstas na Emenda Constitucional n. 106, de 7 de maio de 2020, "Orçamento de Guerra", e na Lei Complementar n. 173, de 27 de maio de 2020, de que trataremos seguir.

---

[401] CORREIA NETO, Celso de Barros. Novo regime fiscal ampliou controle judicial dos benefícios fiscais. **Consultor Jurídico** – CONJUR, 16 mar. 2019. Disponível em: https://www.conjur.com.br/2019-mar-16/observatorio-constitucional-regime-fiscal-ampliou--controle-judicial-beneficios-fiscais. Acesso em 12 jun. 2020.

4. STF e Controle de Renúncias Fiscais em tempos de Pandemia

Em pelo menos dois casos o Supremo Tribunal Federal foi provocado a se manifestar sobre a aplicabilidade dos limites legais e constitucionais à concessão de renúncia de receita tributária: na ADI 6357, rel. Ministro Alexandre de Moraes, e na ADPF 662, rel. Ministro Gilmar Mendes.

A ADI 6357 foi proposta pelo Presidente da República com o objetivo de afastar a exigência de demonstração de adequação e compensação orçamentárias em relação à criação/expansão de programas públicos destinados ao enfrentamento do contexto de calamidade gerado pela disseminação da Covid-19.

Para fundamentar o pedido, argumentou-se que o atual contexto de excepcionalidade sanitária, econômica e fiscal justificaria:

> [...] afastar a adequação orçamentária exigida nos dispositivos da Lei de Responsabilidade Fiscal, no tocante à exigência de medidas de compensação quanto às políticas públicas destinadas aos programas de prevenção da disseminação do coronavírus e de proteção da população vulnerável atingida por referida pandemia.

A medida era necessária, uma vez que a Lei Complementar n. 101/2000, Lei de Responsabilidade Fiscal (LRF), não previa mecanismos legais para o afastamento dos requisitos relativos à concessão de benefícios fiscais nem mesmo em estado de calamidade pública. O art. 65, em sua redação originária, estabelecida que, na ocorrência de calamidade pública reconhecida pelo Congresso Nacional ou pelas Assembleias Legislativas, conforme o caso, serão suspensas a contagem dos prazos e as disposições estabelecidas nos arts. 23, 31 e 70 e serão dispensados o atingimento dos resultados fiscais e a limitação de empenho prevista no art. 9º da LRF. A disposição não se referia às regras pertinentes à renúncia de receita tributária previstas no art. 14 da mesma lei.

A liminar foi, então, deferida por decisão monocrática do ministro relator, em 29 de março de 2020, para conceder interpretação conforme à constituição aos artigos 14, 16, 17 e 24 da Lei de Responsabilidade Fiscal e 114, *caput, in fine* e § 14, da Lei de Diretrizes Orçamentárias/2020. Dessa maneira, a decisão afastou, durante a emergência em Saúde Pública de importância nacional e o estado de calamidade pública decorrente de

Covid-19, a exigência de demonstração de adequação e compensação orçamentárias em relação à criação/expansão de programas públicos destinados ao enfrentamento do contexto de calamidade gerado.

Por conta da decisão, os requisitos do art. 14, que regula precisamente a concessão de benefícios fiscais que impliquem renúncia de receita tributária, não seriam exigíveis para as medidas destinadas ao enfrentamento do contexto de calamidade pública hoje vivenciada. Em tempos de crise extrema e extraordinária, o equilíbrio fiscal perde espaço para a preservação da própria economia. Os efeitos da decisão alcançavam todos os entes federativos que decretaram estado de calamidade pública decorrente da pandemia de Covid-19.

Posteriormente, a decisão foi submetida ao Plenário do Tribunal, que em 13.5.2020, por maioria, referendou a medida cautelar deferida e extinguiu a ação por perda superveniente de objeto, nos termos do voto do Relator. A extinção da ação justificou-se pela promulgação da Emenda Constitucional 106, chamada de "orçamento de guerra", que conta com disposição (art. 3º) com efeitos muitos semelhantes ao pretendidos na ação.

A questão dos limites à concessão de renúncias de receita também foi examinada, na decisão monocrática proferida pelo Ministro Gilmar Mendes, na ADPF 662, em 3.4.2020. No caso, estava em questão um gasto orçamentário direto, não uma renúncia de receita. Questionava-se a validade de proposição normativa que ampliava o alcance – e, portanto, também o custo financeiro-orçamentário – do benefício de prestação continuada (BPC), previsto no art. 203, V, da Constituição Federal.

No presente caso, o relator concedeu em parte a liminar requerida para "suspender a eficácia do art. 20, § 3º, da Lei 8.742, na redação dada pela Lei 13.981, de 24 de março de 2020, enquanto não sobrevier a implementação de todas as condições previstas no art. 195, §5º, da CF, art. 113 do ADCT, bem como nos arts. 17 e 24 da LRF e ainda do art. 114 da LDO".

Os fundamentos utilizados para decidir – art. 113 do ADCT e arts. 17 e 24 da LRF – parecem indicar uma contradição entre essa decisão e a proferida pelo Ministro Alexandre de Moraes na ADI 6.357. Mas o conflito é apenas aparente. Os dois julgados indicam uma diretriz comum: as restrições à política fiscal expansionista – pelo gasto ou pelo benefício fiscal – devem ser afastadas apenas para as políticas relacionadas à pandemia e somente enquanto ela durar. É, aliás, a mesma leitura que se pode fazer da Emenda Constitucional n.106, de 2020, a chamada emenda do "orçamento de guerra", como veremos a seguir.

5. Orçamento de Guerra Emenda Constitucional n.106, de 2020 (art. 3º)

A Emenda Constitucional n.106, de 2020, resultou da aprovação da Proposta de Emenda Constitucional n. 10/2020 de iniciativa parlamentar. Seu objetivo era estabelecer regime extraordinário fiscal, financeiro e de contratações para que a União possa atender às necessidades decorrentes de calamidade pública nacional reconhecida pelo Congresso Nacional em virtude de pandemia de saúde pública de importância internacional (art. 115, *caput*).

Detrás da ideia de se criar o chamado "orçamento de guerra" está a percepção da gravidade e da excepcionalidade do quadro socioeconômico instalado em decorrência da pandemia. Estamos enfrentando algo similar a uma guerra, e a "condução de políticas em um cenário tão excepcional como este também requer um regime orçamentário de exceção".[402] Por isso, foi preciso criar um regime extraordinário de prestação de serviços, não apenas em matéria de saúde pública, mas também em termos de organização das finanças públicas e privadas e demais ações essenciais para atender às necessidades decorrentes da calamidade pública nacional e enquanto ela estiver em vigor.[403] Em outras palavras, o que se propôs foi algo como um "regime de quarentena", a funcionar em paralelo ao normal, por tempo limitado, para "dar uma resposta à altura da gravidade da situação, de forma coordenada e rápida".[404]

A Emenda traz regras específicas para a concessão ou ampliação de incentivo ou benefício de natureza tributária da qual decorra renúncia de receita. Na redação original da proposta, cuidava do tema a previsão do §5º do art. 115 do ADCT. O texto, no entanto, foi modificado no Senado

---

[402] AFONSO, José Roberto R. Orçamento de guerra e quarentena fiscal. Conjuntura Econômica. Rio de Janeiro, v. 74, p. 24-27, 2020.
[403] Ibidem.
[404] Ibidem.

Federal, passando a matéria a constar do *caput* do art. 3º da Emenda, nos termos da redação final aprovada.

Na redação proposta pela PEC e aprovada pela Câmara dos Deputados, as regras excepcionais em matéria de incentivo ou benefício de natureza tributária constavam no §5º do art. 115 a ser inserido no ADCT. A redação era a seguinte:

> § 5º Desde que não se trate de despesa permanente, as proposições legislativas e os atos do Poder Executivo com propósito exclusivo de enfrentamento do contexto da calamidade e de seus efeitos sociais e econômicos, com vigência e efeitos restritos ao seu período de duração, ficam dispensados do cumprimento das restrições constitucionais e legais quanto a criação, expansão ou aperfeiçoamento de ação governamental que acarrete aumento da despesa e a concessão ou ampliação de incentivo ou benefício de natureza tributária da qual decorra renúncia de receita.

O texto era claro no seu objetivo de afastar restrições constitucionais e legais a criação, expansão ou aperfeiçoamento do gasto público direto ou indireto – isto é, na forma de renúncia de receita –, para o enfrentamento do contexto da calamidade e de seus efeitos sociais e econômicos. Em se tratando de renúncias, isso significa que seriam suspensas as exigências previstas no art. 113 do ADCT, para a União, e no art.14 da Lei de Responsabilidade Fiscal, para todos os níveis de governo.

No Senado Federal, a redação do dispositivo foi substancialmente alterada, restringindo-se o alcance da disposição. Foram dispensadas as restrições previstas no nível da lei, mas preservadas as que constam no próprio texto constitucional, à exceção da previsão do §3º do art. 195. A única restrição constitucional afastada foi a proibição de pessoa jurídica em débito com o sistema da seguridade social de contratar com o Poder Público e dele receber benefícios fiscais ou creditícios.

A redação final aprovada para a Emenda, na linha do Substitutivo do Senado Federal é esta:

> Art. 3º Desde que não impliquem despesa permanente, as proposições legislativas e os atos do Poder Executivo com propósito exclusivo de enfrentar a calamidade e suas consequências sociais e econômicas, com vigência e efei-

tos restritos à sua duração, ficam dispensados da observância das limitações legais quanto à criação, à expansão ou ao aperfeiçoamento de ação governamental que acarrete aumento de despesa e à concessão ou à ampliação de incentivo ou benefício de natureza tributária da qual decorra renúncia de receita.

Parágrafo único. Durante a vigência da calamidade pública nacional de que trata o art. 1º desta Emenda Constitucional, não se aplica o disposto no § 3º do art. 195 da Constituição Federal.

A dispensa do cumprimento das limitações legais para criação e aumento de despesa ou renúncia de receita está em consonância com o sentido de excepcionalidade do regime extraordinário (e transitório) estabelecido pela emenda e aplica-se exclusivamente à União[405]. Enquanto perdurar o estado de calamidade pública nacional, não se aplicam as limitações legais que restringem ou condicionam a concessão e ampliação de incentivo fiscais, entre as quais se incluem sobretudo as do art. 14 da Lei de Responsabilidade Fiscal.

Como já mencionado, o texto final construído no Senado Federal é menos amplo do que o inicialmente proposto na Câmara dos Deputados. Assim, a exceção que vigora no art. 3º suspende apenas as limitações estabelecidas no plano da lei. Tivesse o Congresso mantido a redação originariamente proposta para a emenda, a concessão de benefícios fiscais durante o período de calamidade pública dispensaria, inclusive, o cumprimento da própria legalidade (art. 150, §6º) e o respeito à discriminação constitucional de competência tributárias (e.g. arts. 153, 154, 155 e 156). Não foi essa a redação que prevaleceu.

Mas, então, o que resta? Quais requisitos e limites devem ser observados em matéria de renúncia fiscal em tempos de pandemia? A Emenda

---

[405] Emenda Constitucional n. 106, de 2020: "Art. 1º Durante a vigência de estado de calamidade pública nacional reconhecido pelo Congresso Nacional em razão de emergência de saúde pública de importância internacional decorrente de pandemia, a União adotará regime extraordinário fiscal, financeiro e de contratações para atender às necessidades dele decorrentes, somente naquilo em que a urgência for incompatível com o regime regular, nos termos definidos nesta Emenda Constitucional.

Constitucional n. 106/2020, embora tenha facilitado a concessão de benefícios fiscais, manteve o dever de observância dos limites previstos na própria Constituição federal. Assim, ainda vigora e segue plenamente aplicável *e.g.* o disposto no art. 113 do ADC, que exige que se elabore estimativa de impacto financeiro orçamentário para a concessão e ampliação de renúncia de receita.

Ademais, a regra do art. 3º da Emenda trouxe ao menos duas condições para a sua aplicabilidade. São elas: (1) a temporariedade da medida adotada ("não se trate de despesa permanente" e "vigência e efeitos restritos ao seu período de duração") e (2) a destinação específica ("propósito exclusivo de enfrentamento do contexto da calamidade e de seus efeitos sociais e econômicos").

A primeira é o controle de escopo. Para que se beneficiem do regime extraordinário/emergencial previsto na Emenda, o incentivo fiscal em questão deve ser destinado ao enfretamento dos efeitos socioeconômicos da pandemia. O texto é claro nesse sentido ao exigir o "propósito exclusivo de enfrentar a calamidade e suas consequências sociais e econômicas". Em outras palavra, nem todo benefício fiscal deliberado no ano de 2020 está necessariamente livre do cumprimento dos requisitos do art. 14 da LRF, apenas os que atenda ao escopo previsto no art. 3º.

A segunda é o controle temporal ou de vigência. Os benefícios fiscais concedidos sem respeito aos parâmetros de responsabilidade fiscal não podem ser permanentes nem perdurar além do estado de calamidade. Devem ter vigência e efeitos restritos a esse período. Superado este momento, não se justifica o levantamento das restrições que, de ordinário, são de se aplicar à concessão e expansão de renúncias de receita, inclusive em cenários de crise fiscal ou econômica.

Aliás, embora a redação do texto inicial do *caput* do art. 3º mencione "Desde que não impliquem **despesa** permanente", a leitura integral do dispositivo não deixa dúvidas de que a expressão merece interpretação ampla: não podem ser permanentes nem as despesas diretas nem os benefícios fiscais, também chamados de "despesas fiscais" ou "gastos tributários". O requisito de aplica-se a ambos.

O que o art. 3º não deixa exatamente claro é se o período de vigência das medidas a que se refere deve, necessariamente, coincidir com a duração do estado de calamidade pública que as justifica ou se poderá excedê-lo. O texto exige, é claro, temporariedade e que também ações governamentais e dos benefícios fiscais aprovadas em regime excepcional tenham o "propósito exclusivo de enfrentar a calamidade e suas consequências sociais e econômicas, com vigência e efeitos restritos à sua duração". Mas isso significa que as ações governamentais ou programas de benefício fiscal aprovados nos termos do art. 3º não poderiam vigorar para além do termo final de vigência do estado de calamidade pública reconhecido pelo Congresso Nacional?

Não é essa a interpretação que nos parece mais adequada. É evidente que os impactos econômicos negativos da pandemia podem perdurar muito além do estado de calamidade pública, que segundo o Decreto Legislativo n. 6, de 2020, só deve durar até 31 de dezembro de 2020. Por isso, as medidas fiscais de enfretamento também devem ir além desse período.

Cabe, portanto, distinguir estes dois momentos: (1) o momento de concessão das medidas fiscais de que trata o art. 3º e (2) o período de produção de seus efeitos. Para que gozem do regime extraordinário previsto na Emenda n.106/2020, as ações governamentais e os benefícios fiscais devem ser aprovados – criados, expandidos, aperfeiçoados, concedidos ou ampliados – durante a vigência do estado de calamidade pública. Mas nada impede que se mantenham vigentes e produzam efeitos, após esse período, enquanto perdurarem as consequências socioeconômicas da pandemia.

É natural e desejável que isso aconteça, desde que se respeite o requisito de transitoriedade e a vinculação de escopo expressamente estabelecidos no *caput* do art. 3º da Emenda. Afinal, permanentes e desvinculada de seu propósito inicial, os benefícios fiscais concedidos com base no regime extraordinário do art. 3º torna-se meros privilégios, desconectados do espírito que justificou sua edição.

5. Lei Complementar n. 173 de 27 de maio de 2020

Entre as alterações legislativas realizadas para enfrentamento das consequências socioeconômicas do Coronavírus, merece ainda destaque a Lei Complementar n. 173, de 27 de maio de 2020, que estabeleceu o Programa Federativo de Enfrentamento ao Coronavírus SARS-CoV-2 (Covid-19), a vigorar exclusivamente para o exercício financeiro de 2020.

O Programa é composto essencialmente por três iniciativas: (1) suspensão dos pagamentos das dívidas contratadas entre a União e os Estados e o Distrito Federal e entre a União e os Municípios; (2) reestruturação de operações de crédito interno e externo junto ao sistema financeiro e instituições multilaterais de crédito e (3) entrega de recursos da União, na forma de auxílio financeiro, aos Estados, ao Distrito Federal e aos Municípios, no exercício de 2020, e em ações de enfrentamento ao Coronavírus SARS-CoV-2 (Covid-19).

A Lei Complementar n. 173, de 2020, afasta expressamente, durante o estado de calamidade pública decretado para o enfrentamento da Covid-19, as condições e vedações previstas no art. 14, no inciso II do caput do art. 16 e no art. 17 da Lei Complementar n. 101, de 2000.

No que se refere especificamente ao regime jurídico aplicável à renúncia de receita tributária, a disposição é redundante em relação ao que dispõe o art. 3º da Emenda Constitucional n. 106, de 2020: tanto a Emenda quanto a Lei Complementar suspendam o art. 14. Determinar a suspensão das exigências previstas no art. 14 da Lei de Responsabilidade Fiscal significa sobretudo afastar o dever de adotar medidas de compensação por meio do aumento de receita, proveniente da elevação de alíquotas, ampliação da base de cálculo, majoração ou criação de tributo ou contribuição, previsto no inciso II da disposição.

O dever de apresentar estimativa do impacto orçamentário-financeiro previsto no *caput* do art. 14, embora alcançado pela suspensão, segue vigente na regra do art. 113 do ADCT. A disposição estabelece que qualquer "proposição legislativa que crie ou altere despesa obrigatória ou renúncia de receita deverá ser acompanhada da estimativa do seu impacto orçamentário e financeiro" e não foi alcançada Emenda Constitucional n. 106, de 2020 tampouco pela Lei Complementar n. 173, de 2020.

A lei complementar em análise também fez modificações permanentes no corpo da Lei Complementar n. 101, de 2000. Foi alterada a redação dos arts. 21 e 65 da LRF. A redação alterada do art. 65 passou a prever, no tocante às renúncias fiscais, que "serão afastadas as condições e as vedações previstas nos arts. 14, 16 e 17 desta Lei Complementar, desde que o incentivo ou benefício e a criação ou o aumento da despesa sejam destinados ao combate à calamidade pública".

A alteração (art. 7º) de regra permanente no texto da LRF supre lacuna existe na lei, que não previa suspensão das restrições relativas à concessão ou ampliação de incentivo ou benefício de natureza tributária da qual decorra renúncia de receita. A redação originária do art. 65, embora previsse a suspensão e dispensa do cumprimento de diversas exigências na hipótese de ocorrência de calamidade pública reconhecida pelo Congresso Nacional, não abarcava às restrições às renúncias fiscais previstas no art. 14.

Conclusões

Os benefícios fiscais estão, no Brasil, entre as medidas tributárias de maior destaque no quadro de anormalidade institucional e econômica em decorrência da emergência sanitária causada pelo coronavírus (Covid-19).

É natural e necessário que se afastem temporariamente formalidades e exigências que, em tempos de normalidade econômica, limitam sua concessão. Tempos extremos demandam medidas excepcionais. Exigem um regime extraordinário para lidar efeitos fiscais, econômicos e sociais da pandemia causada pelo coronavírus (Covid-19) – um orçamento de guerra.

As decisões do decisões do STF e as recentes alterações empreendidas pelo Congresso Nacional da Constituição e na Lei Complementar n. 101, de 2000, alinham-se no sentido de afastar as restrições legais que ordinariamente limitam à concessão de benefícios fiscais, especialmente a exigência de adoção de medidas compensatórias. Mas o tratamento excepcional justifica-se apenas para as políticas relacionadas à pandemia e somente enquanto perdurarem seus efeitos diretos.

Ao menos três diretrizes ganham especial destaque em matéria de renúncia de receita em tempos de pandemia. A primeira é regra de escopo, que impõe que regime extraordinário somente pode ser aplicado aos benefícios fiscais destinados ao enfrentamento dos efeitos socioeconômicos da pandemia. A segunda é a regra da temporariedade: os benefícios fiscais concedidos em regime extraordinário não podem ser permanentes nem ir além do período necessário para ao enfretamento das excepcionais circunstâncias que justificaram sua edição. A terceira é a da transparência prevista no art. 113 do ADCT: é preciso estimar o impacto orçamentário e financeiro das propostas de criação de benefícios fiscais, saber o quanto custam, trazer sempre esse elemento para o debate legislativo.

A transparência é princípio essencial de um regime fiscal responsável e precisa ser reforçada durante o regime extraordinário. A necessária e compreensível emergência na adoção de medidas fiscais, na forma de renúncia ou de aumento de gasto, não deve dispensar a obrigação de se estimar os seus impactos e identificar os seus beneficiários. Apontar com clareza os beneficiários, a duração, os objetivos e os custos de uma política de incentivo fiscal é fundamental, mesmo em tempos de pandemia, para evitar que privilégios sejam concedidos sob as vestes de benefícios fiscais e que renúncias extraordinárias se tornem permanentes, mesmo quando isso tudo passar.

A emergência e imprevisibilidade decorrentes da pandemia e o desafio da reconstrução econômica e social justificam renúncias de receita pública, mas nunca a renúncia à transparência, ao controle e à razão.

Referências

AFONSO, José Roberto R. *Keynes, Crise e Política Fiscal*. São Paulo: Saraiva, 2012.

AFONSO, José Roberto R. Orçamento de guerra e quarentena fiscal. *Conjuntura Econômica*. Rio de Janeiro, v. 74, n.1, p. 24-27, 2020.

AFONSO, José Roberto R.; CORREIA NETO, Celso de Barros. Renúncia de receita na pandemia: quais limites permanecem? *Consultor Jurídico (CONJUR)*, abr. 2020. Disponível em: https://www.conjur.com.br/2020-abr-30/afonso-correia-neto-renuncia-receita-pandemia. Acesso em 12 de jun. de 2020.

BRASIL. Câmara dos Deputados. *Proposta de Emenda Constitucional n. 10, de 2020*. Brasília, 2020.

BRASIL. Supremo Tribunal Federal. *Medida Cautelar na Ação Direta de Inconstitucionalidade n. 6357*. Relator: Ministro Alexandre de Moraes. Julgamento em 29 de mar. 2020. Brasília, 2020.

BRASIL. Supremo Tribunal Federal. *Medida Cautelar na Arguição de Descumprimento de Preceito Fundamental n. 662*. Relator: Ministro Gilmar Mendes. Julgamento em 3 de abr. 2020. Brasília, 2020.

Correia Neto, Celso de Barros. Os *Impostos e O Estado de Direito*. São Paulo: Almedina, 2017.

Correia Neto, Celso de Barros. *O Avesso do Tributo*. 2ª ed. São Paulo: Almedina, 2016.

Correia Neto, Celso de Barros. Novo regime fiscal ampliou controle judicial dos benefícios fiscais. *Consultor Jurídico – CONJUR*, [S.l.], mar. 2019. Disponível em: https://www.conjur.com.br/2019-mar-16/observatorio-constitucional-regime-fiscal-ampliou-controle-judicial-beneficios-fiscais. Acesso em 12 de jun. de 2020.

19. Endividamento Público – o que vem depois da Pandemia

LUIS FELIPE VITAL NUNES PEREIRA
WILLIAM BAGHDASSARIAN

Introdução
Desde o suposto surgimento da Covid-19 no agora famoso mercado de peixes de Huanan, na cidade de Wahan na China[406], ao final de 2019, o mundo vive um estado de apreensão permanente. Trata-se de uma doença que tem uma elevada taxa de contágio e que é particularmente severa com as pessoas mais velhas e que já possuam algum tipo de comorbidade.

A explosiva combinação dessas características trouxe a preocupação das autoridades de que os sistemas de saúde do mundo inteiro pudessem vir a colapsar, em razão de picos de demanda de leitos de unidade de tratamento intensivo (UTI) e que o isolamento social coletivo seria uma forma adequada de conter a velocidade de expansão da pandemia em todo o mundo.

Uma das externalidades da estratégia de isolamento social é a aguda desaceleração econômica que decorre da interrupção conjunta de oferta e demanda de grande parte dos produtos levando as famílias e empresas a terem que recorrer as reservas individuais ou a operações de crédito para manter o consumo e as atividades.

No Brasil, o primeiro caso confirmado de infecção por Covid-19, segundo o Ministério da Saúde, ocorreu em 26 de fevereiro de 2020[407] e a primeira morte foi confirmada em 17 de março do mesmo ano[408].

---

[406] https://www.theguardian.com/world/2020/apr/28/how-did-the-coronavirus-start-where-did-it-come-from-how-did-it-spread-humans-was-it-really-bats-pangolins-wuhan-animal-market
[407] Vide: https://www.saude.gov.br/noticias/agencia-saude/46435-brasil-confirma-primeiro-caso-de-novo-coronavirus. Acesso em 14 de jun. 2020.

Em nível subnacional, vários Estados, Distrito Federal e municípios se anteciparam e começaram a adotar medidas de isolamento já em março de 2020. Inicialmente houve alguma dúvida se os entes teriam a autonomia para tomar essa decisão, mas em 15 de abril de 2020 o Supremo Tribunal Federal confirmou a competência concorrente da União, estados, DF e municípios no combate à Covid-19.

Do ponto de vista institucional, ainda em 7 de fevereiro de 2020, foi promulgada a Lei nº 13.979 que dispunha sobre as medidas para o enfrentamento da emergência de saúde pública de importância internacional decorrente do Coronavírus, responsável pelo surto de 2019. No dia 20 de março de 2020, foi promulgado Decreto Legislativo nº 6 que reconhecia o estado de calamidade pública decorrente do surto da Covid-19. E, finalmente, no dia 7 de maio foi promulgada a Emenda Constitucional nº 106, que instituiu o regime extraordinário fiscal, financeiro e de contratações para o enfrentamento a calamidade pública nacional decorrente da pandemia.

Do ponto de vista da Política Monetária, o Banco Central do Brasil rapidamente adotou uma série de medidas de expansão da liquidez monetária, visando prover as instituições financeiras dos recursos necessários para suporte financeira a empresas e trabalhadores e que impacto indireto sobre o endividamento público. Dentre as ações, destacam-se a redução do compulsório sobre recursos a prazo, a redução do adicional de conservação do capital dos bancos, injeção de recursos de prazos mais longos pelo Banco Central via operações compromissadas com lastro em títulos públicos federais, dentre outras[409].

A aprovação da Emenda Constitucional nº 106, de 7 de maio de 2020, do Decreto Legislativo nº 6, de 20 de março de 2020 e das medidas adotadas pelo Banco Central são relevantes para compreender a dinâmica do endividamento público durante a pandemia e também o que se espera no pós-pandemia.

---

[408] Vide: https://www.saude.gov.br/noticias/agencia-saude/46552-coronavirus-1-morte--e-291-casos-confirmados. Acesso em 14 de jun. 2020.

[409] Vide: https://www.bcb.gov.br/acessoinformacao/medidasdecombate_Covid19. Acesso em 14 de jun. 2020.

Há que se recordar que a pandemia aumentou o grau de incerteza quanto à trajetória da Economia mundial e trouxe volatilidade para os mercados financeiros. No Brasil, o Dólar chegou próximo de R$ 6,00 em maio de 2020 e o índice Bovespa chegou a 63.570 pontos em 23 de maio de 2020. Segundo dados do Banco Central, em abril de 2020, houve a saída líquida de investimentos em portfólio no mercado doméstico no valor total de US$ 7,3 bilhões, dos quais US$ 4,9 bilhões em títulos da dívida e US$ 2,4 bilhões em ações e fundos de investimento. Com relação aos títulos públicos observou-se uma abertura da curva de juros com aumento dos juros de longo prazo.

A compreensão da dinâmica do endividamento público durante a pandemia e do efeito dessas medidas sobre ele é um tema relevante para todos os países já que o comportamento dinâmico desta métrica é um bom indicador da qualidade e sustentabilidade da política fiscal. Como a dívida pública nada mais é do que o acúmulo dos deficits nominais do Setor Público ao longo do tempo, espera-se que haja significativa elevação dessa métrica em 2020, em função das medidas fiscais expansionistas adotadas pela União no combate à pandemia da Covid-19 bem como da retração da atividade econômica.

Nesse contexto, o objetivo do presente capítulo é descrever as ações que trouxeram o maior impacto para o endividamento público durante a pandemia da Covid-19 e estimar o ambiente pós-pandemia para essa relevante variável macroeconômica. Para enriquecer a análise, será apresentada preliminarmente uma breve contextualização histórica da trajetória e principais desafios do endividamento público no país, prévios ao início da pandemia.

1. Histórico do endividamento público no Brasil

Inicialmente, cabe esclarecer que a dívida pública sempre foi um tema relevante no debate econômico em nosso país. No passado, quando o endividamento público tinha uma proporção maior de dívida denominadas em moedas estrangeiras e as reservas internacionais não eram tão robustas como as atuais, o país constantemente era afetado por choques externos que geravam fuga de capitais e que expunham a situação de fragilidade de nossa economia. Nesse tempo, eram recorrentes as missões de apoio e monitoramento do Fundo Monetário Internacional que sempre exigiam, como contrapartidas aos empréstimos, a adoção de medidas de equilíbrio fiscal.

Exatamente por ser um tema recorrente no debate econômico, é preciso entender que há conceitos diferentes para tratar do endividamento público e que cada conceito permite avaliar aspectos diferentes do da dívida pública sobre a economia. Atualmente, os principais conceitos utilizados quando se quer tratar da dívida pública são:

- Dívida Líquida do Setor Público;
- Dívida Bruta do Governo Geral; e
- Dívida Pública Federal.

Ainda que a legislação pátria traga outros conceitos[410] de endividamento, em termos de formulação de políticas públicas esses são os mais utilizados. Apesar de todos buscarem refletir a dívida pública, cada um possui abrangência distinta e, por isso, permite avaliar um aspecto específico de como o endividamento afeta a economia.

1.1. Dívida Líquida do Setor Público

Durante muito tempo, o principal indicador utilizado para avaliar o endividamento público em nosso país foi a Dívida Líquida do Setor Público (DLSP), publicado mensalmente pelo Banco Central do Brasil. Segundo aquela instituição[411], a DLSP:

> Consolida o endividamento líquido do setor público não-financeiro e do Banco Central do Brasil junto ao sistema financeiro (público e privado), setor privado não-financeiro e resto do mundo (BCB, 2018).

Trata-se de um conceito abrangente de endividamento líquido na medida em que incorpora o governo federal, os governos estaduais e municipais, inclusive o Distrito Federal, o próprio Banco Central, a Pre-

---

[410] Por exemplo, "dívida consolidada", "dívida consolidada líquida", "dívida fundada", "dívida flutuante", "passivo da União no BGU", dentre outras.
[411] Vide: https://www.bcb.gov.br/content/estatisticas/docs_estatisticasfiscais/glossariofiscal.pdf. Acesso em 14 de jun. 2020.

vidência Social e demais empresas estatais. Estão fora do escopo do DLSP as instituições financeiras oficiais como Banco do Brasil e Caixa Econômica Federal, por exemplo.

Mas a principal peculiaridade desta métrica com relação às demais é a inclusão dos ativos financeiros[412], dos quais os mais importantes são as reservas internacionais. Há ativos relevantes individualmente, mas que no agregado acabam se compensando dentro do DLSP, como as dívidas subnacionais junto à União. Como a abrangência do DLSP é o Setor Público, o que é um ativo da União, é também um passivo dos entes subnacionais, tendo efeito nulo sobre o endividamento total.

Por suas particularidades, o indicador permite análises que os outros não são capazes de subsidiar. A primeira refere-se a própria análise de solvência do Setor Público. Na medida em que o endividamento é elevado, mas os recursos patrimoniais líquidos disponíveis para honrá-los também são altos, o risco agregado é obviamente menor.

Um segundo tipo de análise relevante refere-se aos efeitos das diversas políticas públicas sobre as características do endividamento. Para entender esse ponto é necessário compreender um aspecto de política monetária que é a liquidez de mercado (base monetária). Trata-se do montante de recursos disponíveis para as instituições realizarem suas operações de crédito. Quanto maior a liquidez disponível, menores serão as taxas de juros. Ocorre que o regime de metas de inflação pressupõe que um certo nível de liquidez de equilíbrio levaria os agentes a praticarem determinada taxa de juros para as operações de curtíssimo prazo. Essa taxa de juros, definida pela autoridade monetária, seria capaz de fazer a inflação convergir para a meta. Cabe ao Banco Central intervir diariamente nesse mercado para estabilizar a oferta de liquidez e por consequência a taxa de juros.

Essa dinâmica explica, por exemplo, que a acumulação de reservas internacionais tem como contrapartida a expansão do endividamento público federal, já que ao adquirir dólares em mercado, o Banco Central injeta recursos em moeda local que, se deixados no sistema, aumentariam a liquidez monetária, reduzindo as taxas de juros de curto prazo e

---

[412] Ativos não financeiros não fazem parte do DLSP.

possibilitando um aumento da inflação. Para que isso não ocorra, o Banco Central aliena títulos públicos federais de emissão do Tesouro Nacional disponíveis em sua carteira em troca do enxugamento daqueles recursos. Essas operações podem ser vendas definitivas, ou operações compromissadas de recompra, que são empréstimos de curto prazo lastreados em títulos públicos.

A esse respeito, há alguns argumentos para que se mantenham volumes elevados de reservas internacionais, além da proteção contra choques externos. O primeiro é que quando ocorre um choque externo e há pressão sobre o câmbio, o endividamento líquido diminui em função do aumento de valor das reservas e, portanto, não seria necessário aliená-las. Outro argumento utilizado é o de que as reservas são normalmente vendidas quando a taxa de câmbio é elevada e recompostas quando a taxa de câmbio é reduzida, gerando um resultado positivo para o Banco Central. Quem é contra esse argumento defende que o custo de carregamento das reservas é elevado já que a remuneração das aplicações em dólar em geral é inferior ao custo da dívida pública federal que foi emitida em contrapartida.

Outro exemplo é a redução dos depósitos compulsórios das instituições financeiras. Caso os bancos não usem os recursos para fomentar novas operações de crédito, os recursos levarão ao aumento da base monetária. Para evitar que isso aconteça, o Banco Central realiza operações compromissadas para enxugar esse excesso de liquidez. Em outras palavras, a liberação de depósitos compulsórios implica em expansão do endividamento público decorrente da ampliação das operações compromissadas.

1.2. Dívida Bruta do Governo Geral

A Dívida Bruta do Governo Geral (DBGG), divulgado mensalmente pelo Banco Central tem como escopo apenas os passivos e abrange as dívidas do Governo Federal, dos Governos estaduais e municipais, incluindo o Distrito Federal e inclui a administração direta, indireta e o INSS), mas não inclui as empresas estatais e nem o Banco Central[413].

---

[413] O Brasil adota uma metodologia híbrida para o DBGG ao desconsiderar os títulos públicos federais em sua carteira, de forma diferente da metodologia do Fundo Monetário

Trata-se de um indicador muito utilizado nas comparações internacionais já que como muitos países não possuem reservas internacionais e nem outros ativos relevantes, eles preferem divulgar somente o endividamento bruto, apesar de ser inadequado por não considerar o efeito dos ativos financeiros sobre o real risco de sustentabilidade do país.

Por outro lado, ele serve para ilustrar o endividamento total do Governo Geral com a sociedade e com o setor externo. Aqui cabe recordar o conceito de Equivalência Ricardiana proposto por Barro (1974). Como o aumento do endividamento público presente, mantido o consumo, representa uma elevação da carga tributária no futuro, na prática os agentes racionais já alterariam o seu nível de consumo atual, de forma semelhante ao que haveria se tivesse havido um aumento de carga tributária. Obviamente é uma interpretação flexível e menos formal do conceito, mas na prática aquele endividamento é percebido como um esforço fiscal futuro o que já afeta as decisões de investimento do presente.

Outra questão do indicador, compartilhada com a Dívida Pública Federal, é o efeito de *crowding out* do investimento privado. Na medida em que há uma única base de investidores domésticos e externos e que o Governo Geral encharca o mercado com títulos públicos ou dívida contratual, os recursos disponíveis para o investimento privado se tornam menores. Além disso, a partir de um certo valor, esses investidores começam a demandar prêmios de risco maiores para os títulos públicos.

1.3. Dívida Pública Federal

A Dívida Pública Federal (DPF) é uma métrica de endividamento que considera as dívidas mobiliárias internas e externas, bem como as dívidas contratuais externas de responsabilidade da União. É a métrica de endividamento mais tangível para a população e para os investidores pois é possível realmente identificar individualmente os passivos, ao contrário das outras métricas em que há uma agregação de passivos por categoria.

A trajetória do endividamento total, medido pela DPF é pouco usado como métrica de sustentabilidade fiscal, até porque ela tem por escopo

---

Internacional que defende que esses instrumentos deveriam ser incluídos no endividamento bruto.

apenas o passivo da União. É, porém, uma métrica bastante relevante para se analisar como o mercado reage aos choques econômicos.

Em períodos de normalidade, há uma maior demanda por títulos, em geral, e especialmente pelos de longo prazo enquanto as taxas de juros de longo prazo se reduzem proporcionalmente às de curto prazo.

Já em momentos de crise, a demanda primária se concentra em instrumentos de curto prazo, normalmente indexados à taxa Selic. Além disso, muitas vezes o Tesouro Nacional é obrigado a realizar operações de recompra para proporcionar liquidez aos investidores.

Outro ponto relevante é a relação simbiótica das operações compromissadas com os títulos públicos, já que os títulos do Tesouro são usados como colateral para as operações compromissadas. Na medida em que o volume de compromissadas se eleva, o estoque total da DPF também se eleva em montante semelhante.

A DPF também ajuda a explicar um conceito que não é muito claro para a maioria das pessoas – o efeito da política fiscal sobre o endividamento público, pela ótica da Política Monetária. Quando a União obtém um superávit primário ao final do ano, o que significa que a arrecadação foi maior do que as despesas, o fluxo financeiro líquido de receitas e despesas para dentro da Conta Única da União se torna positivo para a União e negativo para o setor privado. Isso também representa uma redução nos níveis médios de liquidez em mercado (base monetária).

Para compensar essa queda e impedir que os juros caiam pressionando a inflação, o Banco Central faz uma intervenção injetando recursos no sistema em troca de títulos públicos em poder do Mercado. Esses títulos passam a compor a carteira de títulos do Tesouro no Banco Central, mas o efeito prático é uma queda dos três indicadores de endividamento público – DLSP, DBGG e DPF.

Da mesma forma, a utilização de recursos de fundos públicos contábeis (situados dentro do SIAFI) para o pagamento de despesas da União representa, na prática, um aumento do endividamento público. Ao serem utilizados para pagar despesas primárias, há um aumento da base monetária que é imediatamente enxugada por meio de operações compromissadas, aumentando o endividamento público.

Esse mecanismo é muito importante no âmbito das ações de combate ao Covid-19 em função da quantidade de propostas que buscam a utilização de recursos "supostamente parados" na Conta Única e que, do ponto de vista econômico, seriam apenas rubricas contábeis.

1.4. Dinâmica do endividamento público

Uma análise do comportamento do endividamento público desde o final de 2006 demonstra dois ciclos bem definidos. O primeiro, se inicia ainda no Governo Lula e que vai até o final de 2013, e o segundo, vai do final de 2013 até os dias atuais. O gráfico 15 abaixo ilustra esse comportamento.

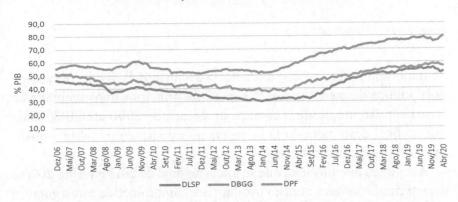

Gráfico 15 – Trajetória do Endividamento Público

Fontes: Banco Central do Brasil e Tesouro Nacional (2020)

Com relação ao primeiro ciclo, verifica-se uma trajetória constante de queda da DLSP e da própria DPF, mas o endividamento bruto inicia uma tendência de descolamento com relação à DPF e à própria DLSP. Isso é explicado pelo comportamento das operações compromissadas do Banco Central que acabam se elevando como contrapartida ao processo de acúmulo de reservas internacionais.

Também chama a atenção a queda da DLSP durante a crise de 2008. Conforme discutido anteriormente, as reservas acabam se comportando como um mecanismo de compensação durante as crises já que a alta do dólar faz com que o valor das reservas também aumente, reduzindo o valor da DLSP. O gráfico 16 abaixo ilustra a simetria do comportamento das reservas e da DLSP, mas a desconexão com a DBGG.

Gráfico 16 – Trajetória do Endividamento Público + Reservas Internacionais

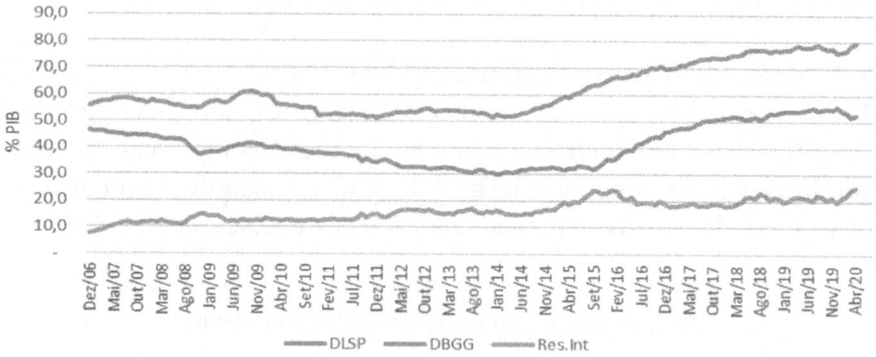

Fonte: Banco Central do Brasil (2020).

Importante salientar que a trajetória declinante da dívida foi causada pela política de manutenção de superávits primários implementada de forma consistente desde o começo da década de 2000 até 2013, ainda que ao final deste período já houvesse questionamentos sobre a qualidade desse superávit primário.

A segunda fase do ciclo, que se inicia no final de 2013 e vai até 2020 é caracterizada por uma política fiscal menos comprometida com a geração de superávits primários positivos e com uma brusca desaceleração econômica entre 2014 e 2018. A combinação de uma elevação no endividamento público com a queda do PIB, geraram uma aceleração na trajetória dos indicadores de endividamento.

Entre 2018 e 2020, um pouco antes dos efeitos da pandemia, e em função dos esforços do Governo Federal para conter a trajetória crescente da DBGG, ela iniciou uma trajetória de estabilização em torno de 76% do PIB, que foi rapidamente revertido. Cumpre registrar que no mesmo período, a DLSP teve uma queda brusca, em função da elevação das reservas internacionais. Esse comportamento demonstra que a análise isolada da DBGG ou da DLSP é insuficiente para descrever a sustentabilidade fiscal do país e somente uma abordagem integrada dos dois indicadores pode levar a políticas públicas mais eficientes.

Se a pandemia do Coronavírus é talvez a mais grave dos últimos cem anos, por outro lado, o país entra na crise em uma situação melhor do que em outros eventos dessa natureza, mesmo considerando a gravíssima situação fiscal da União, dos estados, do DF, e dos municípios.

As políticas monetária e cambial, mesmo com a crise, estão em condições muito mais sólidas do que em outras crises. Os juros são historicamente baixos e o nível atual das reservas constitui um robusto elemento de proteção do país com relação a fuga de capitais.

Além disso, como é demonstrado pelo gráfico 17, o endividamento público em moeda estrangeira, medido pela Dívida Pública Federal Externa (DPFe), é muito inferior à Dívida Pública Mobiliária Federal Interna (DPMFi), já que o financiamento público federal é realizado primordialmente no mercado local e em moeda nacional. Ao contrário de outras crises em que grande parte de nosso passivo era em moeda estrangeira, o país não necessita mais do *funding* externo para financiar seu déficit público, mantendo uma carteira de títulos soberanos apenas como referência de preços para os títulos privados de empresas brasileiras emitidos nos mercados internacionais.

Gráfico 17 – Trajetória do Endividamento Público – DPMFi e DPFe

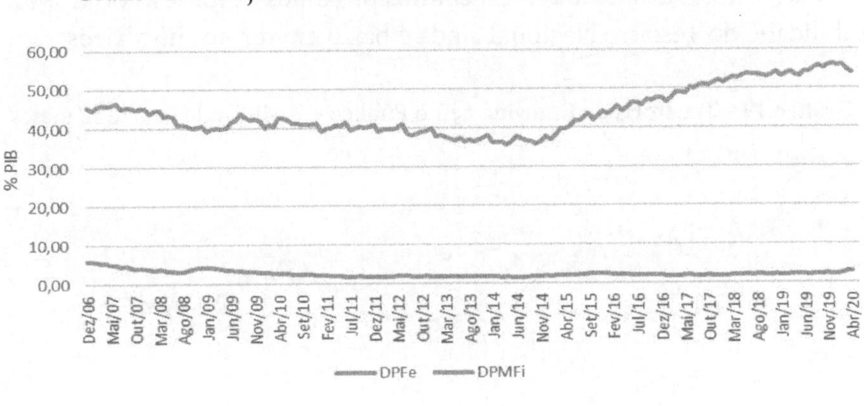

Fonte: Banco Central do Brasil e Tesouro Nacional (2020).

Outra forma alternativa de analisar a questão é comparar o estoque de dívida externa com o estoque de reservas internacionais. Conforme pode ser visto no gráfico 18, as reservas internacionais são muito superiores ao endividamento público em moeda estrangeira o que demonstra a solidez do endividamento público, neste aspecto particular.

Gráfico 18 – Trajetória do Endividamento Público – Reservas Internacionais e DPFe

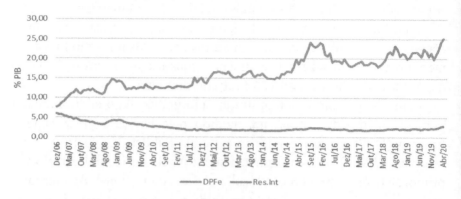

Fonte: Banco Central do Brasil e Tesouro Nacional (2020).

Em termos da estrutura do endividamento público, sob responsabilidade do Tesouro Nacional, a trajetória do percentual de vencimentos em até 12 meses é ilustrada no gráfico 19. Mesmo considerando a gravidade da crise, o valor das dívidas a vencer nos próximos 12 meses, sob responsabilidade do Tesouro Nacional ainda é baixo em termos históricos.

Gráfico 19 – Trajetória do Endividamento Público – % vencendo em até 12 meses

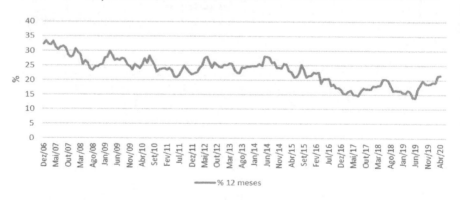

Fonte: Tesouro Nacional (2020).

Outro aspecto a se observar é a composição do endividamento público. Quanto mais exposta a dívidas prefixadas e atreladas a índices de preços e menos atrelada ao câmbio, melhor. Uma composição atrelada a juros pós-fixados (Selic) sempre foi considerada ruim, já que durante os choques passados, frequentemente esta taxa de juros ultrapassou os 20% ao ano, o que encarecia muito essa modalidade de passivo.

Ocorre que com taxas de juros pós-fixadas da ordem de 3% ao ano, um passivo pós-fixado se tornou muito barato e mesmo o argumento dos riscos envolvidos perde um pouco a potência. Nesse sentido, o gráfico 20 ilustra a evolução da composição do endividamento público sob responsabilidade do Tesouro Nacional.

Gráfico 20 – Trajetória do Endividamento Público – exposição por indicadores

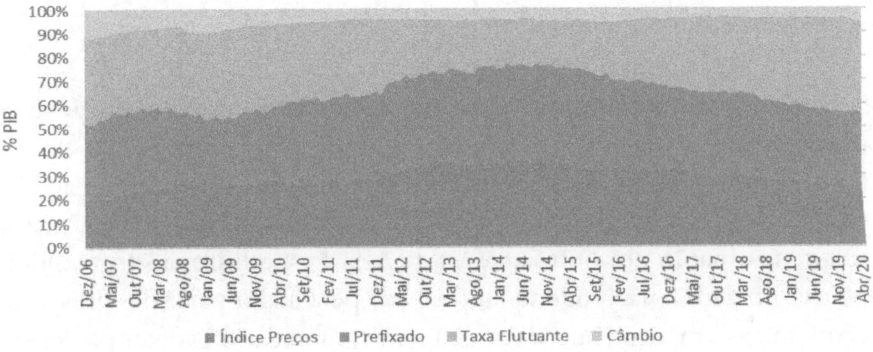

Fonte: Tesouro Nacional (2020).

Com relação aos detentores dos títulos públicos, o gráfico 21 demonstra que mais de 60% dos títulos públicos é de propriedade de fundos de investimento, fundos de pensão, seguradoras e demais agentes. Apenas 9,3% pertence a não residentes, enquanto 4,0% está nas do próprio Governo.

Essa informação é relevante para demonstrar que quaisquer ações públicas que levem a uma percepção de aumento de riscos por parte do Governo representa uma perda para a própria sociedade e suas reservas para a aposentadoria ou para investimentos. Não por outra razão, o Estado deve agir de forma responsável e se posicionar de forma a reduzir a incerteza dos agentes.

Gráfico 21 – Trajetória do Endividamento Público – detentores dos títulos

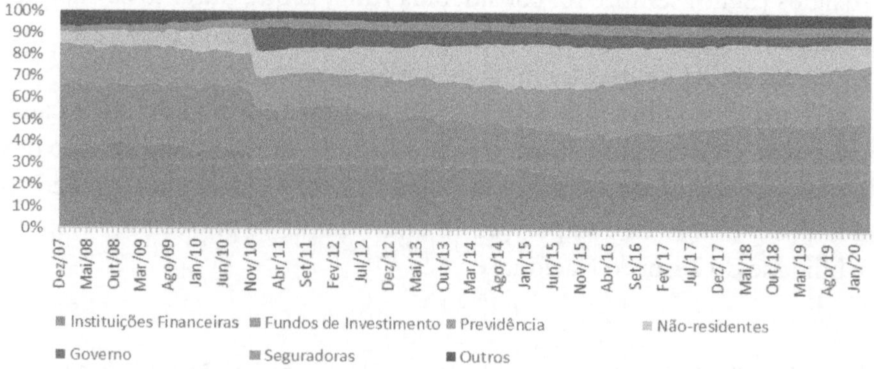

Fonte: Tesouro Nacional (2020)

2. Fatores condicionantes do endividamento público durante a pandemia

Os impactos econômicos da Covid-19 na China já vinham sendo acompanhados com atenção pelos economistas, desde o final de 2019, mas a sua disseminação por outros países da Ásia e pela Europa surpreendeu pela velocidade e não pôde ser antecipada pela maior parte das previsões econômicas. A reação inicial das economias afetadas foi adotar planos de isolamento social, com fechamentos de setores como comércio e serviço, além de alguns setores da indústria. O mundo financeiro também precisou se adaptar à nova realidade, com diversas instituições financeiras adotando algum modelo de home office.

As ações de reação aos efeitos econômicos adversos ao redor do mundo se basearam em alguma combinação do seguinte grupo de políticas públicas:

i) políticas para evitar demissões;
ii) transferências diretas de renda;
iii) gastos com saúde;
iv) investimentos públicos;
v) redução ou postergação da cobrança de impostos;
vi) auxílio direto a segmentos da indústria e comércio;

vii) empréstimos subsidiados para pequenas e medias empresas; e
viii) garantias para operações de crédito de pessoas jurídicas.

No Brasil, segundo dados do Ministério da Economia, as ações de combate ao Covid-19 totalizavam até 22 de maio de 2020 um impacto primário de cerca de 5,8% do PIB, ou R$ 417,7 bilhões, conforme pode ser visto na tabela 15 abaixo, enquanto a média dos países avançados era de 4,5% do PIB.

Já as medidas totais, incluindo aquelas sem impacto fiscal, com grande concentração em medidas de liberação de liquidez e capital promovidas pelo Banco Central, levam o impacto potencial na economia a R$ 3.264,2 bilhões.

Tabela 16 – Medidas de Combate aos efeitos do Covid-19 com impacto primário (R$ bilhões)

Medidas	Impacto
Redução de Receitas	18,2
Despesas em Execução Orçamentária	269,4
Auxílio Financeiro Emergencial (R$ 600 mensais por 3 meses) – MPV 937, 956; Lei 13.985	123,9
Benefício Emergencial de Manutenção do Emprego e da Renda – MPV 935, 936	51,6
Programa Emergencial de Suporte a Empregos (Folha de Pagamentos – PESE Funding União) – MPV 943, 944	34,0
Auxílio a Estados e Municípios – Compensação FPE e FPM – MPV 938, 939	16,0
Transferências adicionais a Estados, Municípios e Distrito Federal para financiamento das ações de saúde – MPV 969	10,0
Auxílio a Estados e Municípios – Transferência ao Fundo Nacional de Saúde – MPV 940	9,0
Outros	24,9
Outras – Sem dotação orçamentária	76,5
Outras – Sem Ato Autorizativo	53,6
Total	417,7

Fonte: Ministério da Economia (2020).

Há de se considerar ainda o impacto fiscal da redução na arrecadação, devido à menor atividade econômica. A mediana das previsões para o PIB de 2020, de acordo com o relatório Focus de Mercado em 29 de maio de 2020, registrava uma queda de 6,5%, ante a previsão de quatro semanas antes de retração de 3,76%. Entre os analistas de mercado já há previsões de queda de até 9% no PIB. Com relação ao resultado primário estimado para 2020 a mediana das projeções apontava para um déficit de 8% do PIB.

Uma peculiaridade do caso brasileiro foi a situação já frágil das finanças de Estados e Municípios e que se agravou durante a pandemia, motivando a promulgação da Lei Complementar nº 173, de 2020. A proposição aprovada na Câmara trouxe à tona o debate sobre as limitações fiscais da União em fomentar as ações de mitigação dos efeitos econômicos da crise.

Ainda que o Governo Federal tenha a capacidade de se endividar em mercado com emissão de dívida mobiliária, existe um trade-off entre a expansão do endividamento público e o controle da inflação. Ademais, o nível da Dívida Bruta do Governo Geral no Brasil, que até então se encontrava próximo a 80% do PIB, já era consideravelmente superior a países com mesmo grau de desenvolvimento ou com mesma avaliação de risco de crédito (rating) do Brasil. Isso abre o debate sobre a confiança dos agentes privados na solidez das contas públicas, que se em algum momento for questionada, poderia trazer uma elevação significativa do custo do endividamento ou, em um movimento disruptivo, inviabilizar as emissões do Tesouro.

O financiamento de um deficit de tal magnitude, somado à previsão de queda no PIB representa não só um aumento no estoque da dívida, mas também um desafio para o seu financiamento. De acordo com o Balanço Geral da União de 2019, a Conta Única do Tesouro (CTU) possuía em 31 de dezembro de 2019 o saldo de R$ 813,3 bilhões, sendo R$ 573,7 bilhões referentes ao denominado colchão de liquidez da Dívida Pública. Este último, representa uma rede de segurança para a gestão de dívida, permitindo que em momentos de maiores restrições nos mercados financeiros, o Tesouro possua recursos para fazer frente aos vencimentos, sem ser obrigado a acelerar as captações em ambiente desfavorável.

No período anterior à pandemia, o nível do colchão de liquidez pode ser explicado por basicamente 3 elementos:

i) rolagens próximas ou superiores a 100% a partir de 2015;
ii) pagamento antecipado de operações de crédito de bancos públicos junto ao Tesouro; e
iii) o relacionamento entre Tesouro e Banco Central, que continha mecanismo no qual o resultado negativo era equacionado com a transferência de títulos públicos do Tesouro para o Banco Central, enquanto o resultado positivo gerava transferência de recursos do Banco Central para a conta única do Tesouro.

Esse último elemento, envolvendo a relação financeira entre Banco Central e Tesouro, teve seu arcabouço alterado pela Lei 13.820, de 3 de maio de 2019, eliminando a assimetria na troca de fluxos. Embora do ponto de vista macroeconômico a existência de um mecanismo que cria uma reserva de resultado, em especial no caso do resultado cambial, seja desejável e recomendável, o novo arcabouço retira a proteção automática do colchão de liquidez da dívida pública.

Os momentos de maior instabilidade nos mercados financeiros, no qual o Tesouro Nacional reduz a sua capacidade de captação em função das condições de mercado, em geral são marcados também por uma desvalorização do real frente ao dólar. Logo, a captação menor do Tesouro seria seguida por uma transferência do resultado cambial positivo, compensando uma eventual redução no colchão de liquidez. Essa possibilidade permanece, uma vez que a própria Lei 13.820, possui dispositivo que pode ser acionado em caso de severas restrições nas condições de liquidez que afetem o refinanciamento da dívida pública, transferindo o resultado cambial do Banco Central para o Tesouro Nacional, por decisão do Conselho Monetário Nacional (CMN).

O impacto na pandemia nos mercados financeiros, de forma geral, foi semelhante a vários episódios passados, e caracterizada por:

i) desvalorização do real frente ao dólar;
ii) saída de estrangeiros de mercados emergentes, em um movimento típico de fuga para a qualidade (*flight to quality*); e

iii) alta nas taxas de juros de títulos públicos, em especial os de maior prazo.

Diante dos eventos acima listados, o mercado de títulos públicos se tornou disfuncional, sem referência de preços e sem liquidez, prejudicando severamente a realização de leilões da dívida pública. Nesses casos, o Tesouro Nacional realiza leilões simultâneos de compra e venda de títulos, como forma de prover referência de preços aos mercados e retirar risco dos mercados.

Com relação ao cenário de 2020, somou-se o temor dos investidores de um colapso e fechamento (*shutdown*) nos mercados locais, fazendo com que buscassem zerar suas posições a qualquer preço, agravando a situação de disfuncionalidade. A atuação realizada em março de 2020, devido ao impacto do Covid-19 foi a maior da história, conforme demonstra a tabela 17, abaixo:

Tabela 17 – Intervenções extraordinárias do Tesouro Nacional em mercado

Período	Evento	Qtd. de leilões	Financeiro (R$ milhões)
set/15	Perda do Grau de Investimento	9	2.723,0
nov/16	Eleição EUA	3	1.060,0
mai/17	"Joesley Day"	3	2.110,0
mai-jun/18	Crise dos Caminhoneiros	39	22.043,0
mar/20	Coronavírus	25	33.120,0

Fonte: Renascença DTVM (2020).

Outro efeito comum das crises nos mercados financeiros é a busca por liquidez por meio de operações compromissadas. O histórico de inflação e altas taxas de juros no Brasil criaram uma característica no investidor denominada "cultura de *overnight*", que implica em uma forte aversão a perdas e demanda por liquidez diária.

Nesse enfoque, as operações compromissadas do Banco Central, utilizadas como instrumento de política monetária para controle da liquidez do sistema, passaram a ser um instrumento de investimento popular.

Atualmente as operações compromissadas totalizam R$ 1,4 trilhão e uma parte significativa dos investidores finais são Fundos de Investimento e Entidades de Previdência.

Adicionalmente, há de se lembrar que parte significativa das compromissadas tem liquidez diária (compromissada over), rentabilidade muito próxima à taxa Selic e os recursos de fundos, quando rolados nas compromissadas não sofrem marcação a mercado.

Logo, do ponto de vista do investidor que busca liquidez, pode ser um instrumento de investimento até mais atrativo que as próprias Letras Financeiras do Tesouro (LFT). Embora as operações compromissadas sejam capturadas nas estatísticas de Dívida Bruta do Governo Geral, elas são instrumentos de política monetária e não financiam o déficit nas contas públicas.

O choque do Covid-19, ao disparar o sentimento de aversão ao risco e busca de liquidez, fez com que alguns investidores migrassem de títulos públicos para compromissadas, com efeitos no refinanciamento da dívida.

Soma-se o fato de que com as restrições geradas pelo grau elevado de vinculações no orçamento brasileiro, parte dos recursos que fazem parte do colchão de liquidez passaram a ser fonte de receita para as despesas relativas ao Covid-19. Nesse caso, a necessidade de financiamento do Tesouro junto aos mercados aumenta, de forma a ser possível cobrir o déficit maior e recompor o colchão de liquidez.

Se focarmos nas características atuais da dívida pública brasileira, identificaremos que, apesar de todos os eventos de risco citados nesta seção, seu financiamento é beneficiado por características como:

i) baixa exposição a moeda estrangeira (cerca de 5%);
ii) base de detentores essencialmente doméstica e bem diversificada; e
iii) mercado de títulos públicos bem desenvolvido e com um sistema ativo de *dealers* do Tesouro Nacional.

A crise do Covid-19 também encontra uma composição da dívida pública com cerca de 40% do seu estoque indexado à taxa Selic. Os sucessivos cortes na taxa básica de juros, levando-a ao menor valor da série histórica, também faz com que o custo médio do estoque da DPF e o custo médio de emissões da DPMFi também sejam historicamente baixos, a 8,03% e 6,1%, respectivamente. Ou seja, temos o cenário de uma dívida crescente, mas com custo decrescente.

3. Expectativas para o Endividamento Público no Pós-Crise

Com relação ao pós-crise, vislumbra-se que as ações de combate aos efeitos do Covid-19 gerarão aumento no endividamento em praticamente todas as economias. No caso do Brasil, parte significativa dos economistas acredita que no cenário pós Covid-19 o país terá uma dívida bruta (DBGG) superior a 100% do PIB. Tal nível será atingido essencialmente pela deterioração no resultado fiscal e pela retração na economia.

Naturalmente, a capacidade de trazer a dívida pública de volta a uma trajetória sustentável e reduzi-la a níveis considerados mais razoáveis, quando comparados a países de mesmo *rating*, dependerá essencialmente da agenda fiscal e de crescimento econômico.

O Ministério da Economia demonstra grande esforço para concentrar todas as despesas de combate ao Covid-19 no exercício de 2020 e não criar nenhum tipo de despesa permanente, de forma que uma vez superada a crise, retomemos o nível de gasto anterior. Essa ação se faz necessária, para que o esforço de consolidação fiscal seja retomado e que as despesas do pós-Covid-19 sejam compatíveis com o Teto de Gastos, a principal âncora fiscal na atualidade.

O Brasil terá o desafio de voltar a gerar superavits primários, o que poderá levar alguns anos para acontecer se o ajuste fiscal continuar a ser efetuado apenas pelo lado das despesas. Eventuais ajustes pelo lado da receita, no sentido de aumentar a carga tributária, apesar de desejável do ponto de vista fiscal, sofrerão a resistência não só da população e seus representantes, mas também de uma economia que busca recuperação.

Um dos principais riscos passa pela possibilidade de afrouxamento das regras fiscais. O Teto de Gastos se mostrou importante para manter a confiança do investidor na sustentabilidade das contas públicas no Brasil, uma vez que o nível de dívida estará substancialmente alto. Há de se observar que o problema brasileiro não é devido à falta de regras fiscais, que hoje são muitas e não impediram que a dívida chegasse a 100% do PIB (estimativa). Na atualidade contamos com uma regra de despesas

(Teto de Gastos), uma regra de resultado (meta de primário) e ainda a Regra de Ouro. Esta última, continuará sendo testada nos próximos anos devido a sua incompatibilidade com déficits fiscais sucessivos.

Nessa assentada, deve-se avançar numa agenda de reformas macro e microeconômicas, pois além da recuperação fiscal, teremos uma economia que se encontrará deprimida ao final da crise e precisará de recuperação. O avanço na reforma tributária é esperado como um possível catalisador para maior eficiência econômica. O Brasil ainda precisará buscar uma melhoria substancial no ambiente de negócios.

O nível elevado de dívida pública gerará externalidades negativas importantes para a economia. Inicialmente pela falta de espaço fiscal para que o governo retome investimentos públicos. Ainda, a rolagem de um montante expressivo de dívida pública reduzirá o espaço para o mercado de capitais, tradicionalmente utilizado no financiamento de investimentos privados.

A capacidade de diálogo entre os poderes da República talvez seja a o fator de maior importância para o pós-Covid-19. A capacidade de negociar as reformas e evitar pautas que, embora meritórias, sejam incompatíveis como o momento econômico que estaremos vivendo será fundamental.

A dívida pública enfrentará inevitavelmente uma piora nos seus indicadores, com queda no prazo médio, aumento no percentual vincendo em 12 meses e piora na composição devido ao aumento da parcela flutuante. O caminho para retomar uma trajetória de melhora nos indicadores levará alguns anos. Do ponto de vista institucional, será importante ouvir os alertas vindos dos gestores públicos referentes a matérias que tramitem pelo Congresso Nacional e que potencialmente podem ser prejudiciais para dívida pública.

Referências

BARRO, Robert J. Are government bonds net wealth? *Journal of Political Economy*, v.82, n.6, p. 1095-1117, 1974.

20. Os Desafios pós COVID-19, Governança Fiscal e Crescimento Inclusivo: um Ensaio em Economia Política

PAULO PAIVA

Introdução

A pandemia da covid-19 atingiu a economia brasileira em situação de fragilidade fiscal e baixo crescimento, interrompendo a recuperação e levando-a de volta à recessão. As reformas fiscais e a tributária, que estavam em curso no Congresso Nacional, foram paralisadas.

As avaliações recentes sugerem que os impactos da crise sobre a economia continuarão ao longo dos próximos meses. O Banco Mundial (WORLD BANK, 2020) estima queda de 8% no PIB brasileiro, este ano, e, em razão da extensão da pandemia para os próximos meses e das medidas de socorro do governo, vários analistas chegam a projetar deficit público de 10% do PIB e dívida pública superior a 90% do PIB.

Esse ambiente foi agravado por tensões políticas que estão afetando a harmonia entre os Poderes da União e as relações entre os entes federados. Considerando essas condições, sob a ótica da economia política, este capítulo examina a importância da governança fiscal para estimular o crescimento sustentado e inclusivo, em uma economia com baixo crescimento, fragilidade fiscal e elevada desigualdade. Esta é uma oportunidade única para iniciar outro padrão de crescimento, inclusivo e sustentado no longo prazo, que supere os desequilíbrios econômicos, sociais e fiscais que prevalecem há muitas décadas.

A primeira seção faz um balanço dos desafios ao crescimento da economia brasileira, focando nos fatores que levam o Estado a contribuir para o baixo crescimento; a segunda seção introduz o conceito de Governança Fiscal e analisa seus componentes; a terceira seção trata do arcabouço institucional desenvolvido no Brasil como sustentáculo da boa governança fiscal; a quarta seção retoma os desafios ao crescimento, incluindo sugestões, estratégias, medidas e reformas prioritárias para conciliar as metas fiscais com as políticas públicas visando à retomada do crescimento da economia, em novas bases para induzir o aumento da produtividade e a inclusão social e econômica; finalmente, as conclusões sumarizam as medidas e reformas indicadas nas seções anteriores.

1. Desafios ao crescimento da economia

O Brasil é o quinto maior país do mundo em extensão territorial, com mais de 8,5 milhões de quilômetros quadrados, superado apenas pela Rússia, Canadá, China e Estados Unidos. Da mesma forma, é o quinto maior país em tamanho de população. Com seus mais de 200 milhões de habitantes está apenas atrás de China, Índia, Estados Unidos e Indonésia.

Seus recursos naturais do solo e do subsolo são abundantes, em sua matriz energética, com peso considerável, sobressaem as fontes renováveis, e sua biodiversidade é expressiva, destacando-se a floresta amazônica, o pantanal e a região do cerrado.

Em termos absolutos, a economia brasileira também é relativamente grande no contexto internacional. De acordo com estimativas do FMI (IMF, 2020a), em 2018, o Produto Interno Bruto (PIB) do Brasil ultrapassava 3,3 trilhões de dólares americanos, medido em paridade do poder de compras, colocando-se em 7º lugar no ranking dos países, atrás da China, Estados Unidos, Índia, Japão, Alemanha e Indonésia.

No entanto, sua taxa de crescimento nas últimas quatro décadas tem sido pífia, empurrando o país para 68ª posição no ranking internacional do PIB *per capita*. O lento crescimento é resultado, principalmente, da baixa produtividade e, em consequência, da baixa competitividade no mercado global (SPILIMBERGO; SRINIVASAN, 2019).

Assim, o Brasil tem um grande desafio para seu desenvolvimento que é buscar crescer rapidamente para reduzir o hiato entre o tamanho de sua economia e o de sua população; isto é, elevar sua renda *per capita* para enfrentar suas demandas econômicas e sociais.

Ademais, nos indicadores que estimam a distribuição da renda, como no Índice de Desenvolvimento Humano (IDH), que leva em consideração além da renda *per capita* os níveis de educação e saúde, o Brasil tem desempenho ainda pior. No ranking do IDH ocupava a 79ª posição em 2018 (UNDP, 2018). Por conseguinte, além do lento crescimento da economia, a renda é desigualmente distribuída. Também com dados de

2018, o Brasil exibia a segunda maior concentração de renda do mundo, onde os 10% mais ricos retinham 41,9% da renda total, superado apenas pelo Catar.

Portanto, além do lento crescimento da economia, a renda é desigualmente distribuída. A desigualdade é uma questão social e também é uma questão econômica, pois resulta em desperdício de capital humano, porque se, ao contrário, a força de trabalho tivesse maior nível de escolaridade e condições melhores de saúde, seria mais produtiva e, em consequência, a produtividade estaria aumentando, a economia, crescendo mais, gerando mais oportunidades de emprego e atingindo nível de bem estar mais alto. No longo prazo, maior nível de produtividade leva a maior equidade.

O desafio central da economia brasileira é, pois, crescer com inclusão, ou seja, conciliar eficiência com equidade. Elevar a produtividade não é apenas uma opção para o Brasil é o seu destino.

Está devidamente documentada a trajetória de crescimento da economia nos últimos 100 anos. A partir dos anos trinta, o PIB brasileiro vinha crescendo mais rapidamente do que o dos Estados Unidos, principalmente nas décadas de 1960 e 1970 do século passado. A partir da década de 1980 a economia brasileira perdeu fôlego e seu crescimento passou a ter um comportamento volátil.

De maneira estilizada, a taxa anual média de crescimento do PIB pode ser subdivida em dois fatores: o crescimento populacional, que corresponde ao incremento da força de trabalho na produção e comercialização de bens e serviços, e o crescimento da produtividade, que inclui a contribuição da produtividade do trabalho, do capital e as outras variáveis que constituem a Produtividade Total dos Fatores (PTF).

Decompondo nesses dois fatores, a taxa média anual de crescimento do PIB, nas décadas de 1960 a 1970, que foi de 7,4% ao ano, é a soma de 2,8%, resultantes do crescimento demográfico, mais 4,6%, do aumento da produtividade total dos fatores (PTF).

Nas duas décadas seguintes, de 1980 e 1990, a taxa anual média de crescimento do PIB (2,2%) resultou, da mesma forma, da soma de 1,8%, devido ao crescimento demográfico, e 0,4%, em razão do aumento da PTF.

Finalmente, nas duas primeiras décadas deste século, o crescimento médio anual do PIB (1,5%) se deveu à contribuição de 1,1% do crescimento demográfico e a 0,4% do crescimento da PTF.

Verifica-se, primeiro, que a expansão da população vem diminuindo ao longo do tempo, muito embora, desde os anos oitenta, ainda seja o principal fator a contribuir para o crescimento do PIB, e a produtividade mantem-se estagnada, em torno de 0,4% nos últimos 40 anos.

Para se ter uma ideia de qual seria a renda *per capita* em 2019, se a produtividade continuasse crescendo nas últimas quatro décadas, mesmo em nível mais baixo do que apresentou nas décadas de 1960 e 1970, poderia ser feito um simples exercício, estimando uma nova trajetória para o PIB, por exemplo, considerando o mesmo crescimento da décadas de 1960 e 1970 e de variação anual média de 5% ao ano nas quatro décadas seguintes, mantendo a mesma tendência de desaceleração demográfica observada e uma nova trajetória de crescimento mais robusto da PTF, de 3,2%, nas duas últimas década do século passado, e de 3,9% nas duas primeiras décadas deste século. Desse exercício resultaria uma renda *per capita* hipotética em 2019 de R$ 48.870,00, 41% maior do que a renda *per capita* de R$ 34.533,00, observada no mesmo ano. Assim, tem-se, mesmo que grosseiramente, uma dimensão da renda que o país deixou de auferir por não ter cuidado da expansão da produtividade nos últimos 40 anos, quando outros países emergentes, principalmente do Leste Asiático, tiveram enormes ganhos de produtividade e de renda per capita. A economia do Brasil perdeu fôlego nos últimos quarenta anos.

A estagnação da produtividade inibiu a geração de renda, comprometendo o aumento mais expressivo da renda *per capita* e da arrecadação tributária, impondo restrições à implementação de políticas públicas que pudessem estimular maior inclusão da população no processo produtivo e que pudessem, dessa forma, contribuir para reduzir a pobreza e a desigualdade.

Com o impacto da Covid-19 e suas consequências, a situação social e econômica se agravou mais ainda, exigindo uma maior presença do Estado para socorrer os segmentos vulneráveis da população e dos negócios. Certamente, a capacidade de resposta do Estado na atual crise seria muito maior, tivesse a economia, nos últimos quarenta anos, crescimento mais rapidamente. Mantido tudo o mais constante, a dívida pública e o déficit público seriam menores.

Por outro lado, a presença do Estado na economia brasileira tem elevado o grau da ineficiência agregada da economia e, por conseguinte, reduzido a produtividade e a competitividade. O Estado brasileiro foi capturado por interesses privados diversos, desde o tempo colonial com a consolidação do patrimonialismo, conforme demonstrou Faoro (FAORO, 2000), e, posteriormente, com o fortalecimento do corporativismo. Mudanças no papel do Estado são complexas e exigem articulações e negociações políticas que demandam esforços e competência das forças políticas do país. As instituições brasileiras, segundo Acemoglu e Robinson (ACEMOGLU; ROBINSON, 2012), são originalmente extrativistas e não contribuem para o desenvolvimento inclusivo. Reforma do Estado, que eliminassem as influências patrimonialistas e corporativistas, seria, em última análise, a principal transformação necessária para tornar a economia brasileira mais competitiva e inclusiva. Todavia, esse não é o objeto desse capítulo, muito embora ilumine a análise e indique o futuro das reformas institucionais necessárias para se ter um Estado eficiente que contribua efetivamente para o crescimento inclusivo e sustentado.

2. Governança Fiscal

Governança é um instrumento usual de gestão desenvolvido no âmbito das organizações privadas de capital aberto, onde há separação entre os proprietários e os administradores da empresa, conhecida como governança corporativa, cujos princípios são transparência, equidade, *accountability* e responsabilidade corporativa.

De uma simples comparação desses princípios com os estabelecidos no art. 37º da Constituição Federal para a administração pública – legalidade, impessoalidade, moralidade, publicidade e eficiência – vê-se que governança é uma ferramenta gerencial essencial à boa gestão pública. Nada mais útil do que inclui-la na administração pública, onde o gestor cuida de recursos de terceiros, não dos seus. Aliás, o ministro Carlos Ayres Brito (BRITO, 2013) salienta que o que é específico à administração pública é a gerência de tudo que é de todos, e cita, com propriedade, a afirmação de Rui Cirne Lima (1987, p. 20-21): "a atividade de quem não é senhor de coisa própria, mas gestor de coisa alheia". A segregação entre público e privado está na raiz de uma boa governança pública, que, por sua vez, é um dos pilares da governança fiscal.

O interesse pela importância da introdução dos princípios da governança e de sua adequação à boa gestão governamental vem crescendo no âmbito dos esforços nas democracias ocidentais visando a rever a eficácia do Estado na entrega de mais democracia com respeito aos direitos individuais, por médio da construção de novas instituições políticas que garantam a consecução desses objetivos (MILLER; WELHAM; AKOI, 2017). Trata-se, portanto, de melhorar a eficiência da participação do Estado no desenvolvimento em sociedades democráticas, como é o caso do Brasil.

Hallerberg, Strauch e Von Hagen (HALLERBERGM; STRAUCH; VAN HAGEN, 2014) mencionam que, na Europa e em outros lugares, está havendo um crescente e forte interesse pelas regras de política fiscal com o objetivo de conter os déficits do setor público e reduzir suas dívidas. Observam ainda que desde o Tratado de Maastricht e o pacto de estabilidade e crescimento, a Comunidade Europeia estabeleceu um arcabouço legal para garantir a sustentabilidade fiscal e o cumprimento de regras para as finanças públicas.

Thonsem (THONSEM, 2016) indica algumas diretrizes para que a governança fiscal seja um fator importante de estímulo aos investimentos privados. Em particular, aponta a relevância do respeito ao *rule of law*, às regras de *compliance* e aos princípios de integridade.

Dessa maneira, governança fiscal pode ser entendida como o conjunto de instituições, normas e procedimentos que determinam como a política orçamentária – arrecadação e alocação das receitas públicas – é planejada, aprovada, executada, monitorada e avaliada.

Os objetivos da política fiscal visando à sustentabilidade da dívida pública são elementos fundamentais a orientar a boa governança fiscal. No entanto, além das metas fiscais, em economias emergentes com os níveis de exclusão e desigualdade, como no caso da brasileira, são também fundamentais tanto os instrumentos de monitoramento e avaliação da eficácia das políticas públicas, quanto os componentes de integridade e *compliance*, que se somam à transparência, à *accountability*, à responsabilidade e à equidade na divulgação das informações. A governança fiscal, nessa concepção, deve garantir a entrega à sociedade, simultaneamente, da estabilidade fiscal e de eficazes políticas públicas.

O arcabouço institucional desenvolvido no Brasil ao longo das últimas décadas estabelece regras e define papéis para o planejamento, aprovação e execução da política orçamentária. Contudo, seu monitoramento e avaliação ainda são precários. E o compromisso com políticas que visem controlar o crescimento da dívida pública e disciplinar os gastos do governo não são perenes, estão ao sabor dos interesses do governo do turno. Ademais, não são eficientes os mecanismos de incentivos e controles para garantir transparência, integridade e *compliance*.

Portanto, uma boa governança fiscal deve ter como objetivos simultâneos as metas fiscais e a eficácia das políticas públicas, que possam estimular investimentos privados na economia. Para tanto, deve ter adequado arcabouço legal e eficiente gestão ancorados nos princípios da administração consagrados na CF de 1988, na integridade e no *compliance*.

3. Arcabouço institucional para boa governança fiscal

O Brasil possui atualmente uma estrutura institucional já bastante consolidada para o desenho e a execução da política fiscal (PAIVA, 2017). As políticas fiscal e monetária estiveram inseparáveis por longo tempo, havendo somente na década de 1980 o primeiro esforço para segregá-las.

Para uma boa avaliação do arcabouço institucional responsável pelo desenho, planejamento e execução das políticas públicas no país, é oportuno conhecer a evolução da formação dessas instituições, principalmente ao longo dos últimos 60 anos (PASTORE, 2015).

A criação do Banco Central, no final de 1964, poderia ter sido o primeiro passo para separar a política monetária da política fiscal. Todavia, com a criação simultânea do Conselho Monetário Nacional (CMN), composto por autoridades do governo e representantes de setores da economia, o Banco Central manteve funções de fomento, com a responsabilidade pela elaboração e execução do orçamento monetário, que funcionava em paralelo ao orçamento fiscal. Assim, havia dois orçamentos. Além do fiscal, elaborado pelo Poder Executivo e submetido à aprovação do Congresso Nacional, havia o monetário, aprovado pelo Conselho Monetário Nacional, sem conhecimento do parlamento, um verdadeiro orçamento paralelo não alcançado pelos controles do orçamento fiscal.

Vinte anos depois foi, então, criada a Secretaria do Tesouro Nacional, que assumiu as funções fiscais até então desempenhadas pelo Banco Central e Banco do Brasil, resultando no fechamento da Conta Movimento, com a extinção do orçamento monetário.

Posteriormente, a Constituição Federal (CF) de 1988, em seu art. 174, § 1º, vedou ao Banco Central fornecer empréstimos ao Tesouro Nacional, consolidando a segregação entre as políticas monetária e fiscal. Dispositivo suspenso durante o período de estado de calamidade pela Emenda Constitucional 106, 2020, conhecida como Orçamento de Guerra.

Em 1985 foi criado o Sistema Integrado de Administração Financeira do Governo Federal (SIAFI), e, em 1994, as funções de administração financeira de controle e auditoria passaram à Secretaria Federal de Controle Interno, atualmente, vinculada à Controladoria-Geral da União.

Na estrutura atual do Ministério da Economia, as Secretarias do Tesouro Nacional e do Orçamento Federal, subordinadas à secretaria Especial da Fazenda, são os dois pilares complementares para a execução da política fiscal no Brasil.

A CF de 1988, no Capítulo II do Título VI, que trata das finanças públicas, estabelece em seu art. 165 a estrutura dos orçamentos, com três leis de iniciativa do Poder Executivo: plano plurianual, diretrizes orçamentárias e orçamentos anuais; (i) o plano plurianual para o período de quatro anos estabelece as diretrizes, objetivos e metas da administração pública federal, sempre de forma regionalizada, para as despesas de capital e delas decorrentes e para os programas de duração continuada; (ii) as diretrizes orçamentárias orientam a elaboração da lei orçamentária para o ano subsequente, dispondo sobre as prioridades da administração pública federal, suas metas, incluindo despesas de capital, alterações na legislação tributária, e fixando as políticas de investimento das agências financeiras oficiais de fomento; e (iii) a lei orçamentária que compreende três orçamentos: o orçamento fiscal da União, o orçamento da Seguridade Social, que inclui as funções de Saúde, Previdência Social e Assistência Social, e o orçamento de investimentos das empresas em que a União direta ou indiretamente detenha a maioria do capital social com direito a voto.

No início deste século a Lei Complementar n. 101, de 2000 – Lei de Responsabilidade Fiscal (LRF) –, veio para dispor sobre normas de finanças públicas voltadas à responsabilidade na gestão fiscal. A LRF foi concebida em linha com iniciativas tomadas na década de 1990 por vários países, visando estabelecer critérios para maior responsabilidade na gestão fiscal e estimular mais transparência e prestação de contas no tratamento das finanças públicas.

São muitos casos que comprovam os esforços dessa época, desde documentos do Fundo Monetário Internacional (FMI), estabelecendo códigos de boas práticas na gestão fiscal, às iniciativas da comunidade europeia a partir do tratado de Maastricht, às iniciativas de países como Nova Zelândia e Estados Unidos, por exemplo.

No âmbito interno, após eliminar a hiperinflação, um dos maiores desafios da política econômica, no final do século passado, foi estabelecer limites à expansão dos gastos públicos. De um lado, tratou o governo federal de consolidar a dívida dos estados e de grandes municípios através de programas de renegociação dessas dívidas, e, de outro lado, implantou programa para sanear o sistema bancário estadual (PROES), com a privatização da maioria dos bancos públicos estaduais.

Ademais, o governo federal estabeleceu metas para o resultado orçamentário primário da União, dos Estados e municípios e das Estatais, objetivando reduzir a relação entre a dívida pública e o PIB.

O ápice da constituição do arcabouço institucional da governança fiscal foi a Criação da LRF, que nasceu para disciplinar e consolidar o arcabouço institucional da gestão fiscal. A LRF recepcionou a "regra de ouro", amparada no art. 167, III, da CF, que é a restrição à realização de operações de crédito que excedam as despesas de capital, ressalvando-se, como estabelece o texto constitucional, as autorizadas mediante créditos suplementares ou especiais com finalidade específica e aprovadas pelo Poder Legislativo por maioria absoluta. Esse dispositivo também ficou suspenso durante o período de vigência do estado de calamidade, conforme a Emenda Constitucional 106, de 2020, mencionada anteriormente.

Incluindo dispositivos que tratam de transparência, controle e fiscalização, e, ainda, prestação de contas, a LRF é um instrumento essencial à consolidação das bases institucionais para uma boa governança fiscal.

Por fim, a Emenda Constitucional 95, de 2016, instituiu um novo regime fiscal com vigência de 20 anos, estabelecendo tetos para as despesas primárias dos poderes Executivo, Judiciário e Legislativo, do Ministério Público da União e da Defensoria Pública da União. O limite global de gastos veio disciplinar a expansão e dar maior transparência às despesas primárias da União.

4. Novos desafios

A pandemia da Covid-19 atingiu a economia brasileira em situação de fragilidade fiscal e baixo crescimento e estimulou a acirramento político que atinge, inclusive, a harmonia entre os Poderes da República e as relações entre os entes federados. O programa de reformas fiscais e tributária que estavam em curso foi paralisado. Apenas a reforma da Previdência Social já havia sido anteriormente aprovada, por meio da Emenda Constitucional 103 de 2019.

As estimativas mais recentes para o PIB brasileiro neste ano indicam queda de 8% (WORLD BANK, 2020) a 9,1% (IMF, 2020b), que será a maior retração em um ano na história do país, com consequências sociais incalculáveis, como aumento do desemprego, da pobreza e da desigualdade.

Nessas condições, as demandas por gastos públicos aumentam e as previsões atuais sobre a arrecadação tributária se frustram, agravando mais ainda a fragilidade fiscal. Neste ano, a Instituição Fiscal Independente (IFI) estima que o deficit primário deverá superar a casa dos 670 bilhões de reais e a dívida pública bruta poderá chegar a 89% do PIB (IFI, 2020). Contudo, considerando a provável extensão das despesas no âmbito do Orçamento de Guerra e a continuação da queda da receita, o déficit público poderá chegar aos 10% do PIB e a dívida bruta se aproximar dos 100% do PIB. Qualquer esforço de recuperação econômica para ter sucesso sustentável dependerá necessariamente da ação do governo e, em consequência, da boa governança fiscal, coordenando a sua participação, tanto por intermédio de aumento de seus gastos, como na busca do equilíbrio entre dívida pública e PIB em horizonte razoável de tempo, quanto de sua atividade reguladora, mantendo-se inalterável o seu arcabouço institucional.

O sucesso dessa estratégia será resultado das negociações e dos entendimentos políticos possíveis entre o governo e o Congresso Nacional e, neste, da relação de forças dos diferentes partidos políticos e do poder de pressão exercida da sociedade.

Um risco deve estar presente em toda discussão acerca do papel do Estado no estímulo ao crescimento: excessos de gastos hoje comprometerão o bem-estar das gerações futuras e não poderão ser justificativas para destruir o que foi construído em décadas. É fundamental manter o arcabouço institucional da política fiscal.

O primeiro desafio à governança fiscal é o risco de mudanças se tornarem permanentes ou mesmo que se prorroguem além do estado de calamidade as flexibilizações das instituições fiscais aprovadas pela Emenda Constitucional 106 de 2020 (Orçamento de Guerra), como a regra de ouro (inciso III do art. 167 da CF) e a autorização para o Banco Central financiar o Tesouro por intermédio da compra de títulos públicos (§ 1º do art. 174 da CF). Risco igual será aceitar pressões para a revogação do limite de gastos da União (Emenda Constitucional 97 de 2019). Na resistência às essas pressões políticas há de se lembrar o ensinamento do ex-governador de Minas Gerais, Hélio Garcia: "Governar é resistir". A resistência se constrói pelo diálogo e pelo convencimento; isto é, pela boa política.

O segundo desafio será a concepção, desenho e implementação da nova política fiscal pós Covid-19. Nas condições atuais, as evidências indicam a possibilidade da extensão dos programas de proteção aos mais vulneráveis até o final do ano. Sintonizar as políticas sociais com os objetivos de crescimento inclusivo e com aumento da produtividade será fundamental e deveria ser tarefa já em discussão hoje, reavaliando programas, como, por exemplo, o Abono Salarial, que dificilmente estaria em conformidade com os objetivos de um projeto de crescimento inclusivo com aumento da produtividade, e analisando as condições viáveis no contexto de restrição orçamentária para um provável programa mais amplo de proteção aos seguimentos mais vulneráveis, avaliando-se a possibilidade de ampliar o programa Bolsa Família em outro de renda universal, com foco preciso e critérios de condicionalidades e de saída ao atingir determinados requisitos, ou, eventualmente, consolidando os programas de transferência de renda em um único. Tudo para ter vigência a partir de 2021.

O terceiro desafio será abortar propostas e sugestões para abrir novas frentes de gastos públicos como o chamado programa "Pró Brasil", que propõe a utilização de recursos públicos para financiar grandes projetos de investimentos, como já se fez no passado. Desnecessário ressaltar que a recuperação da economia dependerá de investimentos privados, face às condições de restrição orçamentária do Brasil.

O quarto desafio será a definição da estratégia de estabilização e posterior queda na relação dívida pública/PIB. Qual a velocidade desejável de ajuste? Quais as medidas prioritárias no novo contexto? Deveriam ser consideradas tanto medidas que afetariam o numerador (dívida pública) quanto o denominador (PIB) dessa relação. Tomando em conta que a taxa básica de juros está no seu nível histórico mais baixo, com menor peso sobre o incremento da dívida pública, o impacto maior para o aumento da relação dívida pública/PIB, no numerador, virá do aumento das despesas, mormente das despesas obrigatórias, e, no denominador, da queda acentuada do PIB. Mantendo-se o limite de gastos, medidas para ajudar a aumentar a produtividade e, em consequência, estimular o crescimento do PIB, terão impactos mais imediatos para a estabilização da razão dívida pública/PIB por seus efeitos no aumento do denominador. Por exemplo, entre os principais fatores inibidores da produtividade no Brasil ressalta-se a ineficiência do Setor Público (SCHWAB, 2019), como alta carga tributária, excesso de burocracia, corrupção, insegurança jurídica, baixos índices de escolaridade e déficit em infraestrutura. Começar por superar essas barreiras teria efeito mais rápido da recuperação do PIB. Á título de exemplo, prioritárias seriam iniciativas para destravar privatizações e concessões na área de infraestrutura, como foi a recente aprovação no Senado do projeto de lei 4.162/2019 que criou um novo marco regulatório para o saneamento básico. Enfim, criar projetos que estimularão investimentos privados na economia. Do lado das despesas, torna-se urgente a aprovação da PEC emergencial, que propõe tanto vedar a criação de novas despesas obrigatórias, a realização de concursos e a criação de cargos públicos, e, quanto possibilitar a redução da carga horária e a correspondente parcela dos salários dos servidores públicos.

Quinto desafio será completar o arcabouço institucional da governança fiscal. Três medidas ainda faltam ser tomadas. Uma, a aprovação do projeto de independência do Banco Central que está no Congresso Nacional e teria efeito imediato, principalmente na recuperação da confiança dos investidores. Outra, a criação de instrumentos reguladores para garantir a obrigatoriedade do acompanhamento e da avaliação periódica da eficácia das políticas públicas, e, outra ainda, norma que estabeleça comitês de acompanhamento da elaboração e execução orçamentária. Um bom exemplo vem do caso da elaboração de proposta orçamentária na Constituição do Estado de Minas Gerais, de 1989, que inovou em seu § 2º ao art. 155, estabelecendo a criação de comissão integrada por representantes dos poderes para, em regime de colaboração, compatibilizarem suas propostas orçamentárias face às restrições fiscais. O mesmo poderia ser feito no âmbito dos Poderes da República, com responsabilidade adicional para acompanhar a execução dos respectivos orçamentos. Ademais, outra comissão entre União e os Estados poderia ser constituída para o acompanhamento da execução dos orçamentos da União e dos Estados, oferecendo oportunidade para identificação de sinergias em programas e projetos, e para antecipar e evitar problemas futuros. Essas propostas pressupõem ação colaborativa entre os Poderes e da União com os outros entes federados.

Por fim, a Instituição Fiscal Independente (IFI) criada no âmbito do Senado Federal poderia ter papel mais amplo para garantir a transparência das finanças públicas, dando subsídios tanto para o Senado Federal quanto para a Câmara de Deputados. Nas experiências europeias, as IFIs independentes compõem o arcabouço institucional da governança fiscal, com responsabilidade pela transparência da gestão fiscal.

Conclusões
Este capítulo examinou as condições da economia brasileira, imediatamente anteriores à chegada da pandemia, apontando a fragilidade fiscal e o baixo crescimento, com a produtividade estagnada e elevada desigualdade de renda. A partir desse cenário, buscou sugerir uma estratégia de recuperação da economia compatível com a estabilidade fiscal, em um horizonte razoável de tempo. Como estimular o crescimento inclusivo com a estabilidade da relação dívida pública/PIB? Questão que transcende os contornos apenas técnicos, transbordando para o ambiente das relações políticas que visam a garantir o bem estar de todos.

O foco da análise foi a governança fiscal, argumentando a necessidade do fortalecimento do arcabouço institucional dessa governança, evitando sua flexibilização, e concluindo sua estrutura com a aprovação da independência do Banco Central, a criação de instrumentos para o monitoramento e a avaliação das políticas fiscais e a constituição de comissões entre os Poderes da República e entre a União e os estados federados para, em colaboração, ajustarem suas propostas orçamentárias e acompanharem a execução orçamentária, visando à consecução das metas fiscais. Sugere-se também a ampliação da participação da Instituição Fiscal Independente (IFI) na divulgação e no estímulo à transparência das políticas fiscais.

Para a retomada do crescimento inclusivo com aumento da produtividade, sugere-se a aprovação da PEC emergencial e de medidas que destravem as privatizações e concessões na área de infraestrutura.

Essas sugestões dependem de iniciativa e liderança do Poder Executivo em perfeita colaboração com os Poderes Legislativo e Judiciário para garantir a segurança jurídica e o retorno da confiança dos investidores.

No futuro, espera-se uma reforma mais profunda do Estado, que o torne mais eficiente, menos patrimonialista, e menos corporativo. Uma reforma que refunda o Estado democrático e inclusivo. Mas essa é outra história.

Referências

ACEMOGLU, Daron; ROBINSON, James. *Por que as nações fracassam*. 1. Ed. São Paulo, Campus Elsevier, 2012.

BRITO, Carlos Ayres. In: CANOTILHO, J. J. Gomes; MENDES, Gilmar; SARLET, Ingo W.; STRECK, Lenio, (Coordenadores), *Comentários à Constituição do Brasil*. São Paulo: Saraiva/Almendina, Série IDP, 2013.

FAORO, Raymundo. *Os donos do poder*. 4. ed. São Paulo: Editora Globo, 2012.

HALLERBERG, Mark; STRAUCH, Rolf; HAGEN, Jürgen von. *The design of fiscal rules and forms of governance in European Union countries*. Working Paper Series n. 419. European Central Banks, 2014.

IFI, Instituição Fiscal Independente. *Relatório de acompanhamento fiscal nº 40, 18 de maio de 2020*. Disponível em: https://cutt.ly/Vuo2CGW. Acesso em 06 de jun. 2020.

IMF, International Monetary Fund. *World economic outlook database*. April 2020a. Disponível em: https://cutt.ly/Buo8mIQ. Acesso em 09 de jun. 2020.

IMF, Internatianal Monetary Fund. *Outlook for Latin America and the Caribbean*: An Intensifying Pandemic, June, 2020b. Disponível em: https://blogs.imf.org/2020/06/26/outlook-for-latin-america-and-the-caribbean-an-intensifying-pandemic. Acesso em 09 de jun. 2020.

LIMA, Ruy Cirne. *Princípios de Direito Administrativo*. 6ª ed. São Paulo: Editora Revista dos Tribunais, 1987, p. 20 – 21.

MILLER, Mark; WELHAM, Bryn; AKOI, Abraham. *Fiscal governance and state-building*. ed. London: Overseas Develepment Institute, 2017.

PAIVA, Paulo. Governança Fiscal. In: MENDES, Gilmar; PAIVA, Paulo (Organizadores). *Políticas públicas no Brasil:* uma abordagem institucional. ed. São Paulo: Editora Saraiva, 2017.

PASTORE, Affonso. *Inflação e crise:* papel da moeda. 1. ed. São Paulo: Campus Elsevier, 2015.

SCHWAB, Clauss. *Global competitiveness report 2019*. Geneva: World Economic Forum, 2019.

SPILIMBERGO, Antônio; SRINIVASAN, Krishna. *Brazil:* boom, bust and the road to recovery. ed. Washington D.C.: International Monetary Fund – IFM, 2019.

THOMSEN, Stephen. The Policy Framework for investment: what it is, why it exists, how it's been used and what's new. In: LOVE, P. (Ed.). *Debate the Issues: Investment*. Paris: OECD Publishing, 2016. Disponível em: https://cutt.ly/Duo6nIL. Acesso em 09 de jun. de 2020.

UNDP, United Nations Development Programme. *Human development indices and indicators, 2018 statistical updated*. UM, New York, 2018. Disponível https://cutt.ly/NupqRrm. Acesso em 09 de jun. de 2020.

WORLD BANK. *Global outlook pandemic, recessin:* the global economy in crisis. Ed. Washington D.C., World Bank, 2020.

PARTE 6

Economia da Depressão

Este é o último eixo temático que este livro traz. O objetivo é desvendar, por meio de propostas, medidas para a reconstrução, passando pelo crédito de proteção das empresas, sugestões de investimentos e novas parcerias e a utilização do esporte como medida de impulso para o momento pós-covid-19. José Roberto Afonso, Geraldo Biasoto Jr. e Murilo Ferreira Viana inicialmente alertam que o Brasil ainda estava a se recuperar da recessão de 2015-16. Ademais, criticam que créditos dos bancos públicos se mostram mais conservadores que bancos privados. Nesse caso é preciso criar uma alternativa para levar o crédito em condições minimamente razoáveis às empresas, especialmente aquelas de menor porte. Os mesmos autores, mais Paulo Vale, defendem a seguir uma proposta de crédito para a proteção das empresas, para viabilizar que a queda da atividade produtiva seja mitigada e, especialmente, que ela não degenere numa ampla quebra das unidades econômicas. O penúltimo capítulo se volta para o futuro, da reconstrução da economia brasileira, mais uma vez Afonso, Biasoto Jr. e Viana refletem sobre o reordenamento do padrão de financiamento e de realização do investimento público na economia brasileira. No último capítulo do livro, Pedro Trengrouse, José Roberto Afonso e Lais Khaled Porto falam sobre o futebol e a pandemia. Refletem sobre o papel importante do esporte como vetor econômico e na oportunidade de, ao invés de financiar entidades esportivas insolventes com dinheiro público, virar o jogo, inclusive no futebol, e o considerar como uma atividade que faz parte do arranjo produtivo, compreendendo-o como atividade econômica.

21. **As políticas econômicas para múltiplos choques**
    José Roberto Afonso, Geraldo Biasoto Jr. e Murilo Ferreira Viana

22. **A guerra contra a depressão: proposta de crédito para proteção das empresas**
    José Roberto Afonso, Geraldo Biasoto Jr., Murilo Ferreira Viana e Paulo Vales

23. **A guerra para a reconstrução da economia brasileira: investimentos, estados e novas parcerias**
    José Roberto Afonso, Geraldo Biasoto Jr. e Murilo Ferreira Viana

24. **Futebol e pandemia: do diagnóstico à cura**
    Pedro Trengrouse, José Roberto Afonso e Lais Khaled Porto

21. As Políticas Econômicas para Múltiplos Choques

JOSÉ ROBERTO AFONSO
GERALDO BIASOTO JR
MURILO FERREIRA VIANA

Introdução

A pandemia do novo coronavírus resultou em uma profunda, global e simultânea crise econômica e de saúde pública. Ante o temor de que o rápido e descontrolado espraiamento da doença ocasionasse significativo aumento de mortes e internações hospitalares em ritmo incompatível com as condições de oferta de saúde, mais de 100 países já adotaram medidas parciais ou totais de *lockdown*, além de diversas outras políticas visando o distanciamento social (BBC, 2020a).

Os efeitos econômicos decorrentes da pandemia são comparáveis à grande depressão dos anos 1920, tamanha a queda global do ritmo de atividade produtiva e a rápida destruição de postos de trabalho (ROUBINI, 2020; IMF, 2020e). De acordo com o Fundo Monetário Internacional (FMI), as perspectivas econômicas são fortemente negativas para o ano de 2020. Alguma recuperação em 2021 dependerá, segundo o FMI, não só do sucesso no combate à Covid-19, como também da capacidade de implementação de urgentes, ousadas e extraordinárias políticas fiscais, monetárias, financeiras e creditícia (FMI, 2020e).

A expressiva queda de receitas, por tempo indeterminado, pressiona o caixa das empresas, deteriora as condições de balanços corporativos e torna provável que os problemas de liquidez se transformem rapidamente em crise de solvência generalizada (OECD, 2020b).

Em alguns setores – como hotelaria, restaurantes, eventos, entre outros – não é incomum a queda total da receita de bens e serviços, em meio às medidas sanitárias restritivas e às mudanças de comportamento e consumo da população. Vários outros setores também tiveram quedas muito expressivas no faturamento (receita) e no ritmo de atividade, ainda que mantidas diversas obrigações (despesas) salariais, de custos de aluguel, tributos ou mesmo relacionadas ao vencimento de crédito tomados no passado.

O impacto é particularmente desafiador para as empresas de menor porte. A isso se deve, entre outros motivos, ao menor poder e diversificação de mercados, além de reduzida capacidade de caixa e de piores condições de acesso a crédito (OECD, 2020b).

Embora a atual crise tenha em sua origem um fator não econômico, como a pandemia, algumas lições teóricas são fundamentais para uma melhor compreensão sobre os diferentes choques econômicos desencadeados sobre a economia global.

1. Lições teóricas para uma crise sem precedente

A reflexão sobre a crise capitalista, realizada brilhantemente por Keynes (1936)[414], mostrou que o sistema econômico funciona ancorado num conjunto de unidades econômicas que decidem sobre o emprego em cada período de produção. A renda gerada aos trabalhadores contratados pelas empresas realiza a oferta, aos preços esperados, em mercado, legitimando as decisões empresariais inicialmente tomadas.

Segundo Keynes, a quebra desta engrenagem, que, num estado normal, seria repetida por vários períodos de produção, pode gerar o colapso das expectativas empresariais. A decisão empresarial em ambiente de previsão de queda de renda dos consumidores, com frustração de vendas e preços, produz a revisão de decisões de níveis de investimento, produção e emprego. Desse modo, uma espiral descendente passa a ser operada por dentro da própria lógica operacional do sistema econômico.

A crise do sistema se caracteriza pela queda recorrente da renda, como acima colocado, e pelo medo em relação ao futuro. O conceito de preferência pela liquidez de Keynes intencionava retratar justamente o temor de imobilizar dinheiro na produção, em benefício de ficar com a moeda em mãos.

Embora estivesse longe de ser um defensor da presença permanente do Estado na economia, Keynes nunca se furtou a expressar o que sua

---

[414] Para uma análise sobre o papel da política fiscal, na visão de Keynes, Ver: Afonso, J. R. **Keynes, política fiscal e crise.** 2012.

forma de pensar a dinâmica econômica exigiu para momentos de crise das expectativas. A ação compensatória de um agente autônomo (como o Estado), que contrapusesse a lógica dos agentes privados em retração, seria essencial para reverter o pessimismo sobre a evolução dos negócios e o temor em prescindir da posse da moeda.

As crises econômicas do pós-guerra conservaram os contornos da análise realizada por Keynes, mas ganharam muito em complexidade, à medida que os sistemas de crédito e as finanças das empresas ganharam escala global e sofisticaram seu instrumental.

Não obstante o crédito tenha tido grande importância para a depressão de 1929, os mecanismos do capitalismo atual têm muito mais a ver com as avaliações de preço e risco dos ativos do que com a disponibilidade de crédito para financiar a produção corrente. Todo o processo econômico do último século construiu uma economia de ativos, colocando novos determinantes para condução da economia e das políticas econômicas. Não que os fluxos de renda e moeda deixaram de ter importância para a condução da economia e das políticas econômicas, mas agora esses fatores são cada vez mais determinados pela lógica dos ativos.

Um teórico com larga experiência do mundo real constatou de forma plena a complexa mecânica que compreende liquidez, ativos, fluxos de renda, interação entre o sistema financeiro e o mundo empresarial. Minsky (1986) mostrou que a crise das decisões de produção e dos fluxos de renda se transforma rapidamente em desvalorização de ativos das empresas e na deterioração de balanços, com rebatimento imediato sobre as condições de endividamento das empresas, seja junto a bancos, ou mesmo, ao mercado de capitais.

A desvalorização dos ativos quebra o circuito do crédito capaz de possibilitar aos agentes produtivos, em uma economia complexa, dar conta do sem número de operações com fornecedores e compradores tipicamente de uma economia com alto grau de integração. Vale observar que a crise provocada pela quebra do fluxo de renda é magnificada pelo colapso do circuito de crédito e capital.

Minsky também fez uma releitura do conceito de preferência pela liquidez, usando o conceito de hierarquia de ativos. Esse é um aspecto fundamental, dado que o largo espectro de rentabilidade e risco de papéis públicos e privados dissolve-se na crise numa absoluta preferência pelo título público, o que se explicita na convergência dos aplicadores para a busca do ativo mais seguro: o título de dívida do Estado. Ao mesmo tempo, papéis de outros emissores são submetidos a violentas quedas de preço em mercado.

A virtuosidade é que, na hora em que o Estado precisa se financiar para executar políticas de sustentação, seu acesso ao crédito é largamente facilitado, dada a busca de segurança nos títulos públicos. A história recente o comprova. As taxas de juros negativas praticadas, no período de crise de 2008, na colocação de títulos governamentais, só poderiam se sustentar com o fundamento da convergência dos aplicadores para a busca do menor risco possível, o papel emitido pelo Estado. Assim, aventar que possa haver alguma dificuldade para o financiamento da dívida pública nos períodos de crise do sistema econômico parece bem distante da realidade das nossas economias.

Ao visar a estabilidade financeira e a sustentação do nível de renda e emprego, Minsky defendeu que o Estado deve adotar significativas medidas anticíclicas durante as crises. Pelo lado fiscal, o autor advogou pelo uso do deficit público (gastos, política tributária etc.) como uma forma de amenizar a queda da demanda agregada e garantir alguma normalidade no patamar dos lucros privados e do emprego e da renda. Ao lado dos gastos discricionários para enfrentar a crise, os chamados estabilizadores automáticos, como o seguro-desemprego, entram em operação, ampliando a despesa pública e compensando a forte queda da renda e da demanda privadas.

Já pelo lado monetário-financeiro, e preocupado com os riscos inerentes à fragilidade e instabilidade financeira, Minsky defendeu forte atuação estatal como *Big Bank*, garantindo em última instância a manutenção dos canais de liquidez e a estabilidade do sistema financeiro. Somente uma significativa e coordenada ação estatal como *Big Bank* e *Big Government* poderia assim afastar novamente o fantasma da depressão econômica.

A crise de 2008 mostrou tudo isso de forma ainda mais aguda. O Sistema de Reserva Federal dos Estados Unidos (FED) e todas as autoridades monetárias do mundo inundaram o mercado de moeda para que os ativos não derretessem. Os Tesouros realizaram uma inimaginável intervenção no próprio capital das empresas e bancos, para impedir um efeito dominó de quebras, bem como o dinheiro foi jogado de helicóptero para sustentar a renda corrente.

A crise do Covid-19 tem todos os ingredientes e elementos para repetir as maiores crises dos últimos cem anos, só que de forma ampliada. Os grandes desequilíbrios que a economia mundial vivia em 2007, permanecem latentes e administrados com grandes dificuldades pelos governos e autoridades monetárias. Ocorre que o coronavírus é mais que uma crise especulativa, uma vez que também afeta a oferta e rompe as complexas cadeias globais de produção e circulação de bens e serviços.

2. Breve consideração sobre a dimensão econômica da coronacrise

Salta aos olhos o choque provocado pela Covid-19 à economia global. Os dados pelo mundo estão mostrando um quadro econômico dramático. A cada dia que passa, a rápida e profunda crise econômica gerada pela pandemia evidencia que seus impactos negativos pouco provavelmente serão transitórios, como se esperava inicialmente. O choque é tamanho que o FMI (2020e) estima que as perdas acumuladas sobre o produto interno bruto (PIB) global, entre 2020 e 2021, alcancem em torno de US$ 9 trilhões, superior às economias de Alemanha e Japão, combinadas.

O avanço da doença e o necessário *lockdown* ocasionaram uma rápida desarticulação das cadeias de insumos, produção e comercialização. A profundidade e velocidade do espraiamento dos negativos efeitos econômicos decorrentes do choque são, em grande medida, superiores aos apresentados durante a crise financeira de 2008, ou mesmo, à Grande Depressão de 1929 (ROUBINI, 2020).

Segundo projeção do FMI (2020g), a economia global deve retroceder ao menos 3%, em 2020. Tombo muito mais profundo que o 0,1% de 2009, quando ocorreu o vale da crise financeira de 2008.

Longe de uma luz no fim do túnel sobre quando a crise sanitária terá fim, as incertezas se acumulam junto à desconfiança cada vez mais generalizada de que as economias, empresas e famílias não conseguirão suportar – em seus respectivos balanços – os efeitos do *lockdown*, simultaneamente implementado em escala mundial.

Com a interrupção de operações empresariais ou mesmo a dificuldade de acesso a insumos ou de venda para consumidores agora fisicamente distantes, muitas empresas que há apenas um ou dois meses eram plenamente saudáveis financeiramente, agora apresentam pouca capacidade de caixa para honrar seus compromissos de curto prazo. Sejam eles salários, fornecedores, impostos, ou mesmo crédito bancário. Efeito ainda mais impactante às empresas de menor porte, justamente as principais geradoras de emprego. Para as empresas, demitir em larga escala tornou-se, na realidade, quase uma imposição.

País por país, os dados de desemprego impressionam e avançam em alta velocidade, ameaçando atingir patamares recordes. Em Israel, a taxa de desemprego saltou de 3,9%, em fevereiro, para 27,6% da força de trabalho, com 1,15 milhão de pessoas desempregadas (GLOBES, 2020). No Canadá, quase 2 milhões de pessoas perderam o emprego em abril. Com isso, taxa de desemprego saltou de 7,8% em março, para 13% (CTV, 2020).

Pesquisa do *Federal Reserve of St. Louis* aponta que quase 67 milhões de americanos estão trabalhando em empregos com alto risco de demissão. A atual crise pode ceifar 47 milhões de empregos e alçar a taxa de desemprego para patamar acima de 32%. Nível muito superior aos 24,9% observado durante o pico da Grande Depressão (FED, 2020).

Inicialmente de natureza sanitária, a crise econômica assume contornos determinados por diferentes, profundos e sucessivos choques, sejam eles de oferta, demanda ou mesmo financeiro.

Destaca-se, pelo lado da oferta, a impossibilidade de muitas empresas funcionarem, mesmo que parcialmente, durante a pandemia. Especialmente nos períodos de medidas mais rígidas de combate à propagação virótica. Muitos negócios são intensivos em contato humano, sobretudo no setor de serviços, que representa maior parte da economia nos mais diversos países.

Deve-se notar, também, que a crise sanitária global provocou desarticulação de uma série de cadeias produtivas, provocando escassez de insumos e bens intermediários essenciais, comprometendo, ou mesmo inviabilizando, a continuidade da produção em diferentes empresas e setores.

Pelo lado da demanda, as famílias estão diminuindo ou postergando o consumo, seja pela perda de renda e/ou emprego, seja pelo aumento da propensão a poupar (poupança precaucional), decorrente da incerteza ou medo do futuro (Allianz, 2020; FINANCIAL TIMES,

2020)[415]. Também é muito evidente o enxugamento do dispêndio pelas empresas, manifestado na redução das despesas administrativas e na forte contenção dos custos operacionais. O adiamento das decisões de investimento já atingiu todo o mundo empresarial.

Como a crise é global, os canais de comércio exterior apresentam arrefecimento significativo. A intensa e sincronizada retração global da atividade econômica levou a Organização Mundial do Comércio (OMC) a estimar queda de 13% a 32% do comércio mundial, para o ano de 2020 (WTO, 2020).

De acordo com o Fundo Monetário Internacional (IMF, 2020b) e o Instituto de Finanças Internacionais (IIF, 2020) a pandemia da Covid-19 trouxe riscos também, sem precedentes, à estabilidade financeira internacional.

Enquanto os preços de ativos de riscos entraram em colapso, houve a disparada da volatilidade nos diferentes mercados financeiros. Em cenário de incerteza radical, manifestada na súbita agudização da preferência pela liquidez, o temor da escalada da inadimplência travou os canais tradicionais de crédito bancário, dificultando rolagem ou mesmo contratação de novos empréstimos.

Sem renda (receita) e sem crédito, famílias e empresas dos mais diversos setores tiveram comprometidas suas capacidades de honrar obrigações financeiras preexistentes, colocando em risco a adimplência dos mais diversos compromissos com fornecedores, bancos, tributos e empregados.

Os diferentes choques foram ainda mais graves sobre os países não desenvolvidos. O elevado peso da economia informal, nestes países, torna empresas e trabalhadores desses segmentos muito mais suscetí-

---

[415] De acordo com a seguradora Allianz (2020), uma das maiores do mundo, com o medo do futuro e as dificuldades de se consumir em tempos de distanciamento social, estima-se que as taxas de poupança das famílias europeias possam aumentar 20 p.p., passando a ser de 26%, em média, no segundo trimestre de 2020. Em euros, isso significaria um incremento de € 1,3 trilhão, aproximadamente 10% do PIB. Vale notar ainda que, em matéria veiculada pela Financial Times (2020), banqueiros centrais e economistas afirmaram esperar que parte relevante dessa poupança precaucional seja canalizada para a aquisição de dívida pública nos respectivos países, servindo, assim, de funding para o elevado esforço fiscal de guerra empreendido pelos países para fazer frente aos efeitos econômicos, sociais e de saúde pública decorrentes da pandemia.

veis à fragilização de suas respectivas estruturas econômicas e sociais. De acordo com a Organização Internacional do Trabalho (ILO, 2020), a participação mundial do trabalho informal é de aproximadamente 62%, sendo 47% do emprego total a estimativa de emprego informal significativamente afetado pela crise da Covid-19, conforme demonstra o gráfico 22. (ILO, 2020).

Gráfico 22 – Participação média dos trabalhadores informais frente ao total de trabalhadores, por perfil de renda dos países

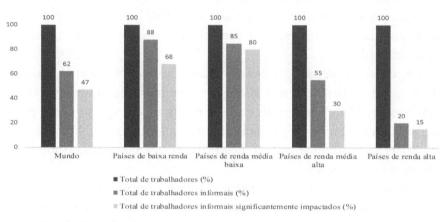

Fonte: Adaptado de ILO (2020).

Enquanto em países desenvolvidos (alta renda) a participação do trabalho informal alcança em média 20% do trabalho total, nos países subdesenvolvidos, como os de renda baixa, essa participação chega a 88% do trabalho total da economia, ou a 85% e 55%, quando se trata dos países de renda média baixa ou renda média alta, respectivamente (ILO, 2020).

Os desafios são ainda maiores ao se considerar que as empresas e trabalhadores informais, ou precariamente inseridos na economia formal, estão relativamente mais presentes nos países não desenvolvidos, particularmente em setores intensivos em contato humano, como de serviços pouco qualificados e em estruturas empresariais de micro e pequeno portes, que muitas vezes mais se assemelham a estruturas empresariais de subsistência, longe das possibilidades de adaptação ao trabalho remoto (ILO, 2020).

Com a adoção de medidas obrigatórias de isolamento social e o receio de contágio, muitas dessas empresas e trabalhadores, que pouco conseguem acumular recursos monetários, viram suas rendas caírem a patamares próximo a zero. A ausência ou insuficiência de acesso aos diversos mercados de crédito tornam a situação ainda mais dramática para eles (OECD, 2020b).

Os choques financeiros sobre países não desenvolvidos também tendem a ser mais severos. Isso se deve, entre outros motivos, ao fato de que nestas economias o impacto negativo sobre renda das famílias e receita das empresas tende a ser mais intenso, podendo comprometer de maneira mais severa a adimplência das dívidas e colocar em risco a solvência bancária (IIF, 2020).

Os efeitos sobre os sistemas financeiros doméstico são ainda agravados pela expressiva saída de capitais das economias emergentes realizada pelos não residentes. Com a crise da Covid-19, cerca US$ 100 bilhões de dólares saíram das economias emergentes, pressionando ainda mais os mercados de câmbio e financeiros, adicionando um novo elemento de dificuldade de gestão macroeconômica nos respectivos países (BCB, 2020b).

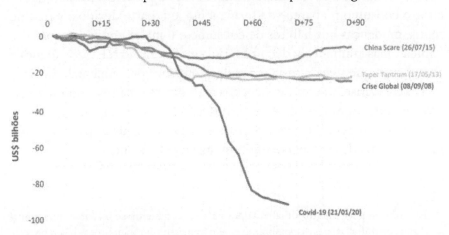

Gráfico 23 – Comparação entre os últimos maiores episódios de saídas de capitais de não residentes dos países emergentes

Fonte: BCB (2020b), com dados obtidos do Institute for International Finance (IIF).

Em meio à crise sem precedente, os mais diversos países promoveram políticas de gastos fiscais agressivos para financiar respostas sanitárias e suportes às famílias e empresas, especialmente às que apresentam maior vulnerabilidade. De forma complementar, bancos centrais (e bancos públicos, quando existentes) adotaram políticas extraordinárias visando garantir liquidez e crédito aos mais diferentes agentes econômicos.

Segundo o FMI (2020a), é hora de fazer o que for preciso (*whatever it takes*) para manter emprego e renda e impedir que a inevitável desaceleração e recessão econômica se transforme em uma depressão prolongada, cujos profundos danos são permanentes sobre a estrutura econômica e social. Diante o desafio, somente o Estado tem capacidade de suportar em seus balanços boa parte dos sem precedente choques sobre a economia (IMF, 2020a).

3. Respostas dos países à crise econômica da Covid-19

Em consequência do choque sem precedente, profundo e simultâneo sobre a economia e a saúde, os mais diversos países adotaram políticas agressivas de proteção sanitária, econômica e social.

O cenário ainda é bastante incerto. Sem vacina, pouco se sabe quando a totalidade dos setores econômicos voltarão a operar sem os riscos e receios diretos decorrentes do novo coronavírus.

Mesmo nos países que já começaram a flexibilizar as medidas de restrição, permitindo a reabertura de uma parcela dos negócios não essenciais, o consumo reaparece de forma lenta, em parte devido à perda de renda, mudanças nos hábitos de consumo e o maior endividamento das famílias, mas também em decorrência da incerteza em relação à doença e ao futuro, o que se manifesta em maior poupança precaucional.

Diante à crise, o setor público, dos mais diversos países, adotou medidas econômicas em escala extraordinária[416], visando não apenas salvar vidas, mas também, proteger pessoas e empresas mais impactadas pelo risco de perda de emprego e renda ou mesmo de falência.

---

[416] Para uma análise melhor detalhada por países, recomenda-se o acompanhamento atualizado das informações disponibilizadas pelo think tank europeu Bruegel. Ver: https://bit.ly/2BZz0xf.

De acordo com o Monitor Fiscal divulgado pelo FMI (IMF, 2020e), o esforço econômico aprovado pelos mais diversos países alcançou em torno de US$ 8 trilhões, até início de abril de 2020. Desde total, ao menos US$ 3,3 trilhões correspondem a aumento gastos públicos e renúncias fiscais (*foregone revenues*), US$ 1,8 trilhão em empréstimos ou injeções de capital realizados pelo setor público e, por fim, US$ 2,7 trilhões em garantias públicas.

Nessas circunstâncias, somente o Estado pode atenuar em seu próprio balanço, por meio de ações típicas de *Big Bank* e *Big Government*[417] – como bem descrito por Minsky (1986) –, os efeitos adversos e profundos sobre os balanços de empresas e família. Ao assim agir, o Estado amortece o danoso impacto sobre os demais agentes de mercado, visando evitar a depressão econômica, garantindo um mínimo de normalidade da produção, da renda e do funcionamento adequado dos canais de liquidez e crédito (ILO, 2020; IMF, 2020a).

Mesmo com novos e robustos pacotes econômicos sendo anunciados dia após dia, as atuais políticas fiscais, monetárias e financeiras contracíclicas já superaram em muito os números dos programas empreendidos durante a Grande Crise Financeira de 2008 (IMF, 2020a; McKinsey, 2020).

Se somados, os estímulos econômicos (inclusive garantias estatais) realizados, durante a crise da Covid-19, representam, para a Alemanha (9,4 vezes), Japão (9,5 vezes), França (10,4 vezes), Reino Unido (9,7 vezes), Estados Unidos (2,5 vezes), Canadá (4,2 vezes), Índia (8,3 vezes), África do Sul (3,0 vezes) e Brasil (9,2 vezes), os esforços, em termos de PIB, empreendidos por eles durante a crise financeira internacional de 2008 (gráfico 24).

---

417 Para um olhar histórico sobre a atuação do *Big Government* brasileiro, ver Biasoto Jr, G. **A questão fiscal no contexto da crise do pacto desenvolvimentista**. 1995.

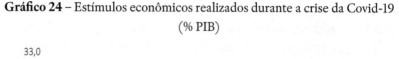

Gráfico 24 – Estímulos econômicos realizados durante a crise da Covid-19 (% PIB)

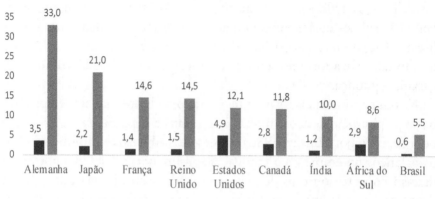

■ Crise financeira de 2008   ■ Crise da Covid-19

Fonte: Adaptado de McKinsey (2020).

Na busca de fazer o que for preciso para evitar o desastre econômico e social, sobressaem, do ponto de vista fiscal, as políticas de garantia de trabalho e renda, como o suporte governamental para pagamento de salários e de apoio aos trabalhadores informais ou por conta própria ou ainda a extensão de cobertura e prazo de duração do seguro-desemprego. Destacam-se também, entre as políticas fiscais, as medidas tributárias diversas de suporte às empresas, especialmente às de menor porte, e as medidas de apoio financeiro aos entes subnacionais.

É prática comum entre os governos a adoção de medidas de apoio aos trabalhadores e empresas, com a diminuição temporária de custos de folha de pagamento. Normalmente com algumas exigências e incentivo à manutenção dos empregos, esta medida possui como intuito aliviar o caixa das empresas, ao mesmo tempo em que se preserva empregos e renda (OECD, 2020b; OECD, 2020c).

A flexibilização temporária (restrita ao período da pandemia) da legislação trabalhista torna possível significativa redução da jornada de trabalho e dos salários a serem pagos pelas empresas. Os governos, por outro lado, frequentemente assumem de forma total ou parcial os custos privados relativos ao pagamento de salários (seja via transferência de recursos diretamente às empresas, seja não cobrando contribuições previdenciárias, ou ainda, pela compensação aos trabalhadores a redução parcial da remuneração paga pelas empresas).

Por ocasião da pandemia, trabalhadores informais ou por conta própria estão enfrentando queda parcial ou mesmo total de suas receitas, sobretudo aqueles cuja atividade de trabalho exige maior contato físico. Vários são os países que implementaram medidas de proteção social a esse grupo expressivo de trabalhadores, os quais frequentemente não contam com direitos como afastamento médico remunerado ou mesmo auxílio desemprego.

Entre as medidas adotadas, observam-se a inclusão desse contingente de trabalhadores em programas emergenciais de compensação de renda, ou ainda, algumas medidas de natureza tributária, como redução, diferimento ou mesmo isenção de pagamento de tributos, entre eles as contribuições para seguridade social.

Prática muito utilizada pelos mais diversos países já nos primeiros dias de quarentena, o diferimento de tributos alivia a queima de caixa para as empresas e se assemelha, na prática, a um empréstimo sem juros concedido pelo governo (OECD, 2020c, p. 10)

Políticas de diferimento de obrigação de pagamento de natureza não tributária também têm sido associadas às políticas tributárias. São os casos dos adiamentos das cobranças de serviços públicos (*"utilities"*), como água, energia elétrica e gás, ou ainda, o diferimento de aluguéis. Todas essas medidas têm sido adotadas em algum grau pelos mais diversos países, visando mitigar os efeitos econômicos adversos especialmente sobre famílias mais vulneráveis, assim como, trabalhadores por conta própria e empresários de menor porte (gráfico 25).

Suporte financeiro aos entes subnacionais também tem sido frequentemente adotado pelos mais diversos países. O choque adverso sobre as finanças públicas é particularmente sentido por esses entes, os quais não raramente também enfrentam maiores restrições legais, operacionais e econômicas à expansão dos gastos e do endividamento público (FED, 2020).

Em contexto de forte pressão por aumento de gastos públicos (inclusive na área de saúde), as receitas dos entes subnacionais tendem a sofrer expressiva deterioração, tanto pela queda nos fatos geradores de receita, quanto pelo diferimento de pagamentos de tributos ou mesmo pelo aumento generalizado da inadimplência (OECD, 2020a).

Gráfico 25 – Medidas de suporte introduzidas ou expandidas pelos membros da OCDE

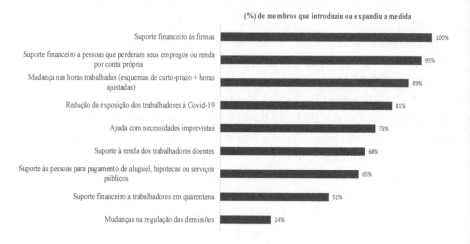

Fonte: BCB (2020b), com dados do FED, ECB, BoE e BCB.

Uma política de suavização da percepção de perda de receita dos entes subnacionais se faz necessária para garantir não apenas uma resposta mais adequada ao combate à crise sanitária trazida pelo Covid-19, bem como, também, para amenizar o choque negativo sobre a atividade econômica e as cadeias regionais e locais de fornecedores (FED, 2020; OECD, 2020a).

O Governo Central, neste contexto, é o único ente com elevado grau de liberdade de manuseio de políticas macroeconômicas. Assim, em meio à profunda crise da Covid-19, é ponto comum, nos mais diversos países, a recomendação para que o Governo Central forneça amplo suporte financeiro aos entes subnacionais.

Como exemplo, os governos estaduais e locais norte-americanos receberam mais de US$ 765 bilhões em suporte federal, que vão desde doações financeiras, empréstimos com recursos do Tesouro ou mesmo suporte diretamente realizado pelo FED (U.S. HOUSE OF REPRESENTATIVES, 2020).

A crise do novo coronavírus evidenciou também o significativo aumento do entrelaçamento entre os aspectos fiscal, monetário e financeiro (BIS, 2020). Com suporte do Tesouro, como por exemplo na concessão de vultosas garantias públicas, os bancos centrais adotaram uma infinidade de medidas e expandiram seus próprios balanços (Gráfico 26), visando sustentar preços de ativos e destravar os mais diversos canais de liquidez e crédito a empresas, famílias, governos subnacionais e mercados financeiros.

Gráfico 26 – Crise da Covid-19 e a forte expansão dos balanços dos Bancos Centrais

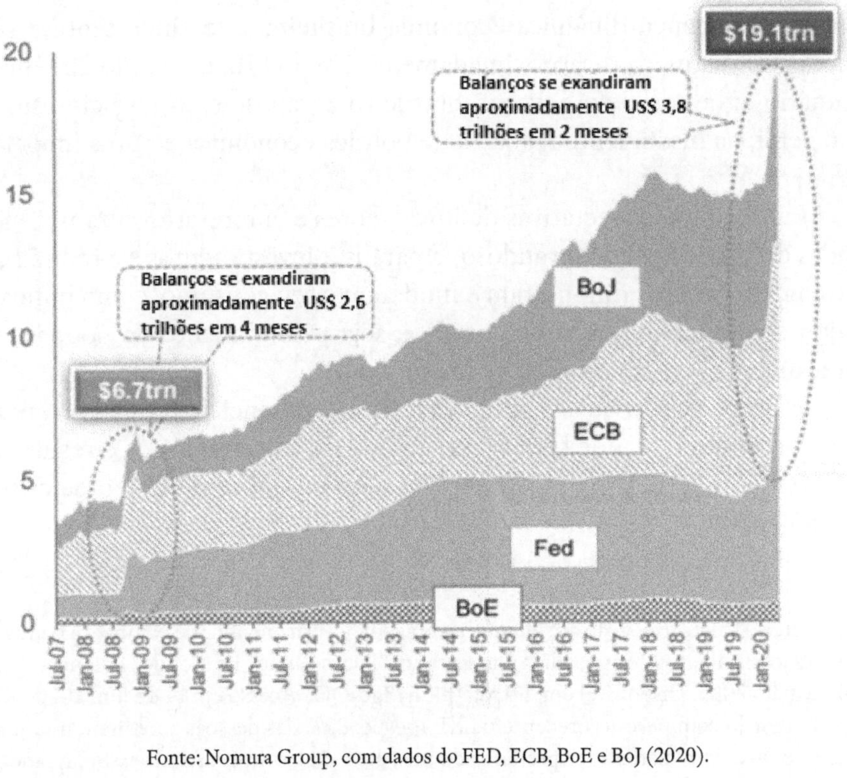

Fonte: Nomura Group, com dados do FED, ECB, BoE e BoJ (2020).

Ao se comparar com a grave crise de 2008, mais uma vez fica evidente o quanto a escala das respostas econômicas à crise da Covid-19 é sem precedente. Enquanto nos quatro meses mais agudos da crise de 2008, os bancos centrais da Inglaterra (BoE), dos Estados Unidos (FED), da Europa (ECB) e do Japão (BoJ) expandiram seus balanços em US$ 2,6 trilhões, apenas nos dois primeiros meses de crise do novo coronavírus esses bancos expandiram seus balanços em US$ 3,8 trilhões. De acordo com o BIS (2020), a expectativa é de que os balanços destes bancos centrais mais o do Canadá (BoC) expandam, em média, 15-23% do PIB, até o final de 2020.

4. Resposta brasileira à crise econômica

A economia mundial, de forma inédita, mergulhou rápida e intensamente em recessão com a pandemia da Covid-19 e a imperiosidade das medidas de distanciamento social.

Os efeitos sanitários e econômicos da pandemia também atingiram em cheio a pouco dinâmica economia brasileira, que ainda tentava se recuperar da queda de aproximadamente 7% do PIB, no biênio 2015-16. Cenário agravado pelo governo brasileiro ao apostar no negacionismo em geral, na insuficiente resposta de política econômica e numa inépcia sanitária.[418]

Mundo afora, expectativas de investidores e empresários foram rompidas dramaticamente, levando-os a paralisar investimentos e a reduzir a produção. Famílias diminuíram e mudaram o seu consumo, como nunca, seja pela impossibilidade de comprar, seja pelo aumento da poupança precaucional, ou mesmo pela perda de renda.

No Brasil, essa crise de confiança foi ainda potencializada pela crença que interesses da saúde seriam contraditórios ao econômicos e resultou que o medo de se contaminar seja mais que o dobro do que o da crise econômica.[419]

---

[418] Acerca da lenta execução orçamentária de ações governamentais de combate à pandemia ver José Roberto Afonso e Élida Graziane em "Pouca Saúde", Le Monde Diplomatique, 20 de maio 2020. Disponível em: https://bit.ly/3gcyQCf. Acesso em 14 de jun. 2020.

[419] De acordo com pesquisa recente da XP Ipespe, 82% das pessoas acreditam que sua situação financeira poderá ser prejudicada pela crise da Covid-19. Ainda assim, quando

Em meio às crescentes incertezas sanitárias e econômicas, as expectativas de mortes e de queda de ritmo de atividade econômica aumentam dia após dia. Segundo o Banco Mundial (WORLD BANK, 2020). O PIB brasileiro deve encolher ao menos 8%, em 2020. Uma das maiores quedas estimadas para o mundo, e o pior desempenho da atividade econômica brasileira em mais de 100 anos. Para 2021, o cenário também é desolador, com crescimento estimado de apenas 2,2%. Novamente, entre as piores projeções de crescimento mundial[420] (WORLD BANK, 2020).

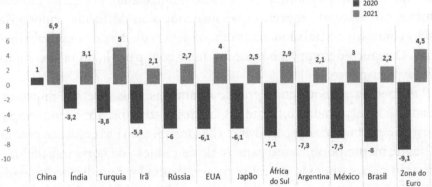

Gráfico 27 – Projeção de crescimento do PIB (%), para 2020 e 2021, por países selecionados

Fonte: Adaptado de World Bank (2020).

Enquanto se especula entre "V" ou em "U" para evolução da economia, termômetros evidenciam uma atividade em "L" há semanas. Dentre outros indicadores, desde a segunda semana de março, transporte rodoviário de carga amargou uma queda de -38,2% na demanda geral até 7 de

indagados qual a maior preocupação em relação à crise da Covid-19, 55% citam o risco de contaminação própria ou familiar, enquanto 23% mencionam a crise econômica.
[420] Embora seja esperado queda de 9,1% para a Zona do Euro, em 2020, as estimativas são de crescimento de significativos 4,5%, já em 2021, o que pode ser majorado caso se considere os elevados investimentos e financiamento públicos ao esperado *European Green Deal*, pensado como estratégico para a reconstrução do tecido econômico e social europeu no pós-pandemia. Para maiores detalhes, ler https://bit.ly/37izyKl.

junho[421]. Desde início de março, o faturamento total da maior rede de "maquininhas" sofreu redução de 29,3% até 6 de junho[422].

Em meio à severa crise, o governo adotou uma série de medidas fiscais, monetárias e financeiras com o intuito de diminuir o impacto da crise sobre famílias, empresas, entes subnacionais e sistema financeiro.

Entre os destaques, no campo fiscal, está a aprovação da PEC do "Orçamento de Guerra", que possibilitou, ao governo, maior flexibilidade e agilidade para fazer frente a vultosas despesas extraordinárias e temporárias atinentes ao combate aos efeitos sanitários e econômicos decorrentes da Covid-19.

Uma das primeiras medidas já tomadas, foi o Benefício Emergencial de Manutenção do Emprego e da Renda, um auxílio ao pagamento das folhas salariais das empresas que suspendessem de forma temporária seus contratos de trabalho, ou promovessem redução de horas trabalhadas. O seguro-desemprego passou a arcar com parcela do salário reduzido ou suspenso.

A medida acabou tendo grande alcance às mais diversas empresas, dados os níveis de auxílio, frente aos salários praticados. Ao mesmo tempo, teve caráter importante para evitar a desorganização das unidades produtivas de menor porte. Tanto para o caso de redução de horas trabalhadas, quanto para suspensão do contrato, o trabalhador tem direito à garantia provisória no emprego, durante o período de redução de jornada ou suspensão do contrato de trabalho e, por igual período, após término da redução ou suspensão. De acordo com Tesouro Transparente, o Governo Federal já pagou R$ 9,8 bilhões com o benefício, até o dia 9 de junho.

Outra medida de grande impacto na economia foi o pagamento do Auxílio Emergencial, de R$ 600 mensais a trabalhadores informais, microempreendedores individuais (MEI), autônomos, desempregados que não recebem seguro-desemprego, beneficiários do bolsa-família ou pessoas inscritas no Cadastro Único para Programas Sociais do Governo Federal (CadÚnico).

O grande impacto sobre a renda se deve, por um lado, ao fato de introduzir volume de recursos expressivos, que serão totalmente gastos. De

---

[421] Pesquisa: impacto do coronavírus no TRC. Resultado 12º semana.
[422] Boletim Cielo: impacto da Covid-19 no varejo brasileiro (08/06/2020).

outro, por garantir que muitos trabalhadores vejam a impossibilidade do trabalho efetivo ser em alguma medida compensada pelo fluxo de renda governamental. Garantia ainda mais relevante ao se considerar que o Brasil possui elevado patamar de mão de obra informal ou precariamente inserida no mercado formal, com pouca ou nenhuma proteção à renda, como o seguro-desemprego.

De acordo com a Caixa Econômica Federal (CEF), quase 60 milhões de pessoas estão recebendo o benefício, o equivalente a quase 30% da população brasileira. O programa tem prazo de duração inicialmente previsto para 3 meses. Segundo dados do Tesouro Transparente, já foram pagos R$ 70 bilhões com o programa e a expectativa é que chegue a ao menos R$ 154, 4 bilhões (IFI, 2020)

Diversas ações tributárias também foram realizadas com o intuito de aliviar o caixa de empresas e incentivar a manutenção de emprego e renda. Destacam-se, entre outras: (i) diferimento por seis meses para o pagamento de tributos federais (Simples Nacional) relativos ao período de março a maio; (ii) adiamento e pagamento parcelado do FGTS para trabalhadores (inclusive domésticos); (iii) adiamento do pagamento de PIS/Cofins, PASEP e contribuição previdenciária patronal com vencimento em abril e maio; e, (iv) redução de impostos por parte de diversos governos estaduais e municipais para pagamento de tributos por micro e pequenas empresas.

Em contexto de forte queda das receitas, essas medidas – como o Benefício Emergencial, o Auxílio Emergencial e as medidas tributárias – estão sendo importantes para sustentar um mínimo de renda às famílias em maior fragilidade, além de aliviar a queima de caixa das empresas e diminuir o forte ímpeto das demissões pelos mais diversos setores. Tudo isso, embora insuficiente, contribui positivamente para preservar em alguma medida a sobrevivência de empresas e a sustentação de renda das famílias ao longo da dura travessia pela profunda crise.

No entanto, quando se observa o suporte aos entes subnacionais (Estados e Municípios), o governo se distancia, e muito, do recomendado e praticado mundo afora, no combate às crises sanitárias e econômicas decorrentes da Covid-19. Na prática, o governo pouco fez para auxiliar financeiramente Estados e Municípios, entes com menor capacidade de manejo fiscal e que mais sofreram com as perdas de receitas e elevação de despesas, desde o início da crise.

De acordo com Castro (2020), os entes subnacionais são os principais responsáveis pelo enfrentamento direto dos problemas decorrentes da pandemia, uma vez que "95% da execução de despesas públicas de saúde é realizado por Estados e Municípios". Além disso, os entes subnacionais são justamente aqueles que mais estão sofrendo com a perda receitas desde o início da atual crise. Vale observar que muitos desses entes já se encontravam em situação financeira bastante desfavorável, mesmo antes da crise. Alguns, inclusive, em tratativa para adesão ao Regime de Recuperação Fiscal (RRF).

Com pressão de aumento substancial de despesas, e sem amparo legal para endividarem (restrito à União), a já precária situação financeira dos entes subnacionais se agravou, comprometendo a adequada resposta sanitária à crise, além de mínima manutenção do pagamento de servidores (inclusive da saúde) e de fornecedores. Deve-se frisar que, segundo Castro (2020), Estados e Municípios são responsáveis por 78% das compras públicas de bens e serviços e por 88% dos servidores do setor público.

Numa clara evidência do baixo interesse da União na mediação e solução do problema, o Governo Federal tumultuou o processo de aprovação da Lei Complementar 173/2020, que prevê auxílio financeiro a Estados e Municípios, tendo o presidente sancionado a lei, inclusive, no último dia. O auxílio prevê R$ 60 bilhões a serem transferidos para os entes subnacionais, sendo R$ 10 bilhões para ações de saúde e assistência social, R$ 30 bilhões para Estados e Distrito Federal e R$ 20 bilhões para Municípios[423].

No campo monetário e financeiro, ressalta-se novamente a aprovação da PEC do "Orçamento de Guerra", a qual aumentou o poder de ação do Bacen durante a vigência do estado de calamidade pública decretado em função do coronavírus. Pelo texto aprovado, o Bacen passa a ter, também,

---

[423] A Lei Complementar 173/2020 também prevê R$ 49 bilhões em suspensão e renegociação de dívidas com a União e com bancos públicos, além de R$ 10,6 bilhões para fazer frente à renegociação de empréstimos com organismos internacionais, os quais contam com aval da União.

permissão para adquirir títulos no mercado secundário, visando evitar efeito-contágio relevante (risco sistêmico) e, assim, estabilizar os mercados financeiros.

A saída de capital de não residentes, tão marcante nos mercados emergentes durante essa crise, também foi bastante presente no País. Embora tenha pressionado alguns segmentos do mercado de capitais, essa saída de recursos não provocou, até o momento, maiores instabilidades. O elevado estoque de reservas internacionais (US$ 346 bilhões[424]) e a baixa participação estrangeira no estoque de dívida pública (inferior a 10%) sem dúvida alguma ajudam a amenizar o problema, aumentando o grau de liberdade para uma política macroeconômica anticíclica.

O Banco Central adotou uma série de medidas visando garantir a sustentação das condições de liquidez e solvência das instituições financeiras e impedir que o volume ofertado de crédito sofresse maiores restrições com a crise. Outras medidas também foram adotadas visando garantir a liquidez do sistema e regular funcionamento dos mercados de crédito.

A autoridade monetária reduziu compulsórios, criou novos instrumentos de suporte financeiro (NDPGE, empréstimos para instituições financeiras com garantia em debêntures etc.), e adotou medidas de liberação de capital regulatório (incentivo à renegociação de operações de crédito em boa condição, redução de requerimento de capital etc.).

Pela perspectiva do crédito, as medidas monetárias e financeiras (como liberação de compulsório e afrouxamento de requerimento de capital) surtiram efeito positivo particularmente às grandes empresas. Por outro lado, os canais de liquidez e crédito encontram-se obstruídos em grande parte a uma parcela de empresas de médio porte e às empresas de menor porte. E pouco tem sido feito pelos bancos oficiais para mudar este cenário.

De acordo com dados de monitoramento de crédito disponibilizados pelo Banco Central[425], observando o acumulado entre 16 de março e 29 de

---

[424] De acordo com estatísticas de indicadores selecionados no sítio do Banco Central, posição para maio de 2020.

[425] "Corporate": empresas com faturamento superior a R$ 500 milhões anual. "Middle": empresas com faturamento anual entre R$ 30 milhões e R$ 500 milhões. "MPE (micro e pequenas empresas", cujo faturamento é de até R$ 30 milhões anual.

maio, as medidas de incentivo às prorrogações de parcelas de operações de crédito surtiram bastante efeito positivo para as empresas dos mais diversos portes (quadro 13). Ao permitir a prorrogação do pagamento de parcelas de operações bancárias, ocorre um efeito positivo sobre o fluxo de caixa das empresas, uma vez que diminui a saída de caixa para honrar compromissos financeiros assumidos com os bancos, em momento anterior à crise.

Quadro 13 – Prorrogações de parcelas de operações de crédito, por porte de instituição credora, respeitando a mesma taxa de juros

Segmentos	Corporate			Middle			MPE		
	Contratos	Valor das operações (R$ milhões)	Valor das parcelas (R$ milhões)	Contratos	Valor das operações (R$ milhões)	Valor das parcelas (R$ milhões)	Contratos	Valor das operações (R$ milhões)	Valor das parcelas (R$ milhões)
Grandes bancos públicos	789	8.831	1.204	10.169	15.041	2.081	446.508	28.775	3.555
Grandes bancos privados	3.902	23.428	9.730	89.906	19.855	6.177	550.408	32.119	4.061
Bancos de menor porte	2.090	17.656	2.038	105.195	80.819	10.206	57.802	3.464	517

Fonte: Adaptado de BCB (2020).

Entretanto, a crise do Covid-19 é marcada por severa queda das receitas. Processo particularmente sentido pelas empresas de menor porte, as quais – mesmo em tempos de normalidade – possuem menor capacidade de competição e diversificação de mercado, de geração de caixa ou reserva financeira acumulada ou de acesso a fontes diversas de captação de recursos de terceiros.

Em cenário de forte restrição de novas receitas, as empresas dos mais diversos portes buscaram acessar linhas de crédito (novo), visando liquidez para fazer frente ao aumento da necessidade do capital de giro ou mesmo para reforçar o caixa para enfrentar a elevada incerteza econômica, típica de períodos de forte crise.

Contudo, conforme observado nos dados do Banco Central[426], as novas contratações de crédito se concentraram no segmento das grandes

---

[426] Os dados podem ser acessados no seguinte sítio do Banco Central do Brasil: https://bit.ly/30AhpXa.

empresas, cujo faturamento anual ultrapassa R$ 500 milhões. Segundo dados acumulados de 16 de março até 29 de maio, este segmento realizou novas contratações de crédito no valor de R$ 316,3 bilhões (74,3%), contra R$ 65,7 bilhões (15,5%) para as empresas de médio porte, e R$ 43,6 bilhões (10,2%) para as micro e pequenas empresas. Vale notar que, para efeitos comparativos, em março o estoque de operações de crédito para grandes empresas foi de R$985 bilhões (64%), enquanto para micro, pequenas e médias empresas o estoque alcançou R$ 552 bilhões (36%).[427]

Quadro 14 – Novas contratações de crédito, por porte de instituição credora

Segmentos	Novas contratações de crédito (R$ milhões)		
	Corporate	Middle	PME
Grandes bancos públicos	29.553	10.038	13.477
Grandes bancos privados	222.069	37.662	26.026
Bancos de menor porte	64.699	18.007	4.079

Fonte: Adaptado de BCB (2020).

Frisa-se, ainda, que os dados sugerem que nem mesmo os bancos oficiais buscaram se contrapor à baixa oferta de crédito às empresas de menor porte. Os grandes bancos privados foram responsáveis por novas contratações de crédito no valor de R$ 37,7 bilhões e R$ 26 bilhões, para as empresas de médio e de micro e pequeno portes, respectivamente. Por outro lado, os grandes bancos públicos foram responsáveis, respectivamente, por apenas R$ 10 bilhões e R$ 13,5 bilhões, às empresas de médio e de micro e pequeno portes.

---

[427] Séries temporais 27701 e 27702 obtidas no sítio do Banco Central do Brasil.

Mesmo quando se considera o Programa Emergencial de Suporte a Empregos (PESE),[428] [429] – criado no bojo da atual crise, para financiar folha de salário a juros baixos (3,75% a.a.) – a efetiva participação do Banco do Brasil (BB) e da Caixa Econômica Federal (CEF) é inferior ao apresentado pelo Itaú, Santander e Bradesco. Em verdade, enquanto o Itaú concedeu crédito para financiar 563 mil empregados, o BB e a Caixa financiaram, de forma conjunta, apenas 394 mil empregados[430].

Embora lançado há mais de dois meses, o PESE não cumpriu seu objetivo de fazer chegar crédito farto e barato às empresas de menor porte, mesmo que exclusivamente para pagar folha de salário. Um dos principais motivos se deve ao baixo interesse dos bancos em ofertar a linha, uma vez que o risco do crédito é muito elevado, mesmo se considerada a garantia de 85% concedida pelo governo. Dos R$ 40 bilhões disponibilizados para a linha, apenas R$ 3,7 bilhões foram utilizados[431] (9,25%).

O pouco interesse dos bancos públicos em expandirem o crédito se manifesta também na baixa competitividade de suas linhas de crédito

---

[428] O Programa Emergencial de Suporte a Empregos (PESE) é uma espécie de crédito emergencial para empresas cujo faturamento seja entre R$ 360 mil e R$ 10 milhões anuais, com base no calculado para o exercício de 2019. Essa modalidade de crédito é exclusiva para pagamento de folha de salário dos funcionários, por 2 meses. A linha total prevista era de R$ 40 bilhões, sendo R$ 34 bilhões oriundos do Tesouro Nacional (85%), enquanto R$ 6 bilhões seriam decorrentes de recursos dos bancos de varejo (15%). O tomador do crédito teria 30 meses para quitar o pagamento, sendo 6 meses de carência para cobrança de juros. Por outro lado, não seria permitido ao empregador a rescisão do contrato de trabalho de seus empregados, sem justa causa, por até 2 meses após o recebimento da última parcela da linha de crédito. Disponível em:https://bit.ly/30BfvoS. Acesso em 14 de jun. 2020.

[429] O governo deve lançar também o Programa Nacional de Apoio às Microempresas e Empresas de Pequeno Porte (Pronampe), com o intuito de destravar o crédito para as empresas de menor porte. Embora se tenha a possibilidade de maior garantia do Tesouro, superior aos 85% concedidos pelo PESE, o programa prevê a exigência de garantia pessoal referente ao valor do empréstimo acrescido dos encargos. Caso a empresa tenha menos de 1 ano de funcionamento, poderá ser exigido até 150% do valor contratado mais encargos, como garantia. Essas exigências, somadas ao pouco interesse dos bancos em conceder crédito às empresas de menor porte, tornarão pouco provável o sucesso do programa.

[430] Dados obtidos no sítio do Banco Central, com informações até dia 5 de junho de 2020. https://bit.ly/2Uwzv8o.

[431] Até o dia 05 de junho, conforme dados obtidos no sítio do Banco Central do Brasil (BCB).

quando comparadas aos bancos privados. Mesmo em meio ao que pode ser a crise mais profunda em cem anos, BB e CEF estão cobrando juros bem mais elevados que o dos privados.

Em levantamento feito entre 30 de abril a 7 de maio, constatou-se que das 11 linhas destinadas a pessoas jurídicas, BB e CEF apareceram entre as cinco menores taxas em apenas duas, sendo o BB em 5º lugar – para antecipação de fatura de cartão de crédito (juros de 0,8% a.m.) –, e CEF em 5º lugar – para capital de giro pós-fixado com prazo de até um ano (juros de 0,46% a.m.) (GRANER, 2020).

Mesmo diante ao que pode ser a maior recessão dos últimos 100 anos – com real possibilidade de depressão econômica – os bancos públicos se mostram ainda menos dispostos que os bancos privados à concessão de crédito às empresas. Situação inaceitável e que significará a destruição evitável de muitas empresas e postos de trabalho, comprometendo ainda mais, tanto o desempenho do PIB para 2020, quanto à capacidade de recuperação pós-pandemia.

Segundo pesquisa realizada em abril, pelo Sebrae (2020), cerca de 15 milhões de pequenos negócios do país[432] foram afetados com a redução de faturamento (queda média de 75%), devido à crise pandêmica. A pesquisa estima que, do total, 9,4 milhões precisarão de empréstimos para manter suas empresas sem gerar demissões. Deste total, 5,1 milhões (54,3%) já tentaram buscar empréstimos. Porém, somente 567 mil (6%) conseguiram acesso, enquanto outros 1,5 milhão (16%) ainda aguardam resposta quanto à aprovação.

Responsáveis pela maior parte dos postos de trabalho, as empresas de menor porte estão sofrendo mais, inclusive, que as de médio porte. Sem faturamento e sem crédito, dia após dia milhares de empresas de menor porte fecham as portas.

Deve-se buscar alternativas urgentes para fazer o crédito chegar, especialmente, a essas empresas. Definitivamente o caminho bancário não tem sido efetivo, e dificilmente o será. Isso porque, mesmo em tempo de normalidade, historicamente as empresas de menor porte pouco têm

---

[432] Microempreendedor Individual (MEI), Microempresa (ME) e Empresa de Pequeno Porte (EPP).

acesso ao crédito bancário. O Volume de crédito, quando disponível, é baixo e o juro cobrado costuma ser bastante elevado.

Conclusões

Com a crise virótica do novo coronavírus, múltiplos e profundos choques econômicos afetaram as mais diversas economias do mundo. Na guerra contra a depressão, respostas extraordinárias de políticas fiscais, monetárias e financeiras estão sendo implementadas para apoiar tanto famílias financeiramente mais fragilizadas, como também empresas que não conseguirão suportar em seus próprios balanços as graves consequências do *lockdown*, implementado em escala global.

Diante choques econômicos sem precedente, somente o Estado é capaz de suportar em seus balanços parte relevante dos danos privados, e de contrapor à espiral descendente das expectativas privadas de investimento, produção e emprego (Keynes, 1936; Minsky, 1986). Na busca de fazer o que for preciso para impedir que a inevitável desaceleração e recessão econômica se transforme em depressão (FMI, 2020a), torna-se imperativo também a garantia de que a crise de liquidez não se transmute rapidamente em crise de solvência. Realidade particularmente difícil às empresas de menor porte.

O caso brasileiro é especialmente desafiador. Com dificuldades de se recuperar da forte recessão ocorrida no biênio 2015-16, a pouco dinâmica economia brasileira entrou em uma nova e mais profunda crise econômica, aumentando, assim, os riscos de um mergulho depressivo, com perdas significativas e estruturais de renda, emprego e de capacidade de oferta. Possibilidade majorada, já que as políticas de suporte às empresas de menor porte pouco têm surtido efeito para evitar uma verdadeira morte generalizada dessas empresas.

Entre os motivos, destaca-se a generalizada dificuldade de as empresas de menor porte terem acesso a crédito. Apontou-se que essas empresas já não têm razoável acesso a crédito nem mesmo em tempos de normalidade econômica. Estranho seria se, durante uma crise de tamanha magnitude, essas empresas passassem a ter acesso a crédito bancário, muito mais a juros e prazos minimamente adequados à excepcional realidade do período de pandemia. Situação ainda pior ao constatar-se que mesmo os bancos públicos adotaram, nesta crise, políticas de crédito ainda mais conservadoras do que as praticadas pelos bancos privados.

Na guerra contra a depressão, é improtelável, portanto, que se encontre formas alternativas para fazer chegar crédito em condições minimamente razoáveis às empresas, especialmente às de menor porte. Dificilmente a via bancária será o caminho adequado.

Referências

ALLIANZ. *Europe should unlock excess saving from Covid-19 response.* Munique, Abril, 2020.

BANCO CENTRAL DO BRASIL (BCB). *Actions and economic outlook during and post Covid-19.* Junho, 2020a.

BANCO CENTRAL DO BRASIL (BCB). *Medidas do BCB no combate aos efeitos da Covid-19.* Junho, 2020b.

BANCO CENTRAL DO BRASIL (BCB). *Relatório de Estabilidade Financeira.* Abril, 2020c.

BANK FOR INTERNATIONAL SETTLEMENTS (BIS). *Central banks' response to Covid-19 in advanced economies.* BIS Bulletin nº 21. Junho, 2020.

BBC. *Coronavirus:* the world in lockdown in maps and charts. Abril, 2020.

CASTRO, Kleber Pacheco. *Embate federativo como estratégia política.* Conjur. Abril, 2020.

CTV. *Canada's jobless rate soars to 13 per cent in April.* 2020.

FEDERAL RESERVE BANK OF ST. LOUIS. *Back-of-the-envelope estimates of next quarter's unemployment rate.* On the Economy Blog. 2020.

FINANCIAL TIMES. *European consumers stockpile saving, adding to economic drag.* Maio, 2020.

GLOBES. *Rate of layoffs in Israel doubled* in April. 2020

GRANER, Fabio. *Banco público cobra mais de empresas.* Valor Econômico. Maio. 2020.

INSTITUIÇÃO FISCAL INDEPENDENTE [IFI]. *Relatório de Acompanhamento Fiscal.* Nº 40. Maio, 2020.

INSTITUTE OF INTERNATIONAL FINANCE [IIF]. *Sudden stop in emerging markets.* Capital Flows Report. Abril, 2020.

INSTITUTO DE ESTUDOS PARA O DESENVOLVIMENTO INDUSTRIAL [IEDI]. *Coronavírus e o cenário econômico mundial.* Carta IEDI n. 994. 2020.

INSTITUTO DE ESTUDOS PARA O DESENVOLVIMENTO INDUSTRIAL [IEDI]. *Novas ações contra a crise do coronavírus.* Carta IEDI n. 992. 2020.

INSTITUTO DE ESTUDOS PARA O DESENVOLVIMENTO INDUSTRIAL [IEDI]. *Quantitative easing: experiência dos Estados Unidos e proposta no Brasil* (PEC 10/2020 – 2º turno Senado). Carta IEDI n. 991. 2020.

INTERNATIONAL LABOUR ORGANIZATION [ILO]. *Covid-19 and the world of work.* ILO Monitor. Abril, 2020.

INTERNATIONAL MONETARY FUND [IMF]. *A post-coronavirus recovery in Asia – extending a "whatever it takes" lifeline to small business.* IMFBlog. 2020a.

INTERNATIONAL MONETARY FUND [IMF]. *Covid-19 crisis poses threat to financial stability.* IMFBlog. 2020b.

INTERNATIONAL MONETARY FUND [IMF]. *Fiscal policies for the recovery from Covid-19.* IMFBlog. 2020c.

INTERNATIONAL MONETARY FUND [IMF]. *Fiscal policies to contain the damage from Covid-19.* IMFBlog. 2020d.

INTERNATIONAL MONETARY FUND [IMF]. *Policies to support people during the Covid-19 pandemic.* Fiscal Monitor. Abril, 2020e.

INTERNATIONAL MONETARY FUND [IMF]. *The great lockdown:* worst economic downturn since the great depression. Press Release n. 20/98. 2020f.

INTERNATIONAL MONETARY FUND [IMF]. *The short-term liquidity line:* a new IMF tool to help in the crisis. IMFBlog. 2020g.

INTERNATIONAL MONETARY FUND [IMF]. *The great lockdown.* World Economic Outlook. Abril, 2020h.

ORGANISATION FOR ECONOMIC CO-OPERATION AND DEVELOPMENT [OCDE]. *Covid-19 and fiscal relations across levels of government.* Tackling coronavirus (covid-19): contributing to a global effort. 2020.

ORGANISATION FOR ECONOMIC CO-OPERATION AND DEVELOPMENT [OCDE]. *SME Policy Responses.* Tackling coronavirus (covid-19): contributing to a global effort. 2020.

ORGANISATION FOR ECONOMIC CO-OPERATION AND DEVELOPMENT [OCDE]. *Tax and Fiscal Policy in Response to the Coronavirus Crisis: Strengthening Confidence and Relisience.* Tackling coronavirus (covid-19): contributing to a global effort. 2020.

Keynes, John Maynard. *The general theory of interest, employment and Money*. Macmillan. Londres, 1936.

Mckinsey. *The $10 trillion rescue*: how governments can deliver impact. jun. 2020.

Minsky, Hyman. *Stabilizing an unstable economy*. Yale University Press. 1986.

NOMURA GROUP. *Investor day presentation*. 2020.

Roubini, Nouriel. *A Greater Depression?*. Project Syndicate. 2020.

SEBRAE. *O impacto da pandemia de coronavírus nos pequenos negócios*. UGE – Unidade de Gestão Estratégica. Resultados nacionais. 2º edição. Maio, 2020.

TAX FOUNDATION. *Tracking economic relief plans around the world during the coronavirus outbreak*. 2020.

U.S. HOUSE OF REPRESENTATIVES. *State and local governments have received over $765 billion in federal coronavirus spending*. 2020.

WORLD BANK. *Global Economic Prospects*. Flagship Report. Jun. 2020.

WORLD TRADE ORGANIZATION [WTO]. *Trade set to pluge as Covid-19 pandemic upends global economy*. april, 2020.

22. A Guerra Contra a Depressão: Proposta de Crédito para Proteção das Empresas

JOSÉ ROBERTO AFONSO
GERALDO BIASOTO JR.
MURILO FERREIRA VIANA
PAULO VALES

Introdução

O Brasil e o mundo não voltarão a ser o que foram antes da Covid-19. Decisões do presente ditarão nosso futuro. É preciso vencer um desafio imenso e simultâneo: proteger a saúde e a economia, tanto para aguentar o impacto da maior de todas as crises da era industrial, quanto para lançar as bases para reconstrução das estruturas no pós-pandemia.

Evitar uma depressão econômica é o desafio imposto aos mais diversos países do mundo. Não é diferente para o caso brasileiro. Pelo contrário. Em uma economia estagnada, recém-saída de uma forte recessão ocorrida no biênio 2015-16, proteger-se contra uma depressão econômica mostra-se ainda mais desafiador.

Na guerra contra a depressão, existe a possibilidade real de morte de parcela expressiva das empresas de menor porte. Isso porque essas empresas apresentam menor poder e diversificação de mercado, reduzida capacidade de caixa, pouco e insuficiente acesso a crédito, além de estarem muito presentes em setores mais afetados pela crise (turismo, alimentação, pequeno varejo etc.). A rápida e intensa frustração de receita deteriora rapidamente as condições de liquidez e os balanços dessas empresas, tornando-as insolventes em pouco tempo. Sem receita e sem crédito, essas empresas simplesmente morrem.

Responsáveis pela maior parte dos empregos, uma generalizada quebra dessas empresas compromete os níveis de emprego e renda, não somente no curto prazo. A perda de parte da capacidade de oferta da economia, ou ainda, a forte deterioração dos balanços das empresas sobreviventes, compromete o ritmo de retomada da economia. Em síntese, um suporte inadequado às empresas de menor porte distancia o País do objetivo de vencer a guerra contra a depressão, aumentando as chances de uma queda ainda mais acentuada do produto interno bruto (PIB) para o ano de 2020, seguida de uma lenta recuperação (ou mesmo estagnação) nos períodos subsequentes.

Sem prejuízo das linhas de crédito já abertas, a via bancária arrisca não chegar às empresas que mais precisam, seja por restrição na oferta de crédito, seja ainda pela piora de suas condições, como custos maiores e prazos de pagamento menores. Aos olhos do banco, emprestar a muitas das empresas privadas tornou-se um grande risco. Expor seus balanços a esses riscos pode significar o comprometimento de sua própria solvência como instituição de crédito. Começa aí o risco sistêmico que pode resultar em imensos custos de salvamento para o BC ou mesmo em paralisia da atividade econômica.

Neste contexto de risco para o sistema, a proposta é criar um Programa de Proteção Econômica (PPE), cujo intuito é viabilizar que a queda da atividade produtiva seja mitigada e, especialmente, que ela não degenere numa ampla quebra das unidades econômicas. Assim, bancos, empresas e governos seriam colaboradores numa política que envolveria a manutenção do emprego formal, a regularidade fiscal e a garantia de operação de serviços básicos.

É fundamental assegurar que dificuldades empresariais de liquidez, decorrentes da emergência da atual crise, não se transformem em problemas generalizados de solvência. Para tornar possível o cumprimento desse objetivo, propõem-se a criação de uma Nota de Crédito de Recuperação Econômica (NCRE)[433] que a empresa poderá emitir para levantar recursos financeiros e pagar impostos, contribuições, salários, água, energia elétrica, gás e óleo combustível.

As NCRE geram crédito imediato para liberar o caixa da empresa para fazer frente a outros custos de produção. Logicamente, a permissão de

---

[433] Nota de crédito padronizado emitido por empresas, para angariar recursos financeiros para adimplir pagamentos de folha de salário, tributos (federal, estaduais e municipais), contribuições e de *utilities*. As NCRE serão adquiridas pelos Fundos de Recuperação Econômica (FRE).

emissão automática da NCRE será limitada a valores compatíveis com os verificados no ano de 2019, observados os modernos meios digitais em uso, tanto no campo tributário quanto na área trabalhista[434].

As NCRE seriam emitidas para pagamento das próximas quatro folhas salariais das empresas que aderirem ao Programa de Proteção Econômica, desde que não reduzam o volume de emprego formal. Na prática, a empresa emite NCRE ao respectivo Fundo de Recuperação Econômica, recebendo, em contrapartida, recursos monetários, para honrar com os pagamentos essenciais à manutenção de mínimas condições de normalidade econômica.

Vale notar que, além da folha, as NCRE serão emitidas também para pagamento de tributos, contribuições sociais e bens e serviços básicos (energia elétrica, água, gás, telecomunicações e óleo combustível). Desta forma, os diversos tesouros (federal, distrital, estaduais e municipais) receberão recursos monetários que possibilitarão uma sensível redução do nível de inadimplência que qualquer estimativa avalia como gigantesco, para os próximos meses. As contribuições sociais do empregador e os recolhimentos ao FGTS seriam objeto da mesma sistemática. Na prática, o governo federal estará impedindo a desorganização do sistema tributário nacional. Ao invés de esperar por um REFIS, o contribuinte poderá realizar o pagamento dos tributos com uma espécie de financiamento automático.

Tanto Estados como Municípios terão mitigadas as perdas de receita tributária, seja porque o nível de atividade cairá menos, seja porque a gigantesca inadimplência legitimada pela crise sanitária será muito menor. Manter tais governos funcionando e pagando salários e fornecedores é crítico, não apenas para o enfrentamento ao vírus, mas também para manter a ordem pública e amenizar o impacto financeiro sobre as empresas provedoras de bens e serviços aos diversos entes públicos.

A emissão das NCRE para as distintas finalidades será realizada mediante condições de custo e prazo favoráveis, sendo este um aspecto essencial no enfrentamento da situação atual. Mesmo com liquidez folgada, a ampliação do risco creditício encarece e reduz expressivamente

---

[434] Notadamente o SPED e o E-Social.

o crédito à produção. O custo da NCRE será equivalente à SELIC, acrescido de limitada taxa de administração, para remunerar o serviço prestado pelos Fundos de Recuperação Econômica, bem como para formar um fundo de garantia para as operações do programa.

Crucial notar que há um esforço de normatização expressivo a fazer. As NCRE têm uma grande abrangência no universo empresarial uma vez que podem ser emitidas por qualquer empresa, mas o rito de permissão para emissão terá que ser completamente novo e ágil. A Comissão de Valores Mobiliários (CVM) terá que estruturá-lo de forma que a mesma seja emissível de forma automática. No caso dos Fundos de Recuperação Econômica (FRE)[435], a natureza da operação proposta exigirá normatização de tal sorte que não haja restrições à concentração absoluta do ativo do fundo em NCRE, dado que estará restrita a um mesmo tipo de papel, a NCRE.

O financiamento deste processo será realizado com a moeda que o sistema torna inativa durante a crise. A redução da renda e da produção produzem moeda ociosa, porque o sistema bancário "empoça" a liquidez, em grande parte por meio de operações compromissadas com o Banco Central.

É típico e singular da economia brasileira a manutenção de recursos em operações de curto prazo, prática sancionada pelo Banco Central. Há anos, as operações compromissadas, em sua grande maioria, de até um mês de prazo, são em montante de mais que 10% do PIB. Ao final de abril o estoque situava-se em 17,7% do PIB. A crise produzirá substancial elevação destas operações compromissadas, espelhando a sobra de moeda derivada da queda da atividade econômica e do entesouramento pelas famílias com maior capacidade de poupança.

Essa realidade viabiliza que seja emitido um título do Tesouro Nacional para recolher a moeda que sobra no sistema monetário. Seria uma série especial (de Guerra) de **Letras Financeiras do Tesouro (LFT-**

---

[435] Fundos de crédito criados para lidar com a crise do Covid-19. Estes fundos serão administrados por instituições financeiras e demais integrantes do sistema de distribuição regularmente habilitadas perante o Banco Central do Brasil para o desempenho de suas atribuições. Os Fundos de Recuperação Econômica terão por finalidade aplicar seus recursos em empresas emissoras de NCRE.

-G)[436], com prazos e condições semelhantes às das operações compromissadas, para que não haja problemas na relação com os aplicadores, em sua maioria fundos de investimento de curto prazo, canal preferencial dos aplicadores de recursos em momentos de incerteza.

Uma grande vantagem do ponto de vista da credibilidade das finanças públicas será a possibilidade de segregar os efeitos financeiros da crise sobre as contas governamentais. A LFT-G delimitará uma linha divisória entre a evolução normal da dívida pública e aquela decorrente do enfrentamento da crise.

A emissão de LFT-G fará com que o TN drene alguns pontos percentuais do PIB em moeda ociosa da economia. Estes recursos não voltam ao circuito do crédito, justamente pelo risco crescente das operações ativas dos bancos. Importa é reconduzir a moeda ociosa, que encosta no Banco Central, ao circuito da produção e circulação.

O montante de crédito a ser liberado sem dúvida será expressivo. Mas há que se relativizar o pagamento de tributos e contribuições. Retirar os recursos relativos a ambos da economia na forma de recebimento de tributos e contribuições tem o mesmo efeito macroeconômico que o endividamento[437]. Portanto, o que faz diferença, em termos de política macroeconômica, é o crédito, os salários e o pagamento de bens e serviços básicos. Uma estimativa realizada com base nas pesquisas de indústria, comércio e serviços, do IBGE, indica que o PPE, por 4 meses, movimentaria um montante de creca de R$ 700 bilhões.

E não são apenas as LFT-G que podem garantir os recursos de crédito, há a possibilidade de complementar o *funding* dado pelas LFT-G com recursos da Conta Única do Tesouro Nacional (CUTN). Seria necessário obter autorização legislativa para desvinculação de parte dos recursos hoje disponíveis nesta Conta. O saldo atual de disponibilidades do Tesouro Nacional (CUTN) é de aproximadamente R$ 1,1 trilhão, superior a 15,3% do PIB.

---

[436] A LFT-Guerra (LFT-G) será uma série especial de LFT, de emissão do Tesouro Nacional, substituta perfeita (rentabilidade e prazos) das operações compromissadas.
[437] Para melhor detalhamento, ver Bernanke, B. (2020, p. 10). <https://brook.gs/2YxlvtK>.

O Tesouro Nacional aplicará os recursos recolhidos por meio da colocação das LFT-G no Fundo Especial do Tesouro Nacional (FETN)[438] – especificamente criado para ser o aplicador no Fundo de Crédito Emergencial (FCE)[439]. Assim, o Tesouro Nacional, por meio do FETN, entrega recursos monetários e recebe cotas do Fundo de Crédito Emergencial.

De posse dos recursos monetários, o Fundo de Crédito Emergencial adquire cotas dos Fundos de Recuperação Econômica (FRE), as quais serão compostas por NCRE emitidas pelas empresas participantes do Programa de Proteção Econômica. Na prática, o Fundo de Crédito Emergencial ao adquirir as cotas emitidas pelos FRE, garante recursos para que os FRE financiem as empresas emissoras de NCRE.

A diversidade das empresas brasileiras obriga que o Programa de Proteção Econômica tenha uma linha de ação mais ágil e submetida a menores condicionantes, de forma a atender também às micro e pequena empresas. A proposta é que o *funding* seja o mesmo recurso aportado pelo Tesouro Nacional (TN) ao Fundo Especial do Tesouro Nacional (FETN), obtidos, especialmente, via emissão de LFT-G, em mercado.

A concessão de crédito seria limitada a um percentual de 40% dos gastos declarados no ano de 2019, vinculados aos itens cobertos pelo PPE, o qual será fracionado em quatro parcelas iguais, e disponibilizado à empresa participante do programa.

Por outro lado, as empresas contratantes vinculadas ao regime tributário do SIMPLES receberão mensalmente os recursos via Instituições de Pagamento (empresas de adquirência), depois consolidadas na emissão das Notas de Crédito. O limite de crédito para estas empresas será equivalente a 2 vezes o valor efetivamente recolhido em 2019 na forma

---

[438] Fundo criado pelo Tesouro Nacional, para lidar com a crise do Covid-19. Este fundo é controlado pelo Tesouro Nacional, na condição de cotista único. O *funding* do FETN será composto por recursos captados pelo Tesouro Nacional, via emissão – em mercado – de LFT-G, ou ainda, complementado por meio de recursos hoje disponíveis na Conta Única do Tesouro Nacional (CUTN).

[439] O Fundo de Crédito Emergencial (FCE) possui a finalidade de adquirir cotas dos Fundos de Recuperação Econômica (FRE). O FCE será administrado pelo Banco Central do Brasil e terá o Fundo Especial do Tesouro Nacional (FETN) como cotista único. Os recursos do FCE resultarão da emissão de cotas que serão adquiridas pelo FETN.

de tributos e contribuições, estando os recursos também vinculados aos itens cobertos pelo PPE.

O custo do crédito do empréstimo concedido às empresas será da Selic acrescida de limitadas taxas de administração (do serviço prestado, do Fundo Garantidor de Crédito de Recuperação Econômica etc.), sendo a carência de 8 meses e o prazo de amortização de 36 meses, após vencimento da carência.

Desse modo, o Fundo de Recuperação Econômica (FRE) poderá tomar a forma de agente de crédito, o qual concederá à empresa contratante um limite mensalmente disponibilizado em cartão de pagamento de Pessoa Jurídica, por administradora de cartão contratada pelo FRE.

O uso do cartão poderá ser realizado junto à rede bancária para pagamento de folha salarial, contribuições sociais, tributos dos três níveis de governo, água, esgoto, energia elétrica, combustíveis e gás.

Três aspectos merecem detida atenção na legitimação desta proposta. O primeiro é que é necessário manter o crédito, mas não se pode julgar que os bancos possam assumir o risco de crédito neste momento, o que poderia significar a abertura para desconfiança de instituições e corridas bancárias. Na proposta aqui colocada, o sistema bancário – público e privado – tem o papel de gestor/administrador de fundos de crédito nas operações de financiamento da folha, mas não assume o risco da operação, uma vez que o risco fica em sua totalidade com o Tesouro Nacional.

O segundo aspecto é relativo à estimativa de produção futura. Um mecanismo abrangente de garantia de sustentação das unidades produtivas e da renda é crucial para que as empresas não façam um julgamento de que o próximo período produtivo será pior que o atual, o que produz a espiral descendente do nível de atividade, característica dos grandes desastres econômicos.

O terceiro aspecto é a manutenção de mínima ordem nos contratos privados e obrigações perante o Estado. Evitar que o coronavírus seja álibi para inadimplências generalizadas é crucial, dado que estas últimas destroem a credibilidade por dentro das cadeias produtivas. Isso é tão danoso à produção quanto a queda da renda. Isso vale para a regularidade tributária.

Por fim, vale frisar que não estamos numa crise qualquer, afinal as questões sanitárias condicionam a produção e determinam o volume de oferta, a distribuição de bens e a prestação de serviços. O PPE busca garantir salários, crédito e a solvência de bancos e empresas, cuidando de uma parte do problema e viabilizando que o esforço das políticas se faça num clima econômico protegido da deterioração característica dos processos de retração econômica.

No mundo já se discute como será o formato da crise. Se um grande tombo com recuperação imediata, se uma queda com um período de meses de recessão e a volta à normalidade. Outros temem que tenhamos uma crise típica dos processos depressivos, onde a desorganização da estrutura econômica impede que a recuperação ocorra, mesmo no período pós crise sanitária. O PPE operará para suavizar a retração, manter a estrutura econômica e impedir a depressão, garantindo que a retomada ocorra em melhores condições.

Com o compromisso de manutenção do emprego, os recursos devem evitar a insolvência de empresas saudáveis, mas com problema de liquidez, o que inviabilizaria inclusive a retomada no cenário pós-Covid19.

Figura 1 – Fluxograma das operações financeiras para crédito às empresas

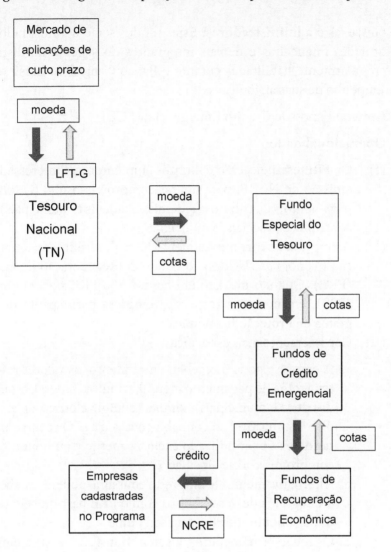

Fonte: Elaboração própria (2020).

Características dos Fundos de Recuperação Econômica (FRE)

Gestores e administradores: Estes fundos serão administrados por instituições financeiras e demais integrantes do sistema de distribuição regularmente habilitadas perante o Banco Central do Brasil para o desempenho de suas atribuições

Cotista: Fundo de Crédito Emergencial (FCE)

Operacionalidade:

(I) Os FRE estabelecerão contratos com empresas interessadas na emissão de NCRE, para honrar compromissos de: (i) folha de pagamento; (ii) tributos (federais, estaduais e municipais); (iii) contribuições sociais; e iv) *Utilities*.

(II) A empresa emitirá mensalmente Nota de Crédito de Recuperação Econômica (NCRE) ao Fundo de Recuperação Econômica (FRE). Quando previsto em contrato, o FRE poderá emitir a NCRE em nome da respectiva empresa participante do Programa de Proteção Econômica.

(III) Considerações mais específicas:

　　a. A empresa poderá receber, em dinheiro, os valores referentes a folha de pagamento mensal, tributos (federal, estaduais, distritais e municipais), *utilities* (energia elétrica, água, gás e óleo combustível) e contribuições sociais. O recurso monetário deverá ser utilizado exclusivamente para honrar com o compromisso a ele vinculado.

　　b. Alternativamente, a empresa emissora poderá estabelecer cronograma de desembolsos com o FRE para que ele realize os pagamentos devidos, em seu nome.

　　c. Os recursos monetários, a serem transferidos: (i) à empresa contratante; (ii) às empresas de *utilities*; e, (iii) aos tesouros (Nacional, Estadual e Municipal), serão sacados junto ao Fundo Especial do Tesouro Nacional (FETN).

　　d. As NCRE geram, para a contratante, a obrigação de pagamento, para o Fundo Especial do Tesouro Nacional (FETN), de amortização e juros (Selic + taxas de administração), com

8 meses de carência e 36 parcelas mensais e consecutivas após período de carência.
e. A NCRE será um título com prerrogativas de preferência em caso de falência da empresa contratante.
f. A empresa somente poderá assinar contrato para emissão e colocação de NCRE com um único Fundo de Recuperação Econômica.
g. O Fundo de Crédito Emergencial (FCE) terá o FETN como cotista único. A administração do FCE caberá ao Banco Central do Brasil (BACEN), e terá como finalidade a aquisição das cotas dos Fundos de Recuperação Econômica (FRE). Os recursos do Fundo de Crédito Emergencial resultarão de cotas que serão adquiridas pelo Fundo Especial do Tesouro Nacional (FETN).

ANEXO D
Projeto de Lei nº. , de 2020
(Dos Senhores Gastão Vieira e Acácio Favacho)

Cria o Programa de Proteção Econômica – PPE, a fim de disponibilizar crédito para o pagamento de tributos e salários, garantido pelo Tesouro Nacional, a empresas afetadas pela Estado de Calamidade Pública decretado em razão da COVID-19.

O Congresso Nacional decreta:

TÍTULO I
Do Programa de Proteção Econômica (PPE)

Art. 1º. Fica criado o Programa de Proteção Econômica – PPE, vinculado ao Ministério da Economia, para enfrentamento do Estado de Calamidade Pública reconhecido pelo Decreto Legislativo nº 6, de 20 de março de 2020, e da emergência de saúde pública de importância internacional decorrente do coronavírus (covid-19).

Art. 2º. O Programa de Proteção Econômica tem por finalidade a mitigação da queda da atividade econômica e a preservação do emprego formal e da renda, da regularidade fiscal e da garantia de operação de serviços básicos, sendo destinado a empresas que almejam o levantamento de recursos financeiros para o pagamento de tributos federais, distrital, estaduais e municipais, salários e contribuições socias, inclusive FGTS, e dos serviços básicos necessários ao seu funcionamento.

Parágrafo único. Para os efeitos desta Lei, consideram-se serviços básicos aqueles relacionados ao fornecimento de água e serviço de esgotamento sanitário, energia, gás, combustíveis e telecomunicações.

Art. 3º. A empresa que desejar participar do programa deverá possuir sede no País e estará obrigada a atender ainda às seguintes condições:

a) estar sob controle privado;
b) não ser instituição financeira ou entidade a ela equiparada;
c) estar em atividade no dia da decretação da calamidade pública;
d) estar adimplente com o FGTS e a previdência social no dia da contratação do crédito, dispensado esse requisito no que se refere aos demais tributos e contribuições;

e) obrigue-se a manter o valor global da folha salarial pelo menos durante o prazo de 4 (quatro) meses contados da data do primeiro desembolso dos recursos.

§ 1º Os recursos do PPE deverão ser utilizados pelas empresas exclusivamente para o pagamento, nessa ordem, de (i) tributos e contribuições federais, distrital, estaduais e municipais, (ii) salários, contribuições sociais e (iii) serviços básicos para o seu funcionamento.

§ 2º Os recursos do Programa de Proteção Econômica não poderão ser utilizados para o pagamento de verbas trabalhistas rescisórias.

Art. 4º As condições de adesão ao programa, os critérios de elegibilidade, as gradações por porte de empresas e eventuais sobreposições com outros programas governamentais de apoio serão regulamentados pelo Conselho Monetário Nacional – CMN.

§ 1º Os recursos do programa de que trata o art. 2º serão destinados às empresas participantes do Programa de Proteção Econômica limitados a 40% (quarenta por cento) dos gastos ali relacionados (pagamento de tributos federais, distrital, estaduais e municipais, salários e contribuições socias, inclusive FGTS, e com serviços básicos), verificados no ano de 2019, informados por meio de declaração e acompanhados dos devidos documentos comprobatórios.

§ 2º As empresas que aderirem ao Programa de Proteção Econômica facultarão ao administrador do Fundo de Recuperação Econômica, referido no art. 5°, inciso III, a mais ampla fiscalização do emprego da quantia financiada, obrigando-se a exibir os elementos que lhes forem exigidos.

§ 3º No caso das empresas vinculadas ao regime tributário do SIMPLES, o limite de crédito será equivalente a 2 (duas) vezes o valor efetivamente recolhido em 2019 na forma de tributos e contribuições sociais, sendo que o uso dos recursos do PPE permanecerá vinculado aos itens elegíveis listados no parágrafo único do art. 2º.

Art. 5º. Para o desenvolvimento e efetivação do Programa de Proteção Econômica, serão utilizados os seguintes instrumentos:

I – Fundo Especial do Tesouro Nacional (FETN): fundo especial criado no âmbito do Tesouro Nacional, com o objetivo de direcionar recursos ao Fundo de Crédito Emergencial;

II – Fundo de Crédito Emergencial: fundo de cotas administrado pelo Banco Central do Brasil, destinado a subscrever cotas emitidas pelos Fundos de Recuperação Econômica;

III – Fundos de Recuperação Econômica: fundos administrados por instituições financeiras e demais integrantes do sistema de distribuição, que adquirirão

Notas de Crédito de Recuperação Econômica – NCRE e outros valores mobiliários emitidos por empresas aderentes ao Programa de Proteção Econômica;

IV – Letra Financeira do Tesouro – Guerra (LFT-G): série especial de LFT a ser emitida pelo Tesouro Nacional (TN), somente enquanto vigorar o Estado de Calamidade Pública, reconhecido pelo Congresso Nacional, em decorrência da crise econômico-sanitária do Covid-19; e

V – Nota de Crédito de Recuperação Econômica (NCRE): título de crédito emitido por empresas para obter os recursos financeiros de que trata o art. 2º desta lei.

TÍTULO II
Da Letra Financeira do Tesouro (LFT-G)

Art. 6º. Fica o Poder Executivo autorizado a emitir Letras Financeiras do Tesouro – Guerra (LFT-G), de responsabilidade do Tesouro Nacional, com a finalidade de garantir os recursos de crédito que serão destinados às empresas participantes do Programa de Proteção Econômica.

Parágrafo único. O volume de emissões das LFT-G fica limitado a R$ 700 bilhões (setecentos bilhões de reais).

Art. 7º. O Poder Executivo fixará as características e definirá as condições de emissão do título de que trata o *caput* do artigo anterior, nos termos dos arts. 1º, *caput*; art. 2º, II e art. 7º da Lei nº 10.179/2001.

§ 1º. O Conselho Monetário Nacional regulará a possibilidade de circulação das referidas LFT-G no mercado secundário.

§ 2º. A emissão do referido título não se submete às vedações dispostas no art. 34 e seguintes da Lei de Responsabilidade Fiscal – Lei Complementar nº 101/2000, na forma dos § 5º, 6º e 7º do art. 115 da ADCT.

TÍTULO III
Do Fundo Especial do Tesouro Nacional (FETN)

Art. 8º. Fica criado o Fundo Especial do Tesouro Nacional (FETN), de natureza financeira, destinado a auxiliar no provimento dos recursos financeiros às empresas participantes do Programa de Proteção Econômica, no sentido de assegurar o cumprimento eficiente do referido programa.

Parágrafo único. Para cumprimento de sua finalidade, o Fundo Especial do Tesouro Nacional (FETN) tem como atribuição a aplicação em cotas do Fundo Crédito Emergencial (FCE).

Art. 9º. Constituem receitas do Fundo Especial do Tesouro Nacional (FETN):

I – recursos captados pelo Tesouro Nacional, via emissão de LFT-G em mercado; ou, ainda,

II – recursos financeiros disponíveis na Conta Única do Tesouro Nacional (CUTN).

Art. 10. O Fundo Especial do Tesouro Nacional (FETN) será controlado pelo Tesouro Nacional, na condição de cotista único.

Art. 11. O Tesouro Nacional aplicará os recursos recolhidos com a emissão das LFT-G no Fundo Especial do Tesouro Nacional (FETN), que, por sua vez, subscreverá cotas do FCE.

Parágrafo único. Os saldos verificados no fim de cada exercício financeiro serão automaticamente transferidos para o exercício seguinte, a crédito do FETN.

Art. 12. A escrituração do Fundo Especial do Tesouro Nacional (FETN) obedecerá às normas gerais estabelecidas pelo Governo sobre contabilidade e auditoria.

Parágrafo único. Os recursos do referido Fundo serão contabilizados, distintamente, segundo a sua natureza.

Art. 13. O fundo será regulamentado por ato do Conselho Monetário Nacional.

TÍTULO IV
Do Fundo de Crédito Emergencial (FCE) e dos Fundos de Recuperação Econômica (FRE)

Art. 14. Fica autorizada a criação do Fundo de Crédito Emergencial (FCE), de cotista único, cuja administração caberá ao Banco Central do Brasil (BACEN).

Parágrafo único. O Conselho Monetário Nacional – CMN editará o regulamento de constituição do Fundo de Crédito Emergencial (FCE).

Art. 15. A finalidade do Fundo de Crédito Emergencial (FCE) é a aquisição das cotas dos Fundos de Recuperação Econômica (FRE) disciplinados no art. 17 e seguintes desta Lei.

Parágrafo único. Os recursos do Fundo de Crédito Emergencial (FCE) resultarão da emissão de cotas que serão adquiridas pelo FETN.

Art. 16. O FETN é o cotista único do Fundo de Crédito Emergencial (FCE).

Parágrafo único. A aquisição das cotas do Fundo de Crédito Emergencial (FCE) pelo Tesouro Nacional será regulamentada por meio de resolução do Conselho Monetário Nacional – CMN.

Art. 17. Os Fundos de Recuperação Econômica (FRE) serão constituídos na forma desta lei, cabendo a sua administração às instituições financeiras e demais integrantes do sistema de distribuição regularmente habilitadas perante o BACEN para o desempenho dessas atribuições.

§1º. A utilização dos recursos do FRE junto ao FCE operar-se-á na medida em que as operações sejam contratadas.

§ 2º. Os FRE têm por finalidade aplicar seus recursos em empresas aderentes ao Programa de Proteção Econômica por intermédio da aquisição de Nota de Crédito de Recuperação Econômica (NCRE) ou outros valores mobiliários, observadas as finalidades definidas nesta Lei.

§ 3º Em nenhuma hipótese o administrador do FRE poderá impor ao emissor de NCRE ou de outro valor mobiliário, qualquer tipo de reciprocidade que reduza o valor efetivo do crédito liberado, dos quais são exemplos a manutenção de saldo médio em conta-corrente e a aquisição de produtos financeiros ou securitários, do próprio administrador ou de outra entidade do conglomerado financeiro a qual pertença.

§ 4ºA taxa de administração dos FRE será definida pelo Conselho Monetário Nacional, mas não poderá exceder o percentual de 0,5% (meio por cento) ao ano, calculado sobre o valor do saldo devedor de cada NCRE.

§ 5º O CMN poderá prever a atribuição de taxa de performance de até 2% (dois por cento) às administradoras dos FRE, devida em contrapartida ao recebimento integral da NCRE.

§ 6º Caberá ao Conselho Monetário Nacional – CMN a regulamentação dos instrumentos de garantia das operações desenvolvidas no âmbito do Programa de Proteção Econômica ficando, desde já, autorizada, para tal finalidade, a constituição de associação civil composta pelos administradores do Fundo de Recuperação Econômica (FRE), com a finalidade de operacionalizar mecanismo de seguro de crédito em garantia do pagamento das NCRE pelos respectivos emissores.

§ 7º Uma vez constituída a associação civil autorizada pelo parágrafo anterior, a contribuição dada pelas empresas emissoras da Nota de Crédito de Recuperação Econômica (NCRE), para formação do fundo de garantia das operações do Programa de Proteção Econômica, estará limitada a 1% (um por cento) do valor de face da NCRE, que será descontado no ato da primeira liberação dos recursos respectivos.

TÍTULO V
Da Nota de Crédito de Recuperação Econômica (NCRE)

Art. 18. A Nota de Crédito de Recuperação Econômica – NCRE é título de crédito nominativo, regido pelas disposições desta lei, destinado exclusivamente, na emissão primária, à aquisição pelo FRE e representa promessa de pagamento em dinheiro pelo emissor, constituindo título executivo extrajudicial.

§ 1º A NCRE é de emissão privativa de empresas, independentemente da sua forma jurídica, com a finalidade exclusiva para recebimento dos recursos advindos do FRE para o pagamento, nessa ordem, de tributos e contribuições federais, distrital, estaduais e municipais, salários, contribuições sociais e serviços básicos para o seu funcionamento.

§2º. Para assegurar o cumprimento do disposto no parágrafo anterior, poderão ser adotados mecanismos utilizados pelas Instituições de Pagamento (empresas de adquirência) ou a emissão de diversas séries distintas e sucessivas de NCRE por um único emissor.

Art. 19. A Nota de Crédito de Recuperação Econômica – NCRE será emitida sob a forma escritural e conterá os seguintes requisitos, lançados no contexto:

I – Denominação "Nota de Crédito de Recuperação Econômica – NCRE";

II – Qualificação do emissor;

III – Designação do Fundo de Recuperação Econômica – FRE como credor e a cláusula à ordem;

IV – Indicação do Administrador do FRE responsável pela estruturação da operação e cobrança do crédito;

V – Valor do crédito deferido, lançado em algarismos e por extenso, e a forma de sua utilização;

VI – Cláusula com a obrigação de que os recursos obtidos com a emissão da NCRE sejam aplicados exclusivamente no pagamento, nessa ordem, de tributos e contribuições sociais, no pagamento de salários e benefícios dos empregados do emissor e para fornecedores dos serviços básicos a que se refere o parágrafo único do art. 2º;

VII – Forma de pagamento em 36 (trinta e seis) parcelas mensais e consecutivas após o período de carência;

VIII – Carência de 8 (oito) meses para o pagamento dos juros e do principal;

IX – A taxa de juros que, a critério do emissor, poderá ser capitalizada durante a carência, e que não poderá ser superior ao custo de captação que o Tesouro Nacional incorre para a colocação das emissões de LFT-G.

X – Comissão de 1% (um por cento) sobre o valor total da NCRE, descontada no ato da primeira liberação para a formação de reservas dos instrumentos de garantia das operações, autorizado no art. 17, §§5º e 6º;

XI – Cláusula de vencimento antecipado do título e exigibilidade imediata da dívida em caso de desvio na aplicação dos recursos e na hipótese de atraso por mais de 60 (sessenta) dias de qualquer das parcelas da dívida.

XII – Elevação da taxa de juros em um ponto percentual em caso de atraso, inadimplemento financeiro do emissor ou desvio na aplicação dos recursos.

XIII – Multa de 10% (dez por cento) sobre o valor da NCRE em caso de desvio da aplicação dos recursos, sem prejuízo das sanções previstas no Título VI desta lei; e

XIV – Data e lugar da emissão.

Art. 20. As empresas contratantes vinculadas ao regime tributário do SIMPLES receberão os recursos mensais obrigatoriamente via Instituições de Pagamento (empresas de adquirência).

Art. 21. Os recursos concedidos via Instituições de Pagamentos deverão ser consolidados na emissão de Notas de Crédito de Recuperação Econômica, em nome da contratante, pelo respectivo Fundo de Recuperação de Econômica.

Art. 22. O crédito pela Nota de Crédito de Recuperação Econômica tem privilégio geral sobre os demais credores do emissor, nos termos do art. 83, da Lei nº 11.101, de 9 de fevereiro de 2005.

Art. 23. Os títulos que integram as carteiras dos FRE (NCRE e outros valores mobiliários) poderão ser colocados no mercado de capitais, observadas as regras estabelecidas pelo Conselho Monetário Nacional – CMN e as disposições aplicáveis de competência da Comissão de Valores Mobiliários – CVM.

TÍTULO VI
Das Sanções

Art. 24. A operação de crédito representada por NCRE emitida no âmbito do Programa de Proteção Econômica mediante fraude dos documentos comprobatórios obrigatórios para a obtenção dos recursos constitui crime.

Parágrafo único. Pena: reclusão de 2 (dois) a 8 (oito) anos e multa.

Art. 25. A aplicação dos recursos provenientes do Programa de Proteção Econômica em finalidade distinta daquelas previstas por suas normas disciplinadoras constitui crime.

Parágrafo único. Pena: reclusão de 2 (dois) a 8 (oito) anos e multa.

Art. 26. A prática de qualquer um dos atos elencados nos artigos 24 e 25 gera a proibição de contratar com toda a Administração Pública pelo prazo de 5 (cinco) anos bem como a proibição de receber benefícios ou incentivos fiscais ou creditícios, direta ou indiretamente, ainda que por intermédio de pessoa jurídica da qual seja sócio majoritário, por igual período.

Parágrafo único. Fica suspensa a sanção prevista no caput deste artigo caso haja o ressarcimento integral dos valores obtidos no âmbito do Programa de Proteção Econômica.

TÍTULO VII
Das Disposições finais

Art. 27. Nas operações de crédito e títulos e valores mobiliários contratadas em função do PPE, as alíquotas do IOF previstas no Decreto nº 6.306, de 14 de dezembro de 2007, ficam reduzidas a zero.

§ 1. O disposto nesse artigo aplica-se também às operações de crédito:

I – previstas no § 7º do art. 7º do Decreto nº 6.306, de 14 de dezembro de 2007, na hipótese de haver nova incidência de IOF;

II – não liquidadas no vencimento; e

III. – a alíquota adicional de trinta e oito centésimos por cento do IOF sobre operações de crédito de que trata o § 15 do, art. 7º e § 5º, do art. 8º do Decreto nº 6.306, de 14 de dezembro de 2007.

Art. 28. As entidades responsáveis pela regulamentação dos instrumentos empregados pelo Programa de Proteção Econômica terão o prazo de 15 (quinze) dias para edição de seus respectivos atos normativos.

Art. 29. Os casos omissos desta Lei serão regulados pelo Conselho Monetário Nacional – CMN.

Art. 30. Esta Lei entra em vigor na data de sua publicação.

JUSTIFICAÇÃO

A economia internacional foi atingida pelos efeitos da grave emergência sanitária representada pelo COVID-19. De acordo com dados da OMS, já são mais de 3 milhões de pessoas infectadas e de duzentas mil mortes. O Brasil não ficou isento dos seus efeitos e já conta com milhares de mortes.

As medidas de enfrentamento à expansão do número de contágios tiveram como principal aspecto o isolamento das pessoas em suas casas. Ao mesmo tempo, o Poder Público foi chamado a organizar o atendimento hospitalar e as unidades de terapia intensiva.

Tanto o isolamento como medida de política de saúde, quanto a reação das pessoas, marcada pelo temor às concentrações em espaços abertos e fechados, vão pesando sobre o sistema econômico. Para alguns setores, a situação é crítica, notadamente o turismo e a aviação. Mas, para todos os setores, as expectativas são extremamente pessimistas.

Uma forte queda do PIB, no mundo e no Brasil, já não é uma previsão, mas uma realidade inescapável. O desafio da política econômica é impedir que a recessão se transforme numa depressão econômica. Vale notar que, se a crise da oferta e demanda correntes chegar a provocar falências de empresas, crises bancárias, fortes cortes na força de trabalho e retração das receitas públicas, o cenário de uma longa retração econômica estará configurado.

Nas economias capitalistas modernas, a grande integração entre as unidades econômicas produz uma amplificação da propagação de efeitos adversos. Como o sistema de crédito e o mercado de capitais estão extremamente envolvidos com o processo econômico, a deterioração da percepção sobre os créditos bancários e o preço dos ativos no mercado de capitais são elementos de enorme potencial para o início de crises financeiras.

O foco deste Projeto de Lei é propor a criação do Programa de Proteção Econômica, cujo objetivo é preservar a economia de uma depressão, que seria inevitável em caso de falências em cadeia no setor produtivo e no setor bancário. A quebra do nível de atividade, que atinge um sem número de empresas e governos, tem que ser enfrentada com a expansão do crédito e a manutenção de mínima normalidade institucional nas relações econômicas entre agentes privados, e entre estes e o Poder Público.

Fazer chegar o crédito às unidades econômicas, de forma a impedir que as cadeias produtivas se desorganizem é o objetivo último da proposta aqui apresentada, protegendo tanto as empresas, como os seus empregados. Mais além, a proposta se utiliza de um mecanismo que impede que os balanços bancários tenham que assumir o risco das operações de crédito. Em verdade, os Fundos de Recuperação Econômica (FRE) serão os credores das empresas e terão como único investidor, indiretamente, o Tesouro Nacional.

Os recursos às empresas serão providos pelo Fundo Especial do Tesouro Nacional (FETN), o qual, por intermédio do Fundo de Crédito Emergencial (FCE), fará chegar os recursos aos Fundos de Recuperação Econômica (FRE). Por fim, as empresas emitirão Notas de Crédito de Recuperação Econômica (NCRE) ou outros valores mobiliários autorizados pelo Conselho Monetário Nacional, os quais serão adquiridos pelos Fundos de Recuperação Econômica, que os manterão em suas carteiras de ativos.

Como a agilidade é fator crucial na crise, as empresas poderão emitir Notas de Crédito de Recuperação Econômica, título de operacionalização bastante simplificada, para o pagamento de suas folhas salariais, tributos, contribuições sociais, água, esgoto, energia e combustíveis. Ademais, as NCRE têm uma grande abrangência no universo empresarial uma vez que podem ser emitidas por qualquer empresa. As debêntures, além de só poderem ser emitidas por sociedades anônimas, exigem formalidades que tornam demorada e custosa a sua emissão, sendo um título mais adequado para ser utilizado no apoio a grandes empresas.

A operação será garantida pelo Fundo Especial do Tesouro Nacional, e deverá ser paga pelas empresas em 36 parcelas mensais e consecutivas, após o período de carência de 8 meses. A taxa de juros da operação será a Selic, acrescida de uma pequena taxa de administração e de uma taxa para formação do fundo garantidor às operações do programa. Com isso, o custo do crédito será muito inferior ao que geralmente é vigente em crises econômicas.

O crédito viabilizará que as empresas mantenham tanto a produção quanto à normalidade de suas operações mais gerais, como os pagamentos de tributos e serviços básicos. Dessa forma, a economia se manterá estruturada para que a retomada seja possível, a partir da melhoria das condições sanitárias.

O Tesouro Nacional criará e aportará recursos ao Fundo Especial do Tesouro Nacional. Pela proposta, os recursos deverão ser majoritariamente captados no mercado de aplicações de curto prazo, pela emissão de LFT-G, série especial de Letra Financeira do Tesouro. A emissão da LFT-G será restrita ao período de duração do atual Estado de Calamidade Pública, e possibilitará uma melhor divisão entre a evolução normal da dívida pública e aquela decorrente dos custos de enfrentamento à crise.

O Fundo Especial do Tesouro Nacional será cotista único do Fundo de Crédito Emergencial. De posse dos recursos monetários, o Fundo de Crédito Emergencial irá adquirir cotas dos Fundos de Recuperação Econômica, que, assim, terão recursos para adquirir as Notas de Crédito de Recuperação Econômica, ou outros valores mobiliários, emitidos pelas empresas. Na prática, o Fundo de Crédito Emergencial ao adquirir as cotas emitidas pelos FRE, garante recursos para que os FRE financiem as empresas emissoras de NCRE ou de outros valores mobiliários. Vale notar que o Tesouro não terá gastos com o PPE, mas mobilizará recursos passando a ser cotista dos fundos de crédito (os FRE), ou seja, tornando-se credor de empresas privadas.

No sentido de atender às empresas de menor porte, as contratantes obrigatoriamente receberão mensalmente os recursos via Instituições de Pagamento (empresas de adquirência), depois consolidadas na emissão das Notas de Crédito. Na prática, o crédito chegará às empresas menores na forma de um cartão de crédito. Em síntese, trata-se de um mecanismo simples e rápido para viabilizar que as empresas tenham acesso ao crédito, conferindo condições a elas para manter sua base de operações e seus compromissos tributários. Ao mesmo tempo, o Programa de Proteção Econômica garante o emprego de milhares de trabalhadores durante a fase mais intensa da crise sanitária.

Sala das Sessões, em 06 de maio de 2020.

Deputado **ACACIO FAVACHO**
PROS/AP

Deputado **GASTÃO VIEIRA**
PROS/MA

23. A Guerra para a Reconstrução da Economia Brasileira: Investimentos, Estados e novas Parcerias

JOSÉ ROBERTO AFONSO
MURILO FERREIRA VIANA
GERALDO BIASOTO JR.

Introdução

A pandemia internacional da Covid-19 traz um efeito devastador para a economia brasileira, talvez ainda mais do que no resto do mundo. A trajetória da economia cada vez mais se parece com a da saúde pública, em que o País lamentavelmente caminhou (até por opção própria) para se tornar epicentro mundial da doença.

O coronavírus encontrou no Brasil uma economia que já sofria de baixo crescimento, que não conseguia recuperar as perdas com a recessão de 2014, e que não conseguia equacionar e sequer enfrentar ordenamento seus históricos problemas estruturais. Paradoxalmente, a política econômica fora negligenciada em troca de concentrar esforços em reformas cujas propostas miravam formas ultrapassadas.

Embora os últimos anos da economia mundial sejam marcados pelo crescimento desigual e descontínuo, as evidências não autorizam dizer que o ambiente internacional seja mais perverso para o desenvolvimento de países de menor tradição capitalista. Diversos exemplos evidenciam que o mercado mundial é mais permeável à inserção de novos *players*, como foi o caso da China, da Índia, da Coréia e de vários países asiáticos.

Muito mais do que o mercado ou o capitalismo mundial, as raízes das dificuldades em reorganizar uma trajetória de desenvolvimento passam por um ingrediente essencial da montagem dos padrões de crescimento, desde o final do século XIX: o padrão de inserção estatal na montagem da estrutura de financiamento ao investimento.

A atual crise sanitária, no entanto, produziu uma espécie de aceleração do tempo que faz com que o Brasil passe a enfrentar todos os seus fantasmas de uma só vez. A frágil dinâmica industrial agora se defronta, também, com um mercado consumidor em depressão. O mercado de trabalho que há anos compensava a perda de postos de trabalho qualificados com trabalho informal e empregos em serviços, passou a encarar a pandemia com enormes perdas nestes segmentos.

Mesmo sendo acusada de ser das economias mais fechadas, o seu crescimento se tornou dependente de commodities de exportação. As perspectivas do país são ainda mais sombrias. Falta dinâmica e inovação à indústria, a infraestrutura continua sucateada e, agora, até o mercado consumidor parece ser destinado a uma queda secular.

Se a validade da presença do Estado ainda podia ser objeto de controvérsia, antes da pandemia, a sua ausência, agora, parece representar um compromisso com a estagnação continuada e o declínio de nossa importância na economia mundial.

Há muito a fazer para que a economia brasileira consiga reencontrar o caminho do crescimento e da inserção favorável nos fluxos financeiros e comerciais do mercado mundial. Da eficiência da infraestrutura à capacidade de inovação, da estrutura urbana à educação, da redução das desigualdades às políticas de saúde, do cuidado com o meio ambiente à matriz energética, não faltam desafios para que o País consiga entrar no caminho do crescimento equilibrado.

O presente capítulo busca refletir sobre o reordenamento do padrão de financiamento e de realização ao investimento público na economia brasileira, sem provocar distorções alocativas ou tensões nas políticas monetária e fiscal.

Vale ter presente, que, quando falamos investimento público, no contexto brasileiro, é necessário ter em mente que a história da singular relação entre Estado e economia carrega uma carga adicional de entraves e limites à ação das forças de mercado verificada em outras economias. Tendo assumido tarefas de organização de investimentos e setores cruciais para o desenvolvimento da estrutura produtiva, o Estado acabou por ter uma inserção muito presente, sobretudo para grandes projetos de infraestrutura, mesmo quando conduzidos pelo setor privado. Este enfrenta aqui muito mais risco regulatório do que em outros países.

A estrutura deste capítulo compreende seis seções. A primeira, procura descrever, em seus traços gerais, a importância das articulações e da presença efetiva do Estado no processo econômico e sua vigorosa intervenção em diversos mercados e na estruturação da economia. A segunda seção busca identificar as lacunas abertas nos anos de baixo crescimento, em que a fragilidade do Estado dificultou a construção de um novo padrão de crescimento. Já a terceira trata do esgarçamento das relações entre o setor público e o setor privado, enfatizando a problemática da reorganização de suas interfaces num novo contexto econômico. A quarta seção recorre aos pensamentos de Keynes em busca de bases para articulação entre o público e o privado e das ações de suporte à redução do risco embutido na imobilização de capital e na alavancagem de recursos financeiros para o investimento. A quinta relaciona grandes entraves identificados nas principais obras públicas dos últimos anos. Na sexta, são delineadas novas formas de estruturação do financiamento, com participação estatal, mas num ambiente marcado pela parceria com o setor privado, com especial atenção para a remontagem do padrão de financiamento ao investimento, centrado nas instituições públicas com a mobilização de capitais do conjunto da economia e dos fluxos de capital externo. Ao final, é proposto ao debate uma nova peça institucional do arcabouço das finanças públicas brasileiras: o orçamento de guerra da reconstrução econômica.

1. Um Estado Onipresente

A história da economia brasileira foi caracterizada pela inserção do Estado, tanto no processo produtivo quanto no campo institucional e regulatório. No início do século XX como condutor das políticas de valorização do café. Mais tarde, na função de agente estruturador do sistema tributário, o mercado de capitais e o sistema bancário, nos anos sessenta e setenta. O Estado brasileiro não foi apenas um participante do desenvolvimento, mas formulou e lançou as bases do capitalismo brasileiro contemporâneo.

A presença do Estado na economia brasileira é um elemento constitutivo do desenvolvimento capitalista. A dicotomia entre Estado e dinâmica econômica do setor privado é estranha à história da economia brasileira. Este ponto é fundamental, dado que as relações das várias instâncias do aparelho de Estado com o mundo privado ganham concretude dentro da própria formação dos mercados, da estrutura produtiva e das relações de classe. O movimento das estruturas públicas e das contas fiscais, somente pode ser entendido dentro deste contexto.

Pelo menos desde os anos trinta, o Estado brasileiro passou a assumir papel ativo na regulação da economia nacional. Neste período, a defesa da participação do Estado na organização da sociedade e na construção da economia nacional passou a ser uma opção das camadas empresariais. Ao mesmo tempo, uma burocracia especializada começou a centralizar e normatizar as principais áreas da atividade econômica, dando ao sistema uma racionalidade excepcional para uma economia marcada pelo atraso na constituição das classes e dos mercados. Os códigos que regulamentaram os serviços de utilidade pública, os planos para transporte e energia, a legislação trabalhista e de intervenção no mercado de trabalho e o planejamento setorial foram os primeiros frutos gerados por esta burocracia.

Em consequência da atuação estruturante do Estado e de sua burocracia, a economia brasileira, no início dos anos cinquenta, era dotada de grande capacidade de intervenção no sentido de materializar o projeto desenvolvimentista. Econômica e ideologicamente, o segundo Governo Vargas cuidou de desbloquear os pontos de estrangulamento que barravam a industrialização. O Estado estruturou um sistema público de financiamento ao investimento, baseado na mobilização de recursos oriundos de empréstimos compulsórios e fundos vinculados administrados pelo Banco Nacional de Desenvolvimento Econômico (BNDE), criado em 1952. Em direção semelhante atuou a introdução da Instrução 70 da Superintendência da Moeda e do Crédito (SUMOC), que estabeleceu uma política de importações baseada num sistema de alíquotas diferenciadas por produtos, produzindo a geração de um subsídio de alguns setores importadores para outros através dos preços da moeda externa. Por fim, com a criação da Petrobras, maior síntese do ideário nacional-desenvolvimentista, aumentou enormemente a alavancagem do Estado na atividade econômica e seu impacto na cadeia produtiva, especialmente através da política seletiva de compras[440].

Durante o Governo Juscelino Kubistchek, a grande capacidade de articulação de capitais detida pelo Estado pode ser realmente sentida.

---

[440] Ver: DRAIBE, S. M., 1985, capítulo 3.

Através dos grupos executivos ganharam maior força as relações entre o público e o privado, mediadas pela burocracia pública no desenho e na efetiva implementação das políticas setoriais. O poder de articulação do Estado ia além da demarcação dos espaços produtivos a serem ocupados para cuidar da distribuição dos espaços entre os capitais privado nacional, privado internacional e estatal. Como resultado, o boom industrial, financiado pelo capital estrangeiro e pelo investimento estatal, levaram a uma enorme alteração do perfil da estrutura industrial brasileira. Note-se que somente a participação estatal na formação bruta de capital fixo saltou de 3,1% para 8,2% do PIB, entre o início e o final do período[441].

As reformas dos anos sessenta levaram o Estado a ter um potencial intervencionista jamais visto na história brasileira. A reorganização institucional, em suas várias dimensões, propiciou ao Estado alcançar um novo patamar em sua tarefa de mobilizar recursos dispersos na economia, constituir mercados e se introduzir diretamente na produção de um número expressivo de bens e serviços. A disforme institucionalidade das décadas anteriores, montada ao sabor das necessidades, assumiu características completamente distintas. Escudadas no regime de força, implantado em 1964, as autoridades econômicas levaram a cabo grande parte dos projetos para dotar a economia de um arcabouço institucional capitalista.[442]

Nessa assentada, quatro grandes reformas podem ser elencadas entre os alicerces do milagre econômico dos anos setenta. A primeira delas foi a reforma tributária, que modernizou a forma de recolher recursos para a ação estatal, incrementou a carga tributária a níveis inéditos e deu condições ao Estado para promover a canalização de recursos na ausên-

---

[441] O melhor exemplo do sucesso deste tipo de articulação pode ser dado pela configuração assumida pela indústria automobilística: capital internacional nas montadoras, capital nacional nas autopeças e o Estado no suprimento de insumos básicos (CSN e PETROBRAS) e na construção da infraestrutura básica rodoviária. Ver: Fiori (1993). Ver também: Dain, S.; Lessa (1982).

[442] A ideia de fuga para a frente se refere à reorganização das instituições e instrumentos de ação estatal, sem questionamento dos pilares de sustentação do pacto desenvolvimentista. No equacionamento da crise dos anos sessenta, o arranjo que permitiu a utilização de crédito externo é um ótimo exemplo da forma típica de encaminhamento promovida pelo Estado do pacto. Ver: Fiori (1993).

cia de um sistema bancário maduro. Em um País onde o espaço fiscal se confunde com o próprio espaço econômico, a questão tributária não poderia se limitar à readequação dos tributos[443]. Ao contrário, dali nasceram poderosos elementos de captação de poupanças que passaram a fluir através de instituições públicas. O Fundo de Garantia por Tempo de Serviço (FGTS) foi o grande instrumento de captura de recursos, para aplicação em investimentos em saneamento básico e habitação, através do Banco Nacional de Habitação (BNH)[444]. Posteriormente, em 1970, um novo encargo social, o PIS, viria a se somar à formação de poupança compulsória e à mobilização de recursos para financiar investimentos produtivos, agora através do BNDE.

Um segundo bloco de reformas teve lugar na própria estrutura da administração pública, de modo a viabilizar uma enorme transformação da ação e da intervenção pública. Inúmeros segmentos da antiga administração direta ganharam autonomia operacional similares às empresas privadas, passando a ter a mesma racionalidade que as unidades empresariais. Visou-se implantar algo semelhante às leis de mercado na esfera pública. Através do Decreto n. 200, de 1967, a administração pública se descentralizou e pode assumir a forma jurídica de sociedade de economia mista ou empresa pública, fugindo aos entraves colocados pelas regras orçamentárias e financeiras que se colocavam sobre a administração direta.[445]

Os principais efeitos dessas mudanças podem ser divididos em dois campos. Do ponto de vista macroeconômico, o conjunto da administração descentralizada passou a ter acesso ao crédito interno e externo. Deste modo, rompeu-se o limite dado pelo Congresso, através das leis

---

[443] Para uma análise aprofundada sobre a relação entre o sistema tributário de 1966 e a dinâmica da economia ver: OLIVEIRA (1991), cap. 3.

[444] O FGTS recolhia recursos depositados mensalmente pelos empregadores em contas individualizadas de trabalhadores que, em caso de demissão ou aquisição de imóvel próprio poderiam retirar os recursos. Desta forma, recursos que, de outra forma ficariam dispersos nas mãos dos empregadores passavam a ser canalizados para as aplicações do BNH.

[445] Note-se que a Constituição de 1969 reforçou a autonomização da administração indireta ao estipular a presença no Orçamento apenas das entidades recebedoras de transferências e subvenções orçamentárias, mesmo assim, na forma de dotações globais. Ver Mussi, C. H. F.; Silva, P. F. (1992).

orçamentárias, à expansão do endividamento e, por consequência, do gasto. Do ponto de vista da organização do Estado, os interesses da burocracia pública se fragmentaram setorialmente. As burocracias estatais, em estreita relação com os setores aos quais estavam vinculadas suas agências e entidades, passaram a verbalizar prioritariamente os interesses do segmento privado, confundindo as relações público-privadas.[446]

O terceiro grande segmento das reformas foi a estruturação das instituições e do sistema financeiro. As reformas neste campo se deram por quatro vias. A primeira foi a segmentação dos mercados e das instituições de crédito e captação de recursos financeiros por atribuições definidas. Desta forma, incrementou-se a oferta de crédito ao consumidor através das financeiras e a disponibilidade de recursos para a construção civil, através das associações de poupança e empréstimos, cujo mecanismo de captação era exatamente o mais popular: a caderneta de poupança. A segunda via foi a criação do mercado monetário, calcado em títulos de emissão governamental, que passou a dar substância aos negócios e à relação entre as instituições no mercado em formação. A terceira via foi a criação da Obrigação Reajustável do Tesouro Nacional (ORTN), justamente por sua característica de oferecer um papel com correção monetária e balizamento às aplicações de maior prazo. A quarta via foi a regulamentação da captação de empréstimos em moeda estrangeira, junto a fontes externas, realizada através da Lei n. 4.131, de 1964. Note-se, também que a criação do Banco Central do Brasil (BCB), que substituiu a SUMOC.

Por fim, a quarta das grandes reformas ocorridas em meados dos anos sessenta refere-se ao mercado de câmbio. A política cambial inaugurada com a criação do BCB manteve o monopólio cambial vivido nas décadas anteriores. As Autoridades Monetárias seguiram sendo canal obrigatório para as transações entre a moeda nacional e as moedas externas, tanto na esfera comercial quanto na financeira. A introdução da política de minidesvalorizações deu aos agentes econômicos conhecimento da regra cambial, que poderia ser sintetizada na desvalorização frente ao dólar pelo diferencial entre a inflação brasileira e a americana.

---

[446] Este processo foi descrito como feudalização do setor público. Ver: MARTINS, L. (1985).

2. Esgarçamento das Relações Público-Privadas

A intervenção estatal, a partir dos anos oitenta, se tornou a uma forma de antítese da realidade do período anterior. Ao invés de ditar o processo de desenvolvimento e dar os parâmetros e diretrizes para a inserção privada no desenvolvimento, o Estado utilizou seus instrumentos de intervenção para a execução do ajustamento à nova realidade. O antes inquestionável aparato intervencionista passa a ser um entrave. Embora as estruturas institucionais seguissem existindo, já não geravam os efeitos dinâmicos na economia.

A análise da execução da política fiscal nos últimos trinta anos mostra alguns traços permanentes, conquanto tenham sido vividos momentos de caráter expansionista e restritivo. Estes traços permanentes podem ser sintetizados em dois aspectos:

- desmoronou a capacidade de iniciativa governamental, típica do padrão histórico de desenvolvimento *state led*, onde instrumentos parafiscais acabavam produzindo os recursos a serem mobilizados para cumprir as tarefas mais imediatas da agenda desenvolvimentista; e
- a racionalidade da estruturação do Estado, montada nos anos sessenta e setenta, esgotou-se em suas várias dimensões, especialmente no que tange à capacidade de mobilização de poupanças.

A condução da política fiscal foi marcada pela absoluta supremacia da administração de caixa. Nela, a racionalidade da receita pública e a execução de despesa com planejamento e objetivos definidos foram, sempre, objetivos secundários frente ao compromisso primordial com o superávit primário.

É fundamental notar que a questão fiscal, embora central em toda a discussão sobre a crise brasileira, deu lugar a inúmeros movimentos contraditórios no âmbito da política econômica. O processo de ajustamento conduziu os instrumentos de intervenção estatal à esterilidade, do ponto de vista de sua capacidade de impulsionar a economia. As diversas ferramentas que estruturaram a economia brasileira contemporânea esgotaram sua capacidade de ação, aprofundando a desestruturação do padrão de intervenção estatal.[447]

Na ausência de uma perspectiva que leve em conta as relações público--privadas transformadas pelo desenvolvimento, a tônica geral da presença do Estado foi seu confinamento ao aspecto orçamentário, sempre com o direcionamento ao equilíbrio e do controle dos gastos. As resistências às mudanças, no sentido da manutenção de padrões de gasto ampliado, foram fortes. Mas, mesmo estas, já não podem ser caracterizadas como defesa de uma forma de inserção estatal. Podem ser melhor caracterizadas como forças do tipo parasitárias, no melhor estilo das teorias de *rent seeking*.

Em verdade, uma análise da política fiscal das últimas três décadas indica um significativo processo de falsificação dos temas relevantes. Talvez o melhor exemplo seja a decomposição e o descontrole das fontes de financiamento do Estado. A dívida pública deixou de ser o lastro usado para formação do mercado financeiro, e a última barreira contra a fuga para moedas estrangeiras, para ser tomada como indicador dos desequilíbrios passados nas contas do setor público. Note-se que a própria taxa de juros, preço macroeconômico fundamental na condução da política econômica, passa a ser tratada apenas como o prêmio de risco aos agentes que carregam a dívida mobiliária.

A questão do deficit público (focado no resultado primário) foi o mais claro exemplo da dificuldade em lidar com as contas do Estado brasileiro. Os anos setenta simplesmente não tomaram conhecimento do tema, a não ser no final do período, onde o recrudescimento do processo inflacionário deu lugar ao início de seu questionamento. Ao contrário, nos anos oitenta, o esforço, dirigido a princípio pela pressão exercida pelo Fundo Monetário Internacional (FMI), em medir e controlar o deficit, foi ponto essencial nas agendas de todas as diversas equipes econômicas[448].

Nesta perspectiva, é crucial ressaltar o caráter singular da interpenetração entre os domínios cambial, creditício e fiscal, todos inseridos na estruturação das Autoridades Monetárias. Estas últimas, detentoras, a um só tempo, do monopólio do câmbio, de uma ampla parcela da deter-

---

[447] Ver BIASOTO (2006).
[448] Ver JALORETTO (2009).

minação do crédito global da economia, da gestão da dívida mobiliária e dos passivos em moeda estrangeira, além de uma expressiva parcela das políticas fiscais. De outro lado, a construção do conceito de déficit, inspirado pelo FMI, implicou uma visão reconcentrada do aparato estatal, diametralmente oposta à descentralização movida pela reforma administrativa dos anos sessenta. Todo o processo de extroversão ocorrido com o aparelho estatal reverteu-se numa centralização do conjunto de entidades e instrumentos em torno do Tesouro Nacional, o que quase eliminou sua capacidade propulsora de iniciativas estatais.

Essa centralização, no entanto, se deu apenas do ponto de vista da capacidade financeira de ação destas entidades. A lógica do processo de descentralização, ao embutir a ideia de intervenção nos mercados e setores específicos, levou à problematização de um dos traços característicos do Estado no capitalismo, qual seja, a dificuldade em delimitar as relações público-privadas. No caso brasileiro, a natureza da ação estatal, que se encarregou de estruturar o próprio capitalismo, colocou condições ainda mais complexas. As reformas realizadas nos anos sessenta estabeleceram uma ótica privada à atuação das entidades descentralizadas e das empresas estatais, o que, no entanto, transformou-se no fracionamento do setor público em interesses de segmentos específicos, na maior parte das vezes atuando apenas como caixa de ressonância dos interesses privados relacionados ao setor.

A emergência do deficit público como tema básico das políticas econômicas de estabilização reflete-se na revisão do formato macroeconômico da intervenção estatal. Muito mais que a definição de uma variável da política macroeconômica, a questão do déficit revela uma nova postura sobre a participação estatal na economia. A controvérsia sobre as contas públicas, que ganhou grande evidência ao final de 2014, mostrou as enormes dificuldades técnicas para discutir o tema em seu caráter primordialmente de capacidade de comando sobre a máquina pública. A descrença na sua metodologia e nas estatísticas, com o temor quanto à manipulação dos seus números, sobrepôs-se ao caráter macroeconômico.

O papel cumprido pelo deficit parece ter sido muito distinto dos que lhe são atribuídos pelas teses conservadoras. O déficit passou a ser percebido pelo conjunto dos agentes econômicos como um índice do processo de desagregação do Estado enquanto condutor do desenvolvimento. O esgotamento do padrão de financiamento estatal acabou produzindo uma realidade que condicionou a própria escolha da variável mais utilizada para medir o deficit: o conceito de Necessidades de Financiamento do Setor Público Não Financeiro (NFSP), cujo principal atributo é o de medir o desequilíbrio das contas públicas, através das fontes de crédito. Este passou a ser o conceito relevante para a crise financeira do Estado.

A análise dos resultados das contas públicas, sintetizado pelos números do deficit público e do superavit primário, não indica uma desestruturação que possa explicar todo o peso da crise do Estado na crise brasileira. As demandas postas para o Estado multiplicaram-se com a emergência de políticas sociais para os menos favorecidos, com a obrigação de atendimento às classes médias urbanas e com a crescente debilidade do aparelho produtivo nacional. Na verdade, embora grande parte das demandas não seja atendida, em decorrência do controle do fluxo de caixa, a tensão sobre as contas públicas é permanente.

Os elementos acima expostos indicam que a economia brasileira viveu um processo de deterioração fiscal. Mas a mera afirmação disto é como reduzir o problema apenas à sua expressão mais visível. Em verdade, a economia brasileira vive uma crise de grandes proporções no que toca a seu padrão de intervenção estatal. Para qualquer economia capitalista, isto já seria um grande obstáculo ao crescimento e ao desenvolvimento de sua estrutura produtiva e social. Para uma economia que teve no Estado sua mola propulsora, dentro de um padrão do tipo *state-led*, esta é uma questão central na paralisia de sua dinâmica.

Em economias com a inserção estatal do tipo da que caracteriza a brasileira, uma forma de rompimento do padrão de intervenção estatal não significa apenas a paralisia da ação do governo. Ao contrário, a importância das condições de regulação de mercados, os formatos institucionais, o sistema tributário e o gasto público são de tão cruciais para as decisões privadas que estas enfrentam paralisação da mesma magnitude que a estatal. Vale dizer, a crise do Estado e de sua capacidade de intervenção é refletida na paralisia das decisões privadas.

Necessário enfatizar que este processo abarca o conjunto da ação estatal, seja no que concerne ao gasto público, seja no campo da regulação. Mas dois aspectos foram atingidos de maneira mais intensa. O primeiro é o investimento público, comprimido entre as dificuldades na redução das despesas de pessoal e custeio da máquina pública e pela necessidade de obtenção de resultados superavitários. O segundo é o financiamento ao investimento, tanto o público como o privado, onde as estruturas herdadas do final do século passado não foram da modernização requerida, especialmente na adaptação aos novos formatos de ativos e posições patrimoniais próprios do capitalismo atual e da abertura aos fluxos financeiros externos.

3. A Certeza da Incerteza na Economia

A obra do economista britânico John Maynard Keynes talvez tenha como marca mais profunda a vinculação entre a economia, no seu movimento real, e o cumprimento de suas tarefas em propiciar à sociedade as melhores condições de emprego, renda e equidade. Por isso, introduziu o Estado como uma espécie de elemento externo ao processo da economia, que tanto pode criar e estimular demanda independente do que decidem os demais agentes, quanto pode atuar como mediador e articulador das relações privadas (empresas e indivíduos).

Ao contrário do apregoado pelos ditos keynesianos ou outros analistas, a leitura original de Keynes mostra o Estado como elemento dinâmico da economia, não como agente centralizador (ou até monopolista) de decisões, mas como elemento ativo de um processo de múltiplos agentes. Isso nunca significou para Keynes uma restrição ao papel dos agentes privados, como deixou bem claro no seguinte trecho da Teoria Geral[449]:

> As implicações da teoria exposta nas páginas precedentes são, a outros respeitos, razoavelmente conservadoras. Embora essa teoria indique ser de importância vital o estabelecimento de certos controles sobre atividades que hoje são confiadas, em sua maioria, à iniciativa privada, há muitas outras áreas que permanecem sem interferência (KEYNES, 1996, p. 345).

Se presença privada não foi negada por Keynes, não é menos verdade que ele teorizou sobre os seus limites – incapaz de dar consequência a toda a necessidade de investimento que levaria até a uma situação de

---

[449] Para uma discussão mais aprofundada deste ponto ver o tópico 1.2.4 (superioridade do investimento público) em: Afonso (2010), capítulo 4.

proximidade ao pleno emprego. Ele surpreendeu ao recorrer ao termo **socialização do investimento**, mas não para tratar de uma intervenção estatal que avocaria ou substituiria as decisões da sociedade. O objetivo do Keynes era reduzir as incertezas da imobilização da riqueza que o investimento necessariamente implica, a saber:

> [...] parece improvável que a influência da política bancária sobre a taxa de juros seja suficiente por si mesma para determinar um volume de investimento ótimo. Eu entendo, portanto, que uma socialização algo ampla dos investimentos será o único meio de assegurar uma situação aproximada de pleno emprego, embora isso não implique a necessidade de excluir ajustes e fórmulas de toda a espécie que permitam ao Estado cooperar com a iniciativa privada. Mas, fora disso, não se vê nenhuma razão evidente que justifique um socialismo do Estado abrangendo a maior parte da vida econômica da nação (KEYNES, 1996, p. 345).

Keynes não recorria à ideologia para tratar de predominância pública ou privada na economia. O seu foco primordial era realmente a capacidade das políticas públicas em manter a economia em nível próximo ao pleno emprego, sendo a dita intervenção estatal apenas um instrumento. Havia um temor de que a tendência a exacerbação da incerteza frente à mobilização de capitais, cada vez mais expressivos, fosse um indutor de uma lógica de socialização do investimento:

> Não é a propriedade dos meios de produção que convém ao Estado assumir. Se o Estado for capaz de determinar o montante agregado dos recursos destinados a aumentar esses meios e a taxa básica de remuneração aos seus detentores, terá realizado o que lhe compete. Ademais, as medidas necessárias de socialização podem ser introduzidas gradualmente sem afetar as tradições generalizadas da sociedade" (KEYNES, 1996, p.345).

Não há dúvida de que Keynes reservava um espaço para a atuação estatal e não era apenas aquele necessário para evitar a crise ou atenuar a retração cíclica. A importância do investimento governamental cresceu nos anos quarenta, já mais distante do rescaldo da sobreacumulação de capital do final dos anos vinte. Keynes explicita sua prioridade ao investimento dentre as formas de gastos públicos em carta escrita para Josiah Wedgwood, em julho de 1943:

> Surge então a pergunta, porque hei de preferir uma escala pesada de investimento para aumentar o consumo. Minha principal razão para isso é não crer que tenhamos ainda atingido nada parecido com o ponto de saturação de capital. Seria interessante para o padrão de vida a longo prazo que aumentássemos materialmente nosso capital. Depois de vinte anos de investimento em larga escala eu esperaria ter de mudar de ideia. Até nesse meio tempo a questão é de grau. Mas por certo nos primeiros dez anos após a guerra – eu esperaria mais dez depois disso – não seria do interesse da comunidade incentivar maiores gastos com comida e bebida às expensas de gastos com a habitação. Pois, de um modo geral, este seria o resultado (KEYNES, 1980, p.102).

A dinâmica capitalista é uma sequência de movimentos onde as estruturas e instituições nascem, florescem e entram em colapso, até que sejam recuperadas ou reorganizadas pelo Estado. Este funciona como um catalisador dos distintos interesses, cuja eficiência está em função da capacidade de negociação e articulação com os distintos atores econômicos e sociais. Esta abordagem foi assim melhor explicitada por Hyman Minsky:

> The New Deal restructuring of capitalism created institutions that contained uncertainty. The evolution of the economy has decreased the effectiveness of the New Deal reforms, and money manger capitalism has radically increased uncertainty. The creation of new economic institutions that constrain the impact of uncertainty is necessary (MINSKY, 1996, p. 359).

Instituições são cada vez mais importantes no capitalismo contemporâneo, especialmente porque a grande questão da mobilização de recursos financeiros é o risco de capital envolvido. No mundo dos ativos, tanto os aplicadores quanto os tomadores têm que colocar imensa cautela na gestão de risco de suas posições ativas e passivas. Uma institucionalidade de formas mais sólidas é de grande valia para a mitigação dos riscos envolvidos

Se já era preciso o Estado para domar ou pacificar incertezas nos tempos de Keynes e Minsky, que dizer da atualidade. Em uma economia, sistema bancária e mercado de capitais, todos bem organizados, os elementos de risco podem ser permanentemente avaliados. Paradoxalmente, isto não evita as crises, que são inerentes ao ciclo e aos próprios circuitos financeiros nele inscritos, mas impede que o sistema alavanque recursos para crescimento. A necessidade de formas institucionais e entes que compatibilizem os prazos de ativos é muito bem apontada por Paula (2013):

> Embora a poupança seja criada simultaneamente com o investimento, isto não significa que ela se torna imediatamente e da forma apropriada disponível para consolidar as dívidas dos investidores. Ela pode, por exemplo, ser usada para comprar ativos de curto prazo, se a preferência pela liquidez dos agentes estiver aguçada e/ ou não houver instrumentos financeiros adequados para canalizar a poupança para ativos financeiros de longo prazo.[450]

Em uma economia como a brasileira, caracterizada por um sistema financeiro privado demasiado avesso aos riscos no longo prazo e pela forte presença do Estado no padrão de financiamento dos investimentos, as questões aqui postas se revelam ainda mais desafiadoras. É lógico que fundos públicos, BNDES e as outras instituições oficiais de crédito, seguirão tendo importância decisiva no financiamento do investimento. Não há dúvidas de que a mobilização de poupanças sempre terá uma arbitragem estatal decisiva para viabilização das pactuações de mercado. Mas não é menos verdade que a intervenção estatal num novo patamar de desenvolvimento capitalista exige novos instrumentos e reordenamentos institucionais relevantes.

Por décadas, especialmente no investimento em infraestrutura, a debilidade da institucionalidade do financiamento foi resolvida com a ação direta do Estado. Mas, na derrocada de sua capacidade financeira, a tentativa de entrega de tarefas ao setor privado foi realizada sem que um novo padrão de relações financeiras e institucionais fosse construído.

---

[450] PAULA (2013), p. 379.

A transferência ao setor privado não poderia deixar de mostrar seus limites. O problema de alavancagem de recursos apenas mudou do Estado para o parceiro privado. Na sequência, alguns elementos para a construção de um novo padrão de financiamento para o investimento são colocados, com ênfase numa mudança do papel do Estado que, de forma alguma, reduz sua importância.

4. Disfuncionalidades dos Investimentos Públicos

Os investimentos públicos e as parcerias entre o setor público e o privado têm experimentado grandes problemas nos últimos anos, afetando tanto sua realização quanto sua credibilidade. De acordo com relatório do TCU[451], no ano de 2018 havia, ao menos 38 mil contratos de obras públicas financiadas com recursos da União, cujo valor total de investimento previsto era da ordem de R$ 720 bilhões. Deste total, ao menos 14 mil contratos (R$ 144 bilhões) estavam paralisados.

Mesmo a Corte de Contas não conseguiu mapear a totalidade de obras públicas financiadas com recursos da União. Os dados sobre obras públicas estão pulverizados em uma infinidade de órgãos públicos, tendo sido impossível à equipe técnica de auditores consolidar a totalidade de obras existentes, inclusive as paralisadas.

São diversos os problemas básicos de gestão pública. Apesar de valores contratuais tão expressivos, superiores a 10% do PIB, as bases de dados sobre obras públicas não são minimamente integradas, além de possuírem graves inconsistências de informações. Isto se deve, entre outros motivos, à prática de lançamento de informações com excesso de subjetividade. Não por menos, o quadro apontado pelo TCU é de "diversas limitações em relação à disponibilidade, confiabilidade, completude, tempestividade e utilidade das informações".

Existe problema inclusive quanto à adoção do conceito de obra paralisada. Além de não se ter uma padronização do que se configura como tal, obras que simplesmente tenham o cronograma revisado, passam a ser consideradas "em andamento", ainda que não tenham sido nem mesmo reiniciadas.

---

[451] TC 011.196/2018-1

Como medida básica e fundamental para aperfeiçoar os mecanismos de transparência e de efetividade das obras públicas, o TCU recomendou a integração, aperfeiçoamento e padronização das bases de dados, com a constituição do chamado Cadastro Geral de Obras Públicas.

As principais causas de paralisação das obras públicas são: (i) contratação com base em projeto básico deficiente, inexistente ou desatualizado; (ii) insuficiência de recursos financeiros de contrapartida; e, (iii) dificuldades dos entes subnacionais em gerir os recursos recebidos.

Os problemas classificados como "técnicos" são apontados como a principal causa de paralisação de obras públicas. Das 2.914 obras do programa de aceleração do crescimento (PAC) paralisadas, 1.359 (47%) eram em decorrência de problemas técnicos, muitas vezes apresentados antes mesmo do início da obra, por problemas no projeto básico.

O relatório do Tribunal de Contas destacou que é comum a insuficiência de estudos prévios, o desinteresse e os pequenos prazos de elaboração dos projetos, contrastando à necessidade de correta avaliação de custo--benefício e de desenvolvimento de orçamentos realistas.

Apontou-se também que os prazos de planejamento e elaboração dos planos realizados são frequentemente inadequados em decorrência da falta de compatibilidade com o ciclos político-eleitorais, uma vez que o planejamento, desenvolvimento e avaliação de projetos de investimento demandam período de estudo, elaboração e maturação que pode levar anos. Também se constatou carência de pessoal especializado para elaborar e gerir projetos, conduzir contratos, elemento de particular dificuldade para milhares de prefeituras.

A realidade é que a análise de viabilidade técnica, econômica e ambiental, o planejamento de longo prazo e a tomada de decisão são realizados em um ambiente de precariedade – tanto de informações, quanto de capacidade técnica – o que, evidentemente, compromete seleção, controle, execução e entrega de obras com melhor retorno à sociedade.

Entre as recomendações de melhoria, o TCU destacou a importância de incentivos para que sejam criados consórcios intermunicipais com a finalidade de diminuir a desigualdade técnica e profissional entre os municípios menos favorecidos. Dessa forma, o maior requerimento de aperfeiçoamento da qualidade técnica dos projetos deve ser compatível também com a oferta de melhores condições para que estados/ municípios menores ou menos desenvolvidos possam apresentar seus projetos de forma competitiva, na busca de recursos financeiros da União. Para que esses entes sejam capazes de apresentar bons projetos, licitar e atender aos mais diversos e desejáveis critérios técnicos que se almejam que sejam exigidos quando da seleção de projetos para investimento público. Realidade muito diferente de hoje, já que, segundo o estudo, os entes federados mais ricos são justamente os que possuem maior facilidade de acesso aos recursos da União, dado que, entre outros motivos, eles conseguem elaborar melhores projetos e atender com mais facilidade as exigências requeridas.

Outra relevante causa de paralisação de obras públicas tem sido a insuficiência de recursos financeiros, com destaque às falhas de contrapartida por parte dos entes tomadores de recursos. Ou seja, os entes subnacionais apresentam dificuldades em honrar com seus respectivos compromissos financeiros (colaboração financeira) para a execução das obras públicas. Como efeito, o inadimplemento com os recursos do tomador (falha de contrapartida) é apresentado como importante fator gerador de rescisão contratual, o que se manifesta na consequente paralisação do investimento público.

Um dos motivos apontados é a dificuldade que os entes apresentam, especialmente os subnacionais, de fazerem planejamento orçamentário-financeiro para um horizonte mais longo, necessidade típica de investimentos públicos. É fato que graves problemas técnicos, na produção dos projetos dificulta ou mesmo inviabiliza qualquer projeção razoável de custo real da obra. Por outro lado, os entes subnacionais possuem menor grau de manobra para gerar fontes de receitas – inclusive por endividamento –, e estão mais suscetíveis a choques econômicos específicos. A queda da arrecadação corrente tende a comprometer a capacidade financeira necessária para honrar com os compromissos financeiros exigidos para a continuidade das obras.

Situação agravada pela manifestada má alocação dos compromissos financeiros entre os entes, no âmbito dos instrumentos de repasses de recursos da União. Isso porque, segundo o Tribunal de Contas da União (2018, p. 30):

[...] algumas regras padronizadas do processo de alocação dos recursos de cada ente (União/Entes Subnacionais), no âmbito do instrumento de repasse, tendem a agravar o risco de que haja insuficiência de recursos de contrapartida. Uma delas é a regra que prevê que os recursos alocados pela União não sofrerão aportes adicionais, seja em virtude de aditivos contratuais ou ajustes de projeto, seja em virtude da eventual necessidade de atualização monetária dos valores previstos. Nesse caso, o risco de acréscimo de valores fica por conta dos cofres municipal ou estadual, que sabidamente possuem menor capacidade financeira, e muitas vezes não conseguem arcar com o acréscimo, o que aumenta o risco geral de insucesso do empreendimento.

É importante ressaltar que, embora a regra de atribuição desse risco aos entes tomadores possa ter um papel de inibir a morosidade ou de incentivar que esses agentes atuem de forma mais célere, primando por projetos mais bem elaborados e com maior precisão das estimativas de custo, na prática, essa definição parece não estar surtindo o efeito indutor desejado, merecendo ajustes coordenados com outras ações que possam mitigar os riscos de atrasos na execução.

Conhecedor das dificuldades técnicas e financeiras recorrentes, o estudo apontou que os entes, em vez de reduzirem o número de contratos – buscando racionalizar o processo e a capacidade técnica e financeira –, fazem justamente o contrário, isto é: o baixo percentual de sucesso leva os entes, muitas vezes, a dar início a uma série elevada de empreendimentos, de maneira altamente ineficiente, de tal sorte que parte significativa dos projetos fiquem inacabados e se tornam passivos de longuíssimo duração. Concluindo o TCU (2018, p.30):

> Embora se reconheça que parte do problema esteja associada à queda de arrecadação verificada nos últimos anos, notadamente a partir de 2014, há uma parcela importante relacionada à insuficiência dos atuais instrumentos de orçamentação pública para suportar iniciativas de caráter plurianual, bem como a distorções no processo orçamentário, como superestimativas não fundamentadas da previsão de receitas, subestimativas de despesas obrigatórias, falhas na sistemática de registros dos compromissos assumidos, tudo isso associado a um baixo índice de responsabilização dos gestores que violam alguns dos mecanismos previstos para o adequado controle dos gastos

públicos. Todo esse contexto resulta na baixa confiabilidade das garantias fornecidas em relação à contrapartida e na evidente assunção de compromissos em montante superior à capacidade financeira do estado/município.

5. Reposicionamento Estatal

A última década colocou em xeque, de maneira radical, o estilo de intervenção que caracterizou o Estado brasileiro ao longo do último século. A questão vai muito além da capacidade de realização de investimentos públicos pela ação governamental. Estão em discussão o poder de mobilização de poupanças, a capacidade de arbitragem de conflitos pelo Estado e as estratégias de desenvolvimento. Todo processo expansivo carrega elementos de desequilíbrio nos campos real, financeiro e cambial. O próprio amadurecimento das estruturas econômicas e institucionais coloca limites ao movimento do Estado que não existiam quando o quadro nacional era do estilo *green field*. Mas isso não pode ser confundido com necessidade de ausência do Estado, mas deve ser entendido como demanda por uma nova forma de ação, agora mais centrada na gestão dos conflitos do que na intervenção direta.

Os limites à capacidade de ação do Estado, como agente articulador do processo de desenvolvimento, são crescentes à medida que a organização econômica ganha em complexidade e os canais financeiros ampliam sua profundidade e comunicação com as finanças globais, tanto no que toca ao sistema bancário, quanto no que tange à lógica financeira das empresas produtivas.

O desafio para o Estado recuperar protagonismo é muito maior neste contexto. Isto envolve instrumentos e instituições muito mais sofisticadas do que as utilizadas no passado. Isto significa mais do que ter poder de fogo para controlar o jogo especulativo: implica coordenar os interesses e agrupar um conjunto expressivo de atores econômicos, políticos e sociais em torno de conjunto de projetos específicos que tenha coerência e sustentabilidade macroeconômica. Em certo sentido, envolve expandir fronteiras do mercado conhecido.[452]

Logicamente, a tarefa de reordenar o padrão de intervenção estatal abarca múltiplas questões e tarefas e exige uma abordagem e discussão

---

[452] Mazzucato (2011).

muito mais ampla do que a realizada neste texto. Este se propõe a tratar ao menos de tarefas essenciais para a reorganização de um padrão de intervenção estatal no financiamento do investimento de interesse imediato da economia brasileira.[453]

5.1. As parcerias no investimento

O Estado sempre será elemento decisivo das decisões de investimento na economia brasileira: seja por sua capacidade de mobilização de recursos, seja por seu papel determinante na organização dos mercados e nas questões regulatórias, a presença estatal organiza o campo das decisões privadas. Mas esta constatação não implica que o país esteja condenado a investimentos ineficientes ou à prevalência do superávit primário contra a alocação de recursos para os investimentos públicos.

O primeiro passo nesta direção seria usar um ensinamento de Keynes sobre os orçamentos públicos: separar em duas partes o orçamento público traria a possibilidade de gerar dinâmicas específicas para, de um lado, agrupar as despesas correntes, como as de pessoal e demais custeios e, de outro, as despesas de capital, incluindo os investimentos[454]. Uma abordagem de política fiscal que contemple o conceito de demanda efetiva não pode deixar de considerar a diferença entre o custeio e o capital em suas inserções dinâmicas e no desenrolar do ciclo.

O investimento público compreende diversos tipos de intervenção, desde obras como construção de escolas e unidades básicas de saúde a grandes ações, como transposições de cursos hídricos ou ferrovias. Uma série destes investimentos tem um rito normal e absolutamente compatível com a execução orçamentária e procedimentos usuais da esfera pública. As grandes intervenções padecem, no entanto, de enorme insuficiência na observância destes ritos orçamentários e dos procedimentos relativos às compras realizadas pela administração direta.

O grande avanço, em termos de planejamento e execução, deve focar as intervenções públicas de grande magnitude. Um novo modo de articulação deve focalizar os projetos fundamentais para o desenvolvimento do país. Estes projetos necessitariam, para sua viabilização, da parceria

---

[453] Ver: BIASOTO, G.; AFONSO, J. R. (2013).
[454] KEYNES, J. M. (1980). Para uma discussão mais aprofundada, ver: AFONSO J. R. (2010).

financeira e técnica com o setor privado. Distintos formatos jurídicos são aplicáveis, seja no formato de concessão pura, seja no modelo de parcerias público-privadas (PPP), ou até variantes intermediárias entre os dois formatos básicos presentes na institucionalidade brasileira.

Nos dois casos, concessões ou PPP, os projetos poderiam ficar sob a responsabilidade de sociedades de propósito específico (SPEs), tanto com poder decisório público quanto privado. A questão do comando da parceria é essencial e, para tanto, cabe ampliar o conceito de parceria. Não é necessário que exista uma só empresa privada que assuma todo ônus de capital pelo empreendimento. Acolhendo a capacidade técnica de empresas (mesmo que estas não possuam a condição de capital compatível com a dimensão do investimento), são possíveis arranjos financeiros com participação de fundos, como o que mais tem sido construído no mercado de capitais nos últimos anos.

Uma dominância pública na composição do capital da SPE é aceitável, nos marcos da parceria, e seria elemento importante na viabilização de investimentos caracterizados por excessivo risco de demanda ou de construção. O caráter público é essencial porque amplia o leque de possiblidades de parcerias e gera a condição de assunção de riscos que, muitas vezes, o setor privado não tem condição de enfrentar.

Será decisiva a possibilidade de novos arranjos societários, onde a propriedade pública de um projeto é organizada sob um padrão privado. Em ações de grande vulto, a questão da governança na condução do projeto é crucial. Segregar os grandes projetos da lógica orçamentária geral, sempre refém do curto prazo e das pressões de caixa, garante que as expectativas dos mercados se organizem com vistas a seu sucesso, em contraposição à descrença das últimas décadas. Vale frisar, a empresa majoritariamente controlada pelo Estado deve ser dotada de governança e gestão características do mundo corporativo privado. Além disso, é necessário que sejam colocados limites muito claros à ingerência de elementos estranhos à realização do projeto com a melhor eficiência técnica[455].

---

[455] Nem é preciso dizer que os escândalos políticos e policiais brasileiros recentes depõe contra esse fator, o que só reforça a necessidade de mudanças institucionais, mas que já estão a caminho – caso da chamada lei de responsabilidade das estatais.

Ter o setor privado como sócio minoritário respeita ao duplo caráter da relação entre o mercado e o Estado. Riscos regulatórios, não passíveis de mensuração, travam diversos empreendimentos, dada a impossibilidade de mensuração de riscos, o que impede que seguro e crédito tenham base de cálculo. Tanto pelos prazos envolvidos na obtenção de licenças, quanto pelos riscos incorridos no período construtivo, projetos cruciais para o país simplesmente ficam inviabilizados. Uma forma derivada desta mesma questão, é o Estado incorrer em custos altíssimos pela transferência de riscos de difícil aferição, inerentes ao projeto, ao parceiro privado.[456]

A proposição aqui colocada é trocar a abordagem sobre os projetos, abandonando a velha diretiva de uma ação pública a fundo perdido e sem avaliação de seus impactos. Isso, em benefício de uma nova formatação, com identificação das taxas internas de retorno envolvidas em cada projeto. Logicamente, há projetos economicamente viáveis, segundo padrões de mercado, mas também há projetos com taxa interna de retorno inferior ao que seria aceitável para uma operação de mercado. No último caso, sua relevância para a economia, seus impactos econômicos e sociais indiretos positivos os legitimariam.

Há diversos tipos de intervenções ou empreendimentos a serem realizados. Em cada caso, as taxas de retorno são distintas. O mesmo se coloca para os riscos envolvidos nos investimentos, que são diferenciados, assim como os riscos de construção e operação. Esses projetos deveriam ter o novo desenho como base, tanto na formulação como na execução, desenvolvendo ações gerencialmente eficientes e financiáveis por instrumentos e instituições de mercado, em composição com recursos mobilizados pelo Estado.

Embora a complexidade das operações para a aplicação de recursos em PPP e concessões seja crescente, dado que a sofisticação dos projetos e estruturas de mobilização de recursos são singulares e envolvem

---

[456] Note-se que os riscos de difícil precificação tendem a ser sobre avaliados, o que torna diversos projetos de realização inviável por agentes privados. Este um dos maiores e mais apropriados sentidos de "socialização do investimento" numa acepção keynesiana do termo.

diferentes atores, tentaremos focalizar três problemas sempre presentes nessa temática.

O primeiro deles é a taxa interna de retorno (TIR). Deste ponto de vista, os projetos relevantes para o país poderiam ser caracterizados como de três ordens:

i) Projetos autossustentáveis, são aqueles que possuem geração interna de recursos ao próprio projeto, o que garante rentabilidade compatível com a aplicação de capital em condições de mercado. São projetos em que a geração de receitas frente aos compromissos de investimento e custos de operação proporcionam uma Taxa Interna de Retorno (TIR) compatível com o retorno esperado qualquer empreendimento.
ii) Projetos com elevado grau de incerteza acerca da sua condição de auto sustentabilidade. São projetos que têm possibilidades de produzir uma taxa de retorno adequada às perspectivas do mercado, mas cujas incertezas, em termos de receitas, custo do investimento ou despesas de operação, produzem dúvidas na ótica dos empreendedores e dificuldades na construção de adequadas estruturas de financiamento e seguro.
iii) Projetos com rentabilidade positiva, mas com expressivas dificuldades para alcançar uma taxa de retorno compatível com as perspectivas de investimentos privados. Nestes casos, a TIR é consistentemente inferior à taxa de mercado, ficando a realização do empreendimento na dependência de compensações provenientes do Estado. Estas seriam legitimadas pelas economias externas produzidas pelo projeto, em particular aqueles de grande interesse para a coletividade.

São distintas as formas e necessidades de intervenção para cada um dos tipos de projeto acima descritos. Os projetos "autossustentáveis" precisam apenas de adequados mecanismos de articulação para sua viabilização. Já os projetos com elevado grau de incerteza dependem de articulação e credibilidade política para que os capitais privados se sintam motivados. Por seu turno, os projetos com rentabilidade positiva, mas prejudicados por TIR baixa, merecem aportes efetivos de recursos públicos, no sentido de que sustentam e potencializam políticas de desenvolvimento econômico.

Pela ótica do orçamento público, a estruturação de operações público-privadas representa a potencialização das disponibilidades de recursos para o investimento, prejudicadas há décadas, em decorrência dos compromissos com o superávit primário, o custeio da máquina pública e os gastos sociais. O orçamento federal não tem conseguido ampliar os recursos para investimento. Chegar a 1% do PIB foi uma tarefa que envolveu grande dificuldade na primeira metade da década. Na vigência do teto constitucional de gastos, a distância ampliou-se ainda mais.

Uma breve estimativa da ampliação do investimento indica um potencial expressivo. Duas hipóteses de trabalho:

i) considerando a utilização de uma parcela de 0,4% do PIB, segregados dos atuais investimentos, para financiamento dos projetos aqui enfocados; e
ii) que os recursos públicos envolvidos nas parcerias fossem, em média, 25% do financiamento global dos projetos, incluída a parcela a fundo perdido para equalizar taxas de retorno esperado mais baixas que as aceitáveis pelo mercado.

A parcela dos investimentos alocada aos novos projetos, nesta projeção muito preliminar, pode chegar a montante de 1,6% do PIB. Somando esta parcela aos 0,6% do PIB, que seriam preservados sistemática tradicional da máquina pública, a União "comandaria" investimentos de cerca de 2,2% do PIB.

5.2. Financiamento do investimento

Um aspecto decisivo na construção de parcerias com o setor privado é a estrutura de financiamento dos projetos. A trajetória de expansão das PPP foi seguida por uma ampliação das fontes de recursos, mas isto se deu primordialmente através dos agentes públicos de crédito, notadamente Banco Nacional de Desenvolvimento Econômico e Social (BNDES) e Caixa Econômica Federal (CEF). No caso desta última, especialmente com recursos do FI-FGTS (Fundo de Investimento do FGTS), cuja gestão é exercida pela própria CEF.[457]

Na verdade, os problemas da estrutura de financiamento dos projetos se desdobram em duas questões. A primeira é a composição de financiamento de um projeto propriamente dita. Mesmo que existam recursos para o financiamento em geral, o projeto, quando focado isoladamente, não possui uma gama de alternativas de agentes financiadores que seja suficiente para diluir os riscos para cada um destes agentes. Ou seja, os poucos agentes que ofertam crédito têm a sua participação limitada nos projetos por uma questão de concentração de risco. Ocasionalmente, as empresas que participam das sociedades de propósito específico (SPE), constituídas para gerir as PPP, conseguem mobilizar outras fontes de recursos, que, pela própria natureza, são bem mais caros e oferecem incertezas muito expressivas no tocante ao acesso aos mesmos.

Um segundo tema relevante se faz presente: a oferta de crédito existente, em muitos casos, revela-se inacessível para parcela expressiva das empresas que participam dos processos licitatórios, visando a estruturação de PPP ou voltados a concessões públicas. Quando a empresa não pertence aos grandes grupos ligados a atividades de infraestrutura, as condições de acesso se tornam mais limitadas. Aumentam o tempo de negociação do crédito e os custos colaterais, o que resulta em dificuldades, por vezes intransponíveis, na estruturação do financiamento do empreendimento. Portanto, debilidades no acesso ao crédito de longo prazo prejudicam as condições concorrenciais e limitam a participação de empresas menores, embora tecnicamente habilitadas.

A avaliação de diversos processos de parceria conduzidos pelo Estado brasileiro poderia ensejar a crítica de que, muitas vezes, ao invés de uma parceria, houve uma simples transferência de um problema a terceiros. Empurrar um problema de Estado para um agente privado é um equívoco de grande magnitude. Ao contrário, dentro de uma estratégia de parcerias com o setor privado, o Estado tem que reforçar tarefas nobres, especialmente a de reorganizar as condições de mobilização de poupan-

---

[457] Criado pela Lei nº 11.491, de 20 de junho de 2007. Para uma discussão profunda sobre o tema da institucionalidade do financiamento via títulos de dívida corporativa, ver Torres; Macahyba (2012).

ças e o acesso dos investidores a recursos mobilizados pela via dos fundos financeiros.

A formação de um fundo público para participar na estrutura de financiamento dos empreendimentos prioritários seria uma forma de alavancar a realização de projetos. Sua função seria reduzir as dificuldades de estruturação financeira das operações e ampliar o leque de empreendedores com capacidade para organizar o *funding* de suas propostas na participação nos investimentos.

A criação de um Fundo de Investimento em Parcerias, com o objetivo de participar do capital na formação das Sociedades de Propósito Específico (SPE), constituídas para implementação das PPP e concessões públicas, poderia ser uma grande possibilidade de melhoria das condições de financiamento. Como visualmente identificado por meio do gráfico 28, esta participação seria previamente indicada, em valor monetário, em cada edital de licitação. Desta forma, os licitantes teriam, de antemão, o volume do aporte de capital pelo FIP. Alternativamente, o FIP poderia participar, pela compra de debentures, colaborando na composição dos recursos durante o período de construção, sempre o mais crítico na mobilização de recursos.

Gráfico 28 – FIP: fundos e aplicações

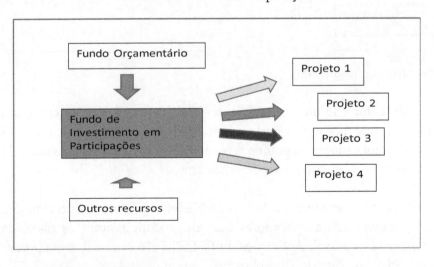

Fonte: Elaboração própria (2020).

Em cada projeto, a estrutura de financiamento pode se comportar de maneira diferenciada, tanto pelas especificidades do setor como pelas condições e perspectivas dos parceiros privados. O *mix* de recursos, em geral, contém os elementos identificados pelo gráfico 29: recursos tomados ao sistema bancário nacional, papéis colocados junto ao mercado e capital próprio dos controladores da SPE. O fato novo é a entrada do FIP na composição do *funding* do investimento, participando com recursos próprios. Em cada um dos projetos, a estrutura se diferencia em seu perfil, fato que responde às especificidades do projeto, características dos agentes controladores e mesmo à conjuntura do mercado financeiro quando da montagem da estruturação financeira do projeto.

Gráfico 29 – Estrutura de financiamento de projeto

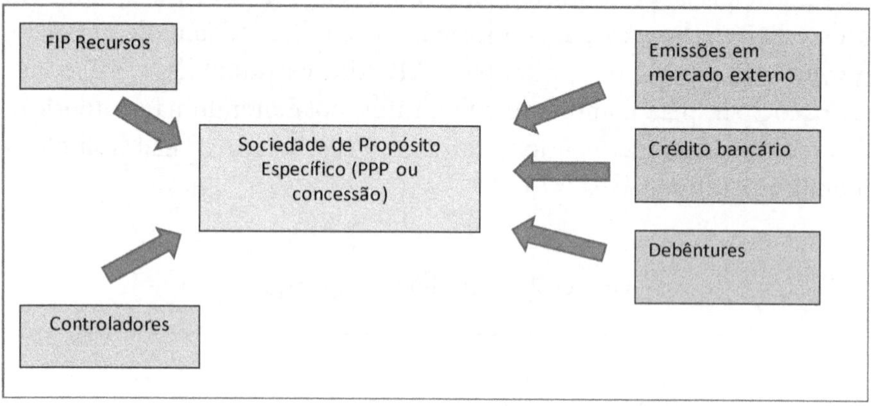

Fonte: Elaboração própria (2020).

Vale notar que uma estratégia de fundo de participações comporta diferenciação nas condições de rentabilidades e risco entre distintos tipos de aplicadores. Seguindo a nomenclatura comumente usada pelo mercado, as cotas podem ser divididas em:

✓ Sênior: caracterizada pela rentabilidade definida e especialmente endereçada a aplicadores que não podem assumir os riscos da renda variável. Aplicações do FI-FGTS são candidatos em potencial para este tipo de aplicação.

✓ Júnior: caracterizada pela composição entre rentabilidade definida e variável de acordo com o projeto. Por hipótese, a rentabilidade seria uma ponderação levando em conta 60% de rentabilidade pré--definida e 40% calculada pelo desempenho do projeto.
✓ Subordinada: toda a rentabilidade é balizada pelo retorno do projeto e o cálculo é posterior ao das cotas sênior e júnior, ensejando lucros expressivos em caso de bom retorno do empreendimento.

A estrutura de financiamento do FIP necessita de fontes diversificadas de recursos, como mostra o gráfico 30. A venda de cotas no mercado internacional depende de uma boa formatação de governança, mas é uma possibilidade concreta. Na forma de cota subordinada, a atratividade deste papel é grande, dada a elevada rentabilidade e o conjunto de garantias sobre as quais as operações de PPP têm se dado.

Os Fundos Soberanos, os fundos de pensão e os grandes fundos de investimento são os objetivos essenciais desta vertente da capitalização do FIP. Ademais, a oferta de uma aplicação do tipo FIP pode melhorar a qualidade dos fluxos de capital no que que toca ao seu envolvimento com a economia real. O diferencial entre a taxa de juros no Brasil e as praticadas nos mercados internacionais, conquanto a forte queda recente, incentivou a entrada de capitais para participação acionária, mesmo em empresas que não operam em Bolsa. O FIP seria uma alternativa interessante para estes aplicadores, quando a crise sanitária estiver amenizada.

É notória a expansão dos fluxos externos que buscam aplicações na economia brasileira. Para investidores estrangeiros, assumir posições em papéis de um fundo como o FIP é mais atrativo do que uma ampla gama de operações com papeis privados ou de empresas públicas, sujeitas ao arbítrio da política econômica em sua formação de preços[458]. No caso das aplicações em NTN longas ou NTN-F, muito procuradas por investidores internacionais, não cabe dúvida de que a aplicação em cotas de FIP seria um concorrente de peso. Vale lembrar que há discussões tributárias

---

[458] Uma alternativa operacional, dentre outras, é a utilização de cotas negociadas na BOVESPA FIX. É um mercado criado pela Bolsa de Valores de São Paulo para a negociação de títulos de dívida corporativa, ou seja, instrumentos de renda fixa brasileiros que não tenham sido emitidos pelo Governo.

importantes que poderiam alavancar enormemente o FIP, se a ele fossem estendidos privilégios concedidos a títulos de emissão privada como as letras imobiliárias ou às debentures de infraestrutura.

Gráfico 30 – FIP: estrutura de financiamento

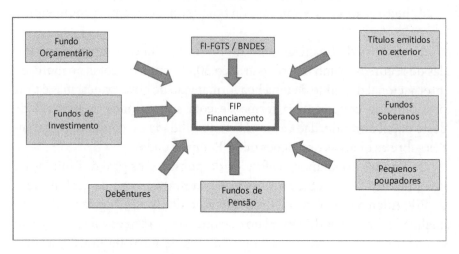

Fonte: Elaboração própria (2020).

Para o mercado financeiro brasileiro vinculado ao financiamento do investimento o formato do FIP tem grandes chances de atrair recursos dos bancos oficiais. Tanto Caixa Econômica Federal quanto Banco do Brasil têm se envolvido cada vez mais com o financiamento ao investimento público. E isso tem se dado em piores condições, formatos menos transparentes e inseguros. O caso do FI-FGTS é emblemático e sua aderência é completa à proposta aqui colocada. O mesmo pode se dizer do BNDES e do BNDESPAR, para os quais o modelo é muito adequado. Vale frisar que a proposta em pauta é muito superior da ótica da governança financeira e da efetividade das políticas públicas, ao processo recente de expansão do crédito realizado pelas instituições oficiais, com o suporte financeiro do Tesouro Nacional.

Na direção da busca de poupadores de média e pequena dimensão, não há dúvida de que é viável ao FIP lutar por espaços nos mercados de fundos de investimentos de renda fixa e mesmo no campo dos depósitos de poupança. Logicamente, isto só poderia ocorrer com parcerias com instituições privadas de varejo, como Itaú, Bradesco, e os bancos oficiais, para disponibilização das aplicações no FIP em condições operacionais competitivas. As condições de rentabilidade seriam o menor problema a enfrentar, dado o baixo retorno das aplicações acessíveis aos poupadores de pequeno e médio porte.

É forçoso reconhecer que alguns avanços foram feitos. O mais importante foi a criação da debênture de infraestrutura, que possibilita às empresas envolvidas nas concessões e PPP a emissão de títulos mais longos, dotados de benefícios fiscais.[459]

Seria possível ir além na função do Estado como responsável principal por mobilizar os fluxos de poupança. Há anos, os fundos de investimento (curto prazo e renda fixa) recolhem poupanças de indivíduos e empresas, mantendo em seus ativos, basicamente títulos da dívida pública e operações compromissadas. Se os fundos de investimento fossem estimulados (por medidas tributárias ou regulatórias) a aplicarem 1% de seu ativo no FIP estaria gerado um estoque de recursos de quase 0,5% do PIB.[460]

Os ganhos com a nova institucionalidade seriam diversos. O principal deles seria a mudança de natureza do financiamento para as ações do Estado: trocando o endividamento genérico pelo financiamento vinculado a projetos. O mercado de capitais. ganharia com o amadurecimento de novos instrumentos de captação de recursos e reforço de sua institucionalidade. A posição de suporte ao processo dos bancos oficiais não seria prejudicada, mas suas atuais responsabilidades ganhariam parceiros de diferentes tipos e portes.

Por fim, para os projetos, os ganhos seriam imensos. A necessidade de formatação do projeto em bases de avaliação econômica de investimentos, custos de operação e retornos econômicos, geralmente não é realizada em investimentos públicos. Já nos períodos de construção e operação, o monitoramento de sua efetiva realização, pelos agentes financiadores, é uma garantia para a sociedade.

---

[459] Lei 12.431 de 24 de junho de 2011.
[460] Esse valor foi calculado a partir do patrimônio dos Fundos de Renda Fixa e Multimercados ao final de abril de 2020. Ver: www.anbima.com.br.

5.3. Orçamento da Guerra da Reconstrução Econômica

A nova forma institucional aqui proposta, ao lado dos aspectos operacionais do financiamento, visa ordenar de forma mais racional a política fiscal. Em diversas ocasiões, o Brasil procurou deduzir os financiamentos relativos ao investimento da mensuração das NFSP. As diversas formas usadas para extração de parcela do investimento dos números do superávit primário envolveram o PPI[461], a eliminação das contas da Petrobras e da Eletrobrás e, por fim, o mecanismo de redução de gastos vinculados ao PAC. Em todos os casos, a ideia, correta em seus termos gerais, é de que, nos médio e longo prazos, o crédito investido em projetos com retorno positivo irá gerar os recursos necessários para pagamento do serviço da dívida contratada.

No caso das empresas estatais, a aceitação foi bastante razoável, salvo mais recentemente, devido aos problemas enfrentados pelas duas *holdings*. No campo orçamentário, no entanto, o mercado financeiro e os analistas econômicos nunca deixaram de olhar para os números do resultado primário sem as deduções derivadas do investimento. De fato, a redução valeu do ponto de vista da legislação e dos números oficiais, mas pouco contribuiu do ponto de vista das expectativas dos agentes econômicos.

Os projetos e recursos públicos envolvidos nas operações financiadas pelo FIP não seriam considerados como gastos públicos, em decorrência de seu retorno financeiro positivo. As pré-condições para a credibilidade dos projetos na nova institucionalidade seriam a transparência e a avaliação de retorno pelo mercado financeiro. Cada projeto teria seu financiamento parcialmente provido pelo FIP após as estruturações financeiras contarem com a participação do mercado de capitais e de instituições financeiras, além da ampla divulgação dos elementos de projeto técnico e de viabilidade econômica.

É crucial alterar a lógica decisória sobre a retirada dos volumes de financiamento do investimento das contas fiscais consideradas para medir o resultado primário. Ao invés de uma decisão legislativa ou realizada no

---

[461] O Projeto Piloto de Investimento foi proposto em 2005, pela Secretaria do Tesouro Nacional e, a partir de uma aferição de taxa de retorno positiva, propunha fazer a redução do endividamento necessário para o empreendimento dos gastos públicos, na aferição do resultado das contas públicas.

seio governamental, a segregação do endividamento com possibilidades concretas de retorno seria feita por indicações do mercado. Apenas os projetos com avaliações chancelas pelo mercado privado deixam de ser contabilizados nos resultados fiscais, para efeito de monitoramento da política fiscal. Em caso de fracasso e inviabilização das condições pactuadas no lançamento do projeto, os recursos retornam a ser tratados como gasto normais, à semelhança às demais despesas públicas, voltando a integrar o resultado primário.

A estagnação que a economia brasileira viveu nos últimos cinco anos e perspectiva de sua continuidade no pós-pandemia exigirá uma postura clara do Estado na definição de prioridades e em sua efetiva realização. Os percalços vividos pelas grandes empreiteiras brasileiras ampliam a necessidade de uma postura pública mais agressiva no encaminhamento e viabilização de um bloco de investimentos que seja identificado, pelo conjunto dos agentes econômicos internos e externos, como um referencial concreto tanto para a macroeconomia como para a oferta de infraestrutura.

A queda no consumo, em termos macroeconômicos, produz uma fragilização da demanda agregada, com impactos sobre as já combalidas decisões de investimentos dos agentes privados. Neste contexto, mesmo o excesso de poupança gerado torna-se inócuo, sendo que o Estado será o agente gestor dos recursos ociosos, arcando com o custo de sua remuneração. Consolidar um horizonte de investimento, neste quadro, é absolutamente indispensável para tirar a economia da estagnação.

A proposta de um orçamento de investimento da União, em separado do Orçamento Geral da União e com critério multianual e novas formas operacionais já era crucial antes da reversão econômica de 2015. Agora, dada a crise sanitária, torna-se uma necessidade absoluta.

É possível aproveitar a iniciativa parlamentar recente de aprovação da Emenda Constitucional n. 116, de 2010, que criou o chamado *orçamento de guerra*, um regime administrativo, orçamentário e também financeiro de caráter extraordinário para enfrentar a atual pandemia internacional.

A proposta é adotar um Orçamento de Guerra para a Reconstrução Econômica, como uma peça quinquenal, sendo que, a cada ano, seja aprovado pelo Legislativo, por iniciativa do Executivo. As rubricas orçamentárias não respeitam a livre movimentação realizada pelo Executivo.

No momento de sua aprovação, os recursos relativos aos projetos do ano são imediatamente reservados, sendo que as necessidades de aporte para os anos seguintes estão previamente aprovadas e automaticamente presentes na proposta encaminhada pelo Executivo.

Vale notar que o Orçamento de Reconstrução indica os projetos essenciais para a Nação. Eles são listados por valores estimados e imediatamente são levados a duas consultoras de projeto diferentes, que detalham os aspectos técnicos e financeiros. Um Comitê formado pelo Executivo e Legislativo (com participação do TCU) avalia os projetos e consolida seus resultados numa única peça, com valores, projeto, prazos de desembolso, forma de financiamento, estrutura de capital e quadro de metas. A partir desta consolidação do projeto, está dada a garantia firme de recursos públicos que serão alocados na forma de Fundo de Investimentos em Participação, como identificado acima.

Conclusões

Uma avaliação da saúde fiscal brasileira mostra um grande paradoxo. No longo prazo, não há dúvida de que a política fiscal brasileira foi capaz de gerar superávits primários, até mesmo continuamente. Nos últimos anos, no entanto, foram marcados por expressivos déficits e grandes dificuldades em impedir que os mesmos provocassem uma descrença radical na política econômica.

A política fiscal recente tanto fracassou em produzir um ajuste fiscal quanto levou a uma paralisia das condições de intervenção do Estado. Essa distorção é particularmente grave para uma economia brasileira, que sempre teve o Estado como agente essencial de seu dinamismo. Pior, para além do gasto em si, segmentos onde o Estado tem grande poder como regulador e indutor permanecem restritos em seu desenvolvimento, pela ausência de uma regulação estatal compatível com o capitalismo atual.

É premente promover reformas institucionais que, ao mesmo tempo, gere credibilidade junto ao mercado e, ao mesmo tempo, inicie a reorganização do padrão de financiamento do Estado. Um bom caminho é o das parcerias com o setor privado, sem esquecer de colocá-las na perspectiva de uma economia de tradicional presença estatal no financiamento do investimento, especialmente no campo da infraestrutura.

A importância da intervenção estatal no desenvolvimento é inegável assim como o fato de que a economia conserva muitos traços da dinâmica do tipo *state-led*. O desafio agora é recolocar o setor público na perspectiva da construção de estruturas institucionais que propiciem uma nova qualidade na ação pública e redefinam seu papel como motor da dinâmica da economia brasileira.

Essa tarefa ganha contornos ainda mais cruciais a partir da perspectiva de continuidade da estagnação econômica, reforçada pela crise sanitária. É aqui sugerida uma nova peça fiscal, o **Orçamento de Guerra para Reconstrução Econômica**, como forma de aglutinar esforços, recursos, investimentos e empreendimentos conjuntos, dos setores público e privado. Seu objetivo é construir um novo paradigma de desenvolvimento econômico e social.

Referências

Afonso, José Roberto. *Keynes, crise e política fiscal*. Editora Saraiva, 2000

Afonso, José Roberto; Biasoto, Geraldo; Amorim, Erika. *Managing fiscal space in Brazil*. Washington: Banco Mundial, abril de 2005.

Afonso, José Roberto; Biasoto, G. *Política fiscal no pós-crise de 2008*: a credibilidade perdida. In: Novais, LF; Cagnin, RF; Biasoto, G. A economia brasileira no contexto da crise global, São Paulo: Fundap, 2010.

Arestis, Philip. *Fiscal Policy within the "New consensus macroecomics" framework*. In: CRELL, J.; Sawyer, M. Current Thinking on Fiscal Policy. Palgrave Macmillan, 2009.

Biasoto, Geraldo. A polêmica sobre o déficit público e a sustentabilidade da política fiscal. In: Biasoto, G.; Pinto, M. P. A. *Política Fiscal e Desenvolvimento no Brasil*, São Paulo: Editora Unicamp, p. 399 a 422, 2006.

Biasoto JR, Geraldo; Afonso, José Roberto. *Investimento público no Brasil: propostas para desatar o nó*. Novos estudos CEBRAP, n. 77, p. 7-26, 2007.

Biasoto, Geraldo.; Afonso, José Roberto. Um novo paradigma para o investimento público: parcerias, formas de gestão e ampliação das fontes de financiamento. In: Oliveira, G.; Oliveira Filho, L. C. *Parcerias Público Privadas: Experiências, Desafios e Propostas*. Rio de Janeiro: GEN/LTC, 2013.

DRAIBE, Sônia. Rumos e metamorfoses, estado e industrialização no Brasil: 1930/1960, Rio de Janeiro: Paz e Terra, 1985.

EASTERLY, William.; SERVÉN, Luis. The limits of stabilization: infrastructure, public deficits and growth in latin america, Stanford University Press, 2003.

FIORI, José Luis. *Para uma economia política do estado brasileiro*, TDI/IESP n. 11, São Paulo: FUNDAP, 1993.

IMF. *Government finance statistics yearbook*. Washington: International Monetary Fund, vários anos.

IMF. *Public-Private Partnerships*. Fiscal affairs department and the policy development and review department. Washington: International Monetary Fund, 2004.

JALORETTO, Claudio. Seis Décadas de Déficit Público no Brasil, Brasília: STN, 2009.

KEYNES, John Maynard. *Collected works. Volume XXVII* Activities 1940-1946 Shaping the post-war world: employment and commodities. Volume 27. Ed. by D. Mooggridge, 1980.

KEYNES, John Maynard. *Teoria geral do emprego, do juro e do dinheiro*. São Paulo: Abril Cultural, especialmente cap. 22 a 24, 1996.

KREGEL, Jan. A. Budget deficits stabilization policy and liquidity preference: Keynes's post-war policy proposals. In: VICARELLI, F. (Ed.). *Keynes's relevance today*. Macmillan, 1985.

LERNER, Abba. Functional finance and federal debt. *Selected Economic Writings of Abba P. Lerner*, New York, 1983.

LESSA, Carlos; DAIN, Sulamis. Capitalismo associado: algumas referências para o tema Estado e desenvolvimento. In: BELLUZZO, L. G. M. & R. COUTINHO, *Desenvolvimento Capitalista no Brasil*, São Paulo: Brasiliense, p. 214 a 228, 1982.

LOPES, Mariana de Lourdes Moreira; MOLLO, Maria de Lourdes Rollemberg. O debate sobre a redução do déficit fiscal no Brasil: uma crítica pós-keynesiana. *Nova Economia*, Belo Horizonte, v. 21, n. 1, p. 67-103, 2011.

LOPREATO, Francisco. *Dívida Pública: o limiar das mudanças?* 2015. Brasília, IPEA TD n. 2026, 2015.

MARTINS, Luciano. Estado capitalista e burocracia no Brasil pós 1964, São Paulo: Paz e Terra,1985.

MAZZUCATO, Mariana. *The entrepreneurial state*: debunking public vs private sector myths. London, 2011

MINSKY, Hyman. *Estabilizando uma economia instável*. São Paulo: Ed. Novo Século, Capítulos 2, 3 e 4, 1986.

MINSKY, Hyman. *Uncertanty and the structure of capitalist economies:* remarks upon receiving the Veblen-Commons Award. *Journal of Economic Issues*, vol. 30, n. 2, June, 1996, p. 357 a 368, 1996.

MUSSI, C. H. F.; SILVA, P. F. Ascensão e queda do estado desenvolvimentista: aspectos da crise fiscal no Brasil, Brasília, 1992.

OLIVEIRA, Fabrício Augusto de. *A reforma tributária de 1966 e a acumulação de capital no Brasil*. Belo Horizonte: Ed. Oficina de Livros, 1991.

OLIVEIRA, Fabrício Augusto de. *Política econômica, estagnação e crise mundial: Brasil, 1980-2010*. São Paulo: Azougue, 2012.

PAULA, Luiz Fernando. Financiamento, crescimento econômico e funcionalidade do sistema financeiro: uma abordagem Pós-Keynesiana. *Estudos Econômicos, São Paulo, vol. 43, n.2*, p. 363-396, abr./jun. 2013.

TCHERNEVA, Pavlina R. The return of fiscal policy: can the new developments in the new economic consensus be reconciled with the post-Keynesian view?. Levy Economics Institute, Working Papers Series, 2008.

TCU, Diagnóstico das obras paralisadas. identificação das principais causas e das oportunidades de melhoria. recomendações. monitoramento TC 011.196/2018-1, Brasília, 2018.

TERRA, Fábio; FERRARI, Fernando; C0NCEIÇÃO, Octavio. A hipótese minskiana de fragilidade financeira aplicada ao setor Público: uma análise para a economia brasileira, Brasília: STN, 2009.

TORRES, Ernani Teixeira.; MACAHYBA, Luiz. *O elo perdido: o mercado de títulos de dívida corporativa no Brasil*, São Paulo: IEDI, ITB, 2012.

WRAY, L. Randall. From the state theory of money to modern money theory: an alternative to economic orthodoxy. Levy Economics Institute Working Paper, n. 792, March. 2014.

24. Futebol e Pandemia: do Diagnóstico à Cura

PEDRO TRENGROUSE
JOSÉ ROBERTO AFONSO
LAIS KHALED PORTO

Introdução

A magnitude da pandemia do novo coronavírus e o ineditismo de suas consequências para nossa geração permitem a pacífica conclusão de que nada será como antes, seja na sociedade, seja na economia. Não seria diferente, no futebol, cuja relevância no cenário nacional é diretamente proporcional, em magnitude, ao impacto que vem sofrendo na pandemia – afinal, não existe futebol sem as aglomerações das torcidas.

Amir Somoggi, especialista da Academia LANCE!, projeta que o esporte deve perder mais de US$ 15 bilhões no mundo[462]. O jornalista Rodrigo Capelo, entrevistando o executivo da EY responsável pela área de esportes, apontou estimativa que clubes brasileiros deixarão de arrecadar entre R$ 500 milhões e R$ 2 bilhões em 2020[463].

Nesse momento de reflexão, contudo, faz-se necessário repensar o que se espera da retomada e qual o papel que cada setor pode ter no restabelecimento do país. Quanto ao futebol, não seria hora de (finalmente) transformá-lo em vetor econômico, ao invés de seguir financiando entidades esportivas insolventes com dinheiro público?

---

[462] CNN Brasil. **Coronavirus deve trazer prejuízo de, pelo menos, US$ 15 bilhões ao esporte**. 31 mar 2020. Disponível em: https://www.cnnbrasil.com.br/business/2020/03/31/coronavirus-deve-trazer-prejuizo-de-us-15-bilhoes-ao-esporte-em-todo-mundo. Acesso em 14 de jun. 2020.

[463] GLOBO ESPORTE. Clubes brasileiros devem deixar de arrecadar entre R$ 500 milhões e R$ 2 bilhões em 2020 devido à crise agravada pelo coronavírus. 16 abr. 2020. Disponível em: https://globoesporte.globo.com/blogs/blog-do-rodrigo-capelo/post/2020/04/16/clubes-brasileiros-devem-deixar-de-arrecadar-entre-r-500-milhoes-e-r-2-bilhoes-em-2020--devido-a-crise-agravada-pelo-coronavirus.ghtml. Acesso em 14 de jun. 2020.

Ora, é certo que todas as atividades econômicas precisarão de ajuda dos governos para sobreviver, como está a ocorrer em todo o mundo. Com o futebol não será diferente. A peculiaridade é que, no caso brasileiro, isso deve passar por mudanças estruturais.

Walter Scheidel, Professor de Stanford, na obra *"The Great Leveler"*[464], ressalta que doenças, guerras e epidemias são catalizadoras de transformações profundas e se apresentam como os momentos mais para a redução desigualdades sociais, ainda que transitoriamente. Jared Diamond, historiador e antropólogo que ganhou o Prêmio Pulitzer com o livro *"Guns, Germs and Steel"* também reforça a tese, afirmando que *"doenças têm sido fatores decisivos da história"*[465].

Temos uma oportunidade ímpar para virar o jogo em muitos campos do nosso dia-a-dia, inclusive no futebol, que faz parte do arranjo produtivo e precisa ser compreendido como atividade econômica.

1. Diagnóstico do subaproveitamento econômico do futebol brasileiro

Falar em capacidade econômica do futebol, em contraposição com a realidade experienciada no Brasil, é falar em subaproveitamento.

Estudo da Fundação Getúlio Vargas[466], realizado a pedido do Governo Federal, apontou que a cadeia produtiva do futebol gera 371 mil empregos diretos, indiretos e induzidos no Brasil, com potencial para gerar 2,1 milhões, se melhor estruturado.

---

[464] SCHEIDEL, Walter. **The Great Leveler:** violence and the history of inequality from the stone age to the twenty-first century. Princeton University Press, 2018.
[465] DIAMOND, Jared. Guns, Germs and Steel: The Fates of Human Societies. W. W. Norton & Company, 2017. Ver na pg. 197: **Because diseases have been the biggest killers of people, they have also been decisive shapers of history.** Acesso em 14 de jun. 2020.
[466] FGV PROJETOS. **Mensuração Socioeconômica e Financeira do Futebol Brasileiro:** Relatório de Recomendações para a Reestruturação do Futebol Profissional Brasileiro. 2010.

Figura 14 – Fluxograma: Negócio do Futebol

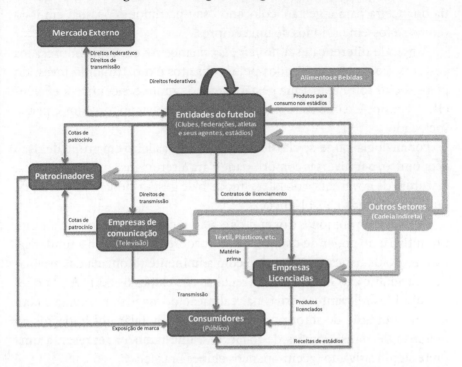

Fonte primária: FGV, Pedro Trengrouse (2010).

É inadmissível que um negócio bilionário continue a ser tratado de forma tão amadora, com estrutura criada para contar trocados – especialmente no que tange à organização dos clubes.

Para começar, nenhum outro país onde o esporte é bem desenvolvido utiliza a modalidade de associação sem fins lucrativos para gestão de futebol profissional – vide exemplos como os da Inglaterra, França, Alemanha, Itália, Portugal e Estados Unidos, onde a esmagadora maioria dos clubes é empresa. Mesmo na Espanha, por exemplo, onde a lei que obrigou clubes a se organizarem como empresas[467] previu uma exceção para associações que tivessem resultado operacional positivo nos últimos anos, clubes que se mantiveram como associações (como Real Madrid e

---

[467] Ley 10/1990, chamada de Ley del Deporte (ou Lei do Esporte).

Barcelona[468]) pagam impostos e a diretoria é obrigada a prestar garantia financeira para a gestão, colocando seu patrimônio pessoal em jogo (como se fossem os donos de uma empresa).

A grande diferença está no *fair play* financeiro: em uma empresa, os gestores são responsabilizados pelos seus atos e o patrimônio investido pelos sócios sofre com a má gestão, gerando grande incentivo à eficiência nos gastos – o que se reverte, positivamente, para o torcedor e para a sociedade.

Por analogia, pode-se classificar o futebol brasileiro em grupo de risco econômico, por diversas comorbidades: arquitetura institucional arcaica, estrutura de governança obsoleta, modelo de gestão ineficiente e crise de liquidez beirando a insolvência.

A suspensão dos jogos e os efeitos econômicos da pandemia no arranjo produtivo e no poder de compra dos torcedores só aceleram a tendência na direção da bancarrota. Mesmo com a iminente retomada das atividades, da análise do Globo sobre as receitas dos clubes da Série A[469] pode-se inferir as relevantes perdas na realização de jogos sem torcida e com provável retração do setor publicitário – isso sem falar nos impactos no mercado de transferências de jogadores, que também representa uma fonte significativa de receitas para os clubes brasileiros.

Empresas, em caso de inviabilidade econômica, vão à falência, com bens leiloados e pagamento de todo o possível a credores. Nos Estados Unidos, por exemplo, a *USA Rugby* (federação desportiva nacional) pediu recuperação judicial por causa da pandemia[470]. Se não se recuperar, encerra atividades, paga o que puder e a modalidade recomeça em nova

---

[468] Ver: O TEMPO. **Barcelona e Real Madrid são exceções ao formato S/A no futebol mundial.** 12 fev 2020. Disponível em: https://www.otempo.com.br/superfc/clube-empresa/barcelona-e-real-madrid-sao-excecoes-ao-formato-s-a-no-futebol-mundial-1.2296698. Acesso em 14 de jun. 2020.

[469] Ver: GLOBO. Extra. **Clubes fazem contas: futebol sem torcida é melhor do que nada.** 11 abr 2020. Disponível em: https://extra.globo.com/esporte/clubes-fazem-contas-futebol-sem-torcida-melhor-do-que-nada-24365173.html. Acesso em 14 de jun. 2020.

[470] *Cf.* USA RUGBY (official webiste). USA Rugby files chapter 11; **agrees to support for continuation of reorganization.** 30 mar 2020. Disponível em: https://www.usa.rugby/2020/03/usa-rugby-files-chapter-11-agrees-to-support-for-continuation-of-reorganization/. Acesso em 13 de jun. 2020.

entidade. Por que carregar eternamente um passivo que impede o desenvolvimento pleno da atividade e prejudica o país inteiro?

Figura 15 – Receita de clubes da Série A

De olho no faturamento

Receita de clubes da Série A de acordo com os últimos balanços publicados

Clube	Receita do futebol (em milhões)	Percentual Bilheteria	Percentual TV + Patrocínio
Flamengo (2019)	899,7	12,12%	45,38%
Palmeiras (2018)	653,8	17,15%	40,52%
Corinthians (2018)	438	13,83%	54,92%
Santos (2019)	399,8	6,01%	33,39%
Grêmio (2018)	384,2	0,22%	44,54%
São Paulo (2018)	369,4	8,33%	42,87%
Internacional (2018)	293,2	4,63%	46,66%
Fluminense (2018)	279,1	3,88%	45,25%
Vasco (2018)	246,7	5,90%	44,96%
Atlético-MG (2018)	237,7	3,44%	53,20%
Bahia (2019)	189,5	8,98%	50,72%
Botafogo (2018)	155,5	4,26%	71,83%
Ceará (2018)	64,7	16,46%	52,43%

Editoria de arte — O GLOBO

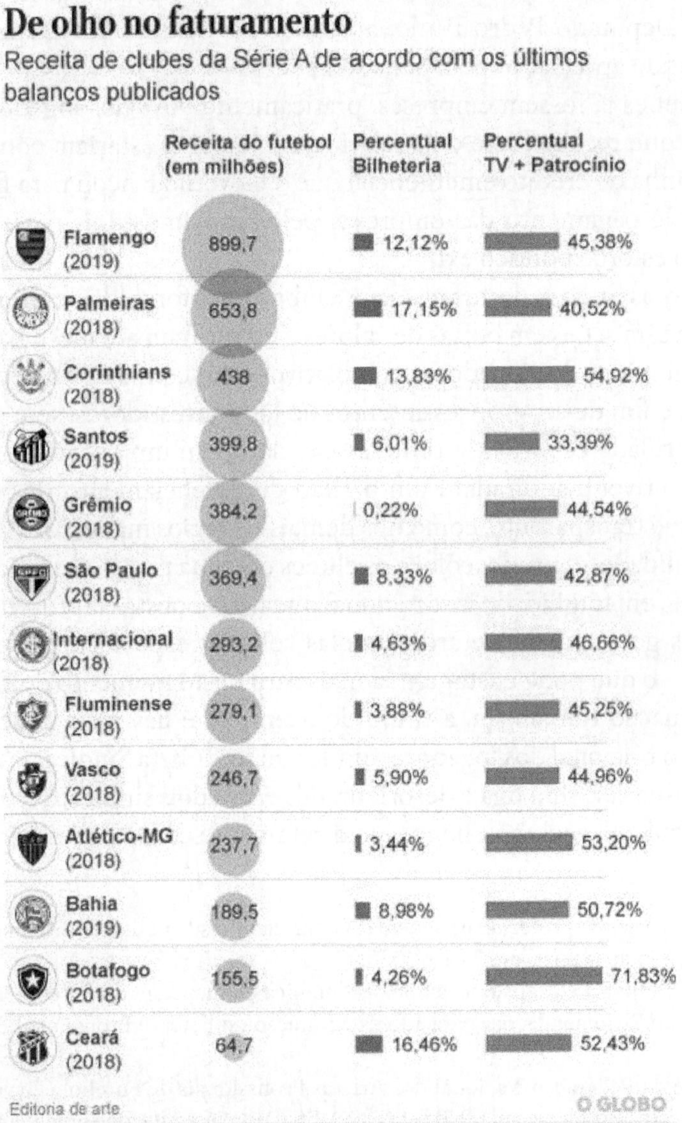

Fonte: Globo (2020).

Como clubes não são empresas, não estão sujeitos à recuperação judicial, nem à falência. Essas soluções, contudo, não são defendidas por grandes nomes do direito desportivo, como Luiz Roberto Ayoub e Pedro Teixeira, em palestras[471] e outros eventos, e chegou a ser introduzida no Projeto de Lei 5.082/16 (o chamado Clube-Empresa), no substitutivo do relator, Deputado Pedro Paulo, aprovado na Câmara dos Deputados e aguardando apreciação pelo Senado Federal.

Se clubes já fossem empresas, praticamente 90% dos jogadores brasileiros, que recebem até dois salários mínimos[472], estariam contemplados na linha de crédito emergencial que o Governo lançou para financiar a folha de pagamento das empresas pelos próximos dois meses – sem nenhum esforço político extra.

Outro aspecto a destacar é que clubes transformados em empresas também têm ações em bolsas de valores e estruturam até mesmo os direitos econômicos dos jogadores como ativos financeiros nos mercados de capitais, a fim de atrair investimentos de fãs e investidores, sem prejuízo da integridade esportiva – tudo isso, é claro, em um cenário de contabilidade crível e auditada e um padrão de gerenciamento responsável, eficiente e transparente, como nos demais negócios maduros.

A realidade, contudo, coloca os clubes em uma posição juridicamente *sui generis*, em fragilidade institucional que não só obsta o aproveitamento de ações gerais, como retarda àquelas voltadas especificamente para o esporte – o que pode custar ainda mais caro neste momento de crise.

A situação trabalhista, a título de exemplo, é das mais delicadas. O Sindicato Nacional dos Jogadores ainda não tem Carta Sindical[473]. Os clubes, por sua vez, sem liga e desorientados entre dois sindicatos patronais, Sindafebol e Fenaclubes, negociam diretamente com a Federação Nacio-

---

[471] Como a palestra proferida na sede da Associação Brasileira de Direito Financeiro – ABDF, no Rio de Janeiro, em 24/01/2020.

[472] FGV PROJETOS. Mensuração Socioeconômica e Financeira do Futebol Brasileiro: Relatório de Recomendações para a Reestruturação do Futebol Profissional Brasileiro, 2010.

[473] A base da Federação Nacional dos Atletas Profissionais de Futebol (Fenapaf) não tem Sindicatos Estaduais em SP, BA, SC, GO, ES, DF, MA e MG, que englobam mais da metade dos atletas. A falta de representatividade é tanta que jogadores da Série C pediram ajuda diretamente à CBF.

nal dos Atletas Profissionais de Futebol (Fenapaf), através da Comissão Nacional de Clubes, prevista no Estatuto da Confederação Brasileira de Futebol (CBF)[474]. Um lado sem legitimidade, outro sem atribuição nem personalidade jurídica. Por maior que seja a boa vontade, como chegar à algum acordo válido?

Somada aos problemas inerentes à ineficiência intrínseca decorrente da anomalia do exercício de atividade empresarial por associação sem fins lucrativos, ainda está a insegurança jurídica que permeia sua tributação e o histórico de malsucedidos refinanciamentos.

Em 2006, na Timemania (Lei nº 11.345/2006), por exemplo, os clubes confessaram dívidas que ainda não tinham sido confirmadas, com a promessa de que a loteria arrecadaria R$ 520 milhões por ano, o que seria suficiente para pagar a parcela que todos os clubes assumiram no financiamento.

No primeiro ano a arrecadação lotérica da Timemania não passou de R$ 100 milhões, bem como até hoje não chegou na estimativa de R$ 520 milhões apresentada pela Caixa Econômica Federal na justificativa do programa.

Assim, os clubes acabaram, na prática, **pagando o pato** pela diferença entre a expectativa e a realidade da arrecadação da loteria, mesmo não sendo responsáveis pela operação do produto.

2. Possíveis remédios para a crise do futebol

Do já exposto, pode-se extrair que um dos possíveis remédios para a crise do futebol é a aprovação do projeto de lei (PL) do clube-empresa. Só que para chegar a esse ponto, é preciso, primeiramente, sobreviver à pandemia – e aos efeitos da crise nos patrocinadores e no público dos estádios.

Para isso, deve-se pensar em dois eixos: o da inovação e profissionalização interna; e o do desenvolvimento de políticas públicas inteligentes para a modernização do futebol brasileiro.

---

[474] A Comissão Nacional de Clubes da CBF reúne cinco clubes da Série A, dois da B, um da C e um da D, com a incumbência de "fazer sugestões visando a assegurar o equilíbrio competitivo, a modernização organizacional e a integridade das competições nacionais de futebol, podendo representar as entidades de prática desportiva de futebol em comitês e comissões da CBF".

Primeiramente, acredita-se que as soluções de saúde desembocarão no aumento do uso de tecnologias, inclusive com redes sociais levando os torcedores para dentro dos campos, do vestiário e das academias... para a verdadeira vivência de seus clubes – o que se pode transformar em ativo financeiro[475]. O faturamento dos clubes, que em muito já tinha passado dos estádios para televisão e para lojas franquiadas, começará a vir cada vez mais da internet.

No âmbito financeiro, a CBF abriu linha de crédito no valor de R$ 100 milhões, mas apenas para as 20 equipes que compõe a Série A[476], pelo que se demonstra claramente insuficiente para cobrir os prejuízos do esporte como um todo.

Outra medida é a suspensão dos pagamentos relativos ao parcelamento de débitos tributários no âmbito do Profut, pelo período da calamidade pública, objeto do Projeto de Lei nº 1.013/2020, aprovado na Câmara dos Deputados em 17 de junho de 2020. A medida certamente representa alívio para muitos clubes, todavia, não resolve o problema aqui levantado, posto que o foco não se dá em soluções para o não pagamento de dívidas, mas, ao contrário, como aproveitar a crise para fortalecer o futebol e oportunizar o pagamento de seus débitos.

O Governo também poderia, a título de exemplo, apoiar a cadeia produtiva do futebol via Banco Nacional de Desenvolvimento Econômico e Social (BNDES), como faz com o Fundo Setorial do Audiovisual, que já deu retorno de investimento de mais de R$ 200 milhões; com o BNDES Saúde, que financia a modernização da governança operacional, visando à sustentabilidade econômico-financeira, de instituições filantrópicas; e no Fundo Social, que prevê investimentos em desportos.

---

[475] Na mesma direção de profissionalização do futebol brasileiro e com muitas estatísticas para reforçar diagnóstico e propostas, *cf.* GRAFIETTI, Cesar. **Não adianta apontar o dedo: hora de começar a apresentar ideias para o futebol brasileiro**". In. InfoMoney. 9 abr 2020. Disponível em: https://bre.is/v9ouN5aq. Acesso em 14 de jun. 2020.

[476] Ver: BRASIL. Agência Brasil. **Covid-19:** CBF abre linha de crédito para clubes da elite do futebol. 09 jun 2020. Disponível em: https://agenciabrasil.ebc.com.br/esportes/noticia/2020-06/Covid-19-cbf-abre-linha-de-credito-para-clubes-da-elite-do-futebol. Acesso em 14 de jun. 2020.

2.1. Proposta de transação financeira no combate à crise fiscal

Nos últimos 20 anos, o Brasil teve mais de 30 programas especiais de renegociação de dívidas. No primeiro Refis, em 2000, 129 mil empresas foram beneficiadas. Em 2009, no Refis da Crise, saltou para 536,6 mil contribuintes. A própria Receita Federal tem estudo que aponta o efeito negativo desses parcelamentos sobre a arrecadação[477], porque estimulam a inadimplência dos contribuintes, que deixam de pagar seus tributos em dia esperando pelo próximo programa de descontos e vantagens.

Em relação aos clubes, é importante destacar que muitos programas gerais tiveram condições melhores que aqueles voltados especificamente para o futebol: Timemania e Profut. Exemplificando, o Botafogo de Ribeirão Preto, com dívida tributária em torno de R$ 11 milhões, saiu em 2017 da Timemania para aderir ao chamado Refis do Temer (Lei 13.496/17). Como resultado, teve economia de R$ 6 milhões e dividiu seu saldo devedor em 145 meses, em parcelas com montantes inferiores as paga anteriormente.

E, nesse contexto, a pandemia pode estar ofuscando uma mudança institucional de grande importância para a economia brasileira, promovida no início da calamidade, que não foi voltada especificamente para o futebol, mas abre enorme oportunidade para reestruturação dos clubes.

O Governo Federal editou, em 2019, a Medida Provisória nº 899, mais conhecida como MP do Contribuinte Legal, que foi convertida pelo Congresso Nacional na Lei nº 13.988, em 14 de abril de 2020, regulamentando, finalmente, a figura da **transação tributária**, prevista no art. 171 do Código Tributário Nacional há mais de meio século, que permitirá uma regularização definitiva e diferenciada de débitos fiscais.

Com a transação tributária, o fisco passa a **escolher** quem fará *jus* a condições especiais para quitação de débitos, bem como a impor a assunção de série de compromissos por parte do devedor para sua concessão (art. 3º) e de requisitos para sua manutenção (art. 4º).

---

[477] Cf. BRASIL. Ministério da Fazenda. Receita Federal. **Estudo sobre Impactos dos Parcelamentos Especiais.** 27 dez 2017. Disponível em: https://receita.economia.gov.br/dados/20171229-estudo-parcelamentos-especiais.pdf. Acesso em 15 de jun. 2020.

A expectativa do Governo, segundo noticiado[478], será regularizar a situação de 1,9 milhão de contribuintes, que devem cerca de R$ 1,4 trilhão, além de permitir acordos em processos em curso no Conselho Administrativo de Recursos Fiscais (CARF), que somam R$ 640 bilhões.

A solução não foi desenhada por causa das notórias dívidas tributárias dos clubes de futebol mas eles podem se aproveitar deste novo instrumento, considerando-se que o governo é o maior credor dos clubes de futebol brasileiros, que, somados, deviam cerca de R$ 5,3 bilhões à União no início de 2020[479].

Figura 16 – Débitos de clubes inscritos na dívida ativa na União

Fonte: Valor econômico (2020).

A **bola de neve** que resulta de débitos fiscais sempre empurrados para frente está na raiz da crônica e notória má saúde financeira dos clubes de futebol.

---

[478] BRASIL. Agência Senado. **Senado aprova MP que regulamenta a negociação de dívidas com a União.** 24 mar 2020. Ver em: https://www12.senado.leg.br/noticias/materias/2020/03/24/senado-aprova-mp-que-regulamenta-a-negociacao-de-dividas-com-a-uniao. Acesso em 14 de jun. 2020.
[479] VALOR ECONÔMICO. **Clubes devem R$ 5,3 bi à União.** 20 fev 2020. Disponível em: https://valor.globo.com/empresas/noticia/2020/02/20/clubes-devem-r-53-bi-a-uniao.ghtml. Acesso em 15 de jun. 2020.

Esse péssimo histórico valoriza ainda mais a janela de oportunidade da transação tributária regulada na Lei 13.988/2020, que prevê descontos de até 70% do valor total dos créditos transacionados (desde que o valor principal permaneça inalterado) e prazo de pagamento de até 145 meses (exceto com relação aos débitos previdenciários, que devem ser pagos em até 60 meses, nos termos do art. 195, § 11, da Constituição Federal).

Se os clubes conseguirem a transação tributária com o desconto máximo previsto na referida lei, o valor global das dívidas ficaria em R$ 1,6 bilhão. Considerando que receberam R$ 427 milhões das loterias nos últimos cinco anos, a securitização desses recebíveis pelos próximos 20 permitiria o pagamento à vista do débito fiscal.

Nesse caso, a Caixa Econômica Federal poderia garantir a operação financeira com risco próximo de zero, e ainda, de modo inédito, repassar sua promoção para os próprios clubes.

A estratégia permitiria, ainda, incluir uma injeção imediata de algum recurso no fluxo de caixa dos clubes para alimentar os circuitos que mantém a economia do futebol em funcionamento, garantindo a manutenção do emprego e da renda nesse setor importante do arranjo produtivo nacional.

Para a concretização desse tipo de iniciativa, especialmente no que se refere à perspectiva dos clubes (na qualidade de contribuintes), é importante agir rápido, pois o Congresso Nacional ainda não aprovou a definição legal para devedor contumaz, conforme prescreve a vedação inscrita no art. 5º, inciso III, da **Lei do Contribuinte Legal** – o que deve limitar significativamente a transação, quando aplicável.

Destaque-se, ainda, que a Lei prevê a realização de transação por proposta individual ou por adesão aos editais governamentais. No momento, por exemplo, encontra-se aberto o Edital PGFN nº 1/2019, com prazo de adesão prorrogado pelo Edital nº 3/2020, até 30 de junho de 2020. A adesão ao instrumento pode ser uma alternativa para clubes com débito de até R$ 15 milhões.

Da mesma maneira, está aberta a transação extraordinária do Covid, instituída pela Portaria PGFN/ME n. 14.402, de 16 de junho de 2020, que abarca organizações da sociedade civil, como os clubes de futebol (conforme art. 2º, inciso I, alínea *a*, da Lei n. 13.019/2014), cujos créditos sejam considerados irrecuperáveis ou de difícil recuperação.

Aos clubes que eventualmente não se enquadrarem em nenhuma das duas hipóteses de transação disponíveis para adesão, permanece válida a alternativa de aguardar oportunidade, em edital futuro, ou elaborar sua estratégia de recuperação fiscal, para convencer as autoridades fazendárias de que a transação de seus débitos atende ao interesse público e é capaz de viabilizar a superação de sua crise econômico-financeira, de modo a render a aprovação de proposta individual.

2.2. Proposta de "prevenção": incentivo ao esporte e o caso da Islândia.

Além de resolver os imbróglios relativos à natureza jurídica dos clubes de futebol e seu passivo fiscal, é necessário aprimorar o papel do esporte como instrumento de políticas públicas transversais para o desenvolvimento integral da pessoa humana, principalmente na educação de crianças e adolescentes.

Nos Estados Unidos calcula-se que cada dólar investido em esporte resulte numa economia de três dólares e vinte centavos em custos médicos. No Canadá, estima-se que o esporte aumente a produtividade em US$ 513/ano por trabalhador.[480] O investimento público inteligente no esporte é aquele que o potencializa como ferramenta para educação, saúde, segurança pública e bem-estar social, com resultados concretos e mensuráveis na vida dos jovens e nas comunidades.

Nessa perspectiva, sugere-se atentar, como exemplo a ser seguido, para o caso da Islândia, onde o investimento público maciço no esporte tem gerado resultados positivos que vão muito além do sucesso em competições internacionais.

O modelo consiste no financiamento direto, pelo Poder Público, das atividades esportivas, através de mecanismo que se assemelha ao do cartão do Bolsa Família no Brasil. Através dele, o governo islandês distribui recursos para que jovens possam contratar atividades esportivas e culturais no contraturno escolar, contribuindo para sua saúde física e mental, aumentando o desempenho acadêmico e diminuindo a evasão escolar,

---

[480] Ver UNITED NATIONS. **Sport for Development and Peace:** Towards Achieving the Millennium Development Goals. Report from the United Nations Inter-Agency Task Force on Sport for Development and Peace. 2003.

além de reforçar o tecido social das comunidades com valores positivos e contribuir para a redução da criminalidade e melhora da qualidade de vida em geral[481].

Os clubes, por sua vez, prestam o serviço de escolinha em troca do valor mensal fixo a ser pago por cada jovem do programa. Na ótica brasileira, isso poderia representar o necessário, inclusive, para fazer frente às dívidas tributárias, podendo a ideia ser construída de modo conjunto com uma oportunidade de transação.

A sugestão reside, portanto, no Brasil aproveitar a experiência que tem em programas de distribuição de renda para viabilizar a prática esportiva entre os jovens, o que poderia render resultados sociais e econômicos consideráveis, alimentando os circuitos que mantém a economia do esporte em funcionamento, garantindo recursos para o pagamento de impostos correntes e, ao mesmo tempo, colhendo os frutos de uma vida em sociedade mais digna e saudável.

Conclusões

Com a crise do Coronavírus e a consequente paralisação das atividades em 2020, mais do que nunca o futebol precisa de singular auxílio para retomar (e, por que não, ampliar) seu importante papel na economia brasileira.

É preciso virar o jogo, sobretudo no caso brasileiro, o que começará com investimento em iniciativas que permitam conciliar saúde, esporte e economia. De imediato, enquanto não se tiver a garantia da população

---

[481] Em 20 anos, o percentual de islandeses entre 14 e 16 anos que dizem ter bebido nos últimos 30 dias despencou de 42% para 5%, os que fumam cigarros diariamente, de 23% para 3% e os que usaram maconha, de 17% para 7%. A média na Europa é de 47%, 13% e 7%, respectivamente. Na América Latina, 35% dos jovens na mesma idade dizem ter consumido álcool no último mês e 17% fumam diariamente, segundo dados Unicef, apresentados em audiência pública no Senado Federal: BRASIL. Senador Federal. **Programa que reduziu uso de drogas na Islândia é apresentado à senadores.** 04 abr 2019. https://www12.senado.leg.br/noticias/materias/2019/09/04/programa-que-reduziu-uso-de-drogas-na--islandia-e-apresentado-a-senadores. Acesso em 14 de jun. 2020.

toda vacinada e imune, a vida não voltará ao normal e os esportes serão encontros entre atletas em estádios vazios[482].

É imprescindível a participação do Brasil no esforço mundial em busca de medidas que resguardem a integridade dos atletas, demais profissionais e torcedores, ao mesmo tempo em que se persegue a viabilidade e sustentabilidade econômica do esporte.

No momento da retomada, por sua vez, precisa estar reformulada a sustentabilidade do futebol brasileiro, com gestão mais responsável dos clubes, adoção da estrutura de clube-empresa, regular pagamento de impostos e políticas públicas que contribuam à manutenção dessa estrutura de maior retorno social.

Particularmente, ao governo brasileiro, sugere-se a atuação em duas linhas de frente com relação à situação fiscal do futebol: *i)* para o passivo, a estruturação de transação fiscal, garantida com recursos das loterias e com recebimento dos débitos à vista; e *ii)* para o ativo, a estruturação de programa de *vouchers* para contratação de atividades esportivas, gerando renda para os clubes e saúde e desenvolvimento para os jovens e comunidades.

A adoção das duas propostas poderia (e deveria) ser pensada de imediato, representando significativo passo rumo à concretização do futebol brasileiro que queremos.

Que possamos, ao invés de esperar a chuva passar, aproveitar as arquibancadas vazias para reunir o time, apurar os prejuízos e discutir a estratégia para as próximas partidas.

---

[482] Nesse sentido, confira projeção de Bill Gates: "I believe that humanity will beat this pandemic, but only when most of the population is vaccinated. Until then, life will not return to normal. Even if governments lift shelter-in-place orders and businesses reopen their doors, humans have a natural aversion to exposing themselves to disease. Airports won't have large crowds. Sports will be played in basically empty stadiums. And the world economy will be depressed because demand will stay low and people will spend more conservatively". GATES, Bill. The world after Covid-19. In. The Economist. 23 abr 2020. Disponível em: https://bre.is/Brpnp5WY. Acesso em 13 de jun. 2020.

Referências

BRASIL. Agência Brasil. *Covid-19*: CBF abre linha de crédito para clubes da elite do futebol. 09 jun 2020. Disponível em: https://agenciabrasil.ebc.com.br/esportes/noticia/2020-06/covid-19-cbf-abre-linha-de-credito-para-clubes-da-elite-do-futebol. Acesso em 14 de jun. 2020.

BRASIL. Agência Senado. *Senado aprova MP que regulamenta a negociação de dívidas com a União*. 24 mar 2020. Disponível em: https://www12.senado.leg.br/noticias/materias/2020/03/24/senado-aprova-mp-que-regulamenta-a-negociacao-de-dividas-com-a-uniao. Acesso em 14 de jun. 2020.

BRASIL. Senado Federal. *Programa que reduziu uso de drogas na Islândia é apresentado à senadores*. 04 abr 2019. https://www12.senado.leg.br/noticias/materias/2019/09/04/programa-que-reduziu-uso-de-drogas-na-islandia-e-apresentado-a-senadores. Acesso em 14 de jun. 2020.

BRASIL. Ministério da Fazenda. Receita Federal. *Estudo sobre Impactos dos Parcelamentos Especiais*. 27 dez 2017. Disponível em: https://receita.economia.gov.br/dados/20171229-estudo-parcelamentos-especiais.pdf. Acesso em 14 de jun. 2020.

CNN Brasil. *Coronavirus deve trazer prejuízo de, pelo menos, US$ 15 bilhões ao esporte*. 31 mar 2020. Disponível em: https://www.cnnbrasil.com.br/business/2020/03/31/coronavirus-deve-trazer-prejuizo-de-us-15-bilhoes-ao-esporte-em-todo-mundo. Acesso em 14 de jun. 2020.

DIAMOND, Jared. *Guns, Germs and Steel*: The Fates of Human Societies. W. W. Norton & Company, 2017.

FGV PROJETOS. *Mensuração Socioeconômica e Financeira do Futebol Brasileiro*: Relatório de Recomendações para a Reestruturação do Futebol Profissional Brasileiro, 2010.

GATES, Bill. *The world after covid-19*. In. The Economist. 23 abr 2020. Disponível em: https://bre.is/Brpnp5WY. Acesso em 13 de jun. 2020.

GLOBO. Extra. *Clubes fazem contas: futebol sem torcida é melhor do que nada*. 11 abr 2020. Disponível em: https://extra.globo.com/esporte/clubes-fazem-contas-futebol-sem-torcida-melhor-do-que-nada-24365173.html. Acesso em 14 de jun. 2020.

GLOBO ESPORTE. Clubes brasileiros devem deixar de arrecadar entre R$ 500 milhões e R$ 2 bilhões em 2020 devido à crise agravada pelo coronavírus. 16 abr 2020. Disponível em: https://globoesporte.globo.com/blogs/blog-

-do-rodrigo-capelo/post/2020/04/16/clubes-brasileiros-devem-deixar-de-arrecadar-entre-r-500-milhoes-e-r-2-bilhoes-em-2020-devido-a-crise-agravada-pelo-coronavirus.ghtml. Acesso em 14 de jun. 2020.

GRAFIETTI, Cesar. *Não adianta apontar o dedo: hora de começar a apresentar ideias para o futebol brasileiro"*. In. InfoMoney. 9 abr 2020. Disponível em: https://bre.is/v9ouN5aq. Acesso em 14 de jun. 2020.

O TEMPO. *Barcelona e Real Madrid são exceções ao formato S/A no futebol mundial.* 12 fev 2020. Disponível em: https://www.otempo.com.br/superfc/clube-empresa/barcelona-e-real-madrid-sao-excecoes-ao-formato-s-a-no-futebol-mundial-1.2296698. Acesso em 14 de jun. 2020.

SCHEIDEL, Walter. *The Great Leveler:* Violence and the History of Inequality from the Stone Age to the Twenty-First Century. Princeton University Press, 2018.

UNITED NATIONS. *Sport for Development and Peace*: Towards Achieving the Millennium Development Goals. Report from the United Nations Inter-Agency Task Force on Sport for Development and Peace. 2003.

USA RUGBY (official webiste). USA Rugby files chaper 11; *agrees to support for continuation of reorganization*. 30 mar 2020. Disponível em: https://www.usa.rugby/2020/03/usa-rugby-files-chapter-11-agrees-to-support-for-continuation-of-reorganization/. Acesso em 13 de jun. 2020.

VALOR ECONÔMICO. *Clubes devem R$ 5,3 bi à União*. 20 fev 2020. Disponível em: https://valor.globo.com/empresas/noticia/2020/02/20/clubes-devem-r-53-bi-a-uniao.ghtml. Acesso em 15 de jun. 2020.